陳独秀 その思想と生涯

胡適序言・陳独秀遺著『陳独秀の最後の見解（論文と書信）』を読む

1879 - 1942

佐藤公彦◎著
SATO Kimihiko

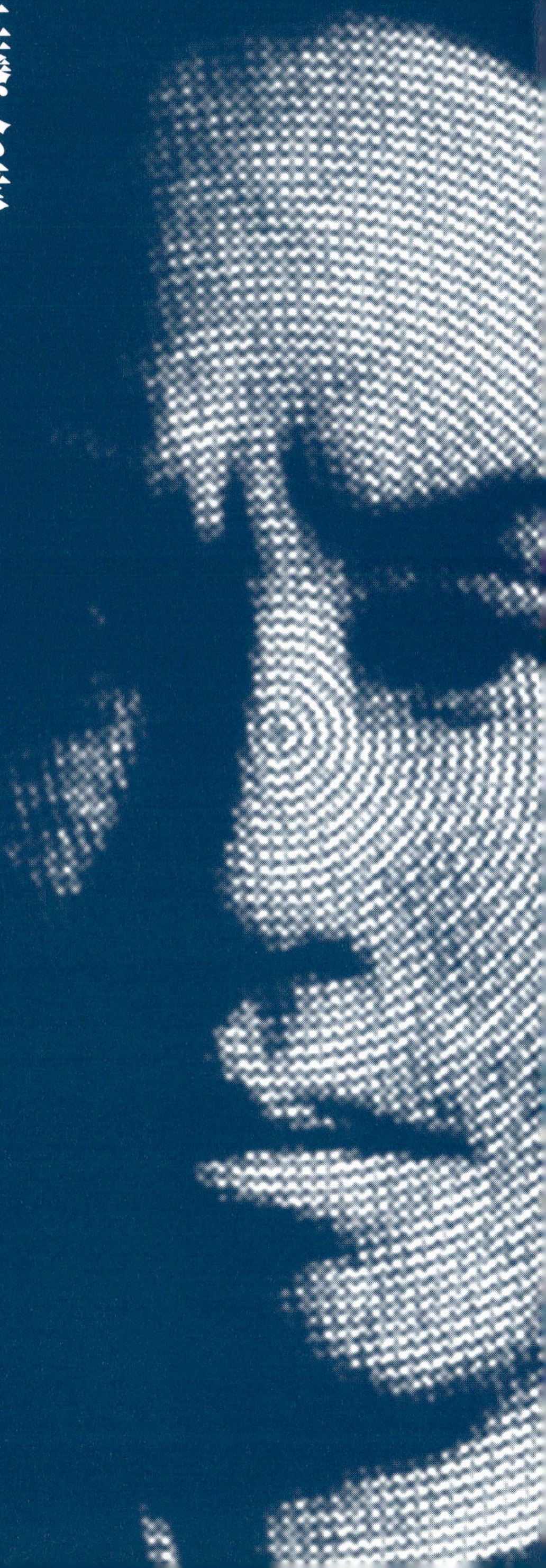

集広舎

出獄後、武漢で抗日戦についての意見を執筆中の陳独秀（一九三八年一〇月頃。『陳独秀晩年著作選』所収）

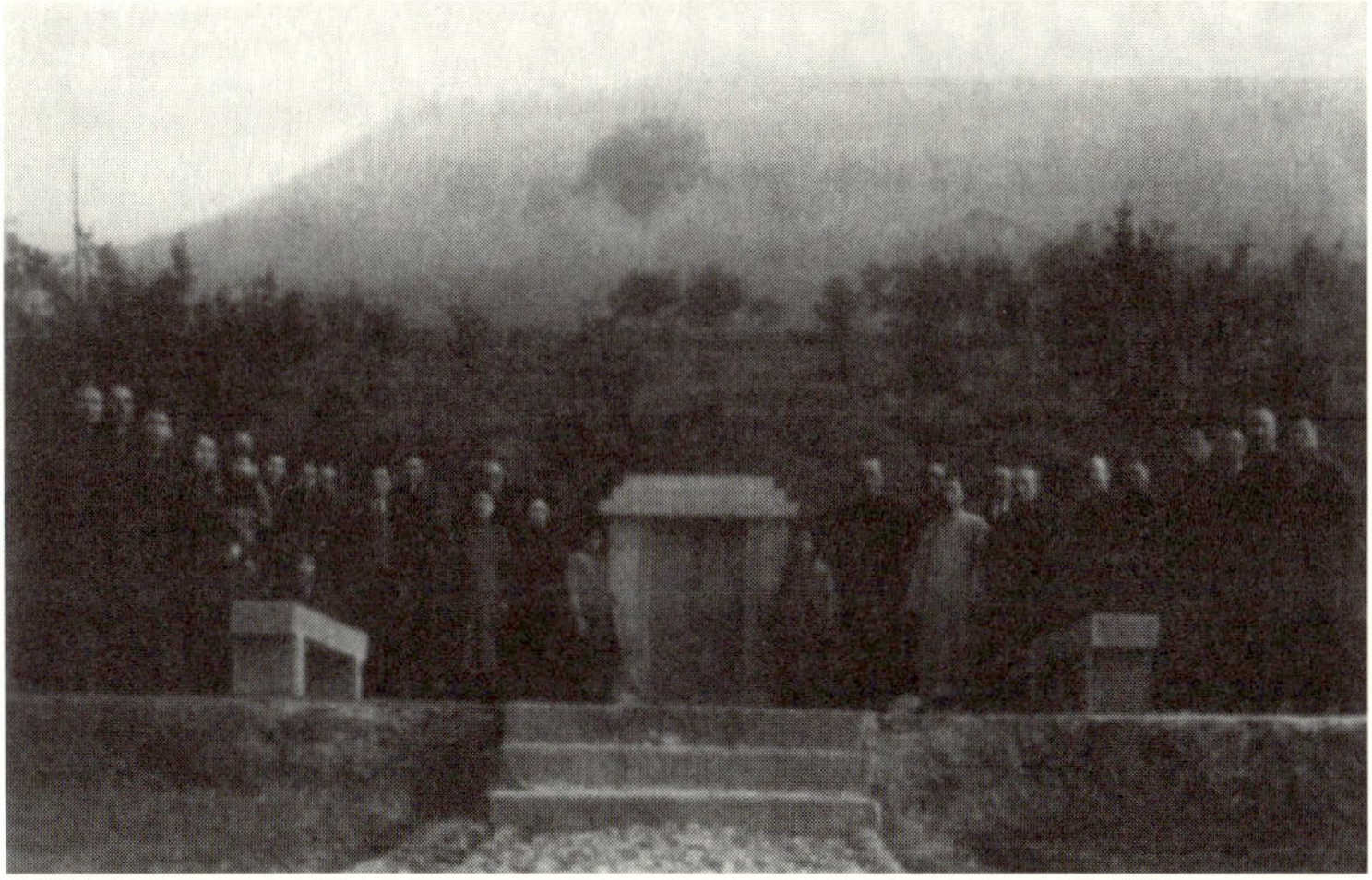

陳独秀埋葬（一九四二年六月一日）後、墓への参道ができた記念式典の写真（『陳独秀晩年著作選』所収）

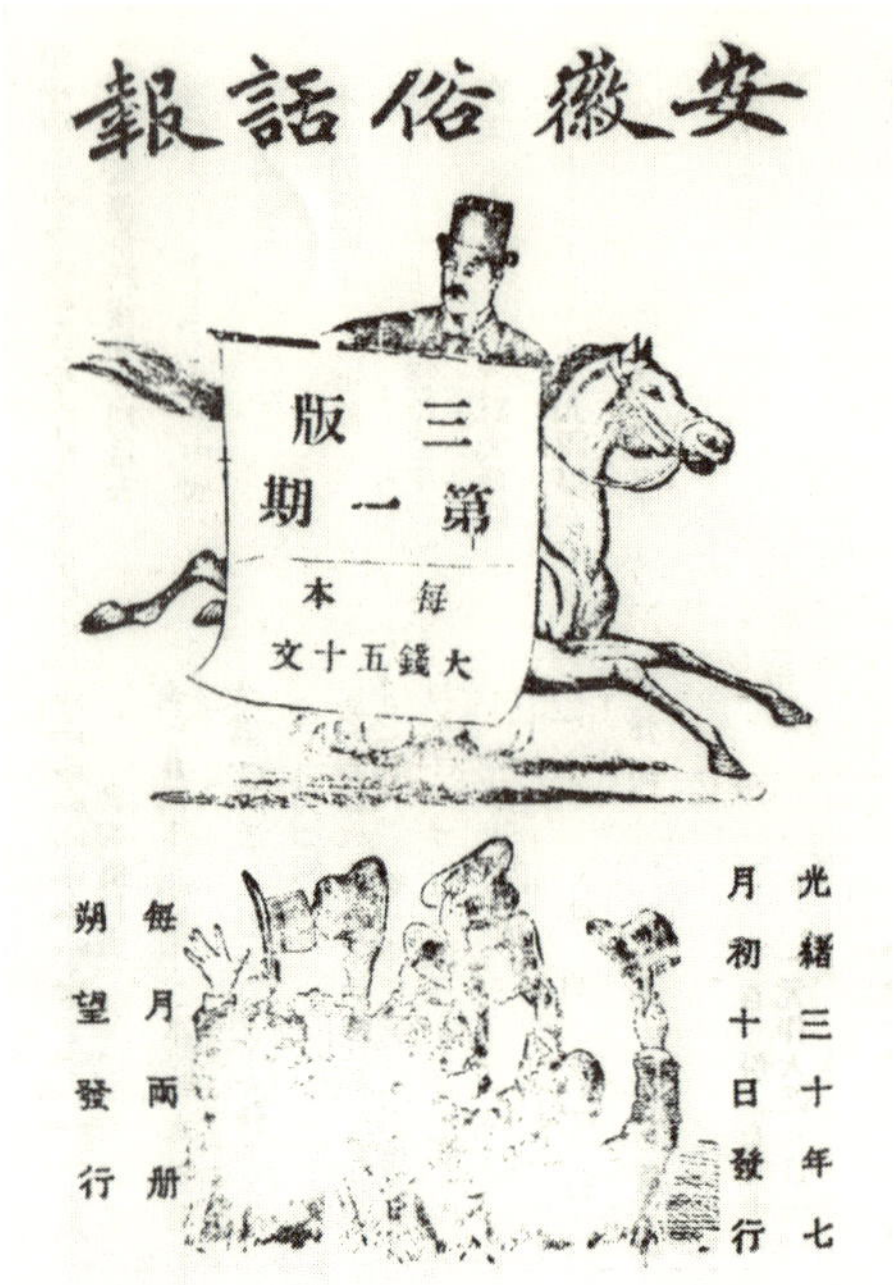

『安徽俗話報』第一期の「表紙」。「光緒三十年七月初十日」とあるが、実際は光緒三十年、一九〇四年三月に出版された（影印者説明）。陳独秀はこの号に「瓜分中国」と「酔東江——時俗を憤る」を書き、「中国」がまさに分割され「亡国破家」せんとしているのに、朝廷は洋人に「奴才の本性」を示していると憤った。

「国恥図、その四」（一九〇四年一〇月刊『安徽俗話報』十四期の中の絵）。「人を捉えて奴と為す——庚子の年（一九〇〇年）、ロシア人は東三省を占領し、到るところで中国人を捉えて、ロシアのために鉄道を修造する苦工にし、労働の銭は無く、ただ一塊のパンが発給されるだけで、働きぶりが悪いとやたらに鞭打たれた。牛や馬を扱うのと同じだ。これこそ国亡びて奴と為り、退場する初めではないのか。」

『青年雑誌 *LA JUNESSE*』第一巻第一号（上海・群益書社印行、一九一五年九月一五日発行）の「表紙」。肖像は「カーネギー」でその伝記が掲載されている（二号以下の肖像はツルゲーネフ、オスカー・ワイルド、トルストイ、フランクリン）。陳独秀は「敬告青年」のほかに「法蘭西人与近代文明」など三編と国内・国外大事期、通信を書いている。「現代文明史」はセニョボス著のフランス語からの翻訳、「婦人観」はマックス・オーレルの「Thoughts on Women」の翻訳である。

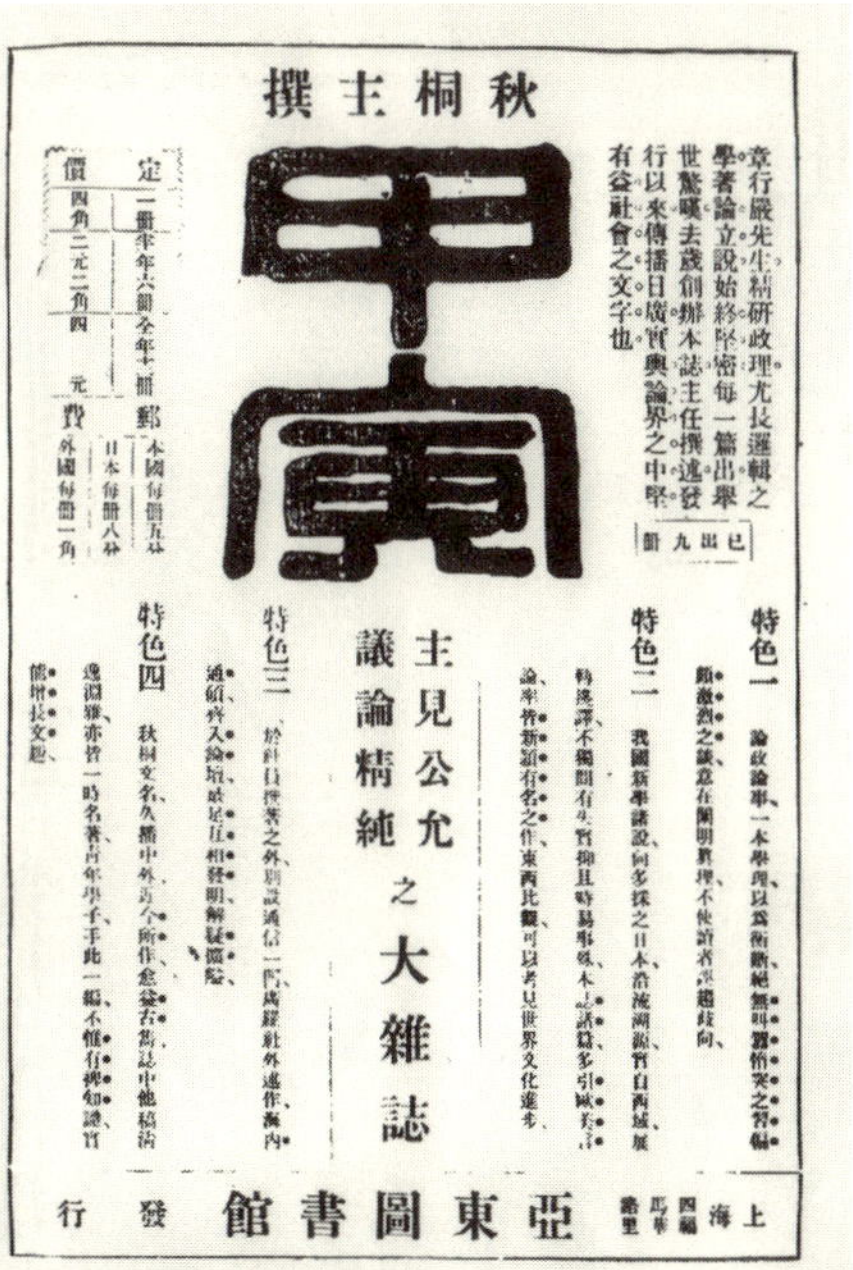

『青年雑誌』第一巻第一号の「裏表紙」は、章士釗（章行厳、秋桐）主撰『甲寅』雑誌の第十号が汪孟鄒の亜東図書館から出されたとの広告（「章行厳先生は政理を精しく研鑽し、尤も論理の学に長じ、論と説は一貫して堅にして緻密、一篇ごとに世を驚かせり。去年本誌を創刊し、撰述を主任、発行以来……実際に輿論の中で社会に益する文字を堅持している」とし四特色を挙げている）。また同号に、安徽第二師範校長の胡晋接とその高足の程先生の合著『中華民国地理講義』の広告があり、「国民教育」のために「領土領海の得失の故」を明らかにする地理書として「得るところの益、大」とある。

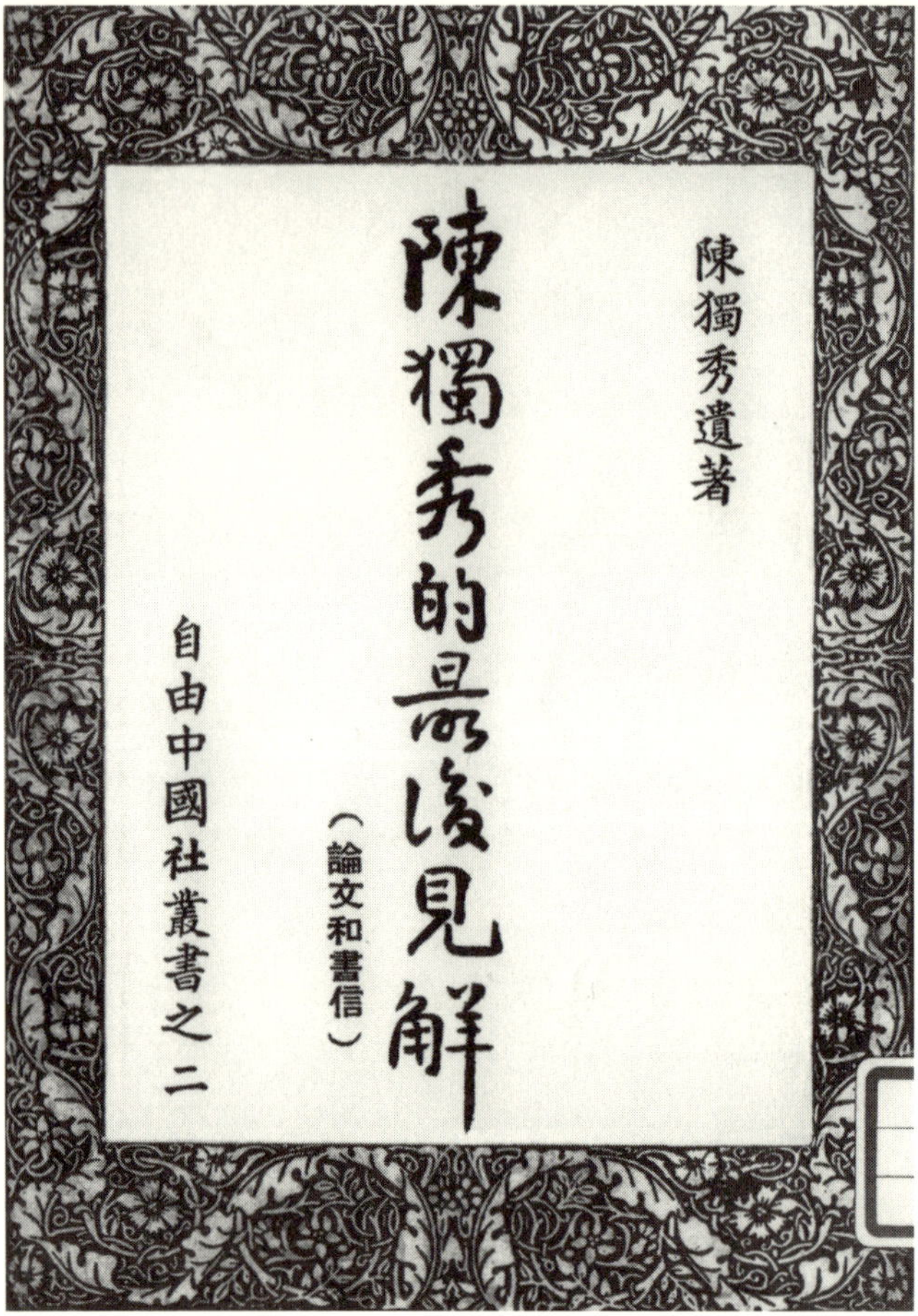

胡適序言本『陳独秀的最後見解（論文和書信）』
（自由中国社出版部刊、一九四九年六月、広州・香港）

目次

陳独秀　その思想と生涯　1879-1942

胡適序言・陳独秀遺著『陳独秀の最後の見解（論文と書信）』を読む

第五章　「国共合作」方式下の「大革命」の敗北と陳独秀　253

第七章　陳独秀遺著『陳独秀の最後の見解（論文と書信）』――その翻訳と注・解説　369

【凡例】

一、＊印は筆者の長い注釈で、段落の後に付けた。

二、本文中の（　）は筆者が加えた説明など、［　］は人名などの補足である。

三、引用文献中の（　）は原文にあるもの、［　］は筆者の注釈（言換、同義）である。

四、長い固有名詞には次のような「略号」を使用した。

ＥＣＣＩ……コミンテルン執行委員会

ＧＰＵ　……ゲー・ペー・ウー、ソ連秘密政治警察

ＣＩ　　……共産主義インターナショナル、コミンテルン

ＲＣＰ　……ロシア共産党

ＣＣＰ　……中国共産党

ＳＹ　　……社会主義青年団

『共産国際』一……『聯共（布）、共産国際与中国国民革命運動（一九二〇－一九二五）』

『共産国際』二……『共産国際、聯共（布）与中国革命文献資料選輯（一九一七－一九二五）』

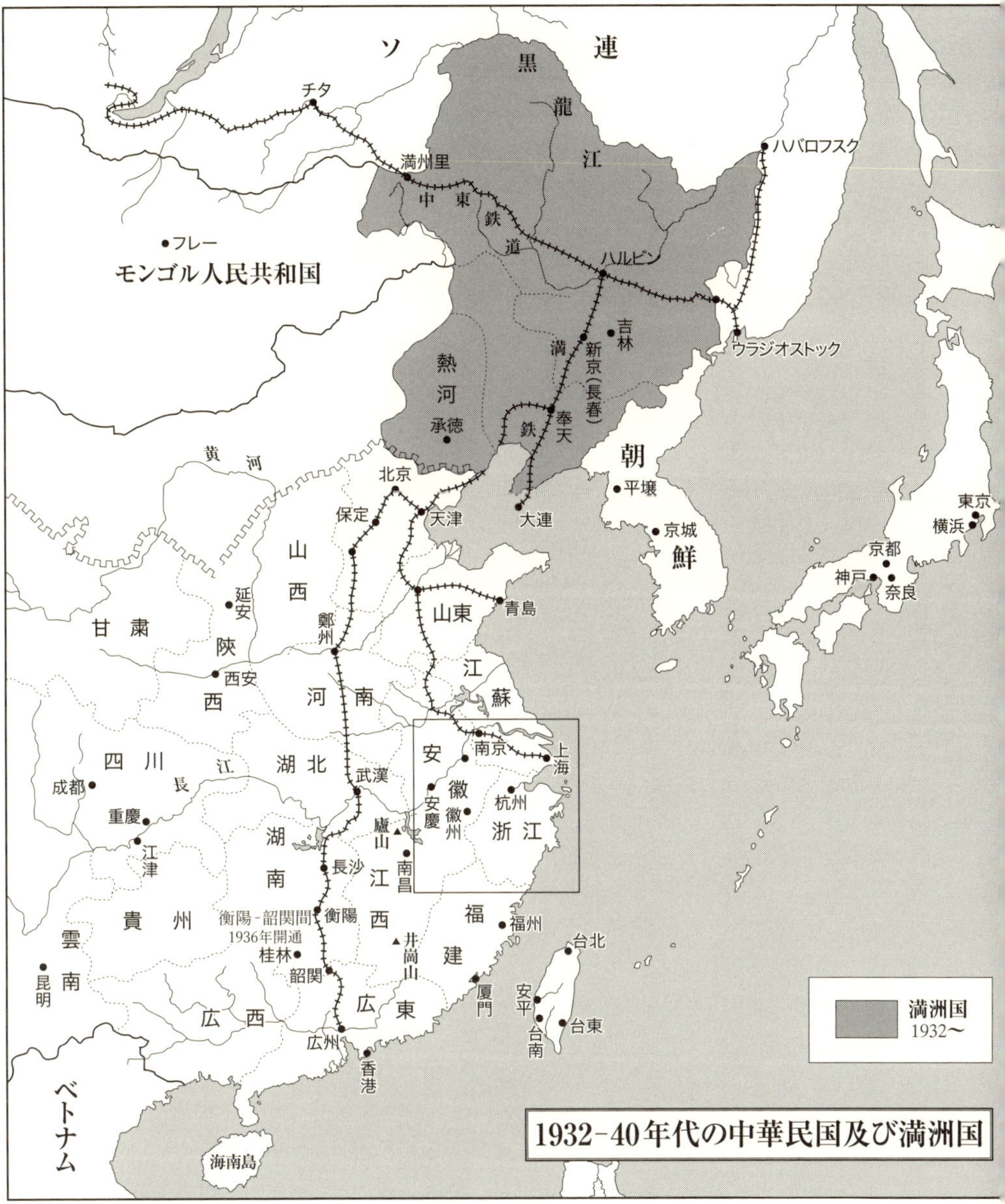

ソ　連
チタ
満州里
中東鉄道
黒龍江
ハバロフスク
ハルビン
フレー
モンゴル人民共和国
吉林
新京（長春）
満鉄
熱河
承徳
奉天
ウラジオストック
朝鮮
平壌
京城
大連
黄河
北京
天津
保定
山西
延安
甘粛
陝西
西安
鄭州
河南
山東
青島
江蘇
東京
横浜
京都
神戸
奈良
四川
長江
湖北
成都
重慶
江津
武漢
安徽
南京
上海
安慶
徽州
杭州
浙江
湖南
廬山
南昌
長沙
江西
貴州
衡陽-韶関間
1936年開通
衡陽
井崗山
福建
福州
台北
雲南
昆明
桂林
韶関
広西
広東
厦門
安平
台南
台東
広州
香港
ベトナム
海南島
満洲国
1932〜
1932-40年代の中華民国及び満洲国

陳独秀、汪孟鄒、胡適の故郷
安徽省南部
南京
江　蘇
安
蕪湖
蘇州
太湖
黄　浦　江
上海
南陵
宣城
涇
安慶
徽
旌徳
杭州
黟
休寧
績渓
祁門
九江
歙（徽州）
江
塘
銭
屯寧
婺源
金華
江
西
浙　江
福　建

序章

一九四九年四月・太平洋上

かれは万年筆を置くとフゥーっと溜め息をついた。机の上には書き終えた原稿用紙と一冊の冊子があった。顔を上げてふと横を向くと丸窓がゆっくりと上下している。窓の外は暗く、船は太平洋の波の上をゆっくりと進んでいるようだった。かれは椅子の背に凭れると、瞼を閉じた。在りし日の彼の活力に満ちた姿がそこにはあった。彼はまだ三十代で、エネルギーにあふれ、万敵を倒す勇猛な筆と弁舌を振っていた。しかしそこにはある陰翳があった。それはかれ自身の中に有るある陰翳とどこか近く、しかしどこか遠いものだな、とかれは思った。思えば不思議ではあるが、また必然の運命でもあったのか、とかれは心地よい幽かなエンジンの音に誘われて、思念を遡らせた。それにしても色々なことがあったものだ。歴史とは、人とは、……余りにも多くのことがかれの頭の中を駆けめぐり輻輳した。やがて、そうした思念を思い切ったかのように、かれは坐り直してペンを持ち、「一九四九・四・十四夜、在太平洋船上」と几帳面な字で書いてペンを置いた。一つの時代が廻ったのかも知れないな、と思った。それにしてもなんと多くのことがあったのだろう。この太平洋の先には「希望」が有るのだろうか。三十九年前、まだ清朝だった宣統二年（一九一〇）に若き己が米国留学生として新世界への希望に胸躍らせて船から海を見ていたのと比べると、何と大きな違いがあることだろう、と思った。

かれとは胡適、彼とは陳独秀のことである。これから話そうとするのは中国現代史上避けて通れない二人の思想家、政治家、学者であるこの二人、陳独秀と胡適の話である。だが、この二人は日本では長く禁忌《タブー》の下に置かれ、語ることが憚られる存在だった。近年は少し語られるようになったが、かれらの人生とその活動にはまだまだ明らかにされねばならないことが数多くある。わたしは、このような書き出しで、彼らの人生とその知的遺産を語りたいと思った。二人の陰翳とは「父無し子」の影のことであるが、しかし、自分の無能力さに嫌気がさし、断念した。そしていつものように、幕が開き、いつものように、学者然として、彼らの歴史時代を語るよりほかない無能な自分を見つめるよりほかなかった。

胡適は失望させられた人だった。陳独秀は挫折させられた人だった。かれらは「新しい文化と教育」の力によって、あるいは「新しい階級」の力によって、旧い中国を「近代」的な社会・国家に生まれ変《ルネサンス》わらせようと奮闘した。しかし新しい文化と近代革命を通した中国の近代的な社会・国家への転型は結実しなかった。王朝・帝国が再建された。「中国革命」は「農民反乱による王朝交替の循環構造の罠」を脱することができなかった。一九一一年の「共和国」の夢、「新文化運動」の啓蒙思潮、ロシア革命の光明に包まれた「マルクス・レーニン主義」の共産党の夢、これらはスターリン主義の毛沢東の中国革命とその後継者たちによる「朝代（王朝）」へ、その交替と専制に結果した。そしてこの「共産党」王朝・「大中華」帝国は、内に「少数」諸民族を抑圧してその言語と文化を奪い、「人民の移動の自由」を農村戸籍制度で奪い、人民の「宗教・思想・言論・出版の自由、集会結社の自由」を奪い、IT・AI技術を駆使した「監視社会」を作り上げ、十四億人民への「個別人身支配」の「完成」を目指して邁進している。「監視社会」を作り上げるその世界の最先端を走っている。*

外では「一帯一路」といって金銭力と軍事力で周辺域を威圧しつつある。かつて周恩来は「中国は決して覇権国にはならない」と言ったが、「国家資本主義」の経済大国として蓄積した金《マネー》（資本）を外国に「投資」し、その投資先への政治的影響力を画策するために強い軍事力（海軍力）を誇示しようとする姿は、彼らがかつて憎み敵視した「帝国主義」国家の行動と見間違うばかりだ。「新植民地主義」との批判さえ起き始めている。つまりは、「共産主義」も「銭」と「力」を持つと、「帝国主義」に為る（蔣廷黻『中国近代史』、邦訳一二三頁）のだということのようである。この超近代的「中華帝国」はその「歴史的役割」を終えて下台するまで持続することになるのであろう。その歴史的な役割の終焉を告げる鐘がいつ鳴るのか、鬨を告げるのは、「新しい階級」なのか、農民大衆反乱なのか、国際間紛争、民族間紛争なのか、それとも何か新しいものなのか、それは誰にも分からない。いま、私たちはそういうところにいる。

＊なぜ中国社会がＩＴ・ＡＴ最先端技術を駆使したネット・スマホ・電子マネーの社会、独裁制下の「監視社会」に容易に転進できたのかは興味深い問題である。世界水準へのキャッチアップの渇望が推進力であることは間違いないが、かくもスムーズに進行し得る秘訣は何なのか。それは、中国人の文化の根底に「プライバシー」という感覚が無いからだと私は考える。プライバシーがないということは、つまり「公私不分」の四字、私が私として独立せず、公が公として独立しない社会だということだ。グリーダーの『胡適 1891 - 1962』を訳していて、次のような部分に行き当たった。「政治は自由人の公共行為（public actions）である。自由とは公共行為から離れた人間のプライバシー［私事の内密性］である」（バーナード・クリック）という区別は、「ギリシャの都市国家が衰退して以来、西洋の政治思想家を最も悩ませてきた問題の一つである。即ち、人は、一方の全体としての共同社会の生活と密接に関係するがゆえに、共同社会の政治権力の地位にいる者の権限に従う、という公共的関心の領域において、何が正当（正統）とされるものなのか（合法か、伝統か、カリスマか――筆者）ということ、そしてもう一方の、何が、プライベートなものとして、個人の判断と個人の良心の命令の領域の内に残されているのかということ、この二つの問題を確定する領域の問題である。このような区別は伝統中国の政治的文献（文化）の中には無い。それとは反対に、儒教理論は公共的価値と個人的価値とを区別する妥当性を暗黙の裡に否定しているのである」。「天」の「子」の徳、「聖人の道徳的品質を持った統治者のそれを推し広めることに由って、良く統治された国家の公共的価値になる、とする」――儒教の「修身斉家治国平天下」は「修身斉家」という私的領域と、「治国平天下」という公共空間とに分けられるが、それを、個人の内心の道徳から天下秩序までが無矛盾的に一貫している、全一性（天人合一）的であることを理想とした（筆者）――、その「儒教で教育された官僚－学者は私的な個人としての地位は持っておらず、かれらの帝国主人が押し付けてくる要求からわずかに公理 right と習慣によって守られていただけだった」。市民社会（家族と国家との間の社会空間）に存在する宗族・氏族（ジッペ）、ギルド、宗教団体、士紳団体などの中間団体は、帝国秩序の維持と両立する社会統制の役割を果たすことを期待されていたが、しばしばその「私忠」は皇帝秩序への忠誠と対立し、その秩序の破壊に転化する可能性があったから、権力によって厳しく統制された。帝国権力は広く世界に浸透し、挑戦不可能なほどだった」（拙訳書、四四七頁）、とあった。中国共産党の支配はこ

れらの中間団体そのものだけでなく、社会主義の名で、私有（私的）財産を奪い、全人民を文字通り「無産階級」、無産無業の「恒産無くして恒心無し」の存在にし、「個人」が成立する物質的基盤そのものを喪失させた。そして「プロレタリア独裁」の名の下で、「檔案」制度を用いて、かつての帝国権力よりも一層精緻に個人の履歴・思想を掌握・支配し、「教育」で国家＝共産党への公忠を持った公民を作り上げた（拙著『中国近現代史はどう書かれるべきか』、第五章「中国の社会主義と知識人」を参照されたい）。「全体主義」的国家はその「個別人身支配」をさらに一層ＩＴ・ＡＴ技術で「完成化」し、最先端の「監視社会」を作り上げようとしているのだが、「プライバシー」（道徳的良心の私的領域）をそもそも稀薄にしか持たない人民——永続的男系血縁の連鎖の一部分としてのこの世の我生命という意識・親親尊尊（親者に親しみ尊者を尊ぶ）道徳意識を持った人間——は、内面的にも、外形的にもこの国家権力の浸透に抵抗することが極めて困難なのである。胡適や陳独秀が「個人」を重視したのは、公と私の区別が近代国家の政治の基本条件だったからだ。だから逆に、中国国家は一見公共利益と見える名目を掲げて人民の抵抗に遭うことなく「監視社会」化へ推進できるということにほかならない。これが「中国的特色を持った「社会主義」社会」なのだとすれば、「社会主義」の将来がこんな姿だとはマルクスは「夢」にも想わなかったのではなかろうか。

これが数十年中国の歴史を研究してきた一歴史研究者の現在の地点からする現代中国の歴史についての概括的な総括である。中国史二千年を貫いた、王朝権力の腐敗、農民反乱によるその崩壊、新王朝の再建、という王朝交替の循環構造の罠、トラップから脱却し、中国を「進歩」「進化」する近代世界に適応した新しい中国に生まれ変わらせよう、作り変えようとした近現代の中国人たちの奮闘は今もって姿を見せぬまま埋もれさせられ、忘れ去られたままである。

陳独秀は「近代」が作り出した最大の貢献は、〈一〉科学技術、〈二〉民主制、〈三〉社会主義だと言った。かれらの考えでは、近代的な中国は何よりも民主《デモクラシー》と科学《サイエンス》（批判的な理性・科学精神）の社会・国家でなければならなかった。近代的社会・国家の背骨をなす新たな原理、「民主《デモクラシー》」は、自由・平等の基本的人権を持った個人の尊重に基礎を置いた、国民《ピープル》主権、法の支配、代議制（三権分立）、直接選挙を通した人民《ピープル》による統制、によって実質化される「政治」といって良いだろう。通俗的に、人民の、人民による、人民のための政治と言って良いかも知れない。新原理のもう一つの「科学」とは、旧い中国を支配していた旧い文化、儒教の宗法・家族主義的な道徳倫理思想、仏教道教の通俗的な宗教観念、超能力や神秘性を持った迷信の類に代って、西洋の科学的な思想のような、批判的で合理的・論理的な思考を教育と啓蒙を通じて身に着け、そうした批判的・合理的な精神を基礎にした社会・産業・経済・技術を指すと言って良かろう。

この新原理を最も高らかに提唱したのが『新青年』の陳独秀（一八七九－一九四二）であり、胡適（一八九一－一九六二）だった。その実現の方法をめぐって「新青年」同人は陳独秀・李大釗の「政治」参与派と、胡適を代表とする「政治」から距離をおく派とに分裂したのだが、両者の根は同じだった。それ故に双方は相手に対して批判を持ちながらも、互いの学識への尊敬と人間的信頼で、「政治」を超えた人間関係を保った。しかし李大釗は張作霖に処刑され、陳独秀・胡適の二人はその後の歴史の展開の中で「挫折」、「失望」させられた人になった。「忘れられた思想家」胡適については、J・グリーダー『胡適 *1891-1962*――中国革命の中のリベラリズム』（藤原書店、二〇一八）を翻訳して出版したから、日本語でもその生涯と思想をほぼ理解することができるようになった――李大釗についてはメイスナーの著作『中国マルクス主義の源流』の訳書が既に出ている――が、その胡適の生涯と思想に、時に共振して結びつき、時に対立して離れ、自らの気質と思想に従って生き、活動を展開したのが陳独秀で、この二人の思想は異色の糸が撚り合わされ縺れるようにして一九一〇年代後半から一九四九年まで、歴史的に展開した。二人の思想的営為とその深さと広がりはこの時代の中国の歴史を読み解く上で最も重要なものだとわたしは考える。だが残念なことに、陳独秀に関しても満足できる日本語の著作は無い。胡適は陳独秀を「終身の反対派」と評したが、これは陳独秀の思想の本質を射当てた至言である。本書はこの時代の政治を劇的に生きたその陳独秀の生涯の最晩年の思想を「遺著」を精読しながら読み解こうとする試みである。

胡適が太平洋上の船で書き終えた冊子、陳独秀遺著『陳独秀の最後の見解』の胡適序言は、かれの「陳独秀へのオマージュ」である、これが本書の結論のようなものである。なぜか、それをゆっくりと読解しながら考えてみようと思う。

第一章

胡適序言・陳独秀遺著『陳独秀の最後の見解（論文と書信）』

これから本書で翻訳し解釈・解説しようとするこの「遺著」の書誌の問題について、まず述べておかねばなるまい。なぜなら、前述したように本書の底本にした「胡適序言本」は、大陸が共産党軍によって制圧される直前に出版された貴重本であるが、それは大戦後に中国トロツキー派の一員だった何之瑜によって編集出版された私家版を基にして編集された本だからである

第一節　書誌の問題

胡適序言本の表紙は本書裏表紙と同じで、「陳独秀遺著『陳独秀的最後見解（論文和書信）』、自由中国社叢書之二」となっている。頁を開くと、中扉が「陳独秀遺著『陳独秀最後対于民主政治的見解（論文和書信）』自由中国社出版部」となっている。全五四頁の小冊子で、奥付けに「中華民国三十八［一九四九］年六月初版」、「発行者　自由中国出版部、印刷者　香港高士打道六十四号　東南印務出版社」とある。本には「傅斯年図書館印」と請求番号（Fu 321.6 440）があり、中央研究院歴史言語研究所傅斯年図書館所蔵本である。傅斯年所蔵本ではなかったかと想像されるが、これは分からない。中央研究院近代史研究所郭廷以図書館も貴重本として所蔵する。これを「胡適序言本」と言い、胡適と自由中国社が原書である何之瑜編の『陳独秀遺著「陳独秀的最後論文和書信」』（一九四八、上海）所収の論文書信を執筆年次順に配列し直し、四件を削除する編集を施して、中扉に『陳独秀的最後対于民主政治的見解（論文和書信）』という文字を書いた頁を置き、その上に「陳独秀遺著『陳独秀的最後見解（論文和書信）』」という表紙を被せ、一九四九年六月、人民共和国成立直前にまだ共産党軍によって占領されてなかった広州（香港）で出版したものである。この胡適序言本は日本では東大東洋文化研究所の今堀文庫の中に『陳独秀的最後対于民主

政治的見解（論文和書信）』の名（中扉の名）で入れられている。何之瑜原本は中国でも安徽大学など数か所にしか所蔵されていない超稀覯本だが、中国の研究書にはしばしばその一部が引用されてきた。何之瑜編原本の中文原文は、香港学者の林致梁と、幼時に陳独秀と共に四川省江津県に住んでいた母方の孫の呉孟明らが編集した『陳独秀晩年著作選』（天地図書、二〇一二年一一月、香港）の中に全文がそのまま入れられ、今日では見ることができるようになった（少し問題が残るが）。何之瑜原本は海外では『陳独秀文集3』（平凡社東洋文庫、二〇一七）が使用したアメリカ南カリフォルニア大学東アジア図書館などにあり、何之瑜原本の英文訳版が、Gregor Benton ed. and trans., *Chen Duxiu's Last Articles and Letters, 1937-1942*, University of Hawaii Press, Honolulu, 1998. として出ている。この英文版も参照したが、英文版は最初はイギリス・リッチモンドの Curzon Press から同じ一九九八年に出版されているから、イギリスにも存在するようである。

第二節　本書の目的――『陳独秀文集』三冊（平凡社東洋文庫）の問題点と既研究の不充分さを正し、陳独秀の真面目を明らかにする

わたしは中国共産党によって公式的に貶められて来た陳独秀を「復権」しようというような野心はまったく無い。そしてまた筆者にはその能力も無いから、共産党時期やトロツキー派時期の陳独秀については専門家のようには詳しくは論じられない。J・グリーダーの『胡適と中国のルネサンス――中国革命の中のリベラリズム』（原書名）を読んでいるうちに出くわした問題に何とか片を付け、整理したいと考えただけである。該書（拙訳書二六六頁）に、胡適は旧戦友の「陳独秀の最後の文章を集めた薄い本のために書いた序言の中で……」とあり、この本とは何だろう、と探し出して読んで、衝撃を受け、学生時代から今まで得てきた自分の中国近現代史・思想史の「常識」と

の「落差」、「乖離」に驚いたのだ。この戸惑いの感覚をどう処理したらよいか、回答を与えたいと思ったに過ぎない。しかしまた、陳独秀の本のこうした読み解きは、中国の近現代の歴史に限定されない「歴史と思想」についてのわたしたちの理解に資するものともなるだろうと考えたからである。ところが、筆者は中国「現代史」や「思想史」については「専門家」のレベルではなく、知識は多くない。政治がらみになる現代史の研究はつとめて避けて来たし、西順蔵先生に大学院で思想史らしきものを教わっても、中国思想史は避けてきた。わが国にも「専門家」はおり、横山宏章『陳独秀とその時代』(慶應義塾大学出版会、二〇〇九)などが出ている。しかし、該書は最も問題化されるべき陳独秀の左派反対派への転換とコミンテルンと中共の関係、ソ連でのスターリン派とトロツキー派の党内闘争の中国への影響の関係、トロツキー派の永続革命論と陳独秀のその思想との関係、出獄後の中共への復党問題・漢奸問題(中共からの漢奸誹謗)、最晩年の思想——陳独秀の中共認識、かれはなおトロツキー主義者だったか、マルクス主義者だったか、それとも胡適の言うように「民主主義者」だったのか——などについては、十分に考究・説明していない。わが国の思想史学界の研究も活発とは言えず、学説見解も定説化されているようにも見えない。

こうした問題状況に正面から答えようとしたのが最近刊行された平凡社東洋文庫の『陳独秀文集』(二〇一七)三冊であろう。第一巻は初期思想・文化言語論集、第二巻は政治論集1で、第三巻が政治論集2、この三冊から成る。『陳独秀文集』(以下、『文集』と略す)は陳独秀の主要な文章を詳しい註を付けて翻訳したもので、大変な精力をつぎ込んだ敬服に値する仕事である。日本語で陳独秀の文章が読めるようになり、今後共有財産として多くの研究者に利用され学術研究が進展することが期待される今までにない刊行物といって良い。

しかし、近代史の義和団事変や反キリスト教事件の研究者として一言言わせてもらえば、その編集の選択にはいささか納得できかねる点と、不満・注文がある。全三冊に陳独秀の全文章を入れることは到底出来ないから、当然取捨選択が行われることになるが、陳独秀の義和団やキリスト教についての議論には政治的情況と立場による変動がある。その「直覚」による文章に「多くの異なる論旨」があるのは、「社会思想の変遷の産物」（『独秀文存』自序）であるからだが、義和団論（や鬼神論）は陳独秀の思想の背景を為すかれの近代西洋理解、それと相即する旧い中国への認識と不可分なもので、枝葉末節な問題ではない。しかし、『文集』はそのように読めるようになっていないのだ。少し長くなるが、後の第四章「陳独秀と胡適」とも関係するので書き置くことにする。

まず、第一点。『文集3』は、第四部として、陳独秀遺著『陳独秀的最後見解（論文和書信）』を全て、つまり最初に出版された何之瑜原本の形を翻刻し訳出している。この編集の仕方の問題性については後述するが、その中の論文、〈一〉「戦後世界大戦の輪郭」（一九四二年二月一〇日執筆、三二三頁所収）で、陳独秀は、「抗日戦争のなかでも絶対に起こってはならないことが二つ起こっている。一つは……、もう一つは、呪文で銃砲を防げるとした義和拳の思想を引き継ぎ、標語・スローガン・歌唱で飛行機・大砲・戦車を防ごうとしていることである」（三三五頁）と書いたが、中国の「義和団現象」に批判的なこの文章が『文集3』に入れられている。また初期の『安徽俗話報』（十一期、一九〇四年八月）の「論戯曲」で、陳独秀は「神仙奇怪の戯《しばい》を唱うな」と言い、「鬼神はもともと渺茫なものだが、愚民を煽惑して、害を為すこと浅くはない。あなたは庚子［一九〇〇］の年の義和拳を見たろう。みな芝居の中の天兵天将に学ぼうとしたのではなかったか。かの『泗州城』、『五雷神』、『南天門』のような一連の芝居は荒唐でお笑いものだ。尤もひどいのは『武松殺嫂』で、……鬼を助けに来らせる必要がどうしてあるか。……」と言っている。これも『文集1』に入れられている。

だが、それと同時に、『文集』はこの見解と反対の論であるかれの論文〈二〉「キリスト教とキリスト教会」（二巻六九頁）と、〈三〉「義和団に関するわれわれの二つの誤った考え」（二巻一七一頁）を訳して入れている。であるならば、両者を共に理解するのに必要な材料を提供するか、解釈を加えておく義務があるのではなかろうか。〈二〉の文章はキリスト教とキリスト教「教会」とを分けて、在華キリスト「教会」のあり様を批判したもので、〈三〉の文章は、義和団議定書（辛丑条約）二十三周年記念の『嚮導』「九・七特刊」（一九二四年九月三日）に中国共産党総書記としての陳独秀が書いた文章、義和団事件は現代史の重要な事件で、辛亥革命にも劣らないものだと言って、世の中の、義和団の野蛮さへの憎悪と、事件は少数の者の罪悪によって起こされ全中国人民に巨額の負担が強いられたのだという二つの考えを糾し、事件は「中国革命史上の悲壮な序幕だった」のだ、と義和団の野蛮さを肯定したものである。ところが、これらの文章と反対の見解を示す〈四〉「克林徳碑（ケッテラー碑）」（一九一八年一〇月、『新青年』五巻五号）、〈五〉「基督教与中国人」（一九二〇年二月、『新青年』七巻三号）――これらは〈一〉の二つの論文に繋がる見解である――は『文集』には訳されて入っていないのである。これらの文章も入れて置かないと、陳独秀の思想の変化が読み取れず、誤った読解を導きかねないだろうということである。このことは一昨年に書いた私家版の『親中国・東大派のイデオロギー的な「逆襲」――拙著『中国の反外国主義とナショナリズム』への『中国研究月報』の書評、それへの反論文の扼殺の顛末――』（青娥書房、私家版、二〇一六年九月、全五八頁）でも触れて、陳独秀はこれを「中国文化の畸形発展の末路を示した」ものだと書いているのを紹介しておいたが、わたしは、この〈一〉論文「論戯曲」、「輪郭」の考えと、〈四〉〈五〉論文の見解とが陳独秀の基本の思想だと考えている――在華キリスト「教会」は批判するがキリスト教は往年の中国共産党のように「アヘンだ」などと批判していない――。ではなぜ、〈二〉〈三〉論文のような文章が書かれたのかだが、これについて胡適は次のように証言している。

胡適は陳独秀の〈三〉論文が発表された直後の一九二四年九月一二日に「『努力』の問題」（『晨報』）という文章を発表して、今日の政治方面では独立した正直な輿論機関が必要で『努力週報』は継続さるべきだ、「思想方面から見ると、一方は復古の混沌思想、もう一方は拳匪を頌揚する混沌思想、どちらも徹底的に批判する必要がある。近日、拳匪の鬼運が大いに亨通している。六年前、「ケッテラー碑」という拳匪を痛罵した大文章（『独秀文存』巻二）の作者が、いままた大いに力を出して拳匪を頌揚している『政治生活』十五！」、「君子の立論は正直で人情味があるべきで、凡そ、その真実の動機は分からないけれども、その事に取るべきものがあるものは、なおその行為を誉めるべきであって、理学家の意図動機のみを攻める苛酷な論調に学ぶべきではない。今日のこのあらゆる場面で資本家の陰謀を畏れる人たちは、同時にまた往々にして拳匪のために説を曲げ辯を巧みにしている――これは真に手練手管を弄するもので、われわれはただそれを訴訟ゴロのやり方（訟棍的行為）と呼ぶよりほかない」（張静廬輯註『中国現代出版史料』甲編、北京、一五―一六頁、唐宝林・林茂生『陳独秀年譜』二一三頁も収む）と言って批判している。

第一次大戦、五・四以後のナショナリズムの上げ潮の中で初期マルクス主義者たちの義和団評価が一変するのはなぜかについては、わたしは前著等で何度も書いているが、胡適は陳独秀のこの変貌を「訟棍的行為」だというのである。つまり、一切の悪はみな「帝国主義資本家」の「陰謀」のせいだ、義和団は悪くないのだ、という悪徳弁護士（訴訟ゴロ）の「曲説巧辯」の類の論だ、と言うのだ。胡適はこの批判を南京国民政府成立後の一九二八年六月に書いた「請大家来照照鏡子」（『胡適文存』第三集巻一）の中でも再び述べる。「十数年来、また何人かの人［陳独秀ら］が中国の旧文学、旧思想、旧道徳宗教を進んで攻撃し――西洋の精神文明はわれわれ自身よりも遠《はる》かに勝《まさ》っているのだと進んで承認した。しかし現在、この少しの悔悟の気風さえみな消滅してしまった。いま、中国全部に誇大狂の空気が瀰漫している。義和団はみな崇拝すべき英雄志士になって、西洋文明はただ「帝国主義」の四文字さえあれば軽く抹殺してしまえるのだ！［蔣介石］政府は命令を下して旧礼教を提唱し、新若者は声高に『打倒文化侵略』と叫んでいる。われわれは全く過ちを進んで認めようとしない。進んで過ちを認めようとせず、事ごとに人を責め、己を責めようとはしないのだ。われわれは今日になってもなお口号《スローガン》と標語で帝国主義を打倒できると迷信している」、と――最後の部分は陳独秀の先の抗日戦についての批評と奇しくも一致している。

この論がその後の中国マルクス主義者（中国共産党公認）の義和団評価――文化大革命時代の紅衛兵の破壊的暴力の頌揚とダブらせた「傑出」させた評価を含む――と、西洋的普遍的価値への拒否になるのである。その義和団評価をめぐる論争、義和団の教科書記述の問題についても、わたしは一九八〇年以来たくさん書いてきたので、ここでは触れない。おそらく『文集』編者とは見解が違うのだろうが、学問には論争が必要だから、敢えて申し上げる。もし討論に為るとすれば、その討論の参考の為に必要となろうから、巻末に「ケッテラー碑」を訳して附しておくことにした。

第二点は、本書に引きつけて言うと、『陳独秀文集3』の第四部は本書が取り扱う内容とほとんど重なる――「胡適序言」が該書には訳されていないだけである。それならば、専門家の行なった仕事に殊更にわたしなどの素人が屋上屋を重ねる必要も無いだろうと思われるだろうが、そうもいかないからである。実は、前著『中国の近現代史はどう書かれるべきか』（汲古書院、二〇一六年一〇月刊）の「あとがき」で書いておいたように、数年前にすでにこの陳独秀遺著の翻訳を終えていて、何とか出版したいものだと考えていたのだが、少し前から平凡社東洋文庫『陳独秀文集』の出版予告が出ているのを見て知って、その中で長堀祐造氏が『陳独秀的最後論文和書信』を訳出されることを知り、長年研究をされてきた氏がするのだから、わたしの訳文の出版は必要無く、拙著も必要なくなったかと思ったのだが、昨二〇一七年四月に出版された原物を見て、これではなお出版する必要があると考えたわけである。以下理由を述べる。

一は編集の仕方の問題である。第三巻の第四部は、原著の何之瑜編・陳独秀遺著『陳独秀的最後論文和書信』（一九四八、上海）をその原構成通りに、独立した形で翻訳し注釈をつけて解説を加えている。これは、超稀覯本である該書を書誌的な正確さを期して再現し翻刻することを優先した編集方針である。それはそれとして一つのやり方ではあるが、これは元の何之瑜の編集処理の仕方が正しい、あるいは価値があるとする考えに基づいている。わたしは賛成しない。何之瑜の編集は、遺された論文と書信を出来る限り集め、編集方針を良く考えないで編んだもので、貴重な遺著を遺してくれた有意義な仕事ではあるが、しかし、集めただけで、書信・論文の内容を読解理解するのが困難になる処理の仕方である。少なくとも読者が自分で読解して自分で再構成しなくてはならない困難さを強いる編集の仕方であった。北京大学同学会の依頼を受けて江津九中の教師をしながら陳独秀の最後の世話をし、その葬式を出した何之瑜（トロツキー派）が、残された論文や友人の所で探し当てた手紙をまとめて編集し、遺著として同派同志の援助寄付金で私家版として出版したものだが、それは最初、四川で残された四論文を冊子にまとめ、戦後に上海に出てきて鄭超麟らの所で書信を集めて、それらをその後に付けて、それぞれ執筆順に並べただけで、編集意図はそれ以外にない。だから論文と書信が別に分類されて、論文と手紙はそれぞれがどういう順番で書かれたかは判るが、論文と書信が相互にどのように関連対応しているのかは明確でないように編集されている。手紙の中の人物は匿名化されているし、日付も含めて、良く整理されていないのである――なぜそういう構成になったかについては、翻訳の最後の部分で詳しく論証しておいたので、参照していただきたい。

本書は「胡適序言本」（一九四九年六月、初版、広州・香港）を底本にする。なぜか。何之瑜編の原本を読んで内容を知った胡適と自由中国社出版部は、原書所収の論文と手紙を分けずに一纏まりにして、それぞれの文章に日付を付けて執筆順に配列し直すという編集をして本を出版しているからである。かれらは日付を付ける際に何之瑜周辺に訊ねて調べたらしい形跡が窺われるが、これは確証が無い。しかしそれなりの根拠があって付けている（とわたしは判断した――しかしその際、四通の手紙を省略しているが、その理由も後で詳しく述べる――）。こうすると、陳独秀の最晩年の思想が一九四〇年三月から死の直前の一九四二年五月一三日まで、どのように変化したのかが通時的に読解できるようになるという考えである。編集方針としてはこちらの方が正しく、優れている。『陳独秀文集』が行った原本構造の全体の復元は、ほぼ完全に『陳独秀晩年著作選』（二〇一二、香港）でなされており、漢語が読める専門家にはその本の参照を求めればよいのであって、日本語に訳して提示するには別の編集の仕方の方が良かった、とわたしは判断する。

二は、胡適は、自分たちがそのように編集した本の読解を助けるために、省略した四通の手紙の文章も引用しつつ、長い「序言」を書き、陳独秀の思想が「民主政治」に回帰して来ているのを歓迎するという視点――グリーダーは「少しの優越感を持って」と評しているが（グリーダー前掲書第六章注二九）――を打ち出して、その線で導読（leading）しているからである。だから「胡適序言本」の中扉の表題が「陳独秀最後対于民主政治的見解」となっているのであり、海外にいたトロツキーとの、そして国内トロツキー派との関係で書かれた四通の手紙は必要ない、と省略されたのだった。それは中国南部が間もなく共産党軍によって占領されようとしていた一九四九年六月に香港で印刷（広州で編集）されたのであるから、「民主政治」に主軸が置かれたのも已《や》むを得ない状況だったのである。本書がその欠点をどのように処理したのかは後述したので見ていただきたいが、この胡適の陳独秀の民主政治への回帰という解釈に、わたしは幾つかの修正を付けるけれども、基本的に賛成するから、胡適序言を訳出する必要があると判断した。『文集』編者はこの胡適の見解を「再検討」するために、何之瑜編原本の復元が必要であると判断されたのか、それは分からない。これが本書を刊行する第二の理由である。

　第三の理由は、『陳独秀文集3』でもなお幾つか未解決の問題が残ったままだと考えるからである。長堀祐造氏は、胡適序言本が付けた執筆日時に不正確なところがあり、それが任建樹編『陳独秀著作選編』（六巻本、二〇〇九）、『陳独秀晩年著作選』（二〇一二）その他のテキスト、研究にも誤りが残されたのであった、と述べ、この問題は共編者の江田憲治氏（京都大学教授）の考証によってほぼ確定している、と言っている（三巻、三一一頁）。しかし、この話の前半の「胡適序言本」の付けた執筆日時は間違っておらず、正しいものである。その後の諸テキスト、研究が日付を間違ったのは別の事由による。後に詳述する。だから、江田氏の考証による『陳独秀文集3』の付けた日付は、わたしは間違いであると判断した。これが理由である。これはわたしもかつて作業をしていてかなり頭を悩ました問題で、解決に相当の時間を費やした難問だった。考証が必要な点はいくつかあるが、最も重要なのは陳独秀の「私の根本意見」の執筆日時である。

　陳独秀研究の第一人者である唐宝林と林茂生が書いた『陳独秀年譜』（一九八八、上海人民出版、以下、『年譜』と略す）がその元凶、原因である。何之瑜原編書には日付が無いが、胡適序言本は「目次」と「私の根本意見」の末尾（二九頁）で、その執筆日時を「一九四〇年十一月二十八日」としている——復元した『陳独秀晩年著作選』が四三六頁の編注で胡適序言本が一九四一年一一月二八日としていると書いているのは誤りである——。ところが、唐宝林・林茂生『年譜』五三二頁は、一九四一年一一月二八日の条に「撰『我的根本意見』、併油印寄発上海托派及其他友好（「私の根本意見」を書き、また謄写版印刷して上海のトロツキー派とその他の友人に送った）」と書いて、同頁の注①で、典拠は何之瑜編書二－三頁からとし、継いで、「ある材料［胡適序言本］は、この文の撰写時を一九四〇年と定めているが、不確かである。当時陳が鄭家稼等に出した手紙から判断すると、一九四一年でなければならない」と書き、また『年譜』一九四二年一月一九日の条の「Yへの手紙」「SとHへの手紙」の部分でも、この二通の手紙の日付が、「原著には『二月一九日』としかない。ある材料［胡適序言本］は『一九四一年一月一九日』としているが、確かでない。陳独秀の手紙と『根本意見』との関連から見て、『一九四二年一月一九日』でなければならない」としている（五三六頁）。これが濫觴で、「私の根本意見」執筆が「一九四一年」だとするこの説がその後の二通の手紙の日付の決定や、全ての研究に広がったのである。『陳独秀文集3』もこれが正しいとして、「私の根本意見」に同じ「一九四一年」の日付を付している（同書、四〇九、四一〇、四一一頁）［傍点は筆者］。

　ところが、当の唐宝林が自分の巨著『陳独秀全伝』（香港中文大学出版社、二〇〇二）の八〇一頁の註四三で、「「我的根本意見」（一九四〇年一一月二八日）、『陳独秀的最後論文和書信』、頁二」と書いているのである。見解を変更したのか！　これは責められるべき不注意である。「原書［何之瑜編書］には執筆日付はなく、胡適序言本には『一九四〇年十一月二八日』とある」（長堀祐造、『文集3』三二一頁）のだから――実際、胡適序言本にはこの日付がある――、唐宝林はこの日付を胡適序言本に依拠して書いたことになる。何之瑜原書に基づいたのではない。先に『陳独秀年譜』で「一九四一年」でなければならぬとしているのに、後年の自著で、日付の無いはずの文献＝何之瑜原書に基づき、「一九四〇年」だとしているのは、余りにも不注意、無責任である。出所を「胡適序言本」とするならまだしも、きちんと考証をして見解を変更して書き直したのではなく、安易に処理したとしか解せない。

　なんだ、たかが一年の差じゃないか、と思われるだろうが、実は少しく重要なのである。この間に「一九四一年六月二二日」の「独ソ戦開始」という大きな世界史的事件が挟まっているからだ。この独ソ戦の開始によって、ヒトラーのドイツとの戦争を開始したスターリンのソ連は英仏連合国の一員になり、アメリカの支援を受けることになった。日中戦争中の中華民国、国共合作中の国民党・共産党両党はこの大きな世界情勢の変化にどう対応するか問われることになった。殊にモスクワのコミンテルンの指導下にあった中共と共産主義者は、国共合作で抗日をしている戦争（日華事変・日中戦争）が独ソ戦争によってどのような影響を受けるか考えざるをえない訳で、その世界の激変を重慶にいた陳独秀はどのように考えたのだろうか、思想と論文の内容が変化しないわけはないのである。だから極めて重要な要素なのである。

中国トロツキー派の王凡西（王文元）は、プロレタリア独裁と民主主義についての論争は数年前に『火花』で展開していたが［「無産階級与民主主義」一九三六］、かれ［陳独秀］は論争を極力避けていた。この態度は独ソ協定（一九三九年八月）［独ソ不可侵条約］までずっと維持された。一九三八年の後半に陳其昌が（陳独秀がいた四川の）江津に行った時でも、かれはまだ根本問題（マルクスレーニン主義の根本問題）に公然と反対する態度は取っておらず、かれが陳其昌に托した「トロツキーへの手紙」［一九三八年一一月三日］の態度は、一九三七年末に王凡西と話した時と同じく、中国トロツキー派は全力で抗日に参加すべきだという考えを主張したものだった。独ソ協定は独秀をして大きな、最後の思想的転変を生じさせた――王凡西はこれをカウツキー主義への「退歩」と呼んでいるが――、と証言している（王凡西『中国トロツキスト回想録』二〇〇頁）。つまり、本書の中の番号2「トロツキーへの手紙」とその後の一連の手紙・論文との間には断絶があり、「私の根本意見」は「独ソ不可侵条約」を機に大きく転換した陳独秀の思想の大綱的まとめだというのである。わたしはこれを支持する。一九四〇年以後の西流（濮清泉、濮徳志）、連根（王文元・王凡西）への一連の手紙（本書の番号3［一九四〇年三月］～7［一九四〇年九月まで］）を経て、そのまとめとして「根本意見」が書かれたと理解するのが内容的にも至当なのである（胡適も同じ見解である）。

結論から言えば、胡適序言本の「一九四〇年十一月二十八日」が正しいのである。それに直接つづく「Yへの手紙」「SとHへの手紙」は、一九四一年一月一九日の執筆で、「真珠湾」攻撃の前に書かれ、論文「戦後世界大戦之輪郭」は内容的にも「真珠湾」後、日米戦争勃発後に書かれたもので、一九四二年二月一〇日に書かれたとする胡適序言本が正しい。これら三篇の日付についての考証は『陳独秀年譜』、『陳独秀著作選編』、『陳独秀文集』（第四巻、人民出版社、二〇一三）、『陳独秀文集3』はいずれも誤っている。詳しい考証は後掲してあるが、「私の根本意見」を「一九四〇年十一月二十八日」に書いた後、一年の間に、一九四一年六月二二日の独ソ戦の開始、一二月八日の真珠湾攻撃と日米戦争の勃発、即ちアメリカの対日宣戦、対独伊参戦が起き、中華民国の対日宣戦で日中戦争は第二次大戦の一部分になり、中華民国は連合国の一員になった。この事態を受けて、陳独秀の「最後の論文」三編（国際情勢についての論文）が書かれているのである。こうした世界大戦の情勢と関連させて陳独秀の論文（例えば「戦後世界大勢の輪郭」一九四二年二月）と手紙を理解しないとよく意味が理解できないし、陳独秀の思想の動きもうまく捉えられないのである。これが本書が書かれた第三の理由である。これらの諸点は以下の論述の当該文献についての行論中に詳論されるであろう。

第四の理由は、陳独秀の詩「告少年（少年に告ぐ）」（一九三九年十二月作）の訳文と解釈（『文集1』三四九頁）が間違っているからである。これで、陳独秀の最後の見解の解釈が決定的に間違うことになってしまった。周知のように、陳独秀と言えば、「敬告青年（敬んで青年に告ぐ）」という『青年雑誌』（『新青年』）創刊号に載った爆弾論文で名を轟かした人物だが、この詩「少年に告ぐ」は、獅子奮迅の文化運動・政治活動と耐え難い苦難と「挫折」を経験して、晩年、齢六十を越え、死を前にした陳独秀が、スターリン獄と独ソ不可侵条約を前にして、もはや「青年」ではなく、「少年」に希望を託すしかないとして書いた詩、「少年に告ぐ」としたメッセージなのである。この二つは対になっていて、その意味、浅かろうはずがないのである。結論を前置すると、「青年に告ぐ」と「少年に告ぐ」、この二つの間の思想をどう説き明かすかが、陳独秀の思想理解の根幹をなすとわたしは考えた。わたしの拙い訳文と解釈は本書に載せてあるので、読んでご批判をいただきたい。

第五の理由は、陳独秀と胡適の関係について詳しく言及する必要を感じたからである。『陳独秀とその時代』の捉え方は誤りで、『陳独秀文集2』解説でも概略的な言及が為されているが、実は、もっと深いところで二人は理解し合い繋がっているのである。本書はそれについてかなり詳細に書いた。そうした精神的な深い繋がりがあったからこそ、胡適は「死友」陳独秀の最後の論文と書信を埋もれさせるに忍びなく、自ら序言を書いて出版したのである。それを証明するには、少しやっかいな考証が要ったが、煩を厭わず書いた。諒とされたい。

また付け加えれば、胡適との関係や、陳独秀の思想とその遍歴を摑むためには、かれの出自、家族、友人関係、辛亥革命前後の革命活動歴など、今までの日本の既研究では触れられていなかった事も書いておく必要がある、と考えたからである。

この小冊子に収められた最晩年の僅かの陳独秀の論文と手紙を読解するにも、陳独秀の生涯と思想について、まず概略を整理紹介しておく必要があろう。十分ではないが、後述内容を先取りしつつ、横山氏や長堀氏の研究も参考にしながら述べておく。

第二章

陳独秀の生涯、その概略

陳独秀、字は仲甫、清の光緒五年(一八七九年)に安徽省の省府があった懐寧県(安慶)に読書人家庭の次男として生まれ、民国三十一年(一九四二年)に四川省江津県で死去した。かれは新文化運動を唱導した雑誌『新青年』の創刊発行者、五・四期の「総師」、中国共産党の創設者として著名な知識人、革命家・政治運動家であった。

清末の一八九七年に科挙試験を受け、合格、十九歳で「生員(秀才)」になった。しかし、翌年の南京での江南郷試には失敗し、以後、科挙を放棄し、康有為・梁啓超の維新思想に傾倒した。一九〇〇年(光緒二十六年)に養父の任地だった東北満洲にいたかれは義和団事変でロシア軍が満洲を占領するのを実見し、「愛国心」に目覚めた。翌一九〇一年に日本に留学し、留学生組織に関係、留日学生たちの拒露運動に刺激を受けた(以後、日本には五度来ることになる)。帰国後、一九〇三年に上海で拒露運動に参加、のち、故郷の安徽に戻り、世界情勢を伝える啓蒙雑誌『安徽俗話報』を蕪湖で、友人の汪孟鄒の科学図書社から発行した。同時に、黄興らの華興会の革命活動に関係し、安徽で岳王会を組織し、革命運動を行った。辛亥革命時には杭州で教員をしていたが、安徽で革命が起きると、安徽都督になった同志の孫毓筠と柏文蔚に請われて都督府秘書長に任じた。そのご離職したが、一九一三年の第二革命で敗北し上海に逃げ、鬱屈した感情を抱え、文字学研究に沈潜した。その鬱屈した感情を文章にして、華興会活動以来の友人の章士釗が東京で発行していた『甲寅』雑誌に発表したのを契機に、一九一四年、東京に渡り、『甲寅』雑誌の編集をしながら、正則学校で英語を、アテネ・フランセでフランス語を習得した。十一月に同誌に「愛国心と自覚心」を発表、当初は反発を呼んだが、日本の対華二十一か条要求に袁世凱が屈すると、評価は逆転、大きな反響を呼んだ。東京で知り合った李大釗が刺激されて「厭世心と自覚心」でそれに応答した。また、アメリカ留学中の胡適がこの雑誌に投稿してきたのを機に、その存在を知った。間もなく帰国し、一九一五年に上海で、汪孟鄒の協力を得て『青年雑誌』を発行し、その創刊号に論文「敬しんで青年に告ぐ」を発表、新文化運動の狼煙を上げた。そして、胡適の「文学革命芻議」を掲載、継いで自身の「文学革命論」を発表し、『新青年』(『青年雑誌』

を改名）は一躍、時代を画する雑誌になり、かれは西洋の近代啓蒙思想の鼓吹者として有名人物になった。折から、辛亥革命期に華興会の革命運動で知り合いだった蔡元培が北京大学の校長に就任、かれの頼みで文科学長の職を引き受けた。同時に、胡適の北京大学教授就任を斡旋し、かれらは蔡元培校長下の北京大学を中心に大いに新思潮の論を発表して新気風を作った。その影響で学生たちが五四運動を起こすことになった。しかしそれに対する保守派の反発も強く、陳独秀は文科学長を免職され、ビラ撒きで逮捕されたこともあって北京大を辞職し、上海に移り、社会運動に参与しながら『新青年』を編集発行した。この時、ロシア革命後のロシア共産党（ボ）極東局ウラジオストック処から極東での共産主義運動構築のために派遣されて来たヴォイチンスキーと接触、上海の社会主義的知識人たちと「共産主義小組」を作り、『新青年』同人とは分れて、マルクス主義に転じた。一九二〇年八月に上海で「中国共産党」を作り、その後、陳炯明の広東軍政府の教育委員長を勤めていたが、その時、モスクワのコミンテルン執行委員会ＥＣＣＩから派遣されてきたヘンドリクス・スネーフリート（Hendricus Sneevliet、オランダ人、中国名・マーリン（馬林））の指導の下で、全国各都市の共産主義小組を集めた「中国共産党創立」の第一回全国大会が一九二一年七月に上海で開かれた。広州にいた陳独秀は欠席のまま書記に選出された。以後、かれは一九二七年四月の第五回大会まで中国共産党の総書記として指導者を勤めることになる。

生まれて間もない中共はコミンテルンから国民党との合作が指令されたが、陳独秀らはこれに抵抗し、党外連合を主張した。しかし党内合作（共産党員が党員のまま国民党に加入し、孫文の命令を受けるという形式）を余儀なくされた。孫文率いる国民党とこの陳独秀らの共産党との「国共合作」によって、そしてソ連・コミンテルンの人的物質的援助の下で、一九二四年から広東を中心に「国民（民族）革命」が進められた。一九二五年の上海五・三〇事件を機に反帝国主義の大衆的気運が高まると、陳独秀らは労働者ゼネストを指導し、全国的な運動に発展させた。そうした中、孫文死後の蔣介石・国民党は北伐を早めたが、陳独秀は時期でないとこれに反対した。しかし北伐は労農運動の広がりを背景に成功裏に進んだ。国民党左派と中共が指導する労農運動の過激化（「過火」）に危機感を持った蒋介石は一九二七年四月一二日に「清党」（国民党員として入っている共産党員を排除し、党を清める＝共産党員とその指導下にある労働者等を弾圧殺害したクーデタ）を発動した。しかし、コミンテルンはあくまで連合戦線「国共合作」の維持を命じた。陳独秀は苦渋のなか妥協せざるを得ず、武漢での左派との連合を維持した。その後、コミンテルンは武力路線を指示（「六月訓令」）、これを知った汪精衛・武漢政府は中共を切り、労農運動を弾圧、南京の蒋介石に合流した。国共合作は破断し白色テロが襲った。

陳独秀は中国の政治状況の急激な変化へ対応するために何度も国民党からの退出を主張したが、基本的にコミンテルンの連合維持の指示に従わなければならなかった。そのため指導は妥協的、消極的になり、狭間で呻吟して、二七年七月に総書記を辞した。トロツキー派との党内闘争に勝利したスターリンはコミンテルンから新人を派遣し、会議（八・七会議、一九二七年）を開き、「大革命」（国民革命）の敗北の責任を指導者陳独秀の「右翼機会主義（日和見主義）」の間違った方針にあったとし、陳独秀のすべての役職をとりあげ（党員資格のみ残る）、モスクワ留学派の瞿秋白を中心とする新党中央が取って代った。そしてコミンテルン主導の武装蜂起路線に転換した。

陳独秀は上海に蟄居し、文字学の研究をしていたが、この瞿秋白路線を批判する手紙を党中央に送った。この頃、トロツキーら反対派とスターリン派との対立闘争が激しかったモスクワから帰ってきた、反対派にシンパシーを持った中国人留学生からソ連情報に接し、トロツキーの中国革命論、スターリン・コミンテルンの中国革命指導の誤りを批判したその論文を入手して読み、それに敬服して、トロツキーの思想を受け入れた。そして元留学生たちと共に中国共産党左派反対派、中国トロツキー派を作った。一九二九年に起きた「中東鉄道問題」に関しても、ソ連擁護を言う党中央を批判する書簡を送ったから、党中央は陳独秀らを除名した。それに対し、「全党の同志に告げる書」、「われわれの政治的意見書」を発表し、中国共産党反対派を宣言した。

トロツキーの影響を受けた中国トロツキー派と呼ばれるものは四派あり、これが一九三一年に統一して「中国共産党左派反対派」を上海で結成し、陳独秀が書記になった。ところが、翌一九三二年にかれは国民党政府によって逮捕され、南京で裁判を受け、徒刑八年の刑で入獄した。陳独秀は獄中から上海のトロツキー派と連絡を取り、運動に指示を与えていたが、次第に、トロツキー派の中心と考えが隔たるようになった。その問題が、プロレタリア独裁（無産階級専政）と民主の問題だった。

一九三七年の日中戦争の拡大で、南京が日本軍機に空爆され、監獄も被害を受けたため、減刑措置で釈放され、出獄した。しかし陳独秀は上海のトロツキー派のところには行かず、分かれて武漢に行き、抗日言論活動を行った。ここで二つの動きが起きた。一つは、陳独秀が、江西ソヴィエトから大西遷した後に延安に根拠地を構えていた毛沢東・中国共産党に復党するかどうかという問題、もう一つは、モスクワから延安に飛行機で戻ってきた「国際派（モスクワ派）」の王明らが武漢で、陳独秀は日本軍から金銭を貰っている「漢奸」だという流言を流すという事態が起きたのだ。詳しくは本論で書いたが、そうしたなか、日本軍の漢口作戦が迫り、かれも国民政府が武漢から重慶に移動するのと歩を同じくして、家族を連れて重慶に移った。やがて重慶も日本軍の爆撃を受け、世話人の友人が死ぬなどして、かれは重慶からさらに上流の四川省江津という所に移り住んだ。極貧に近いその生活を支えたのはわずかな原稿料収入と、北京大学同学会からの援助だったが、何之瑜はその北京大同学会から委嘱されて晩年の陳独秀の面倒を見た人である。そうした中で陳独秀は、抗日戦と時局、世界情勢についての考えを論じた論文を書き、雲南の濮徳志の所を経由して、トロツキー派で活動を共にした上海の友人たちに手紙を書いて、自分の民主政についての考え、スターリン批判や政治思想を述べた――これが本書の内容である――。そのやり取りした手紙はかれの晩年の思想を考える上で極めて重要な意味を持っている。

一九四二年五月、陳独秀は抗日戦の終了を見ることなく、持病を悪化させて死去した。江津県康荘の墓に埋葬されたが、墓は陳独秀の遺嘱によって一九四七年に安徽省安慶市の郊北に改葬されて移されている。何之瑜は江津で葬儀をすませると、陳独秀が四川時代に書いて残していった論文を冊子にして保存し、日中戦争が終結した後に上海に出て、見つけ出した書信をそれに増補して「陳独秀遺著」として出版したのである。その本である。

これが、おおよその陳独秀の履歴と本書の位置の説明である。詳しくはこの後に述べられるが、本書を読まれる前に、一応の知識として知っていただくために前座として書き置いた。

ただ一言付言しておきたい。「機会主義」という中国語である。これは通常日本語では「日和見主義」と訳されているが、わたしは、語学的には正しいが、運動論的には難があるように思う。わたしの運動感覚では、「日和見」というのは、自分たちの原則に基づき断固として貫くべきところを、状況の変化を理由にして軟弱な方に方針を取る、「日和る」ことを含意している。「機会主義」は、いろいろに変化して流動する政治局面において、原則的で正しい状況分析に基づく活動方針で運動を指導するのではなく、一時の状況の動き、「機会」を見て反応し、運動指導方針を変えることを言うのであって（それ自体は間違ってはいない。原則主義が必ずしも正しいとは限らないのと同じである）、本来はより中立的な概念であるが、共産主義政治では否定的に使われている。従って、「機会主義」そのものの方が用語としては良いと思うが、本書ではしばしば両者が混淆して用いられている。ご理解いただきたい。

第三章

「胡適序言」——その翻訳と解説

第一節　「胡適序言」が書かれた歴史的背景

冒頭に書いたように、一九四九年四月一四日に胡適は太平洋の船上にあった。「レジデント・ウィルソン号」に乗って上海を出航してから八日後、ハワイに近い太平洋上でかれは『陳独秀の最後の論文と書信』という冊子への「序言」を書き終えた。おそらくかれは、『新青年』での陳独秀との交流以来の軌跡を振り返りながら、深い感慨に浸ったことであろう。陳独秀は共産党を除名された後、反対派、トロツキー派を作って国民党政府に逮捕され、判決を受け監獄に入れられたが、日中戦争の勃発で三八年に釈放された後、大後方に退き、四川省の江津で貧しい生活を送っていた。そして、一九四二年五月に病気で死去するまで、貧困の中で筆を執り、論文を発表し、手紙を通じて上海のトロツキー派と連絡し、かれらと論争をしていた。その遺稿を戦後になって何之瑜（何資深、かつて陳独秀が北京大学の文科学長をしていた時の卒業生）が整理し、上海で友人たちの所にあった書簡を集めて一九四八年の末に『陳独秀最後論文和書信』として出版した印刷物だった（前述）。胡適は「最近ようやく読むことが出来た」といい、一九四九年二月二三日の日記に「深く喜ぶ、かれが晩年に大いに進歩があり、すでに托派（トロツキー派）でなくなり、すでに民主自由の路を歩むようになった。」と書いているから、胡適はそれを、共産党軍に包囲された北平を脱出した後に、一九四九年一月末から住んでいた上海で入手して読んだのだ。そして船に持ち込んで大陸から切り離された太平洋上で改めて考えをまとめたのだった。この序言の原稿はかれがホノルルか、アメリカに着いてから中国広州に送られ、かれの正式の推薦で、その年、一九四九年の六月に香港の東南印務出版社から、『陳独秀的最後見解（論文和書信）』という表紙を付けられ——中表紙は「陳独秀最後対于民主政治的見解（論文和書信）」——、まだ共産党軍に占領されてなかった広州の「自由中国社出版部」の編集によって「自由中国叢書之二」として出された。この原題名の変更は胡適たち「自由中国社」の考えに沿って変更されていることを示している。つまり前述したように、陳独秀の「最後の見解」を「民主政治」に焦点を当てて編集し直したのである。『自由中国』は北平から飛行機で脱出した胡適がまだ南京あたりにいたときに、南半分はまだ自由中国だと言って立ち上げた自由主義的な反共産主義の言論グループで、後に『自由中国』雑誌を出して活動する結社である。その中心に胡適がいたが、かれの指示でその初期の叢書の中に独秀の本が入れられたことが分かる。その際、この胡適の序言がつけられ、原書にあった幾つかの文章、下記の手紙に付けた番号1、2、3、4、の文章が削除されて編集された。削除されたのは、1、「給陳其昌等的信」、2、「トロツキー宛の手紙」（附「トロツキーの返信」）と3、「給西流等的三封信の三」、4、「給Y〔何資深（何之瑜）〕的信」の四通だった。その手紙の内容を見ると、胡適らがなぜ削除したか、その意味も分かる。それらは、二〇一二年に『陳独秀晩年著作選』（天地図書、香港）が陳独秀の弟子たちによって編集された際に、原書通り復元された。それで現在ほぼ復元できる。超稀覯本の原書は安徽大学など数か所にあるが、復元したもの等の情報を総合すると、原書は次のような目次になっていた。

最初に次のように陳独秀の四編の論文が置かれている。

「我的根本意見」（一～三頁）［私の根本意見］
「戦後世界大勢的輪郭」（四頁～）［戦後世界の大勢の輪郭］
「再論世界大勢」（一三～一七頁）［再び世界の大勢を論ず］
「被抑圧民族之前途」（一八～一二頁）［被抑圧民族の前途］

の順である。そしてその後に手紙が次のように配列されている。

1、「給陳其昌等的信」（一二三頁）、［陳其昌らへの手紙］

2、「トロツキー宛の手紙（一九三九年×月）」（二四～二七頁）、

附：「トロツキーの返信・李福仁（グラス）宛、一九三九年三月一一日付」（二八頁）、

「給西流等的三封信」の一（二九～三二頁）［西流（濮徳志）らへの三通の手紙一］

「給西流等的三封信」の二［西流（濮徳志）らへの三通の手紙二］

3、「給西流等的三封信」の三［西流（濮徳志）らへの三通の手紙三］

「給連根信」（三三～三四頁）［連根（王文元）への手紙］

「給西流的信」（三五～三九頁）［西流（濮徳志）への手紙］

「給Y的信」（四〇頁）［Y（何之瑜）への手紙］

「給S和H的信」（四一～四二頁）［S（孫幾伊）とH（胡秋原）への手紙］

4、「給Y的信」（四三頁）［何資深（何之瑜）への手紙］

と、このようになっている。原書名の『陳独秀的《の》最後論文和《と》書信』という書名通りのものだった。しかし本書の目次はこの順番ではない。この原書の順に翻訳し読解するのではなしに、胡適序言本の順番通りに、書信と論文を書かれた順番に配列し直し、そして省略された四通の手紙（1、2、3、4）を執筆時間順にその間に入れて、かれの思想の変遷が分かるようにして翻訳し、解説していくことにする。本書「目次」を参照されたい。この点、御諒解いただきたい。

さて胡適はアメリカに着くと、二月に広州に移っていた国民政府・閻錫山行政院長から外交部長に任命されたという連絡を受けた。数日考えて胡適はこれを謝絶した。胡適をアメリカに置いておくことが対米関係上必要だと国民政府に考えられていたことが分かる。しかし、胡適が何かできるわけでもなく、ニューヨークにいて、ワシント

ンの中国大使館に予定のすべてをキャンセルすると伝え、ワシントンにもいかずに、アメリカ政府関係者とも会わなかった。この間、アメリカ駐華大使だったスチュアートの回憶録に序文を書いた。これはグリーダーの『胡適 *1891 - 1962*』にも述べられているが、その中で「マタイ福音書」を引きつつアメリカが蔣介石政権を見捨てたことに触れたのだった。このことはグリーダーも触れているが、「序言」を書いた陳独秀との関係については触れていないので、「序言」を訳して、紹介しておくことにしよう。まず、胡適の北平脱出前後から書いておく。

一九四八年一二月一七日は国立北京大学創立五十周年の日が予定されていた。校長の胡適はこの頃『水経注』（古代地理書）の版本や鈔本の研究に没頭していた。北京の周囲は共産党軍の圧迫が迫って来ていたが、そういう中で、五十周年記念の展覧会をやり、記念文集を出すのに、自分の『水経注』鈔本や日記の展示、論文執筆などに忙しかったようだ。この喫緊のときに、なぜ『水経注』研究なのか。*

＊胡適は日中戦争が始まった後、蔣介石から派遣されてアメリカに渡り、その地で一九三八年九月に駐米大使に任命された。しかし真珠湾攻撃と太平洋戦争突入の後、一九四二年八月に大使を解任され、宋子文に替った。この更迭にアメリカ輿論は批判的で、蔣介石は胡適を総統府特別顧問にしたが、彼は病気を理由に帰国せず、アメリカに滞在して議会図書館東方部の顧問などをしていた。この時、『水経注』問題を調べてみようと思い、半年かけて初歩的な報告を書いたという。これは学術考証というのではなく、「水経注事件」の再審だという。戴震（一七二七－一七七七）は胡適と同郷の安徽省徽州府の人で、十八世紀の有名な哲学者だったが、かれの著した『水経注』の研究は、全祖望（寧波人）、趙一清（杭州）二人の『水経注』の校本を偸んで書いたもので、戴震は「賊」だ、と百余年のあいだ断罪されてきた問題である。張穆（山西）、魏源（湖南）、楊守敬（湖北）、最も有名な学者の王国維（浙江）、孟森（江蘇）など清代以来の有名な学者がみなそう言ってきた。だから定説になっていた。在米中の一九四三年にたまたま調べてみる機会が出来、六か月かけて最初の報告を書いたが、その結論は、これらの有名な学者の考証は怠惰なやり方で、不十分な証拠で戴震を「賊」としたもので、冤罪であるというものだった。これをかれはアメリカ議会図書館の刊行物に書いたが、問題は複雑で再審査が必要で、その後も考証を一九四八年に北平を脱出するまで、五年続けた。それは西洋流の証拠法で、海

外国内の古本証拠を捜すことで文史考証をして、戴震は全祖望、趙一清の校本を見る機会を持たなかったのだから、偸むことは出来ないし、賊だということもできないという結論になった。かれはこの考証の途中に一九四六年に北京大学校長に任命されてアメリカから帰国したが、その時上海で新聞記者のインタビューに答えて、古い『水経注』を捜している、協力してくれと言ったので、記事を見た多くの人が所蔵の古本を見せてくれて、考証が出来たといっている。だから、北平脱出の時まで、北京大学校長としていろいろ仕事はあったが、考証に余念が無く、余り政治的な発言行動はしなかった。だから、脱出後に南京でスチュアート米大使に、政治的発言をしなかったことを後悔していると語ったのだった。

その秋に、解放区のラジオが、胡適を「今後も北京大学校長・北京図書館館長にあてる」という話を伝え、蔣介石と一緒に逃げないようにと、慰留工作をした。一九四七年末の毛沢東の指示で水面下でも何らかの動きがあったらしい。この話を聞いた胡適は冷静に「彼らは私を必要とするかな?」と言ったという(野村浩一『近代中国の政治文化』、二九九頁)。結局、胡適は北平を脱出するが、北京に留まったかれの知人友人たちや、知識人のその後の苛酷な運命を考えると、脱出は正しい選択だったと言わざるを得ない。

その身を案じていた傅斯年や陳雪屏らが蔣介石と相談し、蔣に特派された陳雪屏が一二月一三日に北平で胡適を説得、この夜、かれは持ち物(『水経注』鈔本!など)を整理するとともに、北京師範大学校長の陳垣に手紙を書いて、十四日に投函した。内容は楊守敬の水経注についての考証についてだったという。政治音痴がよく出ている行動ぶりだ。この日に蔣介石特派の飛行機が南苑に来た。翌一五日、傅作儀軍の保護の下で飛行場に行き、夫人と数人の学者(著名な歴史学者陳寅恪も夫人とともに合流した)と午後に乗機して南京に向かった。北平の自宅には多くの書籍や手紙などが残されたが、これは今、社会科学院近代史研究所で保管しているらしい。マルク・ブロックのパリの蔵書がナチスによってベルリンへ運ばれ、ベルリンを解放したソ連軍によってモスクワに運ばれていたのが、暫らく前にパリの親族に戻されたのを考えると、この胡適の書籍類は台北かアメリカにいる親族にでも返却されるのが筋のようだが、中国共産党にはどうもそのような意思はないようである。

一五日に南京に着いた後、準備された招待所に滞在していたが、この頃、グリーダー書で述べられているスチュワート大使との会談が為された。かれは戦争後に政治について無頓着だったことを反省したというが、『水経注』狂いとでもいうしかない程の考証学者ぶり、政治音痴ぶりを示していたのはどういう訳なのだろう。南京に滞在しながらもの書きをして、上海に移り、台湾に出かけたりしている。三月末に台湾から戻った胡適に蔣介石政府から話があって、四月六日に上海から「プレジデント・ウィルソン」号に乗ってアメリカに向かっていたのだった。

さてその時書き終えた「序言」の内容である。以下に全文を訳して載せる。

第二節 「胡適序言」の翻訳（全文）

「陳独秀は一九三七年八月に出獄した。かれが死んだのは一九四二年五月二十七日である。最近わたしはやっとかれの友人たちが印刷刊行した小冊子『陳独秀的最後論文和書信』を読むことが出来た。わたしはかれの最後の思想——とりわけかれの民主自由に対する見解、これはかれが「沈思熟慮すること、六、七年」かけた結論で、われわれみなが仔細に考えてみるに値するものである。

独秀は一九三七年十一月に手紙を書いてかれの友人たちに与えて、言った。

「わたしはただわたし自身の独立した思想を重視するだけです。いかなる人の意見にも引きずられることはありません。わたしがここで発言したことはすでに人々に向かって広く声明したものですが、ただわたし一個人の意見にすぎません。いかなる人も代表していません。わたしはすでにいかなる党派にも隷属せず、いかなる人の命令や指図も受けません。自ら主張し自ら責任を負います。将来誰が友であるか、いまは全く分かりません。わたしは絶対に孤立を怕れません。」（「陳其昌らへの手紙」〔一九三七年十一月二十一日〕）

その頃、人々はしばしばかれをトロツキー派の共産党だと見なしていたが、しかしかれ自身はこの手紙の中ではっきりと、自分は「すでにいかなる党派にも隷属しておらず、いかなる人の命令も指図も受けない」と宣告している。

一九三九年九月に〔ドイツのポーランド侵攻で〕ヨーロッパの戦争が爆発した後に、中国共産党は重慶で出版されていた『新華日報』に、特別にレーニンの一九一四年の大戦に反対した論文を訳載し、この度の戦争は前回の戦争の再演である、同じく帝国主義者の戦争である、と日日宣伝した。中国トロツキー派の『動向月刊』もこうした見方に饗応した。独秀はこのような古い文章を写して踏襲するような論調に強く反対し、かれはきっぱりと主張した。

「ヒトラーを助けるか、それともヒトラーに反対するのか、事実の上でも、理論の上でも、曖昧にどちらでもいいという訳にはいかない。ヒトラーに反対するのなら、同時にヒトラーの敵を打倒すべきではない。そうでないなら、謂っているヒトラーに反対し、ファシズムの勝利を阻止する、というのは、みな空文句になってしまう。」（一九四〇年三月二日、西流〔濮徳志〕への手紙）

さらにかれははっきりと言っている。

「現在のドイツ・ロシアの、国社〔国民社会〕主義（ナチス主義）とゲー・ペー・ウー（G・P・U、按ずるに、秘密政治警察のこと）政治、これは現代の宗教法廷である。この時もし人類が前進しようとするならば、必ずまず先にこの中世の宗教法廷よりもさらに暗黒な国民社会主義とゲー・ペー・ウー政治を打倒しなければならない。……。」（同年四月二十四日の「西流〔濮徳志〕などへの手紙」）。

この時、アメリカはまだ大戦争に巻き込まれていなかったが、ルーズベルトのイギリスとフランスに対する同情と援助は既に明らかになっていた。独秀はこの時に少しも遅れることなく、自分は世界大戦の勝利がイギリス、フランス、アメリカに属するようになることを望んでいる、と宣言した。かれは言った。

「今度ドイツ・ロシアが勝利したとすると、人類はさらに暗黒さを加えること少なくとも半世紀になるだろう。もし勝利がイギリス・フランス・アメリカに属することになれば、ブルジョワ階級民主が保持されることになり、然る後、ようやく道路が有って大衆的民主に向かって歩むようになるだろう。」（同年の「西流〔濮徳志〕などへの手紙」、大体五、六月の間のもの）

かれがここで提出した一つの理論、「ブルジョワ階級民主が保持されることになり、ようやく道路が有って大衆的民主に向かって歩む」というもの、――この理論は全ての共産党の眼には真に大逆不道の謬論である。なぜなら一九一七年ロシア十月革命以来、共産党は「プロレタリア独裁」の事実を擁護するために、一揃えの理論を造り、イギリス、アメリカ、西欧の民主政治は「ブルジョワ階級の民主」で、資本主義の副産品であり、大衆プロレタリア階級が必要とする民主ではない、と言ったからである。かれらは「ブルジョワ階級の民主」を打倒し、改めて「プロレタリア階級の民主」を打ち立てようとした。これが全ての共産党がこの二十余年の間覚えてすっかり暗唱してきた口癖（口頭禅）だった。トロツキーは敗北した後、党に民主が必要だ、労働組合に民主が必要だ、各級のソヴィエトに民主が必要だと高く叫んだけれども、かれは実際は政治全体の民主自由の問題を徹底して考えなかった。だから「トロツキー派」の共産党もみな二十年来共産党が「ブルジョワ階級民主」を攻撃した上滑りの調子を踏襲した。この一つの重要問題では、レーニンとトロツキーとスターリン、ヒトラーとムッソリーニは、完全に一致している。なぜなら、ファシズムの党徒とナチスズムの党徒は国際共産主義運動が「ブルジョワ階級民主」を攻撃してきた古い文章を書き写し踏襲しているからである。

だから、独秀のブルジョワ階級民主から「大衆的民主に向かって歩む」の一句は、当時、かれの友人たちの「一致」した懐疑と抗議を引き起こした。この時［一九四〇年七月］、独秀は病気中だったため、ただ簡単にかれらに答えることが出来ただけだった。かれは次のように言った。

「君たちの誤りの原因は、第一は、ブルジョワ階級民主政治の真実の価値を理解していないことである（レーニン、トロツキー以下均しくみなこのようである）、民主政治をただブルジョワ階級の支配方式にすぎない、偽善であり、欺瞞であると見なすのは、民主政治の真実の内容が次のようなものであることが理解できていないことだ。

裁判所以外の機関は人を捕える権限を持たない。

参政権が無ければ税を納めない。

議会を通さなければ、政府は税を徴収する権限を持たない。

政府の反対党は組織、言論、出版の自由を有する。

労働者はストライキ権を持つ。

農民は土地を耕す権を持つ。

思想、宗教の自由、等々であるが、

これはみな大衆が必要とするもので、十三世紀以来、大衆が鮮血を以って闘うこと七百余年にして、やっと今日のいわゆる「ブルジョワ階級の民主」に到ったのである。これがまさにロシア、イタリア、ドイツがひっくり返そうとしているものなのだ。

謂うところの「プロレタリア階級の民主政治」とブルジョワ階級の民主とは実施の範囲が広いか狭いかの違いがあるだけで、けっして内容的にそれとは別のプロレタリア階級の民主があるのではない。

十月〔革命〕以来、「プロレタリア階級の民主」ということの中身が空っぽな抽象名詞を武器にして、ブルジョワ階級の実際の民主を破壊してきて、そして今日のスターリン支配のソ連があるに至ったのである。イタリア、ドイツはそれにくっ付いて口真似を話しているのである。今、君らはまたこの中身が空っぽな名詞を持って武器にして、ヒトラーのためにブルジョワ階級の民主のイギリス、アメリカを攻撃しているのだ。……」（一九四〇年七月三十一日の「連根〔王凡西〕への手紙」。段分け行分けはわたし〔胡適〕が分けたもの。目的は目を醒まさせようとするためである。）

この簡単な答えは、独秀自身の独立した思想の結論であり、まことにかれの大いに自覚し悟った見解である。かれだけが大胆に「レーニン、トロツキー以下」みな均しくかつて「ブルジョワ階級民主政治の真実の価値」を理解できなかったのだと指摘することができた。ただかれだけが敢えて二十年（いまは三十年になった）来、共産党が用いて民主政治を攻撃してきた武器——「プロレタリア階級の民主」は元々中身が空っぽな抽象名詞にすぎなかったのだ！　と指摘したのである。

独秀の最大の悟りは、かれが「民主政治の真実の内容」には一揃えの基本的な条項——一揃えの最も基本的な自由の権利——があり、これはみな大衆が必要とするもので、決してブルジョワ階級が覇を唱えるところのもので、大衆が必要としないものではない、ということを承認したことである。この「民主政治の真実の内容」として、独秀はこの手紙の中で七項目を列挙している。同年九月に西流〔濮徳志〕に与えた長い手紙の中で、かれは二度この問題について討論している。最初の処でかれは「民主の基本内容」を列挙し、「プロレタリア階級のものとブルジョワ階級のものとは同じだ」とした。

　裁判所以外は人を捕え人を殺す権限を持たない、

　政府の反対党派が公開で存在すること、

　思想、出版、ストライキ、選挙の自由の権利、等である。

同じ手紙の後の方の文で、かれは対照表を作った。次のようなものである。

〈甲〉イギリス、アメリカおよび敗戦前のフランスの民主制	〈乙〉ロシア、ドイツ、イタリアのファシズム制（原注：ソヴィエト・ロシアの政治制度はドイツ、イタリアの先生だから同類にまとめることが出来る。）
〈一〉議会選挙は各党（政府反対党も内に含まれる）……が、選択を競う政治綱目を発布し演説を行うことに由って、選挙民の要求を迎えようとしなければならない。選挙民がつまり最後の投票権を有しているからだ。会議を開いたときには相当の討論と弁論がある。	〈一〉ソヴィエトあるいは国会の選挙は均しく政府党が指定する。会議を開いたときはただ挙手があるだけで、弁論はない。
〈二〉裁判所の命令が無ければ人を捕え、人を殺すことは出来ない。	〈二〉秘密政治警察が任意に人を捕え、人を殺すことが出来る。
〈三〉政府の反対党、ひいては共産党さえもが公開に存在する。	〈三〉一国一党、別の党の存在を許さない。
〈四〉思想、言論、出版は相当に自由。	〈四〉思想、言論、出版は絶対に不自由。
〈五〉ストライキそれ自体は犯罪行為ではない。	〈五〉絶対にストライキを許さない。ストライキは犯罪である。

この表の後で、独秀は言う。

「それぞれの康民尼斯特《コミュニスト》（胡適按、独秀は「共産党」という名詞を用いたくなかったようだ。それでここでは音訳を用いている）は、この表を見てもまだ、ブルジョワ階級民主を呪い罵る面目があるのだろうか？　宗教的な迷信時代は早く過ぎ去らせなければならない。皆よ、目を醒ませ！　今後の革命が旧態依然として「民主はすでに時代遅れだ、プロレタリア階級の政権にはただ独裁があるのみで、民主は無い」と考えるならば、それはゲー・ペー・ウーが全人類を蹂躙するのにまかせるだけになる！……。」

この西流への長い手紙は、独秀が病気の中で「続けて書くこと二十余日にしてやっと書き上げた」もので、全文は五千字あり、その中の三千余字が「民主政治」を討論したものである。わたしは、この手紙は中国現代政治思想上希有の重要文献だと思うので、わたしはかなり多く何段か紹介しよう。

独秀は言う。

「第二の問題（即ち政治民主制度問題）について、わたしはソヴィエト・ロシアの二十年来の経験にもとづいて、六、七年沈思熟考して、そして始めて今日の意見を決定しました。」

これはかれ自身の導入の論である。以下の文のかれの意見は全部で六段に分かれており、わたしは今、わたしが最も精彩があると考えた数段をここに摘録し引用する。かれはこの数段の中で、繰り返し民主政治の重要性を述べ、しばしばロシア革命以来の政治制度の歴史を例としている。かれは言う。

「もし大衆民主を実現しなければ、謂うところの『大衆政権』あるいは『プロレタリア独裁』は必然的に、流れてスターリン式のごく少数の人間のゲー・ペー・ウー制になる。これは事の勢いの必然とするところで、決してスターリン個人の心ばえが特別悪いからではない。」

これはたいへん真心があり情の厚い評論である。従来「トロツキー派」共産党はなべてソヴィエト・ロシアの一切の罪悪を、その咎をスターリン一人に帰そうとしてきた。独秀はこのとき「すでにいかなる党派にも隷属せず」だったから、かれは党派的な先入見を透り抜けて、ソヴィエト・ロシアの独裁政治制度が一切の暗黒と罪悪の原因だと指摘することができた。独秀は言う。

「スターリンのすべての罪悪は、プロレタリア階級独裁制の論理の発展したものである。試みに問うが、スターリンの一切の罪悪は、あのようにソ連の(一九一七年)十月〔革命〕以来の、秘密政治警察の大権、共産党の外に政党は存在させない、党内に分派は存在させない〔一党独裁、分派禁止〕、思想・出版・ストライキ・選挙の自由を許さなかった、この大きな一連の反民主的な独裁制を拠りどころとして発生したのではないのか?」

独秀は自ら注釈を加えて言う。

「これらの民主に違い反した制度は、いずれもスターリンのときから創られたのではない。」

かれはまた言う。

「もしこれらの民主制を恢復させないでいたら、スターリンを継いだ誰もがまた一人の『専制魔王』になるのを免れないのだ。だからソ連の一切の悪事を、その罪をみなスターリンに帰して、ソ連独裁制の不良に原因を求めないのは、まるで、スターリンを取り除きさえすれば、ソ連のいろいろはみな好いものだと言うようなものになる——こうした個人を盲目的に信じ〔迷信し〕、制度を軽視する偏見は公平な政治家は持つべきではないものである。ソヴィエト・ロシア二十年の経験は、とりわけ後半の十年の苦い経験は、われわれをして反省させるはずである。われわれがもし制度的に欠点を探し出して教訓を得るのではなく、ただ眼を閉じてスターリンに反対するだけなら、永遠に自覚し悟ることはないだろう。一人のスターリンが倒れても、無数のスターリンがロシアや別の国に生まれることになる。十月〔革命〕後のソヴィエト・ロシアにあっては、明らかに独裁がスターリンを生んだのであって、スターリンがいたから独裁制が生まれたのではない。」

独秀が恢復すべきだと主張する民主制度とは、かれがしばしば列挙している「民主政治の基本内容」である。かれは一九四〇年十一月に書いた「私の根本意見」という論文でまたその基本内容にもっと簡潔な叙述を与えている〔傍線は訳者、以下同〕。

「民主主義は人類が政治組織を発生させてから、政治が消滅するに至るまでの間、各時代（ギリシャ、ローマ、近代、そして将来に至るまで）の多数階級の人民が、少数者の特権に反抗してきた旗幟である。「プロレタリア階級民主」は中身が空っぽな名詞ではない。その具体的内容はまた、ブルジョワ階級民主と同じように、すべての公民がみな集会、結社、言論、出版、ストライキの自由を持つことを要求している。特別に重要なのは反対党派の自由である。これらが無ければ、議会はソヴィエトと同様に一文の値打ちも無い。」（「根本意見」第八条）

独秀はこの一年〔一九四〇年〕の内に前後四回にわたって「民主政治の真実の内容」を列挙しているが、これがその最後のもので、かれの考えはさらに透徹した。だから一句の話で総括できた。民主政治とはただ一切の公民が（有産の者も無産の者も、政府党も反対党も）、みな集会、結社、言論、出版、ストライキの自由を持つことにすぎない、と。かれはさらに一句を申し述べる。

「特別重要なのは、反対党派の自由である。」

この十三文字の短い一句の内に、独秀は近代民主政治が生きるか死ぬかの分かれ目をしっかと捕まえた。近代民主政治と独裁政治制度の基本的区別はまさにここに在る。反対党派の自由を承認してこそ、はじめて近代民主制度がある。独裁制度は反対党派の自由を許容しないのである。

独秀は「沈思熟考した六、七年」があって、近代民主政治の基本内容を認識できた。だからかれは、二十年来共産党が民主政治を中傷してきた上っ調子を抛り棄てて、大胆に指摘することが出来た。

「民主主義はけっして資本主義およびブルジョワ階級と分離させることができないものではない。」（「根本意見」第九条）

かれはまた指摘している。

「近代民主制の内容は、ギリシャ、ローマと比べてより豊富になり、実施の範囲もより広くなっている。なぜなら、近代はブルジョワ階級が権力を握った時代で、われわれはそれでこれをブルジョワ階級の民主制と称しているが、実は、この制度はすべてがブルジョワ階級が歓迎したところのものなのではなく、幾千万の民衆が血を流して五、六百年闘争して、やっと実現したものなのである。」（一九四〇年九月、「西流〔濮徳志〕への手紙」）

かれはたいへん感慨を覚えながら指摘している。ロシア十月革命以後、「軽率に民主制をブルジョワ階級の支配と一緒にしてひっくり返してしまい、独裁を以て民主に代替してし」まった。これは歴史上もっとも惜しむべき一大不幸であった、と。かれは言う。

「科学、近代民主制、社会主義、これがすなわち近代人類社会の三つの大きな天才的発明で、極めて宝貴《きちょう》なものだ。不幸なことに十月〔革命〕以来、軽率に民主制をブルジョワ階級の支配と一緒にしてひっくり返して、独裁を以て民主に代替してしまい、民主の基本内容はひっくり返されてしまった。謂うところの「プロレタリア階級民主」「大衆民主」は、ただ少しも実際の内容の無い中身が空っぽな抽象名詞になり、ブルジョワ階級民主を制圧するためのうわべだけの語になってしまった。プロレタリア階級が政権を取った後、国有大企業、軍隊、警察、裁判所、ソヴィエト選挙法を持ち、これらの利器が手中にあったのだから、ブルジョワ階級の反革命を鎮圧するには十分で、独裁を以って民主に替える必要はなかった。独裁制は鋭い刃のようなもので、今日これで誰か他人を殺せば、明日はすなわちこれで自分を殺すことになる。レーニンは当時でも敏感に気付いて、「民主〔デモクラシー〕は官僚制に対する抗毒剤である」と言ったが、しかしなおまだ、秘密警察を取り消すこと、反対党派の公開の存在を許すこと、思想、出版、ストライキ、選挙の自由などのような民主制を真剣に採用しなかった。トロツキーは独裁のこの鋭い刃がかれ自身を傷つけるに至って、ようやく党、労働組合と各級のソヴィエトに民主が必要だ、選挙の自由が要ることに想い至ったが、しかし遅すぎた！　その他の無知なボルシェヴィキ党人は、さらに独裁制を天にまで担ぎ上げ、民主を犬の糞にも及ばぬものだと罵った。こうした荒唐無稽の考えが、十月革命の権威にくっ付いて全世界を征服した。最初にこの考えを採用したのはムッソリーニで、二番目がヒトラーである。最初に独裁制を唱えた本土――ソ連では、さらに程度がひどくなり、どんな悪い事でもやるようになった。これから、独裁を崇拝する弟子・孫弟子たちが全世界に遍く普まった。……。」(同上)

だから独秀は、「ソヴィエト・ロシアの二十年来の経験にもとづいて、沈思熟考した六、七年」の確固とした重要な結論は、

「少しの先入見も無しに、ソヴィエト・ロシアの二十年来の教訓をよく理解し、科学的、非宗教的に改めてボルシェヴィキの理論とその領袖の価値を測り直してみるべきで、すべてをスターリンの罪を帰すことは出来ない。例えば、プロレタリア階級政権下の民主制の問題のようなものである。……『プロレタリア階級民主』、その具体的な内容はまた、ブルジョワ階級民主と同じように、すべての公民がみな集会、結社、言論、出版、ストライキの自由を有することを要求している。特別に重要なのは、反対党派の自由である。……プロレタリア政党がもし、ブルジョワ階級と資本主義に反対するからと言って、遂に民主主義もそれと並べて一緒にして、またこれに反対するならば、たとえ各国で謂うところの『プロレタリア革命』が出現したとしても、民主制が官僚制の消毒剤になることが無いなら、また世界上に幾つかのスターリン式の官僚政権を出現させることになるにすぎない。……謂うところの「プロレタリア階級独裁」は、そのようなものは根本から存在せず、党の独裁であり、その結果はまたただ領袖の独裁になるだけである。どんな独裁もみな残虐で、瞞着で、欺き騙し、貪り汚職し、腐りきった官僚政治とは分離できないものである。」(「私の根本意見」第七、八、九条)

以上が、わたしが書き抜きしたわたしの死友陳独秀の最後の民主政治制度についての見解である。かれが一九四一年一月十九日にS〔孫幾伊〕とH〔胡秋原〕に与えた一通の書信から、わたしは幾つかの句を引いてこの紹介文字の結びとする。

「弟〔わたし〕はもともと立論するときには、歴史と現時の事態の変化発展にもとづくのを喜びとし、主義を空談するのを喜びません。前人の言を引用してそれを立論の前提にするのはさらに喜びません。……近作の「根本意見」もまた未だどんな主義にも関係していません。第七条は改めてボルシェヴィキの理論及びその領袖（レーニン、トロツキーもみなその内に含まれます）の価値を測り直すことを主張していますが、それはソヴィエト・ロシアの二十余年の教訓にもとづいてする〔測り直す〕というのであって、マルクス主義を尺度にしてする〔測り直す〕のではありません。もし、ソヴィエト・ロシアの立国の道理が間違っていなかったならば（成功失敗は必ずしも計えずともよい）、たとえそれがマルクス主義に合致しなかったとしても、また誰がそれをとらえて非としましょうか？「圏子」とは即ち「教派」のことです。「正統」は中国の宋儒のいわゆる「道統」に等しいものです。これらはもともと弟〔わたし〕の口と胃には合わないもので、だから孔教の道理に誤った処があると、孔教に反対しました。第三インターに誤った処があると見たので、それに反対しました。第四インターにも、第五インターにも、第……インターに対してもまた同じです。〔胡〕適之兄は、弟〔わたし〕は「終身の反対派」だと言いましたが、実にその通りです。しかし弟は意識的にこうしているのではなく、事実がわたしに迫ってこのようにせざるを得なくしているのです。……」

かれは一人の「終身の反対派」だったから、かれは独裁政治に反対しない訳にはいかなかったし、だからかれは、苦痛の経験の中から近代民主政治の基本内容、「特別に重要なのは反対派の自由である」ということを悟ることが出来たのである。

一九四九年四月十四日夜　太平洋上の船上にて」

【注解】 胡適はこの文の中で、「私の根本意見」の執筆の日付を「一九四〇年十一月」として、これが一九四〇年の四回の民主政治についての列挙の「最後のもの」だと断定している（傍線部分）。たぶん、何之瑜が贈った原本を読んだ一九四九年二月二三日から、船上でこの序言を書いた四月十四日（更に遡れば乗船日の四月六日）までの間に、そう断定する何らかの材料を得て、出航前にはすでに『最後見解』の編集を終えていて、船上でこの文章を書いていることが分かる。

第四章

陳独秀と胡適

——「死友」と呼ぶ仲

さて、陳独秀を「死友」（交情が死ぬまで変わらない親友）と呼んだ胡適による『陳独秀の最後の見解』の読解はこのようなものだと理解した上で、わたしたち自身の眼でその内容に入っていくことにしよう。が、その前に、何故胡適はこの本を自分の序言を付けて共産党軍による大陸制圧が進む激動の中で出版しようとしたのだろうか？　自由中国社の叢書の第一冊目が、胡適自身の『私たちはどの様な道を選択するのか』だったから、その「自由」と「民主」の線に沿って選択されたことは疑いない。が、しかし、一九二〇年に政治的に袂を分かった胡適と陳独秀が再再度出会った場でもあったからであろう。この二人の出会いと分岐と友誼――それは胡適の側一方からの友誼ではなく、陳独秀の年下の胡適への学者としての敬意によっても維持されていた――、そして再再度の出会いである。この時陳独秀はすでにこの世の人ではなく、大陸は、陳独秀が作り上げ、そしてそれから排除された共産党の支配下に入ろうとしていた。その心情と理念がこの本を支えているのだ、とわたしは考える。

第一節　五四新文化運動のリーダー――蔡元培・陳独秀・胡適

この本は彼ら二人の最後の交流を示すものだから、そもそもこの二人がどのようにして協働するようになったか、いささか長くなるが、その歴史を見ておくことにしよう。

陳独秀は一九四〇年三月に、蔡元培の死を聞いて、重慶『中央日報』に、「蔡孑民先生逝世後感言――作四川江津」という文章を書いた。その中で、国粋（＝自国文化）と道徳の二つについての考えでは、「蔡先生と適之先生とわたしの意見は大体同じだったと敢えて言う。」「五四運動は中国現代社会の発展の必然的産物で、功績であれ罪過であれ、専らそれを何人かに帰すべきではないが、しかし、蔡先生、適之とわたしが、当時の思想言論上で主要な責任を負った人間だった」と記している。これが実際、かれらの率直な総括なのであろう。かつて一九二三年に、マルクス主義者になっていた陳独秀は、「いつも人は、白話文の局面は胡適之、陳独秀などの連中の人がしでかしたことだ、と言っている。実際これはわれらの思いがけない名誉なのだが、中国近来の産業発達、人口集中、白話文は完全にこの需要に応じて発生して有るようになったものなのだ」と、白話文、新文化運動を「経済史観」的に解釈したことがあった（『科学与人生観・序』「答適之」）。胡適はこの陳独秀の考えを「禿げ頭」の歴史観だ、歴史の単因論的解釈であるとして批判し（同書「胡適序」）、後年には、こうした文化的変動はいずれ起きたであろうが、陳独秀や胡適がいなかったら、二、三十年後れただろうと歴史を複因（多因的）に考えるべきだと言ったことがあった（『中国新文学運動小史』二十一頁）。この一九二三年の時に較べると、陳独秀の一九四〇年の「蔡元培追悼文」の五四運動についての考えは、蔡元培・陳独秀・胡適の三人、個人の果たした役割を大きく評価している点で、柔軟になっている。わたしもそれで良いと思う。わたしが学生時代に勉強した頃は、中国共産党の言う、五四新文化運動は李大釗と魯迅が中心になったもので、胡適や陳独秀は脇役に過ぎず、蔡元培は北京大校長としか習わなかったから、晩年の陳独秀のこの五四時代の自分たちへの自己評価は、わたしたちの通念からすると意外な評価だった。しかし少し勉強してみると、これで良いのだということが判る。中共はまたここでも政治的評価で歴史の偽造をやっていたのだ。

つまり、この三人の相互信頼を伴った個人的な結びつきがどのようなものだったかが極めて重要だったのだということだ。しかしこれは今迄あまり論じられて来ていないようである。わたしたちは教科書を開くと、新文化運動の号砲・開始は陳独秀の『青年雑誌』の創刊とそれに載った「敬んで青年に告ぐ」であり、白話運動、文学革命で本格化した。その契機がアメリカ留学中の胡適が『新青年』に寄稿した「文学改良芻議」であった、と書いてあるのを読む。それはそれで間違いではないが、まだ二十五歳の留学生胡適の一篇の寄稿論文が大運動になったというのは少し意外に感じると共に、銭玄同の支持とその直後の陳独秀の「文学革命論」が無ければ、大きな文化運動にはならなかった。胡適は十年遅れただろうと云っている。しかし、陳独秀の「文学革命論」はあまり重要視されていない。その後の胡適と陳独秀の関係──陳独秀の逮捕、それも袂を分かった後の逮捕への救済活動に尽力し、生涯変わらぬ友誼を示した関係──も、従来の研究は余りよく説明できていないようである。わたしは詳しく論じる能力はないが、少し読んだ範囲で整理すると次のようになるのである。

先ず、新文化運動だが、これは最も成功した文学革命（白話文運動）だけでなく、多岐にわたる。まず、(一)、康有為らの孔子国教化に反対する活動（陳独秀、胡適、呉虞、易白沙が目立つ）。加えて、(二)、旧道徳排斥（高一涵）、(三)、家族制度批判（呉虞、羅家倫、陶履恭）、(四)、人道主義の提唱（周作人の「新しき村」紹介など）、(五)、近代文化の普及宣伝、啓蒙、(六)、文学創作（魯迅「狂人日記」等）、(七)、社会主義の紹介（李大釗「わたしのマルクス主義観」、陳独秀）、(八)、アナーキズムの傾向、である。

胡適と陳独秀が深く繋がって協働し成功したのが「文学革命」であるから、(六)の文学について話をするのが良い。それには、これから訳す胡適「陳独秀と文学革命」を読んでもらうのが理解に最も速い。一九三二年一〇月、中国共産党左派反対派（所謂トロツキー派）の指導者だった陳独秀は、その活動が「中華民国に危害を及ぼした」犯罪者であるとして国民党国民政府に逮捕された。その逮捕の報道は社会の大きな反響を呼んだ。満洲事変以来、危機感を強めていた北京の知識人たち、胡適や丁文江、蔣廷黻などが同人になって発行していた『独立評論』は傅斯年の「陳独秀案」を発表し、逮捕に反応して陳独秀を弁護して、独秀の救援に乗り出した。旧知の蔡元培らも動いた。その最中の一九三二年一〇月三〇日に北京大学で、胡適はこの題目で講演を行って、自分と陳独秀との関係を率直に語り、陳独秀の思想全体への自らの理解を語った。この講演は、陳独秀の死の十年前、胡適が『陳独秀の最後の見解（論文と書信）』の序言を書く十七年前、胡適と陳独秀の最初の出会いから十七年後という、その中間に書かれたものである。われわれの陳独秀思想の理解にとっても有益な史料である。煩を厭わず全文を訳す。「陳独秀と文学革命」は、初めは、陳東暁編『陳独秀評論』（一九三三年三月刊、北京）に収められ、後年に『陳独秀評論選編』（河南人民出版、一九八二年、下）に収められている。

第二節　胡適「陳独秀と文学革命」（全文翻訳）

「北京大学国文系の文学講演の一科目は（一九三二年）十月三十日に特に胡適にお願いして「陳独秀と文学革命」という題で講演をしてもらった。ここに胡適の講演の詞を以下のように記す。

今日、わたしが話そうとするテーマは「陳独秀と文学革命」というものです。これはもともと国文系の同学が研究する教材でありまして、新聞雑誌に載るとは思っておりませんでしたが、公開のものになってしまいました。陳先生と文学革命との関係は大いに討論する必要がある問題です。民国六年［一九一七年］にみんなで『新青年』をやるようになった時に*、一つの理想がありました。それは二十年政治を語らない、二十年政治を離れて、教育、思想、文化など、非政治的な要因から政治の基礎を建設しようということでした。しかし容易にできることではありませんでした。というのは、わたしたちが政治を語らないという主張を持っていたとしても、政治の方がわれわれに逼って政治を語らざるを得なくしてきたからです。

*正確には民国七年一月、以前は陳独秀編集だったが、この月に編集部会議が開かれ、雑誌を同人七人（陳独秀、銭玄同、劉半農、沈尹黙、胡適、李大釗、魯迅）の刊行物にし、四巻一号から実施した。

民国六年［一九一七年］の第二学期に陳先生は北京大に来られましたが、次の年［一九一八年一二月］に陳先生と李［大釗］先生は政治を語ろうと、『新青年』の外に『毎週評論』をはじめました。わたしはそれを批判したことはありませんでしたので、かれらはわたしに原稿を書いてくれるように求めました。わたしの記憶では、二編の短編小説の訳稿を送っただけだったと思います。民国八年［一九一九年］の五・四の後、ある日［六月一一日］陳先生は「新世界」（茶館）［天橋近くの茶館遊戯場］でビラ［一三五頁写真］を撒きました。［本講演の］数日前に新聞紙上で読んだ陳先生の供述では［一九三二年一〇月一五日に国民政府は陳独秀を南京に移送し、江蘇法院での審判を受けることになった］、自分は反動の理由で前後三回逮捕された。ここ［北京］では一回捕まったが、それは［遊技場の］茶館でビラを撒いたことからだったと言っています。その時、高一涵先生とわたしもそれに加わっていました。みんなでビラを刷りましたが、内容は全部で六条、大体、学生が逮捕された問題でした。その一条は、政府に衛戍司令の王懐慶を免職せよ、曹汝霖、章宗祥、陸宗輿の三人を懲罰せよ……などでした。十一時になって家に戻りましたが、わたしと高先生は人力車の上で喋りながら、まだ戸が閉まっていない店を見つけると、一枚また一枚とビラを入れました。わたしはまだ覚えているのですが、あの時は六月の天気がちょうど暑い時でして、わたしたちは夜更けになってもまだまだ話し込んでいました。突然新聞社からの電話がかかってきまして、東京で大ストライキが起きていると言います。わたしたちは大喜びしました。しかし少ししてまた電話がありました。わたしたちが帰った後、陳先生が茶館で捕えられた、かれはビラ撒きの件で捕えられたのですが、しかし新聞では、かれは反動だと載っているのです。これが反動であるなら、それなら現在の革命は反動ではないのですか？「反動」という言葉は多くの事実を抹殺してしまいます。かれはどうして反動だと言えましょう。

今日のこのテーマは、話し始めるには大変多くの不都合な点があります。なぜなら、わたしたちは仲間［同事］だからです。民国十二年［一九二三年］に上海で『科学与人生観論集』が出版されたその時、陳先生はわたしたちと別れて上海に行ってしまっていました。この二十万字を集めた本にわたしは序を書き、陳先生も一篇書きましたが、かれは力を込めてわたしに反駁して、わたしに問いました。陳先生はその時すでにマルクス主義の向うの方に行っていました［当時、中国共産党書記］。わたしは、説《い》う所のマルクス主義の唯物史観は大多数の話を解釈することができるが、さらに一歩進んで、それがすべてを解決できると認めることができるかどうか、と問うたのです。かれは、白話文も産業の発達、人口の集中によってはじめて生まれてきたものだと言い、かれは「いつも人が白話文の局面は胡適之、陳独秀らの連中が引き起こしたのだと言っている。実際これはわれわれの思いがけない名誉ではあるが、中国近来の産業の発達、人口の集中、白話文は完全にこの需要に応じて発生し存在するようになったものなのだ」と言いました。適之らがもし十三年前に白話文を提唱したならば、ただ、章行厳（章士釗）の一篇の文章が需《もと》められさえすれば、反駁されて雲散霧消したであろう［＊章士釗は文語文の名文家として知られていた］。このとき章行厳のひときわ優れた議論は誰もがすすんで聴いたのではないか？　と。かれは経済的な条件を重視したのですが、わたしはかれに反駁しませんでした。というのは、かれは人間の努力を否認しなかったからです。二人の主張は衝突には数えられません。しかし、客観的条件であるとはいえ、経済という一つの条件に限らず、文化的な条件、政治的な条件についても否認することは出来ないのです。

陳先生と新文化運動には三つの大変重要な背景があります。

〈一〉、かれには十分な文学的な訓練がありました。旧文学についても大変基礎がありました。蘇曼殊と章行厳［章士釗］の小説と文章に、かれはみな序を書いてやりました［「章士釗『双秤記』序」など］。これが散文方面の業績です。詩について言いますと、かれは宋詩に学んだのですが、『甲寅』雑誌にかれが発表した多くの作品、「独秀山民」、「陳仲」、「陳仲子」と署名しているかれの詩には大胆な変化が見られます。その中に一首、「亡兄を哭す」［「述哀」］がありますが、これは完全に白話の詩で、新しい創造と言うことができます。かれはまた小説を尊敬していまして、曹雪芹、施耐庵の『紅楼夢』、『水滸伝』は帰有光の『姚姫伝』の古文よりもかなり優れていると言いましたが、その当時こうした大胆な話をすると、人々はたいへん惊《おどろ》いたものです。かれが早くから白話文の重要性を理解していたことが分かるでしょう。かれは馬東籬の元曲を最も尊敬していて、馬東籬は中国のシェークスピアだと言っておりました［＊『新青年』二巻五号、一九一七年一月の胡適「文学改良芻議」の最後に付けた独秀の跋文にある。最後に訳文を掲載しておいた］。

〈一〉、フランス文化の影響が非常に大きい。かれの英語、フランス語はどちらも本が読めます。わたしは『青年雑誌』（のちの『新青年』）でかかれが「フランス人と近代文明」を書いて、かれが極端なフランス文化への崇拝を表したのを覚えています。かれはフランス人が発明した三つの大きなものは、第一に、人権説（Right of men）で、一七八九年にフランス人ラファイエットが「人権宣言」（La declaration des droits l'hommes）を作った。アメリカの独立宣言もかれが作ったものだ。第二は、生物進化論だ。フランス人ラマルク Lamarck が一八〇九年に『動物哲学』を書き、その後五十年経ってようやくダーウィンが出たのだ。第三は、フランス人のバブーフ Babeuf、サン・シモン Saint-Simon、フーリエ Fourier はマルクスの先駆者で、社会主義の風気を最初に拓いたのである、と言いました。実際、陳先生は自然主義の影響が最も大きい。かれの「欧州文芸譚」を見てみますと、フランス文学芸術の変化を幾つかの時期に分けています。（一）、古典主義から理想主義（すなわちロマン主義）へ、（二）、ロマン主義から写実主義［リアリズム］へ、（三）、写実主義から自然主義へ、です。フランス文学史上の各主義を詳しく中国に紹介したのは、陳先生は最も早いうちの一人に入り、その後、人々の各主義に対する多くの議論を引き起こしました。

〈二〉、陳先生は革命家です。あの頃わたしたち多くの青年はアメリカに留学していて、暇な時に文学の問題を議論して、いつも理論闘争をしていました。しかしわたしたちはただ文学を語っていただけで、革命を語ったのではありません。しかし陳先生はすでに政治革命に参加し、家庭革命を実行していました。かれの家はいわゆる大世家［名門家］です。しかし恋愛問題やその他の問題で家庭とは離脱してしまいました。甚だしくは、かれの父親［養父］がかれを告発しようとさえしました。ある時、かれが北京に来たときですが、かれの家が開いている大きな店舗の番頭が若主人が来ていると聞いて、かれに店に来て、面子を立てさせてくださいとお願いしたのです。しかしかれは「店はわしのものじゃない」と言ったのです。＊かれの精神が分かるでしょう。袁世凱が帝制を実現しようとしたとき、陳先生は政治革命の失敗は文化、思想、これらの革命が無いからだということを知り、かれはすぐに倫理革命、宗教革命、道徳の革命に参加し、『新青年』誌上に多くの革命の信条を発表しました。(一)自由であれ、奴隷的であるな、(二)進歩的であれ、保守的であるな、(三)、進取的であれ、退隠的であるな、(四)世界的であれ、鎖国的であるな、(五)実利的であれ、虚文的であるな、(六)科学的であれ、想像的であるな。これが根本改革の策略でした。民国五年［一九一六年］に袁世凱が死にました。かれは新時代が到来したのだと言いました。かれのこの革命精神はわたしたち留学生の消極的な態度とは、その差がどれほどであったか分かりません。かれがあの時主張したのは政治革命だけではなく、道徳、芸術すべての文化の革命だったのです。

＊ある文は、かれの父［養父］の家は『安慶の望族』で、安慶、東北、北平にある地産と商業は少なくとも数百万の価値があったが、財産は破れ靴のように棄て去り、今は土地は全部佃戸によって分け耕され、商業も全部店の者に侵占されているが、独秀は「問うた事はない」。かつて封閉された安慶の家には齢八十を過ぎた老母が一人いる。妻子は革命流離の生活で分れ、二人の息子同志は革命に献身した。かれはずっと倹約刻苦の生活をし、教授の賃金も著作原稿料も、個人の最低生活を維持する以外はすべて革命工作に献じた。反動、白色テロの下でびくびくした生活をし、逮捕入獄すること四度、終始革命のために奮闘してきたのだ、と言っている（赤光「陳独秀底生平及其政治主張」、陳東曉編『陳独秀評論』一九三三、所収、『民国叢書』一篇八七に収む）

民国四年［一九一五年］の『甲寅』雑誌の最後の一期に二篇の文章が載っています。一篇は学校の国文教科書についての検討で、唐宋八家の文章を教科書に使用するのに反対し、もっと古い文章を、漢魏六朝のものを教科書にすべきだという［梁漱溟の］文章です。これが一つの勢力です［古文学］。もう一篇は、「通訊」欄の文章で、黄遠庸＊という記名の人が書いています（かれは後にサンフランシスコで殺害されました）。かれは、「愚見では、いま政治を論ずるとすれば、実にどこから話し始めたらよいか分かりません。『洪範九疇』か、また能く［黄宗羲の］『明夷待訪録』……からか。根本的な救済ということになれば、また新文学を提唱することから手を着けるべきだと思う。つまり、吾らの思潮をしていかに能く現代思潮と接触させて、その猛省を促し、その愛を一般の人の生と交渉に出させねばならず、方法は、平易な文芸を以て四周に普く遍くすることでなければならないと思う」と言っています。しかし［記者・編集人の］章士釗はかれに答えて、文学革命は須らく政治から着手すべきだ、と答えましたが、これがもう一つの潮流です［新文学］。

＊黄遠庸（字、筆名は遠生、一八八五－一九一五）、一九〇四年の最後の進士、一九〇五年日本留学、中央大学で法律を学ぶ。学成り、一九〇九年帰国、官に就かず新聞界に、『申報』『時報』の北京通信員として活動、著名な大記者になった。一九一五年、帝政を目論む袁世凱が自陣に取り込み、『亜細亜日報』主編に、帝政賛成論を書かせようとして、黄遠庸は煩悶し、最後に帝政反対を表明し、袁派と断絶した。身の安全のために渡米したが、袁世凱配下と見られ、十二月サンフランシスコで中華革命党米国支部の刺客に殺された。三〇歳だった。

しかし陳先生は自然主義、とりわけゾラを誉めそやしていました。張永言という人が一通の手紙をかれに寄こしまして、＊かれの文学に対する興味を引き起こし、わたしが陳先生に与えた通訊の興味を引き起こしました。かれ［陳先生］は、現在は古典［主義］からロマン主義に到る時期であるが、しかし写実主義《リアリズム》のその方向に向かうべきだと言いました。しかしわたしは同時に、『新青年』第三号に謝無量［一八八五－一九六四。四川人、安徽蕪湖生れ、一九〇二年南洋公学入学、西洋文学を紹介、『国民日日報』で陳独秀と一緒に活動、中華書局編輯、中山大学教授、一九四九年以後、成都大学、人民大学教授］の律詩「寄会稽山人四十八韻」が載っているのを見ました。その後に陳先生の一文の跋が付いていまして、「文学は国民最高精神の表現である。国民のこの精神は衰えること久しい。謝君のこの作は深遠な文句で余韻がある、世に稀な音である。子云［漢代の詩人楊雄］、相如［漢代の人司馬相如］よりのち、わずかに見えるのはこの篇のみである。工部［杜甫］といえどもこの技巧力を持つだけで、佳麗さは比べられない。謝君は天下の文章はことごとく蜀［四川］中にありと自ら言うが、誇張ではないようだ。吾国人の偉大な精神はなお未だ失わざざるかは、ここにこの篇に示されている」とありました。かれはこのように謝を持ち上げたのですが、しかしかれの日頃の主張はあのようだったのですから、どうして大いに矛盾しないことがあるでしょうか。わたしは手紙を書いてかれに質問しました。かれも自分の矛盾を認めました。わたしはその時、「八つの不」主義を主張しましたが、これが「改良文学芻議」［文学改良芻議］で、『新青年』誌上に載り、陳先生が一跋**を書きました。

＊『新青年』一巻六号（一九一六年二月一五日）。張永言は、西洋文学史上の「写実主義と自然主義の区別」は？　古典主義は四六駢儷体の如きものか、理想主義は至仁極義の話で世を責めるものか、などを質問し、それに陳独秀が、西洋で古代の文体を真似るのと同じく、わが国の文、詩、画も古に倣う、理想主義《ロマン》はその倣う枠を出たが、現実を離脱して、想像の黄金世界に入ってしまった。写実《リアリズム》・自然主義は自然科学、実証哲学と同時に進歩したもので、人類思想が虚より実に入った精神である。自然主義はゾラの時代から最近数十年で、徹底的に人生の真相を暴露したものです、と答えた。

＊＊胡適は「芻議」の「七、対句を考えない」で施耐庵、曹雪芹、呉研人の文学が正統だと考える、だから、「八、俗語俗字を避けない」と提案するのだと言い、中国文学は元代が最盛期で、戯曲は関漢卿などが多く書いている、と述べた。その「芻議」の最後に陳独秀は「跋文」を付けてこれを声援した——今までこの文は、一九六三年に増田渉氏らが訳された「芻議」（『中国現代文学選集３』平凡社）にも、その後に付けられて紹介されてこなかった。それでは「芻議」掲載が極大の反響を呼んだ理由が減少すると思い、全文を左に載せておく。なお後に再び注を付けて掲載する——。

「余はつねに中国近代文学史は施［耐庵］、曹［雪芹］の価値ははるかに帰［有光］、姚［鼐］よりも上だと言ってきたが、しかし聞く者はみな大いに驚き疑った。今、胡［適］君のこの論を得て、わたしの所見が孤絶したものでないことをひそかに喜ぶ。白話文学はまさに中国文学の正宗に為るだろう。余また篤く信じてこれを渇望するものである。吾生、もし親しくその成れるを見ること有れば、則ち大いなる幸いなり。元代の文学、美術は本より蔚然として見るべきものなり。余の最も服膺せるは東籬［馬致遠］である。詞は雋《すぐ》れ、意は遠である。またまた雄富である。余かつて称して『中国のシェークスピア』と為せり。これを胡君および読者諸君に質《ただ》さん、以て然りと為すや否や。　独秀　識《しる》す。」

かれは文学改革に思い至りましたが、しかしまだどのように改革したらよいかまでは思い到っていませんでした。

後にかれは工具が解放されれば新しい文学を生むことができるのだということを知り、かれは「文学革命論」を書いたのです。わたしの詩集は『嘗試』〔こころみ〕といい、刊行雑誌は『努力』〔週報〕と言います。かれの刊行の雑誌は『嚮導』〔みちびく〕といい、この文章は「文学革命論」です。かれの精神がここに表われています。かれのこの文章には注目される点が二点あります。一、わたしの主張を改めて進めて、文学革命としたこと。二、北京大学文科学長〔陳独秀〕による領導によって全国的なものになり、重要な問題となった、ということです。かれは荘厳でまばゆいヨーロッパは革命から来たのだと言って、かれの文学革命軍の大旗を高く掲げ、中国文学に新たな局面を切り開きました。かれには三つの大きな主義があります。

〈1〉飾り立てて阿諛する貴族の文学を打倒し、平易で感情を抒べる国民の文学を建設しよう。

〈2〉陳腐で誇張する古典文学を打倒し、新鮮で誠実な写実文学を建設しよう。

〈3〉まわり遠く意味を隠して理解に難渋する山林の文学を打倒し、明瞭で衆の俗に通じた社会の文学を建設しよう。

かれは四十二サンチの大砲を引っ張って来て、このための先駆となり、十八妖魔、すなわち明の前半と後半の七人、「十四人」と帰〔有光〕、方〔苞〕、劉〔大櫆〕、姚〔鼐〕〔の十八人〕を打倒せんとしました。これが全体的な思想革命なのです！

最後に、結論を導き出して見ると、かれは文学革命に対して三つの大きな貢献をしたと言えます。

〈一〉わたしたちの出し物〔玩意児〕から文学革命に変え、三大主義に変えたこと。

〈二〉かれによってはじめて、倫理・道徳・政治の革命と文学を一つの大運動に合成したこと。

〈三〉かれのひたすら直進する精神に依って、文学革命は大きな収穫を得ることができたこと、です。その他の陳先生に関することは『独立評論』第二十四期〔一九三二年一〇月三〇日、この講演の日に発売〕の傅斯年「陳独秀案」に見ることができます。」

わたしは、この胡適の陳独秀論は自分とは違う資質の陳独秀の本質をよく理解した優れた観察と整理で、良く出来たものだと思う。長年の付き合いのこの理解の上に、胡適の先の『最後の見解』の理解（序言）があるのだといううことを覚えておく必要があろう。

この文章を基軸に陳独秀と胡適の軌跡をたどっておくことにしたい。

第三節　『新青年』初期の陳独秀と胡適――陳独秀－章士釗－汪孟鄒－胡適の人間的繋がり

アメリカ留学中の胡適が最初に『新青年』に原稿を載せたのはテレシコフの小説『決闘』の翻訳で、一九一六年九月の第二巻一号である。それ以後、続けて寄稿し、「文学改良芻議」以前に『新青年』の有力な寄稿者になっていた。どうしてアメリカ留学中の胡適が『新青年』の寄稿者になったのだろうか。話は少し遡る。陳独秀が中国思想界で注目されたのは「愛国心と自覚心」を章士釗が日本で編集発行していた『甲寅』第一巻四号（一九一四年一一月刊）に発表してからであろう。その四号を見ると後の方に「短編名著　柏林之囲……胡適」が載っている。陳独秀と胡適は同じ雑誌に文章を発表していたのである。陳独秀はこの時、東京で章士釗のこの雑誌の編集を手伝っていたから、胡適の名は編集人＝「記者」章士釗を通じて知らされていた筈だし、同号の編集過程で知ったはずである。この『甲寅』雑誌は第五号から上海の汪孟鄒が経営する亜東図書館という出版社から出されることになる。そして『新青年』も汪孟鄒の亜東図書館が関わり、『独秀文存』、『胡適文存』はこの出版社が発行することになるのである。

だが、この「陳独秀－章士釗－胡適－汪孟鄒」の関係は少し前に遡って話をしないと分からない。

陳独秀（一八七九―一九四二）と章士釗（一八八一―一九七三）・趙声（伯先、一八八一年生れ、後出）は光緒二十八年（一九〇二年）に南京陸軍師範学堂で汪希顔（一八七三―一九〇二）の紹介で知り合った。汪希顔は安徽省績渓県出身の人で、汪家の兄弟（汪希顔、汪孟鄒一八七八―一九五三）と嫡堂の汪杰夫は一緒に胡普接（胡子承）先生に学び、汪兄弟は二十歳前後に科挙の秀才（生員）に合格して、兄の汪希顔が光緒二十三年（一八九七年）の南京での江南郷試を受験に来ていた。安徽省懐寧人の「秀才」「皖城の名士」「志士」陳仲甫（独秀）も前年に秀才に合格し十九歳でこの試験を受けに来ていて、南京で二人は知り合った（この時の江南郷試については陳独秀「実庵自伝」、『文集3』所収に詳しい）。キーワードは「安徽省績渓県人」、「汪」姓、「胡」先生の三つである。「安徽省績渓県人」の汪兄弟の家は徽州商人系の家だったろう――徽州の汪姓は有名な大姓で歴史にしばしば出てくる、変法期の汪康年、後の民国の外交総長汪大燮、汪精衛の祖籍も徽州である（臼井佐知子『徽州商人の研究』一〇八頁。第三章参照）。「績渓県」は胡適の父胡傳（一八四一―一八九五）の出身地、胡適が上海に出るまでの幼年時代を過ごした地である。胡適と汪孟鄒――亜東図書館の主人――は徽州の山地の小県「積渓」の「同郷人」だったのである。汪兄弟の先生の胡普接は康有為・梁啓超派だったというが、「績渓三胡」（十八世紀後半から十九世紀前期にかけて出た積渓県の三人の胡姓の漢学家）の系統を引く学者だったのではなかろうか。胡適の家系とどのような関係にあったかは分からない。どなたか調べてください。

陳独秀は光緒二十三年の江南郷試の後、安徽に戻って、汪希顔の弟の汪孟鄒や李光炯ら維新派の人士と知り合い付き合うようになり、「康梁派」になった。この年に陳仲甫（独秀）は「名士」として名家の子女と最初の結婚をしたが、夫婦仲はあまり良くなく不和であった。唐宝林『陳独秀全伝』は、江南郷試後、各種の新書物か新知識を吸収した陳独秀は各省を遊歴して蘇州で『励学訳編』を出版していた「励学訳社」のメンバーと接触し、該誌の安徽代理店になった。こうして「西学」に向かうようになったという（一五頁）。大切なのはこの戊戌変法期のことと、満洲（東北）での経験である。一八九八年に東三省に赴任する養父（父の弟・陳昔凡）に従って兄とともに奉天に行き、その官署で手伝いながら書法、詩賦などを養父から習ったが、翌年母査氏の病いで安慶に戻った。しかし慈母は死去、ふたたび東北に戻った。が、翌一九〇〇年、義和団事変で東清鉄道保護を名目にロシア軍十五万が五方向から満洲東三省に入り、奉天など各都市・全土を占領した。このロシア軍の満洲占領の経緯はかつて拙著『清末のキリスト教と国際関係』（第六章）で詳しく書いておいたので参照していただきたいが、この惨状を陳独秀は自分の眼で目撃したのである。そして安慶に戻った。これが後に陳独秀が拒露愛国運動に挺身し、「愛国心」を問題にせざるを得なくなった背景だった。この頃『励学訳編』の安徽代理店を何春台という人物と交替している。何春台は一九〇一年三月に上海で開かれた反ロシア集会（陳独秀も参加）で演説した人物で、安徽に帰った後、陳独秀から代理店を引き継いでいる。交替は陳独秀の日本留学の準備のためだったようだ。そして一九〇一年一〇月、陳独秀は最初の日本留学をした（家庭内の不和も影響したらしい）。

江南郷試で知り合った汪希顔だが、かれはその後江南高等学堂に合格したが、諸事情で「書を捨てて剣を学ぶ」ために一九〇二年三月に江南陸軍師範学堂に入った。陳独秀はこの一九〇二年三月に日本から一時帰国した折に、汪希顔を南京の江南陸師学堂に訪ね、かれの紹介で同校にいた章士釗（行厳、湖南人）と趙声（江蘇人）と知り合ったのだった。この人間的な繋がりが後年まで続くことになる。因みに周樹人（魯迅）はこの年の一月にこの江南陸師学堂を卒業して日本に旅立っていた。陳独秀と章士釗、汪希顔は意気投合したが、汪希顔は一九〇二年に若くして病死した。夭折しなかったら大きな貢献をした人物だったという程の人だった（独秀は「哭希顔」という詩を書いた）。それで、陳独秀と章士釗はその弟の汪孟鄒（かれも兄の影響で一時江南陸師に入学したが父母が死んだので学業を断念し、退学して故郷の老家に戻っていた）と「生死の交情」を結ぶことになったのである。

章士釗は湖南の裕福な地主の家の出身で、張之洞が作った両湖書院（一八九〇年設立）に入った後、この江南陸師学堂に入ってきた。国文優秀で校長の兪明震に評価された――上で陳独秀が言ったように古文の名文家として、のちに一派をなした。その後一九〇三年四月に拒露運動の集会が上海張園で行われたのに呼応して、陸師学堂でもそれに呼応した動きが起きたが、学校当局に抑えられ、「学潮」（ストライキ）を起こし、退学した。そのころ南洋公学の「学潮」で退学した学生たちを引き受けていた蔡元培の要請で上海に出て、蔡元培らが組織した中国教育会の学校・愛国学社に入った。そしてそれが組織した軍国民教育会（ロシアの満洲占領に反対する拒露運動から日本留学生によって作られた組織の上海の組織）に入り軍事教習になった（陸師出身だからであろう）。そこで章太炎（炳麟）、鄒容、張継と兄弟関係になった。そして五月に『蘇報』主筆（張継が参議）になり、この『蘇報』は章炳麟、蔡元培らが書く革命文を宣伝する「愛国学社」の機関誌になった。鄒容『革命軍』を『蘇報』に載せ、盛んに宣伝した。上海梅渓学堂の学生だった胡適はこの「革命軍」を仲間とこっそりと筆写していた（邦訳『胡適』四七頁）。六月の章炳麟「康有為を駁して革命を論ずるの書」が引き起こした筆禍事件（「蘇報事件」）で、鄒容と章炳麟は捕えられて入獄、新聞は発行禁止になった（鄒容は獄死する）。が、編集人の章士釗は、陸師学堂の校長兪明震がこの事件を担当した江蘇候補道員になっていたため、その保護のお蔭で難を逃れた。

この頃、日本で軍国民教育会のメンバーだった黄興が学業を終えて帰国し、上海に来ていた。章士釗はこの両湖書院時代――かれはここで日本語を勉強し、宮崎滔天『三十三年落花の夢』を『大革命家孫逸仙』として訳して出版、孫文を始めて中国人に知らせた――の旧友である黄興と共に湖北、湖南の各地を巡回して革命派のパンフレット『革命軍』、『猛回頭』など多数を配って歩いた。章士釗はその後いったん上海に戻ったのであろう。八月に『蘇報』の継続誌として陳独秀、張継らと共に外国人ソモール（I. Somoll）を社長にして租界で『国民日日報』を発行し始め（浙江人の謝暁石が出資した）、また東大陸図書訳印局（印刷所）を創設して、言論活動を継続した。章士釗は、湖南の没落地主の家の出身だというが（鐙屋一『章士釗と中国近代政治史研究』二七頁）、この頃はどうもそう見えない。頭脳明晰で経済的にも豊かだったように見受けられる――上海に邸宅を持ち、借家を何軒も借り、多くの革命派人士に飯を食わせている――。陳独秀の方が年上だったが、章士釗は陳独秀は付き合いづらい人物だったと言いながらも、独秀の兄貴分のような関係にあったようである。

陳独秀は日本留学中の一九〇三年三月に留日学生学監の煜姚の「辮髪」を切る「事件」を引き起こして清国に戻された。その上海で開かれた張園の拒露大会に参加し、大いに刺激を受けて、安徽に帰った。そして安慶でも拒露運動を展開しようと、五月に「安徽愛国社」を立ち上げた。その大会の会場になったのは以前かれらが康梁派だったときに開いていた蔵書楼——啓蒙教育のために新聞雑誌を閲覧に供した公共場所——だった。陳独秀の最初の政治活動は「愛国」運動、清朝統治下の中国を「救国」しようという運動が出発点だったのである。これは大切な点だと思う。かれが「愛国心」をその後も問題化したのはそれ故である。孫文派の「滅満興漢」革命とは出発点が違った。この様相を少し詳しく見ることにしたい。

第四節　陳独秀の出立——一九〇三年の拒露愛国運動

一九〇三年四月八日、義和団事変で満洲を占領したロシア軍が満洲還付条約に基づく第二期撤兵（奉天・吉林両省からの撤兵）の期日が来たが、ロシアは実行しなかった。この間慶親王・奕劻《えききょう》と秘密に交渉を行っていた代理公使デ・プラソンは四月一八日に清国外務部に、撤兵するために取り付けたい保障の新たな七条の要求を提示した。これが「俄約七条」と呼ばれるもので、満洲におけるロシア権益を確実にしようというものだった。日本政府は北京の内田康哉公使からの電報で翌日これを知った。小村寿太郎外相は内田に、慶親王に「譲与を許可するな」と伝えさせた。イギリスの『タイムズ』（G・E・モリソン特派員）、日本、アメリカの各新聞がロシア非難を始めた。『朝日新聞』は「露清密約案」——歴史用語としての「露清密約」は普通、一八九六年の三国干渉のロシアの尽力への代償として清国がロシアに与えた「李鴻章・ウィッテ協定」を指すが、ここはそのまま使用する——として報じ、各紙もこぞってキャンペーンを展開、報道が加熱し始めた。五月初めになって上海の各紙も盛んに報じ始めた。このことは長江・海岸沿いでも次第に知られるようになり、五月一七日に安慶の蔵書楼で「拒露大会」が開かれ、陳独秀が演説した。

かれは、この大会は「俄約を阻むことを討議する」ためだ。俄約七条がいかに「横暴無礼」なものか、「凡そ政権、商権、鉱山鉄道権、軍権、税収を挙げて均しくロシア人の手に帰すときは、東三省はすでに我が有ではなくなってしまう」ものだ。「我が政府がこの約《じょうやく》を許したならば、各国が必ず利益均霑の説をもって我が中国を瓜分〔分割〕する。」「ロシア人がわれら中国人を虐待すること一日に非ず。」僕は東三省を旅行したときその情景を実際見た。実に酷いものだった。「亡国の民、インド、ポーランドはみなこうだ。」各国が将来わが中国を瓜分したら、その惨状は想像できるだろうか。しかしわが中国人は夢の中にいるがごときで、国が亡び奴隷になる悲惨さを知らない。知ったとしても。起《た》ちて救おうとしない。外国人の性質と比べてみると、何と違うことか。だから外国人に侮辱されるのだ。「これを思い、まさに一大痛哭すべきである。」土地を死守する責任を尽し、人々を合わせて国を愛する目的を守り、尚武の精神を振うべきだ。事態は急、三つのことをやるべきだ。一はニュースだ。密約は前月のこと、五月初めに上海が初めて知った。長江海岸沿いに至っては今日初めて知った。内地ではいつこのニュースが知られるのか。欧米や日本では前月に既に各紙が喧伝している。中国人が知らなければ、何を以ってこれを防ぐのか。第二は思想だ。中国人は愛国性が無いと言われるが、良く広く説得して中国人の脳筋の中の愛国機関を発動させれば、圧制がどうしようとも、出来なくなる。第三は、体魄〔肉体〕だ。生気ある身体を作る。この三つに依ってやり方を考え出せば、国事に必ず影響を与えることができる。全国の存亡なのに、全国人は無関心だ。心寒くなる。国人がこんなならば国はどうして亡びないのか。種〔民族〕は如何して滅びないのか。吾らは少数の少数だが、国事を担任し、後世に中国亡国史を読む者をして、この時、中に一人もいなかったと言わせないようにしよう、と呼びかけたのだ（「安徽愛国会演説」）。

この演説は、たいへん良くかれの愛国《ナショナルな》思想の特色が出ているものだと思う。安徽愛国社の章程草案は、「本社は外患日に急なるに因りて、士群〔士人の人々〕を結合して一団体をつくり、愛国の思想を発し、尚武の精神を振わせ、人々をして武器を取りて社稷を衛らせ、もって国権を回復する基礎と為す」であった。ロシアの侵略から国家（大清国＝中国）を衛る、愛国心が大切だ。愛国心と尚武精神を喚起せねばならない。それには世界情勢のニュースを知らねばならない、その団体、愛国団体を作ろうというのである。国際情勢への強い関心と愛国心、ここに後の『安徽俗話報』設立の基本構想が出ている。

しかし、六月頃にこの運動は官から禁圧されて、身も危うくなって、陳独秀は上海に逃げて来て、章士釗の『国民日日報』に加わった（八月）。章士釗は、湖南に戻って教師をしながら活動していた黄興らの「華興会」設立（一九〇三年一一月四日、正式設立は一九〇四年二月）に関係して上海に戻り、『国民日日報』で活動を続けていた。章士釗と一緒に生活しながら新聞を発行したが、次第にこれも官憲から目を付けられるようになり、十月に上海当局は外務部を通じて総税務司にこの新聞の郵政局での取り扱いを止めるよう圧力をかけてきた。十二月には結局停刊に追い込まれた。この停刊間際の最後の時に、ヴィクトル・ユゴーの『レ・ミゼラブル』を蘇曼珠――留日時代に同宿することになる親友・詩人――が「乱添乱造」した訳（英訳本か日訳本かを基にして訳した漢語訳）が十一回掲載された。これを陳独秀が新聞停刊の後に、手を加えて十二月初めに鏡今書局から出版している。陳独秀は『レ・ミゼラブル』を最高の文学だと後年語るほど評価していた。

陳独秀は『国民日日報』停刊の後、一九〇三年の年末に安徽に帰った。そして数人の友人とともに『安徽俗話報』を発行することを計画し、胡子承（汪希顔・汪孟鄒の師、安徽の著名な学者）に相談した。胡子承は汪孟鄒が蕪湖で開いている「科学図書社」と相談したらいいだろうと言って、汪孟鄒に手紙を書いてくれた。

その汪孟鄒だが、かれは父親が亡くなったため、学業を断念し南京の江南陸師学堂から積渓県に帰郷したのだが、翌一九〇二年に兄の汪希顔も急病で南京で亡くなって、兄希顔の妻子（子供二男三女）が残され、面倒を見なくてはならなくなった。それでかれの生計維持のために、師の胡子承と友人の周棟臣が千二百元の元金を集めて、かれに蕪湖で「科学図書社」をやらせることになった。当初は新書籍（西洋知識本）を科挙試験場に持って行って行商販売していたりしていたが、一九〇三年の冬に蕪湖の徽州埠頭に店を構えたばかりだった。翌一九〇四年の春、北方で日露戦争が開始された頃だが、「仲甫〔独秀〕から手紙が来て、蕪湖で白話報をやりたい。『科学〔図書社〕』に仮住まいしたい、飯代は払う、という手紙が来た。わたしは応じた。かれは一個の風呂敷包を背負って、一本の雨傘を持ってやって来た。われわれは『安徽俗話報』を全部で二十三〔二二〕期出した。」と汪孟鄒は語っている。科学図書社は新しい本と文具を売った新式の書店（洋書店）で、汪孟鄒は上海に行って品物を仕入れていた。「わたしは章士釗の『蘇報』社の中で陳子佩と知りあった。かれは〔湖南〕長沙群益書社の主人だった。一九〇七年に陳子佩は上海で群益書社を開いたのだが、そこへわたしを連れて行ってかれ〔陳子佩〕と一緒に住まわせた。そこで我らはいつも一緒にいた。……（蘇曼珠らもみなその時知合ったのだと思う）」と汪孟鄒は述べている（汪孟鄒口述「亜東図書館簡史」）。後年、『新青年』は汪孟鄒の斡旋でこの「群益書社」から発行されることになるのである（口絵参照）。

第五節　『安徽俗話報』の発行と軍国民教育会の「暗殺団」

陳独秀らは『安徽俗話報』の編集を始めたが、蕪湖の汪孟鄒のところでは印刷ができないので上海の章士釗の所に送り、かれが経営していた東大陸図書訳印局で印刷され、製本されて、蕪湖の「科学図書社」に送られてきて、そこから発売された。第一期は一九〇四年三月三一日（旧暦二月十五日）に出た。教育欄は房秩五、小説は呉守一の担当だったが、その他すべては陳独秀が担当し、全国各地への発送その他の雑務も独秀が一手にやった。かれは、この「俗話」（白話）で世界各地の時事を読者に知らせ、人々に「防備」の心構えを持たせる、また簡単な学問を俗話で説明し見識を伸ばさせることを目的にした、と言っている。雑誌の内容については先行の研究もあるゆえここで詳しく論じることはしない。

陳独秀は『安徽俗話報』の発行を続けていたこの一九〇四年の秋――日露戦争の最中である――に、上海の章士釗から手紙をもらい、上海に出て行った。そして楊篤生（挙人・華興会）を介して軍国民教育会「暗殺団」に入った。暗殺団は前年に東京の軍国民教育会の黄興、楊篤生、周来蘇、蘇鵬ら六人が爆弾を製造して要人暗殺を謀ろうと結成したもので、帰国して西太后を狙ったが失敗、上海に蔡元培を訪ねてきていた。章士釗もこれに加わり、かれの手紙で陳独秀も上海に出てきて、これに加わったのだった。この暗殺団が、華興会、光復会の母体になるのだが、陳独秀はかれらと一か月余り爆弾製造を試していた。そこに蔡元培がよく来ていたと「蔡孑民先生逝世感言」で書いている。この知り合いの関係は後年重要になるのだが、陳独秀のこの上海での革命活動の動きは一体どういうものだったのだろうか。陳独秀はこの後急速に革命活動に傾斜するのだ。

陳独秀が革命運動にのめり込み始めるにつれて、『安徽俗話報』（半月刊）は次第に発行が途切れはじめた。かれは一九〇五年六月三日（旧暦五月初一日）発行の第十九期の「本報告白」で、「ただ恨むべきは去年十月〔一九〇四年一一月〕にある古怪な事が起きたために、遅れること三か月余り出版できず、今年の二月〔一九〇五年三月〕になってようやく、去年〔旧暦〕十月十五日に発行するはずであった第十六期を出すことができた。しかし、現在は既に五月〔西暦六月〕で、その間の十何期かの号はまだ出ていない」と述べ、二十期の「本報告白」では、「十七、十八の両期は、明らかに今年三、四月〔西暦四、五月〕に出たものだ」と社告を出した。

つまり、十五期（甲辰年十月初一日＝西暦一九〇四年一一月七日）は順調に出たが、それから十六期（一九〇五年三月）まで三か月余り中断し、そして一九〇五年四、五、六月に十七、十八、十九期と一期ずつ出て、二十期も五月末（西暦六月末）には出たらしい（二十期の告白に十九期は「本月〔五月〕初一」に出たと言っている）。そして、二十一、二十二期の合本が八月十五日（西暦一九〇五年九月一三日）に出て、『安徽俗話報』は停刊終了になったのである。

「本報告白」では、九月十五日（西暦一〇月一三日）あるいは七月十五日（西暦八月一五日）に二十四期が出れば、一年分になり年間定期購読者も損しないだろうと言っていたが、出なかった。発行所の汪孟鄒も、「あと一期〔合本で〕出せば、二十四期になり、丁度一年になると、どんなにかれと相談して、あれこれ説得して、ただ一期だけだと言っても、かれは終始答えず、〔安徽公学に〕教えに行ってしまった。実は革命工作に行ったのだ。」「仲甫の気性は真に奇怪だ」と言っている（『亜東図書館与陳独秀』一八頁）。胡子承は、独秀は「血性人に過ぐ」と言った。陳独秀は、血気盛んで、自分が決めたら引かず、人の言うことをなかなか聞きいれない、独断的（家父長的）で、章士釗すら付き合うのに苦労したという性格だった、胡適は学者的だが、陳独秀は「直観的」（天才的な直観と王凡西はいう）で、文章の書き方も胡適は準備して書くが、陳独秀は一気に書いたという。

『安徽俗話報』の停刊は、胡子承からも過激で「洪水猛獣」だと言われたことや、イギリス領事などが文句をつけたからなど幾つか理由があるようだが、わたしは、陳独秀が「啓蒙」活動から「革命」活動に重心を移したからだと思う。「去年十月にある古怪な事が起きたため」というのが何を指すのか明確でないが、わたしは、一〇月二三日の華興会の長沙蜂起摘発事件とその後の事件のことではないかと考える。湖南省に入って明徳学堂などで教員をしていた黄興や劉揆一、張継、宋教仁ら華興会メンバーが、哥老会の馬福益と同謀して、十月初十日（一九〇四年一一月一六日）の西太后七十歳の（省内での）儀式で爆弾を爆発させ、長沙城内外五方面から蜂起する（黄興が首領、劉揆一と馬福益が正副指揮）という計画が、事前に漏れ、九月十五日（一〇月二三日）に黄興らが逃走した事件である。官憲の追及は湖南と関係した武昌の「科学補習所」など各地に及んだ。この時、章士釗は上海で革命の後方支援のために『国民日日報』などで宣伝していた。十月初一日（一一月七日）に、湖南から逃げてきた黄興、陳天華、楊篤生、張継、章士釗らが上海に会合し、再挙を計る話し合いがもたれた。黄興は上海到着後もなお湖南の翌年の萍瀏醴蜂起の計画をしていたという。かれらは外囲団体として湖南で同仇会を組織し、上海では一九〇四年春に「愛国協会」を組織、蔡元培、陳独秀、蔡松坡らが参加し、湖南から派遣されてきていた楊篤生が章士釗の持っていた秘密計事処で誓約させて加盟させた。楊篤生は暗殺を主張し、化学を勉強して爆弾を試験していたという（章士釗た。柏文蔚はその後一九〇五年秋に趙声（一八八一年生、江蘇人、江南陸師卒後、一九〇三年に日本留学、黄興と知己に。

※

「与克強相交始末」『辛亥回憶録』二、一四九頁）から、どうもこれが陳独秀が先の「蔡孑民先生逝世感言」で書いていた爆弾製作の状況のようである。とすると、陳独秀は秋（十五期発行直後の十月初め＝西暦一一月）の章士釗からの手紙で上海に行き、春に出来ていた「愛国協会」に加入し、爆弾製造などをやって一か月余り過ごしたということになる。その最中に、思いがけず十月十三日（西暦一一月一九日）に劉師培が計画し章士釗が関係した「万福華の王之春殺害失敗事件」（上海新民学堂の万福華が前広西巡撫王之春を銃撃した事件）が起きて、章士釗、黄興ら十一人が捕えられるという事態になった。この事件は劉師培が計画し、章士釗が王之春の誘い出しを担当したのだが、失敗した。捕われたその万福華の監獄に章士釗が面会に行き、それを密偵に尾行されたため、余慶里の華興会機関が襲われ、章士釗、黄興、陳天華、張継ら十数人が捕えられたのである。何とか幸運があって多くの者が釈放されたが、しかし再挙は不可能になり、上海の華興会組織は潰滅、かれらは日本に亡命するしかなくなった。章士釗も釈放された後、一九〇五年に日本に亡命した。

この事態が陳独秀の言う「古怪な事件」であろう。あるいは「万福華事件」とその影響と解して間違いないようだ。この華興会の日本亡命が翌一九〇五年八月の華興会、興中会、蔡元培らの光復会が「同盟」した「中国同盟会」の結成につながるのだが、陳独秀は安徽に戻って、前述したような遅れた発行日程で『安徽俗話報』を出版したのである。『安徽俗話報』十七期の表紙はガリ版刷で、当時の混乱ぶりを表わしている。それを処理しながら、かれは冬に長沙にあった李光炯らが運営していた「安徽旅湘公学」（黄興、趙声がかつて教鞭をとっていた学校）をかれが中心になって蕪湖に移し、「安徽公学」にした。これは長沙事件の後始末だった。『安徽俗話報』は以前にこの学校を紹介していたが、十七期に、明年（一九〇五年）二月内（西暦四月四日まで）に開学の予定である（本省人学生は学費免除、外省人は毎月英洋二円）という広告が載っている。そして、ここの体操教師だった柏文蔚（一八七六年生、一九〇二年に組織した「励志学社」の一員、辛亥革命後の安徽都督）らと一九〇五年初めに革命団体「岳王会」を結成した。柏文蔚はその後一九〇五年秋に趙声（一八八一年生、江蘇人、江南陸師卒後、一九〇三年に日本留学、黄興と知己に。

帰国後は軍人になり、この時南京新軍大隊長に昇任、のち黄花崗蜂起の総司令になる）の引きで南京第九鎮新軍に入り軍人になって岳王会南京分会を作った。

陳独秀は夏にこの岳王会勢力を拡大するために柏文蔚らと安徽北部をオルグで歩きまわった。湖南の華興会、浙江の光復会に対抗する「安徽」独自の革命団体の組織化に動いたのだと考えられる。それで獲得したのが後に安徽都督になる孫毓筠である。この「革命」運動に傾斜した結果が『安徽俗話報』の刊行の停止だった。「啓蒙」運動よりもう「革命」運動の方が重要だ、と。血気盛んな陳独秀の、「愛国心」に駆られた革命テロ活動に関係していくこういう方向転換は、後に『新青年』を発行しつつも、マルクス主義と「革命」、共産党結成に方向転換していった一九二〇年の歩みと同じ軌跡で、同じ気質だったのだとわたしには思われる。

この時、楊篤生は日本に逃走せず、北京に潜入し、管学大臣周百熙（長沙人）の支援で訳学館の教員になって「北方暗殺団」の活動を続けていた。これに趙声、呉樾（一八七八―一九〇五）が加わった。安徽省桐城県人の呉樾は保定の高等師範学堂にいて、『直隷白話報』を出していた。一九〇五年七月に清朝政府が立憲に向けて五大臣を政治考察のために海外に派遣すると発表すると、楊篤生は保定に呉樾を訪ねた。鉄良（満洲人の軍指導者）暗殺よりは五大臣襲撃が先だと合意し、呉樾が爆弾を投擲する、楊篤生は大臣の一人の載澤の幕中に入りそれに内応する計画を立てた。呉樾は爆弾を持って九月二四日、五大臣出立の日に正陽門駅の列車に乗り込んだが、列車の連結の衝撃で爆弾が暴発、呉樾は死亡、大臣二人が負傷した（五大臣襲撃事件）。楊篤生はそのまま載澤随員として洋行して東京に着いた。かれはここで黄興、宋教仁と会い、結成されたばかりの中国同盟会に加入した。勿論、章士釗とも会った。しかし章士釗は同盟会に加わらなかった。なぜか。かれは東京に来て、上海での活動と逮捕騒動を起こした自分のミスを反省し、自分は才無く力不足で同志を巻き添えにした、と反省、「党人は学が無く、妄りに革命を言うだけで、将来禍が発したとき収拾できなくなる」（「答稚暉先生」『甲寅』一巻二十二期）と悟り、同時に日本の近代化を見るにつけ、教育の重要性を思い、科学救国の道を考え、妄りに革命を言わなくなった。「思想的変化」を起こしたのだ。それで、正則学校に入って英語を勉強した。ヨーロッパの学問、科学を学ぶための準備だった。だから、この年、章士釗が孫文と黄興を会わせて、東京で結成された同盟会には、章炳麟、呉弱男（呉長慶の孫、孫文の英文秘書、のちの章士釗夫人）、張継らの説得があったが、参加しなかった。そして、一九〇七年、学んだ英文法の知識を活用して『中等国文典』（商務印書館）を出版して、印税を稼ぎ、それを原資にしてイギリスへの留学を決めた。

陳独秀は、呉樾が鉄良暗殺の決意を固め安徽の自家の整理に来た一九〇五年の春に蕪湖の科学図書社で趙声と共にかれに会っていた。汪孟鄒も『安徽俗話報』発刊を停止した後、趙声や柏文蔚が頻繁に科学図書社に出入りしていたと語っている。呉越の襲撃爆破事件を聞いたのは『安徽俗話報』の最後の号になった二十二期が出た直後だった。友人の張嘯吟に訊くと、呉樾が張嘯吟に托していた呉樾絶筆の「意見書」を陳独秀に送って来た。陳独秀が持っていた呉樾の遺品はのちに楊篤生に記念に贈られた。楊篤生はその後、一九〇八年に日本にいた章士釗がイギリスに留学に行くのに、留欧学生監督の秘書になって同行して行った。章士釗はスコットランドのアバディーン大学に入学し、政治学、法学を学んだ。一九一〇年三月の汪兆銘（汪精衛）らの摂政王載灃暗殺未遂事件で使用された爆薬はスコットランド製で、楊篤生がイギリスで購入したものであるらしい。そして一九一一年四月、黄興・趙声らの黄花崗蜂起が失敗したのをイギリスで聞いて楊篤生は心身を病み、リバプールで自ら命を絶った。

第六節　第三次渡日と兄の死・恋愛問題――安慶陳氏の一族

陳独秀は、蕪湖の安徽公学、皖江中学で教員をしながら革命運動の裾野を広げていた。蘇曼殊や劉師培もここにきて教えていたが、科学図書出版社が官側から目を付けられるようになり、捕えられそうになったので、一九〇七年春に亡命するようにしてまた日本に渡った。日本で蘇曼殊、鄭仲純と同居し、正則英語学校に入り英語を学んだ。

章士釗がたどった軌跡とほとんど同じである。章士釗に説得されたのかも知れない。章士釗は前述したように、中国語文法書を書いて資金を稼ぎ、一九〇八年にイギリス留学へ旅立って行った（楊篤生も同船）。陳独秀は東京で章炳麟、劉師培、張継らと交流し「亜州和親会」に加わっているが、中国同盟会には加入していない。当時、陳独秀は「漢学をやり篆書を書いていた人で」、『民報』社で章炳麟と話をしていたというが（周作人『知堂回想録』）、それは「小学」、文字学で互いに「学術」的に話が合ったからのようである。しかし陳独秀は後に、章炳麟の金銭に細かい習癖は気に入らなかったと語っている。この辺りの国学の教養の差が、陳独秀が孫文の中国同盟会に入らなかった理由の一つであろう。ハワイ・香港で英文教育を受けた孫文には国学の教養がなく、「滅満興漢」の狭隘な漢民族主義で、「愛国心」を正面から言わない。反満種族主義で章炳麟は同盟会に入れるが、拒露運動の「愛国運動」から出発した陳独秀は西洋風な孫文とは肌が合わなかったように思われる――これはかれがマーリン－コミンテルン指導の国共合作＝党内合作に強く反対した背景にもなったようだ――。ナショナルとインターナショナルの差とも言えるが、もう一つは、章士釗と同じく、今までの爆弾や革命への傾斜ではなく、学問、教育、啓蒙の重要性へと思想の重心を動かした「変化」であったろう。第三は、地域の問題だ。安徽派の陳独秀は江蘇・浙江・安徽の革命的知識人とつながりが深いが（華興会、光復会）、これら伝統的学問の盛んな地域の知識人から見ると、広東の興中会は学問の無い連中に見えた。当初南方の海賊に首領にしか見られていなかった孫文を華興会、光復会の人士に引き合わせたのは東京にいた章士釗だったが、また言語（方言）の差もあった。加えて、陳独秀の矜持、独立独歩的な性格である。これらが複合して、陳独秀は同盟会とは一定の距離を置いたのだと思われる。

この間、陳独秀が一時帰国したりしていた一九〇九年に、養父の世話で瀋陽で役人をしていた兄の陳慶元が死んだ。この兄を独秀は「仏の兄」とたいへん愛していて、帰国しその棺を引き取って故郷安慶に埋葬した。そしてその年の年末から杭州の陸軍小学で教鞭をとることになるが、これには「恋愛問題」が絡んだ。

陳独秀の最初の結婚は安慶の「名士」「秀才」として、名家の娘・高大衆（高暁嵐）との結婚だったが、彼女とは考えが合わなかった。陳延年、喬年の二人の息子がこの夫婦の間に生まれたが、妻は旧式の女性で独秀との間で不和が絶えなかった。この時、陳独秀は妻の異母妹の高君曼と恋に落ち、駆け落ち同然になったのである。「阿弥陀仏」と呼んで親しんだ長男だった兄も死に、当然、陳家の跡継ぎをどうするかが問題になっていたはずである。ところが次男だった陳独秀が養子に出ていたから、厄介だった。だから、ここで独秀の家庭について少し遡って触れておく必要がある。

安慶陳氏の一族　安慶の陳家「義門陳氏」は、「儒業を習うこと十二世」の代々儒教で生計を立ててきた家だった。陳仲甫（独秀）は一八七九年（光緒五年）に父陳衍行（道光二十八年＝一八四八年生、貢生・秀才）と母査氏との間に生まれた（譜名は慶同）。七歳上に長男の陳慶元（廩生）が、また姉二人がいた。次男である。仲甫二歳の時、父は私塾の教師をしていた蘇州で疫病のため死亡した。「父無し子」になった。仲甫は六歳から同居していた祖父の陳章旭（嘉慶年間の人、教師や幕僚を経験し、学識があった）に読書を学んだ。十歳の時その祖父が死去、以後は兄の陳慶元が読書を仲甫に教えた。仲甫は八股文は嫌いで『昭明文選』を好んだ。父亡き後、節約生活をする母の養育と兄の教育で育ったのである。だから仲甫（独秀）の家は一門の中で「小家」だった。聡明だった独秀は一八九六年、光緒二十二年に十七歳の若さで科挙試験に合格、首席で「秀才」になった。母は喜んだ。もう一人喜んだのは叔父陳衍庶（昔凡）だった。かれは独秀の父・陳衍行の三歳下の弟で、独秀が生まれる前の一八七五年（光緒元年）に挙人に合格して、山東巡撫張曜の推薦で山東省の知州や知県になっていた。陳家は兄弟二人の秀才と一人の挙人を輩出した上向いた陳一族は、独秀の秀才合格でさらに上向くかに思われた。陳衍庶（昔凡）の挙人合格で家運が「名家」と見られるようになったのだ。だが、陳衍庶（昔凡）には一つ心配事があった。男の子が生まれなかったのである。二度目の夫人の謝氏は夫に向かって兄の次男坊の独秀を「嗣子」にするよう勧めた。生母の査氏もそうしたら陳家大戸に後継ぎが出来、先祖一族の栄誉を加えることができると賛成した。それで、秀才に合格したこの一八九六年、族長の主持の下に、祠堂で「過継」（祭祀承継）の儀式を行って、仲甫（独秀）は叔父である挙人の陳衍庶（昔凡）の「継子」（家系を継ぐ養子）、つまり「金持ちの若旦那」になったのである。

養父の陳昔凡はなかなかの才人で、詩文書画に優れていて、独秀を可愛がり自ら教えた。かれはその後も東三省で知府や道員に任官して蓄財し、満洲、杭州、安慶その他の所に店舗や田地を所有し財産を築いた。北京琉璃廠の「崇古斎」はその中の一つで、胡適が先の講演で、独秀が北京に来たとき、ここの大番頭が（独秀は）「若旦那」なのだから店に顔を見せて面子を立てさせてくださいと頼んだのに、「店はわしのものじゃない」と言ったという、その陳家の財産の店舗である。だが、独秀は晩年まで終始「寒士」として金銭に縁のない生活を送った――後で触れるが、最後の貧窮のなかでも高官や友人たちからの金銭支援も拒否して生活し、死んだときには、『独秀文存』を出した亜東図書館の汪孟鄒に金銭支援をしてもらっていたその借金が残っていた――。形式上は大世家の御曹司になった訳だから、結婚して跡継ぎを、と養父は望んだ。それで、養父が親しかった安慶営の統領（軍人、のち副将）高登科の前妻の娘・高大衆（高暁嵐、三歳年上）と結婚させることになった。婚姻は人も羨む名家同士の結婚だった。しかし彼女は継母に苛められた経歴を持ち、文字が読めない旧式の女性だった。そのため、新知識を求める独秀とは不和が続いた。そうした中、養父陳昔凡は一八九八年、戊戌変法・政変の年に東北の遼寧に赴任するのに独秀を兄の陳慶元と共に連れて行った。ここでかれは独秀に詩文その他を教えたようだ。翌九九年に生母の査氏が病気になり、兄弟は一旦帰郷するが、母は死亡。葬儀をすませた後、兄弟は再び北上した。が、兄の陳慶元は船に乗り、独秀は陸路で遼寧に戻ったという。これが兄弟の別れになった。一九〇〇年の義和団事変の時は、独秀は満洲に居てロシア軍の蛮行を見ていた。一九〇一年に独秀は最初の日本留学をするが（杭州求是学院に入り学んだ後だという説もあるが詳細は不明）、この年に兄も東北満洲で捐官候補官になった。この日本留学から後の陳独秀の活動の軌跡は前述したとおりだが、一九〇九年に、兄の陳慶元、幼い独秀に読書を教えてくれた「阿弥陀仏」の兄が死んだ。独秀は帰国してその棺を東北から安慶に運んで埋葬し、兄の死を悼んだ詩「述哀」を書いた（宣統元年九月於瀋陽）。これが胡適が先に口語詩のはしりだと言った作品である（独秀の旧体詩については『陳独秀文集1』の小川利康氏の解説を参照)。この安慶に帰っていた時に、義父高登科の二度目の妻の六氏の生んだ高君曼(一八八六―一九三一)と恋に落ち、二人は駆け落ちするように杭州に行って、愛の生活を始めたのである。彼女は姉と違って纏足をせず、北京女子師範も出た、文学を好んだ近代的女性だった。これが胡適が先に言った「恋愛問題」と「家庭革命」である。父親(双方の父親だろう)が告発する騒ぎになったと胡適は言うが、「名家」御曹司の独秀らは「乱倫」と非難され、安慶城内の人々の口を賑わした「スキャンダル」になった。この難局からの脱出が杭州行で、独秀は杭州陸軍小学での教師に就いて二人の糊口生活を始めた。

これが二つの事態を生んだ。一つは養父、家族、息子たちとの関係の悪化である。実母(妻)を捨てて叔母(義妹)に走った父親と新妻、かれらと息子の陳延年、陳喬年との間に心理的葛藤を生まなかったはずはなかった。また独秀の後の革命運動への参与は養父陳昔凡をして表面上「退継」(継嗣を取りやめる)手続きを取らせることになったのである(実際は支援を続け、養母謝氏は最後を四川省重慶で迎える)。もう一つは、この杭州の学校で劉季平(留日時代の親友、一九〇五年に『蘇報』事件で獄死し放置された鄒容の遺体を収容し埋葬した侠義の士)を通じて沈尹默と知り合ったことと、文字学研究である。陳独秀は「毎日何枚かの『説文』の篆字を書き写し、馬一浮のところから文字学の著作『鉄雲蔵亀』〔劉鶚著の甲骨文字集、一九〇三年刊〕を借りていって甲骨文を研究した」(「何之瑜致胡適」『胡適来往書信選』下、二〇〇頁)。これが独秀が最後まで手放さなかった国学、「文字学」研究で、先にも言ったが章炳麟の「小学」とは話が合った理由である。これが幸いもすれば、邪魔もする。

幸いというのは、一九一七年に陳独秀が北京大学文科学長になるきっかけを作ったのが当時北京大学の教授になっていた沈尹默だったことで(杭州での書を通じての知己、後述)、そして文科学長になっても、守旧派の遺老から、時論は書けるが「学無所長」ではないかと陳独秀の学識が攻撃された時、校長の蔡元培が陳独秀は訓詁音韻学に精通し著作もある、章太炎(炳麟)先生もかれを畏友と見ていると弁護し、安徽省籍の何人かの教授も、戴東原(戴震)先生以来、安徽人士が文字を研究する学問はすでに伝統になっている、陳独秀の訓詁研究は造詣が非常に高い、と弁護して風波はおさまったという（王光遠編『陳独秀年譜』三五頁）。もし陳独秀の文科学長職就任がうまく運ばなかったら、胡適も北京大学教授にならず、胡適の先の指摘ではないが、「文学革命」はもっと遅れ、屈折したものになっただろう。人生何が幸いするか分からない。この文字学へのこだわりは死の直前まで続くかれのほとんど病気にまでなった。

邪魔をした、禍になったと言ったが、それは、その為に陳独秀は「大革命」の個人史、伝記を書かなくなったことである。一九二七年に共産党総書記を辞して解職され、その後反対派を結成し、一九三二年にトロツキスト派として逮捕され、実刑を受けて監獄に収監されたとき、胡適は、個人的に経験した「大革命」（第一次国共合作と国民革命）の歴史を書いておくべきだと強く進言したが（胡適自身は『四十自述』を書いた）、陳独秀は『実庵自伝』以外書かなかった。その自伝も江南郷試までで、いささか屈折した筆致で、その後のことは書いていない。その獄中で、文字学の研究に集中したいからだと語ったというのだ。歴史研究者としては実に惜しいことだと思う。トロツキーの『ロシア革命史』や『わが生涯』と同じようなものを書けとまでは言わないまでも、「トロツキー文書」のように記録を残すべきではなかったか。その歴史的な価値を秤量して見ればかれの文字学研究とどちらがより重要だったかは日を見るより明らかだろうに、とわたしも胡適と同じように思ってしまう。が、陳独秀の性格からしてやはりその「挫折」は書かなかったのではなかろうかとも思う。

こうした事情だったから、辛亥革命前の陳独秀の杭州での活動は「革命家」らしい華々しさが少ないのである。

第七節　辛亥革命期の陳独秀

一九一一年一〇月一〇日、武昌蜂起の後、湖北省が独立、湖北軍政府ができ、革命が全国に広がった。一一月一一日に安徽省が独立を宣布、曲折があって諮議局は孫毓筠を都督に選出した。孫毓筠は一九〇五年に独秀らの「岳王会」の影響で革命思想に傾き、日本に渡って同盟会に加入、孫文に長江流域に派遣されて新軍工作をしていたが、密告で捕えられ、終身禁固刑で上海の獄にいた。南京降伏後に解放されて、安徽都督に選出され、迎えが上海に向かった。独秀は十二月中旬、孫都督の要請で都督府顧問・秘書長に就任して、安慶で勤務することになった。秘書長の期間も長くはなく、二か月ほどで李光炯と交替した。改革を急ぎ、争いがあったからだという。その後、安徽高等学堂教務長になった。一九一二年三月、上海で呉禄禎追悼会に安徽代表として出席したとき、イギリスから戻った章士釗と「六年」ぶりに顔を合わせたという。

しかし、袁世凱の圧力で孫毓筠は辞任、代って柏文蔚が南京から戻って都督に就任した。かれは独秀を秘書長にした。しかし思うように活動は出来なかったようだ。この時、蕪湖にいた汪孟鄒は、「安慶に行ったが、都督府の中の人達はわたしに安慶に出て来て政府で仕事をしたらいいだろうと言った。ある人は税務が良い、ある人は行政が良いと言ったが、仲甫はそうではなく、蕪湖に戻って商売をしろ、と言った。わたしは柏文蔚をちょっと助けてやると言ったが、（独秀らは）お前は上海に行って書店を開くのが良いだろうと勧めた」（『亜東図書館与陳独秀』二一頁、二二五頁）。汪孟鄒は、独秀の勧めを胡子承先生と相談して、胡先生の持っている地理書、掛地図を出版することにして、友人たちから二千元の資金を集めて上海に出、一九一三年の春に店を開いた。胡先生の息子が日本に留学していたので、地図原物を日本に持って行ってその技術で印刷した――胡子承は輿地学をやっていたといい、その『全国水道図』を出版したというから、安徽人の戴震から胡適に続く『水経注』研究に通じるところがあったようである。また目次をみると、奪われた「領土」の地図もあり、人々の愛国心、ナショナリズムを喚起する意図もあったことが見てとれる。この創業では群益書社（陳子沛、子佩兄弟）が大いに助けてくれたという。「亜東図書館」の誕生である。この出版社が後に、『甲寅』、『新潮』、『独秀文存』、『胡適文存』、『新青年』重版を出版するのである。詳しくは、貴重な証言である、汪希顔の息子（汪孟鄒の甥）の汪原放の『亜東図書館与陳独秀』（汪孟鄒口述「亜東図書館簡史」を含む）を参照していただきたい。

一九一三年三月二日、宋教仁が上海駅頭で殺害された。柏文蔚らは袁世凱非難を強めた。袁世凱は先制攻撃として広東（胡漢民）、江西（李烈鈞）、安徽（柏文蔚）三都督を罷免、孫文、黄興らは討袁蜂起の歩みを進めた。柏文蔚の後任は孫多森だった。独秀は秘書長を辞職した。七月一二日、第二次革命が勃発、一七日に安徽省は独立を表明、柏文蔚が再び都督になった。独秀も秘書長に返り咲いた。しかし省政府は部下の兵変で覆り、柏文蔚は安慶を離れた。独秀はこの時蕪湖で兵を動かさなかった駐軍を責め、逆に捕えられて入獄、危く命を落とすところだった。幸いに救出され、妻の高君曼と共に上海に逃げた。安徽都督として赴任してきたのは清末の武衛右軍以来、袁世凱の部下だった倪嗣冲だった。かれらは安慶を押さえると、前秘書長陳独秀の家を掠奪、前妻の高大衆（高暁嵐）と共に居た息子の陳延年、喬年は田舎に逃げ、姪は捕えられた。一家に災難が襲った。

この冬、上海で門を閉じて冬を過ごした独秀は『字義類別』を書いた。文字学研究である。本の出版は後年になる。そして亜東図書館から、正則英語学校の教科書を基にCC生編輯『新体英文教科書』全四冊を出版した（第三、四冊は未出版）。翌一九一四年春、章士釗が日本で発行し始めた『甲寅』*雑誌にCC生署名の私信を送った。これが「生機」として六月発行の『甲寅』第二号に載った。難を逃れ上海に亡命し、そこでの蟄居同然の生活のその惨状を書いたのがこの文章「生機」である。それは「国政劇変、去年と今日を較べれば相隔てること五、六世紀どころではない。」「国会解散以来、百政共に廃され、失業者天下に盈《み》ち、また繁刑苛税、……生機は断絶せり。」「国人唯一の希望は外人これを分割するのみ。」「僕、固より戸を閉めて書を読み、編輯を以て生を為さんとするも、近日の書業販路、去年の十分の一に及ばず、故にすでに筆を擱いて、餓死を待つのみ、……僕はエスペラント語を習って、後日の生計の基にしたい。足下［章士釗］は良い教科書を捜せるはずだ。東京にはこの本が乏しくない。英文で解説したものであればなお良い。」と書いていて、捜して送ってほしいと言っていた。章士釗は「寥寥たる数語、実に今日の社会状態を写き尽す」と按語を付けた。

＊この章士釗の『甲寅』雑誌だが、かれは一九〇四年、華興会蜂起事件後に日本に亡命し正則学校で英語を学び、その英文法知識を活用して『中等国文典』（商務印書館）を出して資金を得て、一九〇八年に英国に留学（楊篤生が同じ船で同行）したことは前述した。そして黄興らの黄花崗蜂起での趙声の死をイギリスで聞いた。革命後、一九一二年初めに帰国、上海で黄興らの要請で于右近らから受け継いで『民立報』を主宰発行した。この時独秀とは六年ぶりに再会していた（前述）。『民立報』は同盟会機関誌になった。しかしヨーロッパ仕込みの社会主義、内閣制、政党政治を云う章士釗は同盟会とは考えが合わず、一九一二年八月末に『民立報』を辞めた。一時『独立週報』を出すが、一二年冬に北京に移り、袁世凱に会い、その招きに応じた。しかし宋教仁暗殺事件で袁世凱と別れて上海に戻り、討袁運動を開始、第二革命の中枢に参画したが、敗北で黄興と同じように日本に亡命した。この亡命中の黄興の要請で孫文派に対抗する機関誌を作ることになり、章士釗が編集をやることになった——黄興は孫文の「中華革命党」には加わらなかった——。『甲寅』がその雑誌で、この雑誌は梁啓超の『新民叢報』と陳独秀の『新青年』を繋ぐ重要な役目を果たした。雑誌は発行されると孫文派との軋轢を生んだ。いろいろな困難の中で、第五号から上海の亜東図書館から発行されることになるが、そうした中、一九一四年六月に黄興はアメリカに去った（アメリカで死去）。この黄興派の在日分子が「欧事研究会」を作る。

第八節　章士釗の『甲寅』雑誌と陳独秀、「愛国心と厭世心」——李大釗「厭世心と自覚心」

このＣＣ生「生機」が掲載された後、独秀は章士釗からの招きで一九一四年七月に東京に行き、かれの『甲寅』を手伝うことになった。それで当時日本にいた高一涵、李大釗、易白沙らと知り合うことになった。独秀はこの時、神田のアテネ・フランセに通ってフランス語を学んだ。フランス語が読めるのは胡適が言う通りで、『新青年』初期の掲載文章を見ると良く分かる。しかし欧事研究会ではほとんど活動しなかったようだ。こうしている中、独秀は『甲寅』四号（一九一四年一一月発行）に、「愛国心と自覚心」を発表したのである。同号に在米中の胡適から送られてきた小説の翻訳（アルフォンス・ドーデの「柏林之囲」Le Siege de Berlin）が載った。

この「愛国心と自覚心」論文は当初、自国家（政府）に対する否定的な議論が受け入れられず、痛罵されたが、その後、一九一五年の日本の二十一か条要求への袁世凱政府の対応の酷さへの大衆的な反感から、次第にその警世が輿論に受け入れられるようになり、李大釗の「厭世心と自覚心（致『甲寅』雑誌記者）」（一九一五年八月の『甲寅』八号「通迅」欄に掲載、雑誌記者は章士釗のこと）を呼び出すことになった。まずは独秀の議論である。この文章は国家と政府の区別がうまくできていないが、とにかくお読みいただこう。

陳独秀「愛国心と自覚心」

「天下の人の心を概括するのは、情と智の二つのみである。」情は志士の殺身守志を生むが、弊害は愚にすることで、智は理学哲学を生むが、弊害は柔弱にすることである。今の中国には情も智も無い。情が無いから、公共の安危を見ても、自分の喜び悲しみには関係ないとする。これを愛国心が無いという。智が無いから、彼も此れも知らない。これを自覚心が無いという。国人に愛国心が無ければその国は常に亡びる、国人に自覚心が無ければその国はやはり危い。二つとも無ければ国は国であり得ない、国人はここまで落ちてしまったのか。

中国にも忠臣愛国がある。しかし国家を社稷と見て、愛国は忠君と同じだとしている。欧米人は国家を国人のために幸福安寧を共謀する団体と見、人民の権利は憲法に記載されている。このように欧米人の国家の見方は邦人と異なるのである。我が国は古来数十回国家を建設したが、われわれの権利を損なう賊ばかりだった。こういう国家ならば立国の必要はなく、国を愛するなどと言うべくもない。国家が何たるか［目的］についての智識が無くて国家を愛すれば、国家への「情」が深くなればなるほど「愚」になり「混迷」することになる。国家の情勢を知らずして国家を愛すれば「危殆」になる——だから、智が重要なのだ。智とは自覚心のことだ。つまり「情」［愛国心］の根本に「智」［自覚心］を置く必要があるのだ（筆者注）——。情勢を自覚せず［知らず］、一時の勇気だけでは愛国が誤国になる。混迷さも危殆も弊害としては同じなのである。

国家の目的を知らずしてこれを愛するのはドイツ・オーストリア・日本の国民である。（第一次大戦と日清日露の如く）帝国主義を愛国主義と誤って見て、野心のある君主の利用するところとなっている。その害はこのようなものだ。国家の情勢を知らずしてこれを愛するのは朝鮮、トルコ、日本、メキシコ、中国である。各国の人民は自国の情勢を自覚せず、一時の勇気で国を愛し、国を誤っている。愛国は道理が単純で、「感情」が率直だから、万事の変化に適応するのに惑わない訳にはいかない。惑わないでいられるのは、智、自覚心のみである。自覚心こそが必要とされる知識である。

我が国は閉関すること久しく、人民は内外情勢は知るところでなく、名士も粗忽な見方だった。今のようにしていたら、どうして国は瓜分〔分割〕亡国から逃れ出て、持ちこたえられよう。帝政や君主立憲制なら、というが、共和でも、立憲君主でも、それを建設するのは「一国人民の知力」で、人民が共和を建設できないからと言って、君主立憲に適している訳ではない。代議制としては同じだからである。民が国家建設の知力が無いなら、国人も二十世紀の国家を建設できるのかどうか、疑わしい。そうであるなら亡国瓜分も免れない。

「国家とは人民の権利を保障し、人民の幸福を図るものである。これに務めざれば、その国は存在しても栄誉とするところではなく、亡んでも惜しむところではない。」中国の国たるや、外には侮辱を禦ぐことなく、内には民を保たぬばかりか、民を残害している。朝野同罪で、人民は絶望している。海外の軍が来ると、吾が民には必ず涙を流してこれを迎える者が居るが、国民がそうするのも不思議ではない。民を保つ国家なら愛するのが良いが、残民の国家を愛するというのはどこにあるのか。まさか吾が民は天に罰せられ、人民を屠殺するこの国家に留まって罰を受けなければ罪を贖えないというのか？　愛国の浅見に固執し、この民を虐げる体制を守るのは、かれら（外国人）から見れば愚でなければ狂である。ある人は悪い国家は無国家よりはいいと言うが、「残民の禍は、悪国家は無国家よりひどいのだ。」植民地だって法治国の主権下にあれば、権利は主人と違うが乱国の遺民よりも良い。どうして悪国家でも無国家よりはましだなどということがあるか。悪国家を保存しようとして、わざと危言を用いて、国民で自由を必死で争っている者を脅しているのである。インドになる勿れ、……と。これはたわ言で、中国の痛みはインド、朝鮮にも無いものだ。わが広大な土地ではただ租界の民のみが安寧自由だ。だから京津〔北京天津〕、江南の民はかつて夷界〔租界〕の民にならなかったことを遺憾に思っているのである。これは京津、江南の人に愛国心が無いからではなく、国家が民を保って愛を致すことができないから、その愛国心がついに自覚心の排するところとなって無くなったのである。「ああ、国家国家よ、汝は汝の法を行え。吾人は誠にこれ無くとも憂いと為さず、これ有るとも喜びと為さぬ。吾人はなんじが亡びるように咒するのではないが、実にこの自覚を持つことを禁じ得ないのである。」

これが陳独秀の論の中心部分で、国家の目的については英国留学した章士釗から学んでいるが、この文は先に東京の章士釗に出した一九一四年六月の私信「CC生白『生機』」(『甲寅』二号)の続編である。

章士釗はイギリス留学で学んだ政治学等の知識を基礎に政治改革、とりわけ上層の政治制度の改革に目を向けた。だから袁世凱とも関係を持ったのだが、総統制ではなく議院内閣制を主張、君主政に反対し民主制を、統一制よりも連邦制を、一党制ではなく多党制を主張した。執政者が有能な者を容れ、その才能を用いて政治改革を実行すればよくなると考えたのに対して、独秀はそのような上からの政治改革のみでは救国は出来ない、と考えた。閉塞した「社会状態」からの出口はどこにあるのか、その模索の煩悶を示すのがこの文章なのである。

また、「愛国心と自覚心」は陳独秀の拒露運動と「愛国心」の激情から出た革命テロ、武力革命運動を繰り返した挫折の「総括」である。しかしそれからなかなか脱出しきれないでいる苦悶の表現なのだ。陳独秀は革命の前一九一一年の春に杭州にいたとき、詩「存没六絶句」を書いた。それは革命運動・文化運動での友人でまだ生きている者六人と、死んで最早いない六人への賛、哀悼を詠ったものだが、死者に数えられたのは呉樾、何梅士、汪希顔、熊子政、章谷士、葛循叔だった。「愛国心と自覚心」が載った『甲寅』第四号に章士釗の「双枰記」が載せられたが、その求めに応じて叙を陳独秀が書いた（「一九一四年九月　日、独秀山民　識於日本江戸」）。

十年前、中国の民党は独りぼっちで頼るところが無かったが、どうして今日より甚だしくなかったことが有ろう。その頃、みな脆薄［軽薄］に自らを傷つけていたが、今より思えば、道徳があり、誠意があり、犠牲精神があった。純粋の愛国心に由って革命を主張した。趙声、楊篤生、呉孟侠［呉樾］、陳天華、何靡施［梅士］の如き者である。その人云亡し、その魂返らず。国事に奔走する者、いま四海内外に遍しといえども、吾輩迂儒の隠憂は得て未だ少減せず。［かれらは］自伐を惜しまず、以て薄俗を励ませり。国人がすでにその教訓を忘れてしまっているのを恐る。即ち予もまた堕落に堪えず。亡者に対し愧《はずか》しい。……・それ自殺は必ずしも至高無上の行いにあらず。ただこれを吾が貪劣庸懦の民に求めても能くなし難い貴いものである。疲弊した民の情を用いる者既に寡《すく》なく、情に殉ずる者は絶無である。此れ実に民族衰弱の証である。

かれら革命に死せる者はみな「純粋の愛国心から革命を主張し」「自伐」「自傷」した者だと独秀は言う。拒露の愛国運動から出発した独秀たちは、愛国の情から過激化し、爆弾での自爆テロ、あるいは自伐で訴えようとしたのだった。「愛国心と自覚心」の「愛国心」とは一般的な愛国心ではなく、かれらの様な自殺自爆を伴った革命行動を生んだ「愛国心」、その「情」なのである。生き残った「迂儒（世事に暗く融通の利かない学者）」である独秀の「隠憂」が「愛国心と自覚心」の背景を為し、李大釗が「厭世心と自覚心」で「自殺」を論じたのも、この独秀のかれらの自殺の「情」についての言及に応答したからである（章士釗も）。

これを読むと、陳独秀が康梁派から「乱党」革命派に転じつつも、愛国の啓蒙『安徽俗話報』出版の活動を展開しながら、愛国心の激化による革命へ傾斜し、「暗殺団」加入、爆弾テロ活動の是認へ動いたのも、「愛国心」の「情」からだったことが分かる。激情の人でありながら、自分は死なかった「迂儒」だ。その「隠憂」の文なのである。十数年のかれの啓蒙運動・革命活動の挫折の総括、「愛国心」や政治改革だけでは駄目だ、国民の「自覚心」、「智（知）」を高めるしかない、というのである。しかしどうするかはまだはっきりしない。これが『新青年』の思想文化倫理の革命の提唱と「愛国主義」（「我之愛国主義」『新青年』二巻二号。一九一六年一〇月）に行くのである。この「愛国心と自覚心」の中には、「愛国心」（かの革命テロで死んだ多くの亡き友人たちの真情）への哀切とその限界への念と、近代国家を切望する心情（裏切られた共和革命への思い）が満ちている。そのため言表が、「危言」「逆説」、正しいことを反対のように屈折して表現する相を生んだ。だから人々から誤解された。「かれは愛国を知らないのではないか、どうしてまた人間といえるか、何物の狂徒がこの論を放つか」と『甲寅』誌に十余通の抗議が寄せられ、章士釗はこれにへりくだり謝罪せざるを得なかった。しかしただ一人だけ独秀の真意を理解した人がいた。それが李大釗だった。世の人々はその後、一九一五年の二十一か条受諾（「国恥」の五・九）などで陳独秀のこの警鐘にようやく目覚めさせられたのである。

　章士釗は次のように書いた。「同社の陳独秀君の文」を掲載したところ、「詰問書十余通を獲た。」その時から、「数か月、国中の政事は、青年の士をして意志阻喪させ、その属する所を知らざらしむに足るようなことが、日に日に進み、未だ已むことがなかった。愛国心はついに独秀君の言う所の如く、しだいに自覚心［智］の排する所となって去った。甲も乙もみな順に染まること悪疫に中るがごときで、ただ独秀君が汝南［安徽南部］の晨鶏となって壇に登りて喚びしのみであったが、最近、梁任公先生［啓超］もまた有国は無国に優らないという例のいくつかを以て吾人に痛告せり。吾見るに、それ挙国の人の目をそばだててこの思《かんがえ》を作《な》せる者は、蓋し十人にして八、九人ならん。ただ敢えて正直に言わざるのみ。梁先生の為せるところの驚人の鳴はついに、世を挙げてこれを怪罵せる独秀君と轍を合するに至れり、而してその詳尽なることまたこれに過ぐ。謹み深く温厚なる者がまたかくの如ければ、天下の事は知ること可なるべし」（「国家与私」、『甲寅』八号、一九一五年八月一〇日）。

　そしてこの同じ号の「通訊」欄に投稿掲載されたのが李大釗の「厭世心と自覚心」だった（これには李大釗が言及

した自殺問題についての章士釗の見解の跋文が付いている。李大釗は日本で陳独秀と知り合いになっていた）。この李大釗の文も、ある友は始めは独秀の文を「感傷甚だ過ぎる」として賛成しなかったが、北京に旅行してみて、「その言は味わうべきであり、その自覚心で以て自覚せざるを得ないことを悟った」、と言っている。この世評の変化（それにともなう自信）が独秀をして、新雑誌『新青年』に向かわせることになったのであるが、この李大釗の文章をどう読むかが問題なのである。同じく、読んでから考えることにしよう。

李大釗「厭世心と自覚心」

友人は「この［陳独秀の］文は感傷が過ぎる」「亡国滅種の自覚心［智］が一体なんになるだろう」と言ったが、わたしは独秀氏のその言外に蓄えし意は未だ憂愁を帯びた言葉が尽くしていないように思える。その後この友人は北京に行って日本に帰り、「先に独秀氏の論を読んだ時、到底賛成しかねたが、その言は味わうべきで、かれのいう自覚心でもって自覚せざるを得ないと悟った」と言った。このように世人の「賛可と否とはみな誤飾《ごかい》」しているようだ。「それは文に『厭世』の言が余りにも多く、『自覚』の義が余りにも少ないからで」、「自覚の関頭を尋ねんとしても厭世の雲霧の迷わすところとなる」と（友人の言のように理解しにくい点があることに李大釗は懸念を表明した）。だから、自分がその言外の旨を敷衍して申せば、「自覚の義は即ち立国の精神を改進し、一の愛すべき国家を求めてこれを愛することであり、その国家が愛するにたらざるに因りて、遂に国家を断念するに至って愛さないのは宜しくない。さらにまた、吾が民がまだ愛すべき国家を共有せざるからといって、遂になお自暴自棄になりて、以て無国の民に加わって、愛すべき国を建てる能力無き者をもって自居すべきではない」、と異議を述べ、国家は有るに足る善なるもので、現中国国家が悪くなっているのは善の例外なのだ。亡国は善の例外なのだ。厭世の果てに覚醒する純正の自覚、その力、精神の奮起によって奮励邁進する以外ない、と言う。

中国はなお一息残している、天下の良知を持っているのだから、「吾が民の今日の責務は、一つには近代国家の真意義を自覚し、国家の本質を改進し、民の福利を計り民を傷つけぬものにすること、いま一つは近代公民の新精神を自覚し、現状をなす術なしとしないことである。」「国の存亡はわれわれの身の生死に等しい。」「最後の奮闘の期間が残されている。」自殺は亡国の青年であって、興国の青年ではない。それは自覚の意義が明らかでないことに発する。失望して天与の良知を失ってはならず、「悔い改め」こそ自覚の機である。文学者が生気ある筆を振い、木鐸の音を響かせ、世を覚醒させなければ、人心回復の機は来ず、悔い改めの念は生まれない。厭世感傷の文ではますます憂愁を深めるだけである。

この李大釗の文章は独秀文への批判なのだろうか。あるいはこれは「論争」なのだろうか。独秀文は「わざと危言を作して、国民の自由を力争するものを驚かし」、反語的、逆説的な言い方をするから「誤解」されたが、現実を深刻に直視した感性は稀有のものである。厭世心に耽溺して、それを公言することに真意があるのではない。李大釗は独秀の事実認識も言いたい真意もよく理解できる、しかし少しデスペレートなところが多すぎるのではないか、「同意できない」点もある、とはいえ、考えと主張は基本的に共有していて同感する、独秀が言外に置き、言い足らないところを述べたい、という文章ではないのか。だが、独秀が指摘する深刻な情況からどう出るのか、という点については、陳独秀の消極的な姿勢については異議があり、李大釗の能動的な心の方向性が述べられてはいるが――だから後に「青春」を書くことになるのだが――、「批判」と言うほどのものではあるまい。李大釗の「自覚心」は「良知」の「悔い改め」「覚醒」のことで、独秀の「智（知）」としての「自覚心」とは違う。独秀はこの「知」の方に出口を模索して、それが『新青年』発行の行動につながるのだが、李大釗の「自覚心」は心学的、主意主義的なもので（後の主観能動性に繋がる）、心の持ちよう＝困難の中の奮闘努力を呼びかけている。だが、「頑張らなければ」で、具体性に乏しい、とわたしは思う。丸山松幸がかつて陳独秀よりも李大釗に軍配を上げたのは理解に苦しむ。

昔、わたしが大学院生だった頃（一九七七年）に岩波書店から出版されて勉強した『原典中国近代思想史』第四冊の「一、辛亥革命の挫折と反省」で取り上げられたのは、魯迅一篇、李大釗三篇、孫文一篇（知難行易論）だった。担当の丸山松幸は、辛亥革命の挫折による「暗黒」から「光明」へというパラダイムでこの時期を捉えて、これらの諸篇を選んだのだが、陳独秀のものはその後の方の「二、新文化運動」の中に「青年に告ぐ」「孔子の道と現代生活」が入れられているに過ぎず、反省した魯迅らが切り拓いた「光明」への地平を独秀がなぞったかのように配列されていた。そして陳独秀の「愛国心と自覚心」は掲載しないで、李大釗の「厭世心と自覚心」を入れ、李・陳の二人を当時の知識人の典型とし、二文を「論争」として処理し、実践主体としての自覚心を問うた李大釗の方に「光明」の軍配を上げた（解説）。李大釗が優れた思想家であることはわたしも否定しないが、『新青年』を発行し、北京大文科学長として新思潮の勃興と普及に絶大な功績を上げた陳独秀と比べて、李大釗が「実践主体」としてどれほど自覚的に優れていたのか、わたしは寡聞にして知らないが、丸山の判定は間違いだろう。同じように、胡適の「問題と主義」の方は入れずに、李大釗の「再び問題と主義を論ず」の方を入れている。ついでに言えば、「二、新文化運動」は、陳独秀の「敬告青年」から始まって、毛沢東の「体育の研究」を掲載した後方の十二番目に胡適の「文学革命についての書簡」が入っているだけで、陳独秀の「文学革命論」は入れられていない。これでは新文化運動の歴史的な起承転結をどう考えたのか、さっぱりわからない。順番から言えば、胡適の「文学革命についての書簡」、掲載された「文学改良芻議」、陳独秀の「文学革命論」、それからずっと後の方に毛沢東の文、という風にならないと、歴史的に説明が付かないであろう。一九六〇年代の西順蔵先生らの研究会が中国革命を内在的に理解しようと原典を読み始めたその成果を編んだ思想史だったから、当時の共産党の宣伝用の歴史観、李大釗と魯迅で五四新文化運動を解釈する見方を採っている。先の陳独秀の蔡元培追悼文とは真逆の歴史観を採っているのである。即ち、李大釗を全力でもちあげて陳独秀を貶め、右翼日和見主義にし、魯迅を持ち上げて陳独秀を貶め、胡適を貶めて反動ブルジョワ学者と敵視した歴史観、その規定を色濃く反映しているのである。陳独秀も胡適も除け者、脇役に追いやられて、文学革命、新文化運動も魯迅や李大釗が主役だったかのようにされている。しかし魯迅は、陳独秀が「革命の先駆者」で新文化運動の「主将」で、自分の作品「狂人日記」、「薬」等は「将の令を聴いて」書いたもの、「命に遵った文学」なのだ、と言っている。「わたしの小説は一九一八年に書き始めたもので、『新青年』で『文学革命』が提唱された時期で」、「陳独秀先生、かれがわたしが小説を書くのを促すのに最も尽力した人です」と語っている（楊淑娟「陳独秀与北大」『陳独秀評論選編』上、一一八頁）。『原典』が載せている孫文の「知るは難く行うは易し」論についても理解が誤っている。この文は、辛亥革命と共和が失敗したのは、革命戦略を考える「先知先覚者」の自分（孫文）のいうことを聞かずに実践して「行」ったからだ、自分の「知」性の作業は難しい偉大な作業で、革命実践者（「行」者）はかれの「知」を尊敬せよ、という政治的メッセージであって、「知行合一」論のような伝統的哲学学理の論議に耐えられるものではないのである。「知も行も難しいのです」という胡適の孫文批判が真っ当なものだろう。

旧『原典』はこのように当時の歴史的な制約と研究を背景にした仕事で、やむを得ない面があるが、すこし安易に中共の見解に倚りかかった非主体的なものだった。その後の歴史はこの通説の変更を求めていた。が、では、『新編原典中国近代思想史4』（以下『新編』と略す）の坂元ひろ子編集ではどうなったか。この問題を真剣に考えて整理した形跡はなく、旧版の構成を大部分残したまま編集している――本書的に言えば、陳独秀・胡適の評価の問題をきちんと考えた上で構成を組み直すことをしていない。つまり「パラダイム転換」をしないでいる。丸山松幸氏も本の最後に名前が出ているから、旧版構成を変える必要を主張されなかったのであろう。そして李大釗のこの「厭世心と自覚心」さえも消去されている（だから勿論のこと、陳独秀の「愛国心と自覚心」は入れられていない）。ジェンダーなどいろいろなテーマを取り入れてはいるが、この時期の中国人の思想的模索の大きな筋道が良く摑めない「雑多煮」になっているのは否定できまい。陳独秀と胡適を脇に追いやって一九一〇年代後半から二〇年代の思想史は書けないだろうとわたしは思う。時代を切り開いたのは魯迅、李大釗ではない。陳独秀、胡適なのである。陳独秀が蔡元培追悼文で言っているように、蔡元培、独秀、胡適、この三人が新文化運動を切り開いた中心なのである。『新編』は「開国」や太平天国を取り扱った第一巻も含めて問題が多すぎると思う――第一巻に一九〇〇年の「義和団」を入れた編集の仕方は間違いであることは既に書いておいたが、義和団の思想は陳独秀の拒露運動の「愛国心」と同じ時代、反瓜分の「愛国者」の運動なのである。陳独秀は後年それを「ケッテラー碑」で批判し啓蒙を主張するのだが（付録で訳文を掲げて置いたので是非読まれたい）、それをまた反帝国主義論的に是認する転換についても本書後半で論じておいた。「義和団」時期の思想を第一巻「開国と社会変容」に入れた苦肉（？）の編集方針は、「農民革命の思想」で義和団をくった旧版『原典』の小島晋治氏の考え、中国共産党の歴史観を踏襲したもので、新編責任編集の並木頼壽氏らが義和団の本質と義和団時期の思想が理解できていないこと、つまり、近現代史の展開を大衆闘争論（階級論）で捉え、ナショナリズムの要因を重視していないことを示している。なぜ義和団事件が一九〇〇年に起きたのか、なぜ戊戌変法・政変と義和団が重なっているのかがよく解っていないからである。義和団は一八六〇年代からの反キリスト教（仇教）運動の延長線上にあることは事実だが、これとて階級闘争ではなく、ナショナルな文化衝突である。それが、一八九八、九九年に山東省で激発したのは、日清戦争、三国干渉、ドイツの膠州湾占領、列強による「瓜分（分割）」という国家民族《ナショナル》的な「危機」が原因である。この「衝撃」なしには説明できない。戊戌変法（改革）も同じ環境の下での動きである。この「危機」に対する漢族若手知識人層と漢族下層大衆の反応の差、上層文化と下層文化のその差のある反応表出が、戊戌変法と義和団で、この期はその複合相として見るべきなのである。この重層性を見ないと、この時期の思想状況＝改良、保守、革命の複層性は分からない。その後の辛亥革命にしても、孫文や革命派の思想の線だけでは不十分で、もう一本の漢族郷紳・一般大衆の民族主義感情（ナショナリズム）、この時期の陳独秀の「愛国心」のような思想心情を加味しないと、把握に不十分なのである。義和団も変法派も志向のベクトルは逆向きだが、どちらも「愛国者」なのだ。ナショナリズムへの理解が重要だということだ。この『新編』が権威書店から出た定番の権威学説になるとすれば、大きな禍根を残すのではなかろうか。

こうした傾向の証拠の一つが横山宏章氏の『陳独秀の時代』で、該書は丸山松幸と同じく、陳独秀・李大釗の両文は「論争」で、李大釗の陳独秀への批判だと説明している。また『陳独秀文集1』の長堀祐造氏の解説も李大釗の陳文への「批判」だとしている今日の「事態」である。つまり、現在の代表的な研究者である両氏も、丸山松幸の先の捉え方に今なお呪縛されていることが分かる。岩波書店出版の一旦学術権威化したパラダイムだから、畏れ多くて異を唱えられず、それを抜け切れないのである。偶像（イコン）は破壊され、パラダイムは転換されねばなるまい。

第九節　『青年雑誌』（『新青年』）の発行へ――陳独秀と汪孟鄒

さて陳独秀だが、世の中の評価のこうした変化を受けて、自信を持ったのであろう。汪孟鄒に、「わたしに雑誌を十年やらせたら、全国の思想はその外貌をすっかり改めるだろう」と言ったという（『年譜』六五頁）。東京に行く前の一九一三年にも汪孟鄒に「雑誌を出そうと思う。十年か八年、努力したら、きっと大きな影響を生むはずだ、真面目に考えてくれ」と言っていたから（『亜東図書館与陳独秀』三三頁）、それを本格化させ始めたのである。『甲寅』雑誌が五月から上海の汪孟鄒の亜東から発行されるようになったが、独秀は六月に汪孟鄒の手紙で上海に戻り、フランス租界で妻高君曼と生活をし始めた。この間に李大釗の「厭世心と自覚心」が『甲寅』八号に章士釗の「国家と私」と共に発表された。夏に独秀は安徽人士を集めて袁世凱の帝政化に反対する倒袁運動を始めた。上海の運動は章士釗宅が中心で、陳独秀は東京でと同じく章士釗の「助手」のような役割だったらしい（『年譜』六七頁）。が、この頃から新雑誌発行の話を汪孟鄒と具体化させたようだ。だが、汪孟鄒には雑誌を印刷発行する力が無く、かれの紹介で「群益書社」を通して『青年雑誌』を出版することになった（九月十五日第一期発行）。この雑誌で陳独秀は以前からの、章士釗の支援を受けて、かれの下での助手のように動いた状態から自立するようになる。胡適はこの雑誌で健筆を振い、陳独秀が「新文化運動のリーダー」になるのに大いに寄与し、章士釗・陳独秀コンビではなく陳独秀・胡適コンビになるのだが、では、陳独秀と胡適の二人はどのようにして知り合ったのだろうか？　それは章士釗の『甲寅』雑誌と胡適の関係を通じてだったらしい。

第十節　章士釗の『甲寅』雑誌と胡適――胡適と汪孟鄒

一九一四年にコーネル大学にいた胡適は「非留学篇」という文章を書いて『留美学生季報』に載せた。これが評判で、中国の雑誌に載せることになり、胡適は夏に翻訳した小説とこの文章を東京の章士釗の『甲寅』雑誌社に送った。一九一四年秋のことである。ところが行き違いがあって、翌一九一五年三月に章士釗が胡適に、「示書と小説一種をいただきました、ありがたい。『柏林の囲』は四期〔号、一九一四年一一月発行〕に載せ、郵送したので、見て欲しい。五号は印刷を上海に移し、〔亜東図書館から汪孟鄒によって〕期日通り出すつもりです。……他報で足下の字学を論じたものを読んで、……傾慕の意がこの時始まりました。政治あるいは学問を論じた文は最も賜るのを望むものです。これは我が国、社会の急需で、ただ一誌の私ではありません」と書いている（『胡適来往書信選』上、一頁）。『甲寅』五号は亜東図書館から一九一五年五月に出たが、胡適の「書」＝論文は載っていなかった。それで胡適は七月頃に章士釗に手紙を書いた。この文章は「非留学篇」として『甲寅』八号に掲載された。そこで胡適は、昨年書いた「非留学篇」は中国に高等学問を授けるところが必要である、それ無しには固有の文明は淪亡《めつぼう》する、輸入文明は本国人の鍛錬を経なくてはならない、という趣旨のものだと述べていた。それに章士釗の「按語」が付いていて、それは、「非留学篇」の原稿は我が国学術の興廃の一大鍵になるもので、今作者が原稿を寄見し、本誌に転載して読者に送って欲しいと言ってきた。しかし編集者の章士釗のところから或る友人が借りて行って、それが転々と読まれるうちに、遂に紛失してしまった。胡君に補写してもらって、始めて発表できた。特に書いてお詫びする。胡君は少年英才《わかい》で、中国西洋の学に倶に優れている。コロンビア大学の博士を取る人で、記者が喜んで珍重紹介する者である、と書いている。

当時章士釗と「同社」〔で一緒に仕事を〕していた陳独秀がこのことを知らなかったはずはなかろう。『青年雑誌』創刊号には「敬告青年」とともに、独秀の「フランス人と近世文明」、「現代文明史」、「婦人観」が掲載されていた。汪孟鄒はこの雑誌を手紙と共に一九一五年一〇月六日にアメリカにいる胡適に送った。その手紙【A】は、雑誌「『甲寅』は五期から煉〔わたし汪孟鄒〕が引き継いでから、次第に発達を見るようになり、販路も四千〔部〕近くになりました。ただ最近政府に干渉されて、郵便局に代送させなくしました。まことに嘆かわしい事です」が、内地に送るのはやや困難であるに過ぎず、なお引き続き継続できます」、と述べ、「かって鈕永建*の紹介によってアメリカの各大学に〔『甲寅』雑誌〕若干の冊数を送りましたが、まだ本代を貰っておりません。〔それで胡適に、あなたが〕手紙を送ることができるところに本代を〔汪孟鄒に〕代って催促してもらいたい」、と述べた（耿雲志『胡適年譜』四五頁）。

*鈕永建《じゅうえいけん》（一八七〇－一九六六）、上海松江県人、一八九四年挙人、湖北武備学堂入学後、九八年日本留学、士官学校入学、留学生雑誌『江蘇』の初代編集長、一九〇〇年帰国。〇三年黄興、張継と拒露義勇隊を組織、〇五年ドイツ留学、陸大入学、一九一一年辛亥革命時に上海・松江軍政部、南京臨時政府の参謀次長、一三年二次革命に参加後、日本に亡命、一四年中華革命党加入、その後イギリス・アメリカへ渡り、年末帰国、孫文の招きで上海へ。軍務院駐上海軍事代表をしていた。のちに国民革命軍参議処の総参謀、一九二六年の北伐後に上海で組織された江蘇特務委員会の中心の一人になり、上海の国民党の工作を担当、第一次上海暴動の国民党側の中心になった（『中国国民党名人録』三〇四頁）。

汪孟鄒は、一九一四年末にアメリカから帰国し、当時上海に居たこの永建と知り合いだったようだ。汪孟鄒は胡適と面識はなかったはずだから、章士釗、独秀と鈕永建を介して胡適のアメリカでの住所を知り、『新青年』創刊号を送り、米国大学への代金回収の依頼の手紙を書いた、と考えるのが相当だろう。胡適と鈕永建がアメリカで顔を合わせて知り合っていたとも考えられるが、確たる資料はない。汪孟鄒と胡適が績渓県の同郷人だったことがこの時点で作用したのかは不明である。鈕永建は後の一九二七年春の上海暴動時などのような共産党・陳独秀との関係でも、名前が出てくることになる。

そしてこの手紙と共に『青年雑誌』創刊号を胡適に送り、この雑誌は、「煉［わたし］の友人の皖城［安徽省城の安慶、懐寧県と同城］の陳独秀君が主撰で、かれは秋桐［章士釗］とまた深い交わりがあります。かつて文［「愛国心と自覚心」］を『甲寅』に載せたことがある人です。吾兄に校課［大学の授業］の暇に［この雑誌の］青年撰述を担当していただきたいと思います。あるいは論文、小説戯曲でも歓迎するところです。期毎に多ければ固よりさらに佳《よ》いですが、少なくとも一つは欲しいです。わたしは兄の校課が甚だ忙しいことを知っていますが、陳君の意はたいへん誠［真剣］で、「多忙を繰り合わせて」その感ずるところを寄せていただける幸いを務めて希っています。」と書いた（『年譜』六九頁）。

陳独秀は友人の章士釗の雑誌『甲寅』の発行を日本で一緒にやっていて、胡適がアメリカからこの雑誌に投稿したことがあり、胡適の翻訳が「愛国心と自覚心」と一緒に掲載されたことは前に述べた。同時に送った原稿「非留学篇」は失われて載らなかったが、高等教育の充実で留学が無くなるように、外国文明を中国文明と結合すべきだ、ということがテーマだった。だから独秀はこの時から胡適の名と論文は知っていたはずである。汪孟鄒の手紙から、独秀が『青年雑誌』を始める際に、「青年」からの寄稿としてアメリカの胡適の寄稿を望んだことが知れる。この独秀の希望を仲介したのが、かつて蕪湖で科学図書社を開いて独秀編集の『安徽俗話報』を発行した友人で、この時上海で亜東図書館を開いていたこの汪孟鄒（独秀の友人だった汪希顔の弟）だということが重要だ。かれは後に『独秀文存』などを出版し、陳独秀の家族の生計その他、いろいろな面倒を見る人物なのだが、兄とともに安徽省「績渓人」だった。つまり胡適とはあの狭い積渓県の同県人なのである。汪孟鄒が胡適とどのようにして知り合い、どんな関係だったのかは、今のところ、わたしにはまだ判明しないが――『甲寅』雑誌が第五号から上海の亜東図書館で発行されることになり、先の「非留学篇」投稿原稿等をめぐって『甲寅』とやり取りがあったから、同郷ということを知って『甲寅』の本代の催促をアメリカの胡適に依頼したのではなかろうか。ともかく、汪孟鄒が陳独秀と胡適とを結びつけた仲人役だった。では、胡適と陳独秀の関係である。

汪孟鄒は次いで一九一五年一二月一三日にまた胡適に手紙【B】を送って、次のように述べた。

『青年雑誌』一、二号を送ったので受け取ったでしょう、独秀は胡〔適〕の来文〔寄稿〕を大変待ち望んでいます、かれ〔独秀〕と会うと、すぐに兄〔胡適〕から文が送られてきたかと聞くので、再三ですが〔独秀の意向をあなたに〕転送せざるを得ないのです。〔独秀は〕毎号一篇に過ぎなくても、また短編でも構わないと言っています。多忙を繰り合わせて都合をつけて書いていただき、雑誌の光寵を増していただきたい。ぜひお願い、ぜひお願いします。そうでないと、陳君に会うと必ず訊くから、わたしは返答に窮することになるのです。（『年譜』七〇頁、胡適档案）

この苦渋を述べる汪孟鄒の要請に対し、胡適は一九一六年二月三日に陳独秀にロシア人作家テレシコフの『決闘』を訳して送り――これは後述するように一九一六年九月の『新青年』二巻一号に掲載される――、「今日祖国のために新文学を造ろうとするなら、宜しく西欧の名著を輸入することから手を着け、国中の人士に真似させ、互いに見習わせしめるべきでしょう、その後、自ら創造した新文学の言うべきものができるでしょう。……」と書いた（『胡適留学日記』「論訳書寄陳独秀」海南出版社版、一九七頁）。これより先、胡適は汪孟鄒の先の手紙に対して一二月

一〇日と二五日に汪宛に返事を書いていたらしく、汪孟鄒が一九一六年三月一〇日に胡適に手紙を書いて（四月八日着）、

> （『青年』）雑誌は既に五期まで出ていて、六期が間もなく出ますが、陳［独秀］は胡［適］の文章を大旱に雲霓《うんげい》を望むがごときです。お手紙に新年になったら賜［翻訳の『決闘』原稿を完成させ送付する］があると言っておられますが、どうしてまだ何の連絡も無いのでしょう。続けて、投稿を請います。（『年譜』七二頁、胡適档案）

と述べている。

　これはまだ『決闘』原稿を入手してなかったこと、手紙を書いた直後に『決闘』原稿を入手したらしいことが分かる。五月一九日に、汪孟鄒が胡適に『甲寅』がまだ出版されない事情を述べ（護法戦争の勃発。前の第九期の章士釗の「帝政駁議」が袁世凱の不満を買いその後停刊に追い込まれていた）、胡適の原稿と協力を求め、『決闘』（の出版）は群益書社（『新青年』発行元）と交誼が極めて深いから問題ない、『百愁門』は中華書局と相談すれば何とかなるでしょう、と言っているから、「決闘」を『新青年』二巻一号（九月一日発行）に載せるのに汪孟鄒が尽力したことが分かる。その時、兄はいつ卒業していつ郷里に帰るのか、「吾が皖［安徽省］人の有る人が時局［護法戦争の混乱］が定まったら、一日報を組織しようとしていて、友人たちは皆、吾兄［胡適］を主任にするのが良いと言っています。胡橘翁［不詳］は、［遼寧］営口から無錫の阜豊に移動し働いている。会ったが、いつものようだった」と書いており（『胡適来往書信選』上、二頁）、同じ「安徽人」「積渓人」（胡一族と知り合いか）として繋がりが出来ていたことが窺われる。

　それより少し前、『青年雑誌』第三号（一九一五年一一月一五日）に陳独秀「現代欧州文芸史譚」が載ったのに対し、読者の張永言から、欧州では自然主義が盛んだとして、古典主義と比較しているが、我が国数千年の文学にもしば

しば変遷があったが、この四つの主義の中のどのあたりに居るのか、今後自然主義はどういうやり方で（「何法を以て」）提唱するのか、と質問した。独秀は第四号（一九一五年一二月）で「我が国の文芸はなお古典主義・理想主義の時代にある。今後は写実主義に向かうべきである。」その文章は紀事（事実を記すこと）を重んじ、絵画は写生を重んじ、今日の浮華頽敗の悪風を転換させるだろう、と述べた。しかし張永言は再び通訊で、写実主義と自然主義の区別がなお十分に明瞭ではない。古典主義は我が国の文学が、書けば先王を言い、或いは四六駢儷体のように故事を引くようなものか、等と訊いた（一巻六号、一九一六年二月一五日）。独秀は、古典主義は古代文体を模倣し、希臘・羅馬の神話を緩用する、我が国の文もこの二病があって、駢儷文がそれに近い、詩文は擬古、画家も倣古である。理想主義はまだ活気があり、古人の制約の枠から出ているが、人格や神を掲げ、現実から離れて黄金世界に夢入るものである、写実主義・自然主義は自然科学実証哲学と同時に進歩したもので、人類思想が虚より実に入ったもの、一貫した精神である。自然主義が最も現実に赴いたもので、最近数十年、ゾラの時代にはじまった。徹底的に人生の真相を暴露し、写実主義よりもさらに一歩進めたものである、と答えた。

実は、後述する胡適の「文学革命についての書簡」もこの張永言の質問「通訊」と同じく、独秀の欧州文芸論についての「通訊」疑義だったのである。この張永言と胡適の二つの質問で、陳独秀は中国の文芸を写実主義・自然主義へどう推し進めるのか（「何法を以て」するのか）と突き詰められることになった。どうするか。文学こそが人々に広く読まれ、知識を広め、感性を豊かにするものであることは共通に理解しているが、では方法は？

もう少し後に陳独秀は、「『新青年』の文芸専欄の目指すところは文芸を改革するところにありますが、実はやり方が無いのです。吾国には写実詩文〔リアリズムの詩文〕の模範になるようなものが無く、欧文を訳したものもまだ写実主義〔リアリズム〕の観念を直接喚起することができません。」（後出胡適宛手紙）と書かざるを得なかったのである。まだ具体的な方法、やり方は手に入れてなかった。

その胡適が翻訳した『決闘』が印刷に付されていた頃、八月一三日に陳独秀は胡適に手紙を書き、（二月の手紙以来）久しくまだ返事をせず、罪甚だしいものがあります、と詫び、護法戦争で雑誌発行が遅れたこと、雑誌の名前が発行者の都合で（ＹＭＣＡ雑誌と区別するため）『青年雑誌』から『新青年』に変わったことを告げ、『決闘』がようやく出ます。（中国は西洋文学の紹介から始めるべきだという）「あなたの新文学に改造する意見には大変敬服します」、『青年（雑誌）』に『決闘』のような短編名著を多く訳して、「文学を改良する先導になってほしい」。華人はまだ創作よりは翻訳を多くするのが良い、足下が訳したバイロンの詩は『青年〔雑誌〕』に載せられますか。「中国の万病は社会が大変悪いことです、アメリカの社会現象を論述して送ってください」、と伝えている（『胡適来往書信選』上、四頁）。文学改良が必要だと言うところまでは来ているが、しかしなおまだ、作品翻訳によって人々へ刺激を与えることが念頭にあったようである。

第十一節　胡適の陳独秀への批判、「文学革命についての書簡」――胡適の白話文提唱と在米留学生間の白話論争

この手紙がまだアメリカに着いていない八月二一日に、胡適は陳独秀宛のかの有名な「文学革命についての書簡」を送る。これは『新青年』二巻二号（一九一六年一〇月）の通訊欄に、独秀の回答と共に載せられる。日本では「文学革命についての書簡　附陳独秀の回答」として翻訳されている（『陳独秀文集1』一一六頁、『原典中国近代思想史』第四冊、丸山松幸訳、『新編4』他訳）。胡適はその中で、「今日たまたま以前にいただいた貴誌を開いて、先生の文学変遷に関する論説〔『青年雑誌』三号の「現代欧州文芸史譚」〕を読み返しましたところ」申し上げたいとして、「我が国の文芸はなお古典主義・理想主義の時代にある。今後は写実主義に向かうべきである」という先の張永言への独秀の返答（先の傍線部分）を引用して、古典主義（Classicalism）→理想主義（Romanticism）→写実主義（Realism）、そして自然主義（Naturalism）になったとして、古典主義を廃すべしとしている主張は正しいが、その雑誌に謝無量氏の

古典主義の長律一首を掲載しているのは矛盾ではないか、と言って、文学革命八項を提出し、これに陳独秀が答えた文章である。

その八項とは、「一、典故を用いない。二、常套語を用いない。三、対句を用いない（文は駢文をやめ、詩は律詩をやめるべきです）。四、俗字俗語を避けない（白話で詩詞を作ることも嫌がらない）。五、文法構造を追求しなければならない。六、無病の呻吟をしない［むやみやたらに深刻ぶらない］。七、古人を模倣せず、一語一語に自分の個性が無ければならない。八、言うことに中味［物］が無ければならない。これはみな精神上の革命です。」というものだった。

陳独秀はそれへの回答で、「写実主義を提唱する雑誌でありながら、古典主義の詩を掲載し、足下の叱責を受け、まことに慚愧にたえません。ただ、今の文芸界で写実的な作品は、僕は寡聞にして未だ見かけたことがありません。それで……（中略）……。お示しいただいた文学革命の八項のうち、第五、第八の二項を除くその他の六項はみな心から賛嘆するもので、今日の中国文学界の雷鳴であると思いました。もしその理由を詳しく述べ、その得失を指摘し、敷衍した文章を書いて発表していただければ、その業はまことに盛んなものになるでしょう。」と書いたのである。

この八項目はこれより前、「前日」に「白話詩」をめぐって論争していた留学生仲間の朱経農に宛てた手紙に整理されて出されたもので（『留学生日記』二九二頁）、その内容を、原稿を書いてくれと依頼されていた陳独秀に送ってきたのである。

さて、そのアメリカにおける「白話」「白話詩」をめぐる議論だが、これは異文化接触、カルチャーショック・文化摩擦の産品だといえよう。この問題が留学生（とその経験）の世界から出てきたのは必然的だった。わが国でも文明開化と共に言文一致運動が起きてきたが、留学生たちはアメリカで生活し勉強を始めて、この近代文明世界の中で既習の漢語の書き言葉、文言を使用して、この近代文明を自国に移植できるのか、不安にさらされた。これが大きい。文明化・世俗化に言葉も順応すべきだという考えと、いや国粋である文学の精華たる「詩文」だけは駄目だ、という議論である。これは、J・グリーダー『胡適 1891 - 1962』（原書一九七〇年刊）で最初に明らかにされたことだが、『胡適自述自伝』（唐徳剛訳注、伝記文学出版、一九八三、台北、一四四頁）によると、次のような経緯だった。少し回り道になるが、それを覗いておくことにしよう。

胡適の白話文提唱と在米留学生の間の白話論争

義和団賠償金留学生には毎月、ワシントンの清華学生監督官から奨学金の手形為替が送られてきたが、その封筒の中に事務を担当していた鐘氏（上海のセントジョン大学卒業生）が「二十五歳までは結婚するな」、「漢字を廃して字母を用いよう」などと書いた紙片を挟むのが通例になっていた。一九一五年に胡適はこの「漢字」問題の紙片を見て鐘氏に返事を書き、「あなたのような漢字、漢文も分からない人がどうして漢字を廃せよなどと出鱈目を云うのか。嘴《くち》を閉じるのがよい。」というようなことを書いた。手紙を出してから失礼なことをしたと反省した。それを機に一緒にコーネル大に来た趙元任（後年の有名な言語学者、留学生選抜試験の二位合格者、胡適は五十五番）に相談した。それで二人はこの年の米国東部中国学生会で文字併音化について発表した。胡適は「文語を如何に教え易くするか」という論文を読み、文言は半死の言語で、白話が生きた言語だと言った。この年の秋にコロンビア大学のデューイの下に移ってからも言語改革問題に取り組んだ。言語改革問題は日露戦争後に文字改革が建議されて以来、人々が教育の現代化とも関連させて論議され――胡適が取り上げたのもこの問題である――、ラテン化や字母化などが提案され、『安徽俗話報』や『競業旬報』などの白話刊行物が出るようになっていた。だから十分論議の対象になり得たのである。

この時にふとしたきっかけで梅光迪（安徽人、同じ義和団賠償金留学生、ウィスコンシン大からハーバード大大学院へ、後年有名な西洋文学者、『学衡』主編になる）と論争になった。一九一六年二月にハーバードに行く梅君を送る別離の詩を胡適が送った。旧詩ではなく、外国人名を多用したもので、友人から嘲笑された。胡適はそれ以来詩も白話で書くべきだ考えるようになった。また、文学史は生きた文学が死んだ文学に取って替った歴史で、文学の活力である生きた工具（言語文字）、文学上の言語工具の変遷の歴史にほかならない、という考えになった。それで三月にハーバードの梅光迪に手紙を出して、新しい工具は唐代に既に発生し（変文）、語録体の新文学から、宋代の朱子語類のようなものへ、そして元曲へと、知らず知らずのうちに文学革命をやったのだ、と述べた――これは梅光迪も賛成した――。それで、中国文学史の概念と大綱を書いて、中国文学は何度かの文学革命を経ている。元代の貢献が大で、明代の民族主義的な倣古文学が無かったら、文学革命はもう少し早かったかもしれない、と述べた。かれは、「六年」（?）、（一九一六年）夏にイサカで友人達と討論して、(1)文語は死んだ言語で、(2)白話は生きた言語、(3)白話は鄙俗でなく「通俗」だ、(4)白話は優美に使え達意できる言語だ、(5)文語の長所はみな白話にある（逆はない）、(6)白話は文語の進化したものだ、(7)白話は一流文学を生める、(8)白話小説が唯一の文学的価値のある文学である、という認識を持つようになっていた。

この時、任鴻勇の詩への胡適の批評をめぐって、胡適と任鴻勇・梅光迪二人との論争になった。論点は、白話はどこに使えるかという問題で、「詩」以外に使えることは同意するが、「詩」は一流の詩人が美しくした「詩の文字」を使うべきだと言うのと、いや白話でも詩は書けるのだ、という胡適との間の論争で、胡適はそれで白話での詩作の「実験」を始めた（これはデューイの実験主義の実践、実験だった）。だから胡適はその試的な自分の詩集を『嘗試集』と呼んだのだが、唐徳剛は胡適の功績は口語詩の先駆者だったという処に求めている。こうした一年間の非公式的な討論を経て――この詳しい経過は『嘗試集』自序（民国九年三月刊、『文存』一集巻一）に述べられている――、一九一六年一一月初めに「文学改良芻議」を書いた。ここでは友人間では用いていた「文学革命」という文字を使わず、「改良」にし、「芻議」（私議）と言うへりくだった言い方にして、抵抗派に配慮したのだと言う。

先の回答に続いて、陳独秀は一九一六年一〇月一五日に胡適に手紙を書いて、次のように述べた。

先の「書簡」を奉読して『青年雑誌』で略答しましたが、忽忽として未だ言わんとしたことを尽せませんでした。足下の賜教を、……［と言って］、……文学改革は吾が国目前の切要事です。これは戯言ではなく、空言でもありません。どうでしょう。『新青年』の文芸専欄の目指すところは文芸を改革するところにありますが、実はやり方が無いのです。吾が国には写実詩文［リアリズムの詩文］の模範になるようなものが無く、欧文を訳したものもまだ写実主義［リアリズム］の観念を直接喚起することができません。この事は務めて足下［胡適］が作った「写実文字」［リアリズムの白話文］を賜りたく、そして実際に合致した文学改良論文を実際に作って、それを『新青年』次号に載せていただきたい、これらが均しく最も盼むことです。僕は「国文教授私議」を書いて下期の『青年』に載せようと思っています。しかし論は応用文字で、文学の文と言うのではありません。……応用の文はただ質朴に理を説き事を紀すもので、その道は甚だ簡です。しかし文学の文はなお須らく斟酌する処を有たねばなりません。尊兄はどう思われますか。（『胡適来往書信選』上、五頁）

これに胡適が答えて、一二月一日に手紙を書き、それに「文学改良芻議」を付けて陳独秀に送って来たのである。これが史上有名な新文化運動の中軸である「白話運動」の開始を告げる号砲、「文学改良芻議」の掲載の経緯である。

第十二節　陳独秀の北京大学文科学長への就任と胡適の北京大学教授就職、その後の二人

ところがこの同じ頃にまた別な動きが起きていた。一九一六年一一月二八日、陳独秀と汪孟鄒は雑誌の関係の用事で上海から北京に来た。その北京滞在中に、北京大学教授をしていた旧知の沈尹黙（陳独秀が一九〇九年に杭州陸軍小学で教員をしていた時の知合い、沈尹黙はその後日本に来て京都帝大を卒業、帰国後、浙江で教員、一九一四年から北京大学予科教授をしていた）に遇った。瑠璃廠だったらしいが、それで沈尹黙が校長の蔡元培に独秀が北京に来ていると

告げた。蔡元培は一九〇四年に「軍国民教育会暗殺団」ですでに陳独秀を知っていた。蔡元培は一二月二六日に前門外の陳独秀の滞在する旅館にやって来て、北京大学の文科学長になってくれ、と数日に渡って執拗に要請したのである。いきさつは次のようだった。

蔡元培は民国元年に南京臨時政府の教育総長になったが、その後辞任、「自述」によると、民国五年（一九一六年）、袁世凱が六月六日に死んで黎元洪総統・段祺瑞政権が出来たころ、かれはフランスに滞在していたのだが、九月一日に教育部（総長范源廉）から電報が来て、帰国して北京大学校長に任ぜよということになり、冬に返ったのだという。これは、袁世凱の死後、在京の浙江省籍の議員たちが集まった折に、蔡元培を帰国させて省長にしようという話になって電報を打ったが、蔡元培は帰国は良いが官には就かないと返答して来たので、折から北京大学校長の胡仁源が辞めたいと言っているので、北京大学教授だったことがある馬叙倫と北京医専校長の湯爾和（湯爾和は杭州人、日本に留学、成城学校で一九〇二年に陳独秀と知り合い、留学生拒露運動の議長を務め、一九〇四年に帰国し広州で教員、〇七年に金沢医専卒後、ベルリン大学で医学を学ぶ。この時蔡元培もベルリンでドイツ語を学び、翌年からライプチヒ大学で学んだから、ドイツでの知合いだった。湯爾和は一九一〇年に帰国後、浙江で病院を開き、辛亥革命時の浙江軍政府代表にもなったが、一九一二年一〇月に国立北京医学専門学校設立準備の中心になり、この時校長を勤めていた）等が、蔡元培に引き継がせるのが良いという話になった。翌日、湯爾和が教育総長の范源廉のところに赴いてこの話をした。范源廉は蔡元培と昔コンビだったこともあり（一九一二年に蔡元培教育総長の下の教育部次長だった）、同意、総統の黎元洪に報告し、外交部を通じてフランスに電報を打った（胡国枢『蔡元培評伝』、河南教育出版、一四〇頁）。

蔡元培が一九一六年の冬に上海に着くと、多くの友人は北京大学は腐敗していて、整理できないだろうと賛成しなかった。少数の者が、腐敗はどうせ誰かが行って整頓しなければならないのだから、試みてもいいだろうと言い、上海にいた孫文にも会ったところ、勧められたので、北京に行った。蔡元培は一九一七年一月四日に正式に校長になるのだが、北京でまず北京医専校長の湯爾和に会った。蔡元培は文科（哲学・史学・文学の三科）から着手しようと思って、文科学長を捜した。湯爾和は、『新青年』でフランス文芸思潮などの論を張っている仲甫が良いだろうと勧めた。そうした時に、沈尹默（北京大学教授）が来て、陳独秀と瑠璃廠で会った、かれはいま北京に来ていると知らせたので、『新青年』を見て――「敬告青年」やフランス文芸思潮などを見てであろう、このとき陳独秀は胡適の「文革改良芻議」（一九一七年一月一日発行予定）の校閲校を北京で持っていた可能性がある――、決断して、陳独秀の滞在先である前門外の旅館に出かけて行って、数日かけて学長に就任して欲しいと粘り強く説得、「努力約（ぜひとも約束を）」と言ったのである。蔡元培は朝早くから旅館に来て独秀が起きるのを旅館の前で待っていたと汪孟鄒は述べている。

陳独秀は、「任には勝《た》えない、自分は大学で教えたことも無く、学位も無い、雑誌発行で忙しい」と言って固辞したが、雑誌は北京に持ってきてやれば良いと蔡元培に言われ、三か月だけやってみて、駄目なら辞めると思って引き受けることにした。一九一七年一月一一日に蔡元培は北京大学校長の名で、教育部への稟請文で「品学ともに優れ、この任というべきである」として陳独秀を文科学長に招聘したいとした。一五日に正式に教育部の批准を受け、校内でも就任が公布された。一月一三日に汪孟鄒は胡適の一二月一日付書信に返事を書いて、手紙を送り、次のように述べている。

> 兄《あなた》の事はすでに仲甫［独秀］に転達し、すでにすぐに代って謀就［就職を謀ること］をしました。子民［蔡］先生は兄［胡適］が急いで帰国されることを望み、仲甫に、代って達《つた》えるよう嘱しました。もし速に従いて［速く］帰国できるなら、尤も深く待ち望むところです。このことについては仲甫の次の手紙に詳しいので書きません。（『年譜』七八頁、胡適档案、中国社会科学院蔵）

汪孟鄒と胡適の間では学位を取得して帰国するときの就職先のことなどを以前から相談していた風情である。汪孟鄒がそれを陳独秀に伝えていたことが分かる。胡適は博士論文を提出し、デューイらの口頭試験も受けていたが、学位を取らずに帰国した。学位が正式に授与されるのが帰国後に有名になって、論文を英文書として出版していた後（一九二七年）になったのは、こうした慌ただしい帰国の為だったようである。

陳独秀は一九一七年一月×日（文科学長に正式に任命された一五日頃であろう）に、北京から胡適に次のような手紙を書いた――一月一日には「文学改良芻議」が載った『新青年』が既に発行されており、この論文は出版後大きな反響を生んで、北京大学教授の銭玄同はいち早く胡適に賛同を表明した――。

適之先生　侍史　　お手紙と大作『文学改良芻議』を奉じ、快慰なこと無二のものでした［この上ありませんでした］。わたしと汪孟鄒兄は書局［群益・亜東合併の書局設立計画］のための株主資本金集めのために、昨年十一月末に北京に来て留まること一か月余り、……〈中略：金策は何とかしました〉……書局成立後は編集のことがなお課題としてあります。足下が柱石です。……蔡孑民先生はすでに北京大学総長の任を引き受けられ、弟［独秀］を文科学長にしたいと、「ぜひとも約束を（努力約）」と言われました。弟［わたし］は足下［胡適］を薦めて代わりにと申しましたが、この時、人が無くて、弟が暫く欠乏を充たすことになりました。蔡先生は足下が早く帰国されることを望んでいます。もし文科学長を願わないのであれば、校［大学］の中の哲学、文学教授がともに乏しく［欠けていて］、選考に上っているから、足下がここに来られたなら担任することができます。学長の月給は三百元、重要教授もこの額です。『甲寅』はきっと二月の間に出版できるでしょう。秋桐［章士釗］が間もなく足下に函《てがみ》を書くでしょう。『青年』、『甲寅』はどちらも足下が文章を書いてくれることを求めています。足下の帰国は必ず甚だ差し迫ることになりますが、父母に仕え妻子を養う資［給与］については顧慮しなくても良いです。他処に［就職の］約束があるものは、もしそこと深交が無ければ、必ずしもこれに応ずる必要はないでしょう。中国社会は交わり事を共にし得る人は実に得易くありません。精神上の交わり頗る契［合］うに在るを恃み、故に敢えて直卒にこれを陳べました。余《のこ》りは［汪］孟鄒の書中に詳しいので、俗冗は詳叙するに及ばないでしょう。手づから祝い、幸福を申し述べます。弟　独秀　白

追伸　『新青年』は足下が月に一文［章］をくださることを求めます。作［文］でも訳［文］でもよろしいです。（『胡適来往書信選』上、六頁）

こうして、胡適は北京大学教授の職を約束されて帰国の途に就くのだが、その就職は蔡元培の校長就任・陳独秀の文科学長就任とほぼ同時で、独秀の推薦で蔡元培も了承したのだった――蔡元培は「文学改良芻議」を陳独秀から見せられて読んで胡適の北京大学就職を望んだのかどうかは分からないが、しかしその論文の内容を陳独秀が話し称賛するのを聞いたことは間違いない。胡適の北京大就職の経緯・縁起はこのような陳独秀（と汪孟鄒）の斡旋によってだったのである。汪孟鄒は「胡適は一九一七年に独秀の紹介に由って北京大に行って教えるようになったのだ」と書いている（「亜東図書館簡史」、『亜東図書館与陳独秀』二二六頁）。一九一七年一月二〇日の胡母の手紙には、「先頃人が都門［ペキン］から来て、あなたは明年、蔡元培先生の聘を受けるでしょうと言いました」と書いているから、蔡元培は北京大学・教育部あたりから安徽に人を派遣して、北京大就職の連絡がなされたらしいことが分かる（耿雲志『胡適年譜』五五頁）。

胡適は一九一七年六月にニューヨークを離れて帰国の途に就き、「七月」に上海に上陸した、港には二兄と汪孟鄒が出迎えた。胡適はこの時上海から、安徽の家に宛てて、陳独秀先生と会って話をしてから帰郷する（「北京大学文科長陳独秀先生可能一二日内到上海、且俟他来一談、再寫何時帰里。七月初十日。」『胡適遺稿及秘蔵書信』二一冊一八五頁）、と書いている。実際に陳独秀が上海に来て会ったのかどうかは不明だが、その後、郷里へ戻って母の決めた結婚相手（江冬秀）と初めて会った。そして八月から北京大で講義を開始した。その最初の様子は顧頡剛の回想『ある歴史学者の回想』に描かれているが、華々しいデビューだった。天下の北京大学（前身は京師大学堂）の中国哲学教授

なのだから、他所の大学とは訳が違う。本人の能力が優れていたことはもちろんだが、『甲寅』、『新青年』に寄稿していた幾つかの訳文や文章を読んで、文学革命についての書簡、「芻議」を読んだ陳独秀の推奨が、「事を共にする人」「精神上の交わり頗る合う」人物として胡適を同志として北京大学に呼んだのである。陳独秀、汪孟鄒、胡適、この「安徽人」・同郷人の繋がりは見過ごせない。そして蔡元培である。

陳独秀は文科学長になった後、一九一七年一月に大学内の遺老（旧式学者）たちから「学無所長」と呼ばれ、いささか「策論」的な時局文は書けるが最高学府の文科を掌るには相応しくない、と攻撃された。蔡元培は、仲甫先生は訓古音韵に精通し、著作もある、章太炎先生もかれを畏友と見ている、と弁護した——北京大の主流は桐城派や、章太炎に繋がる「国学」系が多かった（周縦策『五四運動史』）。安徽籍の何人かの教授も、戴東原（戴震）以来、安徽の人士が文字の学を研究するのはすでに伝統になっている。陳独秀の訓古についての研究は造詣甚だ高いものがある、と述べ（汪光遠編『陳独秀年譜』三五頁）、難関を潜り抜け、縦横に活躍するようになった。

人生とは不思議な織り合わせを生むものだ。陳独秀、蔡元培、胡適、この組み合わせが巨大な影響力を発揮した。この組み合わせが無かったら「新文化運動」は全く違った形をとっただろう。この新思潮の興起の過程から見ると、孫文や旧同盟会系の人たちの思想の潮流、章炳麟の国学の潮流は少しずつ時代とずれ始めていたように思われるし、中国共産党的に魯迅、李大釗で新文化運動を語るのは歴史的事実としても無理なのである。

『新青年』編集部は故宮近くの北池子の陳独秀家に置かれ、北の北京大学の構内では編集に関係した陳独秀や銭玄同、劉半農、沈伊默、胡適、高一涵、そして章士釗（かれの推薦で李大釗が北京大の図書館主任になる——中国の大学図書館主任は、日本の大学の図書館長のような学問的に有名な教授がなるのではなく、事務職色が強く、李大釗は後に法学系の教授になる）——などの優秀な学者・知識人が出入りし、議論をしながら多くの論説を発表し、新しい時代の息吹を作った。『新青年』は論説だけでなく、国際・国内情勢について多くの知識を提供したこと（これは『安徽俗話報』を継承し、青年に世界の知識＝自覚心を提供する雑誌の基本姿勢を示している）、翻訳、創作の文学作品を発表したこと、そしてその紙面について読者との通信欄を設けて相互性を生んだこと（これは『甲寅』を継承している）などが特徴として挙げられる。だが、最も重要なのは、思想論説と文学作品だろう。陳独秀が文学の重要性について自覚し、重点的に取り上げるに至った軌跡を考えてみると、それが分かる気がする。かれは日本に留学して日本語、ついで英語、フランス語を学ぶうちに、西洋文学とその思想を吸収した（英語とフランス語が読めた。『新青年』は中西文併用掲載を時々採用した）。日本留学では世界の情勢についての知識が大事だということを知ったのが最大の収穫だった。それで生きた話し言葉で分かるように世界の情勢の知識を国人に知らせるには『安徽俗話報』でなければならないと考え、それを実践した。その後、英語・フランス語を学んで社会の現実と矛盾を描くリアリズム、自然主義の文学に傾倒した。『新青年』を始めた頃、張永言からこの欧州文芸の変遷に比定すると中国文学の変遷はどういうものかと指摘され、古典主義、理想主義は中国にもみられる、そこから写実主義へ向かうべきだとした。その写実主義の新文学が中国でどのようにして生みだされるか。それが問題だった。良い方法が無い。胡適の意見もそうだったが、初めは「翻訳の紹介」からという考えだった（胡適への書簡参照）。「文学改革」は「我が国目前の切要事」だが——いま政治を革新しようとするなら、どうしてもこの政治を運用する精神界に深く根を下ろした文学を革新せざるを得ない（「文学革命論」）が——、「実はやり方が無かった。」それが胡適の「新文学の創造への提言」＝「不八事」（「文学革命についての書簡」）を受け取って、文学の工具の使用を「話し言葉＝白話」に換えればいいのだ、そしてリアリズムの方向に、社会の矛盾や現実を描く方向に向ければいいのだ、と「直観」で「豁然と」「理解」した。かれは『新青年』に載せた胡適の「文学改良芻議」（邦訳は平凡社『現代中国文学選集3』所収）の末尾に次のように跋文を書いた（先に胡適講演の注で載せておいたが、改めて引用する）。

余はつねに中国近代文学史は、施耐庵、曹雪芹*の価値ははるかに帰［有光］、姚［鼐］**よりも上だと言ってきたが、しかし聞く者はみな大いに驚き疑った。今、胡（適）君のこの論を得て、私の所見は孤絶したものではないことをひそかに喜ぶ。白話文学はまさに中国文学の正宗に為るだろう。余またこれを篤く信じてこれを渇望するものである。吾生、もしその成れるを親しく見ること有れば、則ち大いなる幸いなり。元代の文学、美術は本より蔚然として観るべきものなり。余の服膺せるは、東籬［馬致遠］＊＊＊である。詞は儁《すぐ》れ意は遠である。またまた雄富である。余はかつて称して「中国のシェークスピア」と為せり。これを胡君および読者諸君に質《ただ》さん、以て然りと為すや否や。独秀　識す。

＊施耐庵（一二九六年頃？～）元末明初の文学者、一三三一年頃の進士、元末に仕官、辞職後、門人羅貫中らの協力を得て『水滸伝』などを著す。曹雪芹（一七二四頃～六三）は清中期の小説家。南京の名家の出、自家が没落、貧窮の中で半生の体験を小説化した『紅楼夢』を書いた。

＊＊帰有光　明嘉靖の進士、五経三史に通暁、古文を善くし文壇に名を馳せた。名儒。姚鼐は清代の散文流派の桐城派の代表的文人。

＊＊＊馬致遠　帝王の悲恋を描いた元曲の傑作「漢宮秋」の作者。関漢卿とともに戯曲文学に栄光をもたらした代表的劇作家。大都［北京］の人で、号が「東籬」。江浙行省の専売局長で終わったとしか判明せず。十四編の戯曲のうち七編が残存する。

この文学的教養の上に、胡適の「文学改良」論と「芻議」に接したのだから、あの直観力に優れた独秀が狂喜し、「覚醒」しない訳がなかった。出口は見えた。突破だ。その高らかな「進軍」の喇叭がかの「文学革命論」だったのである。

こうしてみると、陳独秀と胡適の出会いは、かれらのそれぞれの思想的成熟を経た地点で「偶然」に、あるいは「恩寵」的に出会った、相互にかけがえのない「契機」、「思想」、「人物」だったのである。その後二人は、いろいろな経緯で近づいたり離れたり、批判し合ったりするが、互いに尊敬しあう関係を崩すことは無かった。胡適が「死友」と呼んだ所以である。

その後の二人　一九一七年四月九日、ニューヨークにいた胡適は自分の「芻議」を受けて陳独秀が書いた「文学革命論」を読んで、独秀に手紙を書いた。「快感この上なかった。足下が主張する三大主義に適は極めて賛同します。」「前著「芻議」の私意は、人士の討論を引き起こそうというものでした。……わたしの言った「八事」と足下の言う「三主義」〔国民文学、写実文学、社会文学〕、このことの是非は一朝一夕に決められるものではなく、国中の人士に研究討論してもらえれば、是非は自ずから明らかになるでしょう。しかしわたしの方法は必ず正しく、他人の匡正を容れないものではないのです」と慎重に言ったが、これに対して、陳独秀は『新青年』（三巻三号、五月一日発行）で、復古派と討論する必要はない、「中国文学を改良し、白話を中国文学の正宗とするという説についてだけは、その是非は極めて明らかであり、決して反対者が討論する余地を容れるものではない。必ず吾輩の主張する所のものが絶対に正しいもので、他人の匡正を容れるものではない」と答えた。この違いは、胡適が後年までこだわった両者の思想の差異で、胡適は実験主義（プラグマチズム）の立場からして「絶対之是」（絶対的真理）を是認することは出来ず、そうした資質を持たなかったが、独秀は「断定的で」、急進的な絶対的正しさへの志向が強かった。気質的にもそうだった。だから進化論を受容しつつも、究極的なものへの目的論的志向が強かった。それがマルクス主義へ傾斜させた。胡適はその生育歴、その気質資質からして「急進的」でなく、漸進的、「嘗試主義」だった。運動論的には陳独秀の論文が決定的影響力を持ったことは、胡適が講演「陳独秀と文学革命」で述べているとおりである。最初の近代的白話小説とされる魯迅の「狂人日記」もこの「文学革命」風潮の中で銭玄同から言われて書いたもので、陳独秀に急き立てられての試みだった。魯迅が独力で切り拓いたのではない。もちろん、陳独秀や胡適は魯迅と同じような「文学的才能」を持っていなかった。しかし、胡適・陳独秀なしに、魯迅の初期作品（「孔乙巳」「薬」など）はなかったのである。

翌六月一日（三巻四号）に、陳独秀は、銭玄同先生は『聊斎志異』を余り評価しません、言い過ぎですが、これは文章の才は無く、しこめが脂粉を塗った様なものです、吾国の札記小説では『古今奇観』がよろしい、文筆も『聊斎志異』よりも自然で、見識もやや高いでしょう。足下と玄同先生はさかんに『水滸伝』と『紅楼夢』などを第一だと誉めていますが、しかしどちらも『金瓶梅』には及びません。なぜか？　この本は悪社会を書き、……・微にして至らざる所なしです。『紅楼夢』はすべて『金瓶梅』より脱胎したものです。……またその淫態を描写しているからと言ってこれを棄てますか？　それなら『水滸』、『紅楼』も同じでしょう。名曲「西廂記」「牡丹亭」の如きも、……わたしの眼では、青年の良好の読み物ではありません。これが吾が国の文学の欠点の一つです。足下および玄同先生はどう思われますか？　と書いた。

このように、二人は資質と見解を異にしつつも、助け合うのだが、これからそのいくつかの場面を見てみることにしよう。

まず、五・四運動時の陳独秀の逮捕劇である。周知のように、五四事件——学生デモと曹汝霖宅焼き打ち——の後も、学生たちは再び街頭に出て演説し政府外交（対日屈従）を批判した。六月三日が一つの転機を為すが、学生たちはこの日に百七十名余が、翌日にはさらに多くの学生が捕えられた。これに関連して、学生の釈放などを求めてビラ「北京市民宣言」を撒いた陳独秀が逮捕されるという事態になるのだが、この辺りから見てみることにする。

第十三節　なぜ、陳独秀は北京大学文科学長を辞め、『新青年』同人が分かれ、かれはマルクス主義に行ったのか——「北京大三月事件」・蔡元培の辞任失踪・陳独秀のビラ撒き逮捕事件——五・四運動前後の揺れる北京大学

一九一九年の初め頃から『新青年』に対する風当たりが強くなった。これに対して陳独秀はかれの責任編集にかかる『新青年』第六巻一号でかの有名な文章「本誌罪悪の答弁書」を書いて応答した。

本誌『新青年』を始めて三年、発行は三十冊になった。反対者は、本誌が孔教、礼法、国粋、貞節、旧倫理、旧

芸術、旧宗教、旧文学、旧政治を破壊したと非難する。この大罪条は、本誌同人は認めて隠さない。しかし本誌同人は徳（デモクラシー）、賽（サイエンス）両先生を擁護したから、これらの大罪を犯しただけなのだ。徳先生を擁護しようとするなら、孔教、礼法、貞節、旧倫理、旧政治に反対しない訳にはいかず、賽先生を擁護しようとするなら、旧芸術、旧宗教に反対せざるを得ない。徳先生を擁護し賽先生を擁護しようとするなら、国粋と旧文学に反対せざるを得ないのである。この徳賽両先生を擁護した以外にどんな罪があるというのか。……もし、この両先生を擁護したためであるなら、すべての政府の圧迫、社会の攻撃と嘲笑罵声はそれこそ（フランス革命の）断頭の流血であり、みな辞退するものではない。……わたしは本誌が社会に罪を得た原由を書いて、天下に布告する、と。

胡適は後に、この論はなぜ徳・賽先生を擁護しなければならないのかを云わず、これを絶対視していると批判的なコメントをしているが、しかし、こうした陳独秀の書いた戦闘的な文章が反対派の反撃をさらに強めたらしい。非難は止まず、二月頃から政府系新聞（『公言報』）に、陳独秀文科学長と胡適、陶孟和、劉半農ら四人は思想が過激で政府の干渉を受けて、学校を追われ逮捕されるという話がある、陳学長は辞職、天津に逃げた、蔡元培校長に訊いたが、陳の辞任は否定しなかった、というような噂や記事が流れ出るようになった。これは上海辺りまで電報で流れて新聞に載った。謡言は北京大学と陳独秀に大きな圧力になった。それは『新青年』が孔教と旧文学に反対したからで、『新青年』イコール北京大学であると一緒にして攻撃していた。だから『新青年』編集部は六巻二号（二月一五日発行）で、雑誌は私人の組織がやっているもので、北京大学とは関係はない、と書いた。三月に林紓（林琴南、著名な翻訳家、外国文学を語学のできる者に口語で訳させ、それを古典語文章にして訳した古語旧文学派、『椿姫』が有名）は同郷の国会議員を使って議会で教育総長傅増湘と北京大校長蔡元培を弾劾させ、蔡元培を交替させよと提案し、陳独秀らを「人頭畜鳴」だと人身攻撃した（一六日）。

北京大の新旧思想対立はこのように政治問題化したのである。さらに林紓（林琴南）は文言小説『荊生』（上海の『新申報』に二月一七日掲載）で、陳独秀ら新派の人物を「道を衛る士（徐樹錚を暗示）が扼殺する」というような影射攻撃をすると同時に、北京大学を非難した（李大釗が『毎週評論』でこれを評撃した）。林紓はさらに小説『妖夢』を三月一九日から同紙に掲載し、非難は陳独秀、胡適に加えて蔡元培にまで及んだ。だから蔡元培はそれに答えなければならなかった。三月一八日に『公言報』が林紓の蔡元培を攻撃した蔡元培宛の手紙を掲載した。蔡元培は同日、『公言報』に致し併せて林琴南に答える書簡」を書いて送った。これが四月一日に同紙に載ることになる。両書簡が同時に載ったとも言われるが、そのため人々の注目をさらに呼んだ。林紓は、北京大学教員に二つの大罪がある、一は「孔孟を覆し、倫常をこわした」こと、二は、白話を提唱し「土語を行用して文学と為している」ことだ、蔡元培は「（北大校長の地）位に凭りて、勢力を分かち、おかしな方向の教育を施している」、国民のために傾向を一掃すべきだ、と指弾したのである。これに蔡元培は、思想自由の原則に従い、「兼容併包」主義を採っているのである、と答えた（邦訳『新編原典中国近代思想史4』一二四頁、『蔡元培全集』三巻、二六七頁）。

当時、北京大学文科は、学長陳独秀が新文学を主張する新派の首領で、それとぐるになっているのが胡適、銭玄同、劉半農、沈尹黙だ、胡適が哲学を講じるようになってから新文学の思潮が澎湃としてとどめることができないようになったと言われ、これに旧文学派が対抗し、首領は劉師培で、それに黄侃（范文瀾の師）、馬叙倫が加わり、さらに国史館の老先生も支援し、学生も両派に分かれて、それぞれ『新潮《ルネッサンス》』や『国故』を出して互いに争っていると言われた。それで首領の陳独秀への攻撃と謡言が強まり、過激なため政府が干渉して、「陳は学長を辞職する」という説があると新聞に書かれた（三月四日）。それで蔡元培は「林琴南に答える書簡」を書いた。翌三月一九日には「『神州日報』に致す」を書いて、一、陳学長の辞任はない、二、文科理科合併による「学長」廃止は陳独秀出席の会議で決めて評議会を通して、下学期から教務長担当にすることにしたが、これは学内行政の措置で（陳学長を辞めさせる為ではない）、教務長は十一教授会の十一主任の互選で決める（馬寅初が初代になるが）と、火消しを図った（四月一日掲載）。

こうした北京の騒ぎの最中の四月七日に上海にいた汪孟鄒は胡適に次のような手紙を書いている。

仲甫［陳独秀］が職を去るということは、すでにかれの来訊を得ました。旧党は当然これで勢いを得るでしょう。兄らがひきつづき奮身の苦戦を進められるよう望み、希望念願の至りに勝えません。『新青年』四号は北京で印刷装丁［製本］することに決しました。［群益書社の陳］子沛とすでに閲悉［校閲］いたしました。［陳］子沛は今日すでに返事を出しました。（『年譜』九七頁、胡適档案）

つまりこの間、三月一九日から四月七日の間に「陳独秀辞職」が本決まりになったことがわかる。どうして陳独秀は辞職し、北京大学から去ることになったのか。波多野乾一『中国の国民党と共産党』（弘文堂アテネ文庫、一九五五）は、新潮流への攻撃が政治問題化したので、「結局蔡（元培）は一つの声明を発して守旧派の意を緩和し、学長制を廃して、理科学長秦汾を教育部の役人に転出させ［専門教育司長、四月四日任］、文科学長陳独秀を平教授におとしたが、陳は圧迫にたえきれないで辞職した。これが『北大事件』で、一九一九年三月のことだった。」（二四頁）と述べている。波多野はそれに続けて、陳独秀らに同情していた学生たちはどこかに憤懣の吐け口を求めようとしていたが、恰好なものが有った、［ロシア革命波及防止のために結んだ］前年の日華軍事協定反対の排日運動、つづいてパリ講和における中国の失敗――ヴェルサイユ条約調印反対である、と書いている。これが五・四事件になったという理解である。新文化運動を陳独秀と胡適を排して李大釗と魯迅で解釈した前述の戦後歴史学の近代中国思想史はこれを無視したのか、忘却したのか知らないが、戦前は、これは「北大三月事件」としてかなり有名な事件だったことが分かる。

胡適の記録によると、次のようだったというのである。蔡元培は「『神州日報』に致す」を書いた七日後に、陳独秀に対する内外の攻撃の言論が日に日に激しくなるので、この問題をどうするか、三月二六日の夜に北京医専校長の湯爾和の家に関係者を集めて学校のことを相談した。なぜ湯爾和の処で大学関係者が顔を合わせたのかは、蔡元培の北京大学校長就任のいきさつを見たわれわれには納得がいく。蔡元培は自分の責任だけでは事態が乗り切れないと判断し、有力者たちの支援を当てにしたらしい。蔡元培は陳独秀の文科学長を撤職《めんしょく》する（辞めさせる）のを願わなかったが、湯爾和は、伝えられるところの陳嫖妓（陳独秀が遊女買いをした）という流言でもって、陳独秀は「私徳が大変悪い」と猛烈に攻撃した。蔡元培は進徳会［一九一八年二月に蔡が発起人になって作った、賭博をしない、女郎買をしない、妾を囲わないなどを規範にした道徳振興会、甲乙丙三種の会員があり陳独秀は選挙によって甲種会員に選ばれていた］の唱道者だったので、湯爾和の意見に逆らって押し戻すことができず、陳独秀を免職（文科学長の職を無くす＝辞めさせる）ことに決定した。この決定はすぐに世間に広まり、多くの新聞が「文科学長陳独秀、すでに辞職」というニュースが流れた。これが四月一日掲載の蔡元培の「致神州日報」文での陳辞任否認と前後重複した動きだった（蔡元培の文章は三月一九日に書かれている）。それで蔡元培は四月八（あるいは一〇）日に文理科教授会を開き、教務処理法を決定し、教務は従来の文・理・工・法各科の学長によってではなく、教授会（十一教授会の各主任の互選の教務長）によって統括するとした。こうして文科学長職はいつの間にか無くされた。四月七日に汪孟鄒が、陳独秀が職を去る話を陳の手紙で知っていると書いているのは、この三月二六日の夜の会議の話（免職）が蔡元培か誰からか、陳独秀に伝えられ、独秀は姑息な収拾を好まず、辞めることを決意したようで、それで独秀から汪孟鄒に職を去ることが伝えられたのである。だから陳独秀が北京大学を去るのはこの夜決まったことで（ほぼ確実に）、四月八（一〇）日の決定はその学内組織的な追認、それも職位が無くなるという変な形での去職の形式だった。申し訳的に、独秀の職は「国史館」に与えられたが（前年末に大学附設の国史館編纂処纂股主任、輯要中国通史の編纂主任になっていたから、これだけは「平教授」として残されたということではなかろうか）、正式に学内決定、評議会の決定になったのは九月一二日に蔡元培が北京大学校長に戻った時の、蔡元培は欠席していた「評議会」での決定である。それまでは休職扱いで、給与は出ていたらしい。その直後の九月一六日に陳独秀は逮捕されて入っていた監獄から出獄してきた。だから話は少し込み入っている。もつれた糸を解いで行くことにしよう。

この事件で湯爾和は決定的な役目を果たした。この事件を後年になって胡適は思い出した。一九三五年末のことである。胡適は、蔣夢麟校長の招きで一九三一年末（満洲事変以後）に北京大学文学院長、かつて陳独秀が居た文科学長職とほぼ同じ職に就いていた。そして蔣廷黻らと『独立評論』を発行し「民主と独裁」論争など自由主義的な闊達な言論活動をしていたが、三五年末に、日本軍の華北分離工作に反対する北京の学生たちのストライキや運動、「一二・九」運動に直面した。陳独秀が五・四運動に直面したのと同じであった。それで一九一九年、民国八年に五・四の学生運動が起きたときに、陳独秀は北京大学文科学長を辞め、蔡元培も校長を辞任して南方へ行ってしまい、自分はデューイを迎えに上海に行っていて、北京に戻ってみると、校長は空席、学内業務の大任の一部をかれらが担わせられたことなど、一連のことが思い出されたのであろう。胡適は調べたい一日のことがあるからと言って、湯爾和が長年ずっと記録していた日記の「民国六、七、八年」分を貸して見せて欲しいと頼み込んだ。湯爾和は快くその日記を貸してくれた。胡適はそれを抜き書きしながら読んで、記憶を史料的に確認したかったようである。その確認したかった日とは陳独秀の免職を決めた民国八年「三月二十六日夜」に湯爾和の家で開かれた会議のことだった。

翌日の三月二十七日の湯爾和の日記には、「昨以大学事、蔡（元培）公及関係諸君来会商、十二時客始散。今日甚倦（昨日大学のことで、蔡公ら関係諸君が来て相談した、夜十二時になって客ははじめて散じた。今日は大変うんざりした）」としか書いてなかった。四月十一日には「五時後、回寓……途中遇陳仲甫、面色灰敗、自北而南、以怒目視、亦可哂已（五時ののち家に戻ったが、……途中で陳仲甫に遇った、かれは顔色が白く変わり、道を北から南に行き（変え）、怒りの目で視た、また哂《わら》う可きのみ）」とあった。

この記述と当時の記憶をめぐって胡適と湯爾和との間に書簡の往復が為され、記録が残された。胡適には珍しく感情が入っているし、大変興味深い内容の書簡なので、訳出し、考察してみることにする（湯爾和日記の胡適手抄の抜粋も含めて五通の手紙全資料は『胡適来往書信選』中、中華書局版、二八一〜二九五頁所収の736、737、738、739、743に掲載されている。）

往復書簡の内容を理解するために必要最小限の事実を先に注記しておく。
(1)『毎週評論』の発行。『新青年』の政治を語らない方針に、陳独秀は一九一八年の七月ごろから不満を漏らすようになり、一一月二七日に陳独秀の文科学長執務室に李大釗、高一涵、張慰慈、周作人らが集まって創刊会議が開かれ、政治討論のための論壇として「公理を擁護し、強権に反対する」を掲げて独秀を編集にして一二月二二日第一号から発行された。この時胡適は母の葬儀で安徽に帰っていて、北京に居らず、帰京後に知ったが、距離を置いていた。しかし一九一九年六月一一日の陳独秀の逮捕の後、その編集を引き受けた。「問題と主義」はこの時書かれる。(2)『毎週評論』が出たのと時を同じくして、林琴南（林紓）の新文化運動・陳独秀への攻撃が始まった。(3)こうした動きに対する反論が陳独秀の「本誌罪案之答弁書」（徳先生、賽先生）だった。(4)これらの戦闘的な言辞にさらに中傷的な攻撃が続いた。(5)胡適は三月一〇日に、陳独秀は三月一六日に、蔡元培は三月一九日にこれに反論を書いたが、蔡校長は攻撃をどうしたものかと、相談するために三月二六日に会合を湯爾和宅に招集した。(6)四月七日汪孟鄒の胡適宛手紙に見られるように免職になることは知っていたので欠席）、学長制を廃して教授会制・教務長が一〇（八）日、北京大学の本科教務処を設立させる会議が開かれ、独秀は「南に帰る」のを理由に欠席したが（四決められ、馬寅初が初代教務長に選出された。(7)独秀と湯爾和が道路で顔を合わせたのはその決まった会議の翌日の四月一一日である。(8)胡適はこの事態を知ったが、この後二年間中国に滞在することになるデューイを迎えに、四月末に上海に行った。北京に戻ったのは五月八日だった。
(9)五月四日に学生デモが起き、曹汝霖宅が焼かれ、学生三十余人が逮捕された。胡適は北京に居なかったので、陳独秀は五月七日午後にこの事件について帰京する胡適の自宅宛に手紙を書いて知らせた。

適之　吾兄　国民外交協会が国民大会を発起して、今日中央公園で集合することになっていましたが、警察は四日に学生が事件を起こしたので、集会を禁止しました。この時公園近くの交通の主要道は軍警がびっしりで、通行人が通るのを禁止しました。大会は恐らく開いても気勢が上がらないでしょう！　四日の午後、北京中の学生三、四千人が天安門に集まって東交民巷の各公使館に行きました。丁度日曜日で、イギリス・アメリカ公使はどちらも外出してしまっていました。学生はそれで曹〔汝霖〕宅に到り、曹は避難しましたが、章宗祥がちょうど曹宅にいて、一回しこたま打たれました。幸い日本人〔中江丑吉〕が懸命に保護して、日華医院に送って懸命に治療しました。いまのところ生死はまだ分かりません。北京中の輿論は頗る学生の肩を持ち擁護しています。しかし官の方の話をすると、大体は、衆を集めて人を殴り火を放ったのは（放火は学生がしたことかどうかは、まだ証明されていないが）、法を犯したことを免れ難いと思っている。大学を解散させるという話は、いまのところまだそうした事実はありません。しかし少数の裕福な人は、すでに確かに社会の中に一群の分に安んじない人間がいて、常に自分たちを困らせ、また言論から実行の時代になったと感じているようだ。彼らは自衛のために、おそらく相当のやり方を考え出そうとするだろう。逮捕された学生三十余人（〔北京〕大学は江紹原ら二十二人）を懲罰し、大学を整頓し、二つの〔反政府的〕新聞、一つの週刊新聞に対処することは、おそらく〔政府の〕意中のことだろう。　弟独秀白す　五月七日午後四時　（『胡適往来書信選』上、四二頁）。

蔡元培はその学生たちの釈放を求め、学生を復校させたが、蔡校長を学生の後ろ盾と見た段祺瑞政府は徐樹錚が砲口を北京大に向け、「整頓」を求めるような圧迫を加えた。暗殺するとか、北京大学を焼くとかという噂も流れ、政府の圧力で、(10)五月九日早朝に、蔡元培校長は辞表を書いて秘密裡に北京を出て、天津に逃れた。後に杭州の隠遁処に行った。独秀も出京を勧められたが北京に残った。(11)学生運動は、反政府だけでなく、「留蔡」（蔡元培を北京大校長に留めよう）がもう一つの課題になった。この間に六月三日の学生運動の高潮、大量の学生の逮捕、商人・労働者ストライキへの運動の波及、その高揚に由る一〇日の親日派高官三人の罷免、二八日にはパリ講和代表団の条約不調印という事態が起きるが、陳独秀は『毎週評論』で「六月三日の北京」「研究室と監獄」などを書いて建筆を振っていた。後の方の文章は学生を鼓舞し評判になった。北京大の学生の方豪（後年有名なキリスト者になった人物）らが杭州に蔡元培を訪ね、帰京を求めたが失敗。(12)蔡元培出京の後、北京大は工科学長が代行になり、胡適・沈尹黙ら三人が委員で校務を処理していたが、六月一一日に段祺瑞政府は胡仁源を校長に任命してきた。段政府の大学への圧力姿勢が鮮明になった。

陳独秀のビラ撒き逮捕事件　陳独秀は、六月九日に、政府に対する最低の要求――（一）対日外交で山東権益を放棄するな、二度の密約を取り消せ。（二）徐樹錚、曹汝霖ら六人を罷免し出京させよ。（三）、歩軍統領と警備司令部の取消、（四）保安隊を市民組織に、（五）市民の集会、言論の自由権が必須だ――を述べた「北京市民宣言」（胡適が英訳した）のビラを書いて大学で印刷、一〇日に中央公園（現中山公園）で茶卓のテーブルに撒き、この一一日の夜に、高一涵、鄭初、王星拱、程演生ら四人と待ち合わせて夕食をとり、食後に陳・高・鄭三人が遊技場「新世界」の屋上からビラを撒いたところ、探索し後をつけて潜んでいた京師警察庁の公安に逮捕された。胡適は帰宅した後、夜遅く新聞社からの電話で知ったという（「陳独秀と文学革命」で前述したように、胡適は自分も待ち合わせてビラを撒いたと言っているが、高一涵の記録「李大釗同志護送陳独秀出険」と違っている）。陳独秀逮捕は、日本で言えば、東京帝大文学部長が政府批判のビラを撒いて警察に捕まったというようなものだから、全国ニュースになって世論が湧きあがり、多くの著名人の釈放要求の電報が打たれ、胡適らを含めた釈放運動が動いた。(13)六月二二日に胡適は蔡元培に手紙を送り、校務処理が大変だと不満気に述べているが（蔡元培の詫び状は七月五日）、六月二八日に蔣夢麟から胡適に蔡元培は帰京の意思があると手紙が来た。これを受けてであろう。(14)七月に教育部局長と湯爾和（教員代表）が杭州に蔡元培の説得に赴き、校務が滞っているから帰京するという言を取り付け、その間は、上海にいた蔣夢麟を北京に派遣して北京大校務を代理させるとして、湯爾和らは七月二一日に蔣夢麟と一緒に北京に戻った。蔣夢麟は胡適と同じコロンビア大学留学組、当時江蘇省教育会の理事で『新教育』主編をしていた。(15)陳独秀逮捕後、李大釗も避難して北京を出たので、『毎週評論』の編輯をする者がいなくなった。それを胡適が引き受けたが、七月二〇日発行のその第三一期に、「問題をすこし多く研究し、主義をすこし少なく語ろう」という「問題と主義」論争の発端になる論文を書いた——これに藍志先と李大釗が応じて反論した——。大陸の研究は胡適がこの機に「乗じて」雑誌を「簒奪」して、ここに反マルクス主義の攻撃文を書いたのだと悪意をもって論じるのである。

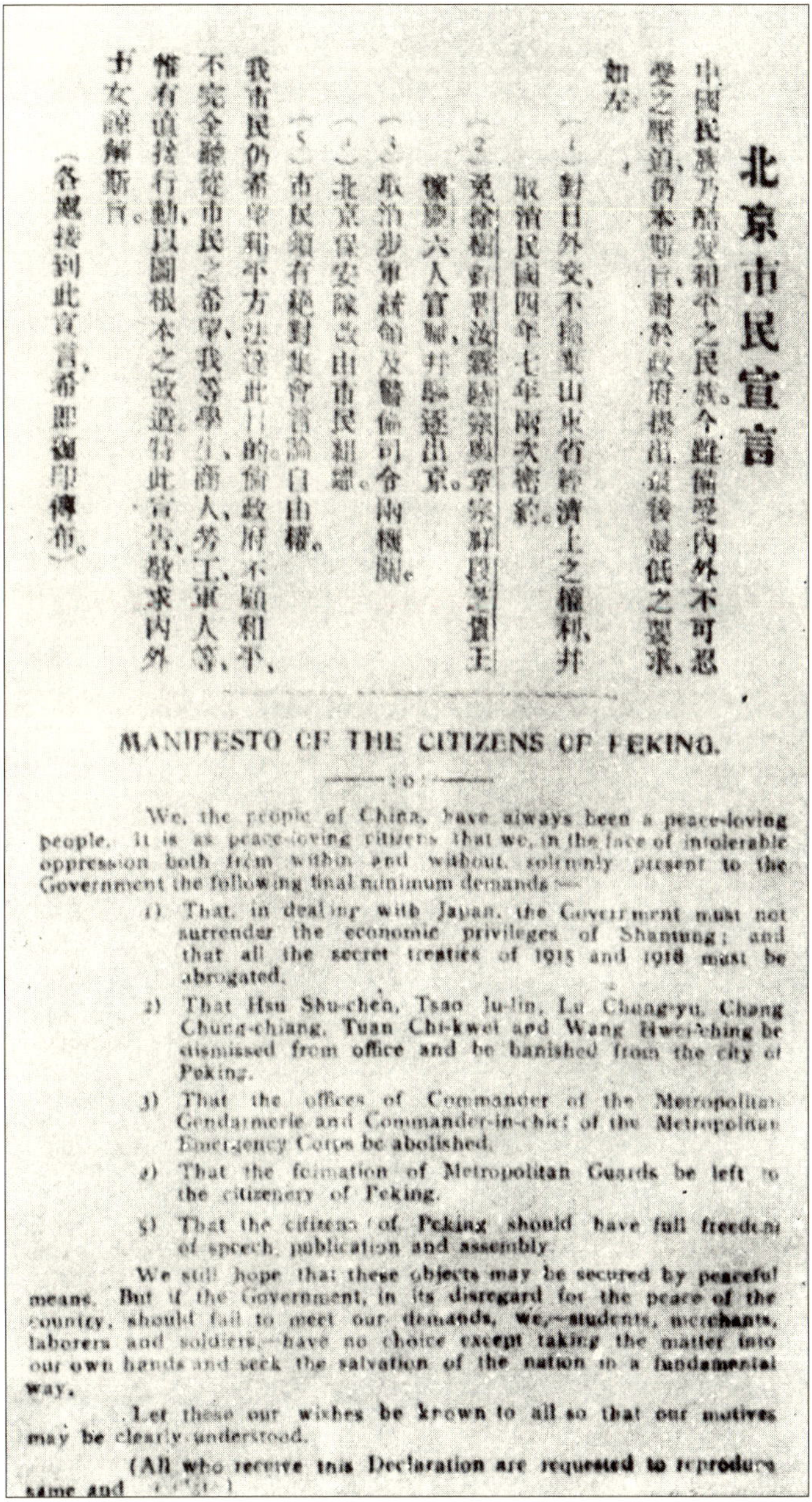

北京市民宣言

中國民族乃酷愛和平之民族。今雖備受內外不可忍受之壓迫、仍本斯旨、對於政府提出最後最低之要求、如左、

（1）對日外交、不拋棄山東省經濟上之權利、并取消民國四年七年兩次密約。
（2）免除徐樹錚曹汝霖陸宗輿章宗祥段芝貴王懷慶六人官職、并驅逐出京。
（3）取消步軍統領及警備司令兩機關。
（4）北京保安隊改由市民組織。
（5）市民須有絕對集會言論自由權。

我市民仍希望和平方法達此目的。倘政府不顧和平、不完全聽從市民之希望、我等學生、商人、勞工、軍人等、惟有直接行動、以圖根本之改造。特此宣告、敬求內外士女諒解斯旨。

（各處接到此宣言、希即廣印傳布。）

MANIFESTO OF THE CITIZENS OF PEKING.

We, the people of China, have always been a peace-loving people. It is as peace-loving citizens that we, in the face of intolerable oppression both from within and without, solemnly present to the Government the following final minimum demands:—

1) That, in dealing with Japan, the Government must not surrender the economic privileges of Shantung; and that all the secret treaties of 1915 and 1918 must be abrogated.
2) That Hsu Shu-chen, Tsao Ju-lin, Lu Chung-yu, Chang Chung-chiang, Tuan Chi-kwei and Wang Hwei-ching be dismissed from office and be banished from the city of Peking.
3) That the offices of Commander of the Metropolitan Gendarmerie and Commander-in-chief of the Metropolitan Emergency Corps be abolished.
4) That the formation of Metropolitan Guards be left to the citizenry of Peking.
5) That the citizens of Peking should have full freedom of speech, publication and assembly.

We still hope that these objects may be secured by peaceful means. But if the Government, in its disregard for the peace of the country, should fail to meet our demands, we,—students, merchants, laborers and soldiers,—have no choice except taking the matter into our own hands and seek the salvation of the nation in a fundamental way.

Let these our wishes be known to all so that our motives may be clearly understood.

(All who receive this Declaration are requested to reproduce same and

陳独秀が自ら起草し散布した『北京市民宣言』。下半の英文は胡適が訳した。

論文の応酬は七月二七日、八月三、一〇、一七日と続いたが、⒃論争は、八月三〇日に警察庁が『毎週評論』を査封（発行停止）することによって中断させられた。蔡元培は九月一〇日に北京に戻るが、その間、蔣夢麟の下で北京大はよく治まった。かれは学生に、「一心に学術に尽瘁せよ」と求め、学生の信頼を得たのだった。蔡元培は九月一〇日に帰京、一二日に大学に戻ると、蔣夢麟は北京大の教育学教授に転任した。⒄九月一六日、陳独秀は三か月ぶりに監獄から出た。胡適たち「安徽同郷」の努力に由って保釈されたのだった（『晨報』）。しかし、条件が付いていた。北京を出る等の重大行動には政府警察の許可が要るというものだった。これが後に独秀が北京を離れざるを得なくなる理由になる。胡適は一〇月に大学の教務長代理になり、また訪華中のデューイの活動を世話し、各地での講演の通訳をやらなければならなかったため、忙しく、以前から依頼を受けていた武漢での講演を陳独秀に代ってもらうことにした。前述したように、このとき九月一二日の北京大の評議会（蔡元培は欠席）は、陳独秀の文科学長職を撤職し、独秀は国史館編纂に籍を移された（『年譜』は一六日の条に入れている）。

⒅一〇月五日に胡適の家で『新青年』編集部の会議が開かれた。この席で胡適は第六号の予定責任編輯者になっていた沈尹默等に、「『新青年』はわたし一人で編集する。」みなが順番に編輯するのには反対する、と言ったのである。唐宝林らの『年譜』はこの発言は、李大釗編集の第五号が「マルクス主義特集」で、それが胡適の恐れと不満を引き起こしたからだと解釈しているが、そうではない。胡適と李大釗の人間関係はこの七、八月の「問題と主義」論争で見解の違いは見えたが、良好だった。これは胡適の沈尹默に対する怒りの発言なのである。沈尹默は『新青年』同人で新思潮派、第六号編集予定者だったにも関わらず、「主将」陳独秀への誹謗でかれを職から去らせ、北京大を追い出した古文学派に通じて、こそこそ動いた「小人」だと、胡適が激しく反発して発言したのだと解すべきである（以下に訳出した（1）、（2）、（3）の胡適・湯爾和往復書簡を参照されたい。沈尹默は章炳麟系の浙東学派に近い国文系で、杭州以来、独秀と沈尹默は書法や古文字学で共通して仲は悪くはなく、『新青年』同人に入っていたが、新思潮の同人らしくなく、『新青年』に詩十一篇しか書いていない。二股派で、胡適と沈は肌が合わなかったらしい。因みに編集予定者

は一号陳独秀、二号銭玄同、三号高一涵、四号胡適、五号李大釗、六号沈尹黙だった。この不仲が一九五〇年代の胡適批判で沈尹黙が胡適を悪しざまに罵る証言をすることに繫がった。かれの「我和北大」『文史資料選輯』六一輯を参照、またグリーダー『胡適』四九五、五五二頁を参照）。この時、魯迅が沈尹黙に、「君は適之に、『あなた一人でやる必要も無い。「新青年」は仲甫が持ってきたものだ、いま元のように仲甫に還し、仲甫一人に編集させよう』と話せ」、と言った。それで『新青年』第七巻一号から独秀一人の編集になったのだという（『年譜』一〇六頁）。第六号は沈尹黙編集ではなくて劉半農と銭玄同の編集で、予定より四か月遅れて一一月一日に発行された。陳独秀が単独で『新青年』を編集するようになったのは、それ以外に、独秀の生計問題、北京大学辞職後に給与（三百元）が無くなったのをどう解決するかという問題も有り、『新青年』編集費の百元を収入源にすることにしたからである。『新青年』は七巻一号から陳独秀により編集されるようになって（四号からは上海で）、やがて「上海共産党発起組」の雑誌になるが、その前の話である。

⒆　一一月一〇日、国文教授の劉師培が若くして死去し、独秀が葬儀を主催した。この時手伝っていたかれの学生の陳鐘凡（一八八六－一九八二、後に南京の金陵女子大学教授中文系主任、文学・文字学専門、陳独秀が日本軍機の爆撃のために一九三七年に南京監獄から釈放されたとき一時自家で保護世話をする）に、「校内には既に派別が形成されている。わたしの改組計画はすでに実現した。わたしは北京大を離れなければならなくなった。」と語ったという（『年譜』一〇七頁）。独秀は、蔡元培がかれを史学系教授で残そうという要請も断り――独秀の気質として、こうした騒動ののちに国史舘編纂や教授で北京大に留まる気は毛頭なかったろう――、「社会運動に専心し始めた」（同頁）。独秀が拘留されていた間に『新青年』同人たちの間、胡適と李大釗、そして陳独秀らとの間に次第に政治・社会問題をめぐって意見の分離が見られるようになっていた。しかしこれは、一二月一日に出た『新青年』七巻一号の巻頭の「本誌宣言」で一応妥協が図られた。同号に載った陳独秀の「実行民治的基礎」は「民治主義（デモクラシー）」実行の五原則を挙げ、階級闘争に批判的な態度を示している。しかしこの協調は長続きしなかった。それは陳独秀が

上海に行ってしまい、意思疎通が難しくなり、また陳独秀が上海で急速にマルクス主義に傾斜し始めたからである。

ではなぜ、出獄後の陳独秀が上海に行くことになったのか。(20)一二月に北京の小・中・大学では教育部が賃金を支払わないことで、教員がストライキをやる騒ぎになった。教育部次長の傅学芬〔傅嶽棻〕と交渉したが駄目で、「傅」排除の意見が出て、北京大では教職員代表に馬叙倫がなって教員ストライキを提起、胡適はそれに反対して、一二月一七日に代理教務長を辞任した。(21)この一二月に広東に入って軍政府を建てた陳炯明（開明的で「社会主義将軍」と言われた）が関税余剰の百万元を資金に西南大学を設立しようと、章士釗と汪精衛に設立準備委員を委託した。二人は蔡元培、呉稚暉、陳独秀に加入を求めた。章士釗は独秀に広東に来るようにと電報を打ち、また蔡元培に手紙を書いて独秀の広東行を促させた。北京大を辞めていた独秀はこれを受けると表明し、上海で章士釗と会い、その後広東に行くと伝えた。一月一四日に北京警察総監宛に、友人から電報で西南大学の相談で離京したと手紙を出した（唐宝林『陳独秀全伝』一四三頁所収の写真）。一九二〇年一月一九日、独秀は上海に着き柏文蔚宅に身を寄せ、準備委員を引き受けた。その後二月二日に汽船に乗って漢口に向かった。それは、北京大の校務やデューイの接待・通訳で忙しかった胡適の頼みだった。胡適が引き受けていた武漢での講演の代行をするためである。武漢の文華大学、武漢高等師範などで講演し、湖北教育界、保安会（自治機関）と交流した。このとき独秀への取材に訪れた記者の一人が包恵僧で、この時独秀と関係が出来て、後に武漢の共産主義小組を董必武らと作り、中共第一回全国大会の代表の一人になるが、このときの陳独秀の講演活動が新聞に大きく報じられたのである。

講演は教育問題のほかに、社会改造の方法と信仰についてだった。そこで独秀は、不平等な「階級」制度を打破し平民社会主義を行う、承継制度・遺産制度を打破し田地の共同労働、社会的共産にする、信仰は平等と自由でなければならない、と主張したのだった。これが「無政府主義」を宣伝するものとして大きく新聞で報道されたのである。そのため、独秀が武漢に入ったことが京師警察の知るところとなって、保釈条件違反だと独秀が列車で北京に戻ったところを逮捕するため、警察が自宅に網を張った。それを察知した李大釗、高一涵らが急いで駅に独秀を迎えに行って、かれを王星拱の家に隠し、その後、李大釗と陳独秀は変装して北京を脱出、天津に逃れ、陳独秀はそこから上海に入ったのだという（高一涵前掲文『文史資料選輯』六一期）。しかし別説もあり、独秀は武漢の学長達と同じ列車で北京に帰り、自宅にいたが、報道を知った警察が探訪しに来て、独秀が応対してしまって所在が明るみ出たので、まずい事になる、と一旦胡適の家に、ついで李大釗の所に逃げた。これを李大釗が変装して天津に連れて行ったのだという説（胡適）もある。陳独秀は上海行は警察へ通知したが、武漢行とそこでの活動は保釈条件違反だとされたのだろうか、この辺りはよく判らないが、危険を感じたのは間違いない。この別離が『新青年』同人の北京と上海の分離を生んだのである。

以上がおおよその経緯の概略である。これを参考知識にして以下の手紙をお読みいただきたい。

第十四節　「胡適－湯爾和往復書簡」が明かす陳独秀免職の真相

（1）胡適から湯爾和へ（稿）①

「爾和先生［民国］六、七、八年の日記をお戻しいたします。八年の日記は細かく読み、数十条の重要な日の主要な事項を摘記いたしました。先生は許されると思います。六、七の二年の日記は詳しく読まず、ざっと翻閲したのみです。六年の［張勲］復辟前後の政治の記載は大変興味深いです。

先生の日記は途切れずずっと続いており、真にわたしを敬服させるものです。毎日の読書が記され、治事［研究］が記されて、数十年断えていません、これは真に容易に出来るものではありません！

以前査べようとした一日とは、八年三月二十六日の夜のことです。先生は次の二十七日に記されています。この夜の会は、先生これを記すこと甚だ略ですが、しかし独秀はこれに因って北京大を離去したのであり、以後の中国共産党の創立および後の国中の思想の左傾、『新青年』の分化、北大自由主義者が弱くなってしまったこと、これらはみなこの夜の会より起こったものです。独秀はわたしと〔陶〕孟和（英米派）の影響を頗る受けて、それで十分には左傾しませんでした。独秀は北大を離れた後に次第に自由主義者の立場を離脱し、さらに左傾してしまいました。この夜の会は沈尹默、夷初〔馬叙倫〕が後ろでこそこそ悪い事をした〔背後で糸を引いた〕ことがあったとはいえ、孑民*〔蔡元培〕先生は先生〔湯爾和〕を最も敬重していて、この夜、先生の議論で風が生じ、北大の命運を決定しただけでなく、実にのちの十余年の政治と思想の野を分つ〔事態・分裂状況〕を開いたのです。この会の重要さはこの十六年の短い歴史が論定できることではないかも知れません。惜しむ可きことに、先生は詳しく記されませんでしたが、しかし考証できる月日がくれば、またこれは史料になります。

先生が試みに〔四月（八）十日の文理科教授会で「学長」職を無くし、教授会による統轄、教務長制が敷かれ、独秀の地位が消失することになった決定がなされた後の〕四月十一日の記述の最後の行をお読みになれば、当時、独秀と先生はともに三月二十六日夜の会の意義を知っていたことが分かります。**

〔民国〕八年の五・四の後、蔡〔校長〕を〔北大に〕留めた事は、先生力を用いること最も勤にして、而して蔣夢麟兄が北大に来たのは尤も先生の第一の大功です。もし夢兄が北来しなかったら、彼は〔上海で〕〔黄〕任之兄のグループ〔江蘇教育会〕に毀されてしまったでしょう。ですから、夢兄が北大に来た挙は、先生は実に大いに彼に造るところ有ったのであり、また北大に功があったものです。八年末の「給与支払い」の役は一変して「傅〔嶽棻〕を辞めさせろ」の運動になり、長期の教職員ストライキの騒ぎになりましたが、尊記に詳しい記載があり、史料に供せます。……中略……。十二月十五日のストライキについては、わたしは十三日の夜に独力で反対しましたが、今になってこれを思っても、わたしはなお、先生が夷初〔馬叙倫〕ら諸人と共に禍根の根を造ったこと浅からぬと深く信じております。……

先生がわたしが宝庫を偸窺する［こっそり窺う］ことを許された厚意に敬しんで謝し、敬んで新年の平安を申し上げます　胡適啓上［民国］二十四、十二、二十三

と、まず胡適が述べた。

＊胡適が『新青年』六号の編集会議で、沈尹默に怒って、わたしが自分でやる、と言ったことは前述したが、陶孟和の一九一九年六月一二日の胡適宛手紙も、「近日、沈（尹黙）、馬（叙倫）の諸公しばしば密謀有り」、予科移転反対、カリキュラム、教員招聘、「みな独断独行」、大学の福に非ず、悪を除くに徹底してやらないと、前途が思いやられると思う、と書いていた（『胡適秘蔵書信選』下、四二五頁）。

馬叙倫（一八八四－一九七〇）は、浙江余桃人、国学浙江学派、一九〇三年『国粋学報』を復刊、一九一一年湯爾和と共に日本へ、同盟会に加入、一九一三年北京医専国文教師、一九一五年北京大文科教授、同年冬、反袁世凱で北京大を去る。一九一七年に蔡元培校長に招かれ哲学系教授、『説文字解』『荘子』等の古典学研究が専門、一九一九年一月胡適らとともに北大哲学研究会を作る。教職員会書記。

＊＊陳独秀が路上で「怒りの目を以て視た」というのは、陳独秀はこの三月二六日夜の会の内容を知り、かれ自身（と新文学派）に対する最大の攻撃の矢を放ったのが湯爾和だということ、そしてそれと旧派（沈尹黙、馬叙倫等）が連動して、「学長職」取消による陳独秀の大学からの排除に動き、それが前日（四月一〇日）の学内会議で事実になった、この事件の張本人が湯爾和だったことを知っていたからである。その怒りの表情と行動を「また哂《わら》う可きのみ」と湯爾和が記しているのは、独秀のかかる反応を、あんな私徳のない行動をするからこういう事態になり、辞めさせられるのだ、と相手を蔑んだ気持ちが出ている、と胡適は解した様である。大学に長年勤めると、大学教員の間の派閥間の人事抗争や予算をめぐる争いで、こそこそと裏で動くこれに類する経験を多く味わされるのだが、日本も中国も何処も同じらしい。しかしこの陳独秀の北京大学「文科学長」免職・辞任は胡適が言うように、後年への影響が極めて大きい。胡適が、「独秀はわたしと［陶］孟和（英米派）の影響を頗る受けて、それで十分には左傾しませんでした。独秀は北大を離れた後に次第に自由主義者の立場を離脱し、さらに左傾してしまいました。」と書いているのは、『最後の見解』を読解する上

でも重要な証言だと思う。また独秀のマルクス主義受容の相と、後の左派反対派の見解、一九二七年後の中共のコミンテルン命令下の武装蜂起路線への反対意見、毛沢東路線・思想の問題を考える上でも重要だと思う――党史研究でも重要だということである。胡適の考えは、独秀は最後に分れた前の思考点、ここへ戻ってきたのだ、というのであり、だからその論文を「中国現代政治思想上、稀有な重要文献」だとして『最後の見解』の「序言」を書いたのだ、というのがわたしの理解である。これで「大体は」良いのではなかろうか。それが「ブルジョワ民主」かどうかの評価の「レッテル貼り」はどうでもいいことだ。日本共産党が「プロレタリア独裁」論を放棄したのは一九七〇年代になってからだったと記憶するが、共産主義革命の最大の問題は、スターリン主義、個人崇拝、一党独裁（専制）、全体主義、自由と人権の抑圧、敵対者の殺人抹殺、である。この「共産主義」（スターリン主義）の抱える問題を自らの経験を糧に、社会主義と民主の問題として陳独秀は根本的に思考した。一九四〇年頃にこの作業を「大後方」・重慶で孤立しながら行っていたのである。中共党員は組織の中に自分を埋没させて党と一体化し、自分と自分の思想を失くして行ったが、独秀は自分の頭で「独立」して考え続けた。稀有の人だった。社会主義と民主の問題は今日なお未だ解決し得ていない問題なのである。このことは、『最後の見解』解読作業の最後に再度検討することにしよう。

(2) 湯爾和の胡適への返信①

「適之兄　二十三日のお手紙謹んで拝承しました、日記三冊も受け取りました。八年三月二十六［日］の会でどんな議論を発したかは、全く省記［つまびらかに記憶］しておりません。ただ、当時、某君に反対した理由は、其れ［彼］と北京大の諸生が同じく一人の妓に親しみ近づいた、それで吃醋［焼きもちを焼］いて、某君は妓の下体をあなほり、鬱憤を晴らしたという、一時その事が争い伝えられたのを以て、この行為はどうして大学の師表［模範］と為すことができるのか、と思いました。どのように話したかについては完全に忘却して［忘れて］おります。兄には記載があり、能くお示しくだされるのでしょうか？　八年年末のストライキについては、その内幕の重重は均しく日記の記載しないところです。……（中略）……

弟爾和　拝復〔十二月〕二十八日」

（3）胡適から湯爾和への再返信②

「爾和先生　先生のお手紙ありがとうございます。〔民国〕八年の事はわたしは全く記載しておりません。三月二十六日夜の会上、蔡先生はその時、独秀を去らせるのを頗る願いませんでしたが、先生はその私徳がたいへん悪いと力言されました。蔡先生はまた進徳会の提唱者でしたので、頗る尊議〔先生の議論〕の動かすところとなったのでした。わたしが当時怪しんだことは、当時の小新聞が書いたこと、道路に伝わったこと〔噂〕はみな無稽の談であるのに、しかし、学界の領袖たちは乃《つい》にそれを事実と視、鉄の証であると視たことです。どうして怪しまないことができましょう？　嫖妓〔女郎買い〕は独秀と浮筠〔青葉紫茎のシノ竹、若い書生〕たちが一緒にやった事ですが、しかし「某妓の下体をあなほり」とは誰が見てきたのでしょう。今になって思えば、どうして一笑にすら値するでしょう？　当時、外の人は私的行為に借りて独秀を攻撃していましたが、明らかにそれは北京大学の新思潮の何人かの領袖を攻撃する一手段でした。しかし先生たちもまた私的行為と公的行為を分けることができずに、奸人の術中にうまく堕ちてしまったのです。

当時わたしは、〔沈〕尹黙ら何人かの反復小人〔ころころ態度が変わって定見の無い小人〕が独秀を攻撃する局面を造っていると大変疑う気持ちを持っていました。しかし先生〔湯爾和〕はそれを察せず、かれらの「発言人」になってしまわれた。

尹黙ら諸人は後にいろんなやり方でわたしを押しのけようとしました。わたしは只、まるで相手にしないようにして対処しました。なぜなら、わたしは以前からかれらと敵対することを屑《いさぎよ》しとしなかったからです。*

蔡先生と先生は後にどちらも進歩され、以前のように狭隘ではなくなられたようです。……今、〔民国〕七、八年の日記を読んで、先生が毎日、宋明理学の語録を読まれていたことを知り、始めて、八年三月の事もまた自ずから歴史的な背景があり、因果はかくの如きで、無理強いは出来ないものであることを大いに悟りました。

八年年末のストライキの事は、先生はまた流言の誤まらせる所となりました。当時、蔡先生はすでに戻ってこられて鎮座されていました。どうして一介の傅岳芬《ふがくふん》〔嶽棻〕などを畏れましょう？……不幸にわれわれ自身が自らを毀し、ものともせずに前後二年近くの久しきのストをして、北京の教育界の紀綱を蕩然とさせ、名誉は地を掃いました。これはどうして傅岳芬のあやまちでしょう？　湯爾和先生と馬夷初〔叙倫〕らの大切な道理をわきまえない過ちなのです！

お手紙に「冬の間のことは弟はまたそうだと思いません」とありますが、先生の日記の中で屢《しば》しばこのことが出てきますし、また夷初〔馬叙倫〕の宣言は先生の手筆で、以後の多くの文件もまたみな〔先生の〕大筆に出たものです。故にわたしは、先生は終に理学書の誤らせる所の為に、自らは以て是《ただしい》と為し、悪を憎むこと仇の如くになり、故に夷初〔馬叙倫〕ら諸人の利用する所となるのを免れなかった、と疑うものです。

これはみな往事の事で、今になって思えば、あたかも一個の悪夢を追思するがごときものです。しかし先生の日記は実際、わたしをして当時の一般の人の心理とその背景をやや理解せしめた点で、貴い史料であることがわかります。前の書信およびこの書信は、少しも賢者を責める意はなく、鄙見を略述し、先生に当時の一傍観者の意見を略知していただこうというに過ぎないだけです。狂妄の処は、千万　先生の原宥を請います。取り急ぎ敬んで新年をお賀いたします。胡適啓上　〔民国〕二十四、十二、二十八日夜」

＊【注】一九四九年以後も大陸に残った北京大学教授沈尹黙は、共産党の一九五一年末の第一次反胡適キャンペーンで、表に出てきて胡適を非難した。かれは胡適を「自己顕示欲の強い人」で「自慢屋」で、「いつも権威に屈し権威と自分を結び付けようとしていた人物」だと大新聞『大公報』に書き、非情な自惚屋で、「宣伝がうまい人物だ」と言い、そして自分が小さな役割しか果たさなかった多くの仕事で評判をとろうとした人だ、と言って、白話運動もともと最初は陳独秀のアイデアだったのだ、と言った（グリーダー『胡適 1891 - 1962』「付録」参照）。この

沈尹默の行動をどう解したらよいか。

胡適はこの一九三五年の手紙で沈尹默を「反復小人（コロコロ態度が変わる小人）」と呼んでいるが、この陳独秀辞職の裏での沈らの動きについての胡適の理解を頭に入れると、この後、胡適と沈との関係が悪化したのが良く分かる（上記一〇月五日の『新青年』編集部の会議で、胡適が「自分一人でやる」と沈尹默に言って、かれの六号編集権をとりあげたのもこの事情に由った）。沈尹默が大陸に残って中共に媚び、怨みから胡適を批判するようになったのもこの線で考えると頷ける（彼の「我和北大」を参照）。しかし沈尹默も文化大革命で紅衛兵から手ひどい打撃を受けることになった。

もう一つ、この書信の胡適の見解に従えば、陳独秀が北京大学を辞める事態になったのは、結局、独秀が全力で闘った「宋明理学」――古い性道徳をかざす士大夫道徳観――によって排除されたということにほかならない、これが歴史の因果というものだ、ということになる。やっつけようという相手を最も侮蔑するのに「性」道徳を持ち出すのは古今普遍的であったこと、典型が「反キリスト教の暴動の思想と感情」だが、殊にその背後の士大夫の歪んだ性道徳が問題だが、それについては拙著『中国の反外国主義とナショナリズム』で書いて置いた。後にまた触れるだろう。

（4）湯爾和から胡適への再再返信②

「昨日ご返事を奉りし後も、未だ尽くさずの意これあり、謹んで次の如く述べん。

陳君は当然不羈の才［束縛されない縦横の才］です。どうして教授生活に安んじていることができたでしょうか［一九三五年当時陳独秀は南京の監獄にいた］。即ち、八年の事に非ざるも、また必ず脱韝［肘当てを脱］して去ったでしょう。尊見が、この後のいろいろな事はみなこの夕の談の致すところに由るというのは、あまりに重視し過ぎているように思います。弟《わたし》は、大学の師表［模範］は人格の感化が一切に勝り、少なくともまた技術・文章とその分量を同じくするべきだと考えます。陳君の当時の浪漫行為を以てこれを大学に置くときは、終にはその善からざることを嫌《うたが》うことになります。これがなお弟の「頭巾見解［書生の考え］」であり、今になってもなお自らは謬《あや》またざるものと考えておりますが、未だ兄の意の如何なるかは知りません。また弟の意《おも》いますに、当時陳君がもし道を分かち自らのくつばみを引く［各々道を辿る］ことが無かったとしても、則ちそれ以後の続けざまの極大な刺激に兄らの自由主義の立場は動揺を生じさせないでおれたかどうかは、また疑問のうちに属します。ただこの義は兄は必ず承認なさらないでしょう。造孽［罪作り］の一節の如きに至っては、また正に説《い》い難いものです。ストライキは弟は終始然りとはしませんでした、たとえ造孽［罪作り］だとしても、またここでは在りません。もう一つの意義を以って言えば、蔡元培を留め蔣夢麟を助けたことが真に罪障［因果］なので、吾兄はそうだと思われませんか？　また弟は教育においては固より敢えて罪を逃れようとはしません。しかし兄は［民国］八、九年には、枷鎖を打破し、国渣［国のかす］を吐棄することに力を主としていて、その影響の及ぶところは、どうしてストライキだけに止まるでしょう？　功か孽［罪］かは兄が自らこれを知っているでしょうから、弟の解釈を待つまでも無いでしょう。これを総ずるに、我輩は皆主観きわめて強い人［間］で、小に成［功］あるは此に在り、徳に入る能わざるもまた此に在るのです。弟は年来直言を受け、以て反省に資するを頗る楽しみます、もし卓見あれば、どうぞ教えを賜りたい。ここに「わが友人」胡適之先生に上します。

弟爾和再拝　［十二月］二十九日」

【注】なかなか緊迫した往復書簡である。湯爾和は一九二二年五月の『努力週報』二期に発表された胡適が原案を書いた「われわれの政治的意見」にも蔡元培、李大釗らとともに書名している開明派と見られていた人物だが、この留学組で西洋の学問を身に付けた人物などの少し年長の学者がもっていた士大夫的な風格、思想がうかがわれて、頗る興味深いものがある。

（5）胡適から湯爾和への返信（稿）③

「爾和先生　一昨日会って話が出来、大変安心しました。先生の第二書［信］に、今に至るまで返事を差し上げませんでした。弟の一書［湯先生の第一信］への返書はもともと出したくはなかったのですが、今日検視しますと、その中に狂妄の言多しといえども、先生はきっと怪なるものとは思われないと知り、故に録副［副本を記録］した後、なお原文を送上いたしました。お恕し下さい。

第二書［信］に［先生が］言うところは、わたしをして、なおいくつかの話を言わざるを得なくしました。独秀は終には北大を去らねばならなかった、というのは、また事実です。しかしもし三月二十六日夜のことが無かったならば、独秀はなお五月［六月、胡適の誤り］十一日夜のことで捕らわれなければならなかったとしても［「新世界」で『北京市民宣言』のビラを撒いて警察に逮捕されたこと］、少なくとも蔡、湯両公がわたしをして、かれら［蔡・湯二人］は「頭巾見解［書生の考え］」や「小報流言［小新聞の流言］」に因って一人の主張を持った「不羈の才」を放逐したのだ、とは感じさせなかったはずです。

わたしは大学教授は嫖妓［女郎買い］しても構わないと主張しているのではなく、また、政治的領袖［リーダー］は嫖妓［女郎買い］しても構わないと主張しているのではありません。［第］一にわたしが思うのは、すべての社会的に領袖の地位にある者は、みな西洋人のいわゆる「公人」（Public men）であり、みなかれら自身の行為に注意すべきであるということです、なぜなら、かれらの私的な行為は公衆への影響を生じさせることがありうるからです。しかしわたしはまた、いかなる人もある人の私的行為を利用してかれを攻撃する武器にすることには賛成しません。あの頃沈尹黙らはまさにこの病を犯していました。近年の事実を以てこれを実証しますと、その時独秀を攻撃した人は後にはみな「老摩登《オールド・モダン》［衰え古臭くなった近代物］」になってしまいました。

これもまた時代の影響で、いわゆる歴史の「幽默」［ユーモア、皮肉］というものがこれです。造孽［後の禍の種をまく］ということについては、歴史とはこのようなもので、本より争論に値しません。ただ先生が書き及んだ「蔡〔元培〕を留めて、蔣〔夢麟〕を助けたのが真の孽障〔因果の罪障〕であった」というのは、わたしは頗る感じるものがあります。〔デューイを迎えに上海に行っていた〕わたしが上海から北京に戻って来たときに、蔡公はすでに北京を離れていました。当時わたしがここにいたら、必ず蔡〔元培〕を出走するようには勧めませんでした。領袖が事をなすときは、まさに風格を持つべきです。蔡公が出京したことは、どうして徐樹錚などが敢えて危害するものなのでありましょう。今日の鄙見を以て視れば、もし蔡公があの時出京しなかったら、その後の半年の紛紛は無かったでしょう。少なくとも当時の擾騒の如く半年の久しきには至らなかった。

わたしの国の中での事業の「功罪」について、わたしは完全に責任を負います。わたしはかつて学生団体を利用したことはありませんし、また教職員団体を利用したこともありません、学生にわたしの主張のために彼らの少しの時間の学業を犠牲にするよう求めたこともありません。わたしの罪孽〔罪障〕は決してこの方面には有りません。「枷鎖を打破し、国渣〔国のかす〕を吐棄する」に至っては、当然わたしの最大の功績ですが、惜しむらくは打破したものがまだ十分多くはなく、吐棄したものもなお十分でないことのみです。あるいは先生はわたしは「救いようがないやつだ」と鬚を撫でて大笑いされるかも知れません？　取り急ぎ、遅まきながら新年をお祝いたします。

適　啓上　二十五〔年〕・一〔月〕・二〔日〕夜」

第十五節　上海の陳独秀──『新青年』・社会運動・マルクス主義

陳独秀の「三月事件」での北京大学文科学長免職と上海への移住は、『新青年』の時代を画する出来事だった。

一九二〇年二月（一〇日前後か）に上海に着いた独秀は汪孟鄒の亜東図書館に寄留しながら、出版社の亜東・群益と連絡を取りつつ『新青年』の編集・発行を始めた。そして間もなく旧柏文蔚旧居の漁陽里二号の住宅に移って「社会運動」を開始した。一つは、北京のように学界・文化界だけでは駄目だ、とりわけ五・四運動を契機に「労工神聖」が盛んに言われる中、上海工読互助団に関係しながら（結局失敗したが）、労働者に注目するようになった。そして労働者の生活状況を調査して、五月一日発行の『新青年』第七巻六号「メーデー特集」号に載せた。同時に労働者の中に入って行き、中華工業協会など上海の労働組合が企画した「五一」紀念準備会に参加、労働者運動と繋がりを持った。五月一日にはメーデー記念集会に五千人が集まり、待遇改善、軍閥への抗議を掲げ、「カラハン宣言」に各団体が答謝を発表した。

陳独秀が上海に来たとき、上海には大体三つの社会主義的傾向を持った知識人グループが有った。一番目は『新青年』派、独秀とかれに繋がる北京大や学生連合会の人々である。二番目が、五四以後に創刊された国民党系の『星期評論』の戴季陶、李漢俊、沈玄廬、李達などのグループ。また国民党の『民国日報』主筆の邵力子、胡漢民も社会主義に関心を示していた。孫文は当時上海に居た。三番目は、梁啓超系の『時事新報』主筆の張東蓀らで、かれはギルド社会主義を唱え「共学社」を作っていた。そして、これらに後れて加わる第四の杭州第一師範グループがあった。師範学校の学生だった施存統が書いた「非孝」という文章をめぐる紛争で退学追放させられた国文教師の一人陳望道（『星期評論』の依頼で日本語版を下敷きに『共産党宣言』の漢語全訳を一九二〇年八月に出版する人物）、学生の施存統、兪秀松、陳公培らである。そのほかに、無政府主義者の沈仲九、劉大白らがいた。分類は留日派（戴季陶、李漢俊、李達、張東蓀）のようにも分けられるが、当時の思想状況を反映して、アナーキズム、マルクス主義、社会主義、サンジカリズムなどの雑多な思想的渦巻き状況だったが、かなりの数の進歩的知識人がいた。独秀はまず戴季陶らの『星期評論』に顔を出して、ここの編集人たち（李漢俊、沈玄廬、李達）と交際するようになった。『新青年』を編集・出版する関係から、群益書社や商務印書館（そこの編集に沈雁氷＝茅盾がいた）やこの雑誌と関係が出来たようだ。

こうした色々な人間的な繋がりが出来始めていた時に、北京から李大釗の紹介状を持った一人のロシア人が訪ねてきた。四月末か、五月初めのことである。ロシア共産党極東局ウラジオストック処から派遣されて来たヴォイチンスキーだった。かれは、中国のこれらの社会主義的な傾向を持った人々を「連合」させ、ロシア革命にシンパシーを持った勢力にしようと工作しに来たのである。かれとの接触後、陳独秀は急激に「マルクス主義」に傾斜していくことになる。

しかし、李大釗のマルクス主義への傾斜は李自身の論文でも、メイスナーの研究でも比較的明瞭に見てとれるのだが、陳独秀のマルクス主義への傾斜の過程はあまり明瞭にはなっていないようである。どう解釈したらよいだろうか。胡適は独秀のマルクス主義への傾斜は獄中経験が大きかったという。

「独秀は拘禁中、書物雑誌が読めなかった。ただ一冊、キリスト教の『旧約』、『新約』が有るだけだった。……かれはもともと大変感情に富んだ人で、この時キリスト教の『聖書』を読んで大変感動を受けた。」「おそらく、独秀は八十余日の拘禁中に、一度精神的な転変を経過した。かれは独りでいくつかの問題を想《かんが》え、それはかれが以前想ったことが無かった道を行くことを考えさせた。かれにある種の宗教的必要性を感じさせた。かれは出獄後、この新たに得た見解を宣伝し、新しい宗教が必要なのだと主張した。……この新しい宗教的熱意を抱いた陳独秀は、後に次第にあの二十世紀の共産主義という新宗教に進み入ったのだ。」（『胡適手稿』第九巻下、巻三、台北胡適紀念館、一九七〇、唐宝林『陳独秀全伝』一三三頁より重引）

当時を知る胡適ならではの深い把握だと思う。陳独秀の宗教・キリスト教への深い関心は「基督教与中国人」（『新青年』第七巻一号、一九二〇年二月）に良く表われているが、付録訳文「ケッテラー碑」（『新青年』一九一八年一〇月）と共に、義和団やキリスト教会についての文章と併せて論究してみる必要があろう。が、わたしはそれと同時に、保守派の讒言で文科学長を免職させられたこの「北京大三月事件」の影響も心理的に大きかったのではないかと思う。威信ある天下の北京大学という現実活動（文化活動）の「場」を奪われ失った。自尊心が傷つけられたのは疑いない。「挫折」である。そして『新青年』発行の言論活動は残ったが、「文化活動」からの転換を迫られた。「文化活動」だけでは駄目だ、「社会運動に専心しよう」と考えるように転換しはじめた。そしてまた、同人の多かった北京を離れざるを得なくなって、上海に行ったこと、この環境の変化が大きな影響を与えたように思う。この挫折とその孤立が上海の社会主義派の人々、ロシア共産党・コミンテルン派遣のヴォイチンスキーとの接触を通じて、マルクス主義に傾かせ、新たな活動の「場」を見出させた。これが共産党、社会主義青年団結成に動き出させたのだと思う。

この「やり直し」は、(4)、後年、一九二七年に八・七会議で中共総書記を解任され、役職から離れて上海で文字学研究をしていた独秀が、モスクワ帰りの留学生・党員からレーニン遺書とトロツキーら反対派の思想と動きを聴いて、急速に左派反対派へ動いて再起したのと同じ軌跡だとわたしには思える——独秀が本当にトロツキー主義（モスクワで反対派の運動をした若い留学生が理解したところの主義）を受け入れたのかどうかは多くの研究者が疑問視する所で、わたしはモスクワ（コミンテルン）に対する「左派反対派」として一緒のグループになったと考えるのだが——。それはまた、(1)、一九〇三年の拒露運動を組織して活動をした後に、蕪湖で『安徽俗話報』を創刊して社会的啓蒙活動を開始した軌跡、そしてその後また、(2)、爆弾製造と辛亥革命に関わって挫折し、その隠遁から『甲寅』を経て『青年雑誌』を立ち上げ創刊して啓蒙言論活動を始めた、その軌跡と同じで、(3)、北京、北京大学での活動・新文化運動の屈従・挫折からの新たな出発として、この上海でのマルクス主義への傾斜＝『新青年』の転換が有ったのだ（その後の広州行は以前からの教育重視の姿勢が出たものであろう）、というのがわたしの解釈である。この四度にわたるたび重なった「挫折」と「再起」が陳独秀の生き方だった。そして最後に、自分が作った中国共産党からも、陳独秀は日本軍から金を貰っている「漢奸」だと冤罪を被せられ挫けさせられた。本書が陳独秀は「挫折させられた人だった」と言った意味はここにある。しかし本書は『最後の見解』の翻訳読解が目的だから、この辺りは今後の本格的な陳独秀研究に席を譲ることとして、この後に少しだけ述べる。

陳独秀は一九四〇年に四川で書いた蔡元培追悼の「逝世感言」で、蔡元培を「可も無く不可も無い」「好人物」と評し、しかし大綱的な事や一旦決心したことは屈強に堅持したこと、兼容併包・学術自由の姿勢を学ぶべき二点だと評価したが、この一九一九年の独秀の免職、蔡元培の北京大離脱などを考えると、前の一点は少し評価が甘いかも知れない。文はまた、五四以後の「国粋」と「道徳」について触れ、道徳は不変なものではなく、時代と社会制度の変化に従うもので、道徳というものは自律をもってするもので、それを持ってきて人を責めるものではない。道徳は身でもって実践するもので、口でみだりに叫ぶところにはない。道徳が声高く叫ばれる社会ほど、その社会は落後し、いよいよ堕落する、と言っている。この議論の背後に独秀自身の北京大免辞職問題（北大三月事件）の影を読むのは、穿ち過ぎだろうか。そしてこの「国粋」（茲では論じない）と「道徳」の考えは蔡先生、胡適之、独秀三人の大体同じ意見で、この三人が当時（五四時期）の言論思想上主要に責任を負うべき人間である、と書いたのだった。

だが、陳独秀に対する評価には何度かこの道徳問題、女性問題が浮上する。一度目は妻の妹との恋愛問題だった。そして次がこの時で、さらには共産党総書記になってから一週間ほど行方不明になった事件もある。官憲に捕らわれたかと党内の皆が躍起になったところ、入院先の医学生の女性（あるいは看護婦）と懇ろになって彼女の処に隠れていたという事件だ。最後の、左翼反対派時代の隠れ家アパートで、後にかれの最期をみとることになる女工潘蘭珍（夫人）との逢瀬など、幾つか挙げられる。そのため妻の高君曼とも諍いが起きている（濮清泉述）が、しかしその私生活に立ち入り、その性関係を持ち出して人格を評するのは嫌なものだ。そうして人を攻撃するのが世の人の常套手段とはいえ（張申府の場合にも同じことがあった）、芸能界のゴシップではあるまいし、歴史家が使うのはあまり宜しくない。毛沢東も同じで、女優（藍蘋＝江青）に手を出したが、さすがに毛の女性関係を云々する研究者は多くはない。出来るだけ避けるのが良い。どうしても後ろめたい卑劣さが伴う。昔、ある研究会で太平天国研究の権威の東大教授が、まだ大学院生だった私たちに、陳独秀は政治活動のビラを播いた後、女郎屋に入り込んで活動していたというよ、と語ったことがあった。以来、無知なわたしの脳裏には陳独秀に対するあまり良くない印象が刻印されていたのだが、一九八〇年頃のこの東大教授あたりまで、この北京大三月事件時の独秀への道徳的論難、世評の侮蔑の言論は流布し力を持っていたことが分かる。この非難は貶めようとしたバイアスがかかったもので、学界権威が無知な院生を前に先入見を与えるようなことは余り言うべきではなかったかと思うが、わたしも、大学教師としてこうしたことを口走らなかったかと、内心反省することしきりである。こうした話は太平天国天王・洪秀全のハーレムや「国父」孫文の海外各地の奥方、「皇帝」毛沢東の幾人もの夫人のレベルになると、その私的性生活は英雄色を好むというカリスマ的色彩を帯びるらしいが、陳独秀のような旧道徳批判の学者・思想家だと逆にマイナスに作用するようである。わたしは決して陳独秀が聖人君子のようだったとは思わないが、この道徳的非難を殊更に持ち出すのには余り賛成しない。マルクスさんもメイドに手を出した云々と取り沙汰されるが、独秀もこの時、遊びに北京大の学生と妓女の処に出入りしていたような行動や風情はあったのだろうが、その風評に輪をかけて、湯爾和のように性的な道徳非難にし、大学を辞めさせたのは、守旧古文派の独秀排斥に手を貸すことだったのである。歴史家は陳独秀の「北京大学追放」の歴史的な意味の方を考えてみるべきであろう。その意味で胡適の湯爾和宛書簡は示唆的である。陳独秀と胡適の話は一旦ここで閉じる。

第十六節　中国共産党はいつ成立したか――コミンテルンと中国共産党の成立の関係

中国共産党の設立者は陳独秀である。少なくとも中心人物は陳独秀で、かれの当時の名声と威望なしに中国の共産党は、いずれは出来たではあろうが、「一九二〇年」には発足できなかった。この見解に問題はない。宇野重昭は、共産党の成立時期については戦前から、波多野乾一等がいろいろと議論したし、『中国共産党簡明歴史』（一九二七年ソ連大使館から押収されたロシア語文献の漢語訳）と瞿秋白『中国革命と中国共産党』（一九二八）は党成立の始まりは「一九二〇年」としていたが、現在では中共の一九二一年七月一全大会を持って成立としていると述べている（『中国共産党史序説』上、三二頁）。まあ、形式的には間違いないが、そこには毛沢東の姿はあるが、陳独秀の姿は見えない、結党をそれ以前にすると「陳独秀の影」がうろつくからではないか、と勘繰りたくもなる。現在では一九二一年説をとる研究者は最早いないだろう。波多野乾一は『中国の国民党と共産党』（弘文堂アテネ文庫、一九五五）の中で、早くに概ね次のような見解を述べていた。

「〔上海の陳独秀にとって〕李〔大釗〕からのヴォイチンスキー紹介は渡りに船だった。こうして一九二〇年五、六月ごろ、両人の歴史的会見が行われ、その結果、同年九月、上海フランス租界ジョッフル路漁洋〔陽〕里二号の『新青年』総発行所（陳の住宅）で中国共産党が成立した。」「漁洋〔陽〕里でのこの会合は創立発起人会の程度だったが、ともかく党はこれによって成立したのである。……〔人民共和国は〕党成立期を一九二一年七月の第一回党大会としているが、わたしはとらない。というのは、一九二〇年すでに党機関紙『共産党』が創刊せられ、その第二号〔一九二〇年一二月発行〕をわたしが所持しているからである。」「成立期にかぎらず、……コミンテルンの活動とか、創立者陳独秀のこととかを記述していないのだが、わたしは二十三年前〔一九三二年〕、当時の資料によって、すでに上記のように書いてきた。今日でもそれを改める必要を感じない。なんとなれば創立発起人会から第一回党大会までの間の党活動について、後述するような資料を二十三年前に得ているからである。」「創立発起人会の参加者は陳独秀・戴季陶〔天仇〕・沈定一〔玄廬〕、陳望道・李漢俊・施存統・楊明斎、張太雷・周仏海・張東蓀・劭力子等十数名。戴〔季陶〕は国学院出の日本通で日本人に良く知られている。孫［文］から注意され、半年後には脱党した。のち国民党の反共理論家となった。沈定一は当時浙江省議会議長、一九二五年金銭問題で除名。陳望道は『共産党宣言』訳者、一年後脱党。施存統、周仏海は留日学生。張東蓀は梁啓超系の『時事新報』主筆。劭力子は国民党機関紙『民国日報』主筆だった。」「この会合は単に党を成立しただけで、政綱の決定もなく、ただ（一）……労働組合をつくり党員を獲得すること。（二）ロシア派遣の外国語学校を設立すること。（三）機関紙『共産党』創刊などを決議したにとどまった。」「一九二〇年十月の陳［独秀］の広東行によって同地に支部ができ、譚平山・陳公博の入党を見、北京・漢口・長沙・済南に支部ができ、東京・パリへの工作にも着手し、『共産党』も創刊［十一月発行］、外国語学校もできた。」「ウォイティンスキーは中共党のほか社会主義青年団の設立［一九二〇年八月］をも指導した。陳独秀・楊明斎・張太雷・兪秀松が中心だった。……翌年改組して中国共産主義青年団となった。」（二九―三〇頁）。

この文章は、陳独秀の広東行きの「十月」は正確でなく（十二月）、設立メンバーに「張太雷」を入れているのは疑問であるが（――かれは当時まだ天津の北洋大学の学生で、一九二〇年一一月に出来る天津の社会主義青年団を李大釗の援助の下で組織した。李大釗にヴォイチンスキーを紹介したロシア共産党員の天津居住の北京大ロシア語講師・ポレヴォイと繋がりが有り、英語に堪能で、李大釗と常に接触していたが、北京の共産主義小組の党員にもなっていないし、誰の回憶でも上海での党設立の会議に顔を見せていない。上海に居らず、党発足には関与しなかったはずである）、それ以外は、現在の研究水準からしてもそう間違っていない結論であろう。石川禎浩『中国共産党成立史』は、波多野のいうような会議などで自らを「共産党」と呼んだりしたが、「具体的な会議の正式決定」による名称ではなく、「不定形」なもので、明確な成立の画期は「十一月」、「中国共産党宣言」、『共産党』という文書が刊行された十一月、だとしている（二三五頁）。

第十七節　一九二〇年八月中共成立説——コミンテルンの西洋人と中国人メンバー

この過程を少し具体的に見てみよう。見方は二つある。一つは陳独秀の軌跡を追跡する方法、国内的角度である。北京から上海に逃れてきた陳独秀がどのような考えでどのような活動を始めて、共産党結党に至ったのかという角度からの追跡である。二つ目は、それとクロスするように、ロシア共産党・コミンテルンの東方政策がどのように行われ、結党への指針を与え、その媒介機能を果たしたのかという接近の仕方である。この二つがどのように絡み合って「共産党」結成に至ったのかを見ることが不可欠であろう。双方ともに不可欠の要因なのだが、わたしは、共産党結成の「指針」は、ヴォイチンスキー、つまりロシア共産党・コミンテルンによって与えられた、と外的要因、刺激の方を重視する。わたしのいつもの研究性向だが、中国内部の思想的成熟を重視する石川禎浩との差はこの辺りにあるようだ。この方から見てみることにしたい。

引用資料、《略号》について　以下の記述は、李玉貞訳『聯共、共産国際與中国（一九二〇～一九二五）』第一巻（東大図書公司、民国八六年、台北）と『聯共（布）、共産国際与中国国民革命運動（一九二〇－一九二五）』（北京図書館出版社、一九九七、北京）所収の文書を基軸にし——両書は同じロシア語書『ソ聯共産党（ボ）、コミンテルンと中国国民革命運動』、（一九九四、モスクワ）の台湾と大陸の中国語訳本である——、『「一大」前後』等の他書や回憶録を交えて叙述する。煩瑣を避け、重要部分のみに注を付けることとする。このロシア語史料はその他の節でも引用されるので、説明する。北京本の資料全体は『共産国際、聯共（布）与中国革命档案史料叢書』、全一七巻（中共中央党史研究室第一研究部訳、北京図書館出版社、一九九七～二〇〇二）として中国語訳されている。本研究で使用するのは第一巻と第二巻で、第一巻の書名が『聯共（布）、共産国際与中国革命運動（一九二〇－一九二五）』で、第二巻の書名が『共産国際、聯共（布）与中国革命文献資料選輯（一九一七－一九二五）』（両書とも一九九七年刊）である。書名が長いのと共に、書名が極めて紛らわしいので、《略号》を使用する。李玉貞訳台湾本は『聯共』と略し、北京本は叢書全体を示す最初の語、『国際共産』を用い、第一巻を『共産国際』一、第二巻を『共産国際』二、と略記する。

一九一九年八月にソヴィエト・ロシア政府外交人民委員部のヴィレンスキー・シビリヤコフはロシア共産党政治局に対して、東アジア諸民族の中で共産主義工作をすべきだという提綱を提出した。かれはカラハン宣言の起草者ともいわれるが、一九二〇年二月に政治局がこれを批准したのを受けて、かれは極東事務全権（シベリヤ使節団団長）として日本との衝突を防止する任務を持ってウラジオストックに赴任してきた。ウラジオにはまだシベリア出兵中の日本軍がいたのである。かれはこの仕事に加えて、東アジアに共産主義を広める任務も担い、ウラジオに居た多くの朝鮮人、中国人たちの中にあったいくつかの革命組織がかれの所にやってきて、かれらと接触を持つことができた。一九二〇年四月にロシア共産党極東局ウラジオストック処外事科（外国処）は中国に三人の工作人を派遣することを決めた。ヴォイチンスキーとティトフ、シュプリアコフの三人である。ウラジオ処のかれらは中国の一九一九年の五・四運動や六・三ストライキなどの動きの中国情報を集めて得ていた。それで中国に各種の社会主義的な急進小組織が存在していることを知った。それでそれらの運動のリーダーと関係をつけ、ロシア革命にシンパシーを持っている社会主義者や無政府主義者を抱き込んで、ソヴィエト・ロシアにシンパシーを持つ革命勢力を作り上げようとした。いわゆる「東方路線」である。これはドイツ革命が敗北して、社会主義になったヨーロッパとロシアの革命とを結合させようという展望が望み得なくなり、干渉戦争で包囲された中でソヴィエト・ロシアが採った「革命外交」、「東方迂回作戦」（東方路線）の一つだった。コミンテルン第二回大会（一九二〇年七－八月）の植民地・民族問題への重視もその一つだった。中国への接触が効果の望みがあるというのは、一九一九年の「カラハン宣言」が一九二〇年三、四月に中国に到着して新聞報道で大歓迎されたことからも予測されていた。

ヴォイチンスキー（一八九三年生）はこのとき二十七歳。オブラスト州のユダヤ系家庭に生まれ、一九〇七年に学校を卒業した後、植字工などの職に就いたが、一九一三年に職を求めてアメリカに渡り、一九一五年にアメリカ社会党に入党、アメリカ・カナダで生活した後、革命後の一九一八年にロシアに帰国し、ウラジオストックで共産党に入党して活動した。捕えられてサハリンに流刑されたが、脱出して一九二〇年一月にウラジオストックに戻って再び活動を始めていた人物だった。外国を知り英語が達者だったことが中国派遣員に選ばれた理由だったろうが、中国人からの印象は倔強なH・スネーフリート（マーリン）に較べるとすこぶる良く、穏やかな人柄だったようだ（だから政治的にはやや軟弱である）。妻を同伴し、通訳の楊明斎を連れて記者身分で中国にやってきた。ヴォイチンスキーはまず天津に居たロシア共産党員のポレヴォイ教授に接触し、かれを介して工作を開始した。ポレヴォイはイワノフ（北京大教師、Journal de Pekin の主筆、パリから北京に来たアナーキスト）、ホドロフ（元社会民主党員、ウラジオストックの新聞編集長）らと並んで以前から個別的に対中国工作をしていた露僑で、住処の天津租界から週に何回か列車で北京大に行ってロシア語を教えていて、五四期の北京大学でマルクス主義、ロシア革命に関心を持つようになっていた李大釗とは知り合いになっていた。この段階では、ロシア革命、社会主義に関心を持った人々で「社会主義同盟」を作ることを工作する計画だったらしい（鄭佩剛の回憶、『「一大」前後（二）』四八二頁）。それでヴォイチンスキーはポレヴォイを介して図書館主任の李大釗に接触した。このとき通訳をやったのが楊明斎で、楊は四十歳位の山東出身の中国人。ウラジオストックに流れて行った華僑でロシア語が出来、共産党と関係を持っていたらしい。ヴォイチンスキーは北京でロシア革命、社会主義に関心を持った人士と何度か座談会を開き、「社会主義同盟」の組織化へ動き出した。それには五四運動の主将で「声望が高く、影響力が大きい」教授・陳独秀と接触するのが良いと判断し、北京を離れて上海に行った陳独秀への紹介状を李大釗に書いてもらった。かれはポレヴォイらを核にして北京に活動拠点を設け、その後上海に向かった。中国の社会主義者はまだ漢口、広州、南京には自分の機関を持たなかったので、かれはポレヴォイに紹介された漢口のロシア人副教授（東方学院出）を参加させて、漢口に拠点を作ったという。ポレヴォイの住む天津租界はこの後、かれらロシア人の北京工作、中国工作の連絡処になったようである（『聯共』一三頁二号文件）。

かれらの目的は、ウラジオ・北京で聞知した上海や中国各地の革命的小組織を聯合して一つの集中した組織にすることにあった。中国の欠点は活動が分散していることで、それらを協調させ集中させることが重要だと考えたからである。ヴォイチンスキーはこれを「聯合出版委員会」と呼んでいる。つまり、当時上海にあった『星期評論』（戴季陶ら）、『民国日報』（邵力子）、『時事新報』（張東蓀）、『新青年』（陳独秀）などの雑誌を中心にした諸組織を連合・集中させようというのである。四月末か五月初めに上海にきたヴォイチンスキーは、陳独秀と会談し、かれの仲介で戴季陶などの社会主義・マルクス主義的な論調を書いていた人物、無政府主義者たちと接触して座談を重ねた。そしてこの五月に、ヴォイチンスキーは上海に「コミンテルン東アジア書記処」を設けた（という）。ヴォイチンスキーは最初はロシア共産党極東局から中国に派遣されてきたのだが、中国ではコミンテルン（第三インターＣＩ）の代表として人々に接触し、中国人はコミンテルン代表と考えていたようである。かれは第三インター執行委員会（ＥＣＣＩ）にも報告を出しているから、来華後に二重身分になったらしい。かれは、その後「三か月」で、上海で、陳独秀が各都市に手紙を出して策定していた一つの聯合大会（「七月一九日」大会）を開いて、一つの「社会主義者同盟」（鄭佩剛の回憶の用語、楊奎松も使用している）という統一戦線的なゆるい組織を作り上げることに成功した、華北（北京・天津）でも社会主義者と無政府主義者の代表会議を準備した、と「八月一七日の報告」で述べている。『聯共』七頁注七は、これは「七月一九日の会議」で、「積極分子同志会」だと呼んで、建党の基礎を固めたものだと言っている。

実は、この「七月一九日の会議」というのは、その前の会議、極東共和国のユーリン外交使節団の秘書としての身分で北京に入っていたヴィレンスキー・シビリヤコフがそのために七月四日に北京で何人かのロシア共産党員を招集して行った会議が決めた決議に沿って開催に動いたものだった。北京の会議は七月五日から七日まで三日間開かれたが、上海、天津その他の処で工作活動をしていたロシア人同志――当時、中国には十数人のコミンテルン工作者が来ていた——が来て参加し、自分たちの工作の総括をし、「中国共産主義組織が挙行しようとしている代表大会」——「七月一九日」に開かれる予定の会議をいう——と、「中国共産党の成立」について意見を交換した。結論的には、北京の会議で、共産党人は東アジアで順調に発展できそうだ、組織建設の礎石はすでに据えられた、ということになった（『聯共』二〇頁）。

ヴォイチンスキーは、この「七月一九日の会議」（詳細は不明）で自分と中国人四人〔陳独秀、李漢俊、兪秀松が入るのだろうが、もう一人は不明〕の五人を核心とする「革命委員会」を作った、五人からなる「革命委員会」である、と八月一七日のロシア共産党中央委シベリア局東方民族部への報告で言っている。コミンテルンへの報告ではこれが上海「革命局」だと言っている（『聯共』八号文件）。かれは、この「社会主義者同盟」（鄭佩剛用語）の中央（「革命委員会」）は、その下に出版処、情報鼓動処、組織処を作った、と述べて、その出版処から『共産党宣言』を出版したと言っているから、中国初の全訳書（陳望道訳）は「社会主義研究社」（実際は「新青年社」）から八月に出版されているから、そこが「出版処」ということになる。情報処が組織したのが「華露通訊社」だと言うから、これは楊明斎が主持した「外国語学校」（フランス租界霞飛路魚陽里六号の「俄文専修館」）の表に掲げられた「看板」がこれだったから、ここが「情報鼓動処」＝華露通訊社である。同所にヴォイチンスキー夫人も教えていた「俄文（露文）専修館」＝外国語学校——一九二一年に劉少奇、彭述之、任弼時、蕭勁光らをロシア留学に送り出した学校——があり、兪秀松が主持した社会主義青年団の所在地もここだった。組織処は党組織の有った処、陳独秀の住居、漁陽里二号、と考えて良いようである。

それとともに、ポレヴォイ（ドイツ語表記 Boliev、英語では Polevoy、中国名も柏烈偉、鮑立威、包立威がある。かれは共産党員）、ステヤロフスキー、ママーエフらが加わって、北京、広州、漢口などの所に「革命局」を立てたと言う——だからロシア人がここで言っている「革命局」というのは、工作拠点か、あるいは中国語でいう各地の「共産主義小組」のことである——。一九二〇年八月までに、北京、上海、天津、広州、漢口、南京に共産主義小組が出来、これらを中国共産党に導くのが行動方針、かれらの任務だったと言う。天津の小組はポレヴォイらの天津租界にあった繫ぎの拠点を言うのかも知れないが、広州、漢口、南京には小組はまだ存在していない。八月一七日段階ではまだ北京小組しかなかった、とかれらも言う——これは、ヴィレンスキーの指令で、ステヤロフスキーがポレヴォイと一緒になってやったものだと言う（李大釗らがいたマルクス学説研究会・共産主義小組を言うのであろう）。それでステヤロフスキーを天津から広州に遣って組織工作をさせた。広州の次は漢口だと考えていたと言う（八月一七日二号文件）。これらの小組は統一戦線的な性格を持っていた——上海「マルクス主義研究会」のメンバーの中には国民党の戴季陶や研究系の張東蓀もいたから、これを言うようである。しかしかれらは「共産党」設立までに、退出して行った。

この「共産党」への成形化は、ヴォイチンスキーの上司でイルクーツクのロシア共産党極東局にいたヴィレンスキー・シビリヤコフ自身が、前述したようにユーリン外交使節団に同行して北京に入国して、ヴォイチンスキーらを督令して進めたものだった。「七月一九日」の「聯合大会」（会議）に向けた先の七月五日からの会議で、ヴィレンスキーはこの大会を中国共産党の代表会議にするために、ヴォイチンスキーに任務を与え、かれは組織されるべき党の名を「共産党」として提案したが、聯合大会はただ「社会党」という名で妥協できただけだった、と言う——楊奎松『中共与莫斯科的関係』（六頁）はこう言うが、史料的根拠は示されていない——。それだからであろう、陳独秀が九月一日発行の『新青年』八巻一号——この号は、上海共産主義小組の公開刊行物にすると決められて、陳独秀の「談政治（政治を語る）」を掲載し、政治から距離を置いていた『新青年』の転換を劇的に示した号であるが——その中の一文「対于時局的我見」で、「吾党」、「社会党的立法」、「労働者的（の）国家」という言葉を使用しているのは、この連合組織から党への成形の過渡性を窺わせている。この文の原稿執筆は八月のことで、この八月に、陳独秀は北京の李大釗と張申府に、党名を「共産党」にするか、「社会党」にするか相談の手紙を送っている（『「一大」前後（二）』五四八頁、張申府回憶）。李大釗らは「共産党」が良い、それがコミンテルンの意向だと返事をした。このように陳独秀が「上海共産主義小組」を「共産党」にするための努力を続けていたことが窺われるのである。

ヴィレンスキーやヴォイチンスキーらのロシア共産党極東局「中国支部」は、その工作計画を「学生団体、労働者組織の中に共産主義支部を成立させる道筋で中国の党を建設する」のが第一だとし、そのために学生、軍人、労働組合に影響を与え、出版事業を起こす、としていた。そしてこの八月頃までに、北京、上海、広州、漢口、南京などに共産主義組織の建設の基礎が据えられた、と言う――広州は陳炯明軍の行動もあって注目されて、ハルビンから天津に来たフランス語ができるストヤノビッチが赴任した、南京に就いては前述のように不明である――。学生組織が全国に一九三あるが、その中にソヴィエト、共産党の学習班、小組を作った。北京大の学生の出版物、『新潮』、『北京大学学生週刊』がある、と言う――しかし雑誌『新潮』は陳独秀時代に北京大学の資金援助を受けて亜東図書館から発行された傅斯年、羅家倫ら北京大学生の雑誌で、コミンテルンの共産党小組の出版物ではない。学生の革新的な出版物もみな列挙しているのはモスクワや上級組織への「報告」として成果を強調するためであるのか、実際資金援助をしたのかは不明である――。上海の「コミンテルン東アジア書記処」は中国語紙の『週報』と雑誌『新青年』を持っている、と言い（『聯共』一九頁）、その指導責任を引き受けていて、『新青年』には「資助」したと言っている（同書三六頁）。これは事実で、『新青年』同人の分裂のところで詳しく触れる。だから、ロシア人の報告からは大きな筋は良く分かるのだが、それが必ずしも実態を正しく反映しているとは言い得ないところがある。それを中国人側の動きを照らし合わせて、修正することが必要となる。

「八月一七日報告」は、これを書いている一七日に、北京で多くの都市の大学の学生代表大会が開かれる。ここで「社会主義青年団」を作ろうという声が大きくなる筈だ、と言っているが、実際に一週間後の八月二二日に「社会主義青年団」が発足した。しかし、最初の青年団は上海共産主義小組によって作られたもので、陳独秀、兪秀松、羅亦農ら八人が漁陽里二号の新青年社でロシアの少年共産党に倣って作ったのだ。北京で作られたのではなかった。

しかし、ヴォイチンスキーの指導で作られたのは間違いないようだ。組織名を「共産主義」ではなく「社会主義」にしたのは、まだ党名が決定していなかったからであろう。社会主義青年団は共産党よりも先行して当座の対処法として結成されたのである。だから党名が「共産党」に決定した後、暫くした後の一九二二年五月になって「共産主義青年団」に改称されたのだと考えられる。

李達は、「党の上海発起組」は陳独秀を推して書記にし、その他、社会主義青年団（S・Y）を成立させた。というのは、当時多くの青年が学校と家庭を離れて上海に出てきて、「新青年」社を探し出して何とかしよう、ということがあったので、それで上海共産党組織は彼らを組織して社会主義青年団（S・Y）を組織した、と語っている（『共産国際』二、一〇四頁）。つまり、『新青年』に刺激されて、多くの若者が地方から上海に出てきて、陳独秀を探して集まって来た。そうした三十人ばかりを受け入れるために、団を作って家を借りて学校にしたというのである。団の機関は上海の漁陽里六号の建物（戴季陶の旧居を借りた）に置かれ、若い俞秀松が中心になって主持し、若い多くの地方の学生がやって来て、楊明斎の「俄文専修館」＝外国語学校でロシア語を勉強して、ロシアへ留学に派遣されて行った。長沙のロシア研究会から来た劉少奇、任弼時らが第一期生である。

しかし中国人側の様々な動きからは、その実証事実を積み上げていっても、そこからスムーズに「共産党」結成に至る筋道が見えてこない。何らかの「指針」に基づいて指導することが無ければ、実現に至るのは困難なのである。政党活動に必要な経費の出どころ、経済的補助の問題一つ考えてみれば自ずと分かることだろう。党の活動資金はポケットマネーで処理できるものではない。実際、ヴォイチンスキーがいた間は資金供与がされているが、帰国後に活動資金に窮するようになった。コミンテルン等からの資金補助を当てにせざるを得ないのだから、コミンテルンの「指導」（「資助」）が無かったならば、党結成に動けなかった、というのがわたしの判断である。これが後のスネーフリート（マーリン）の役割になるが、包恵僧は「ヴォイチンスキーの意見が決定的作用をした。一切の部署はヴォイチンスキーと陳が共同で決定した」と語っている。（『「一大」前後（二）』三一二頁）。

さて、では、いつ共産党は結成されたのかという問題である。先に陳独秀が接触し繋がりをつけた上海の「社会主義者」たちを一瞥したが、一覧表を作ると次のようになる。

李漢俊――留日派、湖北人、一九二〇年春、京都帝大を出て帰国、河上肇の社会主義を学び、マルクス思想に最も造詣が深く、議会を重視。共産党結成後、陳独秀が一九二〇年一二月に広州に行った後、上海で党務を代理。

戴季陶――留日派、日大出、一九一二年孫文秘書、一八年大元帥秘書長、のち孫文と共に上海に戻る、一九一九年『星期評論』主編に、マルクス主義の知識が豊富で陳独秀に教えた。

沈玄廬――沈定一、清代地方官、一九一〇年日本で同盟会入会、辛亥革命に参加、浙江省議会議長、地主出身、一九一七年の護法運動の失敗後、上海に居住、一九一九年『星期評論』創辦、のち国民党へ。

陳望道――留日派、早大・中央大出、杭州一師（第一師範学校）の教員、一九二〇年免職、上海で『星期評論』編集、『共産党宣言』の翻訳者、その後、陳独秀に代って『新青年』編集を担当。

沈仲九――『星期評論』編集、無政府主義者。

兪秀松――杭州一師の学生、一九二〇年退学、北京工読互助団へ、上海『星期評論』へ。

施存統――杭州一師の学生、一九二〇年筆禍で退学、北京工読互助団へ、上海『星期評論』へ、一九二〇年六月日本へ、逮捕、帰国。

李　達――留日派、一高・東京帝大出、マルクス主義、社会学者、一九二〇年八月帰国、陳独秀家に寄留中。結成後の党務代理を李漢俊から引き継ぐ。後年、武漢大学学長（文化大革命で苦難に遭遇）。

張東蓀――留日派、東京帝大、辛亥革命で帰国、研究会系、のち国家社会党結成（反右派・文化大革命の被害者）。

陳公培――呉明（無无）、杭州一師を一九二〇年退学、上海へ、のちフランスへ。

劉大白――無政府主義者、紹興人、日本で同盟会入会、一九一三年二次革命で日本へ、一五年二十一か条反対で追放され、南洋を経て、一九一六年杭州一師教員、二〇年復旦大学の教員。
王仲甫――不明。
胡漢民――広東人、同盟会以来の孫文派、国民党重鎮。
劭力子――復旦出身、一九〇八年東京で同盟会入会、『民立報』編集、一九一六年国民党に入り『民国日報』創辦、復旦大学教員。
沈雁氷――浙江人、作家茅盾、一九一六年北京大卒、当時商務印書館編集、
周仏海――留日、一高・七高、一九二〇年七月帰国、陳独秀と知り合う、共産主義小組参加、日本に戻り続学、一九二一年七月中共一全大会に日本小組代表で出席、二四年京都帝大卒。

かれらとの座談を通じてヴォイチンスキーは「社会主義者」の統一戦線へまとめる方向を指し示した。これが五月頃から始まった。「マルクス主義研究会」（劭力子、陳望道）、「社会主義者同盟」（鄭佩剛）、「社会主義大学校」（施存統）と言われるものの結成である。この何度かの座談、会議の過程で、まず胡漢民がこの方向を受け入れず、次に張東蓀が抜け、最後の段階で戴季陶が孫文に叱られて、泣く泣く不参加になった。そして「共産党組織の準備」（陳公培）のための中核、「発起組」（党の上海発起組）が作られることになって、そのメンバーに絞られたのが「五～七人」だった。誰がそうだったのかについては各人の証言で出入りがあり、確定不可能だが、①陳独秀、②李漢俊、③兪秀松、④施存統、⑤陳公培、⑥沈玄廬、⑦李達、⑧陳望道、この八人が最大範囲の候補である。ヴォイチンスキーは自分と中国人四人の五人が「革命委員会」だと言い、施存統は中国人五人と言っている。五人ならば、①陳独秀は後に書記に、②李漢俊は代理書記に、③兪秀松は社会主義青年団の責任者になっているから、この三人はまず間違いなく入るだろう。施存統の言う④施存統と⑤陳公培は入っていたとしても、施は六月二〇日

に日本に、陳もすぐにフランスに留学したから、「結党」時には外れていたはずで、その代わりに、七月末か八月に日本から帰国して陳独秀家に寄留していた⑧李達（李漢俊の後の党務代理）と、『共産党宣言』を訳し終えて五月頃に上海に来て、間もなく『新青年』の編集を引き受けることになる⑨陳望道、を入れた五人とするのが良いのではなかろうか。李達は、それに⑥沈玄廬を入れ、④の施存統を残した七人（陳独秀、李漢俊、陳望道、兪秀松、施存統、沈玄廬、李達）にしているが、沈玄廬は浙江省の地主の実家財産を売って資金を出したというから、一応最後まで残ったのであろう。張国燾は「陳独秀、李漢俊、陳望道、劭力子、施存統、沈玄廬、李達」の七人にしていて、李達とは、兪秀松と劭力子が違うだけである（『我的回憶』一〇一頁）。兪秀松は欠かせないから、劭力子は沈雁氷（茅盾）と共にのちに加わったとした方が良いようだ。包僧恵も、共産党の準備に参加したのは、陳独秀、李漢俊、沈玄廬、それに兪秀松、施存統、李達が加わった、と言っている（『共産国際』二、一〇五頁）。不確定さを免れないが、最後は、「陳独秀、李漢俊、兪秀松、沈玄廬、陳望道、施存統、李達」が中核（「発起組」「臨時中央」）になったとしておく。ここで李漢俊が書いた簡単な「党綱」のようなものが決められたが（陳公培は「五、六条の章程」と、施存統は「十余条」、李達は六、七条と回憶している）、それは「中国共産党は下に列する手段を用いて社会革命の目的を達する。一、労工専政、二、生産合作」というものだった（『共産国際』二、一〇四頁）。しかし決定には至らず、のちに決めることになった（だから、陳独秀が一二月に広州に行った後、広州から「党綱」を送ってくることになる）。

さて、では、この「中国共産党」が結党されたのは何時か、ということについてである。党結成と第一回全国代表大会（一大）に関係した人たちの回憶を整理してみると、「一九二〇年夏」、「八月」とするものが最も多い。李達、包恵僧、陳公培、沈雁氷（茅盾）は「夏」、董必武、張申府、張国燾、鄭佩剛は「八月」である（『「一大」前後』、『我的回憶』による。董必武は九月に李漢俊が上海から湖北に来て支部を作ったというから、上海では『八月』ということになろう）。「夏」「八月」の幅でほぼ収まる。研究者は、唐宝林『陳独秀全伝』は「八月」、楊奎松『中共与莫斯科的関係』は一一月から翌一九二一年三月までの期間、石川禎浩は前述のように十一月としている。

何を以て「結党」とするかだが、かれら（の回憶）は、「結党」というのは、ヴォイチンスキーの意見、指針を背景に、陳独秀を中心とした上海の共産主義小組が、「社会党」か「共産党」か「社会共産党」か未決とはいえ、共産主義的な政治目標・組織綱領、規約を持った政治団体（レーニン主義的な「党」）を作ろうと合意し、陳独秀を「書記」（共産党用語である）にし、その「臨時中央」になったことを指しているようだ。わたしは、この地点を「党結成」と考えていいのではないかと思う。

李達は、「一九二〇年の夏にＣＣＰ（共産主義小組ではない）が上海で発起した後、いつも老漁陽里二号の『新青年』社内で会議を開いた。会に出たのはコミンテルン代表のヴォイチンスキー（中国名・呉廷康）を内に含む七、八人だった。」と一九五四年に書いている（『「一大」前後（二）』一頁）。そして先の引用のように、上海小組が『新青年』八巻一号（九月一日発行）を公開機関誌にし、『共産党』月刊（十一月発刊）を秘密宣伝物にすることを決定した、そして「党の発起組」が陳独秀を書記にし、青年団を作った、というのだから（同書八頁）、「発起組」と「書記」は青年団結成（八月二二日）よりも前であるはずで、八月半ばでなければならない。陳独秀の「書記」という共産党用語の職を作っている。つまり、五人の「革命委員会」から共産党「発足組」へ、このヴォイチンスキーを入れた「七、八人」で一九二〇年八月に「ＣＣＰ」＝「中国共産党」を作って、陳独秀を「書記」にしたというのであろう。

だから、この発足組のメンバーだった兪秀松の残っていた日記の七月一〇日の記述が問題にされねばならなくなる。それは、

経過前回我們所組織底社会共産党以後、対於安那其主義和波爾雪維克主義、都覚得茫無頭緒、従前信安那其主義、的確是盲従的。（石川禎浩は、「さきに我々が組織したところの社会共産党を経てのち、アナキズムとボリシェヴィズムにたいして、ともにさっぱり手がかりがつかめない。以前にアナキズムを信じたのは、確かに盲従であった。」と訳している。）（石川前掲書一七三頁）

と書いている。日記発見後に研究者の議論の対象になったこの部分をどう解釈するかだが、わたしは次のように解釈する。

七月一〇日は、施存統が日本警察で日本に着いたと供述した日（石川書四八五頁）、施存統は回憶で、六月二〇日に上海を発ったと言っており（『「一大」前後（二）』三四頁）、陳公培は、「（施、兪がいた）会議は一九二〇年夏に行われ、共産党の準備として五、六条の章程の草稿を書いた、……第一条は無産階級専政を主張したようなものだった。……この晩に、施存統は日本に行った」と言う（同書五六五頁）。とすると、「この晩」は六月二〇日になる。施存統も陳公培も、兪秀松はこの晩の会議に出ていたという。ならば、「前回」というのは六月二〇日頃か、それ以前の会議である。兪日記の記述が残存しているのは、六月一七日から七月二五日までで、この間にその他の言及はないから、「前回」とはおそらく六月二〇日以前、もっと正確には六月一七日以前の会議のことで、それから後は七月二五日まで兪秀松の出た会議は開かれていないということになる（「七月一九日」会議の記述は無いらしい）。だから、兪日記は、「六月一七日以前の前回会議でわたしたちが組織した「社会共産党」を「経過」（経た、通過）した「以後（のち）」は、自分はアナーキズムとボルシェヴィズムについて、どちらについても「茫として頭緒無き（漠としてつかみどころがない）」（感じ）を覚えている。が、以前（自分が）アナーキズムを信じたのは確かに盲従したものだった。」という訳になる。

つまり、前回六月一七日以前の会議で「党」を作ることが決まり、「党綱」も簡単なものだが書いた（未決定だが）。党の名称をどうするかは、（暫定的に）「社会共産党」にすることになった――社会党と共産党の折衷とも言える――。その討論を経てわたしたちは「社会共産党」を組織したのだが、その後、自分はアナーキズムとボルシェヴィズムのどちらに対しても、漠としてつかみどころが無いような確信を持てない状態にあるようだ（覚得）。（しかし）以前自分がアナーキズムを信じたのは確かに盲従したものだった、と解釈できる。アナーキズムには決別したが、かといって、ボルシェヴィズムもまだ「漠としてつかみどころがないようだ」というのである。まだ止まりで、ボルシェヴィズムにまでは決心が行ってない、という心情を表わしたものだ、と解釈する。これが「社会共産党」月一〇日」段階の成熟度である。

陳独秀は、「七月一九日の会議」の後、七月末に張国燾に、北京（李大釗）が考えているようなマルクス主義の勉強の状況ではなく、現在は、「中国共産党」を組織することが最も重要な（段階）のだと語っている（『我的回憶』九二頁）、そして、八月に、前述したように「吾党」という語を文章に使い、北京の張申府・李大釗には「社会党」が良いか「共産党」が良いかと訊いている。この段階ではまだ、「社会党」か「共産党」か決めかねて、「社会共産党」あたりで暫定的に決めていたままだったことを示していよう。

これが「共産党」に決まったのは、やはり「八月」ではなかったか。ヴォイチンスキーの方針は各地の「小組」を聯合して「共産党」を組織することだったから、それを受けて簡単な暫定的「党綱」ではあるが、これにもとづいて陳独秀を「書記」にして上海小組が「臨時中央」になって、各地に「共産主義小組」＝支部を作って、それを聯合統一して「中国共産党」を作る、ということになったようだ。これを決めたのは共産主義小組の「発足組」の前述の七、八人である。張国燾は自分が陳独秀の家にいた八月二〇日頃に、ヴォイチンスキーと楊明斎が陳の家に来て話し合っていた、陳独秀から「コミンテルン代表」だとしか聞かなかったが、各地との連絡の見通しが立って陳独秀はヴォイチンスキーに伝えたのではないか、正式組成は自分が上海を離れた後、「八月下旬」だっただろう、と言っている（一〇一頁）。圏外者だった張国燾はこれを「中国共産党の最初の小組――『上海小組』――」と言っていて、当事者の李達のいう「夏に、ＣＣＰ（共産主義小組ではない）が上海で発足」したという認識と違っている――李達の言うＣＣＰとは「臨時中央」「書記」を決定したことを言うのであろう――。「マルクス主義研究会」（五月頃）と「社会主義者同盟」（ヴォイチンスキーの上海到着後の）、それから「共産主義小組」へ、そしてグループの中の「党」へ向けた「発足組」へ、その中の議論の「社会共産党」から「中国共産党」へ、というプロセス、その一連の遷移の流動的な変化の画期が難しく、関与した各人によって記憶が偏り少しずつ違っていて、どうしても時期区分が付けられないようなのである。わたしは李達と包恵僧の回憶が基本線を押さえていると考え、上のように整理した。

ヴォイチンスキーの主張で「党」へ向けた「発足組」が出来た六、七月頃の段階で、『新青年』は共産主義小組の公開刊行物にする、社会主義青年団を作る（これは八月二二日に上海で発足し、責任者に兪秀松がなる）、『労働界』を発行する（一九二〇年八月一五日に創刊される）ことが決められた。六月一七日頃から「七月一九日の聯合大会（会議）を経、八月頃までの「社会党」か「社会共産党」かの段階を経て、「八月末」に『共産党』名称に決まった段階で、一、雑誌『共産党』を発刊する（十一月七日に発刊される）、二、八つの小組への連絡を可能にする――(1)上海小組（沈玄廬・施存統、兪秀松が浙江省、杭州工作を、陳独秀・高語罕が安慶、蕪湖、南京に工作する）、(2)北京・天津（李大釗・張国燾が山東・山西・河南・天津・唐山へ工作する）。(3)山東へは王楽平を通じて済南の王尽美に、(4)湖南（毛沢東）、(5)湖北（李漢俊、郭伯垂が董必武、惲代英、包恵僧を通して工作する）、(6)パリ（蔡和森）、(7)東京（施存統、周仏海となった（(8)広東は北京大を卒業した譚平山らが一九二〇年の夏休みの七月に帰粤する際に上海で陳独秀に会って組織について話し合っているのを指すのかも知れない）。これらが決められ、連絡が為されたようである。

唐宝林・林茂生『年譜』は、八月に党発足組が成立し――ヴォイチンスキーの資金で『新青年』八巻一号の刊行を決めたのを指標にしている――、その八月中に臨時中央が出来、陳独秀を書記にして各支部と連絡を取るようにした。だから上海は「総部」になる。そして大体「九月」に名称を「中国共産党」に定めた、としている。波多野乾一の「九月説」とほぼ同じである。張国燾の「八月末」とほぼ同じ時期といって良いだろう。張申府は九月には陳独秀と「既に組織し始めている」「建党の事」を話し会ったという（張申府の回憶）。

翌一九二一年七月の中国共産党第一回代表大会は、これら各「支部」が初めて同じ場に集まって――正確には「集められて」――互いに確認し合う統一大会だった。それ以前にはっきりと『共産党』を対外的に名乗ったのは十一月に決められた「中国共産党宣言」と理論機関誌『共産党』（十一月七日発刊）だが、これとて誌名の決定はそれより一か月は前のことであろうし、「宣言」も決定前の討議にはそれなりの討議の時間が要ったから、「中国共産党」成立は一九二〇年の「八月末」から「九月」として良いと思う。このグループはほとんど上海の「臨時中央」の陳独秀の人間的なつながりで繋がっていた緩い結合で、綱領、規約、組織といった点ではまだレーニン主義的な全国組織の党に成熟していなかった。共産党を結成させる仕事がまだ完成していないのを完成させるべく、結成を確認させた場が「一全大会」で、それはヴォイチンスキーとは関係のないルートで、モスクワのコミンテルン執行委員会ECCIから直接派遣されてきたヘンドリックス・スネーフリート（中国名・マーリン、オランダ人）が強く主張し、そのイニシャチブのもとで実現されるのである。陳独秀と李大釗がこの大会に参加していないのは、陳・李の主導で大会が開催されたのではなく、スネーフリート（マーリン）と上海臨時中央（代理書記李漢俊）の主導で開かれたことを示しているのである。

この純化過程、つまり連合統一戦線の他派から自らを「劃清」して、無政府主義者や議会主義派、学術派を排し、実践的な組織＝レーニン主義的な党組織にする過程の試金石が「無産階級専政」を認めるか否かだった（『聯共』一～四号文件、八号文件）。この過程は、一九二〇年一一月に陳独秀が「中国共産党宣言」を起草した――その内容については後で検討する――時から、翌一九二一年三月にロシア式の共産党の代表会議を成立させることを擁護し、無政府主義者及びその他の党派を「同志」と認めないと正式に宣言して、「革命局」（小組）がその使命を終え、陳独秀を領袖とする中国共産党が姿を現した（楊奎松の論）時までの過程である。当時いくつか存在した社会主義的組織の中でも、陳独秀らが頭抜けてレベルの高い知識人グループで、且つ陳独秀が著名で威望があり、若者・知識人を糾合する最もふさわしい存在だったこともあって、陳独秀のマルクス主義への傾入によって、かれの集団がロシア共産党・コミンテルンが支援する唯一の中国の社会主義政党・共産党として生まれたのである。

第十八節　『新青年』雑誌をどうするか――同人たちの分岐

一九二〇年九月一日発行の『新青年』八巻一号の前までは、雑誌の内容は社会問題への関心が強まってはいたが、以前からの継続性が見られる。しかし、その前号の七巻六号が出版できるようになると、さあ今後雑誌をどうするか、継続か、編集人をどうするか、というような問題が出始めた（「陳独秀の胡適、李大釗ら十二人宛の四月二六日書信」）。その五月初めに北京の李大釗の紹介状を持ってやってきたコミンテルン代表のヴォイチンスキーと最初に会うことになり、変化が生まれるが、この頃すでに上海の『新青年』同人を中心に「社会主義研究会」を作って活動し始めていて、八月には「社会主義青年団」を組織することになるのだが、これは何時中国共産党が成立したかという問題と関連したので、前で論じておいた。九月一日に「新青年社」（『新青年』雑誌の定価をめぐって群益書社と喧嘩して分れ、陳独秀の自宅に設立した書社）から発行された『新青年』八巻一号の巻頭文、陳独秀「政治を語る」が示すように、これが一つの画期になる。雑誌は共産主義グループ（小組）の公開刊行物になり、政治・階級闘争を語るようになった。その後、折から中国に来ていたバートランド・ラッセルの文章を載せ、ロシア研究、社会主義、唯物史観などを論じ始め、北京の同人たちの寄稿が少なくなった。そして一九二〇年一二月中旬に、陳独秀は陳炯明将軍の招請で広東軍政府の教育委員長職に就職するために行くので、『新青年』の編集事務は陳望道（マルクス主義者、『共産党宣言』訳者）に任せることにした（実務は五号以後）、編集部には沈雁氷、李達、李漢俊三人が新しく加入した、原稿は陳望道に送ってください、と胡適と高一涵に手紙を書いた。これが発端である。

これを機に同人たちの間で『新青年』運営をめぐる論議が起き、分岐することになる。その背景には雑誌運営という表面的な対立だけでなく、深い思想的な問題があった。一九年六月の陳独秀逮捕の時、胡適が『毎週評論』の編集を引き受け、それに書いた「問題と主義」の文章で、李大釗との論争を惹起したことは先に見た。この論争は思想的哲学的にかなり根本的な問題で、その後も後を引き、今日に至っている。陳独秀はデューイのプラグマチズムを評価し、唯物史観と連合戦線をと言ったことがあったが、マルクス主義に転じた後、一九二〇年一二月の『新青年』八巻四号の随感録「主義と努力」で、「社会を改造するのは船を航行させるのと同じで、方向を定めること（主義）と努力、社会の病弊を一点一滴、一椿一件、一層一層としだいに消滅させていく努力、この「二つはどちらも欠いては駄目なのだ」と述べる。これは正しいが、実は難しい問題なのだ。プラグマチズムからは目標や方向、それへ向かっての情熱というようなものは出て来難い。反面、地に着いた現実的な改良改革が出てくる。一方、「主義」は船の方向（羅針盤）に比定できる。行先方向と目標を指し示す働きである。だが、その方向・目標が現実的に到達可能なものであり、虚妄でないという保証はどこにあるのか。「主義」への情熱がそれ自体正しさを保障してくれるわけではない。しかし、陳独秀の考えの重心は次第に「主義」、「根本的改造」（李大釗）への方に移動していることは明らかである。

『新青年』が「政治を語らない」ことにしたのは創刊者陳独秀の考えだった。辛亥革命後の民国の混迷は、政治革命のみによっては中国を救えない、人々の思想、文化、倫理の変革が無ければ、近代世界に適応した中国を作ることはできない、と考え、希望を「青年」に托し、新思想・新文化の雑誌を立ち上げたのである。「文学革命」を引き金とする言語、文学、思想、倫理、文化全体にわたる刷新が無ければならないとする「新文化運動」である。ところが「政治を語る」方向へ転じなければならない、と主張し始めた。それは第一次大戦、ロシア革命、シベリア出兵、講和会議、五四運動という大きな歴史的変動の「状況の圧力」に突き動かされて、一九一八年一二月の『毎週評論』創刊の頃以来、やはり政治への関心関与が要ると考え始めたからだが、『新青年』はまだ政治化させなかった。出獄後、失職していた陳独秀の家計を支えるためにも『新青年』編集を彼一人に任せ、編集費を糧にするようにしていたが（一二月一日～一九二〇年二月一日発行の七巻一、二、三号まで）、その後一九二〇年二月初めに陳独秀は上海に逃れ、四月一日にようやく七巻四、五号が出た。ここまでは従来の『新青年』と思想傾向は同じである。

が、三月に上海の陳独秀は、五月一日に出す六号を「労働節（メーデー）特集」にすることにして、同人たちに原稿を依頼している。「社会運動に専心」し始めた結果であるが、その六号が出た後から、「政治を語る」を載せる次号（八巻一号）まで四か月の時間がある。この間に独秀の「転換」――ロシア共産党・コミンテルン代表ヴォイチンスキーとの接触によるかれのマルクス主義への「転換」、共産党結成への歩みの開始――があったのである。

「メーデー特集」号の編集も終わり、発行を控えた四月二六日に陳独秀は北京の同人十二人に対して、特集号は四〇〇頁で五月一日に発行される。自分は長く上海に居ることになるが、さて、『新青年』の今後についてどうするか、と訊ねている。（1）継続するか否か。（2）継続なら、出版発行所との契約問題がある。（3）編集人をどうするか、(a)北京の同人が順番に担当するか、(b)北京の一人が担任するか、(c)わたしが上海で担任するか、である（『胡適来往書信選』上、八九頁）。これは形式上のことである。が、編集方針、思想的性格の問題も孕みつつあって、北京の同人の筆は進まなくなった。また「労働節特集」号が増頁で出版元の「群益」が定価を高くしたことで、編集人陳独秀との関係がぎくしゃくし、陳独秀は新たに出版社（「興文社」「新青年社」）を立ち上げて『新青年』を発行しなくてはならなくなった。こうした問題をめぐって北京同人との間で問題を調整する必要が出てきたのだが、加えて、五月にヴォイチンスキーがやって来て、接触を受けて「マルクス主義研究会」を立ち上げ、社会主義者の緩い結びつきを作り始めたところであった。陳独秀の思想もまだ不確定で流動的だった。

唐宝林『陳独秀全伝』がこの五、六月間の双方の往復書信を紹介している（一七〇頁）。陳独秀は五月七日に胡適と李大釗に、群益書社との関係が悪化し、それで二つの方法を北京同人に提案するといって、「『新青年』を停刊にするか、独立させるか、北京に戻して発行するか、上海でわたしが何とかして引き続きやるか（わたしは株主を招いて一出版社を作ろうと思う）、兄らの意見は如何か、速やかに知らせてほしい」、新出版社は作らない訳にはいかないこと、それを何とか助けてもらいたい、と書いた。その後また五月一一日に、五四運動の一周年を機に山東問題で北京天津の学生がストライキ・集会をやるのに、胡適・蔣夢麟が学生に勉強せよという文章を発表したが、上海各紙がそれを取り上げて胡適を罵った、その記事を送って、胡適の戒めは正しい、蔡先生と共に北京大だけでも授業をやるようにするのが良いと手紙を書き送った。またこの手紙でも、群益は耐え難い、真面目に自分たちで何とかやろう、しかし先方も手放すまい、どうしたらよいか、早く方針を教えて貰いたい、と書いた。連続の手紙である。胡適はすぐに陳独秀に返事を書き、また六月一四日にも一通書いて、経費は心配だが、株主を募って新出版社を立ち上げる件は、しない方が良いと答えた。これに陳独秀は一九日に返事をして、経済的にどうしても株で資金を集めざるを得ないと言い、更に二五日には、群益との関係で独立は不可避、興文社と新青年社を寓所で一時的並立させて発行するしかない、八巻一号の原稿を同人に依頼してください、発行部数を減らしても四百元かかる、それをどうするか、胡適の原稿（「中学国文的教授」）と陶孟和夫人の文章はあるが、独立自弁となったらもう少し欲しい、と述べている。この往復書簡は、陳独秀が上海で「我意を張って」いたことを示すが、まだ『新青年』同人の協力の中で発行し続けようとしていたことを示している。

この八巻一号は九月一日に発行される。五月一日の「メーデー特集」号以後、六、七、八月の三か月は『新青年』は発行されていない。唐宝林はこの三か月の間に陳独秀に、「文化救亡から政治救亡へ」、「民主主義者からマルクス・レーニン主義者へ」の変化が起き、建党の「予備論議」から「中共上海発起組」の正式成立を完成させたのだ、と述べている（同書一七二頁）。わたしも基本的に賛成する。では、この八巻一号をどのようにして費用を工面して発行したのか。唐宝林は、『新青年』が上海発起組の公開刊行物になったのだから、当然ヴォイチンスキーが出したのだ、と言う。ほぼ間違いない。ヴォイチンスキーが先の八月一七日に、『新青年』に「資助」したと「報告」したのは、恐らくこのことを指している。

八月二日に独秀は胡適に宛てた手紙で、

八巻一号の文稿は、わたしはすでに処理がほぼそろいました。兄［胡適］は必ずや忙しいと想います、今期は文章を書かなくともまだ良いですが、二号には何としてもあなたに精彩のある文章を書いていただかねばなりません。わたしは最近中国の思想は万国虚無主義の寄せ集め――元は老子の学説、インドの空観、欧州の形而上学、そしてアナーキズム――で、世界に類を見ないと思います。この病気に対して『新青年』はこれから総攻撃をするつもりです。老子学説と形而上学については兄でなければ司令は担えません。……（『胡適来往書信選』上、一〇八頁）

と述べ、胡適の南京高師での講演の原稿も「新青年社」にくれないかと頼んでいる。ここから、二つのことが知れる。一つは、七月末までに上海マルクス主義研究会を中心に手当した原稿が揃い――北京同人は怠稿で、陳独秀は「談政治」、「対於時局的我見」の他に随感録、通信など多数を執筆、李漢俊がベーベルの女子論、ロシア研究などを書いている――、ヴォイチンスキーの資助も出て、印刷に回せるようになったことである。第二は、陳独秀が共産主義に舵を切ったことが窺われる。というのは上海グループの内外に残存するアナーキズム傾向を何とか批判し払拭したいと考えたのであろう。その司令を胡適に頼みたいというのだから。しかし胡適は取り合わなかった――これは後に陳独秀自身が一二月に広州に行ってから区声白との間で「アナ・ボル論争」をすることで処理される――。陶孟和が八月一七日に雑誌の今後について別提案を行ったが検討対象にもならなかった。

丁度この頃、七月の末に張国燾が上海の陳独秀の家にやって来て、党建設の必要を教えられていた。兪秀松日記から分ったように、党組織発足組は六月一七日以後は「社会共産党」という名を用いていたが、陳独秀はこの九月一日の号の原稿「対於時局的我見」で「吾党」、「社会党」「労働者的国家」という言葉を使用していた。党組織化が本格化していたのである。前述したように、北京の張申府には建党を知らせ、「社会党」にするか「共産党」にするか手紙で訊いている。張国燾は八月二〇日頃に陳独秀の自宅でヴォイチンスキーと楊明斎との密談を見ていて、「八月末」には「共産党」が作られたのだろうと書いた。李達は「ＣＣＰ（共産主義小組ではない）が八月にできた」と言った（前述）。この頃に胡適らの北京同人との距離は大きく離れたのだった。

八巻二号（一〇月一日発行）、三号（一一月一日発行）は、張申府（北京大教授。李大釗とかれが北京の二人の党員、三人目が張国燾になる）がB・ラッセルを中国に呼んでいた関係で、ラッセルの特集や上海関係者の翻訳、陳独秀の文章が多い。一二月一日に八巻四号が出た後、上旬に、広州行を決めた陳独秀は胡適ら北京同人九人に宛てて、編集部に沈雁氷、李達、李漢俊を加えた、主編を陳望道に任せた、編集費百元は編集部漁陽里二号に移った陳望道氏に、自分は広東に行く、と手紙を書いた。この手紙は胡適が「昨日知ったが、『新青年』は郵送を許されないということだ」という付記をつけて同人たちに回覧された。そして波紋を生んだ。

その返事を貰わないうちに、広州に出発する一二月一六日に陳独秀は、

（八巻一号の）『新青年』の思想色が余りに鮮明すぎるということですが、弟は最近でもそう思いませんが、陳望道君もまた少し内容を改変し、今後は以前のようになお哲学、文学を重んじた方が良いと主張しています。しかしそのやり方にすると、北京の同人が多く文章を書いて下さらないとできません。最近の何冊かの内容が以前のものといささか異なるのは、北京の同人の寄稿が大変少ないのも原因の一つです。

と述べ、胡適らから諸氏に促してもらいたい。近況として、南方では胡適と陶孟和が研究系に近づいているという悪評がある。諸君が注意されるように望みます、と結んだ（張静廬輯註『中国現代出版史料甲編』七頁）。

胡適は「あなたはそそっかしい人だ」と草稿に書きつけた。

北京に長く居たのに、どうしてそんな無稽な謡言を信じて、高一涵への手紙のような「決絶」などと書くのか、あなたは研究系（共学社）がやっているのは下心があるのを知らないのか。かれらが領袖［梁啓超］を引っ張り出してきて中国哲学史を講学させたのは、専らわれわれに対立してのことです。かれ［梁］が清華大学でやった講義はみなわたしの研究の瑕疵を捜すもので、かれはわたしの本のある処を使っても何とも言わないけれども、反駁できるところは放っておきませんでした。……しかしわたしには少し有益ですがね。あなたは、［梁］任公は以前の白話詩の主張を撤回したのを知らないのではあるまい。任公は白話詩に反駁した一文を書いてわたしに見せたので、それに逐条反駁して、「これらの問題は、われわれがこの三年間にみな討論したものです、

往事を持ち出して無駄な筆墨を使って論争しない方がいいでしょう、と言ってやったら、かれは発表しなかったですよ。わたしがつまりあなたを深く怪しまないのは、あなたは思ったことをズバリと言う「好朋友」だからです。だがお知らせしておきますが、北京では「徐樹錚陸軍総長、陳独秀教育総長」という話がありますが、わたしたちはあなたに、「一度の間違いが一生の後悔になる……」とは手紙に書きません。このことはこれで終わりにしましょう。(『胡適来往書信』上、一二〇頁)。

この手紙はそのままは出されなかったが、陳独秀と胡適は気質は違うが、良く分かり合える仲だったことが分かる。この胡適の反応を知らないうちに、陳独秀は広州から一二月二一日付で高一涵・胡適宛に手紙を書いて、高一涵らが広東に来て教育改革に協力してもらいたいなどと言っている。関心はもう広東での仕事で、北京同人や『新青年』ではなかった。結成した共産党ですら李漢俊に書記を代理させていた。このように北京同人とのずれが大きくなっていた。

年が明けて一九二一年の一月三日、胡適は北京同人の意見を集約して、陳独秀に次のように書いた。『新青年』が「思想色があまりに鮮明過ぎる」のは既成の事実で、北京の同人が薄める苦労は上海の同人の濃くする技量に及びません。(陳独秀提案の『新青年』を)どうするかという問題は、選択肢は三つしかない。(一)、『新青年』はある種特別な色彩の雑誌(共産党の雑誌)になるのに任せ、別に哲学・文学の雑誌を創刊する。(二)、『新青年』の内容を改めるなら、「政治を語らない」を復活させねばなりません。……あなたが上海を離れて広州に行かれる機会に、九巻一号から北京に移し、北京同人が「政治を語らない」と声明を発表する。(三)、停刊(陶孟和の意見)、がある、と。これを書いた後、胡適は周作人、魯迅、陶孟和の、政治を語らないと宣言しなくても良いだろう、という意見を聞いて、考えを改め、再信を書いて、(イ)北京に移す、(ロ)北京に移し、政治を語らないと宣言する、の二つの選択肢を提案した。

この最初の提案に対して独秀は怒って北京の八人に手紙を書いた。(三)の停刊は北京同人も賛成が多くないから、問題にならない。（一）については、別の雑誌を出すのは、「かれ個人に反対する」ためのものだと理解し、勝手にして、『新青年』を巻き添えにするな、と言い、（二）の、北京に移し政治を語らぬと宣言する理由はない。わたしたちは無政府党ではない。絶対に不賛成だ、と逐条反論してきた。

陳独秀は胡適の（一）、（二）の提案は、新青年同人の「分裂」を、（三）は「瓦解」を意味すると判断したらしい。この独秀の反応に胡適は敏感に反応し、胡適は、「たくさん誤解した」と云い、一月二二日に改めて同人に諮問し、陳独秀への第二信で提案を（イ）、（ロ）の二つにしたが、独秀は（ロ）に腹を立てているので、周兄弟、一涵も声明を出す必要はないと言っているので、（ロ）北京に戻す、のみにしたい。そうすれば北京同人も（文化思想の文章が）もっと書ける。（一）の新雑誌創刊を独秀は「かれ個人に反対するもの」と考えているが、誤解で、かれ個人や『新青年』に反対しているのではない。「『新青年』は今やほとんど*Soviet Russia*［当時ニューヨークで出されていた週刊紙、『新青年』の「ロシア研究」欄に袁振英らが訳文を載せていた］の中国語版になってしまったので、別途に学術・文学芸術を専門にする雑誌を作りたいのに過ぎないのだ」と軟化して、『新青年』を北京に移して編集することのみを提案するとしたのだった。これに同人たちが回答し、胡適は二六日に次のようにそれを整理した。（A）、北京に移すのに賛成したのは張慰慈、高一涵、李大釗、（B）、北京に戻すが、それができなければ停刊する、二つの雑誌に分かれて『新青年』の団結を破壊するのは良くない（陶孟和、王星拱）。（C）、北京に戻すのに賛成、しかし無理に調和統一するのも難しく、二雑誌に分裂するのに任せても良い（周作人、魯迅、銭玄同）、と。つまり、みな、北京に戻すことには賛成したのだ。

だが、陳独秀は『新青年』を北京に戻すことに反対だった。北京に戻すか、戻さないかは、『新青年』という枠を維持しつつも、内容を以前のように思想・文学の性格のものにするか否か、という意味だったから、思想性格をめぐる論戦だったのである。しかしこれは思いがけない形で決着がついた。その時、二月発行予定の陳望道編集の八巻六号の組版がフランス租界警察によって没収され、罰金と印刷禁止処分に遭ったのである。それで六号を発行するには、原稿を陳独秀自身がいる広州に持って行って、そこで編集発行するより方法が無くなった。広州の革命的な雰囲気の方が適している。それで、陳独秀は二月一五日に胡適に、北京に移すことに以前に反対したのは「率直に言って北京大学の雰囲気が近ごろ好くない」からだったが、北京に移すか否かの問題は「もう論外」になったと伝え、胡適らの新雑誌発行（後に『努力週報』として刊行される）には賛成する、しかし自分が文章を書いてお手伝いする暇はない（広東省教育長で忙しい）と言って、最後に、「あなたはわたしに友人を余り疑わないようにと忠告してくれて、それは常に忘れるべきではない忠告だと認めますが、わたしの良き本の虫の皆さんが政客に利用されないかと心配しているのです」と、やんわりと責めたのだった（張静廬輯註『中国現代出版史料甲編』一一三頁）。

八巻六号は四月に広州で発行された。執筆者は陳独秀「新教育とは何か」をはじめ、李季（『共産党』編集者）、張慰慈、沈玄廬、周作人、沈雁氷、高一涵、李達、陳望道などで、その後の号も、李漢俊、戴季陶、周仏海、陳公博、独秀など共産党のメンバーが名を連ね、共産党の雑誌になっていった（魯迅の「故郷」は五月一日の九巻一号に載った）。胡適も以前に渡した講演原稿「国語文法の研究法」の他に詩を寄せているが（九巻二、六号）、『新青年』は共産党の雑誌になったのである。

この時独秀は広州で区声白と「アナ・ボル論争」を繰り広げ、上海の党書記代理の李漢俊とも党費用問題と「党章」問題（李漢俊は、陳独秀の言う中央集権的党組織は党員に陳独秀の個人独裁を擁護させようというものだとして、地方分権を主張した）で、いろいろ難題を抱えていた。新編集の陳望道は、政治を語らぬと言う胡適の態度に不信感を抱いていて、「分裂し弥縫できない」と示し、双方の中間的立場をとっていた周兄弟が文章を寄せて『新青年』を支えてくれているのに上海同人と読者は感謝している、と述べ、独秀も周兄弟を頼りにした。胡適は陳望道に、あなたが編集するのに反対しているのではなく、あなたが『新青年』を共産主義宣伝の用にしているのに反対しているのだ、と述べた。周兄弟も一九二一年八、九月を最後に投稿しなくなったが、「友人」の胡適はそれよりも遅く、一九二二年七月の九巻六号に「平民学校校歌」「希望」の二編の詩を載せて、『新青年』から退出した。

胡適は五月に自分の雑誌『努力週報』を立ち上げて、自分の「政治」評論を開始し、「問題を研究し、学理を輸入し、国故を整理し、文明を再造する」文化運動の継続を進め始めた（『国学季刊』一九二三年刊）。こうして二人は袂を分かったのである。しかし「友情」は続いた。これについては次の次に論じる。

この分岐の時点での陳独秀の政治思想、とりわけ『最後の見解』で問題化される「無産階級専制」（プロレタリア独裁）を陳独秀はどのように考えていたのかが、確定されねばならない。その見解が、四・一二クーデタ以後の大革命の敗北、総書記解任、反対派（トロツキー派）結成、国民党による逮捕・裁判・監獄・釈放を経て、変化し、最後にどのように至ったのかが追究されねばならないが、詳しく論ずることはわたしの能力を超える。本格的にやるとなると、唐宝林『陳独秀全伝』（全八百頁）並の専門的研究と分量が必要になる。だから、最初と最後をまず押さえ、その中間期*は概観することで何とか前後を接続させて、筋を通してみるよりほかない。諒とされたい。

＊この複雑な中間期については緒形康『危機のディスクール――中国革命一九二六―一九二九』（新評論、一九九五）が論じている。

第十九節　共産党結成時の陳独秀の「無産階級専制」（プロレタリア独裁）論――「中国共産党宣言」（一九二〇年十一月）

一九二〇年の共産党結成への旅程をフォローしていくと、当初は、社会主義、無政府主義、民主主義、三民主義、ギルド社会主義など当時流伝していた思想諸潮流の人士が集まっていたことが分かる。ヴォイチンスキーの言った「聯合戦線」である。そこから、ヴォイチンスキーの指導的な意見（指導）を介しつつ、「ロシアの道」を歩むことに絞り込まれていく過程だった。総じていえば、中国は世界史的な大変動――第一次世界大戦、ロシア革命、パリ講和条約、等——の中で、「救国」のためにはかなり根本的な「改革」が必要だ、外国勢力による侵害を排除し、軍閥支配を除き、民初の共和政を超えた変革をしなければならない、それはどうあるべきか。ウィルソン流の理想主義はパリでわれわれの期待を裏切った。ソヴィエト・ロシアは帝政ロシアの中国権益を放棄し、もう一つの理想主義を語っている。「社会主義」の方向が良いのではないか、これが共通の理解だった。労働者たちの貧困、貧農と土地問題を解決し経済的な平等を実現するには、私有財産制を制限し、生産手段を社会的所有にしなければならない。平等な社会、人道主義的な政治を実現するには、労働者階級が中心になる政権を樹立し新しい時代を切り開かねばならない。ここまでは好い。しかしどのような方法で社会主義へ行くのか。日本で河上肇の影響を受けた李漢俊のような人は、議会制を考え、諸思想傾向が連合する緩い組織体としての政党を作り、政治社会勢力を作り上げ、議会を通じて政権を掌握すべきだと考えた。そうした人がいた。労働組合を産業別に作って階級闘争を行い、ゼネストによって有産階級の権力を奪取する、そして各産業の全国ギルドが生産調整や販売等を行い、ギルド間の調整は全国ギルド会議が当たるというギルド社会主義を唱えた張東蓀のような人もいた。三民主義の民生主義的な傾向のある戴季陶のような人の思想もあった。焦点は二つだ。一つは政治権力のあり方、レーニン主義的に組織された前衛党を作るか、それとも緩やかな合法的な政党にするか、革命を通じて作り上げる政府権力はどのようなものか、議会制か、専政（独裁）か。第二は、革命の主体をどうするか、労働者・農民にどのように宣伝し、教育し、組織し、運動を作り上げるか、であったようだ。社会主義を是とする進歩人士、インテリゲンチャの集まりではなく、組織、党綱領と党規則を持った「組織」、つまり労働者・農民の前衛党を作り上げる諸原則についての大方の合意が必要であったが、なかなか困難だった。最大の難関は「無産階級専制」（プロレタリア独裁）を認めるかどうかだった。

陳独秀は労働者階級、つまり労働組合その他を通した階級形成とその力による人為的な急激な社会変革、政治権力奪取とそれによる改革＝「革命」が必要だ、そのためには、資本家階級、「封建」地主を圧伏して新しい仕組みを作り上げる「プロレタリア独裁＝無産階級専制」が必要だ、だから「ロシアの道」に倣って、「社会党」ではなく、「共産党」を組織すべきだ、と考えた。これはコミンテルン、ヴォイチンスキーの考えに近かったし、北京の李大釗らもそれが良いということになった。それが一九二〇年一一月に党が決定した文書「中国共産党宣言」のようである。その書誌については石川前掲書が詳しいので触れないが、これは「党員を収める標準」とした「共産主義原則の一部分」である。それの要点は次のようである。

「中国共産党宣言」一九二〇年一一月*

一、共産主義者の理想。

Ａ、経済。生産手段の社会的所有（共有）。それにより、私有財産と賃金労働が無くなり、人が人を搾取すること（剰余価値搾取）が無くなる。

Ｂ、政治。政権（国家機関と政府）の廃棄。政権（軍隊と法廷）は少数者の利益を護るもので、多数の労働者大衆を圧迫するものである。生産手段の私有制の下では必要だったが、それが廃止された後には、政権、軍隊、法廷は必要なくなる。

Ｃ、社会。階級を無くし、労働大衆の一階級のみにする。私有財産を集められる人が無くなれば、特殊な階級は無くなる。

二、共産主義者の目的。

この理想にもとづく新たな社会を作ることである。第一歩は資本制度の廃止である。それには「強力」で資本家の国家を打倒することである。労働大衆——無産階級《プロレタリアート》——の努力がまさに発展結集してきていて、これが資本主義を終わらせる。この勢力は資本家の国家の内部の階級衝突の結果として増長する。階級争闘が資本主義打倒の道具である。理由は、階級争闘は従来から人類史に存在しているが、資本家の国家では特に緊迫したものになり、世界を揺るがし、その勢力の増大は終には資本家を除去する。これが歴史の法則である。共産党の任務はこの階級闘争の勢力を組織集中させ、攻撃力を増強させることである。それは労働者、農民、兵士、水手［水運労働者］、学生に宣伝してこそ成功する。産業組合、その連合会を作ること、無産階級の政党・共産党を作ることである。共産党は革命的な無産階級を率いて資本家と闘争し、その手から政権を奪取し、政権を労働者と農民の手に渡す。これはロシア共産党がやったことと同じである。

革命的無産階級の産業組合は大ストライキの方法で、不断に大資本家の国家を擾乱して敵を弱らせる。政権奪取の最期のとき、共産党の号令によってゼネストを宣言する。これが資本制の致命的打撃になる。資本家を打倒した後、産業組合は共産主義社会において経済的生命を主管する機関となる。

資本家の政府が倒され政権が無産階級にわたることは、共産党の目的の一つが成功したに過ぎず、共産党の任務はまだ完成していない。なぜなら階級争闘はまだ継続するもので、一つの方式に改変したに過ぎないからである――この方式が無産階級専政である。

三、階級闘争の最近の状況

ロシア無産階級《プロレタリアート》革命の勝利の結果、ロシアの階級争闘は労農専政の方式になった。これは人類社会の発展の中の自然な状態である。資本主義が打倒され、共産主義の社会を創造し始めるとき、この状態は自然なものである。この一定の時期、このロシアの政治状況は必然的なもので、各国においても必然的であるはずだ。なぜなら、生産と分配から見ると、これらの国家はみな同じ資本主義式なものであるからだ。

ロシアの無産階級の専政は全世界の無産階級勢力と全世界の資本主義勢力の闘争が世界の一部分で勝利を得ていることを僅かに示しているだけである。各国の無産階級は資本主義との闘争においてまだ勝利を得ていない。わたしたちは、ロシアがその領土の内において単独で共産主義国家を作ることができるとは思わない。これは大きな間違いで、特段の間違いである。ロシアの無産階級はすぐに共産主義国家を建立することができず、資本主義もすでに覆されているから、ロシア無産階級は自分を保ち、国内外の仇敵に抵抗せざるを得ないのは明らかである。だから、ただ無産階級専政を実行してこそ始めて、国内外の仇敵に抵抗する目的を達成できるのである。これが一つの階級力量で共産主義の社会を創造するということ、そしてこの階級が将来の世界を作り、また歴史的使命を受けてこの事業を成し遂げるということである。

もう一度言おう。これはロシアの歴史発展の特徴であるだけでなく、全世界の歴史発展の特徴でもある。さらにはこの階級争闘の状態は世界上いまある国家もみな経過しなければならないものである。

無産階級専政の意義は、政権がすでに革命的無産階級によって獲得された事を云うに過ぎない。しかしそれは資本主義勢力の残存、たとえば反動革命勢力のようなものがすべて消滅したというのではない。また、資本主義政権をひっくり返した結果、共産主義が容易く簡単に実現したというのでもない。まったくこんな同じことではないのである。無産階級専政の任務は、一方でひきつづき強力でもって資本主義の残った勢力と戦いを行い、一方で、革命的な方法で多くの共産主義的な建設法を造りだすことである。この建設法は無産階級から選出された代表――もっとも階級的覚悟と革命精神を持った無産階級の中の一部分――が判定する所のものである。

全世界の資本家の勢力がみな消滅したときを待って、生産事業も共産主義的原則に基づいて活動を開始する。そのときの無産階級専政はまた一筋の共産主義に到る道を作りだすだろう。

＊『「一大」前後（一）』（人民出版社、一九八〇）、一頁。原文は英文。一九二一年一二月一〇日に極東民族会議の中国代表団の共産主義者組の討論に供するためにイルクーツクで「Chang」によって英文から漢語に訳されたもの。

これが一九二〇年一一月に党が決定した「中国共産党宣言」、「党員を収める標準」とした「共産主義者の原則」である。この文件はロシアで開かれた極東諸民族会議に中国代表として出席した「張」――一九二一年春にイルクーツクに来て極東局と連絡を密にしていた張太雷だといわれている――によってイルクーツクで英文から中文に訳されたもので、中文原文は不存在である。イルクーツクにあったこの英文の文件は陳独秀が目を通し中共臨時中央が決定した文件で、陳独秀の民主政治についての「最期の見解」を検討する本書にとって重要なのは、ここに表現されているのが「プロレタリア独裁論」だからである。

上海共産主義小組（「中国共産党」臨時中央）が結成される過程で、社会主義的諸潮流が共産党結成に加わるか否かを決める決め手になったのが、「プロレタリア独裁」を認めるかどうかだった。資本主義の否定、国家の死滅、平等で自由な人々の共同社会を理想目標とする点では同じでも、また、「革命的手段」を是認するが、議会をどうするか、レーニン主義的組織の党にするかどうか、などに違いが有っても、「プロレタリア独裁」を認めるか否かが試金石だった。陳独秀はこの「無産階級専政（プロレタリア独裁）」を是認するところから共産党を出発させたのである。後に、党創設者の陳独秀や創設協力者の一人張国燾も、コミンテルン・共産党の「無産階級専政」をめぐって「中国共産党」と訣別することになるのだが、陳独秀らは設立時にはこれ（プロ独）が共産党が共産党たる所以だと考えたようだ。かれはその後もトロツキー派の指導者としてはまだこれを信奉していた。一九三二年に捕らわれて南京獄中にある頃から次第に考えが変わっていったようである（濮清泉＝濮徳志の回顧）。王凡西は、「およそ一九三四年、すなわちモスクワ裁判が初めて行われたとき」、陳独秀は、「かくも非民主的であっても労働者国家といえるのか」と、トロツキーの「『ソ連は堕落した労働者国家』という見方に懐疑を表明した」と言う（『中国トロツキスト回想録』二二〇頁）。しかし、その変化は一九三四年五月の「トロツキー派国際書記局への書簡」（『文集3』一八四頁）からとするのが良い。モスクワ裁判は一九三六年八月からだから、トロツキーの「堕落した労働者国家」論への懐疑を明言化したのは「一九三六年」のこととするのが良いようである。その表れが陳独秀の「無産階級与民主主義」（『火花』三巻一期、一九三六年三月一〇日）だとすると、モスクワ裁判の公開が中国で大反響を呼んだ時よりも半年ほど先んじている。かれはモスクワ裁判によって考え直し始めたのではなく、この年の初めに、先駆的に疑念を表明していたと言うことになる。そして、「一九三九年の独ソ協定（不可侵条約）のあとで」、公然とソ連が

「労働者国家」だという立場を否定し（同書同頁）、スターリン独裁体制への批判を持ち、ソ連を労働者国家と見なくなり、共産主義における「独裁」問題を再考するようになった。それが『最後の見解』になるということだろう。張国燾は一九三八年に延安の政治批判運動を通じて、プロレタリア独裁が個人独裁（毛沢東個人独裁）に変質していく姿を見て、共産党を離れ、武漢に脱出して来て、ここに居た陳独秀と連絡をとって接触し、会談したのだった。このように陳独秀の晩年の著作を読解しその思想を理解する焦点、カギは無産階級「独裁」と民主政の問題だったのである。だが、ここでは、出発点を確認して置けばよいとしておく。一旦、陳独秀と胡適の問題にまた戻ることにしよう。

第二十節　胡適と陳独秀の友誼——その生涯にわたる軌跡

一九二一年二月のかれらの別離は、一九一五年創刊の『新青年』による近代啓蒙運動＝新文化運動の時代が終ったことを意味した。そして「政治」の季節を迎えたのだった。しかしこの二人は、政治的には不断に争い論争しつつも、個人的には互いに友誼を持ち続けたのである。そのいくつかの事例を編年的に見てみることにしよう。

陳独秀は一九二二年七月一六日から上海で開かれた第二回党大会（二全大会）で奉直戦争後に出した「時局に対する主張」を報告するとともに大会宣言を起草したが、(1)その直後の八月に、フランス租界警察による過激な出版を理由にした手入れを受けて逮捕され、『新青年』の組版、共産党書籍などが押収された。孫文や各方面からの救済活動が行われたが、胡適は奔走して、蔡元培と顧維鈞に働きかけ、フランス公使を通じて上海領事に圧力をかけさせた。審判では何とか罰金四百元で釈放になった（『年譜』一七二頁）。この時の裁判費用、書籍紛失で損失が二千元以上にのぼったという。李大釗ら十四人が、独秀は清貧であることは同人みな知るところで、知友に寄付援助を願うとして、上海の高君曼と北京の李大釗宛に送金して欲しいと呼び掛けた。その中に蔡元培、蔣夢麟、胡適という北京大メンバーがいた。この八月に陳独秀は汪孟鄒の求めに応じて亜東図書館から『独秀文存』を出版し、共産党機関紙『嚮導』を亜東の斡旋で印刷している。胡適らは「連省自治」を唱えていたが、陳独秀は「造国論」で「国民革命」を唱えていた。

(2)一九二三年一月に「蔡元培辞職事件」が起きた。段祺瑞政府は教育総長に反動の彭允彝を任命したが、彭が北京大校長の辞任を求め、これに対して「彭を追い蔡を引き戻そう」という反対運動が起きた。この運動に対して広州にいた陳独秀は「蔡校長、一般国民に告ぐ、革命事業は宏大な民衆の積極的な運動の力の上に建てられねばならない。少人数の消極的な折台(台を換える、人を換える)政策で悪濁政治を打倒しようというのは滑稽、幼稚で、空想的だ」と揶揄した。これは「唯我独左」の論だと胡適は反論を書いた(「蔡元培は消極か?」『努力週報』四十号)。

袁世凱以来、政府は専ら金銭で政客を買収し、十年の工夫《わざ》で終に豬仔《ブタ》を国中に遍くした。しかして『志士』という名詞は遂に久しく伝わらなくなった。新文化、学生運動、アナーキズム、社会主義、共産主義、……豬仔たちの門戸を叩く煉瓦[用が済めば捨ててしまう物]にならないものはなかった。今日はアナーキズムを語り、明日には政客と為るも構わない。今日は共産主義を談じ、明日は教育次長になるも構わない[陳独秀が一九二一年から広東教育委員長に就任したことを指す——筆者]。この豬仔世界の内では民衆は語る必要はなく、組織も頼ることができない。だからなお、先ず蔡先生のこの抗議の精神を提唱し、「志を降ろさず、身を辱めず」の精神を提唱すべきであり、人と為るために作《な》さないことを持つその精神を提唱しなければならない。

と、着実な抵抗精神の奮起こそが大切なのだと反論した。

(3)しかし、一九二三年四月には陳独秀は広州から胡適に手紙を書いているし、九月に中共中央と陳独秀が上海に移ると、一一月に中共総書記の陳独秀はしばしば亜東を訪れて汪孟鄒、胡適と話をしている。この年、胡適は北京大学を休んで杭州で療養していて、上海にも出て来ていた。この時胡適が編んで序を書いた『科学与人生観』が亜東から出ることになっていて、陳独秀は汪孟鄒の求めに応じて、これに序を書くことになった。唯物史観の観点から胡適の序文を批判する内容の序を書き、二人は歴史解釈の「一元論」か「多元論」か、などで筆鋒を交えた。二人は顔を合わせて付き合いながら、それぞれ亜東の編集所に行って文章を書いた。その内容については先に触れたので再論しないが、胡適は「仲甫の答書は強弁に近い、末談では人を誣すようで、わたしを失望させた」と書いている。だから、この頃から唯物史観をとる陳独秀と、プラグマチズムの胡適との乖離は大きくなった。この頃の中共三全大会前後の陳独秀については国共合作を論じた後章を参照されたい。

(4)一九二四年にも独秀は亜東に行って汪孟鄒といつも話をし、何回か胡適に手紙を書いたが、まだ返事が無いとこぼしている。この頃中国を訪問したインドの詩人・タゴールの影響が社会で見られるようになり、陳独秀は共産主義青年団の機関紙『中国青年』でタゴール反対の特集を組むので胡適に一文を寄せてくれるように頼んでいる（『胡適来往書信選』上、二四二頁）。五月、独秀は亜東で放談して、胡適は進歩していない、文学革命・白話の提唱は終った、ほかに多くのやらねばならないことがある、今の白話を使って書いたものは良いものだとする訳にはいかない、と語ったという。九月の辛丑条約（義和団議定書）二十三周年に、陳独秀は『嚮導』の特集で以前の義和団についての考えを改め、それを高く評価した文章を発表した。これに対し胡適は、「六年前に『ケッテラー碑』を書いた人が」、全く反対の論を書いた、「訴訟ゴロ」に近いと批判した（第一章二節前述）。唐宝林は「これは独秀の誤りを知れば必ず改める進歩を追求する精神を攻撃したもの」で、共産党攻撃になる、としているが、唐宝林の方がいまなお中共的な硬直した論にとらわれていて、その批評は誤りと言って良い。義和団の捉え方としては「ケッテラー碑」の方が優れている。後掲の訳文と解説を参照されたい。

(5)次の一九二五年の初め、孫文が北京・協和医院の病床にあった頃、胡適が段祺瑞政府の「善後会議」に出ることになったという話が出た。世間では胡適は「身を段賊に売った」（北京大の厠の落書）等の批判が起きた。これに陳独秀は一転して反論して胡適の選択を是とし、政治的に利用されないように「千万慎重」にし、「卓然と自立して」論じるよう、汪孟鄒から胡適に伝えてくれるよう托した。汪孟鄒は、「仲翁［独秀］は哥哥［あに、胡適］を確かに愛惜しているのだが、しかしかれは話をすると偏って激するのです。哥［胡適］は良く知っておられるはずだから、意に介されないのが良いのです。そう望みます」と書いている。良く二人を知っている汪孟鄒の観察である。独秀は、胡適と章士釗が合同して新聞をやって政府に協力するらしいという噂に懸念を呈した。これに胡適は、謡言を信じるなんてと抗議すると、独秀は、謝罪し、胡適の参加に私利私図が無いのは分かっている、会議で国の為人民の為に話をせよ、と書いた。この誤解を含みつつの互いの理解し合いが出ているのだが、唐宝林はこの落差をうまく説明できていないようだ。

(6)一九二五年一〇月一〇日に、胡適は武漢に行ったついでに上海に来て、亜東図書館の汪孟鄒の家に寄留したが、ここに陳独秀がこっそりとこの五四の盟友に会いに来て（共産党総書記の独秀の居所は秘密で知れなかった）、一三、一四日に二度会っている。汪原放の日記によると、独秀は「非常に喜んで嬉しがった。」しかし会うたびに二人は論争になった。テーマはなお「問題と主義」の旧い問題だった。胡適は問題を重視し、独秀は主義を重視した。一九一九年の胡適・李大釗論争はまだ終わらなかったのだ。汪原放は、一方は社会主義、一方は資本主義、一方はマルクス主義、一方はプラグマチズム、相譲らず論争したという。一一月上旬、痔の治療で上海に戻った胡適と、独秀は帝国主義の問題で大きく衝突した。胡適は、中国の遅れが外国の侵入を生んだと考えているが、独秀は、帝国主義が中国の遅れを生んだとして、反帝国主義を主張している。独秀は「適之、きみは帝国主義さえも認めないのか！」と言うと、胡適は気色張って、「仲甫、どこに帝国主義があるのか！　どれが帝国主義なのか！」と言って、ステッキを持って立ち上がり、床を何度か突いて、「仲甫、きみは坐っていろ、わたしは用があって行かねばならん」と言って出て行った、と伝えている（『陳独秀与亜東図書館』九六、九七頁）。『新青年』時代からの、問題と主義、帝国主義認識——中国の遅れを外国勢力＝帝国主義の侵略のせいにするのか、それとも、中国の政治構造・文化の改良が先決問題で、それが出来れば抵抗できるようになるのだ、という考えの対立である。これは先に蔣廷黻の歴史観について述べたところ（拙著『中国近現代史はどう書かれるべきか』第一章）と共通の問題だった。だからかなり本質的な論点なのである。

(7) 一九二五年一二月に『晨報』館事件でまた論争になった。『晨報』は梁啓超研究系の新聞で、論調は安福倶楽部寄りだったが、学生の五・三〇運動中の「過激な」行動を批判していた。一一月二九日に北京政府の女子師範大学の解散、教員給与の遅配に抗議して、学潮（ストライキ）が起き、数千人の民衆が天安門でデモを行い、段祺瑞の辞任を要求した。一部が宣武門に行って『晨報』館を焼いた。当時人々はこれを「紀律を守らず、意識無く、真正の民意ではない」として批判したが、独秀は学生を擁護し、「五四の趙家楼焼き打ち」のように、「北京の市民運動」を抹殺することはできない、と言った。胡適は、「人々がみな己と異なる意見と信仰を容認できるようになること」が重要だと言い、「己と異なる者の自由を認めない人は自由を争う資格はなく、自由を語る資格はない」、「われわれ二人の老朋友は政治的な主張は異なるけれども、事業［しごと――共産党と学者・教育者］の上でも違うけれども、それが老朋友であることを失わない所以は、正にあなたと私の脳の後方に、いくらかでもとにかく、なお己と異なるものを容認する態度があるからです。」「一階級専制を主張する人はすでに、自由、この字を信じていない。」「わたしが恐れるのは、この不容忍の風気が造られた後は、この社会はさらに残酷でさらに惨酷な社会になるだろう、ということです」と警告した。

唐宝林は、「大変遺憾なことだが、中国の以後の社会発展は胡適のこの心配が予言したとおりになった」と書いて（前掲書一八一頁）評価しているが、人民共和国の今に至る中国社会の「不寛容な」あり様を含むのかは分からない。そして唐宝林は、胡適は帝国主義侵略、八ヶ国連軍の暴行に対して、その「残忍」「惨酷」さを見ない、李大釗・陳独秀のマルクス主義宣伝へも「容忍」さを示さない、群衆の革命行動に譴責を加えるのは、かれの立場で、共産党大衆運動と対立する感情を示している、と批判する。唐宝林は「義和団」を残忍な暴力の横溢とは見ず、正義の反帝運動だと公式史観的に見て肯定しているようである。また土地革命、反右派・文化大革命の不「容忍」さ、

「残忍さ」まで念頭にあるのか否かも不明で、なお共産党イデオロギーの呪縛を克服出来ていないようである。義和団の大衆運動の持った「残忍さ」についてはすでに拙著『義和団の起源とその運動』で詳しく書いたし、文化大革命の権力闘争と同じ構造だということについても書いているので、触れないが、一九四九年以後も続いた中共の長い政治「運動」の「残虐さ」については、周鯨文『風暴十年』（時事通信、一九五九）、宋永毅「広西文革における大虐殺と性暴力」（『文化大革命——造反有理の現代的地平』白水社、二〇一七、所収）などを参照されたい。

唐宝林は、この不思議な陳独秀と胡適の二人の関係を中国士大夫の伝統的「古道熱腸（古き心の優しさ、義理人情に篤いこと）」だとしているが、当たっている一面もあるが、「盟友」「死友」という意味がこれでは解けないだろうと思う。これは最後に再度触れる。

(8)一九二六年から北伐、国民革命が始まると、陳独秀は共産党総書記として政治活動に没頭し、胡適は外国に行って中国を留守にした。胡適が帰ってきたのは、蔣介石の四・一二クーデタの後だった。胡適は帰国後、上海で『新月』雑誌を出して、南京政府と対峙するが、二人の個人的な交流は見られない。あるのは、独秀の長男の陳延年の逮捕の時だ。四・一二クーデタの時は、独秀は武漢に行っていて上海にはいなかったが、その武漢で、湖南での「馬日事変」の発生という反動側の攻勢、モスクワのコミンテルン、武漢のロイとボロジン、中共党内左派といった自分と異なった諸傾向を抱え、コミンテルンの言う「連合戦線」をどう維持して、国共両党の関係を保つか、それとも独自に出るか、湖南湖北の労働者農民運動の過激化（「過火」問題）をどうするか、に頭を悩ましていた。四・一二以後、東南部で「白色テロ」が吹きすさぶ中、六月二六日に中共江蘇省委員会を上海で成立させ、フランス留学から帰国して広東などで活動してその優れた能力を示していた息子の陳延年がその書記になった。ところが同日、同委員会組織部の郭伯和、宣伝部の韓歩先と共に逮捕された。身分は秘匿していたが、韓が白状し、陳、郭の身分がばれた。延年は獄中から亜東図書館の汪孟鄒に手紙を書いて、実情を知らせた。汪孟鄒はすぐに胡適を捜して南京に行った。胡適は「きっとかれを救う」と言って、陳延年の手紙を呉稚暉に見せ、呉稚暉はすぐに蔣介石か上海警備司令の楊虎に報告したが、間に合わず、七月四日に二人が処刑されたのだった。代理書記になった趙世炎（留仏組、前北京書記）も捕えられ処刑された。

その後、陳独秀は七月一二日にコミンテルンの「訓令」に従って、総書記を「停職」になり、「八・七」会議で革命敗北の責任を問われて解任され、亜東図書館の関係者の助力で何とか上海に戻り、隠棲して文字学研究をしつつ、トロツキー派と接触し、左派反対派をつくることになるが、この頃の二人の交流は見られない。胡適が北京に移って北京大文学院長になったのち、一九三二年一〇月に国民政府によって陳独秀と左派反対派（トロツキー派）が逮捕されると、昔の友人で有名な弁護士になっていた章士釗が無償で弁護人を引き受け、『独立評論』も傅斯年が弁護の文を発表、胡適も北京大学で講演し（前掲）、また獄中に書物やその他のものを送り届け、託された文字学、拼音問題の本の出版に奔走することになった。

一九三二年一二月一日に陳独秀は獄中から胡適に手紙を書いて、「このたびは多くの老朋友に累を及ぼし、奔走焦慮させることになり、まことにすまない」と述べ、本や紙筆を送ってくれるよう求め、胡適の所に送ってある「拼音文字稿」をなるべく早く出版してくれるよう、漢字は「教育普及の大障害」で、拼音文字は当務の急なので、「先生がかつて白話文を提唱された勇気を持ちだして、高きから一呼されんことを望みます」と書き、胡適に、「先生著述の才は、政治に従うよりはるかに優る」と、あなたは政治に深入りせぬように、と勧めたのだった（『年譜』四三三頁、『胡適来往書信選』中、一四三頁）。

この獄中で陳独秀は世界の変化に反応して旧詩「金粉泪五十六首」を詠んだ。その第十三首が

士気囂張応付難、
読書救国最平安。
埋頭学得胡児語、
好待栄膺甲必丹。

士気囂張《ごうちょう》し、応付し難し、
読書救国が最も平安なり。
頭を埋めて胡児語（外国語）を学び得て、
甲必丹《カピタン》に栄膺《えいたつ》するを待つが好し。

というものである。これを横山宏章氏は「胡適は国民党に擦り寄って高官（カピタン）に取り上げられるのを待っていると、こき下ろしているいるのだ」と解釈している（『陳独秀の時代』四一九頁）。しかし、違うだろう。陳旭麓は、「簡釈陳独秀『金粉泪五十六首』」で、この詩を、満洲事変（九・一八）が起き、「士気」（学生の愛国運動）が高まると、国民党はそれに対応が難しかった。それで胡適が云っていた「読書救国」を通して、学生たちを書斎の中に閉じ込めようとしている。外国語を習得したら、買弁的官員になれるよ、と。騒がないで勉強しとけ、その方が平安で身のためだぞ、胡適も「読書救国」を言っているではないか、という意味である、と解釈している（『陳独秀著作選編』第五巻、一一九頁、楊揚編『自述与印象　陳独秀』三四、三五頁）。陳独秀は胡適の「読書救国」に全面的に賛成している訳ではないが、ここでは、国民党の姿勢に対する批判の中でこの語句が揶揄的に引用されて使われているのである。陳旭麓の解釈が妥当だと私は思う。横山氏の「こき下ろし」解釈はバイアスのかかった『陳独秀詩文集』の解釈に引きずられ過ぎているようである。

(9)一九三七年八月の陳独秀釈放の時も、日本軍機の爆撃を受けて南京監獄も危うくなったのを知った胡適らが、蔡元培やその他政府高官に働きかけて、独秀らを釈放させるのに尽力したのだった。陳独秀はまたその他に、北京大学教授で李大釗と共に中共組織を北京で作った張申府の就職先を頼んだり、蔡和森や瞿秋白の本の出版を斡旋して欲しいなどと胡適にいろいろと頼んでいる。時には感情を激して「絶交だ」などと言っているが、利害錯綜し、人心の表裏常無き政治の世界にいた陳独秀には、胡適の人間性、その良心と知的誠実さに対する信頼、胡適の「学識」の才を己以上のものと認めた容認は揺るがなかったように思われる。胡適はまた陳独秀の己と異なる才、「不羈の才」を十分容認していたのだ。そして二人はなお中国の古さ・遅れに対する戦いの戦「友」、学識有る信頼する同志なのだった。

唐宝林はこの相互友誼を旧い士大夫の伝統的「古道熱腸（古き心の優しさ、義理人情に篤いこと）」と時代の産物だとして、社会主義者と民主自由主義者の相互交流が可能で、「同中異、異中同」であり得たのは、思想的に未乖離だった時代の産物だとしている。しかし、この二人の性格、人生の軌跡をたどってみると、同郷（安徽）やら、共通の友人やら、恩義やら、戦友だったりした、二人の交遊、思想、性格などを総合的に考えるべきであろう。その根底にあるのは、互いに相手を、人間として、理性ある存在、行を共にし得る存在、知識人として尊敬するに値する人だという認識と信頼である。

唐宝林は二人の交流について、独秀は晩年、西洋民主主義が人類の文明進化の歴史を推進した価値であると再評価した、これを何之瑜が編み、胡適は『陳独秀の最後の民主政治に対する見解』として出版し、陳独秀が「反対党派の自由を悟った」と評価した（――胡適は以前から反対党の存在を主張していて、戦後の台湾でも主張し、雷震事件でも中国民主党結成を目指した彼らを支持した）、この時、二人の二十余年の「おのおの自分の道を辿った［分道揚鑣］」軌跡は「また思想的に一致するに到った」のだとまとめている（一八一頁）。わたしもこの見解に基本的に賛成する。が、陳独秀は抑圧された人々、被抑圧民族の解放という視点は放棄しなかったという意味で「マルクス主義的」でありつづけたと考える――葉剣英などが謂うところの「共産主義者」ではない。しかし、唐宝林のこの巨本はこの最後の論文についての分析に多くを費やさず、論証が尻切れトンボになっているのは極めて残念である。この点の検証が、本書が該書の翻訳を通じて行ったことなのである。

第二十一節　H・スネーフリート（マーリン）の「国共合作」戦略と陳独秀のその後の革命運動

陳独秀が陳炯明の招聘で行った広州での教育委員長としての活動については唐宝林書、村田雄二郎「陳独秀在広州（一九二〇～二一年）」（『中国研究月報』一九八九年六月）で論究されているので略す。

ヴォイチンスキーは一九二〇年秋に上海フランス租界にいた孫文に会っている。紹介したのは陳独秀である。孫文は、広州に軍政府を打ち建てた「社会主義的」な陳炯明の招きで間もなく広州に行く前だった。大きな孫文の家は華僑の党員が建ててくれたものと言われ、書棚は本で一杯だった。孫文はロシア革命に関心を示したが、袁世凱がいかに辛亥革命を裏切ったか、帝政実現のために「二十一か条」を日本駐華公使に示したのだ、というような考えを述べた。その後まもなく孫文は広州に行った。彼は軍事行動を継続して、陳炯明の南方での勝利を利用して北伐によって革命を華中、華北に拡げようとした。しかし陳炯明は北伐ではなく、広東をモデルに、これを全国に広げるよう、「連省自治」的な考えをしていた。陳独秀を広東の教育委員長として招いたのもその考えからだった。ヴォイチンスキーはその後広州に行き、陳独秀と共に陳炯明に会った。陳炯明は孫文を、理想家で現実から離れた人だと見ていることがその話から知れたという。この分岐が後の陳炯明の反乱による孫文追放という事態を生むのである（「我与孫中山両次会談」『共産国際』二、九九頁）。ヴォイチンスキーはその後、一九二一年初めにロシアに戻っていった。

かれに代って中国に姿を現したのはモスクワのコミンテルン執行委員会ＥＣＣＩの直接代表として、この年、一九二一年四月にヨーロッパを発って上海に着いた「ヘンドリックス・スネーフリート（Hendricus Sneevliet）」である。「マーリン」はその中国名、オランダ人で、オランダ領東インドでの社会主義活動の経験を持った人物だった。この「スネーフリート」の中国共産党への指導方針が陳独秀の、延いては中国共産党のその後のあり方を大きく規定し、その歴史的経験の「曲折」の中から「毛沢東主義」が生まれてくることになるのである。少し詳しく見ていくことにしよう。

スネーフリート（マーリン）路線

ヘンドリックス・スネーフリート（一八八三―一九四二）はロッテルダム生まれ、一九〇〇年にオランダの鉄道会社に就職して労働組合活動で活躍し、一九〇二年にオランダ社会民主党に加わった。その後一九一三年にオランダ領インドネシアに渡った。オランダの帝国主義化は一九〇五年頃から本格化したが、それに抗するかのように、一九一四年にジャワで社会民主連盟を作った。第一次大戦期の一九一六年に社会民主連盟とイスラム教連盟を合作させ、植民地での社会運動を広げた。ボルシェヴィキ革命が起きると、それに同調して左傾し、一九一八年にジャワ当局から追放された。その後、一九二〇年に社会民主連盟の友人たちとインドネシア共産党を設立した。この年に、インドネシア社会民主連盟、イスラム教連盟代表としてコミンテルン第二回大会（モスクワ）に出席、七月二〇日に報告を発表した。その報告で評価されて、コミンテルン執行委員会ＥＣＣＩの委員、民族・植民地問題委員会の書記になった。この時に中国に派遣されたのである。中国での二年半の活動は後で触れるが、中国から帰った後、一九二三年にコミンテルンのウラジオストック局で仕事をし、二四年にモスクワに戻ったが、コミンテルンと合わなくなったらしく、同年四月にオランダに帰国し、オランダ共産党で活動、革命的な労働組合組織の指導者として活動した。しかし、次第にトロツキー反対派に同情するようになり、一九二七年にオランダ共産党を離れた。一九二九年にはトロツキー派の革命社会党を設立し、一九三三年から一九三九年第二次大戦勃発まで党の唯一の国会議員として議席を占めた。しかし一九三八年のトロツキーの第四インターには加わらなかった。ナチスドイツ占領下にレジスタンスに参加、秘密新聞を編集したが、ナチスドイツに捕えられ、一九四二年に処刑された。

かれはオランダでもよく知られた社会主義者で、背が高く鬚を生やし、響くような声で立て板に水のように弁じ、マルクス主義理論に通じた活動家だった。中国に来た当時、かれは気力・体力の頂点にあった頃で、学識に優れ、英語・ドイツ語・フランス語を話し、倔強で優秀な国際的な活動家だった。帰国した後の経歴を見ると、陳独秀と同じくトロツキー派に近い社会主義者になっており、不思議な思いをさせられるのだが、その辺も追々触れることになろう。

以後は本来ならば、本名のスネーフリートで一貫して書くべきであるが、研究史上「マーリン」が通用されていることがあり、以下では彼の代表的な中国名「マーリン」を多く使用するが、欧州、モスクワが舞台の時には本名を使用する。混用は紛らわしいが、過渡期ゆえ、やむをえない。諒解されたい。かれが一九二〇年八月にコミンテルン執行委員会ECCIから中国派遣員に任命された時、第二回大会でかれの報告を聞いたレーニンが推薦状を書いている。レーニン自身にも会っているが、かれに与えられた任務は、(一)極東(中国)にコミンテルンの局を作る必要があるかどうか調査すること。(二)中国、日本、朝鮮、東インド、インドシナ、フィリピンと連絡してそれらの地域の調査をすること、だった。

かれはイタリア、ウィーンで仕事をしたのちビザを取得したが、ウィーンで警察に捕えられた。何とか釈放になったが、国外追放になった。逮捕時にパスポートをウィーン政府に取り上げられたため、ウィーン政府から各国政府に要注意人物として通知が廻された。そのため、一九二一年初めにヨーロッパを起ち、六月三日に上海に着いたが、途中の各港で厳しく調べられ、日本は上陸を拒否した。オランダ政府も上海領事館に連絡していたので、領事館に登記して正式身分として入国するよりほかなかった。上海にはほとんど伝手は無かった。それで北京に行き、ソヴィエト・ロシア代表部とコミンテルン・イルクーツク局に連絡を取り、中国の共産党を成立させる実際の組織工作がまだ終わっておらず、未完成であること、上海でそれを始めなければならないことを知った。ヴォイチンスキーが帰国した後、資金欠乏で、上海の共産党「中央」の活動は停滞していた(陳独秀の広州勤務は資金稼ぎの意味も持っていた)。北京で李大釗、張国燾と数回会談して、全国大会=党の設立大会を開く必要を話し、同意を得て、上海に戻った。そこでモスクワから来たプロフィンテルンのフレンベルグ、コミンテルンのイルクーツク極東書記局から派遣されてきたニコルスキーと会って、六月初めに三人で当時共産党中央を預かっていた代理書記の李漢俊と会い、かなり命令調で、全国大会の開催を決め、準備を進めるよう求めた。それを受けて上海「中央」組織は各地の共産主義小組に連絡して、集合させ、七月二三日から上海フランス租界にあった夏休み中の博愛女校と李漢俊宅で第一回共産党全国代表大会が開かれたのである。そこには上海の他に、北京、済南、武漢、長沙、広州、日本から十三名の代表と、コミンテルンからスネーフリート、ニコルスキーの二名が出席した。最終日はフランス租界警察に察知された気配が有ったので、急遽、嘉興県の南湖の湖上の観光船に移して行われた。

この第一回全国大会については多くの研究があるので省略するが、この全国大会を開いて共産党を設立させ宣言を発表するという仕方、そのコミンテルンへの加盟などもスネーフリートの活動経験からの指導によって進められたのである。各地方代表の旅費その他大会開催費用は全てスネーフリート（つまりコミンテルン）が負担した。その設立大会でスネーフリート（マーリン）は「第三インターの歴史的使命と中国共産党」と題する講話を英語で話した（通訳は李漢俊と劉仁静が勤めた）。包恵僧は「目を開かれた」と回想している。この大会に「南陳北李」と言われた陳独秀と李大釗がどちらも仕事の忙しさを理由に出席していないのは、ロシア共産党のヴォイチンスキーの指導を介して党結成を進めてきた二人にとっては頭越しのよく理解できない急な動きで、これが決定的に重要な会議だとは思わなかったからではなかろうか。このように、「中国共産党創立大会＝一全大会」開催は内部からの成熟によって開催に到ったのではなく、外部のコミンテルンＥＣＣＩ代表・スネーフリート主導だったのである。後に「三全大会」で国共合作（「党内合作」）を決定した時にマーリン（スネーフリート）と張国燾が激しく論争したが、その時マーリンは「党は早産児だ、一九二〇《ママ》年に生まれたが、正確に言えば、人が少し早く作り出した」（張国燾の言葉では「中共は人為的に組織したもので生まれるのが早すぎた」）と言っている（『共産国際』二、四七七頁、五〇二頁）。陳独秀・李大釗二人の欠席はマーリン（コミンテルン）の中共への影響力をより大きくしたように思われる。そしてその後、かれの指導の下に張国燾らと「中国労働組合組織部」を作ることになった。その経緯は張国燾『我的回憶』に詳しく書かれているが、これもスネーフリート自身の労働組合運動の経験とそれの重視が反映されたもののようである。

陳独秀は広東省教育委員長の職にありながら、中共中央局書記に選出された。政権打倒の革命を目指す共産党の指導者が「公職」に就いているのは如何なものか、というマーリンが出した問題もあり、陳独秀は上海に戻ることになるが——一九二一年の初めから広州で教育長として改革に取り組んだが、七月二三日の上海での中共一全大会で総書記に選出されたのを機に、マーリンと党の決定に従って包恵僧が広州に迎えに来たので、八月に辞表を陳炯明に出し、一緒に九月に上海に戻った——、この創立大会で決められた「綱領」は、(一)、プロレタリアートが革命的軍隊で資本家階級の政権を打倒し、労働者国家を建設するよう指導する。(二)、階級消滅までのプロレタリア独裁を採用する。(三)、生産手段の没収と社会的所有化をおこなう。(四)、第三インターへ加盟する、ことを決めていた。これは資本主義先進国の共産党綱領に近い内容である。中国人たちは一九二〇年七月のコミンテルン第二回大会の「民族・植民地問題についてのテーゼ」を知らなかったようだ。一九二〇年一一月の「中国共産党宣言」や雑誌『共産党』一号の内容を知って、この「綱領」を見ると、それらの思想の延長上にこの「綱領」が書かれたものであることが分かる。

陳独秀の広東での仕事は共産党の活動費を稼ぐ意味もあったが、先のような批判もあり、また広州での教育改革も在地勢力・保守派の抵抗が強かったので、九月に上海に戻り党務に就いた。この頃からプロフィンテルンの資金で党が運営され始めたようである。

その直後の一〇月四日のことである。魚陽里二号の陳独秀宅がフランス租界警察の家宅捜査を受け、『新青年』は一〇月一日の九巻六号を以って停刊、新青年社も解散した。『労働界』『共産党』などの雑誌が押収され、陳独秀、高君曼、楊明斎、包恵僧、柯慶施の五人が逮捕された。容疑は共産党・コミンテルンではなく、発禁の『新青年』などの保持であったので罰金刑で済んだ。

この経緯については包恵僧の「回憶馬林」(『国際共産』二、二五八頁)が詳しいので紹介する。

上海に戻った陳独秀はスネーフリート(マーリン)と会った。偏強な二人は第三インター加入をめぐって対立した。陳独秀は、中共は出来たばかりで工作も発展しておらず、第三インターを称するまでに至っていない、中国革命には中国の国情がある、第三インターの経済支援は不要、中ソ両共産党は兄弟関係で、と主張した。通訳をしていた張太雷(かれはロシア人と繋がりが深いコミンテルン国際派)が、世界の共産主義運動は第三インターの指導の下に進められており、各共産党は運動を発展させ、政権を奪取し、プロレタリア独裁を実行するのです、中共も例外ではない、とマーリンと同じく第三インターに加入すべきだと言った。陳独秀は机を叩いて――かれが癇癪を起こした時にするいつもの仕草だが――、「各国の革命には各国の国情がある。我らの中国は生産が遅れた国で、独立自主のやり方を持てば、われらはかなりのことをやる能力がある。決してどんな者にも鼻を引っ張らせることは出来ない。わしはやらんでもいい。第三インターの帽子は被れない」と言って、止めるのを振り切って出て行ったという。この日、マーリンは第三インター名で陳独秀に手紙を書いて、再度話し合いをしようと伝えた。しかし陳独秀がそれに返事を書かないうちに、フランス租界警察の手入れで、五人が逮捕されてしまったのだ。

翌日、会審が開かれ、高君曼は釈放されたが、他は拘留された。陳独秀はマーリンがくれた長い手紙が発見されたら七、八年の刑になるだろう、君らはそれぞれ道を探せ、マーリンは「熱情の人」だ、きっと仕事を探して助けてくれる、と言った。五日までに見知らぬ人が手続きをしてくれて彼らは保釈された。マーリンが奔走してフランス人弁護士を探し出し、かなりの金銭（白銀五百両）と労力を使って公審公堂の各方面に工作したのである。その二日後に裁判が開かれ、人定訊問、特に陳独秀の広東での職務、上海に戻った状況、『新青年』発行の状況について尋問が行われた――この嫌疑から見ると、陳独秀逮捕は先の一九二一年二月の『新青年』八巻六号への発禁処分と繋がっていたようである――。フランス租界で発禁になった「過激言論」の『新青年』が陳独秀が戻って来て再発行されたことに対する摘発だった。スネーフリートにしてみれば、成立させた全国統一組織の中国共産党の「総書記」が警察に捕えられたのである。これでは「任務」が完成しない、自分の使命だと思った仕事が水泡に帰すかも知れない一大事だった。意を決して奔走した。かれが弁護士を通じて各法官に金銭と力を使用したその成果はあった。「過激言論」の咎の罰金刑で済んだのである。これらの金銭は当然スネーフリートが出したコミンテルンの金である。情に篤い陳独秀はマーリンの必死の救援に軟化した。

その後、陳独秀・マーリン会談が行われ、（1）各共産党は第三インターの支部になる、（2）プロフィンテルンと中共労働組合書記部は経済関係のある組織にし、書記部の工作・予算はプロフィンテルンが批准施行する、（3）

中共中央は第三インターの経済支援を受けず、必要な支出があれば労働組合書記部から振向ける、ということになった。この経緯は、陳独秀がナショナリスト（愛国者）であったこと、コミンテルンに対して当初から独立性のある兄弟関係を考えていたことがわかる。陳独秀はマーリンの熱心な救援活動に心動かされて和解し、かれを評価するようになった。

こうして、スネーフリート（マーリン）の第一の任務、未完の中国共産党結成の工作を完了させることは、一全大会を成功させ、総書記陳独秀を上海に戻し、労働組合書記部を作り、中共をコミンテルンに加盟させることで一応終わった。次は、第二の任務、革命的民族主義者、孫文の国民党との関係を付けることが仕事になった。

陳独秀は中共書記として全国の党組織の建設と革命運動の構築を進めた。先の「宣言」「党綱」の思想から推測されるように、工作の重点はプロレタリアート（無産階級）、労働者の組織化に置かれた。この中心にいたのが張国燾である。その労働者運動のセンターとして労働組合書記部が設立されていた。北京の北京大を中心とする党・社青団が積極的に工作に入ったのが長辛店の京漢鉄道労働者で、労働者の夜学、その子弟のための学校を作り、組合活動を拡大浸透させていった。鉄道労働者の組織は漢口、鄭州でも進んだ——しかし、のちに呉佩孚によって弾圧されることになる（二・七惨案）——。また上海の英米煙草会社、紡績工場で、鉱山では唐山の開灤炭鉱（羅章龍）、安源炭鉱（李立三）、漢口人力車労働者などでも組織労働者が生まれた。一九二二年には多くのストライキが起き、最初の労働者運動の高揚を迎えた。そこでは若い共産党員の活動が目立った。党勢は順調に発展するかに見えた。しかし一つ問題が起きた。「国共合作問題」である。

第二十二節　「国共合作」＝党内合作という方式

マーリンは、中共創立大会（一全大会）を開催させた後、上海で国民党の張継と接触し、その紹介で当時「北伐」

を図って桂林にいた孫文と会う手筈をつけた。そして一九二一年一二月一〇日から翌二二年四月末まで国民党との関係構築の工作を行った。一〇日に上海を発ち、漢口・湖南経由で桂林に入り、一四日から一週間滞在し、孫文と数回会談を行った。孫文はマーリンが語るネップ経済政策に関心を示し、自分の民生主義と同じようなものだと言って、自分の社会主義的傾向をかれに見せた。孫文はソヴィエト・ロシアと非公式の同盟の意志を見せて、一人を使者としてモスクワに派遣したいと言った――これが一九二二年に極東諸民族大会に国民党から派遣されていた張秋白になるようである――。マーリンは孫文に、国民党を改組すること、軍官学校を設立することが必要だ、と言った。この時に、国共合作、共産党人の国民党加入も語ったらしい。その時の孫文の返事は、自分に服従することが条件だというものだったらしい（後述）。これが「国共合作」の最初の話である。マーリンとコミンテルンは、孫文は中国革命に欠かすことのできない人物だと思っていた。マーリンは孫文に好印象を持った。「まじめで、力強く、素朴で親しみやすく、個性的」だ。マーリンは、世界帝国主義に反対する闘争において国民党を盟友とすべきだという信念を抱いて広州に向かった（「我対孫中山的印象」『共産国際』二、二四五頁）。

マーリンは広州に出て十日間滞在した。ここで香港・広州海員ストライキを実見し、国民党と広東軍政府がそれを支援しているのを見た（三月にストライキは勝利）。かれは国民党に好感を持ち、孫文はソヴィエト・ロシアと友好関係を持つことが出来る。共産党と国民党も合作できると確信を強めた。そして、陳炯明とも会って会談した。二月三日に広州を発ち、汕頭を経て、三月七日に南方視察から上海に戻った。二週間ここに留まったが、この時上海でマーリンは陳独秀に中共・社青団が国民党に加入するという話をしたようだ。孫文の意向は中共と国民党の連合戦線ではなく、孫文の指令の下に中共党員を置く、それ以外の協力関係は駄目だというのを伝え、それで植民地テーゼに従って民族ブルジョワジーとの連携を達成するために、中共党員が個人の資格で国民党に加入する形での連合戦線を持ち出したらしい。かれはその後、北京へ発ち、三月二三日に到着して、南方視察で得た識見をまとめた二本の報告をソヴィエト・ロシア公使パイケスに提出してモスクワに送ってもらった。一本はＥＣＣＩ宛の中国共産党と国民党の紹介で、もう一本はソヴィエト・ロシア政府外交人民委員部宛で、ロシアの使者を南方に派遣するように述べたものだった。その後、四月二日に上海に戻っている。

　モスクワで開かれた極東諸民族大会——開催は遅れて二二年一月末から二月初めに、場所もイルクーツクからモスクワに変更になった——に出席して、三月末に戻った張国燾（中共代表）から、大会の様子とレーニンとの会見の報告を受けた陳独秀は、国共「合作」（協力）には同意するが、国民党は宿弊［毛病］が多すぎ、マーリンの考えは甘い、中国のことを良く知らない、と言った。辛亥革命期以来、国民党人と付き合いが有った陳独秀は国民党の体質を良く知っていたからだ。陳独秀のみならず、中共メンバーは国民党はウドの大木で腐っていて頼れない連合相手だと思っていたのである。孫文をさえ、「かれは沢山言うが、少しも出来ない［他説得多、做得少］」つまり「孫大炮《ほらふき》」だと見、その軍事一辺倒の投機主義、大衆軽視を批判的に眺めていたのだった。

　四月二日に上海に戻ってきたマーリンは共産党、国民党の面々と会談した。この時、共産党の陳独秀たちと会議を行って、きみたちの「宗派主義」、「国民党を排斥する立場を放棄して、該党の内部で政治活動を展開し、その一切を通じて南方の労働者・士兵に通じる便利な門径《みち》が得られる。党は独立性を放棄する必要はなく、それとは逆に、同志たちは自分たちが国民党内で採る策略については統一しなくてはならない。かれらはその党内で共産主義の宣伝をするのを許すと言っている」と言って（「マーリンのコミンテルン執行委員会ＥＣＣＩへの報告、一九二二年七月一一日」、『馬林在中国的有関資料』二二頁）、ジャワ方式——イスラム教連盟の中に社会民主連盟員が入って、その内側から左翼化させた方式——に倣って、「党内合作」を勧めた。国民党は弛んだ組織だから、共産党員が「個人資格で」加入し内側から動かし、容易に大衆運動の思想を提唱するようにできると見たのだった。しかし、陳独秀たちは「断固反対」し、賛同しなかった。

　四月六日に陳独秀はヴォイチンスキー（コミンテルン東方部）に宛てて手紙を書いて、それに反対する理由を六つ挙げている。㈠、両党は革命の宗旨と拠る基盤が異なる。㈡、国民党のアメリカや張作霖、呉佩孚、段祺瑞の軍閥と連繋する政策は共産主義と相容れない。㈢、国民党はまだ政治綱領を出しておらず、権力と利益を争う政党だとみられている、もしこれに加入したら社会的に信用を失い、発展の機を失う。㈣、広東の陳炯明は国民党だが、実は孫逸仙派に激しく反対しており、われわれが国民党に加入したら、すぐに陳派の敵視を受け、広東でも活動できなくなる。㈤、国民党孫文派は以前から新加入者の意見を容れず、また権力的である。㈥、広州、上海、北京、長沙、武漢各区の同志の会議において審議され、どこでもきわめて否定的な態度を引き起こした、事実上国民党加入の可能性は少しも無い、と書いた（『「二大」和「三大」』三六頁、グルーニン論文『コミンテルンと東方』所収）。ヴォイチンスキーに手紙を書いたのは、最初の接触からよく知っていて信頼できるヴォイチンスキーのイルクーツク局を通じてコミンテルンに働きかけてマーリン提案を阻もうとしたのだろうと思われる。陳独秀は六月三〇日にも再度かれに手紙を書いて自分の見解を繰り返している。

この頃、四月に北京清華学校で世界キリスト教学生同盟の世界大会が開かれるというニュースが伝えられ、三月中旬から社会主義青年団が上海で起こし始めた反対運動＝反キリスト教運動が広がりを見せ始めていた。これは前著『中国の反外国主義とナショナリズム』（二七三頁）でも触れたので省略するが、党中央がこうした情況にあったことを考えると、反キリスト教運動が中共党ではなく、社会主義青年団が中心になって行われたことがよく判る。

スネーフリートはその後、四月二三日に上海を発ち、マルセイユ経由でモスクワに帰って、七月一一日にＥＣＣＩに報告（前記引用部を含む）を提出し、一七日に発表した。それは、中国では社会階級の成形された分化は見られない、だから階級にはまだ政治的な意義はないが、ただ孫文の下の中国南方では共産主義の可能性がある。ここでは民族運動と労働者運動の良好な関係がある。国民党は「民族・植民地問題テーゼ」のいう「民族革命運動」で、国民党はブルジョワ政党ではなく、block of various classes（各階級連合）の民族革命集団——のちの「四階級ブロック論」につながる規定か——で、辛亥革命以来の知識人リーダー層、華僑ブルジョワ、軍の士兵、労働者の四類から成っていると指摘した。この報告の中には農民とブルジョワジーが含まれていない。農民の大多数は小佃農で彼らは国家の中でいかなる役割も果たしていない、他国に例のない状態で、土地綱領は作りようがないとしていた。外国人のかれには中国の土地問題等を知るのは困難だった。華僑ブルジョワは革命の匿名参加者にとどまり、革命の先鋒は都市プロレタリアに求められたが、その南方の労働者大衆と緊密な連係を中共は持っていない、中共は学派的な存在で、心の狭い「宗派主義政策」を行っていると見た。それで、孫文の社会主義的側面を評価し、労働者と繋がりのある国民党の内に共産党員が加入する合作を、上述のように提案したのだった。

これでスネーフリートの当初の任務は一応完了だった。だがこの報告は単なる調査任務の報告に止まらない領域を持っていた。モスクワには中国の状況について理解した人がいないことを知って、かれは任務の調査の枠を越えて将来の方針について大胆に提案して、モスクワの同意を得ることになるのだが、それ以前に中国でその提案の方針を既に打診していたのである。さらには、この合作方式は階級組織を混合することはないし、党の独立性、独立政策を制限しないと強調したが、どう保障されるのかは明らかにされていない。またなぜ中共人がかれの提案に賛成しないのか説明する必要はないという姿勢を示している。つまり、自分の今までの運動家・革命家としての労働者運動、社会主義活動の経験から、提案する政策の正しさに自信があり、「もしかれら（中共）が国民党に加入しなかったら、どんな前途も無い」と、強い確信的な態度を示したのである。

コミンテルン執行委員会ECCIはかれのこの中国状況についての意見に同意した。ソヴィエト・ロシア政府外交人民委員部、コミンテルン・イルクーツク局などはそれ以前から中国の友人として開明的な軍人政治家とみた呉佩孚との連携を考えていたのだが（後述）、それを軌道修正させたのである。ECCIは一九二二年七月一八日に決議して、スネーフリートの意見を実行し、中共中央を広州に移し、中共はこの通知に接してから全工作をスネーフリートとの密接な関係の下に行え、という指令を出した。スネーフリートはコミンテルンと外交人民委員部から命を受け、全権を委託されて指令・訓令を持って「八月」に中国に戻る。「マーリンの第二次来華」である。

マーリンの第二次来華　その際、ラデック（後にトロツキー派になる）が委任状を書き与えたのだが、ECCIはラデックが起草した「八月指令」（「ECCIが派遣し中国南方に駐在させる代表に与える指令」一九二二年八月、『共産国際』二、三二四頁）を与え、それに従って工作活動をするように命じた。スネーフリートは外交人民委員部が全権として中国に派遣するヨッフェ（国際法の教授、トロツキーを代表とするブレスト・リトフスク条約交渉団の外交員だった。トロツキーの友人）と一緒に行くべきだと考えた。ヨッフェもスネーフリートの考えに関心を寄せ、孫文の国民党と良い関係を作るのに賛成し、中東鉄道についての孫文の考えに特に関心を持った。こうしてスネーフリートとヨッフェは一九二二年七月二四日にモスクワを発ち、ハルビン経由で八月一二日に一緒に北京に着いたのである。これが「孫文・ヨッフェ共同声明」を、そして中共三全大会決議にもとづく「党内合作」である「第一次国共合作」を生むのである。

以下の各節では「スネーフリート」ではなく「マーリン」を主に使う。

第二十三節　『好人政府』・陳炯明の孫文追放・中共二全大会

この間、中国では、中共が六月一五日付で「時局についての決議（第一次）」（起草陳独秀）を発表して、革命的民主勢力の連合戦線の方式を主張していた。なぜか。この間に三つのことが起きていたからだった。

一つは、胡適、蔡元培らが五月一四日に『努力週報』上に、「われわれの政治意見」を発表し「好人政府（良き人の政府）」への期待を述べたが――詳しくはグリーダー『胡適』二八五頁以下参照――、それに李大釗が署名していて、他の党外の友人たちも中共も賛同するよう求めたことだった。そうした政治潮流に対して、中共として態度を決めなくてはならなかったから、陳独秀が起草して、他のメンバーが手を加えた「中国共産党の時局についての主張」（第一次）を発表した。張国燾がこれを持って北京に行き、李大釗を説得した。李大釗がこれを古い友人たちに見せたところ、「独秀は相変わらず新奇をてらうのが好きで、今（度）も反対を唱えるか」と云い、ある人は考えて支持すると言ったが、これは独秀一人の考えではないと言うと、何人かは中共に同情を示し、何人かは中共と袂を分かったという。「時局」論は、胡適らとは別の方法を主張していた。それは、一、民主派と連絡をとり、共同して封建軍閥に対して革命し続ける、二、国民党など革命的民主派……を招請して連席会議を開き、右原則の上に共同して民主主義的な一つの連合戦線を作り上げ……軍閥と戦い続ける、というものだった。つまり、それぞれ独自の政治的主体性を持った団体の連合戦線という考えである。これは党結成以来の考えの延長にあり、陳独秀の手紙と同じである。

第二は、マーリンが高く評価した孫文の置かれた状況の激変である。六月一六日、広東軍政府を支えて孫文を招いて推載していた陳炯明が、孫文の北伐一辺倒主義（全国統一優先主義）に反対して、広東の地盤固めを主張（地方重視主義）して「反乱」を起こし、孫文を追放した事件である。孫文は桂林で北伐を計画、直隷派（曹錕・呉佩孚）を南北から挟撃するため一九二一年冬に奉天派の張作霖の提案する同盟に食指を動かし協定を結んでいた（のちにこれに安徽派の段祺瑞が加わり、孫・張・段同盟になった）。孫文は北京を支配する直隷派を敵にして、武力による中国統一をめざしていたが、呉佩孚が張作霖と戦って共に傷つけば漁夫の利が得られる、とも考えていたらしい。陳炯明はこれに反対し、広東の地固め、広東をモデルに全国に推し進める「連省自治」のような路線を進めるべきだとして、両者の対立が深まっていた。陳炯明が呉佩孚に歩み寄ろうとした機に、大元帥孫文は広州に戻り、省長の陳炯明を解任した。陳炯明は部隊を率いて広州を退出、事態を静観した。孫文が南方政府の清浄化を決めると、陳炯明は北方の奉直戦争での直隷派の勝利の形勢を見つつ、広州に進攻、孫文を追放し、南方政府を解散、はっきりと呉佩孚支持を明らかにした。しかし桂系軍閥はこれに反対、孫文の復帰を画策していた（『国際共産』二、二四四頁）。後にかれらが陳炯明を追い、孫文を再び広州に迎えることになる。従来の国民党－孫文史観では、陳炯明は反動的人物として描かれて来たが、かれは同盟会以来の革命派で、一時は「社会主義将軍」とも言われ、陳独秀を広東の教育委員長に招いたり、海員ストを支援したりしていた開明派人物である。他省でも連省自治運動（湖南の毛沢東も）が進められていたから、かれの考えも一つの現実的な路線ではあったのである。中共広東区委の譚平山（広東人）らも孫文ではなく、陳炯明を支持した。それで、孫文を支持した中共中央（陳独秀）から処分を受けることになるが、この陳炯明の反乱で、孫文は逃れて上海に来た。中共は孫文を支持したが、孫文の威信は低下した。それもあって孫文との合作の熱意は上がらなかったのである。

しかし、こうした事情にもかかわらず、マーリンとコミンテルンECCIの国民党・孫文への評価は低下するどころか、合作に一層熱心になった。マーリンは前述したように七月一一日にモスクワでECCIに中国情勢についての報告を書き、中国専門家ラデックに報告したが、その報告の要点（前述と重複する）は、（一）、（中共がある）上海には見るべき労働者運動はない、（二）、中国の（共産主義）運動とその可能性については悲観的である、（三）、わたしは南方で始めて工作が為され成功したのを見出した、というものだった。つまり、国民党が省港海員ストを指導し、国民党と労働者が親密な関係にあり、一万二千の労働者が国民党に入っているが、共産党はスト労働者と連繫も持たず、スト支援もしていない。「わたしはかつてかれらに、国民党を排斥する態度を棄て、国民党の中に入って政治活動をするよう提案した。」しかし、かれらは反対した。これらの小団体［当時の党員数は一五九人、他に青年団があった］の宣伝工作の先の見通しは暗澹たるものであろう。中共中央は広州に移すべきである、というものだった。そして一七日に報告を発表、翌一八日にコミンテルン主席団は中共党員の国民党加入、中央の広州移転を決定し、マーリンが中国に戻ってこれを執行するように指示を与えたのだ。この時ソ連政府はヨッフェを中国に派遣する所だった。マーリン（スネーフリート）はラデックに報告して話をしたが、その時に、自分はヨッフェに陪《つ》いて行くべきではないかという考えを申し出ると、受け入れられたのだという。この時チタ（コミンテルン東方部極東局）の呉佩孚との提携の考えは粉砕できたが、それで滞在二週間で急いでモスクワを離れ、ヨッフェに随って中国に出発したのだった。

ヨッフェと共に中国に戻るとき、ＥＣＣＩはかれに前記の「八月指令」を与えた。マーリン（スネーフリート）は中国に戻ってこの指令に従って工作を再開するのである。従って、駐華ソヴィエト・ロシア政府全権のヨッフェの対中国外交もそれに歩調を合わせる必要が出てくる（十二月に「ソヴィエト連邦」になる。以下「ソ連」を使用する）。

マーリンの第二次来華と「八月指令」

その「指令」は、（一）コミンテルン代表の活動は、第二回大会の植民地問題に関する決議にもとづかなければならない。（二）ＥＣＣＩは、国民党を一九一一年革命の遺志を守り、独立共和国を樹立しようとしている革命党とみる。だから中国共産党人は以下の任務を持つべきである。1、独立思想を持った党員を訓練し、将来、彼らに由って中国共産党の核心を作る。2、党はブルジョワ階級、小ブルジョワ階級のなかでますます明らかになってくる分裂に随って成長する。分裂する前は、共産党人は国民党を支持しなければならない。特に国民党内の無産階級分子と手工業労働者を代表する一翼を支持すべきである。3、これらの任務を完成させるために、共産党人は国民党内と労働組合内に共産党を擁護するグループを組織すべきである。このグループから、反外国帝国主義、中華民国樹立、中外の搾取者に反対する階級闘争の思想を宣伝する団体を作らねばならない。4、反外国帝国主義闘争の為に専門の宣伝組織を作る必要がある。v、中国共産党人の最重要任務は労働大衆を組織することである。この任務の完成には当面労働組合を組織するという形をとれるだけである。（〈中段要約〉、現在、地方性の無政府主義的なギルド［行会］の祭祖、祭神の宗教迷信活動によって労組組織活動が阻害されているので、それを回避しながら、その不充分さを訴えて進めなければならない。）vi、労組の集中化を実行する。（『共産国際』二、三二四頁、『コミンテルンと東方』二六五頁のカルトウノヴァ論文の訳文を参照した。番号の数字記号の不一致はママ、傍点は筆者）。

【注】　議論を少し先取りすることになるが、マーリンは、この指令（提綱）の主要な論点は「共産党員が革命的民族主義政党国民党に加入することだった」（『共産国際』一、一八八頁）、「去年八月にＥＣＣＩはすでに共産党員（南方の党員だけでなく）に国民党に加入することを命じている。今年［一九二三年］一月の指示［一・一二指

示」の中に「中国共産党員が国民党内に留まるのが適当である」、とあり、この語句は「八月の指示」を肯定したものだ（『国際共産』二、四六二頁）と解釈し、三全大会で国民党加入に反対した張国燾の解釈は間違っていると言う。マーリンがこの解釈で国共合作＝「党内合作」工作を進めたことは間違いない。

では、四月と六月の二度陳独秀から国民党加入は反対だという手紙を貰っていたヴォイチンスキーはどう反応したか。かれはコミンテルン極東局の名で、マーリンに、中共は執行委ＥＣＣＩの最高決定に従って、通知を受け取った後、「合作工作をフィリッポ（マーリン）同志との緊密な連係の下に行え」との「訓令」を中共に与えたのだった。後にヴォイチンスキーら極東局は、マーリンの党内合作に批判的立場を取るようになるのだが、この段階ではまだ、ＥＣＣＩの方針に従ったのだった。

第三、この頃、陳独秀らは中共第二回大会を七月一六日から二三日まで上海で開いていた。大会宣言は陳独秀、蔡和森、張国燾が起草し、民主主義革命（ブルジョワ革命）を軽く見、無産階級専制（プロレタリア独裁）へ向けた取り組みを強調した──それで、民主主義革命の指導権を放棄したとも言われる──。二全大会は、中共はプロレタリアートの政党で、孫文の合作の意向は中共と国民党との党外連合戦線というのではなく、孫文の指令の下に中共党員を置くものであり、採用できない。「統一戦線」は党外連合戦線の政策にし、それ以外の協力関係は駄目だ、というものだった。この意向を孫文国民党に通知した。つまり、マーリンの共産主義者の国民党加入の勧告に従わなかったのである。

その後八月七日に、陳独秀が再びフランス租界警察の家宅捜索を受けて逮捕される事件が起き、救出活動（孫文、李大釗、少年中国学会、非宗教同盟、社会主義青年同盟など）の努力で、一八日に何とか会審堂で、罰金刑で保釈になった（第二十節で前述）。

陳独秀のこの逮捕拘留中の八月一二日に、マーリンとヨッフェが一緒にロシアから北京に着いたのだ。マーリンは「八月指示」と極東局の「訓令」を持ってきていた。当然、マーリンは中共指導者たちをコミンテルンの正式同意を得たかれの戦略方針（＝八月指令」）に従わせようとした。かれは北京から李大釗も一緒に連れてきて、中共中央の会議を召集させ、二二日に開いた。これが有名な「西湖会議」である。論争の内容は張国燾の『我的回憶』に詳しい。

西湖会議――中共党員の国民党加入の決定

マーリンは、（一）中国革命は民主的民族的革命で、プロレタリア階級の力は小さく、社会主義革命は出来ない、（二）孫文の国民党はブルジョワ階級の政党ではない、力量のある民主的民族的革命政党で諸階級の革命分子の連盟である、（三）孫文は中共と平行的な連合はしない、中共党員が国民党に加入し（その命令下に入る）のを許すだけである、（四）中共は、西欧の労働者運動でコミンテルンが進めている各国共産党員が社会民主党の労働組合に加入する連合戦線の経験に学ぶべきだ（筆者注、イギリス共産党員が労働党に入った事例を指す）、（五）中共党員の加入は革命勢力の団結、国民党の革命化に繋がり、国民党指導下の労働者大衆を獲得できる、として、これはコミンテルンの決定である、として強制しようとした（『我的回憶』一、二四二頁）。

陳独秀、蔡和森、張国燾はこれに反対で、特に若い張国燾とフランス帰りの蔡和森が激しく反発した。陳独秀らは、両者平行の党外連合を考え、個人加入方式は国民党内部で多くの複雑で解決し難い問題を惹起する、革命勢力の団結に有害だ、階級組織を混合させ、共産党の独立政策をできなくさせる、と反対したが、李大釗が調停的態度をとり、条件付きで中共の指導メンバーが入り、両党の架橋役になることにし、マーリン・コミンテルンとの対立を避ける提案をした。会議はこの線でまとめられた。陳独秀は、中共がコミンテルン支部である以上――中共は二全大会で正式加入を決定していた――、指令がコミンテルンの変更し得ない決定なら、従う。しかし孫文に指紋を押して宣誓する入党方式（＝中華革命党以来の孫文に忠誠を誓い宣誓するやり方）は取り消すのが条件だ、と言った。張国燾、蔡和森は不同意だったが、決まった。八月二二日、中共はついにマーリン提案の国民党加入を形式的に、一部のリーダーたちが個人資格で加入するという形で容れた——しかし、その後も一般党員は加入せず、一九二四年までは実質的には拒み続けている。

陳独秀はマーリンと対立した張国燾をなだめる意味もあって、二全大会決議と西湖会議の決定を中央代表として各地に伝える任務を与えた（『我的回憶』二三四頁以下）。

マーリンの仲介による孫文とヨッフェの接触

この中共の決定を受けてマーリンは八月二五日に上海フランス租界で孫文・廖仲愷と二度目の会談を行った。孫文は六月一五日の陳炯明の反乱で広州を追われて上海に来ていた。マーリンは、モスクワの話をして、コミンテルンが中共党人に国民党に参加するよう通知したと語り、中共党員の国民党加入と陳独秀の条件を伝えると、孫文は陳独秀の条件を呑んで受諾した。孫文や側近たちも陳炯明に追われてから、党の改編、軍事主義から大衆への革命宣伝の重視を考えるようになりはじめていた。マーリンはさらにソ連政府代表ヨッフェの八月二二日付けの孫文宛の手紙を持って来ていて、ヨッフェに代って孫文と掛け合い、ソ連政府が孫文の国民党への協力と援助をしたいと考えていると伝えたのである。広東を追われて窮地にあった孫文は、ソ連と緊密な関係を打ち建てることが絶対必要だと言った。

そのヨッフェの八月二二日付け孫文宛手紙（『共産国際』一、一〇三頁）は、手紙を「マーリン同志を通じてあなたに送る」と述べ、（コミンテルン代表である）マーリンはソ連政府官員ではないから、「交渉権限」はないけれどもとして、次のような問いかけをしていた。

わたしは新任で中国事情には詳らかではないが、（1）張作霖は民族解放派なのか、他派よりも反動で、日本の代理人ではないのか。（2）なぜ、そのような張作霖と反呉佩孚の協定を結んだのか、（3）陳炯明との分岐はどこにあるのか、（4）北方の議会（国会）をどうして無視するのか、（5）呉佩孚と結んだら、あなたと国民党の影響力は大きくなり、外交も国民党や中国人民の利益に沿うものになるのではないか、と。そしてまた、自分は対日問題〔日本を我が領土から出すこと、撤兵後の処理〕をしなければならないが、蒙古問題は今わがソヴィエト・ロシア軍が撤退したら、日本が機会を見て入ることになる、撤退は中国にとって不利である、あなたはわたしの意見に同意しますか？　と。

孫文は八月二七日にヨッフェ宛に返事を書いて、北京に帰るマーリンに持たせるのだが――その内容は後述する――、この会見と手紙が翌一九二三年一月の「孫文・ヨッフェ共同声明」に至る地均しになった。この会見の数日後、陳独秀、李大釗、蔡和森、張太雷が張継を介して孫文に会い、孫文自ら盟を主宰し、「跨党手続き」をして正式に国民党に加入した。最も強く反対した張国燾はのちに張継の立ち合いで国民党に加入した。中共の幹部たちだけが国民党に入党したので、一般党員はまだである。一般党員の加入は国民党改組、「国民党一全大会」を経た後のことになる。しかし、ソ連政府外交人民委員部の駐中国全権ヨッフェはこうして孫文との脈のある繋がりを持ったのである。

これにともなって、孫文は国民党の改組をすることになるが、陳独秀はその改組委の委員になる。国民党改組、大衆性を持った宣伝・煽動をする政党への脱皮の必要性はマーリン、ダーリン〔青年国際代表〕らが、軍事的手段ばかり考えていた孫文に会うたびに口を酸っぱくして言っていたことで――陳独秀や共産党人もそう主張していた――、それで孫文も考えを少しずつ切り替え始めた。孫文の思想の経験的成熟でそう考えたのではない。

「造国論」　この流れで一九二二年九月に、陳独秀は「造国論」を書き、真の独立と国家形成の「国民革命」を主張した。中国はまだ「造国」の時代にある、国民軍を組織して国民革命をおこなって国内外の全ての圧迫を解除し、民主的な全国統一政府を作る、そして国家社会主義で実業を開発するのだと言った。これはまた、第一次奉直戦争で張作霖に代った「開明的軍閥」呉佩孚を後ろ盾に一九二二年に組織された北京政府が運んできた「法統の回復」、憲法制定、地方分権、国会選挙、財政整理などの僅かな希望に光を見出した「好人政府」グループの胡適ら改革派の連省自治論に対して、「統一国家」形成を主張したものだった。コミンテルンのマルクス主義者が、「外国帝国主義と国内のその封建的代理人」に反対し「国家統一」をめざす「民族革命」（当然にもブルジョワ的性質の「民主革命」）と言ったものを、ともに同じ nation という語句だが、「国民革命」と言い換えたのである。十八世紀西欧のようなブルジョワ階級による革命の可能性は中国には無いのだから、課題を明確にして「国民革命」（真に独立した「民族国家」national state を作る革命）が課題だとしたのである（『嚮導』一二八期）。この「国民革命」という語が全国普遍的なスローガンになった。優れた直観と非凡な造語能力の発揮というべきだろう。孫文もかつて「英雄革命」に対比させて「国民革命」という言葉を「軍政府宣言」で使っていたから、それぞれが自己流に意味づけして、みなが多義的に共有できたのである。

これに対して、胡適は一九二二年一〇月一日、中共二全大会の革命綱領に対して反論を行い、その国際関係の把握は誤っているとして、「外国投資家が中国が平和で統一されてあるのを希望しているのは、中国人民が平和と統一を希望しているのに劣らない」、「政治の改造が帝国主義に抵抗するよりも先決問題だ」と言ったのである（「国際与中国」『努力週報』二十二期）。これは後に一九二五年一〇月に亜東で、胡適が「仲甫、帝国主義がどこにある！」と言った、問題と主義、帝国主義をめぐる二人の論争で明確になる政治的分岐の始まりだった。レーニンの『帝国主義論』が出たのは一九一七年で、「帝国主義」という言葉が一般化するのはこの頃からで、一方に、第一次大戦後の国際協調——国際連盟、ワシントン会議——の流れがあり、もう一方で、それに対抗するコミンテルン第二回大会、極東諸民族大会の流れがある。胡適と陳独秀が使用する語彙もこの二大世界潮流の中にあった。胡適は前者に、陳独秀は後者に身を寄せながら世界と中国を見ていた。『新青年』をめぐる分岐はここに来て『嚮導』（一九二二年九月創刊）と『努力週報』の政治的見解の違いとして明確になったといって良い。

陳独秀は九月に国民党改造案起草委員になり、かれらが起草した党綱、総章は一一月に出来あがり、翌一九二三年一月に孫文によって「改造宣言」とともに宣布されるが、それは、普通選挙、集会・言論の自由、土地法、大商工業の国有化、労働者保護、地主小作関係の調整など、社会主義的色合いの濃いものだった。

陳独秀は、改造起草案が出来上がる前の一九二二年一〇月初めに上海を発って、一一、一二月にモスクワで開かれたコミンテルン第四回大会に劉仁静とともに出席した。陳独秀はロシア語が出来なかったから、中共報告は劉仁静が行った。国民党内に加入するという報告だったが、これに対しラデックが、中共は書斎から出て群衆の中に入れと勧告した――大衆性のあるプロレタリア（労働者）政党になれという意見だったようだ。大会は「東方問題について」を通過させ、東方では反帝統一戦線を提出すべきだとし、民族民主革命への積極的参加を言った。

ヨッフェ・孫文往復書簡

ヨッフェ（ソ連政府駐中国全権）は先の手紙に対する孫文の返信をマーリンから受け取った。そして、モスクワのカラハン（外交人民委員代理）に極秘電報を打った。
孫逸仙はこの策略［ヨッフェの質問のこと、漢語訳は「圏套」］にのり、全ての厄介な問題に孫逸仙はこたえた、（1）（北京の）現中国政府は何の意味もない、列強のコントロール下にある、（2）私の蒙古政策に同意し、必ず共同交渉で問題を解決しなければならないが、すぐに我らの軍隊を蒙古から撤出させるのは中国にとっては不利だ、と言ってきた、（3）張作霖との交渉はあまり熱意のあるものではない、そうしないと張作霖は更に日本人の懐に入ることになるだろう［からだ］、（4）呉佩孚との交渉についても語っているが、かれ（孫文）はわれわれが日本と交渉するときに、条約を結ぶために中国の利益を犠牲にする準備があるか、例えば、ツァーリが日露戦後に南満を日本人に譲ったように、北満をかれらに与えることも含むのか、そういうことがあるかどうか、と問うてきた。（八月三〇日北京電、『共産国際』一、一一三頁、八月二七日付「孫逸仙給越飛（ヨッフェ）的信」は、一〇九頁所収）
ヨッフェはまた、西湖会議の後に北京にやって来た張国燾と会談して中国の国内政治情勢を聞いた。しかしかれの主要な交渉課題は外蒙古問題、中東鉄道問題というソ連と中国の政府間問題で、交渉相手は、第一には北京政府であり、第二には満洲の張作霖であり、第三には撤兵とニコラエフスク事件の解決を必要とした日本だった。だからそれらとの交渉は北京、長春などで行われ、忙しかった。しかし、交渉は双方の主張が対立し成果は望みが薄かった。この間、重要な秘密交渉が上海でソ連外交人民委部と孫文との間で進行していた。スネーフリート（マーリン）が上海の孫文と北京のヨッフェの間を行ったり来たりして双方の仲介に奔走した（『我的回憶』一、二五三頁）。孫文側近の張継も孫文の手紙を持って北京に行った。五か月の秘密交渉を経て、孫文がかなりの覚悟を持って国民党改組に踏み出した年末ごろ——陳独秀らの改組案が出来た頃——に、ソ連と孫文との間に協議を成立させることに成功した。この秘密工作はマーリンとヨッフェの共同作業といってよく、二人は共同署名でECCIに対して「提綱」を出した。

このヨッフェ・孫文往復書簡の内容を理解するためには、中東鉄道問題、蒙古問題、張作霖、呉佩孚との関係の問題などについて整理しておく必要があるので、先に進む前に整理しておくことにする。

第二十四節　ソヴィエト・ロシアと中国の懸案問題（中東鉄道・蒙古問題）、錯綜する中国政治とソヴィエト外交——「呉佩孚・孫文」連合政府か孫文・国民党支援か

一九二〇年代のソヴィエト・ロシアの中国政策は複雑である。革命拡大の「革命外交」と国家間関係の外交とが絡み合っているからである。前者は「共産主義インターナショナル」（CI、コミンテルン）が、後者はロシア共産党（RCP）とソヴィエト・ロシア政府外交人民委員部が担当している。二者は一応別の主体で、矛盾した性格を持ちながら、ロシア共産党を間に介して重なり合うところが出る。

ソヴィエト・ロシアは欧州での社会主義革命の挫折から転換して、「東方」に仲間と盟友を求める「東方政策」を探り始めた。世界的な反帝国主義の闘争の力を組織しよう、それによってロシアの革命政権を生き残らせようという戦略である。コミンテルン第二回大会決議の民族・植民地問題テーゼは、植民地における共産主義者の民族解放闘争（ブルジョワ民主革命）への支援を打ち出した。植民地は帝国主義国家の「後方」基地で、反植民地・民族解放闘争はその後方基地を破壊する反帝闘争であり、現在帝国主義列国と戦っているソヴィエト・ロシアの「盟友」であるという訳である。

シベリアでの戦争でコルチャックを敗北させると、東方中国のこの反帝国主義の力と直接できる条件が生まれた。五・四運動の反日や、その後の知識人や青年・労働者の社会主義への関心のたかまりである。これらが前述したヴィレンスキー・シビリャコフの提議、ヴォイチンスキーの派遣を生んだ。そしてCI第二回大会の民族運動支援決議の具体化が極東諸民族大会だった。それはワシントン会議に対抗する性格を持たされていた。コミンテルンの、極東で共産党を作り、民族解放闘争を発展させる政策によって大きな流れが生まれる。一方、ソヴィエト・ロシア政府の極東への関心は、何よりも「安全」で、シベリア出兵中の日本軍を領土から追い出すこと、そして中華民国北京政府の外交的承認を得て、極東の安全を確保し、さらに満洲（ハルビン）と外蒙古《モンゴル》（史料にならい、蒙古を使う）に退いた白軍が国境を犯して脅威を与えているのを取り除くことであった。日本軍との直接接触を避けてソヴィエト・ロシアがシベリアに造った極東共和国のユーリン使節団が中国との通商問題等の交渉に北京に赴いたのに続いて、ソヴィエト・ロシア政府のパイケス使節団が北京に来て外交交渉をしていたとき、一九二一年にロシア赤軍はウンゲルン軍を追い、白軍を外蒙古で打ち破り、外蒙古に進駐、ウルガ（フレー、のちのウランバードル）に入った。そしてその支援でモンゴル人民党による新政権（人民政府）が設立され、「ソ蒙条約」が結ばれた。脅威は部分的に除かれたが、この外蒙古「独立」はロシアと北京政府、奉天の張作霖政権との間に新たな問題を引き起こした。中国側は外蒙古の「独立」とそこでのロシアの地位（駐留軍）を承認することを拒絶したのである。これが「**蒙古問題**《モンゴル》」である。

満洲に退いたロシア白軍は、張作霖の暗黙の了解の下で依然活動を続けており、中東鉄道は帝政ロシア時代のロシア人によって管理され、白軍が国境を侵犯し脅威を与えるその輸送手段として利用されている疑いがあった。シベリア出兵中、列国管理委・中国軍の下に置かれた中東鉄道を「カラハン宣言」の如くこれを放棄すると、張作霖・白軍の手にわたるか、あるいは日本の支配下に入る恐れさえあると感じられた。これが軍閥張作霖との対立、「**中東鉄道問題**」である。他に「義和団賠償金支払」問題――帝政ロシアに支払っていた義和団賠償金は革命ロシアに引き継がれるかという問題――があったが、前の二つが一九二〇年代の露中政府間の大きな問題だった。

これら諸問題を処理するために最初に送られたのが一九二〇年のユーリン使節団だったが、列強が北京政府に圧力をかけて実を結ばなかった。継いでパイケス使節団が一九二一年末に北京に送られたが、中心の蒙古問題と中東鉄道問題が難問だった。かつての東清鉄道＝中東鉄道は帝政ロシアと中国の共同経営になっていたが、日本はロシア革命に干渉するシベリア出兵に際し、北京政府と「日華陸海軍共同防敵軍事協定」（一九一八年五月）を結んで日本軍を南満州鉄道・中東鉄道を使用してシベリアに送り込み作戦行動を行ったから、この際、満鉄に加えて中東鉄道も翼下に置くことを望む姿勢を見せた（二一年一月協定廃棄、二二年撤兵）。シベリアに出兵しシベリア鉄道を管理していたアメリカ（同盟国間委員会）も中東鉄道から手を引こうとしなかった。鉄道建設時に露清銀行に出資したフランスもこの機に権利を主張し始めてきた。北京政府はこれに対抗して、中東鉄道は排他的に中国のものであると主張した。運行はオストロフ管理局長ら帝政時代のロシア人職員によって為され、白軍はこの鉄道収入を財源として戦備を整え、ロシア領内に浸透したから、鉄道を使用したかった。このように中東鉄道はシベリア出兵の後期には各国利害が錯綜していた。ソヴィエト・ロシア政府としても国防上、一九一九年のカラハン宣言のようにこれを無償で放棄するわけにはいかなくなっており、鉄道用地への鉄道守備隊の駐留をもとめるようにさえなっていた。

【注】ロシア共産党中央政治局は、一九二二年八月三一日に対中交渉は、「一九一九－二〇年の総宣言［第一次、二次カラハン宣言］から直接指示を得ることは許されない」と決議、中東鉄道は、保証条件として我らのいくつかの特権、例

えば管理業務に参加する権利を規定しなければならない、とした（二四号決議）。また一九二二年一一月一六日の政治局三六号決議では、「政治上、法律上の特権は放棄する」が、「ロシアは中東鉄道の財産を保留する」と決議をした。トロツキーですら、鉄道は「われらの中国領土上の国家財産であり」「我らの財産権」だと言い、中国から暴力的に奪ったものではなく、ロシア国家が建設した財産であるとして、無償放棄の姿勢を取らなかった（『国際共産』一、一一四頁、一八六頁、二〇〇頁）。

中東鉄道問題はかように難問だった。蒙古問題はなお難しかった。中国外交部は、蒙古《モンゴル》は中国領土の一部で、ソ蒙条約、フレーへのロシア赤軍の駐留は認められない、フレーとキャフタからの撤退を求める、と激しく抗議した。交渉はデッドロックに乗り上げた。

この外交交渉は、中国国内の軍閥抗争と複雑に絡んだ。一九一九年の五・四事件は北京政府の段祺瑞安徽派に打撃で、直隷派が台頭、なかでも呉佩孚は湖南衡州に駐屯していた第三師の師団長として南北対立の前線にいたが、和平・開明派として英米の支持を得つつ勢力を拡大し、安徽派と対立した。一方、日本の助けで一九一七年に満洲を統一した張作霖は、外蒙自治取消をして彼の蒙古への伸長を阻む安徽派の徐樹錚と喧嘩して対立、秘かに直隷派（曹錕・呉佩孚）と結んだ。これを受けて呉佩孚は北上し、安徽派の湖南軍を撃破した。北京の安徽派は二〇年七月、討伐軍を出し「安直戦争」が起きた。しかし奉天軍が背後から出動して安徽派は敗北した。その後の北京政府は、奉天派と直隷派の権力争いの場になった。もう一人、孫文は広東軍政府の内訌で一九二〇年四月に上海に逃れて来ていたが、二〇年八月に「広東人の広東」を旗印にした陳炯明が決起して一〇月に広州を占領し、孫文を招き、孫文は広州に戻り十一月に広東軍政府を再組織していた。

一九二一年一一月、パイケス使節団が北京に派遣されて来たとき、戦後の東アジア国際秩序の再編成の為のワシントン会議が開かれた。二二年三月にワシントン会議が終ったが、その直後の四月に最初の「奉直戦争」が起きた。直隷派の抬頭に対抗して張作霖と孫文が二一年冬に密盟して戦争を発動したのである。広東からの軍事行動（北伐）

によって全国統一することを企図した孫文の当面の敵は直隷派曹錕・呉佩孚で、これを挟撃する、あるいは奉直双方が戦って弱体化する漁夫の利を狙って張作霖と同盟したのだった。しかし、戦争は二二年六月に直隷派（曹錕・呉佩孚）の勝利に終った。この孫文の北伐一辺倒の軍事主義（後に、残存安徽派の段祺瑞もこれに加わり反呉佩孚三角同盟になった）は、「広東人の広東」をいう陳炯明との対立を激化させ、大元帥孫文が陳炯明を罷免する事態になった。奉直戦争の推移を見ていた陳炯明は直隷派が勝利したのを見て、反攻を開始、六月一六日に広州を占領し、孫文を追放した（所謂「陳炯明の反乱」）。そして親呉佩孚の姿勢を示した。広州を追われた孫文は上海に戻った。

北京政府は直隷派が掌握し、外交総長の顔恵慶、顧維鈞は反ソヴィエト・ロシアの英米を後ろ楯にしてロシア外交に対し頑なだった。こうした時、外交人民委員部のヴィレンスキー・シビリヤコフはパイケスを批判して、ロシア外交は「対中交渉の範囲を広げ、新しい同盟者を求めるべきだ」と主張し（スラヴィンスキー『中国革命とソ連』八一頁）、五月一一日に外交人民委部に「露中同盟、対日防衛条約の意味を持つこの同盟の相手として、北京の権力を握り、独立のため国民軍を設けようとしている呉佩孚こそ、われわれの積極的な対中国政策のテコになるという結論」を送り、六月五日に外交人民委員のチェチェリンに「わが国を承認するよう呉佩孚に圧力をかける必要がある」と提案した（同書八二頁）。この直後に陳炯明の反乱が起き、陳炯明も呉佩孚に近づく姿勢を見せた。ロシアの眼には「呉佩孚は軍、財政、交通、内政を掌握した」と見えた。外交人民委部は呉との交渉を認めた。ヴィレンスキーは六月二七日に呉佩孚の招きで洛陽を訪問した。呉佩孚は「国民軍」を設けるのに、「ロシア赤軍の経験を学ばずにはいられない」と言って、赤軍指導者トロツキー宛ての手紙を彼に托し、これをソヴィエト・ロシアとの軍事的政治的協議の出発点にしたいと言った（『共産国際』一、九七頁）。呉佩孚はソヴィエト・ロシアと協定を結ぶことが中国での自分の最終勝利の条件だと考えたからである。

ユーリン使節団、パイケス使節団と派遣したが、外交的な成果はなかった。ロシア外交人民委部は六月二九日にヨッフェを全権として派遣することを通知してきた。ヨッフェはユーリンやパイケスよりもはるかに有名な人物である。革命後、ペトログラードで国際法の教授をしていて、トロツキーを首班とするブレスト・リトフスク条約交渉に加わり、対ポーランド平和条約を締結、ドイツ駐在大使になった。しかし、ドイツ革命に関与し、ドイツ政府から追放されていた。スラヴィンスキーが言うように、「ヨッフェの中国での路線を理解するには、政治的信念に関しては、かれがトロツキー派のリーダーの一人であり、世界革命推進派だったことを踏まえておかねばならない」（同書八三頁）。政府外交官のヨッフェとコミンテルン代表のスネーフリート（マーリン）が共同して孫文・国民党支援＝国共聯合へ動くのは、この思想に由るのである。

この呉佩孚のトロツキー宛ての手紙が、マーリンと一緒に中国へ赴任に向かっている最中のヨッフェに伝えられ、八月一二日に北京に着いたヨッフェは、早速、一九日に呉佩孚のところへ駐在武官を使者として送り、対呉工作を開始するとともに、二二日には孫文に宛てて手紙を書いた。これが先の手紙である。孫文は前年の六月二二日にチェチェリンに手紙を書いていたから、それへの返事も兼ねたが、マーリンと打ち合わせをしてきたから、この手紙には「ひっかけ」（罠）があった。ヨッフェの手紙を孫文の許に持って行ったのは、前述したように孫文と面識のあったマーリン（スネーフリート）である。ヨッフェの手紙の内容（質問）は先に書いた。それに孫文は八月二七日に上海の寓所で返事を書き、マーリンがそれを持って北京に戻ってきた。「孫文はこの策略《ひっかけ》にのり、全ての厄介な問題に答えた」と、ヨッフェはカラハン宛に前述の電報（「スターリンに送付のこと」と記されていた）を打った。孫文が「ソヴィエト・ロシアの政策に組み込まれ（始め）た瞬間だった」（Ｅ・Ｈ・カー）。その孫文の手紙を紹介する（要点）。

「あなたが手紙の中で提起された問題を直接あなたと話し合いたい。……一、北京政府は何の基礎も無い、列強の代理人に過ぎない、列強は北京政府がソヴィエト・ロシアと協議に達するのを望まないし、またわれらの間が協議に達するのも歓迎しない、北京政府の改組が有るから、それとの交渉は慎重にし、少し待つのが良いでしょう、二、蒙古問題について、わたしは、モスクワは蒙古を中華民国から離脱させる気はないと言う貴国政府の誠意を完全に信じる。赤軍の直ちの撤退は列強の利益になると言うあなたの考えに同意する」、と述べ、継いで特殊な問題について、1、張作霖の人と為り、2、張作霖、孫文、段祺瑞の合作の経緯と考えについて、触れて、張作霖と呉佩孚は対立していて、英米は呉を支持しているから、ロシアが張を敵視すると、張作霖を日本に追いやることになるから、注意が要る。3、国会について、それぞれ応答し、最後にヨッフェに質問して、「貴国は日本との協議に達するために中国の利益を犠牲にする用意はあるのか、周知のように、南満州を日露戦争で得たように、日本はシベリア出兵で北満を得ようとしている。ロシアはこれに同意するのか？　中東鉄道のロシアの利益を日本に渡すのか？　ソヴィエトが日本の北満での地位を阻止するよう希望する。」（『共産国際』一、一〇九頁）

ヨッフェは孫文工作は脈があると思った。マーリンは九月からヨッフェと共に対呉佩孚工作を行い、李大釗も加えて孫文・呉佩孚連携を模索していた。一〇、一一月にヨッフェは駐在武官とマーリンを孫文のところへ遣わし、張継が孫文のところからヨッフェのところに来て秘密交渉を進めた。この過程で孫文は、どのようにロシアは自分を援助してくれるのか、東トルキスタンで革命軍を組織するから、武器弾薬を援助してくれ、というような奇想天外な計画を語っていた。この過程で、ヨッフェとマーリンは、「孫文は本当の革命家」だが、「呉佩孚は利欲重心の軍閥」だ、と考えるようになり（一一月一七日信）、呉佩孚が曹錕に押されて孤立している政治状況、呉佩孚と張作霖の対立を考えると、当初考えた孫文・呉佩孚連合政府は孫と呉が和解したとしても、出来まい、という見通しを持つようになり（同上信、『共産国際』二、四〇〇頁）、一九二二年一一月に「孫文支持」の方針を固めた。

第二十五節　ヨッフェ・スネーフリート（マーリン）共同提綱の「孫文支持」とコミンテルン・ソ連政府

その方針が、「われわれの植民地・半植民地とりわけ中国における工作問題について――ヨッフェ・スネーフリートの提綱」（『共産国際』二、四〇四頁）である。これは一九二二年一二月にマーリンが中国を離れてモスクワに戻る前に（モスクワ着は二三日）両人によって書かれたもので、ECCI書記のブハーリンに示された。概要は、次のようなものだった

（1）CIは民族解放運動を支持しなければならないが、ロシアの外交政策と歩調を合わせ［配合］なければ不十分である。

（2）ロシアのこれらの国に対する外交政策も曖昧でない、帝国主義国家と違うものであることが必要である。

………

（11）ロシアが真の友人であることを証明すること。

（12）中国の統一を実現するために中国最大の真正な政党国民党を大衆性のある政党にすること。

（13）ロシアは応えて国民党に援助を与えるべきである。革命派（国民党人）を強くする政策が必要である。

マーリンはこの「提綱」を持ってモスクワに戻り、ECCIで一二月二九日に報告を行った（『共産国際』一、一七九頁、「速記録」）。ここでその活動報告、提綱をめぐって東方部のヴォイチンスキーと論争になった。

一方、ロシア共産党中央政治局は一九二三年一月四日に、ヨッフェの名のある「提綱」を受けて外交人民委員部が出した「ヨッフェ提案の全力で国民党を支持する案に賛成」し、「外人委（ヨッフェ）とコミンテルン代表（スネーフリート＝マーリン）がこの方面の工作を強化する、病状の重いヨッフェに治療休暇を与える――交替でカラハンが派遣されることになる（筆者）――、レーニン名で孫逸仙に手紙を出し、援助資金はコミンテルン後備資金から出す、なぜなら国民党工作はコミンテルン［マーリン］のルートで進められたものであるから、と決議した（『共産国際』一、一八六頁、「四二号記録」）。

コミンテルンの方では一月六日に再度会議が開かれ討論が行われた。再びヴォイチンスキーが発言したが、これは英語での議論で、ロシア人速記者は記録していないが、民族主義組織（国民党）の中での共産党の自由と独立性、

独立した労働者運動の構築と展開を保障できるのか、という点をめぐってなされた。最近の中国労働運動の高揚を評価して、その運動の中から大衆的な党を作ろうという意見で、ヴォイチンスキーに賛成する意見も出された。

ブハーリンは、主要な問題は国民党内にとどまるか否かだ、わたしは留まるのに賛成する。イギリス共産党のやり方だ。中国の主要な任務は民族革命だ。だから民族革命的で民主的人士が統一戦線を結成してこの任務を解決しなければならない、と同時に、プロレタリア階級の運動が無い、特殊な任務はこの運動を作り出すことだ（この点はヴォイチンスキーの修正意見を容れた――筆者）、この矛盾した形勢が矛盾した組織形式を生んだのだ、対外政策も民族革命という規定に関連するから、ソヴィエト・ロシアの政策についても決議の中に書き加える、とした（『共産国際』一、一八八頁。「共産国際執委会会議速記記録」）。

この後、マーリンは一〇日に報告をしたらしいが、これらの会議の議論を入れてブハーリンが制定した「提綱」が、コミンテルン「一月一二日指示」で、勁草書房刊『中国共産党史資料集1』二〇〇頁に訳され収められている「コミンテルン執行委員会　国民党に対する中国共産党の態度に関する決議」である。今まで述べてきたこの経緯を知ってこの決議を読むと、より深く理解できる。「中共の国民党に対する態度について」決議は、（一）、中国にとっての中心任務は、帝国主義と国内のその封建的な手先に対する国民〔民族〕革命である、（二）、労働者階級はまだ弱い、（三）、国民党は一部の自由主義的民主主義的ブルジョワジーと小ブルジョワジー、また一部はインテリゲンツィアと労働者階級とにそれぞれ基盤を持つところのただ一つの重要な国民革命的集団である、と規定し、中共は「政治的独立性の保持」を条件に、「現在の諸条件の下では中共党員が国民党内に留まることが適当である」との指令を出した。これが「一・一二指示」というものである（傍線筆者）。

「一・一二指示」が出てマーリンが中国に帰る前の一〇日に、コミンテルンは、マーリンの以前のコミンテルン（ECCI派遣代表）とプロフィンテルンの代表という身分を取り消す、東方部ウラジオ局の第三名（ヴォイチンスキー、片山潜に続く三番目）に派遣する、今後の仕事はCI東方部が決定するとした。この頃から東方部（ラデック、サファロフ、ヴォイチンスキー、ヴィレンスキー）との見解の違いが目立つようになってきた。同じ一〇日にブハーリンはスターリンに「メモ」を送り、スネーフリートは「北京から来た同志で」、「ヨッフェの助手」だから、かれと中東鉄道と蒙古問題について話をしてみて下さい、つまりこの問題の専門家だから、と紹介している。マーリンは、中東鉄道問題についてトロツキー、スターリン、ブハーリンらコミンテルン首脳と話をしたが、これは北京でヨッフェと相談して来た話題だった。かれはロシア人でないから、原則的に中東鉄道を中国に還すべきだという意見だったが――ヨッフェも無償で返還して共同管理するという考えだった――、ロシア人のスターリンは鉄道の保持を主張した（トロツキーもそうだったことは先に見た）。かれは一一日に「一月一二日指示」を持って鉄道で中国に戻る。その際、外交人民委員部代理・カラハンの張作霖宛の手紙を持ってモスクワを離れている。マーリンはコミンテルン活動とロシア外交の「配合」（協調）を担うことになったのである。彼は中国に戻った後、まだ上海に居た孫文から張作霖への紹介状を貰って、奉天に行き、二月一三日に張作霖にカラハン書簡を提示して中東鉄道問題その他について会談、その報告を北京を離れたヨッフェの後席の代理大使タフチェンに提出し、モスクワに報告させることになる。

第二十六節　「孫文・ヨッフェ共同声明」と「秘密協定」

一月一三日、マーリンがシベリア鉄道に乗って中国に向かっていた頃、北京のヨッフェは「ロシア共産党、ソ連政府、コミンテルンの指導者」宛に電報を打った。中国の総情勢を述べ、呉佩孚は孤立し曹錕に取って代られている、奉直戦争の結果、呉佩孚と孫文が衝突を起こすことがありうる、状況の改変は呉のロシアに対する態度を悪化させた、提携相手として、「呉と孫のどちらを選ぶかというなら、わたしは疑いなく後者（孫）を選ぶ」と述べ、そして、「孫文とその党はわれわれの思想影響下にある。最近数か月大きく本質を変えた。」われわれの勧告を聞いて、「大衆性の政党に正になりつつある」と誇大に評価して、わたしが南方（上海）に行くのは必要で有益である、と言い、上海での孫との直接交渉への意欲を見せた（『国際共産』一、一九二頁）。そして、病気を理由に上海に南下したのである（一七日上海着）。

二二日に孫文との交渉を開始、そして二六日、歴史的な協定「孫文・ヨッフェ共同声明」が発表されたのである。この声明は、一、共産主義、ソヴィエト方式が中国に適用できないものだと言う孫文の意見をヨッフェも認めるとしつつ、国民革命（国家統一と独立）にロシアは関心を示し、同情と支援を保障する。二、カラハン宣言の原則を確認する、ロシア政府はその基本原則で対中国交渉をする用意がある、三、孫文は中東鉄道問題は中露会議でのみ満足な解決を得られることを認め、中東鉄道では、「現実の状況」は双方の権利、特殊権益は損なわれるべきではないとし、四、ロシア政府は外蒙古で帝国主義政策をせず、外蒙古を中国から分離させないと言う、それに満足し、外蒙古からのソヴィエトの撤兵を求めない、とした。

この「声明」がなぜ画期的かという問題だが、これはコミンテルンのものではなく、ソ連政府の公式外交姿勢だからである。E・H・カーは「これは帝国主義に抵抗するための統一戦線、および民族運動との協力の原則が確固としてソヴィエト［ソ連］の政策に組み込まれた瞬間であった」と述べている（『ロシア革命』岩波現代文庫、一四〇頁）。炯眼である。ヨッフェ・孫の二人は最重要で緊迫した問題は民族統一、民族的独立だという点で合意し、ヨッフェはロシアからの誠心誠意の共感と援助をあてに出来るという保証を与えたのだった。実際、「秘密協定」（後述）によってソ連政府から金銭と軍事顧問が送られ、半年ほどして政治・軍事顧問と武器弾薬が到着した。以前は中国の国内情勢を見ながら、北京政府と外交関係を結ぼう、提携先は呉佩孚が良い、呉・孫連合の友好政府で東方の安全を図ろう、と揺れていたソ連外交はこれによって、以前の考えを放棄し、孫文（国共合作）を通じた国民革命の推進というコミンテルンの路線と一致させたのだ。この「共同声明」はヨッフェの方が一枚上だった。窮地にあった孫文には秘密協定で与えられる援助のためにやむを得ない取引、選択だったとも言えるが、しかし、孫文は満洲をめぐる例の日本との秘密協定でも同じようなことをやっているから、特殊例外的な行動だとも言えない。かれの外部依存体質をよく示している。波多野善大は「ヨッフェの外交家としての手腕が孫文のそれをはるかにこえている」。孫文は単にカラハン宣言の原則をヨッフェに認めさせたのみで、外蒙古、中東鉄道も、この原則を破ったソヴィエトの現実的行動に対してはすべて同意させられている、と述べている（『国共合作』五九頁）。孫文には、ソ連からの支援で孤立から脱却し、展望が開ける「利」があったが、ヨッフェにとってはそれ以上に、北京政府や日本を牽制するソ連の外交カードにも使えたし、E・H・カーの言うソヴィエト（ソ連）の外交政策の実現を国際的に示すことに成功したのである。ヨッフェの方に「利」が大きかった。こうした大きな国際的な枠組みと国内情勢の絡みの中で、中国の孫文の「連ソ」、「国共合作」＝「容共」が決定し進められたのである。この「声明」のソ連の援助というのが孫文に力を与えた。孫文は声明発表後まもなく広州に行くことになっていた。西南軍閥が武力を使って陳炯明を広州から追い出して、孫文を呼び戻したのである。広州に戻った孫文の広東政府に対し、ソ連（コミンテルン）は大量の資金と武器を支援することになる。

秘密協定　二六日に「共同声明」が出されたのは、ヨッフェが翌日に日本に渡る日、孫文は一週間後に広州に戻る予定だというその日だったからだ。それは新聞報道その他で「ソ連と孫文の間の提携」と受け止められた。

その主内容についてはすでに述べたが、大事なのは、裏の「秘密協定」ともいうべきものである。同じ二六日、ヨッフェはロシア共産党、ソ連政府、コミンテルン宛に極秘通信を書いて、孫文の「第一の計画」は、まず広東で陳炯明を徹底的に消滅させ、湖南と四川から洛陽（呉佩孚の本拠地）、漢口に進む、同時に張作霖は北京を撃つ、その後、張作霖は孫に北京を引きわたし、孫が統一中国の代表として北京入りする、というものである、それには資金が欠乏している、二〇〇万墨ドルが要る、また張作霖が心を変えて、孫に北京を与えない時は、ソ連が満洲に擬進攻して張作霖を北京から引かせるようにしてもらいたい、と言った。これが失敗したときの「第二の計画」は、呉佩孚の勢力が及ばない広西、四川から山西、蒙古辺境へ一〇万の兵を移し、東トルキスタンとクーロンを通じてソ連と接触できるところに駐屯する。一、二年訓練して、最後の「北伐」に着手する、というものだ。孫はわれらの支持と助けを望みにしている。助けが無いと、彼は帝国主義・北京と妥協し、中国の国民革命は長引くことになる。（1）二〇〇万メキシコドル準備できるか、（2）必要時に満洲に進攻するか、（3）一、二年内に孫の一〇万の軍に武器を供給するか、であるが、自分はこの三つに肯定的である、と述べたのである。かれは、孫文は「革命戦略の大胆な計画と打算を純粋な虚構妄想にしている。だから、現実的な政治家が彼らを実の有る処に落ち着かせる必要がある」と言いつつも、孫文支援にモスクワを動かそうとしたのである（『共産国際』一、二〇六頁）。「共同宣言」の背後には、この「秘密交渉」があった。ヨッフェはこれに二〇〇万ルーブル（墨ドルとルーブルはほぼ同価格）使う価値があると考えたし、孫文はヨッフェ（ソ連）のいう、中東鉄道、蒙古問題の考えに理解を示して、この金と援助を得ようとしたのである。相互の「取引」だった。この電報文の中の「現実的な政治家」の役目を担うのが後のボロジンである。

三月八日、ロシア共産党中央政局会議が開かれた。出席はジノヴィエフ、トロツキー、スターリン、モロトフ、ラデックら、これに外交人民委部のチェチェリン、カラハンも出席し、中国に関するヨッフェの提案を討議した。結果、（一）計画の日本の干渉を引き起こすかも知れない部分（満洲への擬進攻）は「否決」する、（二）最も良いのは、中西部で完全な軍事建設の形で革命軍隊の基礎を建てることだ、（三）孫文に二〇〇万ルーブルの資助を与える。（四）孫の同意のもと、孫に政治軍事顧問グループを派遣する。その他に一、二あるが、最後に、ラデック、チェチェリン、トロツキーに委員会を作ってヨッフェに与える指示の草案を作れ、と決議したのである。これが孫文支援の決定だった（『共産国際』一、二二五頁）。

この決定は後藤新平の招きで日本に来ていたヨッフェに伝えられた（孫文の元からは廖仲愷がヨッフェとの交渉の為に日本に来ていた）。トロツキーは一三日にカーメネフらに、孫文が規模の巨大な軍事建制（師、軍団）を作るのにわれわれが援助できるか検討するのに、中国の軍事情勢について外交人民委部とＣＩに資料があるという、それをくれ、緊急だ、と手紙を送っている。（同書二三二頁）。

一九二三年四月に開かれたロシア共産党第十二回大会（レーニンが病気不在の党大会）で、ブハーリンが報告を行い、その中で孫文・国民党への支援に反対した人を人前で批判し、「国民党は外国資本主義の影響を受けていない唯一の国民政党である」、わが党のそれに対する支持は「われらの中国における工作の必需とするものである」と述べた（『共産国際』一、一七三頁）。これを受けてであろう、五月一日、ソ連政府は日本の熱海にいたヨッフェに「ソ連政府の孫逸仙宛の電報」を打電した。

同じ五月一日に、熱海のヨッフェから広州にいたマーリンに宛てて電報が打たれた。それはこのソ連政府電を含む電報を孫文に見せろと言った。ヨッフェは、「今、われら二人があなた（孫）の長期計画について面談していた具体的な問題についての我が国政府の答えを受け取りました。」その内容は次のようなものです、と伝えた。一、広泛な思想政治準備工作が重要です、あなたの革命軍事行動と集中した指導機構はその上になければなりません、二、われわれはあなたの組織に二〇〇万ルーブルの金額を中国統一を準備し民族独立を勝ち取るための工作の用に準備した。一年間二〇〇万ルーブルで、分給する、＊三、あなたが中国西部の省で大きな作戦単位を作るのに協力し、準備する。援助は最大でも八千丁の日本歩兵銃、機関銃十五丁、四門の火砲と二輌の装甲車です。西部北部での革命軍隊の政治軍事訓練班を創立する準備として軍事物資・教練員を利用して各兵種の内部軍校を作ることが出来る、＊＊四、援助は秘密を厳守していただきたい、われわれは国民党の解放の意向にただ積極的な同情を示すことが出来るだけだからです。あなたが終には成功されることを充分信じております。マーリン同志とわれらの代理人タフチェン（達夫謙、ヨッフェの北京留守代理全権）を通して相談を進めることが出来ます。（傍点傍線は筆者）

五月一五日、孫文はソ連政府外交人民委部に、あの電報はわたしたちに希望を与えました、一、感謝します、二、あなた方の全提案を受け入れます、三、全力で提案を実行します、と返電を送った。

＊五月二三日に孫文は改組に直ちに取り組むから一回分を送れと言い、二〇〇万ルーブルの援助は実際すぐに行われた

が、七月一八日にマーリンは、孫文はこの金を広東で「耗費」した。韶関奪還などの広東省内を固める軍事行動の為に南方の将軍たちにばらまいたと言って失望している（『共産国際』二、四二三、四二四頁）。ボロジンが後に持ってきたという鞄の中の援助資金はこの二〇〇万ルーブルのとは別のものであろう。

＊＊この援助は実際、翌一九二四年一〇月七日に実施されたようだ。この日、ソ連軍艦ヴォロフスキー号が広東黄埔に歩兵銃八千丁、弾薬四百万発、大砲、機関銃を運んできた。ソ連軍人顧問、ロガチェフ（Rogachev）、ステパーノフ（Stepanov）ら九人がこの艦で到着した（『中華民国史事日誌』一、八二九頁）。軍事顧問のチェレパーノフらは一九二二年六月に北京に到着、一〇月と翌年一月に広州に着き、黄埔軍校（一九二四年六月正式開校）の顧問に就任した。ガレン（ヴァシリー・ブリュッヘル）らも以前に陸路で着いたとも言われる。

マーリンの第三次来華

マーリンの一二月のモスクワ行きは、ソ連政府官員のヨッフェとの共同事業をコミンテルンに報告して承認してもらうことだった。彼は、中共（コミンテルン支部）が合作しようという孫文・国民党へのソ連政府の支援を確信し、コミンテルンの「一・一二指示」を受け取って中国へ戻るのだが、そこには六月からの中共第三回全国代表大会で中共党員が国民党内に留まる「党内合作」を承認させることが課題として残っていた。一月一一日にモスクワを発ったマーリンはチタで極東共和国のメンバーと会議を行った後、一月末に北京に着いたらしい。

陳独秀は一月一〇日にコミンテルン第四回大会から戻って、それ以来北京にいた。それで、マーリンは陳独秀ともしばしば会って話をした。北京到着後にマーリンは中共北京支部を召集して、会議を開き、演説をしたが、この時京漢鉄道ストライキに対する呉佩孚の弾圧「二・七惨案」が起きて、大きな衝撃が加えられた、という。その後かれは、孫文の紹介状をもらい、カラハンの手紙を持って奉天の張作霖の所へ行き、二月一三日に中東鉄道と白軍の問題を話し合った――これが後にカラハンが赴任してきた時、一九二三年八月一八日の奉天での張作霖との会見、その後結ばれる「ソ奉協定」に繋がるのであろう――、その後一五日に北京に戻り、ソ連大使館に報告を書いた。

「二・七惨案」は一月二六日の「孫文・ヨッフェ共同声明」の反動であったろう。この点、『中国現代史』（山川出版社、一九八四、一三〇頁）の記述は先駆的で正しい。今までヴィレンスキー、ソ連・ヨッフェは呉佩孚に接触して連繋の可能性を示唆してきていた。王寵恵も呉・孫連合を進め、中共北京支部（李大釗）も呉佩孚と繋がりを持っていたが、この共同声明で、呉はソ連は孫文と提携したと受け取ったのだ。呉佩孚は、自分の支配下にあってその軍事力の財源をなしていた京漢鉄道の労働者運動に対して、交通系と対抗するために容認姿勢を取っていたが、もはや容認するわけにはいかなくなった、と弾圧を加えたのである。これは中共と北京支部には大打撃だった。中共は善後会議を開いたが、北京政府は李大釗・陳独秀ら十一名に逮捕令を出した。そのため、中共中央は一月末の二六日に上海に移され、陳独秀も二〇日に上海に入った。そして、二月後半に、マーリンが持ち帰った「一・一二指示」を杭州（西湖）で開かれた中共第三回中央全会で討議することになった。中共にとっても二・七惨案は衝撃だった。最も有望だった鉄道労働者運動が漢口で大弾圧を受け、地下化せざるを得なくなった。まだ力が弱いことが痛感され、中共の独自路線に影を落とし、大衆的同盟者が要ると考えさせられたのである。だからその後は、陳独秀らも弱気になった。マーリンは、ECCIの「一月一二日指令」、「中共党員は国民党に加入して国共合作する」を提出した。会議はこれを討論し、また惨案後の善後処理が討議された。陳独秀は「個人資格を以て国民党に入る」ことにし、中共の独自的面目をごちゃ混ぜにしないようにすべきだと言ったが、マーリンの孫文・国民党との合作路線に柔軟にならざるを得なくなった。結論には至らなかった。

それで、張国燾は「二・七惨案」の報告にモスクワに遣わされた（二月二〇日中ソ国境通過）。しかしモスクワではかれの報告はあまり関心を引かなかった。トロツキーらロシア共産党反対派三十人余りが、コミンテルンに対してロシア共産党中央の指導の誤りを訴えた問題が衆目を集めていたからだった。

「五月二四日指示」 ドヴ・ビンは、マーリンはこの後、モスクワに帰って報告した、それでコミンテルンのブハーリン委員会は中共三全大会に向けて有名な「一九二三年五月の十三項目の指令」といわれるもの（「ECCIが中国共産党第三回代表大会に与える指示」（五月二四日）、『中国共産党史資料集1』、二三五頁所収）をまとめた。この指示を与えて、マーリンはこれを秘匿裡に持って戻り、六月の中共「三全大会」で討議し、激論の末、張国燾・蔡和森らの反対論を押さえて、「党内合作」を承認させ、新たな中央を選出した、と述べている（Dov Bing「斯内夫利特和初期的中国共産党」『馬林在中国的有関資料』四六頁）。しかし、『国際共産』二、四四三頁所収の手紙などを見ると、彼はモスクワに戻ってはおらず、三月、四月にはまだ広州にいて、孫文と東京のヨッフェとの繋ぎ役をしていた。五月一日のメーデーには広州で講話をしているし（『年譜』一八一頁）、ヨッフェのかの熱海からの彼宛の電報を孫文に伝えているのである。五月後半には陳独秀と国民党改組計画を作っていた。とすると、コミンテルンの「五・二四指示」はどのようにして出され、その後の運動にどのような影響を及ぼしたのかが問題になる。

「五月二四日指示」の素案は、「ＥＣＣＩ東方部が中共第三回代表大会に出席する代表に与える草案」（『共産国際』一、二五一頁）で、東方部副主任のヴォイチンスキーが草案を書き、主任のラデックと共名で五月二三日にブハーリンに提出されたもので、国民革命の中でも、最近の新事件（労働運動の高揚）に鑑み、基本任務として、労働大衆の教育組織、組合の建設恢復で革命運動の基地を拡大し大衆性のある共産党を作ること、つまり独自の運動を推進して大衆的基礎のある共産党を建設することを重視した草案で、国民党の中に留まり、それが主導する国民革命の為に服務すべきか、というものになっている。簡単に言うと、国民党に加入しても良いが、マーリン路線よりも、党の独立自主の政治活動、労働運動を重視し、その展開の中で大衆的な党建設への方向、方針を持つべきだ、というのである。

これに反応して、ブハーリンは九項目からなる修正案を出した。その中の三項目はヴォイチンスキー草案をそのまま取り入れたものになっていて、一定に、マーリン路線に対立する東方部の意見を取り入れている。それは、「一・一二指示」の論点、中国の中心任務は帝国主義者とその国内封建の走狗に反対する国民革命であることを重ねて述べ、しかし、この修正案の最大の特徴は、第一項に、民族革命、反帝戦線を進める際に、封建残余の農民土地革命を進めねばならない、中国人民の基本群衆、農民を引き入れてこそ中国革命は勝利し得る、としたことである。二項で、このため、全政策の中心問題はなお農民問題である。三項、だから共産党は労働者階級の政党として、工農連盟の実現に努めるべきで、宣伝工作と土地革命のスローガンを出せ——地主の土地を没収せよ、寺廟の土地を没収せよ、それを農民に無償で農民に分けよ、云々。四項、この基本要求に加え、外国帝国主義と戦う必要を理解させ、五項、指導権は労働者階級の政党に帰さねばならない、……八項、共産党は不断に国民党を推して土地革命を支持させねばならない、と書いたのである（『共産国際』一、二五四頁）。この修正案が基礎になって何点か付け加えられて「五月二四日指示」（『中国共産党史資料集1』二三五頁所収の「コミンテルン執行委員会　中国共産党第三回大会に対する指令」、これはロシア語からの訳で中文訳とかなり異なる、『共産国際』二、四五六頁所収の中文訳の方が良い）が出来た。

「五月二四日指示」の基本は、「一・一二指示」の「中国の基本任務は帝国主義とその封建的手先に対する国民革命である」ことを確認し、その社会的基盤は労働者と農民だとし、農民・土地問題を初めて取り上げたことである。そして労働者階級、その党の力は不足している。孫文の軍事行動を支持するとし、「われわれは国民党の内部にあって、孫文が軍閥と結びつくことに対して極力闘わねばならない……」としていた（傍点筆者）。これは「一・一二指示」を更に確認したものだ。ここから農民部や農民講習所、農民協会の運動の強化へと繋がるらしいが、指示は最後に、国民党第一回大会を開くよう求めよ、としている。

この指示は「農民問題」「土地革命」の重要性を初めて言及した指令として有名なものだが、無責任なところもある。土地革命のスローガンを出したこと、民族解放運動の中で共産党が指導権を持たねばならないとしたことである。——当初は、共産党が国民党の内部で指導権を持つ、指導的役割を果たすということで、民族解放運動の中で指導権を持つことではなかった。この点は張国燾も後に指摘している。この指示は、グルーニン論文が言うように六月一二日からの三全大会に間に合わず、直接影響を与えなかった。陳独秀宛に送られたこの文書は何故か七月一八日になってやっと上海に着いたからだ（『共産国際』一、二六三頁）。

マーリンは四月に広州に行き、軍政府を建てていた孫文と会って三、四回会談を行い、ソ連との新たな連盟と国民党改組の意向を伝えた。この会談で、国民党第一回全国代表大会の開催が決まり、蔣介石のソ連派遣と、ソ連の援助問題が話し合われた。中共三全大会後の八月五日に蔣介石は上海でマーリンに会い、張太雷、沈同一、王登雲と一緒にソ連へ軍事視察に出かけることになる。

第二十七節　中共三全大会と党内合作の決定、ヨッフェ、マーリンの帰国とカラハン、ボロジンの赴任、

中共は広東軍政府の下では合法的存在だったから、この広州に中央を移し、「国民運動」労働者運動を進めようとしていた。一九二三年六月一二日から広州で中共三全大会を開かれたが、その前夜、三月末にモスクワから戻って来ていた張国燾とマーリンとの間で大論争があった（『我的回憶』二八五−二九二頁）。大会の中心議題は国共合作問題で、西湖会議以来の問題が再び討論された。討議は「一・一二指示」をめぐって為された。マーリンは、「一・一二指示」は、「国民革命が共産党人の中心任務である、共産党人は国民党内に留まる、労働者運動をわれわれの独立した旗の下に置く、このようにして大衆的な共産党の基礎を作る、国民党が帝国主義および代理人とつるむときは批判する」としているとして、共産党人がみな国民党に加入するという政策を主張し、その推進者だった（張国燾）。陳独秀は、中国のプロレタリア階級の力は二・七惨案に示されたようにまだ弱い、国民党が国民革命の指導的中心である。全党員が国民党に入る、と提案した。李大釗、瞿秋白はこれに賛成したが、張国燾は修正案を出した。しかし、賛否は八対八で、陳独秀の一票で原提案が通過して、全党員の国民党加入が決まったのだという。しかし張国燾のこの話はマーリンの手紙（六月二〇日）が言う「二一対一六」と違っている（『共産国際』二、四八一

頁)。しかし、中共は国民党内で党団を持ち、中共のまとまりを保つことにした。

この大会でコミンテルン指示に反対した張国燾は中央委員に選出されず、毛沢東が中央に入った。大会は、国民党は国民革命の中心勢力で指導的地位である、と宣言した。宣言は「われわれは社会の革命分子がすべて国民党のもとに結集し、国民革命運動をすみやかに実現するよう希望する」と書いた。これは共産党員は国民党に加入するが、共産党身分は捨てず、厳密な集中制の組織系統は維持する、速やかに国民党中央委の中に入る(そして影響力を与える)という、コミンテルンが同意したマーリンの考えだった、と張国燾は言う。ドヴ・ビンは「スネーフリート」(マーリン)戦略がコミンテルンの同意を得て中国に適用されたこと、これが「国共合作」だったと結論付けている。波多野善大は「マーリン方式による国共合作」と呼ぶが、より正確には「マーリン・ヨッフェ方式」の方が良いが、ほぼ妥当だろう。しかし問題は、それを「準備的なもの」として、革命情勢の変化に応じて「柔軟に運用」するか、それとも「固定的に遵守」するか、というところにあった。マーリン・ヨッフェは前者を想定していたが、ボロジン・カラハンは後者の路線を遵守することになるのである。

だが、その戦略の創始者のマーリンがどうして、この国共合作を現地で指導しなかったのか。張国燾『我的回憶』は次のように書いている。

この時マーリンはちょっと当代に及ぶ者無き存在で、中国革命の主要な筋書きはみなかれの手の中で操られていたようだった。かれとヨッフェは最もウマが合った。時にはかれは、ヨッフェは完全に自分の主張を支持していると仄めかし、時にはヨッフェの方が自分よりも国民党を重視していて、それが中国革命の唯一の力だと考えている、とさえ言及した。孫中山とかれの間もかなりうまく行っていて、何か事に遇うと相談できたようだ。かれはコミンテルンの秘密代表で、ヨッフェのような公の外交代表の身分を持たなかったから、より自由に活動でき、いろいろな外交慣例の束縛を受けなかった。しかしマーリンは結局ロシアの公民ではなく、ソヴィエト・ロシア政府の職務を担っていた訳でもなかったから、ソヴィエト・ロシアの外交政策に対する影響力は弱かった。ソヴィエト・ロシアの外交政策まだなお北京政府と外交関係を打ち建てることが着眼点だった。それでかれは、孫中山先生のいくつかの具体的な要求を満足させる術がなかった。国共関係の上でもかれは自分の主張を完全に貫徹することができなかった。というのは、コミンテルンと中共中央において、かれはつねに反対意見に遇ったからだ。後にかれは満身争いになってしまったので、地位をボロジンに譲らなければならなくなった。(第一冊、二五四頁)

中国共産党は孫文の馬車に幾重にも繋がれ、その他は顧みられなくなった、という中共党内の不満から、マーリンは、この国民党内への合作方式で「追問」され、「逃げ口上」で弁明しなければならず(北京のスレパク〔斯列帕克〕のヴォイチンスキー宛信。『共産国際』一、二六六頁)、また次第に東方部と齟齬を感じるようになり、五月にはブハーリンに愚痴を言ったりしていたが、一九二三年七月一五日のECCIへの報告で、自分は一九二二年七月に派遣されたとき、任期一年だった、だからモスクワに帰る、と苛立って怒ったように言って、ヨッフェが領事や通信社の記者を広州でするように話を持ってきたのを断って、ロシアへの帰国を決めたのだった(『共産国際』二、五〇二頁)。ヨッフェに代わって中国赴任が決まっていたカラハンは、その後任に旧知のボロジンを推薦し、七月三一日、スターリンが政治局員に電話でその中国派遣を諮り、八月二日にロシア共産党政治局決定で、カラハンと一緒に赴任させることにしたのである(後述する)。スネーフリート(マーリン)はその後間もなく一九二四年にコミンテルンから離れてオランダに帰国して活動をするが、一九二八年にコミンテルンから除名される。これはロシア共産党党内闘争の影響を受け、コミンテルンのスターリン派から排除されたと考えるべきだろう。

陳独秀の国共合作路線　陳独秀は三全大会の後、七月一日に広州からIC東方部主任のサファロフに、真意を抑えたコミンテルンに遠慮がちな次のような手紙を送った(概略)。

民族革命が中国でも世界でも必要なものですが、中国では共産主義革命ではなく、国民革命のみです。七十パーセントが農民で、これを国民革命に引き入れるのは易しくはありません。都市小ブルジョワは国民運動の必要を理解し始め、ブルジョワジーは軍閥支配に反対で、反外国傾向を持っています。労働者は大部分が旧式の手工業、作坊の手工業労働者で、思想は宗法式で政治には無関心です。近代化された労働者は発展し始めたが、しかし、もし社会主義や共産主義の話をしたら、われわれを怕れて離れていきます。極少数が入党するだけで、何が共産主義、社会主義か理解している者はさらに少数です。こうした状況下では、革命力量を打ち建てようと望むなら、国民革命の旗の下で進めてのみ可能です。共産主義の旗の下では、労働者を離れさせ、敵側に追いやることになります。共産党は国民革命の中で厳しく強力な小団体でいるだけです。が、国民革命が妥協右傾化を許すことは出来ません。国民党は良い党ではない。旧思想が多い。しかし、今日では国民党のみが革命政党である。われわれの中心任務は国民革命を発展させることで、だから国民党を拡大改組することでなければなりません。北方の都市では国民党の地方団体を組織し、それをわれわれが掌握し、大衆を国民党の中に取り込みます。国民党こそが国民革命運動を指導できるのですから、この党を利用し、この党を改善すべきです。国民革命が勝利し、階級分化がはっきりした後、共産党はやっと基本的な発展が出来ます。三回大会はこの主張に賛同しましたが、あなたも賛同されるでしょう。この策略で国民革命運動に巨大な影響を与えるでしょう(『共産国際』一、二六一頁)。

この線に沿って「国共合作」が進められるのだが、「国共合作」はこのように最初から矛盾と対立を孕んだものとして出発したことがわかる。後に陳独秀は、国共合作はマーリンがコミンテルンの規律で以って脅しのようにして服従させた、と言うようになったが、そのように感じられたのも理由が無い訳ではなかった。この直後に国民党右派の側からも反共産党の大声が上がったのはこの合作の「特殊」性がかなり無理のあるものだったことを示していよう。だからこの無理さはその後の過程のどこかで修正されねばならなかった。

だが、それが、いつ、どこで、であったかが問題、論争になる。五・三〇運動、あるいは中山艦事件というのがそれに近いと思われるのだが、しかしそうした研究は本書の範囲を超える。

だが、この「五月二四日指示」は、それを知った以上、中共もボロジンも無視できないのだから、農民問題、土地革命の重要性の指摘は、その政策、活動に影響を与えたはずである。後の、国共合作後の孫文が「耕す者その田を有す」などを取り上げざるを得なくさせ、国民党の農民講習所や農民協会の運動への着手に繋がったのであろうと思われる――革命家・孫文に観念的な農民・土地問題についての考えはあったにしても、真剣に考える思想的な必然性はなかったように私は思う。それはロシア人や共産党との接触の影響ではなかったか。農民部長が共産党の譚平山、農民講習所所長が毛沢東になるのもそれを示していよう――。それはしかし、また、別の研究の課題である。

六月にソ連政府はヨッフェに代って人民外交委員代理のカラハンを中国大使に任命したが、マーリンも帰ると漏らすようになっていた。モスクワではロシア共産党十二回大会後、スターリン書記長の官僚主義に対するジノヴィエフ、トロツキーらの憂慮と批判が高まりつつあった。

ヨッフェ・マーリン組からカラハン・ボロジン組へ　そうした中、七月三一日、スターリンは、㈠ボロジンを孫文の政治顧問にしたい、カラハンと一緒に赴任させる、とロシア共産党政治局員委員たちに電話で相談した。その政治局委員の中にはジノヴィエフとトロツキーの名はなかった。その際、㈡ボロジン同志は孫文との工作中、民族解放運動の利益に従がい、決して中国に共産主義を植え付ける目的に恋としてはならない、㈢ソ連政府全権（カラハン）と協調して自分の工作を行うこと、㈣定期的に報告すること、が命じられた（『共産国際』一、二六五頁）。

これが「決定的」な「規定」である。コミンテルン代表のボロジンは以後、スターリンの与えたこの規定「枠」をあくまで遵守しようとした。かれは中国への赴任途中、九月にハルビンで帰国するマーリンに中国情勢を聞いて北京に赴任したのだが、以後、中国の国共合作の指導はかれら、スターリン、ブハーリン、カラハン、ボロジン、ロイらの仕事になる。このスターリン・ブハーリンのコミンテルン指導と陳独秀との中国共産党の軋轢が「陳独秀の悲劇」を生むのである。

ボロジン（一八八四年生）は、ロシア生まれのユダヤ人、ラドヴィアで成長、〇三年にボルシェヴィキに加入、〇六年にアメリカに渡り大学を卒業、教師をし、アメリカ社会党に入った。だから英語が話せた。革命後の一八年七月にロシアに戻り、ついでメキシコ、イギリスに派遣された。トルコのケマルの支援もしたといわれる。一九二二年にグラスゴーで共産主義宣伝の咎で逮捕され、拘束後、半年後に帰国した。今度はアメリカ時代に宝石を密輸した容疑で逮捕されたが、メキシコで知り合ったインド人のロイの証言で釈放されたが、重要任務が無かったところを旧友のカラハンに拾われて、彼のスターリンへの推薦で中国行きになったのだという（波多野善大書、六二頁）。北京に来たボロジンに会ったあるコミンテルン員は、「優秀な工作者かも知れないが、私の印象では、気を配らない人で、総じていえば、この役割を担任するには不適合のように思える」と書いているが（『共産国際』一、二六六頁）これらの諸事実を知ると、「スターリン」－「カラハン」－「ボロジン」・「ロイ」という繋がり線が分かる。ボロジンに対し、スターリン書記長治下のソ連政府の外交官である「カラハンと協調せよ」と命じるのは、カラハンが上司で、ボロジンが部下だということ――カラハンは孫文に彼を「私の個人的代表」だと紹介した――、それはソ連外交の下にコミンテルンが組み込まれたということ、つまり革命の利益を追求するコミンテルンが、ロシアの国家利益を追求するソ連外交の下、人民外交委員部の「尻尾」になったことを意味した。だから当然、中共はその孫請けだから、ボロジンの「孫文の」「民族解放運動に従がい」、共産主義はやらないという「枠」、輒に繋がれたのである。

一九二四年にコミンテルンを離れてオランダに帰ったスネーフリートは、一九三五年八月に『中国革命の悲劇』の著者ハロルド・アイザックスのインタビューに次のように語っている。

> ハルビンで中国に来る途中のボロジンと遇いました。工作は新たな方針に変えられました。その後で何が起きたのかは明らかです。実際の大衆運動と大衆組織を発展させる機会を与えられましたが、共産党人は国民党のリーダーの道具になってしまいました。かれらは、道具として、のちに蒋介石にのみ役立つ武器を作り上げる行動の自由を与えられたにすぎませんでした［筆者注＝つまり、「つまらぬ無駄骨を折らせられました」］。
>
> 中国で採られた準備的なステップは労働者運動の発展には大きな利益があったことを証明しました。しかし、スターリン、カラハン、ボロジン、ロイ（みな根っからのナショナリストです！）の下で、非常に高い代価が大衆宣伝を発展させる可能性のために支払われました（*The China Quarterly*, 2・3, 1971, no,45,p.109.）。（傍点傍線は筆者）

マーリンはヨッフェやトロツキーの革命派に近い人物だったが、これには、わたしは若干違和感を覚える。張国燾が三全大会の前にモスクワから帰って来たとき、コミンテルンの中に中国共産党の国民党に対する態度のあり方をめぐって意見の対立があると聞いた、左派は東方部のサファロフ、ヴォイチンスキーで、中間派がブハーリン、右派がヨッフェとマーリンだという、と言った。これはほぼ正しく、東方部は、共産党の独自の政治活動（労働運動）を重視しその中から大衆的なプロレタリア政党＝共産党を作るべきだ、労働運動は高まりつつあるという見方を根拠にしていた。それは一九二二年末のコミンテルン第四回大会の劉仁静の演説に対する、書斎を出て大衆の中に行け、と言ったラデックの意見以来のものだった。ヴォイチンスキーの意見草案に対してブハーリンが修正を加えたこと（「五・二四指示」）は見た。ヨッフェとマーリンは国民党支援、その中に共産党が入り、内で「民族（国民）革命運動」を拡大する、という考えだった。マーリンの方が、中共の力量を小さく見積もって、この「小団体」は国民党の中に入るしか発展する方向はない、とさえ言ったのではなかったか。しかしこの後年の話からだと、彼は、この「準備的ステップ」から、大衆的な労働者（プロレタリア）運動の発展の機会が得られたのだから、機会をとらえて労働者の政党に発展する可能性があった、しかし自由は与えられず、道具になった、と考えていたようである。図式化すると、マーリンのこの構想よりも、ボロジンの考えはさらに「固定的」だった。つまりスターリン（ロシア共産党政治局の指令）の枠、「孫文との工作中、民族解放運動の利益に従がい、決して中国に共産主義を植付ける目的に恋としてはならない」、共産党人はそのために国民党に苦力のように「服務」するのが義務だ、分離は許さない、という考えだったから、もっと「右派」（別の表現をすると、革命の利益中心ではなく、ロシア国家の利益中心）だったということになる。

これらの史料を見ると、孫文・国民党を中心とする国共合作がどのように出来上がっていったかが良く分かる。国民党改組、第一回全国代表大会、「連ソ、容共、扶助工農」と教科書的に示される政治内容はほとんどが、コミンテルン・ソ連政府側が孫文に接触した過程で、かれに勧告した内容なのである。つまり革命を軍事手段でばかり考えていた孫文に――ヨッフェが彼に、その名声で総統候補になって北京入りしたら如何か、と問うと、かれは「中国の習俗に照らして毫も疑いないのは、軍事力を用いず敵に勝って北京に入って総統に選ばれたとしたら、疑いなく一死を免れない。北京で暗殺されることになる」と答えていた――、マーリン、ダーリン、ヨッフェ、ロシア駐在武官らが面談した時に、みなが異口同音に軍事手段ばかりでは駄目だ、大衆への思想・宣伝工作が重要で、家父長制的な国民党を大衆性を持った政党に改めることが必要だと説得し、全国代表大会を開催すべきだと勧告したのだった。孫文は陳炯明に追放されてから大衆運動の意義を少しは考えるようになっていたが、かれにとっては、「連ソ」とは電報にあるソ連の援助（資金と軍事顧問、武器）を、「容共」とは、中共党員を自分の国民党内に誓約させて「容れる」ということ、財政援助と引き換えに、共産党人が「国民党内に留まる」「党内合作」を受け入れることで、「扶助工農」は、後にコミンテルン「五・二四指示」が中共・ボロジンによって主張されたのを受け入れた、ということを示しているようである。

第二十八節　陳独秀の国民党批判と孫文――晩年の孫文をどう見るか

中共三全大会で党内合作が決まった直後、陳独秀が書いた論文に対する孫文の反応が右の様相をよく示している。民国十二（一九二三）年六月に起きた「北京政変」――「曹（錕）党の変」で、直隷系の馮玉祥らが中華民国総統の黎元洪を脅迫して辞任に追い込んだ事件で、総統席が空白になったこの混乱の後に直系の曹錕が賄選で総統になる――について、政変で曹錕と孫文が手を結ぶという説が流れる中、そんな怪事は信じないが、と陳独秀は七月一一日に「北京政変与国民党」を書いて『嚮導』二一・三二期に載せた。（概略）

民国以来の以来の政争戦乱はみな帝政余孽の北洋軍閥が起こし、三度の広東の変乱も岑煊春《しんけんしゅん》、陸栄廷、陳炯明、沈鴻英の背後でこれが祟りをなしていたのだ。国民党は二度広東で執政したが、悪事はしなかった。国家大難の時は出てきて大任を負ったが、今日、国民党はどうする？　直系軍閥が兵で政変を起こした。黎元洪、段祺瑞系、奉天系、安福倶楽部、政学会系、恥知らずの国会議員、これらはみな直系に反対だ。しかしこれらは国民党が使う武器ではない。国民党の真の武器は国民――商会、労組、学生会、農民等の人民組織――の力だけである。この力で国民革命運動を作って国難を靖んずる以外にない。国民の力は弱い。しかしこの弱い力が国民党の真の力、永遠に無視すべきでない力なのだ。国民党に耳障りの良いことを言ったとしても、上の連中は実は国民党の敵なのだ。去年直系は黎元洪を擁戴したとき良いことを言わなかったか？　国民党がもし国民の力の上に建設するのではなく、敵の力の上に建設するのだったら、彼らは孫中山先生を総統に擁戴することはできるが、その結果は、傀儡総統黎元洪と較べてどれほど高明になれるというのか。

国民はどの派にも絶望している。国民党は国民を率いて革命運動をやるべきである。つまり、以前の軍閥の間を徘徊して、四派の裁兵会議だ平和統一だと呼びかける政策を放棄すべきである。四派、直隷系、奉天系、安徽系が罪深き軍閥であることは国人の全て知するところ、西南軍閥の唐継堯、趙恒惕、熊克武、劉顕世はどれが軍閥でなく、中山先生の命を聴いて革命に行くことができるのか。この四派が結んだらさらに人民の厄運になる。もし三派が連合して直系を討つ軍閥間の新たな戦争をやるなら、毫も民主革命の意義はない。何でそんな意味のない戦争をやらねばならないのか。西南軍閥には中山先生の命を聴いて革命やろうなどというのはいない。何人かは国民党の敵でさえある。何で安徽派、奉天派のドンの看板になってやらねばならないのか。

現在二つの戦線がある。一は国民の戦線、一は軍閥の戦線である。国民革命の使命を負った国民党は断じて国民に敵対する戦線に立つべきではない。向うも入れてはくれまい。国民党は自分の本当の力、国民の力を集め導いて革命運動をする以外、別に歩む道はないのだ！　断じて軍閥の間を徘徊してどっちつかずに躊躇い、ついには就く所が無くなって、ただ国民の希望と同情を失い、国民革命の気運を阻むべきではない。だから我々は、敬愛する国民党に泪を流してこれを云わざるを得ないのである（傍線筆者）。

これを読んで、孫文は激怒した。これは根本的で痛烈な孫文の本質への批判だったからである。孫文はソ連と結んで国民革命をやろうと方向転換した。しかし、かれは決して国民大衆の方を向こうとはしたのではなかった。連ソ、容共で、国民党を改組し、「国民革命」をやるとは言っているが、果たして孫文は本気で以前の「軍閥の間を徘徊」し、張作霖、段祺瑞と同盟を結んで直隷派を倒し、北京で権力を手に入れようという考えを放棄して、国民大衆（労農）の方を向いて、それに依拠し、「扶助工農」の思想・宣伝工作をやろうという政党にしようとしているのか、という根本的な疑問を投げかけた「痛烈」な批判なのである。マーリンはこの陳独秀の文章発表直後の七月一八日に広州からヨッフェらに、孫文との会談の様子を伝えている。

孫文は、陳独秀のようにかれの『嚮導』週報で、国民党を批判することがまた起こるるのを許さない、と言った。もしかれの批判の中に、国民党よりももっと良い第三の政党を支持するというような語気があるのならば、わたしはきっとかれを追い出す。もしわたしが自由に共産党人を国民党から追放できるのなら、わたしは財政援助など受け入れなくてもよい、と大変激して言った。この時、廖仲愷と汪精衛はスーッと逃げた。寒蝉のように口をつぐんだままだった（『共産国際』二、四二三頁、傍線筆者）。

マーリンは陳独秀のために弁護し、「援助」と「共産党人が党内に留まる」のは別のことだ、と言った。この「老頭子（じいさん）」（孫文、五七歳）は僅かにこのために反対したのだとは考えられない。香港や英領事の『嚮導』禁止の圧力からだろうと言っているが、しかし孫文にとっては、二〇〇万ルーブルの援助と共産党員を自分の党内に誓約して容れることは「取引条件」のようだったのである。帝国主義とその国内の封建的代理人・軍閥の打倒のために、手を携えるという発想は全くない、自分の下に入れるだけだ、自分の党内に入った者が自分を批判することは許さない、というのが率直な本音だったのではなかろうか。廖仲愷・汪精衛の二人が、それ始まった、と逃げ出したのは、国民党が「孫氏王朝」（マーリンの評価）であったことを良く示していよう。その前の六月二〇日の手紙でもマーリンは、廖仲愷、胡漢民、汪精衛は孫文の命を聴くのみで、汪精衛は天津の段祺瑞、奉天の張作霖、杭州の盧永祥の間を往来して外交をやっている――反直隷同盟の工作である――、何の役に立つのかと訊くと、汪は「自分でもよくわからん」と言っていた。孫文と二回会談して「もし党の改組を行わなければ、援助を与えることは出来ない」、「広東での戦争は支持できない」と告げると、孫は、戦いに望みが出た、「江西に進むつもりだ。その後に張作霖は呉佩孚に進攻することが出来る、そこで彼（孫文）は勝利者として北京に入れる。わたしはこの手法を熟く知っている」と語ったという。マーリンが、もし近代的な強い政党が無ければ、かれら（孫文ら）は北京で何をするのか、と訊いたが、返事はなかった。もし政党が無かったら北京の指導権を奪っても、徒労に終わるだけだということを、廖仲愷、李大釗と話して認識したようだ。昨日の話では、孫は、二か月後にモスクワからベルリンに行こうと思う、「われらの主義とドイツの技術」で「五年以内に」新中国を建てる、「日本の維新は五十年要った、われわれは五年内で実現できる」と語った、と書いている（『国際共産』二、四一五頁）。これらはやはり、「ほら吹き」の口吻ではないのか。そしてマーリンは七月一八日のヨッフェ宛の手紙（同、四二二頁）では、

「孫は、［五月一五日の電で］モスクワの援助の決定は大いに希望有と感じさせましたと云った。しかし今、孫はすでに広東に足場をもった統治者で、援助も大して重要でないようだ。ヨッフェは孫中山のためにいろいろやってやったと考えているのなら、孫はどう見ても忘れているようだ。孫は軽々に広東で二〇〇万耗費した。」「孫氏王朝が広東を支配するために再び二〇〇万元を南方の将領たちの腰袋へ詰め込ませることは出来ない。」その金の一部で共産党人が国民党の宣伝をするのを助けてやった方がまだ良い。孫の唯一の関心は広東支配で、「以前、銭で以って国民党を支持したのは無責任だった。それらの銭はみな無駄に投げ捨てられてしまった。」

と孫文への失望を隠さなかった。

一九三五年にもスネーフリートは、孫文はその死の瞬間まで、実際に大衆運動の思想を自分のものにすることは決してなかった。（わたしたちの）勧告を受け入れたが、しかし真面目に関心を持たなかった。一九二三年になっても彼は無関心だった。彼は軍事問題にばかり関心を持っていた、と述べている（前掲 *The China Quarterly*）。これらの証言をベースに、一九二四年一月の国民党一全大会後の十一月の孫文の「北上」行動を考えてみると、今までと違った理解ができるのではなかろうか。時間的に少し先取りすることになるが、その政治足跡を追ってみよう。

孫文の「新三民主義」は社会主義への理解を示したものと評価されているが、それは今まで見てきたように、コ

ミンテルン、ソ連からの援助を受け入れたことに伴って、「連ソ」の改組国民党に適合するように、指導者としての自分の政治思想を修改しまとめ直す必要に迫られたからである。このソ連受容をどう考えるかは晩年の孫文思想を考える上で重要であるが、触れる場ではない。

晩年の孫文――孫文はなぜ北上したのか

孫文はこの後、一九二四年の十一月に広東から「北上」し、日本を経由し、神戸で「大アジア主義」演説をして北京に入り、翌二五年三月に「革命未だ成らず」の遺言を残して癌で客死するのだが、二四年の一月に国民党第一回全国大会を開いて、扶助工農をスローガンに、国共合作による「国民革命」を推進しようと言っていたのに、一年もしないうちに、なぜ、すぐに「北伐」を唱えて韶関に出、再び「北京政変」が起きると、誘いに乗って、すぐに「北上」すると言って「北京入り」したのか。これはかれがかつて話した、張作霖との同盟で北京入りして権力を取る、という構想に沿った行動だったのではないのか。

孫文の北伐、北上の契機になった江浙戦争は南京の直隷系の斉燮元と杭州の盧永祥との争いだが、九月三日に戦争になった。翌九月四日に張作霖は盧永祥を助けると打電した。同日、盧永祥は孫文に、「道を分かって、軍を出して曹錕を討伐しよう」と電報を打った。その翌日、広東の大元帥孫文は軍事会議を召集して「北伐」を決定した。そして一二日に大本営を韶関に設置した。この即座の反応は、かつて張作霖と協定して直隷派を打倒しようという考え、つまり、この戦争は直隷派と奉天派の戦争になる、そうしたら、南から北伐して、江西、湖南、河南と進んだ自分が、張作霖が北で呉佩孚・曹錕の直隷派を敗り、北京に入るから、自分がやがて北京に入り権力を譲らせる、というかの構想を先取りしたからであると考えるのが相当である。

しかし、シナリオは異なった。九月一五日に第二次奉直戦争には発展したが、呉佩孚の配下の馮玉祥が張作霖と妥協を成立させたのち、北京に軍を返して、一〇月二三日に反呉佩孚のクーデタを起こして北京を軍事占領、総統曹錕を拘束、「北京政変」を起こしたのである。そして自軍を「中華民国国民軍」と称し、二六日には段祺瑞に国民軍大元帥にすると通電し、孫文に北上を要請したのである。翌二七日、孫文は馮玉祥に「即日北上せん」と返電した。三〇日、韶関から広州に戻った孫文は会議を開いたが、胡漢民や中共は北上に不賛成だった。その後、曹錕が辞職し、呉佩孚が敗北して南下すると、溥儀も紫禁城から追い出される。陳独秀が先に論評した「北京政変」が再び到来したのである。孫文先生、さあどうする。この事態に、孫文は十一月四日に北上を決定し、胡漢民、譚延闓に留守を託したのである。ボロジンも孫文の日本行きを了承した。この時、「大権」を握る意図はないと云ったらしいが、一〇日には「北上宣言」を発し、国民革命は、武力（軍閥）と帝国主義の結合を消滅させ、武力（軍閥）を国民と結合させ、国民の武力にし、自由独立の国家を造ることだ、時局に対し国民会議で統一と建設を図るが、その予備会議を呼びかける、と語っている。

「国民会議」は、その前年の二三年七月の中共の「第二回時局に対する宣言」（六月二四日中央委決定）——主旨は七月一一日の先の陳独秀「北京政変与国民党」とほぼ同じ（筆者は陳独秀だ）——で、「商会、労働組合、農民協会、学生会及びその他職業団体」が代表を選び、適当な場所で「国民会議」を開くことを主張していたが、この主張は手紙で孫文に伝えられ、軍事作戦をやめて上海に行って国民会議を招集し、工会・商会・学生会を集め、軍閥に従わない新しい方法で道を切り開くべきだ、と伝えたが、冷淡で動かず、不可能だとしていたのは孫文ではなかったか。その一方で、北京外交団と人民が自分を総統にしようとするなら、自分には計画があるなどと（*China Weekly Review*, 1933, 7, 7）語っている（Tony Sachi , p.188-89, 90）。孫文の行動と言説はあまりにも機会主義的ではなかろうか。苦境にあってソ連の金銭・武器支援を受け入れ、共産党人を容れて国共合作をし、ソ連の政治軍事顧問を入れ、国民党改組をし、一全大会宣言を経て、労働者農民（扶助工農）の方を向いて「国民革命」への態勢を整えたはずだった。奉天派と直隷派の対立（江浙戦争）が起きたから「北伐」だ、「北京政変」が起きたから奉天・安徽派を含む「国民会議」だ、というのは「軍閥の間を徘徊」して、隙あらば、機会を得て北京で実権を、という幻想をぬぐい切れていなかったことを示しているだろう。いつもの行動パターン、性向ではないのか。孫文はそうではなく、「建国大綱宣言」も、北上宣言もある、国民会議を開くためだ、不平等条約廃棄、自由中華民国をと言っていると弁明するかもしれないが、それは、「孫大砲」の表向きの話で、現実政治の話ではない。これで「国民革命」が出来ると考えたのだろうか。「知」と「行」が一致していない。「北京政変」での政治空白を利用して自分の「名声」と「権威」で北京の政局を左右する場が得られると考えたのであろう。それなら真っ直ぐに北京に北上すればいいのではないか。だが、孫文は日本に行き、そこを経由して北京に入ろうとした。しかし日本政府に東京に入ることを拒否され、神戸で「大アジア主義」演説を行い、日本の対中国姿勢に警鐘を鳴らし、王道か覇道かと言った。彼は、奉天・安徽派支持の日本の支援を取り付けて北京に乗り込み、三角同盟と日本の支持を背景にした「力」と、自分の権威で北京での主導権を得ようとしたのであろう。そこには「老い」と「病」を自覚した老革命家の焦りがあったのかも知れないが、変わらぬかれの外部依存体質と機会主義が見え隠れする。一九一一年末に帰国して南京臨時政府の大総統になった嘗てのシーンの再現を思い浮かべていたのかも知れぬ。人間の本性はなかなか変わらぬものだ。孫文思想（言説）の持つ軽さ、曖昧で時に矛盾し両義的である思想もかれのこの機会主義的な性向と無縁ではないだろう。

これを、拒露運動の出立から、華興会（岳王会）、辛亥革命、『新青年』と見てきた陳独秀の軌跡と比較してみると、二人の違いが鮮明になろう。一九二五年の孫文の死に際して陳独秀が書いた追悼文がいささか冷めた筆致で、「北京政変与国民党」と同趣旨の国民党に釘を刺すものになっているのはこうした二人の関係を背景に読むと良く分かる。わたしは、貧苦に甘んじ自力で奮闘して挫折と苦境を乗り越え突破する陳独秀の精神のエネルギーと姿勢に驚嘆するし、真摯な知識人としての姿勢と文章、しかし政治的には失敗するその怒りっぽい「書生ぽさ」に共感を感じるのだが、「先知先覚者」の自意識と自惚れの強いスマートな紳士、ブルジョワ革命家の孫文の機会主義的政治性向（マキャベリズム）にはあまり共感できないのである。

話を前に戻そう。一九二三年七月にマーリンがモスクワに帰り、ソ連駐華大使カラハンの私の個人的代表だという紹介で九月にボロジンが広州に赴任してきた。その鞄の中には大量の資金と武器軍事支援が入っていた。軍事顧問のガロン（ブリュッヘル）も広州に赴任してきた。またコミンテルンのヴォイチンスキーがマーリンに代って上海に常駐して陳独秀ら中共中央を指導することになった。コミンテルンとマーリンの確執は包恵僧は良く分からないと言っているが、羅章龍の回憶は「東方部」（サファロフ・ヴォイチンスキー）との齟齬と言われると言っている。それが正しい。

陳独秀はこうした共産党活動をしていた最中に、上海に胡適が来ると、秘かに亜東図書館に顔を出して胡適と語らい、『科学と人生観』本の序文を書いて（一九二三年一一月一三日）、唯物論者として胡適と論争したのである（前述）。

こうして、これ以後、陳独秀はコミンテルンの指令に適応するように、「国民革命」――つまりマルクス主義でいうところの「民族革命」――の成果はブルジョワ階級の政権になるだろうという、二段階革命論に近い言論を打ちだし、翌一九二四年一月の国民党第一回全国大会では、「連ソ、連共、扶助工農」三大政策――「扶助工農」は「五月指示」を踏まえてのボロジンらの指導があったからであろう――の下で、李大釗らが国民党中央委員になった。これに対し国民党右派から反対の声が上がったが、李大釗は「個人資格」で国民党に参加するのだと強弁し、これで同意された。しかし国民党内の共産党「党団」は残されたから、その後、組織上多くの紛糾を生むことになる。火種は残ったままだったのである。

スネーフリート（マーリン）は、この中共三全大会（一九二三年六月）での国共関係の決定と、国民党第一回全国大会の開催（一九二四年一月）の決定、という「国共合作」の基本線を敷いた段階でかれの歴史的役目を終え、モスクワに帰ったのだった。

包恵僧は、もしマーリンが来なければ、一大（中共第一回全国大会開催）は一、二年遅くなり、もっと多くの醸成期間が要ったろう。かれが東奔西走しなかったら、国共聯合は成らなかったろうと言っている（『共産国際』二、二五九頁）。これは正しい。一九二三年六月にカラハンが駐中国全権に任命され、八月のロシア共産党政治局でカラハンが拾って推薦したボロジンがスターリンの指名で孫文の政治顧問としての派遣が決定し、「カラハン・ボロジン組」の二人は八月に一緒に中国に来た。ヨッフェ・スネーフリート（マーリン）「組」と「選手交代」したのである。以後、この「カラハン・ボロジ組」で「国民革命」が指導され、中ソ外交関係が展開されることになった。

この国共関係の下での合作が、一九二四年以後、五・三〇運動を経て、国民革命を推進することになるが、その過程で多くの矛盾、軋轢、対立が発生することになり、その矛盾が陳独秀の身を苛むことになる。そして、一九二七年の四・一二クーデタ、武漢政府の分裂、「大革命」の敗北、陳独秀の中共総書記解職、という事態に発展する。その矛盾はこの「国共連合」の有り方に内在していたのだった。ある時点で、この矛盾は是正されるべきだった。開始したのがコミンテルンならば、是正するのもコミンテルンでなければならなかった。だが、その時、コミンテルンは、ソ連共産党内でのスターリン・ブハーリンらと、トロツキー反対派との党内闘争の開始によって、その影響を強くを受けていたのだった。スターリンが党とコミンテルンを支配する中で、ボロジンはスターリンのその「規定」の「枠」を破ることは出来ず、スターリンの決めた、国民党の民族解放闘争に「苦力」奴僕のように服務する規定に縛られた。国共を分離するという路線の変更は不可能だった。その意味で、陳独秀の「挫折」は不可避だった。

中共書記になった陳独秀は、このような世界史的な共産主義政治の大きな枠組みの中に抛り込まれ、そのなかで中国の共産主義運動、「国民革命」運動を進めなければならなかったのである。その巨大な歴史的な枠組みはモスクワで決まったのであり――スターリンの権力掌握、トロツキー反対派の敗北という、中共や個人が制御できる範囲を超えていた枠組みである――、そこに「大革命」の悲劇、陳独秀の悲劇が存在していたというべきなのである。少し先走り過ぎたようである。次章でこの過程を見ていくことにしよう。

第五章

「国共合作」方式下の「大革命」の敗北と陳独秀

第一章 「大革命」の敗北、国共合作の破断についての陳独秀の認識

この章の名称である「大革命」は、「第一次国内革命戦争」、「国民革命」などといろいろ呼ばれているが、一九二四年から二七年までのこの革命過程をどう客観的に分析叙述するかは、学術的にも政治的にも大きな議論の起ることで、本書の直接のテーマではない。陳独秀の思想の軌跡を理解するためには、このプロセスをかれがどのように認識していたか、あるいは認識したかが重要なのだ。陳独秀は一九二七年の「八・七」会議で総書記の職務を停止（のち解職）されてのち、亜東図書館の汪原放らの協力でひそかに武漢から上海に戻り、文字学の研究をしながら、党中央に手紙を書いて所見を述べたり、「寸鉄」評論を書いたりしていた。しかし、中東鉄道問題をめぐって「ソ連擁護」をいう中共中央を批判する手紙を出して（一九二九年七月二八日）、党を除名された。それから後、ソ連でトロツキー反対派に加わった留学生が持ち帰ったトロツキーの文章を読むにつれ、次第にトロツキーの考えに近づき、謄写版刷りの小冊子『全党の同志に告げる書』を書いて、自らの考えを整理している。その要点は次のところにある。

（1）、コミンテルン指導部（スターリン、ブハーリン）の「機会（日和見）主義」的な政策を忠実に実行した結果、悲惨な敗北をもたらしてしまった。自らの誤りを隠そうとは思わない。

（2）、敗北は、客観的な面での原因は二次的な重要さで、＊主要なことは党の機会（日和見）主義の誤りであった。すなわち、ブルジョワ階級の国民党に対する政策の誤りであった。

＊陳独秀は敗北を客観的な歴史状況に帰因させるスターリンの見方に対して（その付注一）で反論している。スターリンは、党の政策は正確であったが、一九〇五年の革命が敗北したのは封建残余と専制政府が労働者の革命運動よりも強大だったからだ、と述べ、今次の中国共産党の政策はプロレタリア階級の戦闘力、大衆との関係、その威望を高めたのだと言及して（一九二七年七月二八日「時事問題についての短評」）、暗に、政策は正しかったが、客観的に

敵がより強大だったから、失敗したのだと示唆した。これに、陳独秀は、正しい政策はもとより勝利の唯一の保証ではないが、誤った政策は敗北の主要な保障なのだ、もしこのように、敵の力が強大だったからだと考えるなら、政策が正しくても、すべての革命的労働者運動の敗北は決まった運命ということになる。このような弁護は、政策の誤りを隠蔽するもので、こんなので自分の指導の誤りを弁護してもらいたくはない、と言う。一九〇五年の『総括と展望』（トロツキーの永続革命論）が有って、一九一七年のレーニンの「四月テーゼ」とともに、ロシア革命の権力掌握が生じたように、そこから何をくみ取るかが重要であり、客観的要因に帰因させるのは清算主義で、総括反省なしには何も生まない、と警告した。

政策が正しかったら、という仮定の議論は歴史学には向かないが、後掲する張国燾の議論も参照されたい。

中共結党後、一九二三年の第三回大会（「時局についての主張」）までは問題なかったが、党員百五十余人だった一九二二年にダーリン（かれは青年国際の代表として来華した）が孫文に会って国民党との統一戦線政策を提起したとき、孫文はけんもほろろに拒絶し、中共・社青団が国民党に入って国民党に服従することのみを許し、党と党の統一戦線（党外合作）を認めなかった。コミンテルンから派遣されてきたマーリンも以前に孫文に会って同じことを告げられている。それで、コミンテルン（マーリン）は「西湖会議」で党内合作を主張した。そこには以下に述べるようにいくつかの要因が絡まっていたが、その際、国民党は「ブルジョワ階級の政党」ではなく、「諸階級革命分子の連合」であると規定し、国民党加入は共産党が「敵」のブルジョワ階級に屈服するものではない、としたのである。

これが最大の問題である。これを説明するには三つの方向の要因がある。一つは、ロシア共産党・コミンテルンの革命戦略上の位置づけ、二段階革命論である。二つ目は、ソヴィエト・ロシア（ソ連）政府・コミンテルンの対外政策からのアプローチ。三つ目は、孫文の革命運動・国民党と、成立して間もない共産党の力量の比較という中国国内政治からの説明、である。

最後の第三のアプローチが最も分かりやすい。孫文はなぜ、このような主張をしたのか。辛亥革命の失敗に懲りたからである。辛亥革命は「革命軍起こりて、革命党消ゆ」(章炳麟)と言われたように、中国同盟会のような「同盟」のやり方では駄目だ、自分の考えを理解せず違ったやり方でやったから――中部同盟会や宋教仁国民党――、「共和革命」は失敗したのだ。自分への背反を許さない、「総理」への忠誠を誓約した一元指導の中華革命党の考え、革命党組織がしっかりしていないと駄目だという考えを持ち続けていたからである。孫文・ヨッフェ共同声明で、ソ連は孫文が民族民主革命の中心だと認め、孫を物質的にも支援すると保証したから、それが欲しいが、しかし中共との「同盟」(連合)はかつてと同じ轍を踏む、論外だと考えた。そしてまた、ソ連のネップ政策も自分の大風呂敷の「民生主義」で包摂できると過信したから、出来たばかりの弱小の中共を懐に容れても、自分の権威で制御できるし、ソ連に従属し、包み込まれることはないと考えたからである。

第一の、コミンテルンはなぜマーリンのこの提案を承認したのか。E・H・カーは、この原型はイギリス共産党員の多くが労働党員であるという二重の地位だった、意図は大きくて緩い組織(国民党)に補強材を加えるというものだったと言っている(『ロシア革命』一四一頁)。これは一九二一年にレーニンが言って実行されたことだが、しかしイギリス労働党はプロレタリアートの政党であるという判断がその前提にあった。だから、国民党がブルジョワ階級の政党だったならば、この方式は取れないわけで、コミンテルンは国民党がブルジョワ政党だとは言えなかった。マーリンは桂林で孫文と会った後、広州に出て、大規模な反英の省港ストライキが起きているのを見、それを国民党・広東軍政府が支援しているのを見た。国民党の反イギリス帝国主義の「革命性」だと大きな力を印象付けられた。それと比較すると、結党間もない共産党は革命的知識人を中心とする少数の「宗派主義」的な政党で、力量は頼りないものだと判断した。のちにコミンテルン執行委員会ＥＣＣＩにこの見解を報告し、国民党を支援すべきだと述べ、コミンテルン主席団はかれのこの中国情勢判断を信じたからである。ヨッフェの孫文への接近もこの判断に基づいていた。

コミンテルン第二回大会の民族・植民地問題テーゼの、共産主義者は後進国・反植民地の民族解放運動(ブルジョワ民主的解放運動）に積極的に連携すべきであるという決議で、コミンテルンは東方中国の反帝国主義のブルジョワ民主主義を目指す民族解放運動を積極的に支援する方針を取った。後進国は先ずブルジョワ（民族）革命を経てから社会主義革命へ進むが（二段階革命論）、その「民族民主」革命の中心は「民族」ブルジョワジーで、レーニンが孫文をその指導者として評価したように、国民党だと考えられたのだった。そしてそれに連携することがやがて社会主義を達成するための経路なのだとされたからだ。

しかし中共の指導者たちは、国民党に対してマーリンのような幻想を持たなかった。殊に陳独秀は、辛亥革命期以来の国民党人の政治的生態を自分の政治経験から知悉していたし、孫文が他力、「軍閥の間を徘徊」して革命をやろうとしてきたやり方に批判的だった――かれが『安徽俗話報』、『新青年』を始めたのは、正しく、孫文とは違ったやり方での変革の模索であって、辛亥革命についての反省の思想からだった（このことは既に述べた）。陳独秀は孫文死後に「孫中山先生を悼む」（一九二五年三月一四日）を書いているが、文章は、孫文個人の思想や行動への評価や深い思い入れは薄く、かれが偉大な革命家だったことを人々に確認させ、それを共有しようと呼びかけることによって、その革命精神を受け継いでいるはずの「革命的」国民党が変質しかねない現況への危惧とそれへの釘刺しを述べたもので、むしろ後者に重心がある。文章を読むと、陳独秀は孫文に尊敬を示したが、あまり人間的な親近感を持っていなかったように思われる。上海・京漢線（長辛店）などの労働者運動の組織的指導者だった張国燾（五四運動の北京大リーダー）は国民党の緩いいい加減な体質を良く知っていたから、なおのこと強く党内合作に反対した。かれらだけでなく中共指導部全員が反対だった。しかし李大釗が妥協的意見を出した。この人は独秀の激しい気質とは違った忍耐強い努力家、人格者で温和な人柄で、胡適らの「わたしたちの政治的意見」にも加わり署名したり呉佩孚への工作をしたりするなど、党派性にこだわらない姿勢をしばしば見せている。それで西湖会議では、李大釗、陳独秀ら一部指導者だけが加入することになったのだが、今まで中国共産党が言ってきたような、李大釗は指導力を持った指導者、新文化運動の旗手だったとはなかなか言い難いように思う。その後、陳独秀も加わって国民党改組委員会が出来たが、かれら国民党人は改組提案を怠けるか、拒絶姿勢を示し、なかなか進まなかった。独秀によると、孫文は「国民党に入った以上、党紀に従うべきだ」、「服従しないのなら、わたしは除名する」「ソヴィエト・ロシアが中共を庇うなら、ソヴィエト・ロシアに反対する」と言ったという*。

その後、ボロジンが「鞄の中にロシアが国民党向けに用意した大量の物質的援助を携えて」やって来ると、はじめて国民党は、「容共（共産党員を容れる）」のみから、レーニン組織論に倣った改組と「連ソ」政策を採るようになった。このような国民党の現金な体質をよく知っていたのである。

＊私的な感想だが、この人（孫文）は自信過剰、高慢だという印象を免れない。生活や着ている服、身だしなみも「ブルジョワ」的だし、横文字の洋書を沢山読み、比類なき見識を持つ先知先覚者である自分に皆が随いてくるべきだと考えていたらしい。レーニンに会った張国燾は、かれは田舎の学校の先生のような風格で、その率直で飾らない態度を印象付けられているが、会って話をした孫文先生はどうもそうではない偉い人という感じで書いている。陳独秀は名家大戸の出だが、大体は貧乏暮らしだった。李大釗の北京大学図書館主任の部屋だって酷いものだったが、その李大釗や友人が金を集めて独秀を支援したほどで、殊に何度かの出獄後は普通の一般人も食わないような粗食を食うようなひどい生活だった。最後は北京大同学会の支援で何とか食いつなげたに過ぎない。それで身体を悪くし、民間療法を試して、悪化させて死亡したのだが、それに比べれば、失意だったという上海の孫文は、邸宅に住み、洋書に囲まれた部屋で「知難易行」論や「建国方略」著述に専念していた。何億円になるか分からない梅屋庄吉からの資金援助や妻の宋家や自分の実家の金銭援助、華僑の援助もあるのだろうが、諸国漫遊している経費はどこから出たのだろうか（華僑の献金か）。かつて東亜同文書院の学生だった米内山庸夫は卒業旅行で雲南から四川への踏破旅行に出かけたとき、ベトナム行きの船上で孫文を見かけている。いつもシャツにカラーをつけて洋服を着て、紳士然として胡漢民などの子分を引き連れていたという。

だが、第二の、コミンテルンが共産党員の国民党加入を決議したもう一つの理由がある。それは対イギリスを標的としたソ連防衛という観点からである。この時期のソ連外交は二元的だった。一九二三年のドイツ革命の敗北でヨーロッパへの展望が閉じると、二四年からその視線は東方に向けられた。中東鉄道、外蒙古《モンゴル》をめぐって北京政府との関係修復の模索に動いた（ソ連政府外交の担当）。南方では革命派の孫文・国民党を支援する（革命運動と民族・植民地問題を担当するコミンテルン、その出先のシベリア局の担当）、という動きである。しかしソ連はこれを矛盾する両立し得ないものだとは考えなかった。のちに次第にコミンテルンの対中国路線が主流になるが、ある意味、国家利益として共通して来たからである。ソ連の最大の敵は大英帝国であった。イギリスでは英露委員会を通じて内側から牽制しようと、イギリス労働運動の保守派である総評議会シリトン派を代表と認めてそれに影響力を行使する姿勢を取った。妥協的なかれらに反してストライキを決行する少数反対派は支援しなかった。東方でイギリスに激しく抵抗しているのは香港・中国南部の労働者の反英ストライキで、それを支援しているのは国民党であった――広東は孫文派の拠点で、譚平山らの共産党広東区委は成立して間もなく、まだ大きな基盤を持たなかった――。ソ連は国民党とイギリスを共通の敵にしていたのである。ソ連はイギリスを中心とする列強の圧力から自分を防衛するための外交的・軍事的支持の源泉を求めていた。つまり、反英帝国主義の統一戦線である。そしてコミンテルンテーゼの民族運動との協力という観点からも中国で国民党を繋ぎとめておく必要を感じていた。だから国共合作を進め、三・二〇事件（「中山艦事件」）で、蔣介石が右派に転じてからも、国民党右派を何とか繋ぎ止めようと、ボロジンもソ連軍事顧問団も蔣介石に妥協したのである（毛里和子『中国革命とソ連の顧問たち』「解説」）。中共も妥協政策を採ったが、これを合理化した理論がスターリン・ブハーリンの「二段階革命論」である。

かれらは当時ロシア国内で工業化を進めはじめ、「一国社会主義」政策を採りつつあり、農民との衝突が危惧されていた。それに対してトロツキーらの反対派の批判が顕在化してきた。反対派はスターリンらの中国革命指導に対しても厳しく批判し、その転換を要求した。その批判の根拠を為すのが、トロツキーがロシア革命の経験から導き出した「永続革命論」である。ロシア共産党内の反対派をめぐる党内闘争は、中国革命の指導の正しさをめぐる論争と二重化したのである。

〈論争の焦点〉　中国はロシアと比べても資本主義の発達が遅れた後進国である。従って、課題は「ブルジョワ的民主革命」＝「民族（国民）革命」である。それを完成する中心は国民党である。国民党はブルジョワジーの政党ではなく、「労働者、農民、都市小ブルジョワ、民族ブルジョワジーの四大階級」ブロックの政党であるから、共産党はこれと同盟合作（党内合作）して、これを助け、ブルジョワ民族民主革命を達成させる。そしてその後に社会主義革命に進むべきだという「二段階革命論」であった。合作が党外合作でなく、党内合作になったのは、前述したマーリン戦略だけでなく、ソ連防衛のために国民党を何としても確保しておこうという孫文への譲歩、それがボロジンの中国での活動への規定、「孫文の民族解放運動〔＝ブルジョワ民主主義的解放運動〕への利益に従がえ」、「共産主義」を植え付けようなどと考えるな、という前述した「規定」（指令）だった。こうして中共党員に国民党への加入を命じ、その規律に従い、国民党批判を行わず、国民党のために働くという「合作」形式を取らせたのである。

だから、これに反対したトロツキーの考えの基礎を成した「永続革命論」を簡略に示しておく必要があろう。おおよそ次のようになる。

第二節　コミンテルン「二段階革命論」＝「国共合作」方針に反対したトロツキーの「永続革命論」とはどういうものか

植民地・半植民地的な後進国は資本主義的経済の複合的な歴史的発展によって、複合的な社会構成、特殊な階級関係を持っている。外国帝国主義は資本主義と結びついたあらゆる形態の奴隷制と農奴制を支持し再生する。そこでは旧い農業関係、半農奴制的関係が維持される。これが複合発展の理論である。だからその国における農業革命、社会関係の民主化、民族国家建設のための闘争は、外国の支配に対する公然たる闘争に転化、移行することになる。しかしこの「ブルジョワ」革命はこれらの国の「民族」ブルジョワジーの指導下では何一つ達成できない。なぜなら、かれらは外国・外国金融資本と結び、人民に敵意を持つ階級として現れるからである。農民は最大の圧迫された階級であるが、分散していてこの任務には堪えない、従って、「ブルジョワ」革命の任務もプロレタリアートの肩にかかってくる。中国資本主義の近年の発達は統一した民族意識を生み、中国の労働者が民族統一への旗手になって来ていて、この祖国統一運動の指導権はブルジョワジーに止まらないだろうという危惧を抱かせるまでに至った。反帝国主義を最後までやりきれるのはこのプロレタリアートのみである。（ブルジョワ的）「国民革命」は、こうした民族的革命運動によって権力を獲得したプロレタリア独裁のあとに実現される。プロレタリアートは「ブルジョワ革命」に止まっていられないから、自動的に社会主義革命に進み入る。だから、中間段階は無く、「永続」的に社会主義革命に至るのだ。

ロシア革命の経験から言うと、次のようになる。プレハーノフは、後進国は資本主義段階を経なければ、社会主義へは行けない。ブルジョワ革命は自由主義ブルジョワジーと同盟したプロレタリアートによって達成され、それが資本主義への道を拓く、と二段階革命におけるプロレタリアートの役割を規定した。レーニンは、ロシアの自由主義ブルジョワジーは土地革命で妥協し、君主政に妥協するから、ブルジョワ民主＝自由農民制を作り出し資本主義的発展の道を作りだすことは出来ない。だからブルジョワジーとの同盟はあり得ない、とプレハーノフを批判し、プロレタリアートと農民の同盟による独裁（労農独裁）が「ブルジョワ革命」を完成し得るのだ。その時社会主義革命が日程に上る、とした。しかし一九一七年二月革命以後、「四月テーゼ」で、プロレタリアートの独裁のための闘争こそが農業革命を最後まで遂行し、被抑圧民族の自由を確保するための唯一の手段である。プロレタリアートの独裁政権はブルジョワ私有財産制内に自己を限定し得ないから、自動的に社会主義革命を日程に上せ、民主主義革命からそのまま中断無しに社会主義に結びつけなければならない、とした。これはトロツキーの考えに近づいた考えだった。これが可能であることをロシア革命の過程は証明した。後進国の革命がどのようなものになるかは、その国の成熟度と世界環境・世界革命の行方の如何に依存するが、ブルジョワ革命と社会主義革命のあいだのブルジョワ民主政（プレハーノフ）、労農独裁（四月テーゼ以前のレーニン）による民主、という段階は存在しない、これが複合発展した後進国の階級関係の「革命の力学」なのである。つまり、レーニンがトロツキーの方が正しかったといったロシア革命における権力獲得過程のみならず、権力を取った後の社会主義化まで、中断することなく「永続」的に展開するのだという展望を持つ革命理論だと言ってよい。これが「永続革命論」の骨子である。

この観点に立てば、中国のような後進国が外国支配を脱し、労働者・農民の自由と解放、社会的所有という社会主義的民主に到るには、プロレタリアートの指導権による独裁に向けた闘争こそが、帝国主義を排除しブルジョワ的、封建的、半農奴制的関係を一掃するのだ、ということになる。しかしコミンテルンは、中国において、レーニンの「プロレタリアートと農民の同盟」の独裁（労農独裁）による民主を、「労働者、農民、都市小ブルジョワ、民族ブルジョワジー」の「四階級ブロック」による権力獲得に拡げ、国民党はこの「四階級」を代表しており、その指導によるブルジョワ民主の実現、「国民革命」が、やがて未確定の社会主義を日程にのぼせる、というプレハーノフ・メンシェヴィキ流の二段階革命論を採用し、孫文の民族解放運動＝ブルジョワ的な民族民主革命の実現のために共産党は国民党に加入し、その中で「苦力」（ボロジン）のように服務すべきだ、と言ったのである。これが、陳独秀ら中共指導者たちにはプロレタリアートの政党である共産党の独立性を失わせ、取り消すものだと思われたのである。その最先鋒が張国燾だった。マーリンがコミンテルンの権威で「指示」「訓令」を呑ませようと強制しようとしたのと激しくやり合った。かれによるその総括を訳出する。少し長いが訳す。これで少し分るようになる。

実際、この国民党への加入の政策は、どんな角度から見ても、適切なものだったとは言えない。中国国民革命を推進する上でこの政策を遂行したことで見るべき成果が得られたというかも知れないが、しかし国共合作を改めて連合戦線方式を採用したなら、成果は同じくらいにならなかった、あるいはもっと大きくはならなかった、とは証明出来ないのである。国共混合が終には革命勢力のひどい分裂を招き、中国を外国からの侮りの中に陥れたのは更に鉄のごとく確かな事実である。この政策を実行した国共両党はどちらも紛糾の深い淵に陥り、終には友党から、勢い相並び立たざる仇敵になってしまった。

のちに一九二七年の国共分裂後、コミンテルンはなお「天子は非凡で聡明である」風の態度でもって、この国民党への加入政策が正確だったことを強調し、併せてすべての誤りはみな中共の執行の不当さから出たものだと誣し、指摘した。その後の多くの記述は往々にしてコミンテルンが、中共は国民党に加入し、国民革命の指導権を奪取し、国民革命が最後の勝利を得るようにする政策を採用したのは絶対に正確なものだった。ただ右傾機会（日和見）主義者の陳独秀が国民党への加入政策を執行したとき、指導権の奪取を放棄してしまい、中国革命を敗北に帰せしめたのだ、と述べている。同時にまた、わたしが初めにこの政策に反対し［中共の独立性の保持を強調し］た主張は、国民革命の指導権を奪おうとしなかった左傾の誤りを犯した、と批判している。実際は、あの時討論したのは、中共は独立を保持すべきかどうか、という問題だったのであり、中共は国民革命の指導権を争い取るべきだということの問題を討論したことはなかったのである。

ここで瞿秋白のことを批判させてもらいたい。かれはマーリンを擁護するために、中国は宗法社会である、［資本主義による］階級分化は明らかではない等のことを言ったが、この議論を発展させたなら、マーリンよりももっと右傾し、つまりは中共はその存在の基礎を根本から持たないということになってしまう。しかし後にかれは陳独秀を継いで中共を指導した時には、もはや過去に言ったこの議論は口に出さず、つぎはぎしながら他の人はみんな間違っていた、みな機会主義で自分だけが正しかった、つまり自分は国共両党の党内合作は指導権を奪取するためだった、と言った。「国民革命」［の指導権］と「国民党」［内での指導権］は二つの違ったものだ。もし二つの政党［国民党と共産党］が互いに競争して国民革命の指導権を争っているなら、これは話が通る話だ。しかし、もし中共が一つの政党として国民党の中に入り、まず国民党の指導権を奪い取り、それを国民革命の指導権の先声《さきがけ》とするというなら、この盟友に対する手段は道義的に話が通らない話である。当時汪精衛が、これは孫悟空が猪八戒にやったやり方だと言ったのをとがめることは出来ない。

国民党に加入する政策自身がすべての失敗〔毛病〕の根源なのである。当時のモスクワの中国に対する指導は実際混乱したものだった。まず、モスクワの中国の状況についての十分な理解が欠乏していて、かれらコミンテルンの首脳たちはただ「国民〔民族〕革命の重要性」と「革命勢力は必ず集中しなければならない」という二つの空しく摑みどころのない原則を知っているだけで、国共両党の実情を顧みず、かたくなにそれらを一つに混合した。〔孫文・ヨッフェ共同宣言（一月二六日）より前の〕一九二三年一月〔一二日〕のコミンテルン大会の決議〔「一・一二指令」『中国共産党史資料集1』、二〇〇頁所収〕は、中共の独自性を強調していたが、しかし、ヨッフェ、マーリンらの影響を受けたようで、その四月〔五月？〕訓令*はすっかりと方向を変えて、中共が国民党の中に入ることが第一に重要なことで、中共の独自性を保つことは二番目のことだと考えるようになった。つまり、コミンテルンの四月〔五月？〕訓令が中共が右傾に向かう起点だったのである。

マーリン個人の見解はコミンテルンの訓令よりもなお右傾だった。（張国燾『我的回憶』一、二九八―二九九頁）

＊この「四月訓令」が何なのかは不明である。「コミンテルン執行委員会 中国共産党第三回大会に対する指令」（一九二三年五月、「五月二四日指令」）の前提を為すものだから、「四月」訓令としたのではないかと思われるが、そのような文件はなく、張の誤認であるようだ。張国燾は次のように記している。「一九二三年五月にマーリンはモスクワから上海に戻ってきた。かれはコミンテルンが中共中央に与えた特別な訓令を携えていた。」その「短い」訓令を瞿秋白が中文に訳したものを自分はマーリンの家で見た。主要な内容は、「一、国民革命が中国革命の当面の中心任務である、二、中国国民党は国民革命を指導する中心であり、中共党員は国民党に加入し、国民党内で積極的に工作し、帝国主義およびその道具―軍閥の中国での支配の転覆を実現するよう期すべきである、三、中共はこの国民革命の中でなお組織的独立と

政治批判の自由を保留しなければならない、四、労働者運動はなお独立した運動であり、中共は積極的にその発展を促すべきである、というものだった。」マーリンは、自分が「モスクワに着いた後、コミンテルンがブハーリンを主席にした委員会を組織して中国問題を討論し、かれの報告に基づいて該委員会が起草し定めたもので、主要な内容は、（中国革命は）『国民革命が中心任務である』ということの主要な論断にもとづいて、すべての共産党員は例外なく、みな国民党に加入し、国民党内で積極的に工作し、一切の工作は国民党に帰す、これが最も主要な点である」と語った、と（同書二八五-八六頁）。マーリンが五月にモスクワから戻ったというのは誤りで、帰ったのは一月末のことだ。ブハーリンが書いたというのなら、これは「一月一二日指示」のことでなければならない。張国燾は大会前からこのマーリンの「解釈」では、訓令の「組織的独立を保留する」というのも、「中共を国民党内に完全に融化させる」ことになり、少しも意味の無いことになる、と異を唱え、大論争になった。これは「一月一二日指示」の解釈をめぐる論争だったのである。

前述したように、グルーニン（「コミンテルンと中国における共産主義の運動の生成」『コミンテルンと東方』二一九頁）は、「コミンテルン執行委員会　中国共産党第三回大会に対する指令」（五月指令）の発出を「五月二四日付」とし、七月一八日に上海に着いたので、三全大会には影響を与えなかった、としている。その主要な内容は、「一月一二日の決議」を踏まえつつ（組織的独立、国民党への政治批判の自由の確保）、農民問題と土地革命を重視した指令として知られるが、張国燾の話とは内容があまり一致しないようだ。「一月一二日決議」とこの「指示」は一九三四年にソ連邦アカデミア『民族植民地革命におけるコミンテルンの戦略と戦術――中国を例として』で初めて発表されたと言われ（『中国共産党史資料集1』、二〇〇、二三五頁）、発行日付と七月一八日上海到着説はこの本に依拠している。この事実はコミンテルン文書（『共産中国』一）で史料的にも確認できる。張国燾が「四月訓令」と言い、それは「五月」にマーリンが持ってきて、六月一二日からの三全大会で大論争になった、その根拠文件で、実際に存在した、というのは張の記憶違いで、「一・一二指示」のマーリンの解釈の文章だった。スネーフリート文書を使ったTony Saich, "*The Origins of the First United Front in China*", E. J. Brill. Leiden, Netherland. 1991 (vol.1, pp.176 - 182) も、この論争は「一・一二指示」の解釈をめぐったものだったとしている。つまり、前述した「八月指令」と「一月一二日指示」のマーリンの解釈の文書だったのである（第四章参照）。

トロツキーは、中国の国共合作（党内合作）はプロレタリアートのブルジョワジーへの政治的従属で、それは共産党が大衆と訣別し、自己の歴史的任務を直接裏切ったことを意味すると述べ、中共はコミンテルンの指示訓令に対して非妥協的であるべきだった、反動的で衒学的な「孫文主義」を受け入れ、国民党の陣営に入り、その規律に服した、つまり、ブルジョワジーへの屈服の道を進んだのだ、そこに「悲劇」、革命の敗北があったのだと結論付けている（「アイザックス『中国革命の悲劇』への序文」、一九三八年）。ロシア革命においてボルシェヴィキがブルジョワジー（自由主義）、プチブル政党（メンシェヴィキ、エス・エル）と闘いながら独自路線を取ったからこそ、革命の力学の展開の中で権力獲得に到ったのだ、という歴史的視点からの論断である――その力学の結果が、独裁、スターリン体制へ到ったのではないかという疑念がまだ生まれていない時代、つまりロシア革命の神話が生きていた時代の論で、これを現時点の疑念から論難しても意味の無いことだろうと思うが――。

陳独秀が一九二九年に党を除名になった後の「全党の同志に告げる書」の最後のところで、「トロツキーが「この時まで」示している敗北の教訓は百パーセント正しいと承認せざるを得なかった」と述べているのは、この指摘である（正確には陳独秀が読んだトロツキーの一九二七年前後の中国革命についての論文であるが、ここではこれ［序文］で代表させた）。国共合作の話が持ち上がってから、一九二七年の敗北までを自ら反省して至った結論と、トロツキーのこの総括が一致したからである。つまり、コミンテルンの指示、訓令が、国共合作に示されたようにその機会機会に都合の良いように路線を作った「機会主義（日和見主義）」だった、張国燾のように言えば「右傾」主義だったという認識である。

陳独秀のコミンテルンの指導に対する不満は当初から見られたが、整理すると次の二点にまとめられる。（一）、全共産党員を国民党員にして、国民党の命令支配下に置いて独立性を失わせたこと、つまり、共産党主導のプロレタリア革命の可能性を失わせたこと――これに対する弥縫策として、国民党組織内に共産党の「党団」組織を作ったが、（党内党であるから）これが国共両党の紛糾の種になった――。（二）一九二六年の中山艦事件以後、この決定的だった時に、共産党員を国民党から「退出」させるというかれの要求がボロジンにも、モスクワにも拒否されたこと。共産党員は国民党規律に縛られていて決裂できなかった。これが二七年の大敗北を決定づけた。即ち、共産党が目標とした「国民革命」＝反帝国主義、反軍閥、統一政権、農業革命（土地問題の解決）を追求できず、労働者、農民が軍事力で圧伏された事態（四・一二クーデタ、馬日事変、七・一五武漢政府分裂）を生じさせたのだ。なぜか？スターリンの、孫文の「民族解放運動の利益に従がい」、その枠を逸脱して「共産主義を植え付ける目的」を追求するな、というかの「固定的な」規定の呪縛のためだった。

「中山艦事件」をどう見るかだが、蔣介石日記等に依拠した楊天石の研究（「中山艦事件の謎」）によると、孤立化した蔣が、共産党と左派の汪精衛が共謀して自分を排除しようとしていると思い込み、疑心暗鬼に陥り、共産党クーデタの謡言を信じて起こした突発的な事件だったという。その「謎」解きも大変興味のあることで、大事だが、それよりもその前後の歴史過程の中で事件が持った意味を考えることが極めて重要である。動機はともかく、その結果から見ると、極めて政治的に「効果的」だったクーデタ的行動だった——翌一九二七年の上海での四・一二クーデタの予行・予兆といって良いものだ——。動機は必ずしもその結果を明らかにしない。思いがけない結果を生みさえする。歴史過程においてそれがどのような意味を持ったか、位置づけを明確にする方が重要である。この事件は国共両党を架橋していた国民党左派の廖仲愷の暗殺（これは右派の胡漢民らに嫌疑がかけられた）に続く事件と考えてよい。三・二〇中山艦事件は、五・三〇事件とその後の大衆運動の高揚、激化に伴って左派や共産党の勢力が急伸したことに危機感をもった国民党右派からの反撃、巻き返しで、それ以後の左派や共産党の勢力への抑え込み、統制強化を決定づけた転換点を為している。五・三〇運動で成立した広州・香港のストライキ委員会による大衆行動が高揚し、共産党勢力の伸長が著しく目につくようになってきた。その脅威、辛亥革命以来の本家意識を持つ国民党メンバーにとってはその権威とヘゲモニー（指導権）の喪失の危機だという脅威の感覚を強めた（楊天石のいう孤立感である）。事件はそれまで中間派と見られていた軍人の蔣介石が右派として採った「突発的」な軍事行動だったが、その恐喝は効いた。そして左派の汪精衛は闘わずに国外に逃げ、他勢力はみな蔣介石に妥協し、機嫌を取った（ボロジンも）。こうして蔣介石の「軍権」が国民党の「党権」を上回ることになった。軍人の天下になった。これはのちの蔣の個人的軍事独裁に道を拓く転換点だったのである。

蔣介石は一九二六年三月二〇日の未明、自らの支配下にあった第一軍第二師を動員して広州市内に戒厳令をしき、海軍局所属の中山艦（七八〇トン）を命令なく移動させ、反乱を企てたという罪状で、代理局長の共産党員李芝龍を逮捕し、さらに省港ストライキ委員会の武装を解除、軍隊内の共産党分子を逮捕、ソ連軍事顧問団を包囲し宿舎警備の武装を解除、汪精衛を追い出し（事件後は表に出ず、欧州へ出国）、軍事裁判所を打ち立て、それに続いて五月に国民党二中全会で北伐準備のためと称した「党務整理案」を出して、共産党員の国民党内での地位と活動を狭い範囲に制限し、共産党員の三民主義思想批判を禁じた。広東の共産党員からも「なぜ国共合作方式を改編して党内合作を党外合作にしないのか」、「なぜ退出しないのか」という声が上がった。この決定的な時に、陳独秀ら上海の中共指導部も国民党からの退出を志向したが、ボロジンは当時広州におらず、広州の現場にいたブブノフ使節団は蔣介石の要求を呑んで、ソ連軍事顧問団のキサンカ代表、ブリュッヘルを帰国させることを決め、妥協した。陳独秀は怒った。ソ連政府はこれを追認した。のちに広州に戻ってきたボロジンとモスクワはこのクーデタを容認し、妥協に動いた。蔣介石はソ連の軍事援助が無ければ自分の軍隊、国民革命そのものが成り立たないことを知っていたから、連ソ政策を棄て去ることはしなかった。コミンテルンは陳独秀らに国民党内に止まるように指示した。ソ連・コミンテルンは民族ブルジョワジー・国民党右派を何としても繫ぎ止めるという選択をしたのである。これはスターリンの先の規定とソ連の「防衛」（一国社会主義防衛）が優先された選択だった。こうして国民政府・国民党内での蔣介石の実力、ヘゲモニーが確立し、七月一日に「北伐」を宣言、北方諸軍閥の打倒、全国統一をめざして北方への軍事行動を開始した。中共中央は六月に僅差で北伐反対を決議していたが、蔣介石は孫文の遺志を継ぐ形で「北伐」に踏み切った。

軍事的判断からは、安直戦争・奉直戦争を通して北方は北京の張作霖(奉天軍閥)の軍事勢力に絞られて、南方の国民政府の軍事勢力との間にいた華中の呉佩孚、孫伝芳らは弱体化していっている、世論の趨勢は反軍閥で、軍閥の後ろ盾になっている帝国主義国家、ことにイギリスへの反感が高まっている。それを背景に孫文の遺志を掲げた北伐の軍事行動を起こし、南北二大軍事力の衝突に勝利して、北京から張作霖を追い出し、統一国家を作る国民革命を成功させることができる、と蔣介石は政治的に賭けた。北伐途上、幾つかの軍閥部隊は国民革命軍に寝返り、北伐の軍事行動は順調に進んだのである。

話を前に戻す。もしこの中山艦事件時に、党外合作、連合方式になっていたら、その後の中国の政治過程は大きく異なったであろう。政党が複数存在し、政党間の競争が存在することになるからである。国共両党に加えて、研究会系、国家社会党などの政党が競合する多数党並存になる。中国政治は「革命」政党国民党の一党支配=「党を以て国を治める」党国体制、訓政=軍事独裁体制とは違った多党政治への道、少しは政治的デモクラシーが機能する道を歩んだ可能性がある、という先の張国燾の記述＊は、現代史の国共両党の双生児的な憎しみの連鎖の歴史を考えると、非常に考えさせられる指摘であろう。ここ、党内合作に問題の核心があったのだ。優れた直観の人陳独秀が何度にも亙って国民党からの退出を主張したのは、直観的にこれでは将来の展望が開けないことを感知したからだ。しかし、そこにはソ連の軍事援助先がどうなるかという問題が絡んでくるから、単純に一筋縄では論じられないものになる。

＊張国燾は別の箇所でもこの問題に触れているが、それを考えると安易に多党制の可能性を云うのはすこし非現実的らしいことが分かる。一九二四年一月の広州での国民党第一回大会を前に、孫文は自分の「建国大綱」を十数人の代表に見せて意見を聞いた。その第一条に「国民政府は革命の三民主義、五権憲法にもとづき中華民国を建設する」とあるが、こうした硬直した規定の下ではその他の党派の存在は許されるのかどうか、と危惧して張国燾は訊いたが、孫文は答えなかった、これは根本問題で、孫先生の「党を以て国を治め、党を以て国を建て、党を以て政を訓ずる」見解に対するものだっ

た、と（同第一冊、三一五頁）。孫文の政治思想の中で、多党制が考えられていたのかどうか詳らかではないが、三民主義と五権憲法の国民「党」、その「党を以て国を治める」のだから、やはり後年の「総理遺教」を奉じる「訓政」と同じように、「一党独裁」になる可能性が大きいのではなかろうか。五権憲法は立法府の議会を規定しているが、必ずしも多数党の存在、普通選挙、最大会派による政府の組織になるとは言い切れまい。「知難行易」論だけでなく、孫文思想の非デモクラチックな側面である。孫文の「命令病」「専制病」はすでに言われているところで（狭間直樹「孫文思想における民主と独裁」『東方学報』五八、一九八六）、一九二〇年に孫文は「中国の革命は三民主義、五権憲法の『孫文革命』であるから、わたしに服従することはわたしの主張する革命に服従することであり、わたしの革命に服従するにはおのずとわたしに服従しなければならない」と言っている。国民党幹部に対しても、「きみたちは分かっていないことが多く、見識もせまいのだから、私に盲従すべきだ」と言った。「知難行易論」はまさにこうした孫文の考えを形而上学化した論なのである。とすると、（ソ連の国民党支援が続いたとして）国民党による国家統一が出来たとしても、その後は共産党は「非合法化」されるよりほかない。が、それはまた別の歴史のコースを辿ったとだろうと想像するよりほかない。

しかし、多党制は、軍閥打倒と国家統一が前提だから、その軍閥打倒の「軍事力」を作りだすことが先ず必要である。それはソ連の軍事援助なしには不可能だった。軍事援助は中共にではなく、孫文・国民党に——その代表としてソ連に行って軍事視察した軍人蔣介石（黄埔軍校校長）を中心に——為されたのだから、ソ連・コミンテルンの方針（金銭と武器、政治・軍事顧問）が国民革命には決定的だったことがわかる。中共指導者としては、共産党結党の歴史的経緯やそれ以後にあったコミンテルンとの関係を考えると、巨額の資金と大量の武器を国共合作に（特に国民党に）供与しているソ連・コミンテルンの指示訓令に反して、自分たちだけで「退出」を決定することは出来なかった。また当時の中共は労働者農民運動は指導できたが、軍事を扱う能力はなかった。だからモスクワに「退出」を「請願」するよりほかなかった。それで陳独秀はのちにコミンテルンに対し（トロツキーのように）はっきりと主張し闘うべきだったと反省したのである。「退出」主張と軍事力の問題について若干触れておきたい。

トロツキーの永続革命論はロシア革命でその正しさが証明され、また中国のこの大革命（国民革命）や後進国でも証明されたというのが、トロツキー派の彭述之の主張（『失われた革命』九七、一〇三頁以下）なのだが、中国トロツキー派の革命論には軍事思想が無いという欠点がある――無いということは、その分だけ政治的デモクラシーの存在に依存しているということだ――。中共はプロレタリア政党として労働者、農民の階級闘争を中心に考えたから、ストライキ闘争、労農ソヴィエトまでは思考にのぼるが、軍事の発想と基盤が無かった。せいぜい上海や武漢での労働者に軽武器を持たせた糾察隊程度までである。ロシア革命は第一次大戦でロシア軍が解体寸前の機能不全に陥っていた状況の中で、労働者・兵士ソヴィエトが武装し、その武力で中央政府権力を打倒し得た（十月革命）のだが、それはロシア帝国が首都ペテルスブルクを中心とする中央集権的な不可分の統一国家（ネーション）に既になっていて、一応の議会もあり、政治的デモクラシーのコンセンサス基盤があったという条件下においてだった。しかも、成立したボルシェヴィキ政権を衛ったのは旧軍将兵を基にしてトロツキーが作り上げた「赤軍」だった。当時の中国はどうだったか。日中戦争中でも中国は四つ五つの心臓を持つ国で、首都南京を一撃しただけでは降伏させ得なかったほど非統一な多中心的な国家であった。民国の軍閥割拠期はなおのことで、議会と政治的デモクラシーの伝統は欠如していた。一九三〇年代に「民主と独裁論争」で言われたように、中国は革命で英仏やロシアのような統一国家（ナショナルステイト）を作り得ておらず、それを作りだす段階だ、それには中小軍閥の割拠を一つの大軍閥にまとめ上げることが必要で、そして国民国家を作る段階なのだ、という議論（蔣廷黻）である。それを成し遂げるのは「軍事力」以外にない。ストライキとソヴィエト組織は、ネーションとしての機能が首都に中央集権化された国家ではきわめて有効だが、軍閥割拠の中国の北京（南京）政府下では権力の行方を左右しない。蔣介石の軍事力が国民政府を作り、毛沢東の軍事力が人民共和国を作ったように、「軍事力」が解決したのである――毛沢東の中共も一つの大軍閥だよと言った昔日の指導教官の言が思い浮かぶ――。この中国の権力情況、国家・社会の非統一性（言語・民族・地域の多元性）によるのである。ロシア革命をモデルにすれば、永続革命論の革命戦略も正しいかも知れないが、中国に適用するとすれば、この政治的デモクラシーの不存在と軍事の問題に何らかの答えを「用意」しなければならない。*

*トロツキーはロシアと中国（後進国）との間に存在する相違、①外国資本の支配は中国の方が大きい。②ロシアのブルジョワジーの独立性は中国より大きく、中国のブルジョワジーは外国に大きく依存している、③ロシアの自由主義は中国のそれよりも真剣な伝統と多くの支持者の基盤をもっていた、④ロシアには他に反帝政の小ブルジョワ諸政党があり、それらが連合を作っていたが、中国のプチブルジョワジーには独立の革命的伝統が無いこと、を指摘する。つまり、ロシアより外国支配が強い、ロシアには一定の政治的デモクラシーの成熟度があるが、中国には欠けていることを認め、そうした相違はあるが、だからこそなお、ロシアで採られたよりもより一層ブルジョワに非妥協的な政策を必要としたのだという（『中国革命の悲劇』序文、至誠堂、一九六六、一六頁）。しかし、デモクラシーが機能するためには、デモクラシー以前の社会的文化的前提（コンセンサス）が無ければならないが、政治的抗争の場（アリーナ）のあり方が違った、辛亥革命以来、軍閥の諸軍事力がせめぎ合うなかでは、政治過程は軍事抗争の姿を取ったのである。そうした中で政治権力を奪取する革命を達成するには、最終的には「軍事力」しかない、これをどうするかである。ロシアでは権力獲得の後に軍形成が為されたが、中国では大衆運動（プロレタリア勢力の増強）に加えて同時に軍事力を保持して、権力獲得へ進まなければはならない。結成間もない中共には、戦略をめぐってそうした思考が必要になるまでにはまだ至っていなかったというのが正直なところだろう。

次に、陳独秀の国民党退出の主張を事実的に確認しておくことにする。陳独秀は先に見たように党内合作には当初から否定的だったが、マーリン、ボロジン、コミンテルンに従った。が、折に触れて退出を主張した。商団事件時の孫文・国民党のこのブルジョワジーの反動に対する態度に業を煮やして退出する気持ちもあったが、その後、五・三〇運動の拡大の中、廖仲愷暗殺の後の一九二五年一〇月末に北京のソ連大使館で開かれた四期第二回拡大会議で、国民党から退出し独立する準備を、と発言したが、コミンテルン代表（ヴォイチンスキー、ボロジン）の同意を得られず、「退くが出ない」曖昧な態度で国民党の「尻尾」、「苦力」になる道を歩むことになった。これが最初である。

翌二六年三月二〇日の中山艦事件時に、独秀は、国民政府軍第二、第六軍と左派部隊で蔣介石に打撃を与えるべきだ、省港スト委員会下の糾察隊と各地農民を武装させるべきだ、と再度国民党からの退出を主張したが、ボロジンは「蔣を極力武装させ、それを擁護し強固にして北伐に向かう必要がある」と言って拒否した。つまりコミンテルンは、当時中間派と考えられていた蔣介石と民族ブルジョワジーを何としても繫ぎ止める、「ブルジョワジーとのブロックをどんな代価を払っても維持する」（H・アイザックス）という判断をしたのである。陳独秀の言うように、「この時が最も重大な時期であった」のに、「ブルジョワ階級に投降、服従、甘んじて従属物になった」のだった。「ここから機会主義の深みに入り始めた。」

この頃、四月にソ連共産党中央は、トロツキー・ジノヴィエフ（コミンテルン議長）が提出した中共を国民党から退出させるべきだという意見を否定し、あくまで国民党内に留める路線を執行することに決した。七月の政治局会議は、退出論は「中国における革命運動を解消するものだ」と否定、十一月のＥＣＣＩ七回総会は、中国ブルジョワジーはまだ民族革命に残っているとし、「労働者・農民・都市プチブルジョワ・ブルジョワジーの一部とのブロック」を打ち出した（ブブノフ・ブハーリンの起草、スターリン加筆「中国情勢の問題についての決議」）。何としても中国における対英戦線を維持する、そのために中国ブルジョワジーを繫ぎ止めておく、としたのである。この路線を現地で行ったのがボロジンとヴォイチンスキーだった。それを合理化した「テーゼ」をアイザックスは「一種の二重帳簿」だと評している（『中国革命の悲劇』邦訳一四一頁）。国民党からの「退出」問題はソ連共産党内の反対派との激しい党内闘争とリンクしたのである。スターリン・ブハーリンは政敵のトロツキーの意見を受け入れることは出来なかった。従って、中共・陳独秀の意見も受け入れることは出来なかった。陳独秀の運命もモスクワで決せられたのである。

陳独秀は、退出しない限り「党は自分の独立政策を採れない。これでは大衆の支持を得られない」として退出を主張する。しかしボロジンは先に述べたように拒否した。原則上退出は出来ない、蔣介石もソ連の援助を得て北伐しようとしているから、共産党を退出させようとはしない（制限だけだ）、蔣介石以外に右派の反革命に打撃を与えられる者はいないのだから、蔣に「最大の譲歩」をするよう、かれの北伐を支援し、将来、北伐の進展で形勢がわれわれに有利になると言って、陳独秀の主張は否定されたのだった。陳独秀はそれでも個人的見解としてコミンテルンに対して、党内合作を党外合作に変えるべきだと訴えたが、コミンテルンのブハーリンは『プラウダ』に批判文を発表して中共の退出論を厳しく批判し、極東部長になっていたヴォイチンスキーに指示を与え、かれを中国に派遣して——この頃ヴォイチンスキーはコミンテルンに忠実になっていた——、中共を強制させた。陳独秀はなお中央の会議で「退出」を主張したが、多数の意志で、国際規律と中央の多数意見に従った。これが二度目だった。

北伐開始後、一九二六年七月一二日からの中共中央の四期第三回拡大会議で、陳独秀と彭述之は、改めて、国民党を退出し党外合作にするという案を出した。国民党の統制を脱してこそ独立した労働者農民運動を指導する政策ができると主張した。会議はこれを拒絶した。しかしこの退出案をコミンテルンに提出して考慮させることにした（『年譜』二五九頁）。これを見たトロツキーは、のちに四・一二クーデタの直前の一九二七年四月三日に書いた論文「中国革命における階級関係」で、中共は「独立の組織として国民党と同盟を結ぶ必要がある」、「国民党からの引き上げ、国民党左翼を通じてこれと同盟を結ぶことを要求している中国共産党中央委員会の六月総会の決議を絶対正しいものとして承認することが必要である」（『トロツキー選集六』、一三頁）と述べ、これに賛成している——かれは「中委決議」と誤認しているが——。だから、陳独秀がトロツキーの中国革命についての意見を読んでかれの政治的見解に傾くようになったのは、その後の党除名などの経緯によってだけではなく、「大革命」期から同じ考えを持っていたからだと言うべきである。シュウォルツはこれについて、陳独秀はロシア革命とマルクス主義を受容した時から「原始トロツキスト」「本能的トロツキスト」だった、と次文を引いて述べている。

「ソ連では共和制が封建制を転覆し、半年後に社会主義に取って代わった。これは封建制と社会主義との間に長い中間期を必要としない明白な証拠である」（「国慶紀念底価値」『新青年』八巻三号、一九二〇年一一月）。

「ドイツ社会民主党のようにブルジョワジーの政治機構を用いるというやり方を踏襲することは出来ない」（「対于時局的我見」『新青年』八巻一号、一九二〇年九月）。

そしてシュウォルツは、コミンテルンの規律に服するようになる前のこの期間の陳独秀は「原始トロツキスト」と名付けられるのが最も適当である、トロツキーの巧妙な理論的合理化を持たない本能的トロツキストであった、と述べている（『中国共産党史』、慶應通信、一三頁）。

陳独秀は気質的に、思想的に「トロツキスト」になるべくしてなり、なるべくしてモスクワのスターリニズム共産主義から離反することになった——付け加えるなら、なるべくしてまた、トロツキー派から離れた、というのがどうも正しくなりそうな気配である。かれは全世界を視野に入れつつ、「全党の同志に告げる書」で述べたように、マルクス主義に脚を置きながら、自由、人権、法の支配を革命後にもどのように保障するかという困難な道に歩み入ったところで生涯を終えなければならなかった。詳しくは後掲の「最後の論文」で検討することにしよう。その後の中国革命、文化大革命の「暴力」の横溢、それによる支配をかれは黄泉でどのように見ていたのだろうか。

第三節　中山艦事件・蔣介石の軌跡・四・一二クーデタ

中山艦事件以後に国民党の指導権を握った蔣介石は、国民革命軍の北伐の総司令になって、軍事行動を開始した。

北伐の進撃方向をめぐっては、「西北戦略」と「東南戦略」の違いがあった。中国東南部、長江下流は外国帝国主義の勢力の中心で、ここに進出すると列強との衝突を生むことになる。出来るだけ避けようという考慮が働いた。それよりは、広東から京漢線に沿って北上し、湖南から湖北へ、そして武漢を攻略し、さらに北上する。西北にいる馮玉祥の背後にはソ連がいるから、支援を受けやすい。その馮玉祥の国民軍が潼関を出て河南に入る、それと呼応して、北京の張作霖に対抗する、という戦略がソ連軍事顧問団と共に立てられた。そのときは国民政府は広州から武漢に移すことにされた。

この戦略に沿って、湖南に向かって第七軍、八軍が出て、継いで第四軍が総指揮唐生智のもとで進撃した。七月に長沙を占領、八月には湖北へ、九月五日から武昌戦役が行われ、一〇月一〇日に勝利し、武昌に入城した。さらに呉佩孚の河南へ目指して少し北進した。これが一期である。武昌攻撃にめどが付いたか、その開始の直前の九月一日に江西攻撃のために一部の軍が東方へ進撃した。しかし南昌攻撃は程潜の第六軍でも、その後の蔣介石の第一軍でも失敗し、武漢からの援軍を得て一一月八日にようやく南昌を攻略した。蔣介石はこのあと、東進方針を取って東南経営に意を注ぎ、南京、上海を目指した。南京は孫文が生前に建都する意を示していた所だった。東進していくと、江蘇・浙江省の資本家たちは保身のために蔣介石に接近し、経済的に支えるようになった。こうして蔣介石はソ連の援助に頼らなくても良くなると、ソ連・武漢と距離を置きはじめ、この地域に勢力を持つ列強勢力と接近するようになった。かれが武漢ではなく南昌に国民政府を暫定的におくべきだと主張し、武漢政府と南昌の対立が生まれたのにはこうした背景があった。

二月に白崇禧が杭州を占領すると、上海で共産党指導のゼネストが起こされ、二二日には第二次蜂起が起きた。しかし、南京攻撃が先行されることに決まり、三月一五日に南京攻撃命令が出、二一日には蘇州が占領され、国民革命軍が上海に逼ると、上海ではゼネストと同時に第三次蜂起が起こされて、周恩来が指揮した数千人の労働者武装糾察隊が警察・軍事拠点を攻撃、占領して、市臨時政府が樹立された。陳独秀は上海にいてこの動きの総司令的役割を果たしていた。翌日、白崇禧軍が上海に入城した。さて、この労働者の蜂起によって生まれた臨時市政府をどう取り扱うか、この後それが問題になった。そこへ大事件が起きた。二三日に直魯軍を破って程潜の第六軍と魯滌平の第二軍が南京に入城したが、二四日に城内の日本・イギリス領事館、金陵大学などが国民革命軍によって襲撃され、多くの死傷者を出した。これに対し、長江上のイギリス・アメリカ軍艦から市内に砲撃が加えられ、多数の死傷者が出たのだ。「南京事件」である。この事件については前著『中国の反外国主義とナショナリズム』（第六章）で詳しく述べたので参照していただくことにし、省略に従う。

しかし、この事件は、武漢政府の「革命外交」による漢口・九江のイギリス租界回収に続いたものだったから、イギリスは強硬に出て、これへの報復を呼びかけた。列国の軍事的な共同介入も呼び起こしかねない外交的大問題になった。しかし幣原外交の日本とアメリカが同調しない内に、危機感を持った蒋介石は第一軍を使って第二軍、第六軍を南京から移動させ排除した。蒋介石はさらに四・一二クーデタで上海の労働者糾察隊と臨時政府を潰し、共産党の反帝国主義運動を鎮圧する挙に出た。こうして蒋介石は東南地区における列強国の利害を保障する秩序維持者として列国政府の支持を得ることになった。またこの事件はイギリスの別の反応を呼び起こした。イギリス政府は漢口、九江、南京のこれらの事件の背後にソ連の手が動いているのではないかと考えた。南京事件を中共南京支部の手引きによる革命軍の所為だと考えたのは日本だが――その判断は間違っていないと思われる――、イギリスも事件の背後にソ連（中共）がいたと考えた。それで、北京のソ連大使館を拠点にして活動している中共工作員の情報を安国軍（奉天・直魯軍）に通知、イギリス公使を含む北京外交団は安国軍による東交民巷区域――義和団事変後に拡充された武装治外法権地区――の捜索、ソ連大使館の捜索に同意し、四月六日に張作霖の安国軍は大使館敷地内にいた多数のロシア人と中共指導者李大釗らを逮捕、多量の文書証拠を押収した。李大釗ほか二十人の共産党員はすぐに処刑された。李大釗とその処刑については、藤原鎌兄の『北京週報』が詳しく報じた（『革命揺籃時の北京』、口絵写真、二一四－二二二頁）。張作霖はハルビンのソ連領事館も同じ嫌疑で捜索しロシア人を検挙し文書を押収した。イギリスでは更に、五月一二日にロンドン警視庁がソ連貿易事務所のアルコスを襲撃捜索し、ソ連のスパイ工作を摘発した。こうした背景の中で、蔣介石は南京に国民政府を建て、武漢に対抗し始めたのである。その後ろには、既存秩序の維持に利益を見出す列強諸国と江蘇浙江省の資本家たちがいた。武漢政府の背後にはソ連とコミンテルンがいた。

中共は四・一二クーデタの前の四月五日に、中山艦事件で外国に出てからようやく帰国した汪精衛との間で国共協力をうたった「陳独秀・汪精衛共同宣言」(陳独秀執筆)を出し、危機回避を図ったが、無駄だった。汪精衛が武漢に行った後、陳独秀も中共中央のあった武漢に行き、国民党左派と組んで武漢政府で南京に対抗することにした。この反革命の逆流はしかし、「四・一二」クーデタに続く五月の湖南での「馬日事変」を生み、そして七月一五日に武漢政府が共産党を排除する決定をして南京政府に合流し、蔣介石に屈服する道(革命の失敗の道)を生んだのである。これを見ると、国共合作のこの間の軌跡は、三・二〇中山艦事件、武漢・南昌対立、三・二四南京事件と四・一二クーデタ、五・二一馬日事変、と転折点を経ているが、その時々に中共はいつも分れて退出することなく、「右」に妥協し、それを容認しつづけたことがわかる。「消極主義」と言われてもやむを得ないであろう。その結末が、国民党と武漢政府から排除され、弾圧・白色テロを受けるようになった事態で、それに反抗する、左翼冒険主義的武装蜂起(八・一南昌蜂起)だった。

四・一二クーデタ後も、コミンテルンは武漢政府の国民党左派に望みを託し、中共に妥協的態度を取らせていたが、五月二一日の許克祥部隊が長沙で起こした馬日事変で、湖南の労働者農民が弾圧虐殺されると、この武漢政府の反革命化でＥＣＣＩの立場は維持し難いものになった。そこで転換が起きた。スターリンは「五月指令」、コミンテルンの「緊急指示」を発電し、それが六月一日に武漢に着いた。これは土地革命を推進し、労農リーダーを国民党中枢に入れ、二万の中共党員と五万の労農を武装させよ、等の左翼方針への転換を命じていた。中共は政治局会議を開いたが、ボロジンやヴォイチンスキーですら、モスクワは武漢の状況を理解していないのではないかと思い、それで「命令は受け取った。一旦できるようになったら、直ちにそのようにする」と返電した。意味は、直ちにそれを実施しようはない、ということだった。理屈を好み書生ぽかったロイ（インド人）は汪精衛を説得すれば、実行できるようになるかもしれないと考え、六月五日に汪精衛と話した時にこの電報を見せ、副本まで与えてしまった。有名な失態だが、これもあって汪精衛は共産党を切り離すことを決意、国共は完全に分裂することになったのである。

ロイの迂闊な失態は取り返しのつかないものだったが、そもそもコミンテルンはなぜ急に左翼転換したのか。トロツキーは次のように述べる。武漢側が労働者農民の潰滅をはじめると、「ＥＣＣＩの立場は完全に維持困難になった。どんな犠牲を払っても、しかも即刻に、［トロツキーら］反対派の「中傷」、つまり反対派の非難のしようのない予断を反駁するために「左翼的」活動を中国にひきおこす必要があった。鉄鎚と鉄床の間に挟まれた中共中央が一九二七年八月にプロレタリアの政策をもう一度完全に逆立ちさせなければならなかったのは、正にこの理由によるのである。」（『トロツキー選集六』一八五頁）。

この使命を帯びてスターリン・ブハーリンのＥＣＣＩから派遣されてきたのが青年国際出の若い世間知らずの理論派、「神童」ロミナッゼ（二十九歳）だった。コミンテルンは「五月指示」電に続いて、六月二〇日に、中国共産党は機会主義の誤りだとして中共中央の改組とボロジンの帰還を訓令した――任命時にボロジンに与えられた指令の「枠」が取り払われ、共産主義化路線に転換したのだから、ボロジンを帰国させるのは当然になったのである――。しかしこれはボロジンに秘匿されていた。激動の政局を経て、国共分離が決定的になり、七月一五日に武漢政府が分共を発表する直前の一二日、この訓令に従って中共中央の改組が行われ、張国燾、張太雷、周恩来ら五人が政治局常任委員になり、陳独秀は職務を停止され、「事を視ず」とされた。独秀は一五日に隠れ家から秘書を通じて簡単な手紙を寄せ、最早仕事を継続しようが無い、自分の書記の任務を解除して欲しいと伝えてきた。国共は分裂し国民革命は完全に駄目になっているのに、国民党からの退出を決して認めない、活路はない、個人としても心身共に極度に疲れ、ただ責任を取って辞職することができるのみだ、同志諸君がひきつづき奮闘するのを希望する、というものだった。張国燾は、武漢末期の陳独秀の指導は消極的なものだったし、この行動は戦場から逃げるものでしかないと思ったが、また多少その痛苦に同情を覚えた、と書いている（『我的回憶』二、二六六、二七九、三六四頁）。

第四節「八・七」会議——陳独秀の辞職・停職・解任

七月二三日にロミナッゼが漢口に着いた。この若者は中共の張国燾、瞿秋白と会ったが、その態度は中国人を軽視し、「ツアーリの農奴」に対する「ツアーリの欽差大臣」の如くで、その口吻は「上諭を宣読」して伝える風で、中共の右傾機会主義を糾すのだと言った。張国燾と瞿秋白は、コミンテルンは何でこんな実際の経験の無い人物を代表として送って来たのかと思ったが、この人物の下で、中共中央は漢口で緊急拡大会議を開いた。「八・七会議」である。まだ漢口に潜んでいた陳独秀は参加させられなかった。中心になったのは陳独秀に批判を強めていた瞿秋白とロミナッゼで、今までの陳独秀の右傾機会主義を批判し、陳独秀の職務を解除し、譚平山を除名、瞿秋白を中心とする臨時中央を選出した。そして、土地革命と武装暴動で国民党支配を倒す方針を決定した。このロミナッゼ・瞿秋白の左傾妄動主義への転換は、その後、一一月の臨時中央拡大会議で確定する。これが第一次左傾盲（妄）動主義と呼ばれるもので、モスクワでの六全大会後の李立三の盲動主義を第二次とする。

この時、湖南省委員会が、誤りは陳独秀一人の責ではなく、コミンテルンもその責の一部を負うべきだと、ロミナッゼに反発する場もあったが、左遷された。その後九月に上海に逃れた陳独秀は、中央委員の李維漢や秘書の黄文容に、誤りはコミンテルンに責任がある、中国革命はモスクワの「命令」によってではなく、中国人自身が指導租界と県城の境の狭い小路の奥に住んで、拼音問題や文字学を研究しながら時局の変化を注視していた。かれは秘かに上海に戻ると、フランスすべきだというようなことを語った（『年譜』三三五頁、汪原放書一三二頁）。

かれにはまだ党籍があり、中央委員・前書記、党の創始者としてなお大きな威信があり影響力を持っていた。この間、一一、一二月にかけて中共中央の同志に三通の手紙を書いている（『中央政治通訊』一四期所収）。一一月一二日には、中央が発動した八月一日の南昌暴動、一〇月の秋収暴動が起きていたが、これには賛成できない。軽率な政治的蜂起で、国共の争いとしか見えず——南昌暴動は国民党旗を掲げた蜂起だったから国民党同士の内輪揉めと見られた——、農民大衆には農民革命とは見られない。農民の経済闘争に力を入れ、「四つの不」＝小作料を納めない、糧（現物税）を納めない、捐（強制寄付金）を納めない、債（借金債務）を返さない、をやるべきだと述べ、翌一三日には、中央は南昌暴動を「労農蜂起の労農革命」だと言うが、コミンテルンは以前はこれを誤りだとして「民族（国民）革命」を言っていたのではなかったか。その見解を変えたのか、政治綱領をはっきりすべきだと、疑問視した。瞿秋白は「労働者階級が農民武装暴動を指導して政権を獲得し、社会主義の道を開く革命だ」とその盲動路線を「永久革命論」風に規定し、陳独秀の暴動・政権奪取反対、経済闘争にすべきだとの主張に反論した。独秀は一二月一一日の「広州暴動（広東コミューン）」発動の後の一二日にも手紙を書き、広州蜂起は「成否がどうであれ、われわれ皆がやるべきことだ」とし、広州防衛のために非戦闘員を農村に出して農民暴動を促すべきだ、だが「労農政府」「独裁政府」「ソヴィエト政府」と云うのではなく、「労農兵代表会議政府」と呼ぶのが良い。また土地革命に賛成するなら誰とでも「党外合作」すべきだ。ロシア人顧問は加わらない方がいい、と書いた。これは基本的に武装蜂起に賛成したものである。かれは「大革命」期の革命昂揚期には、国民党から退出し労農ソヴィエトを作るべきだと言っていたから、広州蜂起をそれだと見たのであろうか。広東コミューンは「やるべきだった」としているが、しかし「ソヴィエト」だとは呼ばない方が良いと言うのは解せない。大衆がどう受け取るかを懸念したようである。独秀はこの後、革命は退潮に入り、中間期だから、国民会議を主張すべきだと言うのだから、この時点ではなお革命情勢の大きな見取り図を書くことが出来てなかったと解せざるを得ない。これに対し中央は、「独裁」という表現は必要で、避けるべきではないと応答し、双方の亀裂が一層明らかになった。

第五節　中東鉄道問題をめぐる陳独秀と中共中央——分裂・除名

陳独秀はその後、一九二八年二月まで中共中央の機関紙『布爾塞維克』に「寸鉄」の評論を書いていたが、一九二九年七月に中東鉄道問題について中央に書簡を送る。これが決定的になって、党を除名されるのである。

中東鉄道とは、清末、日清戦後に李鴻章がウィッテとの間で露清密約を結んだ時にロシアに建設させた、シベリア鉄道のチタから清国領内の北満洲を横断してウスリー鉄道に到達する鉄道（ウラジオストックに到る鉄道）と、その途中のハルビンから南下して旅順に到る南支線から成るロシアの鉄道「東清（東支）鉄道」のことである。日露戦後、長春以南は日本の南満洲鉄道になったが、以北と横断鉄道はロシアの所有に、そしてロシア革命後にはカラハン宣言で「放棄」すると言ったが、その後否定して、ロシアの所有を主張し、中露協定で中ソの共同経営になっていた。一九二八年に父張作霖を日本軍に爆殺された張学良は青天白日旗に易幟し国民政府の統一を支持、盛り上がるナショナリズムを背景に、南京国民政府（蔣介石）と連絡を取ったうえで、中東鉄道の局長などの帝政ロシア以来の「ロシア人」職員を解任（七月）、実力でもって中華民国側の経営に接収した。これに対しソ連は抗議、ソ満国境に軍を集結し、戦端を開いた。戦闘はソ連軍の勝利に終わり、ハバロフスク協定（十二月三日）で、元の規定の中ソ共同経営に戻し、「ソ連籍のロシア人」職員を復活させることになり、ソ連軍は国境の外に戻ったという事件である。

この「中東鉄道事件」は中国の多くの人々の関心を集め、数多くの評論や書物が出版された。胡適もG・E・ソコルスキー（Socolsky）の *The Story of the Chinese Eastern Railway*（North China Daily News,1929, Shanhai）を出版し、それに序文を書いて問題の歴史的起源について解説している。わたしも大学の演習授業で中ソ関係の本としてレンセン（G.A.Lensen, *The Damned Inheritance*, 1974）を読んだ時に、この事件でのソ連の軍事行動を二年後の満洲事変時の日本軍の行動や態度と比較させて、思わず、日本軍ならこんなに素直に国境の外に引き上げることはしないね、中国に過大な要求を出して貪欲に権益を拡張するだろうね、政治が指導したソ連軍はまあ日本軍よりましだったと言うことだ、と解説してしまった。今でも間違いだとは思っていないが、これは蛇足だった。

陳独秀は、国民党は鉄道を回収することは「民族利益の擁護」であると主張しているが、共産党は、労働者階級の祖国を守れ、ソ連攻撃反対、ソヴィエト・ロシア擁護と言っている、これは駄目だ、帝国主義が国民党を利用して中東鉄道問題にかこつけてソ連に進攻すれば、中国人民の災難が増す、この国民党の誤った政策に反対しよう、と提起すべきである、と主張した。これはナショナリズム、民族利益に関心を寄せる大衆の感情を真面目に考えるべきだという主張である。トロツキー反対派は、「東支鉄道のような重要な武器をロシア革命の手から中国反革命の手に引き渡すことが必要であると喋々することをわれわれが非難したのはつい最近のことである。われわれはこの紛争において、中国ブルジョワジーとそのすべての使嗾者、同盟者に対してソヴィエト共和国を擁護することは国際プロレタリアートの基本的義務である」（『トロツキー選集六』一九八頁）と言っていたから、中共中央は、スターリンコミンテルンとも、トロツキー反対派とも同じく、祖国民族主義ではなく、国際プロレタリア主義を採って、中東鉄道紛争で、労働者階級の祖国ソ連を擁護せよと唱えたのだが、陳独秀はそれでは駄目だと言ったのである。戦後日本の原水爆禁止運動がソ連の核実験を特別視して認めるか否かで分裂したのと同じ構造である。ソ連は労働者国家だから、その原爆は米仏などと違う、と言ったのは、さて如何なものだったか。階級利害を人類の利害の上に置く政治的な思考だろうが、このソ連の中東鉄道権益は、その歴史的経緯如何を問わず、労働者国家のものだから擁護すべきだ、というのでは、民族意識に覚醒した中国人の理解を得られないと陳独秀は判断したのだ。だから、かれはこの時点ではまだトロツキー派ではない。トロツキーが中東鉄道を「呪われた遺産」と呼んだことは有名で、かれはこれをロシア帝国から遺された遺産、「国家財産」だとしていたことは先に見たが、これを譲り渡す用意があると声明しようと提案したこともあったが――但し管理権はソ連が確保するらしい――、否定されている。陳独秀の国民党の「誤国政策に反対しよう」と云うべきだとするこの感覚は正しいとわたしは考える。これは陳独秀が、抗日戦争期に、祖国敗北主義を言う中共やトロツキー派に対して、民族の存亡をかけた抗日が至上で、蔣介石――息子二人を殺した蔣介石――の抗日政策を支持する、とした考えに通じる。しかしかれは蔣介石の国民政府には加わらなかった。陳独秀はモスクワのパンを食った瞿秋白などと違って、中国の飯と文化を食った中国人だった。

この後、どのようにして陳独秀はトロツキー主義を受け容れていくか、おおよその概略を見ていくことにしよう。

一年程前の一九二七年一一月七日、モスクワ赤の広場。中山大学にいたトロツキー派の学生梁幹喬、区芳らがロシア革命十周年記念のデモに参加した。デモ隊の最後に留学生の隊列が来ると、かれらはクレムリンに向かって「トロツキーを擁護、スターリンに反対しよう」と叫んで行進し、他のデモ隊と衝突するという事件を起こした。梁幹喬らはその後ソ連当局によって帰国させられたが、十二月にソ連共産党はトロツキーを追放した。帰国した梁らは、一九二八年一月に上海で「中国ボルシェヴィキ・レーニン主義反対派」を結成した。これが中国の最初のトロツキー派である。上海に「全国総幹事会」を置き、北平、広州、武漢などに支部を置いた。中心は梁幹喬、区芳、宋逢春らである。翌二九年四月に「総幹」は機関紙『われわれの言葉（我們的話）』（油印冊子）の発行を始めた。

中共六全大会

この頃（一九二八年二－四月頃）、上海に隠れ住んでいる陳独秀を尋ねる一人の人物があった。地下生活を送っていた政治局員・張国燾である。かれは前年の八月一日の南昌暴動（後年人民解放軍創立記念日にされる）を阻止するよう中央（漢口）から派遣されて南昌に赴いたが、すでに騎虎の勢になっていた動きを阻止できず、周恩来、朱徳らと共に暴動を起こし、南昌で敗れた後、広東に行こうと南下して福建省で潰滅させられ、朱徳らは内陸に残り、後に江西省に入ったが、かれは汕頭に出て、船で上海に逃れ、地下生活を送っていたのである。二人は八・七会議後のこの瞿秋白の盲動路線に反対で、新たに「労働者党」を作ろうかなどと話し合っていた。

ロミナッゼ・瞿秋白路線の広州暴動（広州コミューン）が大敗北に終わると、さすがにコミンテルンも無視できず、一九二八年二月二五日にECCI第九次拡大会議は中共中央の盲動主義を批判した。四月にモスクワから中共第六回大会をモスクワで開く決定が届いた。陳独秀もモスクワに来るようにと連絡があったが拒絶した。張国燾は参加のためにモスクワに発った。瞿秋白、蔡和森なども続々とモスクワ入りした。六月一八日から七月一一日にかけて、中共第六回大会が開かれた。中心はブハーリンだった。かれはコミンテルンの中国革命指導に問題があったことを認め、遺憾を表した（張国燾書、二、三七八頁）。この六全大会で、中国革命の性質は反帝反封建のブルジョワ民主革命である、反帝国主義と国家統一、土地革命の実行を進め、帝国主義、地主軍閥、ブルジョワ国民党政権を武装暴動の方法で覆し、ソヴィエト労農民主独裁を樹立し社会主義への道を切り開くという「ソヴィエト」路線を打ち出した。そのとき左傾右傾の機会主義、とくに盲動主義（瞿秋白路線）と大革命時期の右傾への批判をしたが、陳独秀のみならず、ボロジン、ロイも批判された。しかし秋収暴動と広州暴動で掲げられたソヴィエトの旗は降ろさず、むしろ暴動後の農村ソヴィエトをどう存続させるかに重点が置かれ、「一省あるいは数省での勝利」という考えが出された。「ソヴィエト」は、反動支配は地域に強弱があり、全体的に革命の高潮がある中で、可能だとされ、「万能霊薬」のように使われることになる。そして新たな中央が選出された。書記は向忠発、宣伝部長蔡和森、組織部長李立三、軍事担当周恩来になった。瞿秋白とコミンテルン指導に批判的だった張国燾、陳独秀を擁護した陳時代の秘書長・王若飛の三人はこの時から採用されたコミンテルン中国代表団――以前からのモスクワから人員を派遣して中国革命を指導する方式ではなく、モスクワに中国代表団を常駐させて中国と連絡させることにしたので――

の要員としてモスクワに留められた（留置である）。この大会はスターリンの反ブハーリン右派との対立が反映したため、路線問題は曖昧なままミフ（スターリン派）・瞿秋白が決議文を書き「労農民主独裁」・ソヴィエト路線が残ったのだ。そしてそれが、この後の李立三盲動路線、ミフ・王明のソヴィエト路線、毛沢東の遊撃主義などなどを生んだのだと張国燾は言う（同書二、三八四、三八六頁）。

それを受けて、七月一五日から九月一日まで、コミンテルン第六回大会が開かれた。その路線についてのトロツキーの批判が「コミンテルン第六回以後の中国問題」（一九二八年一〇月執筆）である。内容は多岐にわたるが、幾つかの論点を紹介する。後に陳独秀がトロツキーの見解を受け容れ、トロツキー派になる重要文献である。かれは「過去五か年において、中国共産党ほど共産主義インターナショナルの日和見主義的指導によって残酷な目にあわされた党はほかにない」と言って、次のように歴史を総括した。

中国共産党のスターリン的政策は、国民党の軛を忍耐強く支持することに労働者を慣らさせるところの、ブルジョワジーに対する一連の屈服からなっていた。一九二六年三月［中山艦事件］、党は蔣介石の前に屈服した。そして、自己の地位を弱めながら、かれの地位を強化した。マルクス主義の旗を汚し、自己をブルジョワ指導者の補助的な道具と化した。党［中共］は、四民［四階級］ブロックに関する共産主義インターナショナルの執行委員会の指令を実行して、農民運動と労働者のストライキをしずめた。中国の将軍たちの銃後の状態を攪乱しないために、ソヴィエトを組織することを否認した。こうして党は、上海労働者の手足を縛りあげて、蔣介石に引き渡した。上海の粉砕［四・一二クーデタ］ののち、党は共産主義インターナショナル執行委員会の指導通りに、あらゆる希望を左翼国民党、いわゆる「農業革命の中心」に賭けた。共産党員は武漢政府に参加した。そして、この政府はストライキ闘争と農民一揆を弾圧した。こうしてかれらは、革命大衆の新しい、しかもいっそう残虐な殲滅を準備したのである。こういうことがみんなおこってしまったのち、冒険心が滲みつくした指令が発せられて、蜂起への即時方向転換が命ぜられた。ここから賀龍と朱徳の冒険〔南昌蜂起〕が先ず生まれ、そして広東クーデタ〔広州コミューン〕という、いっそう苦痛な冒険が生まれたのである。（『トロツキー選集六』一四四頁）

つまり、㈠、「大革命」敗北の原因と責任は、スターリン・共産主義インターナショナルCI（コミンテルン）のメンシェヴィキ日和見〔機会〕主義路線であった、一九二八年五月七日の中共江蘇省委員会の決議*も反対派と同じくそう総括している、と言っている。だが、㈡、中共六全大会、CI第六回大会後も、中共は瞿秋白盲動路線を切り替えずに、ひき続き機会主義、冒険主義路線を採っている。㈢、蔣介石の権力掌握ののち、中国の資本主義と国民党政権はブルジョワ的性質を強め、強化され安定しつつある。㈣、大革命敗北後、中国革命は退潮期に入り、革命中間期にあるのだ。だから任務は、武装蜂起ではなく、「国民会議」スローガンを設定する戦術を取るべきだ、半植民地では議会、立憲的段階を必ずしも否定するべきではない。瞿秋白はソヴィエトを言うが、将来の革命のスローガンである「ソヴィエト」を、「国民会議」に対立させても、何事にも応ずることは出来ない。ソヴィエトは香港海員スト、上海のストの中、労農の進撃の中で、公然とした大衆闘争の機関としてソヴィエトは樹立すべきであったのだ。㈤、「労農民主独裁」ではなく、「プロレタリア独裁」が民主を達成させるのだ、等である。

＊一九二七年の八・七会議後の江蘇省委員会は鄧仲夏が書記だったが、省委の老幹部の羅章龍、何孟雄、林育南、李救実らは傑出した労働運動家で、この下部は陳独秀派ともいわれ（鄭超麟）、陳独秀の秘書（中共中央秘書長）だった王若飛の言うことだけを聴く有様で、王若飛の実権下にあったという。鄧仲夏は間もなく江蘇委を離れ、項英（労働者出身）が書記になり、一九二八年六月の六大後は李富春が就いたらしいが、王若飛系が残っていた（『初期中国共産党群像2』一二八、一三九、一四〇頁）。この一九二八年五月の江蘇省委の決議は項英が書記の時に為されたもので、羅章龍、何孟雄らの他に、蔡振徳（省委秘書長）、馬玉夫（勤工倹学で赴仏、のちモスクワ東方大学、二五年帰国、上海労働運動の指

導者）らを加えて為された。かれらはロミナッゼ・瞿秋白路線を厳しく批判した。彼らは二九年一月の「江蘇省委独立事件」などで党を離れる。この決議をトロツキーは論文で全文引用して「優れた論文」と称した（王凡西前掲書一四七頁）。江蘇省委独立事件については緒形康『危機のディスクール』二八八頁を参照。

これらの諸論点は陳独秀がこの後の議論を展開するのに大きな影響を与えている。どのようにしてかれはこれを読んだのか。CI第六回大会ののち、帰国した汪澤凱らから大会内容を聴いて、陳独秀はコミンテルン、中共中央とは別の道を歩まざるを得ないと感じたようだが、一九二九年の五月から八月頃にかれは尹寛を通じて、ロシアから帰国した王平一（独秀の親戚）が持ってきたトロツキーの「中国革命の総括と前貌」（コミンテルン第六回大会にスターリン、ブハーリンが出した『コミンテルン綱領草案』に対する批判論文「コミンテルン綱領草案批判」一九二八年六月執筆の第三部分、『トロツキー選集四』所収）と、二八年一〇月初めに書いたこの「コミンテルン第六回大会以後の中国問題」を入手し、彭述之、尹寛、鄭超麟らと繰り返し学習し討論した。その模様は鄭超麟の『初期中国共産党群像2』に描かれている。それで、今までのもやもやした想念がどこから来たのか、自分の経験がどのような性質のものだったのかを初めて理論的に整理出来たのである。かれは八月五日に中共中央に対して長文の手紙を書いた。

〔党の政治路線、組織路線について〕「一年来、慎重に考えた」後に得た結論を送る。大革命が敗北した主要な原因は党の政策が機会主義だったからだが、「八・七」、「六全大会」以来の路線はそれを少しも改めず、依然として変相した左の「機会主義」である――「盲動主義」「命令主義」だけでなく右傾の機会主義も同時に存在している。大革命の敗北はブルジョワジーの勝利である。蔣介石が権力を握ってからは政治的にはブルジョワ階級が優越し、帝国主義の譲歩と援助を勝ち取って、封建勢力はすでに残余の残余に過ぎなくなった。国民党政権はブルジョワジーが中心になって指導しているものだ、蔣桂戦争〔蔣介石と桂林の広西軍閥との戦争〕はブルジョワ階級内部の衝突に過ぎない、中共中央の国民党や蔣桂戦争に対する認識は危険な間違いだ、党内民主がない、民主を実現して問題を討論すべきである（「関于中国革命問題致中共中央信」）。

この手紙が中央に着く前に、先の中東鉄道について、李立三の中央は八月三日に、独秀の、国民党の「誤国政策」に反対するスローガンにすべきだ、という見解は、「ブルジョワ階級左派」（国民党改組派、第三党＝譚平山）のものだ、独秀はブルジョワ階級の観点を歩み、世界プロレタリア階級の利益を忘れているから、「ソ連を擁護せよ」に反対することになるのだ、と批判した。そして機関紙で「二つのスローガン――誤国政策と擁護ソ連」を掲載、その中で陳独秀の手紙を公開し、批判を加えた。陳独秀は八月一一日にこれに反論、中央は「策略と原則を混ぜて一緒にしている。」これは偶然の誤りではない。「君らの原則の誤りである。」君らは、「原則と策略を分けられず、策略は原則の印象〔原則そのままの反映〕でなければならないと考えている、だからすべての宣伝工作において、ただ幾つかの原則を機械的に融通が利かないように命令主義で乱暴に押し付け、いろいろ複雑な問題は時間空間の違いに応じた策略の運用が必要だということを知らない。これがまさに君らの単純化した、専ら主観に任せた事実を見ない盲動主義の表現なのである」と批判した。中共中央は更に八月二〇日に陳独秀に対する長文批判を彼の来信を付して公表、独秀の見解はブルジョワ階級の民族精神で、絶対相容れない有害なものであるとし、その後も、手紙は公開させない、思想上理論上の闘争をすると宣言した。その後、コミンテルン代表、中共中央と陳独秀との間で話し合いがなされ、中央は政治路線に原則上の誤りはないと言い、中央と違う意見を発表すべきでないと釘を刺した。

この頃、モスクワのトロツキー派の劉仁静、王文元、呉季厳らが帰国し、党で仕事を始めた。劉仁静は帰国の途中、アルマ・アタから国外追放されトルコのケマルに保護されていたトロツキーの許を訪れ、中国の反対派のための綱領をもらって、トロツキー派との通信員になって帰国した。陳独秀はこれを見た。一九二九年九月にトロツキーの要望もあって、「われわれの言葉」派との連合委員会が提議されたが、うまく行かず、「陳独秀派（中国共産党左派反対派・「無産者」派）」が作られた。陳独秀が総書記、彭述之、尹寛、馬玉夫、羅世凡（璠）が常務委員、何資深が秘書長になった。

中共中央は陳独秀に、党と対立する路線を採り、組織的に活動している、ただちに中止せよ、と警告し、党の下で工作せよ、反対派に反対する文章を書けと命じた。陳独秀は、君らは救いようのない地歩に到れり、この話は「官僚化の一証」である、君らは政治的意見を発表する同志を除名するどんな理由も絶対に持たない、自分はマルクス・レーニン主義の真理、プロレタリア階級革命の利益の為に、下層革命大衆と結合し機会主義的な上層指導機関と闘うことを知るのみで、その他は考えない、と宣言した。

こうして、中共中央は政治局会議で決議し、陳独秀の八月五日の手紙は反コミンテルン、反中共中央、反六全大会、反党の取消主義の小組織活動である、決議に従わない場合は、除名出党させる、とした。江蘇省委員会も彭述之らの除名を要求、一〇月二六日に陳独秀と彭述之は中央に、われわれは民衆の利益を代表する国民会議を招集して闘おうとするべきであって、軍閥間戦争を軍閥を覆す革命戦争にする、大衆的革命暴動で軍閥戦争を消滅させる云々は空想で、中央は「盲動主義、機会主義の威嚇手段で脅している」、腐敗官僚の指導する機関と合流はしない、と言った。コミンテルンは中共中央に、陳独秀、トロツキー派は反革命連盟を成して党を攻撃している、党内を粛清せよと指示した。

陳独秀の除名　一九二九年一一月一五日、中共中央政治局は陳独秀の党籍を剝奪、江蘇省委の彭述之、汪澤凱、馬玉夫、蔡振徳の四人の除名を批准した。これを受けて一二月一〇日に陳独秀が書いたのが「全党の同志に告げる書」である。トロツキーが言う「大革命の失敗の教訓は百パーセント正しいと承認せざるを得なかった」と言って、党結成以来の政治活動の総括をし、コミンテルンの機会主義の誤った指導を最大の原因とした。そして、彭述之、鄭超麟ら八十一名の名を連ねた「われわれの政治意見書」を発表したのである。これらの内容については議論が複雑になるので省略せざるを得ない。

この頃、一一月にスターリンは、モスクワに残っていた瞿秋白と張国燾を引見して、陳独秀は資金と他の手段を捜し出して新しい新聞を出すことはできるか、と訊いた。つまり、六全大会で中央から排除された陳独秀が反コミンテルンになって、党内闘争をやるか、あるいは別の新聞を出して別党を作ることができるか、というのである。張国燾が無理だろうと言うと、スターリンは安心した（『我的回憶』二）。スターリンも中国共産党指導者・陳独秀の名声の影響力を気にしていたことがわかる。トロツキーもかれを自陣に確保することが重要だということを後に手紙で書いているから、モスクワでは気になる存在だったのだ。

ところがモスクワでは、トロツキー追放後のＣＩ第六回大会（一九二八年七月）の後からスターリンによる反ブハーリン（反右傾）の動きが起こされて、十一月にははっきりとした対立になっていた。中共もその風波を受けた。この反右傾の動きを中共の中で推進したのが組織部長の李立三である。中国でその反右傾の闘争対象になったのがブハーリンの影響を受け党の中心になっていた宣伝部長・蔡和森で、李立三はかれをモスクワに送って撤職させ、中共の主導権を握った（一九三〇年に李立三は政治局常委兼秘書長、宣伝部長になる）。かれの反右傾の方針の下で再び「盲動主義」、すなわち李立三路線＝「一省ないし数省での勝利」を導火線に全国での勝利を目指した武装蜂起路線が推進されることになる。

第六節　機会（日和見）主義、取消派というレッテル

陳独秀が職務を停止され除名された後、モスクワからの指令に基づいて新路線に舵を取った瞿秋白、李立三の中共中央は、陳独秀を「右傾機会（日和見）主義」「取消派」と呼んで、貶めたが、日本の研究を読んでも具体的に何を指すのか余りはっきり書いていない。当時の蔡和森や彷魯の文章（陳東暁編『陳独秀評論』一九三三、『民国叢書』一篇所収）を読むと、⑴国民党に対する態度が迎合に過ぎ、右派まで合作に入れた、⑵三・二〇中山艦事件時も多く

の者が態度を変える（脱退す）べきだと言ったが、なお合作を言い、譲り過ぎた、(3)北伐開始後も、連合戦線（国共合作）の維持を理由に、労働者運動、郷村の農民運動（湖南土地革命）の発展を阻んだ、(4)すでに反革命が濃厚になったのに、連合戦線維持を主張し、民族ブルジョワとその代表（蔣介石）に譲歩屈服して、恥ずべき「汪陳宣言」を出した、これらが挙げられている。

既にみてきたとおり、これらはコミンテルン執行委ECCIの指令指示、現地中国でのコミンテルン代表（マーリン、ボロジン、ヴォイチンスキー）を通じた指示だったのであり、コミンテルンの訓令命令を受ける「鉄の規律」下の中共の総書記だった陳独秀の指揮に誤りのすべてを帰すことは出来ない。陳独秀が「自分の［退出］提案を始めから終わりまで積極的に堅持し続けることができなかった」と反省しつつも、「［コミンテルンは］一方で自らの政策を実行するよう要求するが、一方で国民党から脱退するのを許さない」「これでは活路は見いだせず、任務を続けることは出来ない」（「全党の同志に告げる書」）と辞職届をだしたように、全く独秀に責任が無いとは言わないが、コミンテルンに逆らうことがいかに困難であったか、その情況を考えれば、その責任は僅かで、コミンテルン――つまり、スターリン、ブハーリン――が大部分の責任を負うべきだった。ところが、トロツキー反対派からこの中国問題を非難されていた訳だから、自分の誤りを認めること、つまりトロツキー反対派の正しさを認めることは出来なかった。中国支部の陳独秀の誤りに責任を覆い被せた。陳独秀は身代わり・スケープゴートにされたのである。だから、トロツキー反対派との闘争で、その批判に対抗して、革命は高潮期である、土地革命を行い、ソヴィエトを建設せよと、武装蜂起の左翼冒険主義を命じたのだが、その急進主義の観点から、陳独秀とその指導を「陳独秀主義」＝右傾機会主義として断罪した、そのレッテルだったというべきなのである。「取消派」というのも、武漢時代・八・七会議以後に、陳独秀が、国民党側からの労働者農民運動の「過火（やり過ぎ）」への批判を考慮して、「取消す」べきだと抑制をしたこと、また、中国革命は敗北し退潮期に入ったので、合法的な「国民会議」の主張で革命の力を蓄え、時期を俟つべきであって、モスクワからの指示で革命高潮期だとして実施している武装蜂起

（南昌蜂起、秋収蜂起）、土地革命、紅軍ソヴィエト建設を批判したことを、革命を「取り消す」主張＝取消主義だとしたのである。陳独秀はここで、中共中央と決定的に分岐した。

『陳独秀の時代』と言えば、ここまでだが、しかしここから、さあどう転換するか、トロツキー派の形成はここからの立ち直りを示すのである。「不屈の陳独秀」である。

第七節　中国トロツキー派はどのようにして生まれたか

陳独秀は総書記職を停職・解職され、さらには党を除名された後、どのようにしてトロツキーの考えを受けいれ、トロツキー派の領袖になったのか、そしてまたかれは最期までトロツキー主義者だったのか。

一九二六年、ソ連共産党内でトロツキーがジノヴィエフ、カーメネフと合同反対派を結成し、スターリン・ブハーリン連合派と抗争を開始し、二七年初めからコミンテルンの対中国革命指導を攻撃し始めた頃、モスクワには中国人留学生が五百人ほどいた。かれらは上海の「外国語学社」（社会主義青年団）から劉少奇、任弼時らと一緒にソ連に送り出されたり、フランスなどヨーロッパに勤工倹学で行っていた青年が欧州からソ連に行ったり、連ソ政策を進める国民党から送り込まれた学生などから成っていたが、かれらは東方大学（クートベ）とモスクワ中山大学（国共合作を示すのに孫中山の名をつけた）などで学んでいた。そして蔣介石の四・一二クーデタ以後になると、国民党の白色テロに晒された中、国内での危険を避けて多くの共産党活動家が党によってモスクワに送り出されてきていた。

中山大学の校長のラデックはトロツキー派だったが、一九二七年一一月にソ連共産党中央委員会と中央監察委員会がトロツキーとジノヴィエフの党除名を決定すると、ラデックは校長を解任され、スターリン派のミフ（一九〇一―三八）が赴任してきた。中山大学にいたトロツキー派に親近感を持っていた中国人学生はミフによって党籍や学籍を剝奪され、ソ連滞在生活が出来なくされて強制的に帰国させられるか、遠隔地に流放された。一九二八年一月にトロツキーは中央アジアのアルマ・アタに追放され、ロシア国内にいたトロツキー派に対する粛清運動が起こされ、かれらは地下化せざるを得なくなった。こうして中国人学生の多くもトロツキー派の嫌疑で国外追放になって帰国した。これが中国での種まきになった。帰国した人々は一年ほど準備をして上海で中国初のトロツキー派を作った。これが前述した「総幹」と言われる組織で、中心人物が、梁幹喬、区芳、宋逢春たちだった。かれらは『我們的話（われわれの言葉）』という機関紙を発行したので「われわれの言葉」派と呼ばれた。

中国共産党第六回大会がモスクワで開かれ、八・七会議後に陳独秀に代った瞿秋白の冒険主義が行き詰まって、解任されて、李立三が代って登場したが、この代表団を助けたのがモスクワにいた留学生たちで、その中の中山大学の学生たちの間でトロツキー派の秘密組織が造られた。王文元（王凡西）、曾猛、趙済らであった。それにレニングラード学院にいた劉仁静が加わった。その数は百四十～五十名にのぼった。留学生総数が五百人近くだったから、その中のかなりの中国人学生が加わったことになる。これが「十月社」である。王文元と劉仁静は一九二九年八月に帰国した。このとき帰国した人の中に濮徳志（陳独秀と同じ安徽懐寧の出身、独秀のいとこの子）、呉季厳（陳独秀の甥）がいた。一九二九年一月にトロツキーはロシアから追放されてトルコにいたが、劉仁静は帰国の際にトルコを経由し、そこでトロツキーに会って話をし、帰国した。

国内でも、「八・七」会議後も中央に不満を持っていた彭述之（湖南宝慶人、中共モスクワ支部の指導者で帰国後に中共中央宣伝部長をしていた）、尹寛（一八九七—一九六七、勤工倹学でフランスへ、旅欧中国共産党を創立、帰国後に山東、安徽省の書記をしていた）、鄭超麟（モスクワ留学組、帰国後に中央宣伝部秘書）、馬玉夫（勤工倹学の留仏組、労働運動家、中共上海・江蘇委員会委員）、何資深［何之瑜］（一八九八—一九六〇、湖南人、毛沢東の下で湖南省委組織部長、妹の何葆貞は劉少奇の最初の妻）らは、停職された陳独秀と繫がりを持っていた。

一九二九年五月に彭述之、尹寛、鄭超麟らは帰国学生の王平一が持ち帰ったトロツキー文書を入手、それを検討する中で、かれらはトロツキーの見解を受け入れ、陳独秀に見せた。独秀もその中に自分と同じ考えを見つけて、つまり、一九二六年の三・二〇事件（中山艦事件）時も含めた国民党から「退出」すべきだという自分の主張と同じトロツキーの主張を発見して、あるいは、その根拠を為した永続革命論に自分の考えが近いこと、プロレタリアートの独自の革命運動展開の彼方に連続的に権力獲得と社会主義を展望する考えに近いことを発見し、鄭超麟等との論争を経つつ、トロツキーの意見を受け入れることになった。こうしてかれらも一九二九年春にトロツキー派になった。先の「われわれの言葉」派に加えて、この陳独秀派、そしてその後に造られた二派、計四グループが並立する状態になった。それぞれの機関紙名を冠して、「われわれの言葉」派、「無産者」派、「十月社」派、「戦闘社」派と呼ばれた。陳独秀派は「無産者派」で、「戦闘社派」は東方大学から戻った趙済、劉英、王平一、徐乃達らだった。

第八節　トロツキーは植民地・半植民地社会と中国の独立と革命をどのように考えていたか

植民地・半植民地社会は帝国主義本国に経済的依存性を持っている。その下で帝国主義による奴隷制農奴制が支持再生産されている。この半農奴的関係、旧い封建主義の残滓と近代的封建主義のかさぶたを取り除き、社会諸関係の民主化と民族国家を建設しようとする闘争は外国の支配に対する闘争に転化する、という特色を持っている。以下、この複合的発展の把握が前提にされる。以下、『トロッキー選集　六　中国革命論』などを中心にまとめてみる。以前の言及と若干重なるところがあるが、ご寛容をお願いする。丸括弧内は筆者の注記である。

この複合的社会の形成――ロシアの場合は近代的工業（労働者階級）と中世的農業（貴族的大土地所有と半農奴制）の複合的な結びつき――によって、特殊な階級関係を造り出した。植民地・半植民地国家の「民族」資本家の下では「ブルジョワ革命」の任務は解決されない。なぜなら、民族資本家は外国の支持を受けるとともに人民に敵対する階級として立ち現れるからだ。小ブルジョワ（商人、職人）は没落し貧窮化し、政治的役割を演じえない。農民は最大級の圧迫された階級であるが、分散していて全国的な闘争は出来ない。それは、より進歩的で中央集権化された階級の思想が必要である。これが植民地プロレタリアートである。それは外国ブルジョワジーのみならず、自国ブルジョワジーとも対立する。

中国の場合、第一次大戦から一九二〇年代までの資本主義的発展は中国を一つの経済体としつつあった。その中で生じた五・三〇事件以後の労働者のストライキ、農民協会運動、北伐は新たな胎動を示した。生まれたばかりの労働者階級が「民族的統一」（反外国列強の運動）に対する熱望の旗手（香港大ストライキにみられるような主要な原動力、潜在的指導者）になった。プロレタリアートの政治への登場である。これはブルジョワジーを統一祖国の指導権がかれらの手に留まらないかも知れないという危惧に直面させた。特権を維持できる間は我慢するが、統一が破壊されると危惧したのである。つまり、共産党・コミンテルンに指導されたプロレタリアート、農民が独自の動きをしてブルジョワジー・地主に対抗してきたのである。

反軍閥の政治的統一を達成し共和国へ、三民主義によって国民政府を作る運動＝「国民革命運動」と、反外国帝国主義とのバランスをどうとるかという問題である。反外国を「やり過ぎる」と外国の介入を呼び、戦争になる、（当面の目標である）統一は遅れる、避けなければならない——と考える蔣介石の立場——、それには、統一の力である国民革命軍軍隊と外国勢力（企業、教会）を破壊する農民・労働者の過激な運動、暴発を押さえなければならない。国民党を清め（清党）、国共合作を止め、分党するという考え、外国との協調関係の下で漸進的に（当面の敵である軍閥勢力を打倒し）政治的統一を進める、という路線である。いわゆるブルジョワ革命の段階で止めるという考えである。

一方、共産党（共産主義思想）によって発動され封を切られた労働者運動、農民協会の運動は自然発生的に、軍閥勢力、地主勢力、外国企業、外国教会・教会学校へと全ての抑圧的なものの排除・攻撃破壊へ突き進んだ――それは、北伐軍による軍事的破壊による権力空白状況を背景に過激化した。

ロシアの場合、その後進性が民主主義（ブルジョワ革命）と社会主義革命との相互関係を問うことになった。世界史の先端だった西欧の歴史的発展は社会主義を問題にしていた。先端の大工業とその労働者を基礎にするその思想（社会主義思想）が古い農業経済のあるロシアに入ってきたからだ。プレハーノフはユートピア社会主義的なナロードニキに対する批判をマルクス主義を用いて、ロシアは必然的に資本主義の途を歩まなければならない、その下でブルジョワ民主主義の大勢を獲得する、それはプロレタリアートの社会主義のために欠くことができないものだ、帝政下のロシアでそれを得るには自由主義ブルジョワジーと近代プロレタリアートが同盟して、旧い体制を毀し、資本主義的発展への途を拓くのだ、社会主義革命はもっと後だ、と言った。つまり「二段階革命論」である。

それに対しレーニンは、農業問題をブルジョワ革命の中心問題とした。古くからの貴族大地主による大土地所有の問題の解決、自由農民を造り出すことである。しかし自由主義ブルジョワジーはこの地主所有地の没収に賛成しない。むしろこれと妥協し、「鉄とライ麦の結婚」――プロイセンにおけるブルジョワジーとユンカー地主との同盟――によって、ツァー帝政をプロイセン型の立憲君主制に行かせるであろう。だからプロレタリアートは自由主義ブルジョワジーとではなく、農民との同盟によって、ツァー帝政の封建的警察的障害を取り除き、自由農民（小土地所有の自立農民）を作り、アメリカ的な資本主義発展を切り開くべきだ。そのためには「プロレタリアートと農民の民主的独裁」が必要だ、と主張した。

しかしこの「独裁」の下では、ブルジョワ階級の活動は（政治的・経済的な）制限を受けるから、「資本主義発展」は「国家資本主義的」（上からの資本主義化）にならざるを得ない。土地没収と分配によって貧農から自由農民（小ブルジョワ）が創出されると、それはプロレタリアートの同盟者ではなくなる。それと「労農独裁」は矛盾することになろう。帝政に対して当面手を携えても、「労農独裁」の政治的同盟は永続きしない。だからプロレタリアートはこの同盟を維持するためには生産手段（土地）の社会的所有化、社会主義化の任務を見合さなくてはならない。これは矛盾である。一方で、国家資本主義化であれ、産業の資本主義化によって、資本家ブルジョワジーとプロレタリアートを生み出しつつ、もう一方でプチブルジョワジー・小土地自由農民を作り出し維持することは——当然、「資本主義的」市場経済は維持されねばならないから——、これと「プロレタリアート独裁」は両立しないから、同盟は放棄せざるを得ない。するとブルジョワジーの手に行くよりほかない。「テルミドールの反動」か知らないが、「独裁」に大きな変化が生じるはずである。それが社会の進歩、労働者・農民の解放につながるとして、それを受け入れるか、それとも反動だとして「拒否」するか、である。この矛盾を解決する方法は一つしかない。労農独裁を割ったプロレタリアートの革命権力とそれ（独裁）を維持すること（引き渡しの拒否）こそが、農業問題を解決する（自由農民を作り出し解決するのか、あるいはクラーク撲滅か、農民の無産者化で解決するのかは不明であるが）、被抑圧民族を解放する、と主張することである——その保障は自動的にあるのでは必ずしもない——。プロレタリアートの革命権力はブルジョワ私有財産制内に自己限定できないから、そこから「連続的」に社会主義化へ進むことが必然化する。つまり、私有財産制度の否定と生産手段の社会的所有、非資本主義自由市場（合理的な社会配分）へと「移行」する。それは国内条件の成熟に規定されるが、同時に国際的条件が無ければ、この「移行」はうまく行かない。西欧の社会主義化＝「世界革命」無しにうまく行かない。「世界革命」の一環としてのみ成し遂げられる。——こうして、レーニン・ボルシェヴィズムは労農同盟を切り（憲法制定国民議会を武力で否定し）、プロレタリアート（ソヴィエト）「独裁」を敢行した。継いでソヴィエト内の他党派を追放し、「独裁」を強化、一党独裁へ踏み出した。これがロシア革命の成功であった。だから、世界革命に期待をかけた。これが永続革命の外面の本質である。ドイツ革命の失敗によってそれが閉ざされると、「一国社会主義」が唱えられ、その累積的な世界的拡大が「社会主義」を実現させるとした（コミンテルン）。これがテルミドールの反動ではないにしても、大きな転換だった。

プロレタリアートと農民の民主的独裁――ロシアの例では、各工場の労働組合から自由に選出された諸党派代表と諸党派の農民代表によって形成された評議会（ソヴィエト）を通して、労働者と農民の大衆的平民的革命的同盟が権力を掌握したとされたのだが、中国では農民を代表する権利をブルジョワ政党的な国民党に割り振られて与えられていた。国共合作は、共産党員がそのまま国民党員になり、その党規則、命令に服することになっていたから、共産党の指導する⑴労働者運動、⑵農民運動（広東の陸豊・海豊県など）は、農民運動をブリッジに、⑶都市小ブルジョワ、⑷民族ブルジョワジーの四つのブロックの連合（国民党）に拡げられ、この連合戦線とその実力、武力によって、「軍閥」とそれと結びついた「外国帝国主義」（特に華南のイギリス）を打倒し、民族的統一（国民国家・ブルジョワ国家）を創り出すことが課題とされたのであった。つまり、レーニンの「労農同盟」論を使って、さらに一切のブルジョワジー（民族・自由主義ブルジョワジー）と「合作」（協力、国共合作）して、実質、二段階革命の第一段階のブルジョワ民主主義革命を実現するというプレハーノフの路線をやろうとしたのである。だから四階級ブロックを代表すると規定された国民党にずっと「従属的に協力」することが共産党に求められたのである。

コミンテルンは、共産党の国民党への従属――総書記陳独秀は国共合作は、プロレタリアートのブルジョワジーへの従属で、独立性の否定だと反対した――を、どのように正当化したか。それは、帝国主義抑圧の存在が「全ての進歩的勢力」を同盟を結ばざるを得なくしているからだ、というのだった。だから反軍閥戦争の勝利が見え、対帝国主義との対立緊張が最高潮に達したとき（「南京事件」）、分岐が起きる。つまり、この合作は、いずれ分裂・破綻しなければならない運命にあった。共産党が、独自路線をとって労働者・農民の大衆運動を組織し、反外国・反買辦ブルジョワジー・反地主・土地分配を推し進めれば進めるほど、亀裂は大きくなり、ロシア革命でボルシェヴィキがメンシェヴィキと社会革命党を切り捨ててたたき出したのと同じように、連続的に社会主義権力を作ろうとすれば、労働者・農民の権力組織（ソヴィエト）で、国民党を叩き出さざるを得なくなる。そうしなければソヴィエト権力は創出できない。一方、ブルジョワジー・国民党からすると、いずれかの地点でこれを切らなければ、着地点としての国家的統一、民族資本主義は達成されなくなる。そういう地点へと突き進んでいったのである。

国民革命、北伐のために中国南部で発動した、熱心で献身的な若い共産党員による大衆運動、労働組合、農民協会は一旦発動されると、ブレーキが利きにくくなった。都市や鉱山の労働者運動はまだしも、農民の運動は地主・富農を標的にして、襲撃して掠奪（吃大戸）、豚を殺して喰い、穀物を供出させ、地主（劣紳）を引きずり出して「高帽子」を被せて引き回した。清算、罰金、強制寄付、詰問、大示威、監獄、追放、銃殺までやった。こうして郷村で専制権力を樹立して「王」を称し、「共産党の天下になった」。農村の遊民無産階級の無軌道な暴力を是認した（農民ボルシェヴィズム）。これは「社会の同情」を失わせ、商人、中農、手工業者の反感を生み、北伐軍将兵とその家族に衝撃を与えた。これを追求して行けば、農村における「農民ボルシェヴィズム」権力の樹立へと至るが、これは郷村秩序をひっくり返すことになる。都市における反英ストライキ、デモから労働者ソヴィエトの建設の追求はまだしも容認できようが、これはアナーキーな「過火（やりすぎ）」だ――毛沢東は「湖南農民運動視察報告」でこの農村の暴力を是認し高く評価したのだ！――、こうして、国民革命の連ソ・容共・扶助工農の内在矛盾が露呈し始めた。国共合作の限界である。軍人蔣介石は無秩序が嫌いだった。

中国と同じように「半植民地」性を持っていたロシア――国内資本の不足から外国資本に頼ったという意味で――、ここのブルジョワジーは、しかし中国よりも外国から自立し、自由主義は伝統と基盤を持っていた。そして各層で代表する諸政党（自由主義のカデット、農民代表の社会革命党、労働者層のメンシェヴィキ）があった。第一次大戦後、ボルシェヴィキは自由主義ブルジョワジーと相容れない非妥協的な立場、祖国「敗北主義」政策――本国政府が行う帝国主義戦争に賛成せず、むしろ本国政府が敗北することを目指し、戦争を革命に繋げようとする政策――を採った。そして政府権力が崩壊するのを機に、政権を奪取することに成功した。中国のブルジョワジーの外国依存はロシアよりもはるかに大きく、小ブルジョワジーの革命伝統も無い、労働者農民はいまコミンテルンの指揮下に置かれている、とトロツキーは見た。

だから、日中戦争が進行している一九三八年現在、「ロシアよりも非妥協的な政策」が必要だという見解をかれは示した。これは、日本との戦争状態の中で共産主義者が採るべき「敗北主義」、あるいは「自立主義」、つまり第二次の国民党との合作（＝第一次合作と同じ致命的な政策）からの共産党（主義者）の自立、を言っている。

この点は、日中戦争の開始とともに釈放された陳独秀が蔣介石国民党の抗日に賛成する活動を行ったのと、大きく異なる態度である。陳独秀がトロツキーと見解を異にした点だ。原因は、中国が経験してきた歴史についての認識である。満洲事変の時、陳独秀は若い学生たちと同じく、蔣介石の非抵抗方針に憤った。日中戦争が始まると、息子をかれに殺された蔣介石の国民政府の抗日を支持して、各地で講演をした。なぜか、この戦争の性質についての認識の違いからである。トロツキーはロシアの日露戦争、第一次大戦を念頭において考えているが、陳独秀は日清戦争以来の、義和団事変、満洲事変、日中戦争という線で今次の戦争を考えているからである。ロシア帝国の支配層は自らの主体性で戦争をしているから、被抑圧人民は惨禍をもたらす戦争に反対し、かれらの支配そのものを覆すべきだ、となるが、中国では、人民に惨禍をもたらしているのは外国帝国主義の日本だから、支配層は悪いけれども、日本に抵抗する限りはこれを支持して、国家と民族を守るほうが先決だ、という風に判断したのである。「敗北主義」は採るべきではない、というのが陳独秀の考えで、他のトロツキー派メンバーとの分岐を作った。陳独秀の思想の根底にあるナショナリスト、「愛国心」の側面である。これはトロツキーとの対比でいえば、ナショナリズムとプロレタリア・インターナショナリズムの問題、つまり、プロレタリア国際主義は民族と国家を超えられるかという根源的な問題のあらわれなのである。

では、国共合作を進めている中国共産党に合流すればいいではないか、という考えもあろう。これは羅漢の私的仲介で延安との合流が図られたが、延安の毛沢東・張聞天は三条件を出して、事実上の無条件屈服を求めたから、実現しなかった（後述）。個性の強い二人は併存できなかったろうし、その他の様々な要因も選択を不可能にした。

こうして陳独秀は独自の立場を四川省江津で維持し続けることになったのである。

トロツキーは一九二五－二七年の「大革命」の敗北を、コミンテルンの誤った政策によるものと考えた。つまりモスクワのコミンテルンの官僚達は、労働者農民をより右のブルジョワジーとの妥協へ誘導し、中国ブルジョワジーが外国帝国主義との対立から、より左に来るだろうと考えて、国共合作、国民党左派との合作に拘泥し、若い中国共産党を革命のブレーキにしたというのである。つまり、国民党右派の蔣介石による「反動」(四・一二クーデタ)の危険が迫っている時も警戒せず、大衆の強大な民族革命運動の力による反帝国主義をブルジョワジーに対する配慮から中途半端なものにし、その「反動」発動の後でさえ、左派との合作、妥協の可能性への幻想のために、労働者農民の革命運動の独自活動を抑制し、それの武装化とソヴィエト形成にまで突き進むことを阻止し、革命を無防備にして、武漢の国民党左派が共産党を切って南京に下り、革命を破壊させるままにしたのだというのである。革命の本質は各階級の自分の利益を最も極端な表現で表すのであって、コミンテルン官僚のような幻想は誤りだ。今次の戦争(日中戦争)でも同じような傾向がある、と警告を発した。

しかし、「戦争と革命は、中国の最も近い将来＝日中戦争とその後、の歴史において交錯するであろう」とトロツキーが言ったのは正しい。ロシア革命は第一次大戦の産物、中国革命は日中戦争・第二次大戦の産物なのである。戦争後の世界と国内の秩序の組み替え、再編は必然で、革命が俎上に上るという極めて正しい予測だった。大戦後、植民地諸国は民族独立の戦争に入るだろうというのも正しかった。「強欲」「愚鈍な」日本の中国支配は極めて短期間で終わるだろうと予測したのは、結果的には正しかった。が、間違いでもあった。そもそも日本が戦争で中国を支配できると見たのが誤りであった。しかしいずれにせよ、その間に、「成長した」プロレタリアートがこの「民族革命」、外国帝国主義の支配からの「独立」の革命、に大きな役割を果たすだろうというのは、正しくはなかった。むしろ「プロレタリアートの欠如」こそが植民地・半植民地諸国の深刻な問題で、それ無しに、どうやって

「独立」を達成するか、であった。ここに「毛沢東主義」、農民革命路線が世界に広まった理由があったのである。

トロツキー主義とは、(1)、近代工業によって生み出された労働者「階級」・プロレタリアートこそが革命の中心的存在で、労働組合、工場・兵士評議会から自由に選出された諸党派代表からなる「ソヴィエト」こそがプロレタリアートの民主と独裁を体現したもの、階級の意志を表現したものだった。ブルジョワ的な議会ではなく。これがアルファでありオメガだった。社会主義政党革命党はこの階級に根を持ちその利益を代表しなければならない。党の独裁ではなく、階級の独裁なのである。この「階級」が農民を指導して社会主義への途を進まねばならない、という基本の考えである（農民・貧農の代表はどう入るのかはあまり考えられていない）。(2)、それは、半植民地の特殊な階級構成の下でも可能だという永続革命論を持ったこと。労働者階級の大衆運動の力が、農民を指導し、ブルジョワジーが途中で外国帝国主義に屈しようとも、独自の武装と任務（農民解放）を果たすことによって、もっと遠くまで、社会主義的変革を推し進めることができる。(3)、本国支配階級の戦争に関しては「敗北主義」の階級性のある闘争を行うべきである。(4)、それが社会主義として完成へと近づくには、近代工業を持つ先進国での革命と同時（世界革命）でなければ完成しない、という世界革命論の立場をとる（それが過渡期を経るか否かの問題には答えていないようであるが）。

これらがトロツキー主義の基本性質と考えて良いようである。

では、これらの指標から見て、陳独秀は「トロツキー」主義者だったのか。わたしは懐疑的で、トロツキーの思想にかなりの理解を示したとは言えるが、トロツキーの思想を基準にしてものを考える人という意味での世の所謂「トロツキー主義者」ではない。教養と学識からその範疇には入りきれない思想家である、と思う。(1)と(2)は確かに陳独秀の思想の基本に有った。シュォルツは「原始トロツキスト」というが、しかしこれは、マルクス・レーニン主義がもつ要素であるとも言えるし、陳独秀は「永続革命論」を理解し、それを頑なに守った訳ではないから（王凡西は永続革命論を独秀は知らないと批判している）、必ずしも「トロツキー主義者」だとは言い切れまい。陳独秀を「二回革命論」者だというのは、彼が党指導者としてコミンテルンの指導に適応させて書いた政治論をもとにした評価で、それらがその傾向を示していることは否定しないが、それを典型化させた共産党的な政治評価論であって、国民党からの「退出」を執拗に求めた彼の思想とはむしろ相容れず、彼の反対派への移行を突然変異、裏切り、宗教的回心とでもしなければ説明できない無理な論である。(3)は陳独秀は否定している。(4)は陳独秀は考えていない。先進国革命とのつながりを想定しないし、第四インターへの参加からは、腰が引けてきている(アメリカ行は断った)。かれはむしろナショナルな人で国民国家を土台にして革命を考えた正統マルクス主義、カウツキーなどに近いのかも知れない。これは、この後の第六章で「中国トロツキー派」について考察した後、もう一度改めて考えてみることにしよう。

第六章

中国トロツキー派の趨勢と陳独秀

第一節　トロツキー派四派、統一へ

一九三〇年一〇月、トロツキー各派の合併協議の場に、劉仁静らに代って、代表として陳独秀と尹寛が出るようになって、各派の意見の調整が出来るようになり、トロツキーの指示にもとづいて協議が進み、統一へ動き出した。その背景には、中共が一九三〇年一一月から翌年一月まで大きく混乱していたことがあった。

中共は一九三〇年六月から、李立三の第二次左傾盲動路線をとって、「一省または数省での先んじた勝利」を掲げて、武漢を中心にした総暴動と紅軍を集中させた大都市を攻撃する方針を決め、八月，長沙攻撃を敢行したが失敗に帰した。九月の上海での六期三中全会でモスクワから帰った瞿秋白・周恩来がこの李立三の盲動主義を批判して、瞿・周の「調和主義」が中央を掌握したが、モスクワ中山大学から戻った陳紹禹（王明）・博古・王家祥らの党内地位はまだ低かったモスクワ派が、中央の改組のための「四中全会」の開催を要求し、一方、何孟雄の「江蘇省委員会派」、羅章龍の「全総派」らも王明らと組んで一度中央に反し、その後は王明らの四中全会要求に反対するなど、党内闘争で混乱していた。最後に、モスクワから一九三〇年一二月にミフ（一九〇一―三八）がコミンテルン代表として秘かに上海に来て、三一年一月七日から議長として六期「四中全会」を開き、ミフ自身が決議を書き、王明を政治局に入れ、新中央を作った。張聞天、博古らのモスクワ派も中枢に入った。実権は王明と周恩来が握った。その新政治局会議で羅章龍を除名、「王明左傾路線」を取り始めたのである。これが「ボルシェヴィキ化」した「六期四中全会」以後十年間の「ソヴィエト路線」「極左」路線の始まりになった。ミフ・王明――モスクワでトロツキー派のラデックに代って中山大学学長になったスターリン派のミフと、その忠実な「走狗」（陳独秀）になった中山大学などにいた中国人留学生「二十八人のボルシェヴィキ」派（反対派にならなかったスターリン派の中国人留学生）――によって牛耳られて、中共は急進化したのだった。左派反対派は、王明も盲動主義だと見た。この王明のソヴィエト路線の下で、江西ソヴィエトはじめ、各地にソヴィエトが作られていった。王明自身は三一年十一月にモスクワに戻り、その後を博古が継ぎ、党中央はやがて江西ソヴィエトに移ることになる――江西ソヴィエト史については小林一美『中共革命根拠地ドキュメント』(御茶の水書房、二〇一三)を参照されたい。

このように中共が混乱を極めている中、左派反対派が統一して力を示すべきだという力学が働き、四派の統一を促したのである。かれらは、王明らの権力掌握はコミンテルンの中共を分裂させる陰謀で、党が空前の混乱に陥っている今日、反対派が統一できないのは罪だと思うようになった。

一九三一年四月初めに、トロツキーが陳独秀に手紙を送って来て、陳独秀が一九三〇年三月に書いた『無産者』一期の論文の英訳を読んだ、大変優れたもので、マルクスの思想が中国で生きて機能していると称賛し、中国反対派の状況を知らせてほしいと述べていた。こうしたトロツキーの陳独秀びいきの国際的な反響にも後押しされたのでもあろう。四会派の合同が成って、五月一～三日に、統一大会が上海で開かれた。

陳独秀がここで政治報告を行った。これは一九二九年に劉仁静が持ち帰ったトロツキー執筆の「中国反対派」のための綱領を基にして作ったものだった。かれは、国際情勢は、資本主義は相対的安定期に入り、労働者運動は低潮である、したがって中国の労働者運動も経済闘争が中心にならざるを得ない、国内情勢も、国民党支配は外に向かって投降、国内には高圧的で、人民は圧せられ安んじていないが、安定しつつある、中国社会は資本主義が優勢になり、封建残余はまさに残余になっている、中国革命の性質はブルジョワ民族民主革命で、それから民主革命を解決することになる、当面はプロレタリア独裁を言わず、「人民政府」を策略として掲げるべきだ、と原案を演説した。しかしやはり、これには原則的な異議が起こり、論争が起きた。プロレタリア独裁を戦略目標として綱領に書き込むべきだ、人民政府では階級的内容が不鮮明ではないか、プロレタリア独裁やソヴィエトは歴史的範疇であるのに、国民議会では不分明だ、等々の議論である。論争は二日続いたが、最終的に陳独秀の話でまとまり、綱領が出来、党名も「中国共産党左派反対派」に決まった。最終日の五月三日に執行部の選挙が行われたが、主席の陳独秀はそれを全員の無記名投票方式にした。これが禍根を残す。

投票の結果、全国執行委員会に陳独秀、彭述之ら十三人が選出され、中央委員会常任委に陳独秀（書記）、陳亦謀（組織）、鄭超麟（宣伝）、王文元（党報）、宋逢春（秘書、羅漢という説も）が選ばれた。このメンバーは「無産者」と「十月社」が優勢を占め、元祖「われわれの言葉」派は割を食った。そのため梁幹喬は離脱した。最悪だったのは、上海労働者運動に功績のあった馬玉夫が中央委員に選ばれなかったことだった。濮徳志ら二人は中央の構成に偏りがあるので、自分らは身を引くから他派の人物を入れるよう進言したが、独秀はそれを容れなかった。そのため、馬玉夫*は五月二三日に反対派中央委十三人の名前と住所を当局に密告したのである。陳独秀と彭述之の住所は知らなかったので、二人は難を逃れたが、鄭超麟、王文元、陳亦謀、何資深、楼国華、濮徳志ら十三人が捕えられた。結成間もなくの反対派は大打撃を蒙ることになった。

＊馬玉夫は湖北襄陽の人、勤工倹学でフランスに行き、少年共産党に入党、その後モスクワ東方大学で学び、一九二五年帰国、上海で労働運動に従事、大革命失敗後に江蘇省委委員。江蘇省委員会独立事件に参与した。のち、トロツキー派に入る時に傘下の工場労働者を率いて参加し、指導的メンバーの一人になっていたが、労働運動畑の人で、文章を書いて筆名を上げる人ではなく、中執委員に洩れた。そのため国民党政府に密告、大量逮捕になった。のち国民党の中統特務になった。

この事態をどう見るかだが、陳独秀評を一つ。トロツキーの思想に共鳴する各派が合同して一つの団体を作るのだから、組織の滑り出しは、運営が潤滑に行くように各派から代表が入るようにして、各派の利害対立や嫉妬、失望をできるだけ表面化させないようにするのが組織運営上の要諦というものだが、陳独秀にはそのような政治的な気配りが無かった。無記名投票が正しい、と原則主義だと言えばそれまでだが、組織指導者としては「失格」である。かれはその性格からして、陰謀、人心掌握、多数派工作、説得、根回しなどの政治運動に付き纏うこうしたことが「不得手」で「書生」的だった。思想的に、行動的に「網羅を衝決する」エネルギー、「気性」は激しく、「頭脳」は優秀だが、人心を得る、操作する、人間を組織するという点では少し資質に欠けるところがある。毛沢東との違いだ。個人的カリスマ性はあるが、それを政治的に利用する術を知らない。知識人的で、初期共産党の指導の時も、陳独秀は「わしは……だ」主義＝家父長主義的であったという評も頷ける。人間関係で感情を大切にしたというが、それはパターナリズム的な個人主義ではなかったか。集団、組織を運営する上で成員個人の「心理」や資質を重視するよりも、正しさや、「理」を重視した。思想家・言論人として『安徽俗話報』や『新青年』で論を張るのは得手だったが、組織運営者としては、辛亥革命時の安徽都督府の秘書長、北京大学文科学長、広東教育委員長、共産党総書記としても、あまり成功したとはいえないようである。思想家・言論人としては超一流だが、「政治家」としては政治的感覚、状況判断、臭覚、柔軟性が無く、合格とは言えそうもない。自分の直観的な思考に自信があり過ぎるから、外の環境はそれに従属するはずだ、そうあるべきだという、些か自己中心主義的発想が根底にあるように思われる。毛沢東の陰性に比すると、陽性であるが、権力抗争＝多数派形成、「権力」をめぐる政治世界ではむしろ弱点になる。トロツキーと同じ性向である。だから「悲劇」になるのだ。「真理」を「政治」より上に置く知識人、あるいは宗教人（預言者）に近いのである。

第二節　統一の後のトロツキー派の活動

陳独秀と彭述之は、尹寛と蔣振東を加えて「新中委」を作ったが、かれらも八月に陳独秀が欠席していた会議の最中に官憲の摘発を受けて逮捕され、再び打撃を蒙った。このように混乱をきたしていたところに、一九三一年九月一八日、「満洲事変」が起きた。反対派は南京政府の不抵抗主義を批判し、民衆の自発的な武装による抵抗、国民会議預備会を設けよと呼びかけた。また、反帝国主義、八時間労働制、地主の土地没収、国民会議を主張した。

これに対し、中共は、陳独秀はブルジョワ階級に屈服し、ソヴィエト不要、紅軍と遊撃戦不要と言って、連合組織、救国会を言い、革命的民衆政権で排日、対日持久戦をおこなえと言うが、これは反革命の幻想だと批判した。コミンテルン派の王明のソヴィエト路線、武装路線を採る立場からの批判である。陳独秀の見解には、トロツキー派の極左派からも、救国、愛国を使うこと、抗日、救国を使うことにも反対だ、これはブルジョワ階級の民族主義で、階級性が無い、プロレタリアートには祖国は無いのだ、という批判が出てきた。ここには社会主義運動の持つアキレス腱がある。つまり、階級と民族の問題のどちらに軸足を置くかという、第一次大戦で欧州の社会主義者が問われた問題である。陳独秀はこれに対し、中国の愛国主義を導いて、中国の民族解放を完成させることが重要だと応答した。かれは階級一辺倒ではなく、被抑圧者である民族、大衆、労働者、農民といった範疇でものを考える傾向が強いのである。そして諸階級、諸集団を包含した「全体」の進みよう、中国の民族、中国の国家のありようの指針を思考の対象にした。その点で、当時の王明路線の中共の、ソヴィエトの紅軍とその遊撃戦から主要な省で勝利し、武装を指導して権力を奪取する、プロレタリア権力奪取の闘争を、という主張と大きく違っていた。

国共分裂と大革命敗北後の南昌暴動、秋収暴動、広州蜂起から続いた武装蜂起、ソヴィエト形成路線の運動の中で生まれた農村ソヴィエト地区の紅軍とその遊撃戦について、陳独秀はその運動の農民性に懐疑的で、「土匪」だとまで極言してはばからなかった。流石にこれは多くの批判を呼んだが、陳独秀の考える社会主義、共産主義運動とは方向もイメージも違ったからだ。かれはそれには古い農民的な文化悪習がまとわりつくと考えたのである。ボルシェヴィズムからすると、農民は小私有だから、社会主義の足を私有制の後ろの方に引っ張る反革命的な危険を持つ存在として批判的に見るが、陳独秀の場合は、中国農民は中国文化の後進性そのもので、呪術に満ちた古い道教的迷信宗教文化、打破啓蒙すべき伝統文化の社会的階層基盤そのものだった。かれは、中国の民族的解放と、社会的解放の進歩した未来を作る担い手（社会層）として近代的な労働者階級、近代工業の工場制度の中で訓育され知識と規律を身に付けた労働者階級にその新しい社会の担い手の希望、つまり「新青年」を見出だそうとしたのだ。だから「二・七惨案」の敗北はかれにとってはショックで、三全大会で中国の労働者の資質への幻滅の言葉を連発して人々の顰蹙を買ったのだが、なお労働者階級（都市プロレタリアート）に望みをつないでいた――胡適は「新しい士大夫」（近代的な批判的知性を有し社会的責任感、経世意識を持った新知識人層）に中国の将来を期待していた――。だから、独秀は農民には関心が薄かった。これを純粋化していくと、中国社会は資本主義化しており、労働者プロレタリア階級が核心になってプロレタリア独裁を目指した革命を志向すべきであるが、革命低潮期である当面は「国民会議」をスローガンに広汎な大衆を指導して、それを人民政府、そしてプロレタリア革命へ連続させるべきだ、と考えていたようだ。

この年、一九三一年末、夫人の高君曼が南京で貧困の中、病気で死去した。四十六歳だった。恋愛問題を乗り越えて結婚した二人だったが、一九二〇年の共産党結成と書記としての専従以来、活動に忙殺される中、夫婦間には喧嘩が絶えなかった。それで、南京の実家の離れの草屋に寄留し、時折上海の亜東図書館に出てきて独秀と会ったり、亜東から生活費の援助を受けていた。肺病を患い、貧困の中での生活の面倒を見たのが陳公博だった。かれは第一回党大会の広東代表だったが、後に離党しハーバード大学に留学する人物だが――だから中共はかれを悪く言うが――、葬儀埋葬まで親身に世話をした。勿論、陳独秀は葬儀に出ていない。

年が明け一九三二年になった。年初、上海は戦火に包まれた。満洲事変への国際社会の注視をそらすために仕掛けられた上海事変（第一次）である。国民政府第十九路軍の激しい抵抗が続いた。陳独秀らは抗日こそが重要だと考えたが、中共は一月九日、革命危機が急速に成熟している、一省または数省において先ず勝利を勝ち取るという決議をし、ソヴィエトこそが真の民衆政権である、と今推し進めているソヴィエト路線の正しさを主張した。それに対し陳独秀、彭述之らは「合作抗日」を申し入れたが、無駄だった。独秀は再度、紅軍の遊撃戦を「土匪」と攻撃、それはプロレタリア階級の指導が無く、党の指導も不充分で、党の農民意識化の危険があると批判した。双方の溝は大きくなった。

春になって獄中で疫病が蔓延した。そのため濮徳志と宋逢春らが獄外に出された。それで二人を加えて五人の常任委員会（陳独秀、彭述之、濮徳志、宋逢春、羅世凡〔璠〕、秘書謝少珊）が作られた。そして組織と運動の再建に取り掛かったが、それらの状況を踏まえ、陳独秀はトロツキー宛てに手紙を書いている。それは中国トロツキー派の組織の調整状況を伝え、九・一八＝満洲事変以後の諸階層、自由主義ブルジョワ、中共のソヴィエト「紅軍」、その他との連合戦線を模索している政策、国民会議の提唱などの政策の考えについてだった。それに対しトロツキーから手紙が来て、紅軍の問題は農民軍の問題で、農民運動は労働者を仇視する反動性を示す、労働組合を党の中心におき、先進的労働者に教育を与え、プロレタリア階級の先鋒隊を入れて農民運動、「紅軍」を指導させねばならない、と言っていた。これはロシア革命の経験からの示唆だが、中国の共産党系の都市における労働者組織は潰滅的な状況にあって、とても自然発生的な労働者運動へ党が介入して、組織化を進められるような状況にはなかったのである。またトロツキー派の影響は知識人にのみかろうじて見られるだけで、労働者運動にはほとんど入れなかった。組織の脆弱さは否定しようも無かった。

第三節　陳独秀・彭述之ら中核メンバーの逮捕

一九三二年秋、一〇月一五日、トロツキー派の常任委員会が秘書の謝少珊の家で開かれた。陳独秀は体調思わしくなく欠席していたが、この会議にフランス租界警察の手が入った。それで常任委員が一網打尽になった。秘書の謝少珊は捕えられて、陳独秀の住所を自白した。陳独秀も自宅で租界警察に逮捕され、中核メンバー全員が逮捕されたのである。かれらは国民党上海市公安局に身柄を引き渡され、そしてそこから南京の国民党党部、軍中枢の何応欽の許に、と護送された。

「陳独秀逮捕さる」、各新聞は大見出しで書き、全国的な反響を生んだ。翁文灝、胡適、蔡元培、楊杏仏、柳亜子、林語堂、柏文蔚、蔣夢麟らが救出に動いた。蔣介石も謝少珊を聴取して、陳独秀が共産党を除名になり、江西省で暴動を展開しているソヴィエト、紅軍とは一味でないことを知り、何応欽も軍法では取り扱われないとして、司法で裁く、南京の江蘇高等法院の方が良いと判断し、「民国の生存を危害した罪」で司法裁判をすることになった。この時、前述したように胡適は北京大学で「陳独秀と文学革命」の講演をし、傅斯年が「陳独秀案」(『独立評論』二十四号、一〇月三〇日)を書き、世論を喚起して弁護活動をおこなった。しかし陳独秀が作った中国共産党は、江西ソヴィエトで発行されていた新聞『紅色中華』三十七期、三十八期で、蔣介石は陳独秀を反共に利用できるからその死を免じ、あるいはかれは間もなく蔣家の官僚になるだろうと、また、蔣介石の反共参謀になるだろう、と書いた。共産主義運動も宗教運動の例に漏れず、「些細な違いのナルシシズム」ではないが、最も身近な少しの違いこそが最も危険で否定すべき違い、異端、憎き対象と視るらしい。スターリン党にとってのトロツキー派は最もやっつけなければならない危険な異端存在だった。

指導部を失った上海トロツキー派は急遽会議を開いた。そして新しい執行部を選出し、劉伯庄を書記に、劉仁静、陳岱青、厳霊峰、陳其昌、寒君、屠仰之、高恒で「上海臨時委員会」を作って組織を運営し各地を指導することになった。そのトロツキー派の支部は当時、上海各地区と、北平、広州、香港にあった。しかし合同以来の相次ぐ摘発と幹部の入獄で、もともと知識人中心の党派はその活動力はより弱体化した。その後さらに、陳独秀裁判が始まった翌一九三三年四月には、内部対立から分裂し、劉仁静、陳岱青が臨時委を出、書記の劉伯庄も辞任、任曙が書記になった。それで広東、北平などの所からも全国代表を招集して、上海臨時委を全国臨時委に改組した。その改変を巡ってまた混乱し、上海のトロツキー派の活動は停滞した。世界中のトロツキー派の運動に共通の分裂を中国トロツキー派も免れなかった。概してトロツキーの思想に共感する共産主義者は、知識人的で、理想主義的な理論家肌の人物、自分の考えこそが正しいのだと自我意識が強い、自分の考えの正しさに価値を置き、固執するタイプだから、組織人としての振る舞いをしない個人主義者が多いようである。中国の場合は、劉仁静や彭述之がその代表的な人物と言えそうだ。

南京の獄中にあった陳独秀は、弁護士を心配する胡適に手紙を送って、心配をかけて「あいすまぬ」と詫び、本と紙を差し入れてください、それから、上海で隠棲中に書いた「拼音文字稿」を何とか出版してください、そして胡適君は「著述に従い、政治に従わぬよう」にと忠告した。そして弁護士は、旧友の章士釗と彭先生に任すことにしたと伝えてきた。

弁護は当時有名な弁護士になっていた辛亥革命期のかつての同志、その後北京政府の司法長官も歴任したことのある旧友章士釗が無償で引き受けた。世論はその裁判の行方を注視した。五四新文化運動の主将として当時社会的に大変有名だった陳独秀の裁判は、高名な弁護士が付いて役者がそろった。

一九三三年四月一四日、社会世論の注目の中で公判が始まった。傍聴席は満席、法廷外にも人があふれた。新聞記者、傍聴人が注視するなかで入廷した陳独秀は、被告席に着いた。

第四節　陳独秀の「辯訴状」（全訳）、判決・入獄

裁判が始まり、四月二〇日に第三回公判で検察側論告に続いて弁論が行われ、弁護人の章士釗が法律家らしく、本件事件について法理において不当、陳独秀は国民党と合作して職務を担任したのであり、功績があったのだ、検察官の「民国に危害した罪」というのは「根拠が無い」、無罪とすべきだと弁護の論を展開した。が、その直後、被告人陳独秀が立って、「章弁護人の弁護は全くかれ個人の意見であり、本人の政治主張については、本人の文件を以て根拠とすべきである」として、自ら書いた「辯訴状」を陳述し始めた。「辯訴状」は江蘇高等法院の法廷で

かれがこうして陳述した名文である。陳独秀はこれを精魂込めて書いた。書くときに、口語だけでは自分の心情は表現できない、文語交じりにしないと駄目だと言って、文学革命の提唱者にも拘らず、文語も使用した。胡適は口語詩を試作して革新を試みたが（『嘗試集』）、陳独秀は旧体詩を作るのを好んだ。年齢の差だ。一九六〇年代の文化大革命時代の知識人たちも自らの辛苦の思いと感情を表すにはなお旧体詩の方がピッタリしたと言うが、旧士大夫の母斑を残していた陳独秀はなおのこと旧体詩でないと、自らの思いを表現表演できなかったようである。拙い訳であるが、読者には是非とも、自分が法廷に立ったつもりで、音読していただきたい。

辯訴状

予、行年五十有五歳なり。弱冠［二十歳］のとき以来、帝政に反抗し、北洋軍閥に反抗し、封建思想に反抗し、帝国主義に反抗し、奔走して呼びかけ、中国を改造せんと謀ること、今において三十年になれり。前半期は即ち五四運動以前、専ら知識分子の方面におったが、後半期は労働者農民の労苦せる大衆の方に転向した。蓋《けだ》し、大戦後の世界革命の大勢と国内状況が明らか示した所のものが、予をしてこの転変をしない訳にはいかないようにしたのである。

半植民地の中国、経済の後れた中国は、外は国際資本、帝国主義に困《くる》しめられ、内は軍閥官僚に困しめられでいる。民族を解放し、民主政治の成功を求めることは、懦弱《だじゃく》で妥協的な上層搾取階級の己《おのれ》の身を守り妻子を保たんとする徒が、能く血を以て自由を購う大業を実行できることでは決してない。かつまた、彼らが自らもとより踏みつけている下層大衆の奮起を畏れ憎んでいることは、帝国主義と軍閥官僚を畏れ憎むことよりも甚だしいのである。だから彼らはまさにこの大業を成そうとはしない。ただ最も圧迫を受けた最も革命的な労働者農民の労苦の人民と全世界の反帝国主義反軍閥官僚のプロレタリア階級とが聯合して一気をなし、革命の怒潮でもって、外に対しては帝国主義の支配を排除し、内に対しては軍閥官僚の圧迫を掃蕩する。然るのちに、中国の民族の解放、国家の独立と統一、経済の発展、一般人民の生活の向上を始めて期することが出来るのである。労働者農民の労苦の人民の広汎な闘争と、中国の民族の解放闘争は、その勢いはすでに合流して併進しており、分けることが出来なくなっている。これがすなわち予が「五四」運動の以後に中国共産党を組織することを始めた理由である。

共産党の終局の目的は、当然、搾取が無く、階級が無く、人々が「おのおのが能くする所を尽し、おのおのが需《もとめ》る所を取る」自由な社会を実現することである。すなわち、全ての生産手段を社会の公有に帰し、社会の公共機関によって、民衆の需要によって生産消費の均衡を計り、計画的な生産と分配を実行する。そうして、社会の物質的生産力をして、今日《こんにち》の財産私有の自由競争の資本主義社会よりも高度に発展させ、社会の物質的力量を次第に、おのおのが需《もとめ》る所を取るに足る程度にまで到達せしめることである。だから共産主義は、経済的には、資本主義に比べてさらに高度に発展した生産制度である。これは資本主義が封建的生産制よりも高いようなものである。これはけっして、世俗が思っているところの、貧乏人が金持ちの財産を奪うというような簡単な意味ではない。こうした生産制は決してわれわれの空想ではない。経済的に遅れたロシアが既に初歩的に試みている。そして初歩的に成功した。全世界の全ての資本主義的生産制の国家はみな経済恐慌の深淵に陥ったが、独りソ連のみが日に日に繁栄している。これは新しい生産制の効果の明らかな大きなあかしであり、衆人みな知るところである。

中国の帝政を覆した革命はソ連に先んじること七年であったが、今日、二者の栄枯はほとんど比べることが出来ぬほどだ。その故を深長に考えるべきである。ある者は、共産主義は中国に適さないと言うが、これは妄言である。この終局の目的はもとより旦夕の間に能く完成出来るものではなく、また「平和」的に能くそれを実現できるものでもない。この目的を実現するために道を掃き清めること、中国共産党の当面の任務は次のことである。

一つは、帝国主義に反抗して中国の独立を完成することである。蓋《けだ》し、中国の海関、鉱山、工場、金融、交通等の経済的命脈はみな直接間接に帝国主義の手に牛耳られていて、革命的な行動を採って、これらの吾らを縛っている鎖を撃ち砕かなければ、中国の民族工業はまさに発展の可能性が無い。列強の陸海空軍は全国の大都市を脅かし、日本は更に武力でもって中国領土の五分の一を強占している。これに抵抗を加えなかったり、あるいは空言もて欺き騙すのは、均しく売国と同罪である。なおどうして「民族主義」と云うに足るものであるか。

一つは、軍閥官僚に反対し、以って国家の統一を実現することである。蓋し、軍閥官僚は彼らの内部で戦争を勝手に発動して経済を破壊し、勝手に苛捐雑税を増加し、公債を発行して私的に懐を肥やしている。勝手に法律を制定して人民の自由を毀している。勝手に私人を任用して優れた人材を締出し抑えて、政治改革を毀している。甚だしくは、勝手にアヘン栽培、アヘン販売を強制し、人民を害毒している。軍閥官僚政治が徹底的に粛清されなければ謂う所の国家の統一も、謂う所の民力の伸長もすべてみな話にならぬのだ。国家が統一されず、民力が伸びなければ、国外の帝国主義の支配も覆せず、国内の軍閥官僚の害毒も掃除できない。すなわち、謂う所の独立的に資本主義経済を発展させることもまた寝言に属することになる。中国は半植民地に終わり、落後の状態に終わるのみである。

一つは、労働者農民の生活を改善することである。蓋し、近代的産業労働者およびそれが指導するところの農民は、帝国主義に反対する主要な力である。資本家、地主およびその政府は物質的、精神的に労働者農民を抑圧している。それはただ帝国主義の為に中国の民族解放闘争を挫折させる鋭い刃であるだけではない。農業国である中国は、農民の衰落はほとんど民族の危亡に等しいのである。もし地主の土地を没収して、これを貧農に帰せしめなければ、農民は一年中働いても、ただ地主の搾取に供するのみで、農業の衰えおよび農村の破産を挽回することは出来ない。都市から資金を持ってきて農村の貸借機構を設立したとしても、それはまた、農民に向かって搾取機関を増加させるだけである。

一つは、徹底的に民主的な国民立憲会議を実現することである。蓋し、賢人政治や［民衆を］保育する［訓政］政策は、すでに近代国家には適さないものだ。さらには民主共和国には存在してはならぬものである。北洋軍閥がすでに覆されたからには、これに代わるものはただ人民であるべきである。もしなお、賢人［政治］と保育［訓政］

を尚ぶというなら、誰が賢人で、師の力もて教え安んずる任に堪えうるか、かれは何の標準をもつのか、北洋軍閥もまた得てこれに任じられ得るというのか。いわんや外患空前である今日、人民には組織がなく、だから能力が無い、政治的自由がなく、だから責任心が無い。だから人民に責任を課すべきではないのである。もし、ただちに全国人民の集会、結社、言論、出版等の完全な自由を実現し、普通選挙の全権的な国民立憲議会を実現し、もって売国残民の軍閥官僚を制裁し、一切の政権はこれを人民に帰し、全国人民の力を集合して、全国危急の問題を解決するのでなければ、それ、何を以て国を今日に立てることができるだろうか！

凡《およ》そこれが、中国民族の利益のために、全国の人口の大多数を占める労苦せる人民の利益のために奮闘する大綱である。予は以前にも現在においても、全中国にこれを公告し以て全国大多数の人民の賛否を徴求することを願っている。共産党はプロレタリア階級およびすべての被圧迫人民を代表する政党である。その成功は多数の人民の擁護を頼りにしているものであり、少数の英雄主義を尚ばないし、ましてや陰謀分子の集団ではない。予の以前の行為は、即ちこのことこの志であった。現在および将来に想うところ為すこともまたこのことで、その志を標せば、「鞠躬尽瘁《きっきゅうじんすい》して、死してのち已《や》む」［諸葛亮「出師表」］であり、一息なお存するときは、予は全国の人民が外国帝国主義および本国専制者の二重の銃剣の下で、輾転として悲しみ嘆くのを眼にして、しかしこれの為に挺身奮闘しないでいるには耐えられぬのである。

いま国民政府は、予が終始革命に尽瘁せるの故に因り、加えるに逮捕を以てし、またその検察官に命じて裁判所に予を「民国に危害した」こと、および「国に叛した」罪で控《うった》えしめている。予は絶対に承認することが出来ないだけではない。政府の控《うった》えるところは、予の思い行いしところとちょうど相反するものである。国とは何ぞや。土地、人民、主権の総和なり。これは近代ブルジョワ階級の国法学者の通論であり、いわゆる「共産の邪説」ではない。故に、いわゆる国を亡ぼすとは、常に外族が入りてその土地、人民、主権を据《し》めることを指して言うのであって、本国の某一党派が某一党派の政権を覆してこれに代わることは、これを「国を亡ぼす」と言うを得ないのである。「国に叛く」とは何ぞや？　平時の外患罪、戦時の外患罪、秘密漏洩罪、これらの叛国の罪状は、刑法上みな均しく具体的な説明があり、断じて抽象的名辞をもって漫然と影射《あんじ》するを容れざるものである。もし政府と国家を分けずに、政権を掌握する者がすなわち国家なりと考えるならば、すなわちフランス王ルイ十四世の「朕は国家なり」の説であって、近代国法学者が退けることを要しないまでのものだ。もし在野の党が、国家あるいは人民の自由の権利を侵害している政党に反抗して、忠ならず、その政権を覆すことを主張するのが、「国に叛す」ことに属するのだと考えるのならば、則ち古今の中外の革命政党は一つとして嘗て「国に叛す」ものでなかったものはない。すなわち国民党もまたかつて「国に叛」したものだったのである。袁世凱はかつて孫文・黄興を「国賊」と称《い》ったが、どうして揺るがぬ正論でないことがあろう。民国とは何ぞや。民主共和国の言いである。また、君主専制とは別だとの称である。欧州各国の専制を覆した者は血を流して民主を争ったが、その内容は他でもない、憲法上の集会、結社、言論、出版、信仰の自由の権利を懸命に争うこと、および、参政権なければ税を納めぬという信条を実行することのみであった。これは民主共和国がこうであるだけでなく、民主政治の君主国もまたこのようなのである。「民国に危害する」とは何ぞや？　共和政府が人民の自由を剝奪し、人民の参政権を剝奪するのは、共和制から帝政に移る前触れであり、ローマの歴史、十九世紀フランスおよび中華民国初年の歴史はみな同様の教訓を吾らに遺しているのである。あるいはそうでなくとも、人民に自由なく、権利無く、大小無冠の王が至るところでほしいままに威張り散らし、法はただ小民を裁判するだけで、文武の高等官吏は刑を皇族貴族の列に連ならせ重刑を与えぬさま[1]であるのは、これは共和を以てそれを名づくも、専制がその実なのである。もし実が失われてその名のみ存するときは、軍閥の魁、民衆の敵［段祺瑞］もまた「三たび共和を造った」と自ら詡《ほこ》り得、佞《おもね》る者もまた「共和の元勲なり」とこれを称《ほめ》ている[2]が、それは実は民権を毀損破壊することであり、罪は復辟に類すること、実質、民国を危害したことなのである。もし人民の集会、結社、言論、出版、信仰の自由等の権利を懸命に争うこと、徹底的に民主的な国民立憲会議を実現し、もって軍閥官僚を裁判することが「民国を危害する」ことだと考えるなら、謂うところの「民国」なるものは一体どのように解釈すべきか分からなくなろう。

国民党は全国の人力膏脂を竭《つく》して、もって兵を養い、全国の軍隊を擁して人民を捜括し、己と異なる者を殺戮し、日本が国土を侵略占領することに対し、終始まじめに抵抗していない。さらには人民の抵抗を阻止し、人民の組織を破壊し、人民の口舌を箝制し、それを「鎮静」せしめ、これをして「沈着に対処」せしめ、これをして馴れた羊のように国民党の指揮の下において帝国主義に向かって屈服させ、全国が淪亡するに至るよりも、むしろ人民が異詞を語り、家に異説あるを容れないようにしている。しかし予は、人民みずからが組織を拡大し、武装することに由って、帝国主義に対して民族解放の戦争を進め、もって東北［満洲］問題を解決し、もって国家の独立を完成すべきだ、と主張する。試みに問おう。誰が「国に叛し」ているのか？

国民党政府は、党部をもって議会に代替させ、訓政をもって民権に代理させ、特別法（危害民国緊急治罪法および出版法のごとき法）をもって刑法に代替させ、軍法をもって普通の人民を逮捕審判して銃殺している。銃剣でもって人民の自由の権利を削り取り、人民の上に君臨している。自らを諸葛亮、伊尹と視て、人民を阿斗、太甲として斥けている。[3] 日本帝国主義はまさに「力で以って人を服従させる」政策を挟みて吾が国に対処しているが、同時に国民党はすでに同様な態度を挟みて吾が民を圧しているのである。最近ついに公然と「党国に背反」したとの罪で新聞記者を銃殺した。しかし予は、民主共和国の実質を示す人民の自由な権力を懸命に争い、普通選挙によって全権を持つ国民立憲会議を実現しようと懸命に争い、民主を拡大してその最高段階に到らせんと懸命に争っているのである。予は現在および将来とも、民国を簒奪して「党国」［国民党が主張する、「党」が「国家」を指導する「党国」体制］と為す企図は持ってはいない。試みに問おう。誰が「民国を危害」しているのか？　故に予は云う。政府が控《うった》えしところは、予が思い行わんとしているところとちょうど相反するものである、と。

もし一たび共産党人となったら、犯罪行為に属すると見なすなら、欧米の民主国家、イギリス、フランス、スイス等ではほとんどそのような事はない。各共産党はみな集会、出版、選挙に参加する自由の権利を持っていて、一般の人民と異なるところはない。もし人民が政府あるいは政府の中のある一人の人物に反対することを有罪だと考えるならば、それは則ち、はるか二千年前に周の厲王《れいおう》の時に監謗《かんぼう》の巫あり、秦の始皇の時に巷議《こうぎ》の禁、偶語《ぐうご》の刑があり、漢の武帝の時にさらに腹誹《ふくひ》の罰があっただけである。[4] かの時には固よりいわゆる言論の自由なるものはなかったのである。しかし二十世紀の民主共和国にはこの怪現象はあるべきでないようである。もし共産主義を宣伝することが「三民主義と相容れない主義を宣伝すること」、すなわち「民国を危害する」こと（『危害民国緊急治罪法』第六条の如き）だと考えるならば、これはヨーロッパ中世の宗教法廷が異教徒と科学者を迫害した手口である。かの時は、もとより公認された信仰の自由はなかったのである。今日の民国にあっては、決してこのようなことが有ってはならない。民国にもしこれあることを容れるときは、ただ日本帝国主義の為に、その「中国は近代国家に非ず」との説が決して誣告でないことを示すことになろう。

つまり、予の平生の言論と行動は光明磊落でないものはなく、国人に公に告げることが出来ないものは何もないのである。予は固より無罪である。罪は中国民族の利益を擁護せしこと、大多数の労苦せる人民を擁護するの故に在り、しこうして、罪を国民党に拓くのみなのである。昔の「ファリサイ派人」はローマを仇視せずに、ユダヤ人の自由の為に奮闘した「熱心党［ヘロテ党］」を仇視した。今の国民党が仇視せるものは、帝国主義に非ず、軍閥官僚に非ず、徹底して帝国主義に反対し軍閥官僚に反対し、終始もっとも徹底的な民族民主革命に努力している共産党人なのである。日本帝国主義がまさに山海関を奪おうとし、熱河を吸収したが、国民党の軍隊はかえって江西省に集中し、その共産党人に対するや、これを殺し、これを囚え、なお未だ足らざるかのように、袁世凱の故智を師として、威もて迫り、利もて誘い、これをして自主密告させている。これは決して真正の共産主義者を消滅させることは出来ず、ただ清廉な国を導く者を破滅させるだけである。かれらはこの時、手に権を持っており、己と異なる者を迫害せるの事は、固より十分これを為しうる。予はただ民族の為に民衆の為に一切の犠牲を忍受し、もって天下後世の評判を俟つこと有るのみ。もし強権の外において、また謂うところの法律に仮りて、人の罪に入らせ、予を誣するに「国に叛」せり、および「民国を危害」せりを以ってするときは、予は未だ呼吸を停める直前の一分まで、必ず声高く抗議する。法廷がもし特殊勢力〔国民党〕に完全に命を聴くことなく、なお内外に対し若干の司法独立の顔面を維持しようと思うならば、少しも疑うことなく、予の無罪を宣告すべきであり、政府が予に拘留の期間内の経済的健康的な損失を賠償するように判じ命ずべきである。

民国二十二年二月二十日　陳独秀

［1］「在議親議貴族之列」、（君主の）親しき者（＝皇族）、貴き者（貴族）をもって罪を「議す」るの列に在るとし、体刑重刑を免じる制度に置かれているとの意。

［2］段祺瑞は、辛亥革命時に武漢攻撃に出動し、その前線から共和制の擁護を通電したこと、その後一九一六年の袁世凱の帝政化に賛成しなかったこと、翌一七年の張勲による宣統帝復辟に対し軍を持ってこれを打ち破ったこと、この三つを「三たび共和を造った」と誇った。

［3］諸葛孔明は劉備玄徳の死後、その遺嘱で彼の凡庸な子「劉阿斗」を支えて「蜀」を導いた。伊尹は殷の初めの名宰相で、暗君「太甲」を補佐した。国民党の呉稚暉は、国民党が諸葛亮になり、「阿斗」（無知の劣った者）である人民を指導することだと「訓政」を説明した。

［4］「監謗の巫」は周の厲王が設けた、王を謗る者を探し出して密告する巫者のこと、「巷議」は街中での議論、「偶語」は集まり向き合って話すこと、「腹謗」とは腹の中で誹謗すること、それらを禁じた古代の刑罰をいう。

これは彼の本心だとわたしは思う。法廷の権力の前で情状酌量を求めようという気配はまったく無い。圧迫と搾取への反対、自由・人権・民主が彼の思想の根幹を為していたことが分かる。五四精神の主将は健在だった。この弁論中の「民国」を「人民共和国」と読み替えてみたい誘惑に駆られるのは私だけだろうか。魯迅は生きていたら毛沢東の中国の監獄に入っていただろうと言われるが、陳独秀もやはり毛沢東の共産党政権の下では生きられなかったろうと痛切に思わさせられる内容であろう。

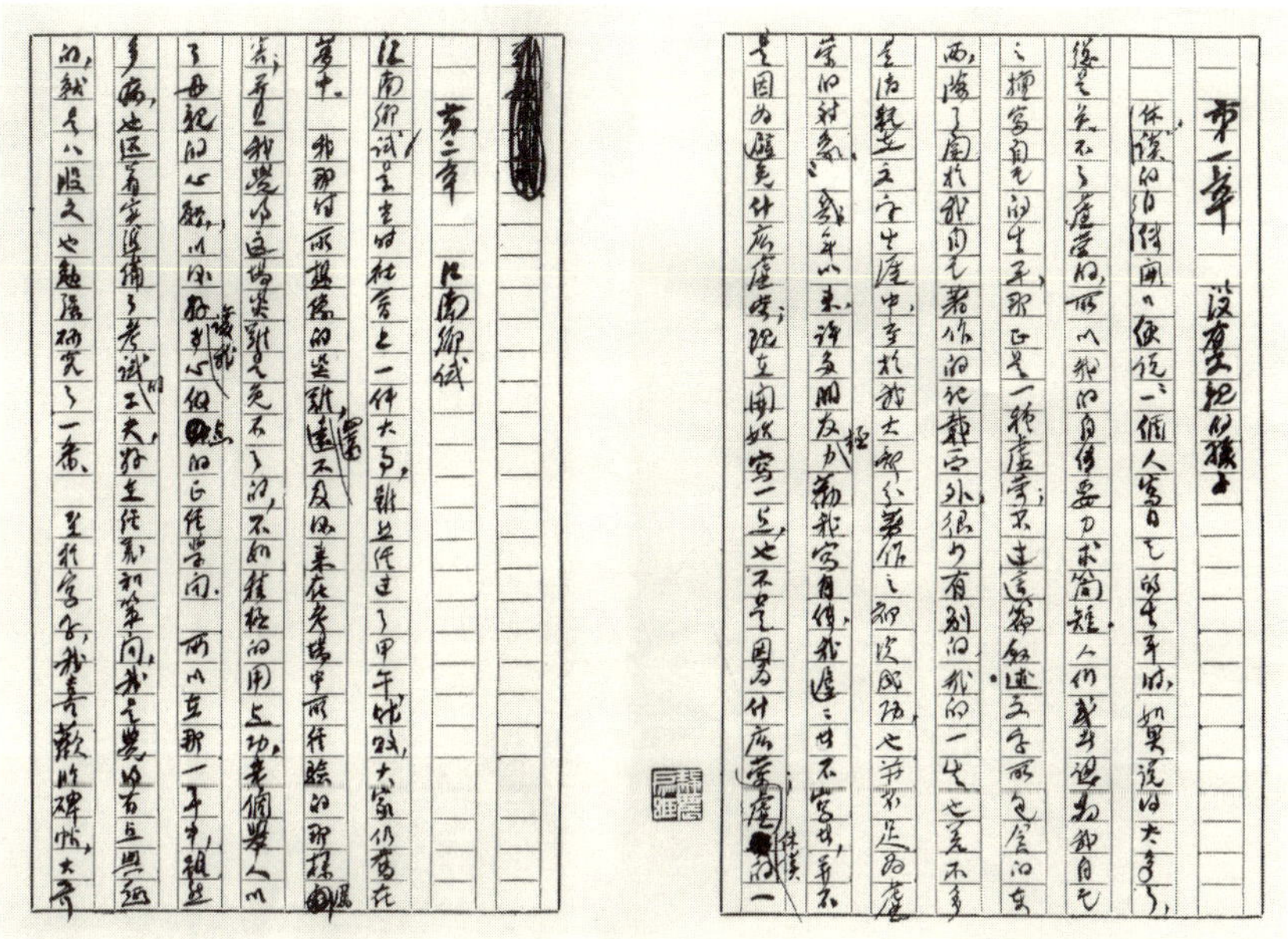

『実庵自伝』の親筆原稿（1937年7月16日～20日）。南京第一監獄にて5日で書いた。第1章は「没有父親的孩子（父無し子）」、第2章が「江南郷試」。

判決・入獄

四月二六日に判決が下り、陳独秀と彭述之は徒刑十三年、曾猛、何資深、濮徳志、宋逢春、羅世凡（璠）は徒刑五年の刑だった。その後、かれは章士釗弁護士事務所を通じて最高法院に「上訴状」を出して控訴したが、六月三〇日、最高法院は陳独秀・彭述之に八年の徒刑、他のメンバーは同じく五年の徒刑の判決を下し、メンバーはそれぞれ南京の各監獄に収監されることになった。陳独秀は持病の胃病を抱えながら南京の監獄生活を送ることになる。当初は劣悪な収容状況だったが、獄中ストライキをして待遇改善を実現し、かれの独房には書架が据えられ、多くの本を読みながら過ごすことが出来るようになり、病身の陳独秀の面倒を見るという理由で濮徳志ら若者が独房に入ってかれの面倒を見た。彭述之とは隣同士の房だったので、諸問題で討論をした。その論争を通じて二人は出獄後袂を分かつのだが、その主要な討論点は民主の問題だった。また上海で同棲していた潘蘭珍が南京に来て、監獄に通って生活の面倒を見た。外部との連絡手段も整えて、鄭超麟の妻の劉静貞が監獄に面会に赴き、トロツキー派上海臨時委との連絡役になって、陳独秀は獄中から上海臨時委に手紙で指示を出すことが出来た。われわれが考える独房感覚とは少し違っている。獄中の様子は濮清泉「我所知道的陳独秀」に生き生きと書かれている。監獄所長も超有名人の獄囚に気を遣い配慮したのだった。胡適は獄に入って時間が出来た陳独秀に自伝と「大革命」の歴史を是非書くようにと薦めた。それで汪孟鄒の依頼で獄中で自伝『実庵自伝』を書いたのだが、「江南郷試」までしか完成しなかった。

陳独秀が胡適に「政治に手を出すな」と言ったのは、政治活動にたびたび失敗し辛酸を味わう自分のような目に胡適の才能を会わせたくないと思ったからだろうが、自らの政治組織活動への不適性の自覚もすこしはあったのかも知れぬ。陳独秀が共産主義運動の中でトロツキー派になるのは、かれへの前述の評論で示したような、かれの性格、資質、思考性などの諸点からいって、自然であったように見受けられる。北京大学の五・四期の政治・文化運動を経験した啓蒙時代の人物は、張国燾でさえ共産党政治に耐え得なくなったように、後年のスターリン主義的な共産主義運動からは排除されるのは必然だった、とわたしは思う。*

＊一九三七年二月、西遷後に先に陝西省北部に着いた第一方面軍の毛沢東らと、西路軍（第四方面軍）敗北後に陝北に後れてやって来た張国燾らとの間に指導権をめぐる確執があり、中共中央・抗日軍政大学で行われた反張国燾闘争の中で、毛沢東らは張国燾を厳しく批判した。この時、西路軍で一緒だった朱徳は、「自分から見ると、国燾はまだいささか当時の北京大学の気風を持っていて、五四運動の科学と民主や、胡適之らの提唱した実験主義学説の影響を受けている。だからかれは何か事に遇うと是非曲直をはっきりさせようとするから、他人に対しても自分に対してもいささか面倒を起こすのだ」、と言って弁護したが（張国燾『我的回憶』三、三六六頁）、これは中共が「五四」精神から離れて毛沢東化していく様をうまく言い表している証言である。中共がコミンテルンから離れるのは「整風運動」（延安のモスクワ派打倒運動）からである。整風運動と毛沢東化については高華『紅太陽是怎様升起的』（香港中文大学）を参照されたい。

また人物月旦になるが、トロツキーと陳独秀の違いはどこにあるかという問題。それは国際性ではなかろうか。「世界革命」の実感性の問題である。ユダヤ系ヨーロッパ人のトロツキーはその教養や欧州での亡命生活から、「世界革命」を実感的に構想、構成することが出来ただろうが——マルクスがプロレタリアートに祖国は無いと言ったように——、陳独秀にはない。陳独秀は日本経由で西洋近代の啓蒙思想、文芸思潮を受け止め、ロシア革命を通じて西欧マルクス主義を受けとめたが、その外国語は日・英・仏文が読めたが、モスクワ留学生のようにロシア語が自在ではなかったし、文化的素養の片方（根っこ）は、限りなく深く中国古典文化に置いていた（孫文との違いである）。科挙試験の教養、古典口語小説、古文字学（小学）への偏執、これらの古さを打破する必要があると自ら言ったが、胡適も年少のフォロアー（追随者たち）も、トロツキーと同じように『自伝』と『大革命史』を書いておくようにと執拗に言ったのにもかかわらず、古文字学を科学的に研究する方が歴史的に価値があると言って、一向に自伝と革命史を書こうとはしなかった。「世界革命」でなく、「中国」の革命こそが陳独秀が目指したもので、「中国」の枠が強かった。その古文字学への偏執は、自分の政治的文化的な革命活動の記録を残しておこう、それは政治的には挫折したかも知れないが、歴史的意義を持つはずだとは考えさせなかったらしい。記録、歴史への責任を果たしていないのである。これは『わが生涯』『ロシア革命史』を書いたトロツキーとの大きな差だ。われわれは政治的敗者トロツキーの思想と歴史的意義をかれのそれらの著作を通じて再評価できるのだが、陳独秀はなかなか出来ない。今なお陳独秀評価が困難で定まらないのは、かれが書き残さなかったその責任でもある。後世への最大犯罪に近い誤りだったのではなかろうか。それとも、かれはまだ自分の革命活動は続いている、中共結成以来の革命史の総括や歴史を書く段階ではないと考えていたのか、それはもうわからない。曾国藩、蔣介石、胡適は中国文化人らしく詳細な日記を書いて、後世に評価を委ねたが、毛沢東は日記を書いていない。陳独秀は時間があったが、歴史を書かなかった。獄中で上海のトロツキー派のごたごたに付き合うよりは、自伝と革命史をきちんと書いたほうがはるかに後世の為に有意義だったが、書かなかった。だから、陳独秀の思想と行動については誤解され続けた。

「党」によって「右翼日和見主義」と歪められるまま、その再評価は「禁じられ続け」ることになったのである。

かれ自身が歴史を書かなかったから、何之瑜が『最後的論文和書信』を残し、唐宝林らの民間の陳独秀研究会が苦心して多くの事実や文章、事績を掘り起こさなければならなかったのだ。だが、それは党のタブーに触れることでもあったから、毛沢東政治の正当化のためにも、「封殺」されねばならなかった。まだ陳独秀は再評価されてはならないのだ。しかし、石川禎浩は、陳独秀自身は泉下で、おのれの歴史的評価は歴史家たちによって見直されることを望みはしても、中共の評価が見直されることにどれほどの意味を感じるか、かれの中国史上で果たした役割は、中共の認知という世俗的次元を超えるものだ、と言う（『陳独秀文集2』解説）。なるほど、左傾だ、右傾だ、「右翼日和見主義」だという言葉（レッテル）は、共産主義運動史上どちら側もみな相手側に張り付け合ってきた手垢に塗れた商標で、政治状況によってくるくる変わるものだから、どちらが日和見（機会主義）だったかなど、歴史学的に決着の着けようのないものだ。毛沢東主義での革命の勝利が現実政治的に真理の基軸である限り、評価は変わり得ようもない*。陳独秀が「中国史上果たした役割」をどう考えるかは、われわれに残された課題であろう。が、しかし、陳独秀はどうも、「歴史」によって自分の思想と行動を評価してもらおうという考えが無かったようである。南京の監獄でも、出獄した後の重慶・四川江津でも、その気になりさえすれば、自分の歴史と革命史を書く時間は十分あった。資料が得られないから書けなかった、という問題ではない。書く意志さえあれば、回顧録でも書けたのだ——遺言として。しかし獄中での知的作業は上海でと同じく、また古文字学だった（『年譜』四七二、三頁）。自分に対する誤った評価を正しておきたいというだけでなく、個人を超えた中国の歴史——本書が追ってきたような辛亥革命期からのかれの活動の事績は個人の歴史を超えた意義を持っているのであり、その「歴史」——に対する責任感の問題である。潔いと言えば、そうも言えるが、しかし「史の直筆」も信頼しないその「歴史」に対する無責任の責任はなおかれには残るのではないかと、わたしは思う。

＊中国共産党による陳独秀評価だが、これは毛沢東の自分を中心とした中共党史の編纂の過程で確定したものだから、変えられる余地はほとんどない。毛沢東は一九三八年にスターリン大粛清下で編まれた『ソ連共産党史』を延安で翻訳させて読んだ。それはソ共党史を正確な路線と誤った路線との生死をかけて闘った歴史として描き、スターリンの個人的な役割を突出させたものだったが、毛沢東は、党内権力闘争の自分の政治的必要に役立つものだと判断し、その学習運動をさせた。それとともに、一九四三、四四年に毛の支持下にそれを種本に、中共党史を党内の二つの路線の闘争を大綱にして、その中国版を書かせた。これが毛沢東を中心とした最初の歴史総括文献「党の若干の歴史問題についての決議」である。この中で毛沢東こそが正確な路線の代表であり、他の指導者は「左」でなければ「右」とされ、正しい個人の意思を基準に「機会主義」「経験主義」「教条主義」等の用語を用いて、歴史上の、あるいは現在の党指導者を指さして批判した。ここで陳独秀を「右翼（傾）」「機会（日和見）主義」と規定した。中共は最初の「歴史決議」を取り消していないし、文革後の二度目の「歴史決議」でも毛沢東の革命功績を否定しなかった訳だから、規定は取り消されることはない。もし有るとすれば、それは中共が「スターリン批判」と同じように、「毛沢東批判」を行ったときであろう。中国共産党はまだ「スターリン批判」を経ていないのである。

第五節　上海トロツキー派の分裂と彷徨

話を前に戻す。この裁判が進んでいる四月にトロツキー派の上海臨時委が分裂した。劉仁静、劉岱青が脱退し、書記の劉伯庄も辞任したのである。劉仁静は北京大学の学生時代にマルクス主義を学び、中共第一回全国大会にも十九歳で北京代表として参加した青年で、モスクワに留学、トロツキー派になって、帰国の時にケマルの庇護下にトルコにいたトロツキーと会見して、中国トロツキー派とトロツキーとの連絡役をしていたのだが、才気走った青年で、自分こそマルクス主義の知識があり、トロツキーの理論も良く知っているという鼻高い自己意識が強く、今回も分裂を引き起こした。

それで任曙が常委の書記に着いた。かれは広東、北平代表も交えて上海臨時委を全国委に改組しようとしたが、しかし、陳其昌ら上海区委の反対に遭った。そのため活動は停滞し、十一月に任曙は辞任し、陳其昌、趙済、蔣振東らが「新臨時委」を作ることになった。陳独秀は獄中からこうした上海の動きを止めることは出来なかった。劉仁静も陳独秀とかれが指導する臨時委への批判をし、彭述之も臨時委に手紙を送り、自分と陳独秀、尹寛、劉仁静との見解の違いを述べ、陳独秀は「機会主義」だと言った。

この頃、中国トロツキー派に国際的な色彩が加わった。以前は劉仁静が取り持ったトロツキーとの関係だけだったが、フランク・グラス、ハロルド・アイザックスという西洋人が接触してきたのである。

フランク・グラス Frank Glass（一九〇一—一九八八）はイギリス人、一九一一年に南アフリカに来て、労働者運動などに入り一九二一年の南アフリカ共産党の創設者の一人になった。また黒人労働組合、アフリカ工商業労働組合で指導的役割を果たしていた。一九三〇年にアメリカのトロツキー派の雑誌 *Millitant* に南ア通信を書いた直後に上海に渡った。そこで一九二七年後もなお続いていた国民党の白色テロを見た。ジャーナリストとして、タス通信や英亜通信社の通信員、ラジオの政治評論などもしていたが、ミラードの *China Weekly Review* の副編集長をしていて、ゾルゲとも会っている。一九三四年にアメリカに旅行しニューヨークで米国のトロツキー派に会った後に、アメリカ・トロツキー派の責任者として上海で劉仁静、陳其昌と接触し、中国トロツキー派と国際トロツキー派との繋がりを作った。* 陳其昌は臨時委書記だったが、グラスの提案で、北方委の史朝生を上海に呼び、臨時委のメンバーにした。グラスは一九三五年に「李福仁」として臨時委のメンバーになり、秘書、会計を担当するが、欧州の国際事務局、* ニューヨークのアメリカ・トロツキー派との連絡役を務め、機関紙『闘争』の発行の資金を出した。この間に、上海でハロルド・アイザックスをトロツキー主義に引き入れている。

＊この国際的繋がりができたのを示すのが、一九三四年五月一五日に陳独秀が南京監獄から送った「トロツキー派国際

書記局への書簡」（『文集3』一八四頁、『著作選』三、三四四頁）である。スターリンの個人独裁で「労働者国家」「ソヴィエト」は名目的なものになった、スターリン政治体制の改良の可能性は幻想だ、として、「十月革命の精神のソ連を再建」すること、その精神で世界の無産階級《プロレタリアート》との連合一致をめざしたいと述べた。ここではじめて独秀はソ連が「労働者国家」であることに疑問を提示し、スターリン国家体制に反対を示した。

そのハロルド・アイザックス Harold R. Issacs（一九一〇－一九八八）は『中国革命の悲劇』の作者として名を知られているが、かれはアメリカ人でアメリカ共産党員、一九三〇年にジャーナリストとして来華、*China Press* などで仕事をし、中国の小説を英語に訳してアメリカで出版するという触れ込みで活動していた。コミンテルンの委託で中国革命を支援して、上海で宋慶齢、魯迅、蔡元培、スメドレーなどと交際していた。一九三二年に中国西部への旅行の後、中国共産党の外郭誌『チャイナ・フォーラム』の英文編集として蔣介石批判などを書いていた。トロツキー派のフランク・グラスとの接触は一九三三年からで、グラスに引かれて、トロツキー派の劉仁静と知り合った。中共との決裂は一九三三年に陳独秀に判決が言い渡されたのち、党から反対派批判の文章を書いて該誌に載せるよう言われたのを断ったかららしい。一九三四年に『チャイナ・フォーラム』は共産党によって停刊させられた。かれは北平に移り、八月に劉仁静を北京に呼んでかれを雇用して、その協力で一九二五－二七年の「大革命」の資料を収集、一九三八年にロンドンで『中国革命の悲劇』を出版することになる。この本は分析の基本線をトロツキーの手紙での指導とその中国革命論を導きに歴史叙述を行ったもので、トロツキーが称賛の序文を書いた（本書でも利用した）。そのため、トロツキー派の政治文献と見なされ、わが国では改訂版――かれはマサチューセッツ工科大教授になり、スタンフォードから改訂版を出した。その際の改訂内容も物議を醸したらしい――が、鹿島宗二郎氏の訳で至誠堂から出ているが、研究者にはあまり参考にされていないようである。しかし、トロツキー派だから云々とは別に、該書は名著といって良いと思う。今日まで「大革命」をきちんと書いた通史は余りなく、最良のものだと思う。他方、スターリン派的な「大革命」の総括的な歴史記述はあるかというと、見当たらない。結局、成功した中国革命が経た紆余曲折の一コマ、陳独秀らの誤った指導による敗北としてのみ描くことにならざるを得ないからであろう。この本をめぐる論議は、大革命の敗北が、国共合作のあり方、共産党員を国民党に加入させた党内合作のあり方、それが大きな原因だったというトロツキー、陳独秀、張国燾らの見解と、いや、あの合作方式は正確なものだったとするスターリン派・中共との政治的見解の分岐対立が今なお未解決のままに残っているから、どうしても政治的評価が纏わりつき、後世の研究者は、その論争に巻き込まれるのを避け、いまだ本の評価が定まらないのである。共産主義社会の歴史学が極めて厄介だという一典型例である。

一九三五年初め、獄中では陳独秀と彭述之が論争を続け、彭述之は文を書いて陳独秀は永続革命論が分かっていないと批判、陳独秀も文章を書いて彭は国民会議の民主の問題が分かっていない、国民会議とソヴィエトを対立させ、ソヴィエトのスローガンで権力奪取をという主張は誤りだ、劉仁静の経済復興論も無恥の論だ、と応酬した。彭述之を含むモスクワ留学生たちは、自分たちはマルクス主義を良く理解しているが、陳独秀のマルクス主義理解はまだ不十分だと思っていたから、陳独秀を「老先生」として尊敬はするが、なかなか譲らない。上海の臨時委常委の方からも、新加入の宣伝委員史朝生が、グラス、劉仁静の支持を得て、書記の陳其昌を中心にした体制が組織的に機能していないと批判し、その臨時委へ指示を与えていた陳独秀にも批判を向けた。六月に北方区委員の劉家良が上海の臨時委に加わると、史朝生らと共に陳其昌・陳独秀に対して闘争をやり始めた。これに対し陳其昌の方も文章で反論し、論争がごたごたと続いた。尹寛はトロツキー派が出来て五、六年になるが、「まだ闘争の基盤ができないだけでなく、正しい方向も無く、なお議論が紛々としていて、一つとして中《あた》るものが無い」ありさまだと嘆いた。アイザックス、劉仁静も北平に去っていた

一〇月、江西省のソヴェト地区にあった中共中央と紅軍は蔣介石の第五次囲攻のトーチカ線に圧迫縮小されて、次第に先を見通せなくなり、外界での機動戦を求めて脱出作戦に出た。広東軍が布陣していた南西の最も弱い環を打ち破って外に出た。太平天国軍の永安州城脱出劇に近いものだった。それ以後、中共中央と第一方面軍は一年余

の長い逃走（西遷）を続けることになった。それより少し前、モスクワの六全大会に出席した後、コミンテルンに留められていた張国燾がモスクワから帰国し、まだ上海にあった中共中央から中央分局の全権を与えられて派遣されて鄂豫皖ソヴィエト（長江以北の湖北・河南・安徽の交境山岳地区のソヴィエト）を建設していたが、そのソヴィエトも国民党軍の攻勢に維持できなくなって、第四方面軍を率いて脱出、京漢鉄道を横断して四川へ向かい、川北ソヴィエトを作る行動に出ていた。この両軍の四川での合流は、貴州省の遵義での会議で中共中央の指導権を握った第一方面軍の毛沢東と、中共中央・コミンテルンの権威を持ち毛沢東ら第一方面軍よりも数倍の人数の第四方面軍を率いていた張国燾との指導権争いになる（一九三五年六月の両河口会議と八月の毛児蓋会議）。これは極めて面白い話だが（張国燾『我的回億』三）、しかし本書の範囲外である。

さてトロツキー派である。一九三五年一月一三日に、上海臨時委の史朝生、胡文華ら七人の反陳其昌派は上海代表会議を結成し、奪権を行った。一五日に陳其昌は南京獄に独秀を訪ね、上海の分裂状況を報告、陳独秀は状況を詳しく知ることになった。その後、王文元が出獄して上海に来て、劉家良、史朝生に、政治路線をめぐる意見の違いは大会で討論し、最終的には「第四インターに解決してもらう」のがいいと言ったが、劉家良らの中央は陳其昌、尹寛の反対派の党籍を剥奪した。

ところがまたまた災難だ。三月に劉家良、史朝生らとグラスが上海フランス租界警察に逮捕され、北平では劉仁静とかれの助力で資料集めをしていたアイザックスとが逮捕されるという事態が起きたのである。これで劉家良、史朝生らの「中央」は消滅することになった。外国人のグラスは間もなく釈放された。それでグラスは、奪権された側だった陳其昌、尹寛らと連絡をつけた。それによって中国トロツキー派の活動を再開する体制を整えようとしたのである。同じくその後に釈放されたアイザックスは国外に出て、トロツキーと連絡をとった。

八月八日からノルウェーのオスロでアイザックスはトロツキーと会談し、中国のトロツキー派の活動の現状を話した。つまり、トロツキー派四派の統一は出来たが、間もなく摘発を受けて中央委の多くが捕えられて活動できなくなり、新しく陳独秀を中心に新常委が作られたが、これも摘発されて、中核にいた陳独秀、彭述之らが逮捕され、裁判で有罪判決を受け服役中であること、その間に、残された上海の中央では、陳独秀は「機会主義だ」と、反陳独秀の指導権奪取の分派行動が起きた。しかしそれも、自分（アイザックス）とグラスが逮捕されたことに見られるように、打撃を受け、活動できない有様になっている、とこういう話をしたのである。トロツキーは、陳独秀の党活動歴も知っていたし、独秀の「全党の同志に告げる書」、「われわれの政治意見書」その他の論文を英訳で読んでいたから、同い年の陳独秀の思想をかなり知っていた。劉仁静などの若いトロツキストと比べれば、結成を目指していた第四インター（一九三八年九月一〇日にパリで結成される）にとって中国革命の中の反対派、その指導者、陳独秀という名の重要性がいかほどかよく判っていた。かれは陳独秀の考えは基本的には受け入れられると思っていたから、陳独秀を第四インターに加え、われわれと協力させる必要がある、と話した。これを受けてであろう。上海のグラスは陳独秀との繋がりを模索し始める。陳独秀の方はというと、獄中から、陳其昌、趙済、王文元で三人委員会を作り組織の立て直しを図れと指示を出した。しかし、グラスには不信感があったらしく、亀裂は残っていて、連繋は求めなかった。そのうち、尹寛から陳独秀に、トロツキー派の第四インターナショナルの結成に向けて中国支部を再建することが必要だと伝えられ、各国の反対派にならって上海で「中国共産主義者同盟（ボルシェヴィキ-レーニン派）」が作られ始めた（第四インター創設のために各国の左翼反対派はこの名称を名乗った）。一二月、上海でトロツキー派の代表会議が開かれ、陳其昌、尹寛、蔣振東、王文元、グラスで、「臨時中央委員会」を作ることになった。陳其昌の説得で、陳独秀はグラスの加入を認めたのである。臨時委は政治機関誌『闘争』を発行（その費用の半分はグラスが自分の給与から出した）、理論機関誌『火花』を出すことになった。これが一九三五年末までの話である。

この間、中共は三つの中心を持った。一つは、モスクワのコミンテルン中共代表団で、かれらはコミンテルン第七回大会のディミトロフの人民戦線論に基づいて、王明が「八・一」宣言（一九三五年八月一日）を出して、抗日救国の統一戦線へ舵を切るべきだと宣言した。もう一つは、陝西省北部の劉子丹、高崗の作ったソヴィエト根拠地・

保安に、四川から着いた毛沢東ら中共中央と第一方面軍である。これはまだソヴィエト路線を採っていた。もう一つが張国燾・朱徳を中心にした、四川から甘粛・新疆を目指した西路軍（第四方面軍主体）の中心にあった中央・軍事委員会である。これはソ連との連絡地区としての新疆の確保を目指した。しかし西路軍は黄河渡河に手間取り、敗北して解体、その後かれら指導部は陝北ソヴィエトに合流し、毛沢東と中共中央に組み込まれた。陝北ソヴィエトも基盤強化につとめつつ、次第に抗日を意識するようになり、中共討伐に軍を展開している張学良・楊虎城と秘密協定を結んで、自軍への攻撃を緩和させ、「抗日救国宣言」を出して、「抗日反蔣」を呼びかけた。日本軍は一月の何応欽・梅津協定以後、秋になると華北五省の自治を要求し、華北侵略を拡大した。これに対し、北京の学生たちは「一二・九」運動を起こし、抗日世論が沸騰したのである。

陳独秀は獄中にあって、思索を進めていた。その成果とも言えるものが、一九三六年三月に『火花』三巻一期に載った「無産階級与民主主義」である。民主主義をブルジョワ階級の専売品として考えるのは間違っている、それは人類史の発展の動力で、プロレタリア階級が政権を取った後にも民主主義を拡大すべきなので、スターリンはこの点が理解できず、民主主義を放棄した、と攻撃し、民主主義が社会主義と共存できないものだと考えるべきではないと言ったのである。これは獄中での彭述之との討論を通じて得られた陳独秀の結論なのだが、王文元はじめ、トロツキー派は「啓蒙大師の思想上の新転変」だと、誰も賛成しなかった。しかし、この年の八月からモスクワでは革命の功績者ジノヴィエフ、カーメネフらに対する公開裁判（モスクワ裁判）が行われ、世界に衝撃を与えたのだ。陳独秀の思考はそれに先んじている。この点は「最後の論文」をめぐって再論することにしよう。

十二月に西安事変が起きると、獄中では乾杯と歓声が起きた。陳独秀は蔣介石は殺されると思った。そしてかれに殺された二人の息子の為に涙を流した。しかし蔣介石は南京に戻って来た。かれの監獄生活は続いた。

第六節　トロツキー主義運動の性格と問題点

このような中国トロツキー派の様相をみると、どうもトロツキー派の悪い一面が表面化しているようである。世界のトロツキー派の運動を見ると、この運動体は常に分派を繰り返して、大きな統一的な運動を作ることが出来なかったのが特徴である。分派は共産主義運動全体に言えることであろうが、とりわけトロツキー派に顕著である。「教祖」的なトロツキーの性格に影響されたところもあろうが、かれの分析の正しさ、真理性に傾倒したトロツキー派の活動家はインテリゲンツィア（知識人）的で、個人主義的、理論膚の個性的な人物が多い。自分の考え、理論が正しいことに重心的価値を置き、執着的で、「些細な違いのナルシシズム」で、強い自我意識で他者との違いを極端に強調しがちである。それが否定され、挫折すると、自己存在そのものを否定されたように感じるらしく、すぐ分派する。だからあまり組織人としては適性を持たないタイプが多いように見受けられる。カトリックとプロテスタント、ロシア正教などだけでなく仏教各派、イスラムのスンナ派とシーア派の分派など、宗教運動に良く見られる現象と同じである。問題は真理をめぐる少しの違いを人間関係で極端化することに有る。政党的な政治運動としては、スターリン的党の方が組織「力」は強い。批判や自己批判、粛清で「鉄の規律」を厳しく要求するからだが。それは何故か、

永続革命論の存立基盤とも関連するのですこし論じることにしよう。トロツキーの永続革命論は「運動」の永久的な回転の上に立っているから、そもそも不安定な構造なのである。独楽が回転を止めると倒れるように、回転運動していてこそ立っていられる。その回転運動のエネルギーの持続に「賭け」ている。だから危険を伴うのである。

第一。革命はまず、ブルジョワ民主革命から社会主義革命へは、二段階で進むのではなく、連続すると考える。この革命の過程の中でプロレタリア階級（労働者階級の組織及びソヴィエト、共産党）が指導権を獲得することに由って、武装をともなったソヴィエト方式で、つまり普選ではなく、力で権力を掌握する、というロシア革命方式であ

る。ロシア革命史のダイナミックな動力的な展開過程はトロツキーの『ロシア革命史』に詳しいが、このロシア革命の方式が成功したのは幾つかの客観的条件、主体的諸条件が「偶然的に」揃っていたことに由るのだが、それらの諸特殊性を普遍、一般性に格上げして、どこでも採用可能な方式に定式化してはいないだろうか。運動が起きると、そのエネルギーの一気の連続的展開の彼方に、すぐに目的が達成されるかのごとく幻想する傾向は無いだろうか、という問題である。その権力掌握は、全ロシア・ソヴィエト大会や制憲議会の多数を武装実力で排除することに由って（ブルジョワ民主の否定）、社会主義ボルシェヴィキ権力を創出し、その支配をプロレタリア独裁（労働者国家）として合理化した。そしてそれを正しい選択だったとする。それと較べると、スターリン的党は、防御的で、陣地取り合戦、漸次的拡大が基本で、そのためには組織を内部的にも固め（粛清をともなう）、確固たる基盤から同心円的に拡大する動きを重視する。だから確実性が増す。トロツキーの運動論は不安定なのである。だから組織メンバーとしては安心できない。

第二に、社会主義革命の持続。プロレタリア階級はこうして政権（非民主的に）を取った後も、他階級――農民、知識人、都市小ブルジョワ、まだ生き残っているブルジョワ――の反対や抵抗に遭遇する。だから独裁権力を行使し社会主義化を進めざるを得ないのだが、同時に、後進国の国内の力だけでは社会主義を建設することは出来ないから、先進国の革命と結びついて始めて――プロレタリア独裁権力とアメリカの生産力との結合――社会主義の建設が可能になる。だから国際的な革命（「世界革命」）に踏み出すこと、国際資本主義に反対するこの世界革命に出口を求めざるを得ない。一国内では完結しないのである。

第三。国際的な世界革命というが、革命は全世界が一気同時に革命になる訳はないから、持続的に展開することになる。一国での社会主義革命の勝利と社会主義の経済・政治・社会の建設は、その世界革命の将来、少なくとも数か国の先進資本主義国における社会主義革命の成功とそれの協力にかかって来ることになる。それまで、最初の一国の革命にとどまらず、世界資本主義に抗して大きな潮流になるまで革命は永続的に展開しなければならない、ということになる。

こういう壮大な宇宙永劫的な運動の過程の中の革命、従って永続的革命の運動の過程の向うに、歴史的必然としての社会主義社会が出現するのだという「預言」性があり――ドイッチャーが「預言者」トロツキーと表現したのは良く本質をついていると思う――、その過程にそれぞれの国の革命運動は位置づけられ、はめ込まれているのであり、それを見据えながら当面の革命課題を追求すべきだということになる。だから、揺れ動く現実世界の動向をどのように摑まえ解釈するかということが極めて重要になり、世界の行方を巡る正しい認識、それに基づく実践行為こそが革命運動で、その解釈を巡って議論になる。論争は絶えなく、分岐も必然化する。なぜなら、正しい予知、認識こそが、この運動過程を生き延びさせ、目的へ到達させるのだからである。

なんと難しい「神学」、「希望の原理」であることか。この難しさを引き受けるのは個人しかない。少なくとも高度に自覚した個人で、組織に自分を委ねる知性では引き受け得ないのである。だから、共産主義運動の中で、この神学を担うのは高度な知性を持った個性ある革命家で、かれらの反対極に在るのが「官僚」なのだ。かれらは自分の頭で考えない共産主義者で、トロツキーらがスターリン主義者を「官僚主義」と呼んだのはその謂なのである。「党官僚」「党文化官僚」と言うのは、「官僚」と同じく組織と規律によって保護された知性なのだ。自分の知性によって動く世界と現実の本質、予兆を捉えようという「預言者」的な知性などは邪魔なだけだ、必要としない。それは排除されるだけだ。わたしは、共産主義社会における知性の圧殺の本質の一つはここに在ると思う。

第七節　獄中の陳独秀と南京爆撃による陳独秀の釈放

陳独秀は南京の老虎橋にあった第一模範監獄の中から、上海のトロツキー派の四五分裂する運動に指示を与えながら、古文字学の研究を続けていた。そうした監獄生活を脅かす事態が起きた。突然、陳独秀らが収監されている南京郊外の監獄が爆撃を受け、建物に被害が出、かれの房の屋根も壊れ、囚人たちの生命も危くなったのだ。日本軍機による南京爆撃だった。

一九三七年七月七日、蘆溝橋で起きた軍事衝突は日中戦争に拡大、八月には上海に飛び火し、第二次上海事変に発展していた。日本軍はさらに南京空爆を始めたのである。陳独秀はテーブルの下に隠れて無事だったが、当時金陵女子大学で教えていたかつての北京大学の学生、陳鐘凡（同じく文学・文字学を専攻）が心配して監獄に様子を見に来た。被害を見て危いと感じたかれは、胡適、張伯苓らに連絡し、連名で独秀の保釈を求めることにした。当局は、独秀が罪の懺悔状を出すなら応じても良いと言ったが、独秀は何を悔いるかと取り合わなかった。

しかし、汪精衛や司法院長の居正が軟化して、働きかけ、独秀の刑を徒三年に減刑して、すでに収監後、服役が三年経過したから、満期になったとして、出獄させることになった。出てから何処へ住むかだが、国民政府が按排するというのを断って、北京大のかつての教え子、当時、南京の中央大学教授をしていた傅斯年（中央研究院歴史言語研究所の創設者で、所長を兼任）の家に身を寄せることになった。他のトロツキー派も出獄することになるが、それには羅漢の介在があった。

羅漢は数年前にトロツキー派から離れていたが、田舎から出てきて、南京の八路軍辦事処に顔を出した。ここにいたのが葉剣英だった。羅漢は五・四運動の活動家でかつて国民革命軍第四軍政治部主任をしていて、葉剣英はその第四軍参謀長をしていて知り合いだった。羅漢は中共のかれらに、まだ獄中にいるトロツキー派の人たちの早期の救出出獄を国民党に働きかけるように頼んだ——第二次国共合作で両党は抗日の協力関係にあり、保安から延安に移っていた中共中央は相互の連絡の為に、西安、南京などに連絡所（辦事処）を置いていた——。葉剣英は旧友の頼みを引き受け、三六年秋の三度目の逮捕で入獄中の王文元らを探したりして、尽力した。鄭超麟と濮徳志は出獄後、陳独秀と会って、相談して安徽に戻ることになった。彭述之と羅世凡（璠）は出獄すると、上海に戻り、トロツキー派の臨時委に合流した。陳独秀は傅斯年の家が爆撃で危険になり、陳鐘凡家の世話になっていたが、今後どうするかだ。かれには、国民政府の「国防参議会」員にとか、あるいは蔣介石の支援で労働部長にとか、またアメリカで自伝執筆をとかの話があったが、日本軍の南京進撃を前に、彭述之と獄中で喧嘩していたから、上海には行かずに、南京政府が移った武漢に行くことにした。九月九日に武昌へ移った。上海のトロツキー派とは離れたのである。別獄に入れられていた王文元は十一月末、日本軍が南京城を攻撃する直前、看守たちも逃亡してしまった監獄から出されて、わずかな金で、南京、徐州、鄭州を経た流浪の果てに、陳独秀が避難していた武漢にたどり着き、ここで独秀に会うことになる。

第八節　陳独秀は中共へ復帰する？　それとも、陳独秀は「日本の間諜」「漢奸」なのか？——復党問題と漢奸問題

この出獄の時に問題になったのが、中共と陳独秀との関係の復活の問題だった。これは羅漢が陳独秀の了解を得ずに、個人の行為で話を進めた交渉だったが、その経緯を紹介する。

陳独秀の出獄後、八月下旬に他の獄中のトロツキー派メンバーの釈放に国共合作中の中共が尽力してくれるよう羅漢が八路軍南京辦事処の葉剣英（八路軍参謀長）に頼んだ時、羅漢が、かつて一月二八日にトロツキー派が中共に「合作抗日」を申し入れたことがあったが、返事がまだない、と言うと、葉剣英は延安に連絡する、君が延安に行ったらよい、というので、羅漢は九月初めに西安に行った。中共西安辦事処にいた林伯渠と会ってこの話をしたが、しかし、延安へは道路が壊れて通れず、九月一五日に南京に戻ってきた。その時に、延安から電報があり、毛沢東は陳独秀の復帰に三条件を出した、と伝えてきたという問題である。この話は、羅漢が提出した問題は、陳独

秀らと中共との「合作」だというのだが、中共側（葉剣英ら）は陳独秀が「党の指導の下に戻って工作をしたいと願っている」という問題だったと言う（「葉剣英、博古、董必武給『新華日報』的信」一九三八年三月一九日記、二〇日掲載、『後期的陳独秀及其文章選編』二三五頁）。濮徳志も「我所知道的陳独秀」で、「党に戻って工作する」を独秀の「所願」だったと書いていて、これが通説になっているが、陳独秀自身は、「羅漢によると彼ら（葉剣英ら）には私に復党してもらいたいという考えがあったとのことである」と書いている（「『新華日報』に致す」、『文集3』二六八頁）問題で、この微妙なズレのある案件である。かつて国共合作を推進した総書記をモスクワのコミンテルン主導で免職し、反党を理由に党を除名したが、党が人民戦線（統一戦線）路線に転換して再び国共合作になったから、国民党獄を出て一致抗日、合作を主張しているこの「党創設者」とどう関係をつけるか、という問題である。この問題は独秀だけの問題でなく、多くの中共党員が国民政府の獄を出て、党に復帰し、延安に入りたいと言っているのをどう中共中央組織部が審査――獄中転向の有無、間諜になってないか、思想堅固か、などを審査――し処理するかという問題とつながっていたのだが、陳独秀はその後南京で、葉剣英、博古と会って話をしたが、復党の話はせず、抗日統一戦線の話だけだったらしい。かれら古くからの党員には陳独秀の威望がまだ残っていたから、羅漢の話を一概に撥ね付ける訳に行かない微妙さを含んでいた。「陳は党の指導下に戻りたいと願っている」と羅漢が言ったから、と葉剣英らが書いているのは、かれらの心情などを隠した裏のある作為的な言い方なのである（後述）。

羅漢が南京に戻って葉剣英と博古に会った時、この中共中央の「三条件」が伝えられた。それは、㈠、トロツキー派の全ての理論・行動を放棄し、堅く反対する旨を公にし、トロツキー派との関係を離脱して、トロツキー派に入った誤りを承認すること、㈡、公に抗日民族統一戦線政策を擁護すると声明すること、㈢、実際の行動で、この擁護の誠意を示すこと、だったが、博古は恐らくこの「三条件」は陳独秀の反感を生むだろうと言い、これを陳独秀に口頭で伝えてよいと示された。上海の第四インター派（中国共産主義同盟、彭述之）の方は、羅漢が南京、西安で中共と接触したことを非難、本同盟とは関係ないと言った。羅漢は、自分は五年来トロツキー派の組織とは関係を持たなくなっており、「友人の誼」で救出を援助しただけだと彭述之に手紙を書いて弁明した。

そして、一〇月一〇日に羅漢は董必武（第一回中共全国大会の湖北代表、当時中共代表団の一人）と共に武漢の陳独秀を訪問、この中共の「三条件」を伝えると、独秀は、わしはそれがどこから来たのか知らんが、何で悔いることあろうか、と言って拒絶した。毛沢東のこの三条件は到底陳独秀の呑めるものではなかったのである。そして手紙と抗戦「七条綱領」を書き、羅漢に托して、葉剣英・博古に渡させた。博古は、七条綱領は中共中央の決定と合わない訳ではないと言って、周恩来が来たとき伝える、と答えた。後に周恩来と羅漢との間で話が持たれたらしいが、モスクワ国際派（王明、康生）の延安到着（一一月二九日）で態度を変えた党中央の姿勢の変化の中で、実のあるものにならなかったのは当然のことだった。

この件に関しては張国燾の『我的回憶』に記述があり、もう少し詳しくわかる。それによると、羅漢は確かに延安に来ていたと言う。一〇月だったというその日付は再考の余地はあるものの、本人が会ったというのだから間違いは無かろう。中共はどうも羅漢と延安で接触したことを隠したかったようだ。概略次のように書いている（同書第三冊、四二一〜四二三頁）。

羅漢は自分と五四運動を一緒にやった老同志、老朋友で、毛沢東とも旧誼があった。かれは、陳独秀は中共に貢献があり、二人の子を犠牲にしている。少し前に釈放され、社会主義の立場を堅持している、中国のトロツキー派内は派系がバラバラで意見が統一されていない、陳先生と何人かは中共と合作を回復したいと考えている、抗日戦を支持し、中共の抗日統一戦線に賛成しており、国共が合作を回復したのだから、社会主義の古い同志も改めて団結を回復すべきだ、と言った。それで毛沢東とも会った。毛も、中国のトロツキー派はソ連のトロツキー派とは一緒には論じられないと思ったようで、羅漢の話で陳先生を懐かしく思ったようだ。それで毛沢東は張国燾に陳先生と何らかの協力［合作］関係を作って、一致抗戦できそうだと言った。「われわれは以前ソヴィエト運動をやった時に、粛反工作（反革命粛清）中に多くの誤りを犯した。今スターリンは粛反（粛清）をやっているが、恐らく誤りはわれわれよりも多いだろう。陳独秀派がもし悔い改め［改悔］を表すなら、一致抗日できないことはないだろう」と言った。それで総書記の張聞天、このモスクワ留学の国際派も羅漢に会わざるを得なくなり、何回か会って話をした。そこでまとまったのは、先の三条件に近いものだった。少し違うのは、「合作」だから、中共党籍を回復したいものは、トロツキー派を離脱したことを公にし、それに参加した誤りを承認する、としたこと、党籍回復をしない者は中共と党外合作で良い、中共も敵視態度を採らない、ということだった。その後この案件が政治局会議に掛けられた。これに声を荒げて反対したのは先頃モスクワから飛行機で延安に返って来た王明だった。かれはコミンテルン中国共産党代表として勤務し、ディミトロフの人民戦線論を受けて一九三五年に「抗日救国」の『八・一宣言』を起草発表し、十月にパリの『救国時報』――一九三五年に王明から派遣された呉玉章らが発行していた新聞――に発表した人物だが、一九三七年一一月一四日にモスクワを発ち、二九日に延安に空から降り立ったのだから、この政治局会議はその後のことになる。陝北の中共中央は当初「八・一宣言」を知らず、その後十二月の瓦堡会議でこれを受けて抗日民族統一戦線を決め、「抗日救国宣言」を出すことになったのだが、この三七年の会議は、史上、「十二月政治局会議」と呼ばれる会議ではなかろうか。王明は、スターリンはいま反トロツキー派の粛清運動をやっている最中だ――一九三六年八月から「右派とトロツキー分子の連盟」事件のモスクワ裁判が始まり、ジノヴィエフ、カーメネフが処刑されていた――。そんな中、われわれがトロツキー派と連絡しようとしたり、またやり遂げたということをスターリンが知ったならば、結果どうなるか、考えたくもない。トロツキー派に対する仁慈の考えはあり得ない。陳独秀がたとえ日本のスパイでないとしても、日本のスパイだと言いなすべきだ、と主張、政治局は黙ってしまった。これで陳独秀は「毎月日本から三百元貰っている間諜」「漢奸」になったのだ、と。こう張国燾は云う。

＊王明、康生、陳雲らはソ連軍用機で新疆経由で延安に降り立った。出迎えた毛沢東は「マルクスが我々に天兵天将を送ってくれた」と歓迎の言葉を述べた。「天兵天将」が下凡したからには、「天王」（スターリン）の「聖旨」を持って来

ているはずである（高華『紅太陽怎様升起的』一三五頁）。帰国前の十一月初めにスターリンとディミトロフ（コミンテルン書記）は王明、康生、王稼祥、鄧登を召見した。スターリンの関心はソ連の安全保障で、中国が抗日戦争で日本を引き付けておいてくれ、日本を中国戦場の泥沼に引き入れ、ソ連に進攻する力をなくして欲しかった。そのためには、中国戦線は「統一戦線」で抵抗を強化しなければならない。中共はコミンテルン第七回大会の欧州でのファシズム・ナチズムに対抗する「人民戦線」論に従って、「統一戦線」を作り、蔣介石を核心として「合作」し、すべてを「統一戦線」に従い、それを通じて行動するようにと求めたのである。これは六期「四中全会」以来の「ソヴィエト路線」（紅軍でソヴィエトを作る）から別種の路線への「転換」である。スターリンは国民党と連合する抗日統一戦線への転換がうまくできるか、不安だった。その監督役として中共中央に送り込んだのが王明らだった。「天王」の「聖旨」を持った「天兵天将」の「下凡」である――義和団の「天兵天将」、太平天国の「天王」、「下凡」に似たイメージであることに注目させられる――。この王明の路線との闘争に勝利し、整風運動を通して、「紅太陽」毛沢東と「毛沢東思想」が作られていく。一九四三年のコミンテルンの解散は、以前からの中共（毛沢東）への「軛」を緩めたのである。

この「日本の金を貰っている間諜」「漢奸」という誹謗中傷は一九三八年一月に康生が延安の『解放』に書いた文章が嚆矢だから、この王明発言があった政治局会議はそれ以前の会議（十二月）ということになる。こうしてその後、コミンテルン派の王明が漢口の長江局書記になって赴任した三八年三月以後、漢口で「トロツキストは漢奸だ」、陳独秀は日本から金を貰っている間諜、漢奸だ、という無根の誹謗中傷が、延安の康生と歩調を会わせて撒き散らかされることになったのである。

羅漢の話はやはり「合作」の問題だったのだ。だが、なぜ、この「三月一九日」に葉剣英・博古・董必武は、陳独秀が「党の指導下で仕事をしたいと願」って来た問題なのだと、中共機関紙『解放日報』にわざわざ書信を寄せ、記事として発表したのだろうか。毛沢東を含むかれら古参派は心情的に完全拒絶ではなく、陳先生が吞むことは難しかろうが、もし「三条件」を吞むならば関係回復をしてもいいと考えた。しかし王明・康生らモスクワ国際派

（スターリン派）は、トロツキー派の陳独秀とは絶対敵対だと主張し、阻止しようとした。王明は、自分が延安に来たとき、毛沢東は羅漢との交渉で陳独秀派の「復党」を許可したが、自分が阻止したといっている（『王明回憶録』邦訳、二一六頁）。王明ら主導の党中央が開始したこの「陳独秀漢奸」キャンペーンが三月に始まると、葉剣英らは自分たちがトロツキー派陳独秀との「合作」工作に手を染めたのだと疑われないように、陳独秀派との「合作」ではない、あくまで陳独秀が「党の指導下」へ復党を希望した問題だった、それを厳しい条件で取り扱ったのだということを弁明するために書いた記事だった。

三月一六日の『大公報』に王星拱（武漢大校長）・高一涵ら良識派九人の、陳独秀への漢奸誹謗はあまりにもひどいという抗議が出た。それに対して『新華日報』は翌日、陳独秀がトロツキー派漢奸組織を離脱し、その組織の漢奸行動に反対すると公開声明するかどうかを見なければならぬ、と書いた。流石に独秀も同一七日に公開書簡「『新華日報』に致す」を書いて接触の経緯を述べ、その道徳心無きを批判した（一九日『武漢日報』掲載）。葉剣英らはこれに反応し一九日に、『新華日報』の主張に合わせて、我々は陳氏が復党を願い出てきたので、再三彼にこの公開声明を出すよう要求していた、と書いて、トロツキー派との合作に動いたとの疑惑を持たれないように弁明したのである（二〇日掲載）。

これは「スターリン粛清」の中国への反響だったのだ。王明は、トロツキー派や反党分子は党内部を腐敗させる、これを浄化しなければならない、スターリンはレーニン主義を発展させている、党の浄化はスターリン理論の精華なのだと言った。毛沢東がこれをどのように学んだのかは知らないが、その後の毛の「延安整風」やその中でソ連のゲー・ペー・ウーで学んだ康生が果たした秘密警察的役割——延いては「文化大革命」中の彼の役割——に繋がるのではなかろうか。スターリン粛清の影が見え隠れするようである。若い研究者に今後研究していただきたい。

第九節　延安脱出後の張国燾と陳独秀

そのもう一つの現象が張国燾の延安脱出である。かれが鄂豫皖ソヴィエトの第四方面軍を率いて四川に入り、第一方面軍と合流したことは先述したが、その後、毛沢東らの第一方面軍は、突然、右路軍から離れて向きを変えて北上、左路軍を率いていた総政治主任の張国燾、総軍令部の朱徳の指令を無視して陝北ソヴィエトに向かった。張・朱の第四方面軍（左路軍）はしかし沼沢地域の河川氾濫に阻まれて引き返し、暫らく四川にとどまり越冬した。翌年、北上し、甘粛省の蘭州付近から黄河を渡り、河西廻廊・新疆へ向かった。新疆を通じたソ連との連携を目指したこの征西（西路）軍は渡河に手間取り、河西廻廊でイスラム教徒・馬歩芳の青海軍閥と胡宗南の国民党軍の攻撃を受け、潰滅的な敗北を喫した。この西路軍を救うためにモスクワの中共代表団（王明ら）は、コミンテルンから大量の武器弾薬（銃五万丁、百丁の軽機関銃、数十門の大砲）を獲得して、アルマ・アタに送り、陳雲らもそこで西路軍の消息情報を待ったが、西路軍は途中で壊滅、潰えたのだった。張国燾・朱徳らは少数部隊を率いて陝北の保安に到着し、先着していた毛沢東らのソヴィエト区に合流した。しかし、その政治的資本である第四方面軍の大半を失い、次第に発言力を弱め、毛沢東に対抗し得なくなってきた。毛沢東は張国燾批判の政治運動を進め、かれを迫害し、党中央から外して、権力を掌握、専制化を進めた。張国燾はソヴィエト路線を転換して、抗日戦へ傾斜を強めるべきだと主張して、実権のない陝甘寧辺区政府代理主席に移されていたが、この毛沢東の専制化に嫌気がさして、一九三八年四月二日、黄河淵の黄帝陵の祭祀に出席する機会を利用して、辺区を脱出、四月七日に武漢に着き、抗日統一戦に加わるために国民政府と連繫を取った。毛沢東は脱出を知ると、すぐに叛党分子として除名し中共党籍を剝奪した。四月末から六月にかけて、戴笠の下で陳独秀と張国燾の監督をしていた武漢警察局長の仲介で、張国燾は陳独秀と会った。北京大の五四運動、上海での中国共産党結成の時、そして南昌暴動の地下生活時代、久しぶりの再会だった。かれの『我的回憶』は延安脱出までしか書いていないので、この話し合いは載っていない。共産党創設時の湖北代表だった包恵僧に、かれは、共産党を再組織し、陳独秀をその看板の頭にいただこうと思ったが、陳独秀はかれを相手にしなかった、と語った。その事があった後に、陳独秀は包恵僧に、張国燾はわしを引き出そうと思ったが、わたしはかれに、わしにはその能力はないよ、と言ってやった、と語った（『年譜』五〇一頁）。陳独秀はすでに六十歳になっていた。

その頃陳独秀は、一九三八年三月から盛んになった「陳独秀漢奸」の誹謗中傷の風波の中、潘蘭珍と裁縫屋の楼上の部屋に住み、各学校で講演をしたり、文章を書いて抗日を訴えていた。生活は羅漢が面倒を見ていたが、五月に薛農山の手紙を持ってそこを尋ねた鄭学稼がその時の様子を語っている。暗い中階段の手摺を握って上り、微かな前方の光に導かれて部屋に入って、「ここに陳仲甫先生はおられますか」と声を掛けると、中に婦人と二人の男がいたが、軍装をした自分を見て、短衣を着た背の低い白髪頭で鬚を生やした男が出てきて、「あんたは誰だ?」と云うので、自分の名刺を出すと、「やあ、俺たちは漢奸同志か」と言って中に入れてくれた。その頃中共の新華社は毎日かれとわたしを「倭寇（日本侵略者）の漢奸だ」と誹謗していたからね。かれは手紙を見た後、飯は食ったか、食っていけ、と云う。食卓を見ると、一椀の飯と一椀の青菜、一椀の野菜湯、飯は自分がまだ喰ったことの無いような粗末な米で、自分は良い生活をしている人間ではないが、あんな飯は咽喉が通らないので、もう食ったからと言って辞してきた、と回顧している（『伝記文学』第十三巻五期、一九七七）。武漢大学校長の王星拱（同郷人、元北大化学教授、新文化運動の同志）らが金銭的に支援をしようとしたが、それも拒絶して貧窮生活を送っていたのである。独秀は頑強だった。この辺りがブルジョワ革命家・孫文との違いだ。中共中央は「陳独秀先生はどこへ行く」（『解放』一二月二〇日）などを発表して、自分で「政治的な誤り」を検討し、革命の列に参加されるよう希望する、抗戦の考えは良いが、まだ五四時代を向いたブルジョワ階級の俘虜だ、などと書いていた。一方で「漢奸」デマを流し、一方で冷たい態度、共産党政治の政治姿勢がよく出ている動きを示していた。

さてトロツキー派だが、これより前、一九三七年一〇月二九日に劉仁静がグラスとアイザックスに手紙を書いて、トロツキー派との関係を回復したい、トロツキーにこの手紙を渡して欲しい、と言ってきた。＊かれらが手紙をトロツキーに送ると、一二月一日にトロツキーはグラスに返事を寄せた。それは、われわれ第四インターは軽率に厳しい手続きでもって中国の友人たちと決裂してはならない、友好と忍耐の態度で批判しなければならない、グラスは、「もし陳独秀が何らかの形で政治的に投降したのでなければ、政府はかれを放出する［出獄させる］はずがないと考えている」としたのに対し、トロツキーは「わたしはそのように確定することは出来ない」、仮説だが、蔣介石は抗日戦でスターリンと血盟するのに、陳独秀を拉致するかもしれないと思う、グラスは、スターリン派［中共］は陳独秀を暗殺しようと考えているというが、まさにそれゆえに、最も良いのは陳独秀がアメリカあるいはメキシコに来るのが良い、かれの生死にかかわることだが、第四インターにも大きな政治的意義を持つ、第四インターの大会（一九三八年九月の創設大会）へのかれの参加が良い効果を持つのは言うまでもない、と書いた。

＊翌一九三八年六月二五日のトロツキーの手紙がグラスのところに着いた。それは、先の劉仁静の手紙には返事を出さない、かれは信頼できない、かれが二枚舌的やり口をしないかどうか確信が持てないと述べていた。

こうした動きの中で、一一月二一日に陳独秀は上海へ**「1、陳其昌らへの手紙」**を出した。これが『陳独秀最後論文和書信』の手紙の最初に収められているものである。出獄して南京から武昌に来て腰を落ち着け、『自伝』を完成させよと言う汪孟鄒に連絡先を教えていたから、一〇月一四日から一一月一四日までの間に上海トロツキー派の陳其昌らから七通の手紙を貰っていた。陳其昌ら宛の手紙は、出獄した後の彭述之らが加わった上海トロツキー派が出した「抗戦」についての決議、抗日統一戦線、国共合作を階級合作だと攻撃した決議、これらに対する陳独秀の見解を書いたものだった。詳しくは原文を翻訳して後掲してあるので、ここは省略に従う。

日本軍南京入城の十二日前（一九三七年一一月二八日）に南京の獄を出た王文元は流浪しながら十二月中旬に武漢

にたどり着いた。幸いに偶然に古い友人に会ってひどい乞食生活から救われ、陳独秀家に連れて行かれて、そこに半月程留まった。この間陳独秀とかなり突っ込んだ話をした。そうしているところに、出獄後に安徽に戻っていた濮徳志が武漢に出て来た。三人は抗日問題などについて議論をつづけた。この時、北平の宋哲元部隊の軍人で蘆溝橋で日本軍と戦った旅団長の何基澧と接触、かれの軍で政治工作を行い、革命と抗日を宣伝組織することに話が進んだが、何基澧が免職になってしまい、うまく行かなかった。また第三党や救国会などの民主派人士と自由と民主を共通目標にした連合戦線を作ろうとしたが、中共の陳独秀漢奸論が禍して、連係がうまく行かなかった。

一九三八年二月、トロツキーは再びグラスに手紙を送り、陳独秀を出国させてアメリカに送るよう強く求めた。これは重要なことだと繰り返し強調した。第四インター結成大会への陳独秀の参加を望んだのであろう。しかし、日本軍の漢口作戦が始まる前のこの二月頃に陳独秀は四川に行くことに決めた。王文元はそれでは国民党の監視下に置かれるから、香港に言ったらどうかと言ったが、四川で戦争に参与して、合法的な身分で公開の言論活動をしたい、香港では駄目だと言うのだった。つまり、抗日の現場にいて発言したいという意志を示したのである。やがて、日本軍の漢口作戦が始まり、陳独秀は重慶に移ることにした。それに羅漢が付き添った。濮徳志は雲南に行って教師をすることに、王文元は上海トロツキー派の許に戻ることになった。

第十節　重慶へ

それから間もなく、陳独秀は家族を呼び寄せ、漢口から船に乗って長江を遡り、四川省重慶に入った。七月二日のことだった。重慶での生活は北京大学同学会の委嘱を受けて羅漢が面倒を見た。

六月二五日、メキシコのトロツキーは上海のグラスに手紙を書き、陳独秀の身の安全が心配だ、アメリカに来て反日宣伝をさせるように、かれは多大な影響を与えられる、グラスはどんな代価を支払ってもこの提案を陳独秀に届けよ［――この手紙を届けるのは後の陳其昌の役割になる――筆者］。陳の出国の為に必要ならこの手紙を［公式にではなく］当局に見せても良い、とまで言った（『年譜』五〇三頁）。九月の第四インター創設大会を前にして何としても中国代表として陳独秀を確保したいという強い要望があらわれていた。手紙が上海に着いたのは八月半ばであろうか。グラスは、上海トロツキー派（第四インター支部）と相談した。派はその後、亜東図書館の汪孟鄒を訪ねてこの件（アメリカでの陳独秀受入れの準備）を依頼した。

汪孟鄒は思案した後、一〇月二一日、駐米大使になってワシントンにいた胡適に陳独秀のアメリカ行きを援助してくれるよう手紙を書いた。

仲甫は七月二日に漢口から重慶に来ました。毎月少なくとも二度わたしと通信があります。今は重慶を離れること百二十里（六一キロ）の江津県東門内の郭家の公館に居ります。小蒸気船で四、五時間で着く所です。日に二、三編の文章を書いて、『時事新報』に送り発表しています。一篇で三、四十元送ってきますので、それで生活の必需を維持しています。最近得たかれからの手紙によると、胃病が再発し、高血圧の持病も出て、酷いときは頭を下げて字を書くこともできないと言います。かれは今年すでに六十歳の高齢ですから、弟は大変気懸りで、それが心から離れません。わたしの考えですが、もし吾兄［胡適兄］がアメリカにいる便宜でもって、あるいは政府に対して何らか働きかけをしてくださって、かれの為に旅費を何とか工面できて、かれとかれの奥さんの潘女士をそれでアメリカ遊歴の旅行をさせられれば、病気の体も癒え易くなるでしょうし、かれは身体が元から強いですから、いろんなことが楽観できると思うからです。アメリカに着いてからは、林語堂が売文で生活しているやり方や、陶行知が講演で稼いでいるやり方で、生活には虞れはないでしょう。この事は国内の友人は誰もみな為し得る力を持ちませんので、吾兄がこの高齢の老友の為に尽力してくださることを十二分に仰ぎ望むよりほか有りません。もし幸いお引き受けいただけるならば、斟酌して一つ一つお進めいただきたく、感謝このうえなく、ひたすらお願いする次第です。（『胡適来往書信選』中、三八一頁、『年譜』五〇八頁）

外交工作に忙しい駐米大使・胡適からの返事はなかった。その直後、一〇月二六日に漢口が失陥した。蔣介石国民政府は重慶に移っていた。

一一月、上海トロツキー派は「われわれの陳独秀同志に対する意見」を決議として採択した。それは、八月一三日の出獄以来、陳独秀が発表している抗日言論は「超党派」、「超階級的」なもので、機会（日和見）主義で、思想的に誤ったものだ。かれは革命の旗を放棄し、組織に背き、自分を裏切った。「D・S同志（陳独秀）が革命の利益に立って相互討論、批判をし、共同の一致した正しい結論を得られることを希望する」と述べた。陳独秀と彭述之らの上海トロツキー派との亀裂がより鮮明になって来たことを示していた。

一九三八年十一月初め、四川省江津県の陳独秀の家を一人の人物が訪れた。陳其昌だった。かれは以前上海のトロツキー派が第四インター加盟へ動いたときの名称「中国共産主義同盟」を称した時の中心人物＝書記で、出獄後の彭述之が来てからは脇に置かれるようになっていたが、武漢から上海に戻ってきた王文元らと共に、陳独秀とは話が通じるグループの一人だった。それでかれが前年の九月末頃に上海を出て、香港に行き、そこから湖南省南部を経由して四川にやって来たのだった。長江流域は日本軍の支配下だったから、こうした安全なルートを通って来たのだ。かれはグラスから渡されたトロツキーの六月二五日付の手紙と、上海トロツキー派の陳独秀批判の意見の情報を持ってきたのだった。手紙は、前述したようにトロツキーが何としても陳独秀に渡せと言ったもので、陳独秀のアメリカ行を強く求めていた。陳独秀はトロツキーに手紙を書いて返事をしなければならなかった。これが『最後的論文和書信』の2、**「トロツキーへの手紙」**である。だから、この手紙には、アメリカ行を断ることとともに、上海派を「極左」として批判した内容が述べられたのである。訳文は後掲し注釈をつけてある。

陳其昌は陳独秀といろいろ話をして、独秀の書いた返事を持って再び湖南を通って、香港に出て上海に戻って行った。陳其昌が持ってきた手紙を見た彭述之らの上海派は怒った。そして一九三九年一月九日に「第四インターへの政治活動報告（給国際的政治工作報告）」を書いて送った。これは陳独秀が手紙の中で上海派を「極左派」と批判したのに対する反論で、トロツキーに見せる為だった。だから、陳其昌は一九三九年一月初め（「春」）に上海に戻ったはずで、それから逆算すると、彼は十一月半ばに四川の陳独秀のもとを発ったらしい。

そのトロツキーは、二月にグラスに陳独秀の近況はどうかと尋ねていたが、三月十一日付で、陳独秀が書いて陳其昌に渡し、それを英訳して――この時、陳独秀が手紙を書いた日付を「一九三八年十一月三日」と書きつけた（後掲した手紙の注釈を参照のこと）――上海のグラスが一月十九日付で送ったこの「トロツキーへの手紙」への返事を書いて寄越した。それは、「われらの老友［陳独秀］はなおわれらの友で、若干ありえる分岐はあるが、かれの意見は本質的に正確なものだ。この基礎のうえでつねに合作［協力］したい」と述べ、国民党の許可なしでも、かれのアメリカ行を実現するように、と再度求めたのである。

この手紙が上海に来ると（四月末頃）、中国支部・上海派の臨時委は強く反発した。それが「臨時委給国際的報告――関于D・S問題」（「陳独秀問題に関する臨時委の第四インターへの報告」）である（『年譜』五一四頁）。この臨時委の討議の中で、陳其昌や王文元は、陳独秀はまだわれわれの立場を離れてはいない、と弁護したが、少数派だった。この上海派はのち、一九四二年に多数派と少数派に分裂するが、その兆しが表れはじめていた。

陳独秀は、一九三八年八月に日本留学時代の友人の医者鄭仲純の紹介で、かれの故郷の江津に重慶から移っていた。翌年一九三九年三月二二日に、重慶に移って来ていた「養母」の謝氏が死去した。若き陳独秀が叔父（父の弟）の養子になっていたことは先述しておいたが、その叔父の妻の謝氏のことである。独秀が武昌から重慶に移る際に、安慶にいた息子の陳松年（高君曼との間に生まれた子）一家も養母を連れて、また姉一家も避難して来ていて、それぞれ重慶に移っていたのだった。陳独秀は、養母を喪ったその後の心情を、「気分は佳くありません、血圧が高く、両耳が日夜鳴り響き、ほとんど半分聾です。すでに五十余日になりますが、軽くなる様子がまだありません。もしこのような状態が長引くと、あらゆることがみな崩れてしまいます。」「先母〔養母〕が私を撫育してくれた恩は生母の恩に等しく、心の喪はどうして三年にとどまるでしょう」と書いている（『年譜』五一四頁）。そのため、酒食の応酬や人の為に文を書いたり、書（文字）を書いたりするのを百日控えた。心身の状態が悪くなってきていた。加えて羅漢も死んだのだ。

羅漢夫婦は重慶に住んで、北京大同学会の委嘱で陳独秀の世話をしていたのだが、一九三八年一二月から始まり、継続されていた「重慶爆撃」で一九三九年五月に死んだのである。そのため、何之瑜（何資深、湖南人、妹の何葆貞は劉少奇の最初の妻）が江津第九中学の教員をしながら陳独秀の面倒を見ることになった。

この頃、江津の陳独秀の所に中共から、国民党から、相次いで重要人物が訪れた。中共の重慶連絡所で国民政府との連絡交渉の責任者になっていた周恩来らが党中央の指令で江津の陳独秀を訪れ、「漢奸」誹謗を流した王明の問題は延安で解決したので——つまり、延安の六期六中全会（一九三九年九〜十一月）での権力闘争で王明らモスクワ派に対して毛沢東が勝利し、長江局を廃止したので——、延安に行くよう求めた。しかし、独秀は拒絶した。党中央にはわしが頼りに出来る人はおらん、（李）大釗は死んだ、延年も死んだ。「かれらが会議を開いたとしても、わしは何をするのかね」、人に鼻を引っ張られるのは出来ん、と。だが、中共中央はなぜ、重慶「紅岩」で国民党と厳しい情報戦をしていた周恩来を遣わして、陳独秀に延安に来るよう説得させたのか。どうも、陳独秀が重慶でいろいろな抗日言論、政治的文章を発表するのは、延安にとっては障害になる「雑音」だとして、黙らせたかったらしい（留置である）。

十月頃には、蔣介石が戴笠と胡宗南を寄越して挨拶させた。延安脱出後に国民参政会の委員になっていた張国燾が蔣介石に、国民党の名を知られた人士を派遣して陳独秀の抗戦言論を編集して出版して、延安に対する宣伝効果を大きくしたらどうか、という提案をしたのに由ったらしい。その会見で、陳独秀は、難を逃れて四川入りしたので、政治には与らず、政治活動はしない、「漢奸」の汚名の名誉回復も考えない、蔣介石の抗戦政策は国人の願望に合っている、弱国が強国を相手に速勝は困難だが、挙国一致すれば難局を乗り越えられよう。延安は井の中の蛙でわたしが漢奸だというような謬論が横行しているが、公道はなお人々の心にはある、欧州大戦が勃発して、ドイツが欧州大陸を席捲していて、ソ連が不利なのは意外だ、と語ったという（『年譜』五一六頁）。これは一九三九年九月一日のポーランド侵攻から始まった第二次大戦（独ソ戦前の欧州戦）からまもなくの頃の話のようだが、八月二三日の「独ソ不可侵条約」についてはまだ知らない風情である。

第十一節　「少年に告ぐ」（一九三九年十二月）――陳独秀のスターリン批判、「青年に告ぐ」から「少年に告ぐ」へ、その軌跡

陳独秀はこののち、八月二三日にヒトラーとスターリンとの間で結ばれた「独ソ不可侵条約」の衝撃的なニュースを知った。これが陳独秀の思想的転換の最終局面になった。トロツキーの「堕落した労働者国家」という考えからも離れ、ソ連国家、スターリンに対する批判的姿勢を鮮明にしたのである。その批判の最大の点は「民主」だった。「科学」と「民主」を唱えた五四啓蒙運動の大師・陳独秀に相応しく、「民主」だった。これはまた後に再論することにしよう。

そしてまた、欧州での大戦開始と同時にソ連とドイツによるポーランド分割占領が行われ、十一月にはソ連―フィンランド戦争（冬戦争）が勃発したことが伝えられたようだ。それより先の三月のトロツキー派・ブハーリンらに対するモスクワ裁判、勿論それ以前の第一回のジノヴィエフ、カーメネフらの死刑判決の裁判や第二回のモス

クワ裁判なども知って、それに刺激され、一九三九年十二月に陳独秀は「月の無い暗黒の夜に」感ずるところ有って、「告少年（少年に告ぐ）」という詩を作り、四〇年一月十一日に『新新新聞』に発表した。ここでスターリンを「伯強」という古代の大疫鬼（『楚辞』天問）に喩えて罵倒する。全文が『文集1』に小川利康氏の訳が載っているが、納得しがたい訳である。一九四〇年に独秀自身が筆でもって書いた書の写真を参考に、拙訳を掲載する。

告少年

太空暗無際、昼見非其形、
衆星点綴之、相遠難為明。
光行無所麗、虚白不自生、
半日見光彩、我居近日星。
西海生智者、厚生多発明、
摂彼陰陽氣、建此不夜城。
局此小宇内、人力終難軽、
吾身誠渺小、傲然長百霊。
食以保躯命、色以延種姓、
遂此以自足、何以異群生。
相役復相斫、事慣無人驚、
伯強今昼出、拍手市上行。
旁行越郡国、勢若呑舟鯨、

少年に告ぐ

太空（宇宙）は暗く際《きわ》も無し、昼に見ればその形無く、
衆星これを点綴《かざ》るも、相い遠く　明るく為し難し。
光　行くも、麗《かか》るところ無く、虚白も自ら生ぜず、
半日、光彩を見るは、我が居　日星に近しゆえ。
西海（洋）智者を生み、生を厚くし発明を多くす
彼《か》に陰陽の氣を摂り、此《こ》こ（中国）に不夜城を建てんとす。
此の小さき宇内に局するも、人力は終には軽んじ難し、
吾身は誠に渺小なるも、傲然と百霊に長たり。
食《くら》いて以て躯命を保ち、色を以て種姓を延ばし、
遂にこれを以て自足す、何を以て群生と異なるか。
相い役し相い斫《た》ち、事に慣れて人の驚くこと無きも、
（疫病神の）伯強（スターリン）今昼に出て、拍手して市上を行く。
旁《ひろが》り行きて郡国を越え、勢い舟を呑む鯨の若し、

食人及其類、勛旧一朝烹。
黄金握在掌、利剣腰間鳴、
二者唯君擇、逆死順則生。
高踞萬民上、萬民斉屏営、
有口不得言、伏地傳其声。
是非旦暮変、黒白任其情、
雲雨翻覆手、信義鴻毛軽。
為悪恐不足、惑世美其名、
挙世附和者、人頭而畜鳴。
忍此以終古、人世昼且冥。
古人言性悪、今人言競争、
強弱判栄辱、自古相呑併。
天道順自然、人治求均衡、
曠観伊古来、善悪常相傾。
人中有鸞鳳、衆愚頑不霊、
哲人間世出、吐辞律以誠。
忤衆非所忌、坎軻終其生、
千金市駿骨、遺言覚斯民。
善非悪之敵、事倍功半成。
毋軽涓涓水、積之江河盈、

人を食うこと其の類に及び、勛旧も一朝に烹らる。
黄金はその掌に握られ、利剣　腰間に鳴り、
生死の二者は唯　君の擇のみ、逆らえば死、順《したが》えば則ち生く。
高く萬民の上に踞し、萬民斉しく屏営《へいえい》（恐惶）し、
口有れども言うを得ず、地に伏してその声を傳《つた》うのみ。
是非は旦暮に変わり、黒白は其の情に任され、
雲雨（恩澤）は手を翻覆するが如く、信義は鴻毛の如く軽し。
悪を為すも足らざるを恐れ、世を惑わして其の名を美《かざ》り、
世を挙げて附和せる者は、人の頭にして畜生の鳴なり。
此れを忍んで以て終古《おわ》らば、人の世は昼にして且つ冥《くら》し。
古人（荀子）性悪を言い、今人　競争を言う、
強弱が栄辱を判《わか》ち、古より相い併呑し合へり。
天道は自然に順い、人治は均衡を求む、
曠く観るに伊《そ》れ古来より、善悪はつねに相い傾《たたか》う。
人中に鸞鳳《らんぽう》（賢人）あるも、衆愚は頑迷で不霊なり、
（自分のような）哲人　まま世に出、辞（言葉）を吐き律するに誠を以てす。
衆に忤《さから》うも忌む所に非ず、坎軻（志を得ず）してその生をおわるも、
千金もて駿骨（賢人）を市《か》い、言を遺して斯民を覚《さと》す。
（しかし）善は悪の敵では非《な》く、事、倍にして　功は半ば成れしのみ。
（だが、）軽んずる毋れ、涓涓《けんけん》の水を、之を積むとき江河は盈《み》つ、

亦有星星火、燎原勢竟成。　また星星たる火あらば、原を燎く勢い竟に成る。
作歌告少年、努力與天争。　いま歌を作りて少年に告ぐ、努力して天と争え、と。

民国二十有九年　独秀書
於江津時□六十有二

わたしは中国文学専攻ではなく、ましてや詩文の専門家などではないから、この「旧体詩」の訳文に自信がある訳ではない。が、『陳独秀文集1』所収の訳文はどう読んでも腑に落ちない。非才を顧みず敢えて書き下して訳した。以下に現代語訳も挙げる。素人ゆえ、おそらく誤りがあろう。識者、専門家のご指正をお願いしたい。さすれば、泉下の仲甫先生、きっと胸を撫で下ろされるのではなかろうか。少しはわしの真意がわかったかな？と。

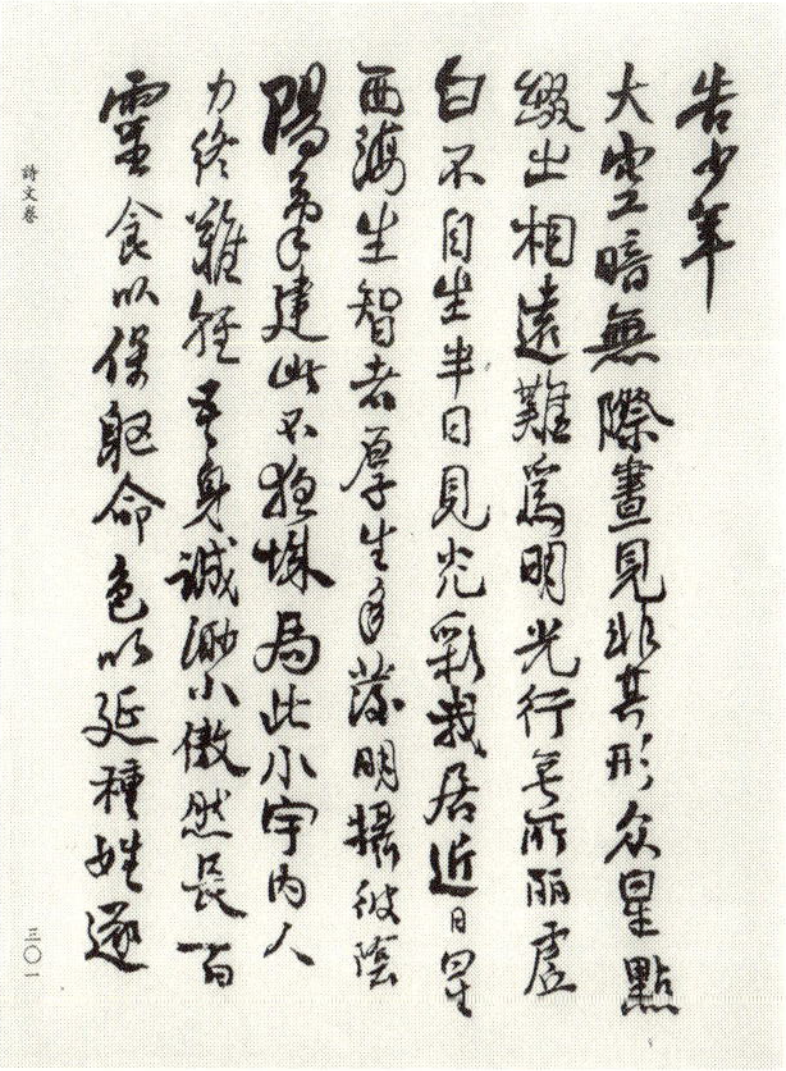

「告少年」陳独秀自筆（『台静農先生珍蔵書札』（一）』中央研究院中国文哲研究所籌備処、民国八五年六月）。次頁も同じ。

【現代語訳】

天空宇宙は暗く、その際《きわ》も見えぬ。晝（昼）に見ても、光でその形をあらわさぬ。天空宇宙には多くの星が飾って添えられているが、それらは遠く、われらを明るくすることは出来ぬ。光が行くも、付着するところは無く、空白すらも自ら生じることはない。われらは昼間の半日だけ日の光を見る。われらが居るのは太陽の近くだからだ。

西洋は智者を生み、人々の生活を厚《よ》くし、多くの発明をした。彼の地の陰陽の氣（活力）を摂りて、ここ

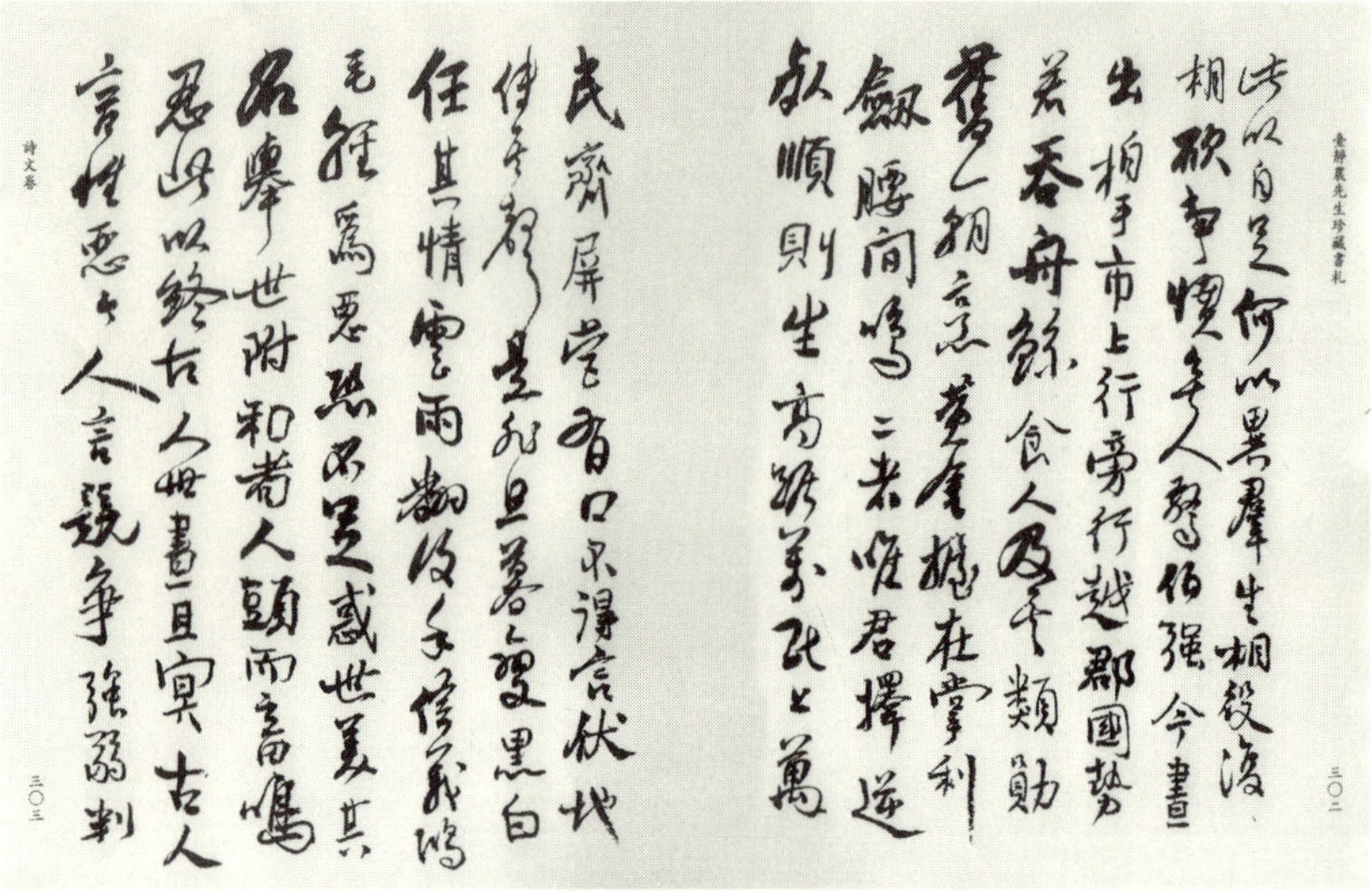

中国に不夜城を建てんとした。われわれはこの小さな天下に縮こまっているが、人の力は決して軽んじられないものだ。吾身はまことに小さな体の存在であるけれども、誇り高く毅然と萬物百霊の長として立っている。食って自らの躯と命を保ち、色欲で子を作り種と一族を後代に延ばす。そしてこれで良いとしている。どうして他の動物と異なることがあろうか。

人間は相手を役し、あるいは相手を断《や》っつけるが、人はこの事に慣れ、もう驚くことも無くなっている。今、古代の疫病神・伯強《スターリン》が日の明るい昼間に出てきて、手をたたいて街を行き、そして旁《ひろが》り行きて郡国《りんこく》（フィンランド）に越え、占領している。その勢いは舟を呑む鯨の如きだ。人を喰うことその仲間に及び、革命で勲功のあった（ジノヴィエフ、カーメネフ、ブハーリンのような）同志も一朝にして烹られた。黄金はその掌に握られ、利剣はその腰間に鳴っている。生死の二つはただ君主が擇ぶのみ、逆らえば死、順えば則ち生くる。かれは万民の上で高く驕り高ぶり、万民は斉しく惶《おそ》れかしこまっている。口は有れども言うことは出来ず、地に伏してひっそりと伝えるだけだ。事の是非は朝夕に変わり、黒か白かもその感情次第で変わるありさまだ。恩沢の授与も手を翻すごとく容易に変わり、信義も鴻毛のごとく軽い。かれは悪事をやってもまだ足らない

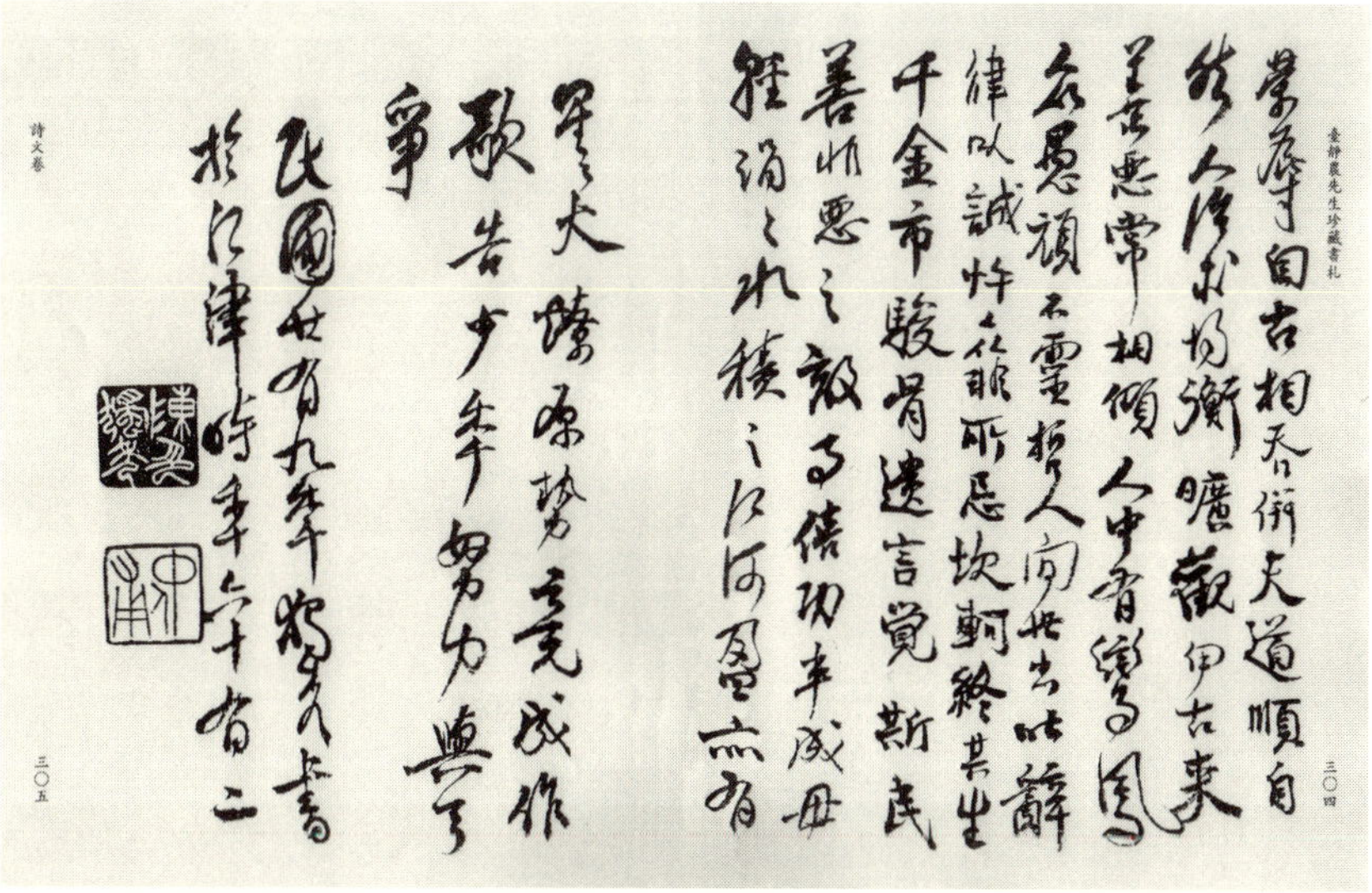

と思い、世の中を惑わして自分の名を美《ほめ》ている。世を挙げてそれに附和している者は人の頭はしているが、その声は畜生の鳴き声だ。こういうのを忍んで永久に続くとすれば、人の世は昼にしてなお冥《くら》いと言わねばならぬ。

古人・荀子は人間の本性は悪だと性悪説を言い、現代人は生存競争を言っている。いずれも、人間の強弱が栄光と恥辱を判つのであり、昔から強者が相手を併呑している。しかし天道（天の本来的ありよう）は自然に順うことで、人治（人間社会）は平等を求めるものだ。そのことを古来から曠く観て見ると、善と悪は互いに対立し圧倒し合うもののようだ。

人の中には優れた賢人がおるかと思えば、衆愚は頑迷で役に立たない。まま自分のような哲人が世に出て、ことばを吐《の》べて衆を律するに誠をもってする。かれは衆に忤《さから》うことも忌むところでなく、志を得ずしてその生を終わらんとするも、熱心に賢人を求め、言《ことば》を遺してこのような民を覚醒せんとした。しかし善は悪の敵ではなく、敗れて、労力は倍したが、半分の成果も無かった。

だが、小さな流れの水も積もれば長江黄河も盈《みた》す。また星星たる火も、野を燎く勢いに竟には成るものだ。ここに歌を作りて、少年に告げんとす。努力して天と争えよ、と。

民国二十有九年　独秀書
於江津時□六十有二
（民国二十八年十二月作）

これは六十一歳の陳独秀が書いた詩で、自らの人生の総括的な思いであり、「遺言」である。一九一五年、『青年雑誌』を刊行するときに、かれは精魂を込めて「敬んで青年に告ぐ」と書いて、青年に、自主的であれ、進歩的であれ、進取的であれ、世界的であれ、実利的であれ、科学的であれ、と号令した。あの陳独秀が、四半世紀、二十五年の激動の人生の経験を経て、いま一九三九年の末、大戦で激動する世界と「社会主義」の醜い姿を見つつ、将来を担う「少年」に再び告げた「遺言」である。そういう位置をこの「告少年」は持っている。

わたしはこれを読みながら、胡適の「不朽——私の宗教」（『胡適文存』一集巻四）を思い浮かべた。これは胡適が母の死に際して感ずることがあり、キリスト教に魅かれながらも、宇宙の中の卑小な自己の存在、「小我」と自己を超えた超越的な「不朽」、永遠なるものとの関係を整理したもので、「神」ではなく、社会、「大我」、その無窮の過去と未来への繫がり、責任が重要だと述べたものである。その最後にかれは次のように言う。

わたしたちは、現在の「小我」を如何に努力して利用すべきか、そうしたら、かの「大我」の無窮の過去に独り背を向けないでいられるか、かの「大我」の無窮の未来に害を遺さないでいられるだろうか、と時々考えるべきです。

陳独秀も、この宇宙の無限の中の局限された存在性、卑小な生物的な自己存在を如何に過去と未来に繫げるか、「老い」を前にして、想いめぐらした心情と思想が能く表われていると思う。この六十一歳の老人に熱き涙と敬礼を送りたい。そして志を告げられし嘗ての「少年」もまた、「少年老い易く　学成り難」くして「老人」になり、早や仲甫先生の齢を越え、恥ずかしきことのみ多い「老人」になったが、筆者もまた、この書を以て、何かを「少年」に告げたい、という気にさせる作品だ。仲甫先生は「天」と争え、とおっしゃったが、それは自身の闘いを示したものだったのであろう。「天」とは、運命、自身の生の内に埋め込まれた運命、というようなもの、あるいは現世の人間社会の姿を支えている天理とかいう天、動かしがたい秩序意思というようなもの、と解しておく。「天と争う」とは、自分の生そのものだったのではなかろうか。それこそが胡適が陳独秀を評して「終身の反対派」だといった性質の本質性、「終身の反対派」たりえた所以だったのではないか、とわたしは思う。

陳独秀の思想と活動の軌跡は、中国の近代的知性の「挫折」を典型的に示している。人間理性を信じ、善を信じ、誠を信じ、貧しき者、虐げられし者が搾取と抑圧から解放される平等を信じ、それを姿有るものにしようと「鞠躬盡瘁、死而後已」（諸葛亮、後出師表）した人生だった。が、功半ばだった、という感慨を持って忍び寄る老いと死を予感した、その時の詩である。

第十二節　『最後の見解』へ――世界情勢の激動、陳独秀と中国トロツキー派

陳独秀は一九四二年五月二七日に死去する。あと、二年余である。この間の世界の情勢について簡単に整理しておくことにする。

一九三九年九月一日ナチスドイツのポーランド侵攻に始まったヨーロッパでの戦争は、英仏の対独宣戦で第二次大戦になったが、「奇妙な戦争」が続いた。イギリス・フランスとドイツとの間の戦闘はまだ無かったのだ。翌一九四〇年五月になってドイツは急遽、西側への電撃作戦を展開、オランダ、ベルギー国境を突破、フランス領に進

撃、イギリス軍はダンケルクから撤退、フランス軍は後退を続けた。情勢を見たムッソリーニのイタリアが六月に参戦し、パリはナチスドイツに占領され、フランスは降伏した。東方ではソ連がポーランドの占領、フィンランド戦争に続いて、一九四〇年八月にバルト三国を併合した。その直後の八月二〇日、メキシコに亡命していたトロツキーがスターリンの差し向けた刺客（諜報員ラモン・メルカデール）によって頭部をピッケルで刺され、翌二一日に死亡した。九月二一日、ヨーロッパで戦争が始まって一年も経過してから、ヒトラーのドイツ軍の進撃に幻惑された日本の軍部と政府は、「バスに乗り遅れるな」とばかりに、「日独伊三国軍事同盟」を結んで、日中戦争が泥沼化しつつある自国をヨーロッパの戦争に結び付けるという「愚かな」外交選択をした。西にナチスドイツ、東に日本を抱えたスターリンは挟撃の危機を感じた。ヒトラーが対ソ戦争計画（バルバロッサ作戦）をひそかに進める中、一九四一年六月二二日の開戦を察知したスターリンは、独ソ戦が始まる直前の四月一三日、松岡洋右外相と「ソ日中立条約」を結んで、東方の安全を確保した。そしてヒトラーの攻撃に備えた。調印を終えてモスクワを発つ松岡外相を駅に見送りに来たスターリンが熱い抱擁を松岡に与えたのはその故だった。日本外交は翻弄されたのだ。計画通り六月二二日に開始された対ソ戦は、ドイツ軍の快進撃になった。九月にはレニングラードの攻防戦が、継いでモスクワ近郊での戦争が続いた。高級軍人の粛清で弱体化していたソ連軍は劣勢を強いられた。しかしモスクワもレニングラードも落ちなかった。救ったのはアメリカだった。

一九四〇年一一月に三選を果たしたルーズベルトは、四一年三月に武器貸与法を通過させてイギリス支援を本格化させ（――イギリスは独ソ戦開始後、ソ連との間で七月一二日に英ソ協定を締結、対ドイツ単独講和はしないことを約した）、そしてアメリカは、独・伊・日の資金資産を凍結、三国に対する経済制裁に入った。六月、独ソ戦が始まると武器貸与法をソ連に適用。八月一日には対ソ援助協定を結んで（同日、対日石油輸出全面禁止）、ソ連に対して大量の対ドイツ戦争用の戦略物資を送ったのである。大量の戦略物資はウラジオストックに陸揚げされ、シベリア鉄道を通って対ドイツの東部戦線に送られたのだ。日本軍は七月に大規模な関東軍特別演習をやったが、情報を探知しなかった日本は、越境して参戦し、シベリア鉄道の輸送を軍事的に阻止することはなかった。

独ソ戦開始は第二次大戦の勝敗の転換点だった。真珠湾攻撃は戦争の勝敗の決定だった。独ソ開戦はイギリスに対独防衛の時間的な余裕を与え、ソ連を対独戦争の自陣に巻き込むことに成功したのである。イギリスを背後で支援していたアメリカは東アジア、太平洋で日本に妥協する必要はなくなった。むしろ満洲事変以前のアジア政策、門戸開放政策等の政策を貫徹しようと、態度を硬化させ始めた。それ故、ハル・ノートに示されたような対日強硬姿勢が出て来ることになったのである。

一九四一年一二月八日、「真珠湾攻撃」は決定的な転換になった。それは日米開戦だけでなく、同盟国のドイツ・イタリアも対米宣戦し、日中戦争中の中華民国も対日・独・伊に宣戦して、蔣介石は連合国軍中国戦線司令官になったのである。ヨーロッパからアジアまで、文字通り「世界大戦」になった。日米開戦を知った駐米大使だった胡適は日本は自爆したと言った。チャーチルは「これで戦争は完全に勝った」と叫んだ。蔣介石は存亡をかけた抗日戦争にアメリカを巻き込むことに成功し、曙光を見た。日本の敗北は『昭和十六年夏の敗戦』ではないが、予定されたものだった。日本はドイツと手を組んで英米中ソを相手に敗ける戦争に突っ込んだ。スターリンのソ連に幻想を持っていたのは共産主義者だけではなく、日本政府もそうだったが、結局裏切られることになる。「ヤルタ密約」である。国際政治の冷酷さに裏切られることになった甘いお人よしの日本人は悲惨な運命を甘受しなければならなくなった。しかし戦後の日本もまだその冷酷さを骨身にしみて理解できないようだ。

こうした中、重慶の上流の江津にいた陳独秀は一九四〇年初め、病状が思わしくなく、重慶に来て二月九日から二週間ほど病院に入院した。高血圧だった。施復亮と高語罕が見舞いに来たり、章士釗から金銭援助が来たりしたが、経済的に負担できなかった陳独秀は加療の中途で江津に帰った。間もなく、三月二四日に蔡元培が香港で亡くなった、というニュースが重慶の新聞で報じられた。陳独秀は深い感慨にとらわれた。辛亥革命時の暗殺団の爆弾製造、北京大学文科学長への就任の時に北京の宿への日参、五・四新文化運動の時の蔡先生、胡適とのタッグ組み、南京獄中での世話、その死は「弟の心情上の無数の傷痕の中にまた一つの傷痕を加えた」のだった。かれは三月二四日に「蔡孑民先生逝世後的感言」を書いた。前述したが、一九二五年の孫文の死についての追悼文に較べると、これは心のこもったたいへん良い文章である。そして、正直に言えば恥ずかしいことなのだが、わたしにとっても自分の考えを考え直す一つのヒントを与えてくれた文章なのである。

この中で陳独秀は、蔡先生の没後、元北京大の同学が手紙を寄越して、蔡先生のための一文を書いてくれと言い、さらに、五・四以来、国粋と道徳を廃棄する議論が起こりましたが、その文でこれをしりぞけて正すことができますかと言うので、それについて私見を述べるとして、論じ、

わたしは敢えて言うが、蔡先生と適之先生はこの二つの問題で、わたしの意見と大体同じだった。適之はまだ生きているから、信じない人はかれに聞きに行ったらいいが、凡そ蔡先生の言行を知る人ならば、わたしのこの話が死人に口なしの口から出まかせだとは思わないはずだ。五四運動はといえば、これは中国現代社会の発展の必然的産物なのだ。それが功であるか罪であるかを問わず、功も罪もどちらも専ら数人の人に帰すべきではない。しかし蔡先生、適之とわたしが、まさに当時の思想言論上、主要な責任を負った人間であり、先の手紙のように当時の議論に疑義が出された以上、適之が国内にいないから、先生の死に後れたわたしがこの短文の中でついでにすこし申し述べ、以って天下後世に告げざるを得ないのである。これで蔡先生の紀念とする！

と書いたのである。蔡先生の死か、自分の死か、いずれにせよ、死を前にして言い遺すというのだから、大変重い証言だと思ったわけだ。わたしは一九七〇年代に五四運動などを勉強し始めたから、中国共産党の言説と歴史観に従った丸山松幸氏らの学者たちの研究で、五・四の時代の旗手は李大釗と魯迅だと思い込んできたから、エッという驚きが走ったのを覚えている。そうか、中国共産党にとっては、陳独秀はトロツキスト、蔡元培は国民党元老、

胡適は反動的ブルジョワ学者だ、かれらが「五・四運動」の主役で、新民主主義革命の時代を切り拓いたのだというようなことになると、やはりまずい訳だ、それに代わる人物として、李大釗と魯迅を主役に持って来て、三人はほんの少し顔を出す脇役に追いやられた訳だな、と奇妙に合点がいったのだ。嗚呼、何という歴史の操作か！　と。これも前述したが、二〇一〇年の坂元ひろ子責任編集の『新編原典中国近代思想史4　世界大戦と国民形成　五四新文化運動』もこの構造を踏襲している。少々調味料を加えてはいるけれども。贅言になるが、胡適と陳独秀の「文学革命」「新文化運動」での役割については一九七〇年に出版されたJ・グリーダー『胡適 *1891 - 1962* ——中国革命の中のリベラリズム』（拙訳、藤原書店）を読まれたい。当時のアメリカ人は良く勉強していたことがわかる。日本の権威ある研究は世界性を持たない「井の中の蛙」であるようだ。日本国家と同じく、外力に振り回され、自立性がなくてふらふらし続けている。

話を転じる。このころ陳独秀は雲南で教師をしている濮徳志（書中コードネーム「西流」）宛に、頻繁に手紙を書き、自分の考えを述べるとともに、それを転写して上海トロツキー派の王文元、陳其昌らに送るようにと云っている。日本軍が長江流域を支配していて郵便が通じ難かったこと、さらに内容が内容であり、自分も国民党の監視下にあったから、こうした通信方法が採られたのだった。その上海のトロツキー派に動きが出た。

六月に上海の臨時委は、陳独秀から西流（濮徳志）に送られた三通の手紙が転送されてきたのに対する反論として、「陳独秀の来信に対する決議」をし、陳独秀はイギリス・フランス帝国主義の方に立ち、革命的敗北主義に反対して、帝国主義戦争を国内戦争に転化することに反対している。スターリンの言う「民主戦線でファシズムに反対する」誤った立場を承認している。第一次大戦期のプレハーノフらの機会（日和見）主義の再版である、と批判した。蔣介石の抗日政策を支持し、国共合作も支持し、民族的に一致した抗日を言う陳独秀は、トロツキー派からは許せなくなり始めていた。そのトロツキーも国共合作には反対で、階級合作になる、ボルシェヴィズムはブルジョワ階級との合作には非妥協的に反対する立場だった、と主張していた。

秋になると高血圧の病気はさらに悪くなったらしく、頭を使って文を長く書くのが難しくなった。頭の痛みが激しく、耳鳴りが激しく止まない状態だった。四川は高地だから高血圧には良くないが、貧困の中の老いて多病の陳独秀には如何とも為し得なかった。この頃、北京大同学会から月三百元の支援を受けて生活していたが、小学（文字学）の『小学識字課本』を国立編訳館から出すことにして原稿を渡し、原稿収入を得たが、焼け石に水程度だった。政府高官の朱家驊が援助を送って来たが、独秀は受け取らなかった。それで国政参政会にいた張国燾に托して、かれから独秀宛に為替を送ったが、これも送り返してきた。張国燾は「仲甫先生はずっとこうだからな」と嘆いたという。貧困と病気の中でも決して節を曲げようとせぬ陳独秀の意志の強さ、頑固さ、志士の覚悟というようなものが透けて見える。

一九四一年一月、上海の臨時委は「D・S（陳独秀）の民主と独裁等の問題についての意見に関する決議」を出した。それは、陳独秀の、戦争と革命、民主と独裁、ソ連問題についての見解は頂点に達した。第四インターの考えとは相容れないもので、マルクス主義から離れ、俗庸なプチブル機会主義の立場になった。かれは第四インター、革命を離れた、最早誤りを放棄するか否かのレベルではない、とした。これが彭述之、劉家良らの決意だった。四月になって、かれらはトロツキー派の中央を占め、代表大会を開催すると通知を出した。七月一三日から代表大会が開かれ、トロツキー派は二つに分裂した。一派は鄭超麟、楼国華、陳其昌、王文元らで、トロツキー主義、革命的国際主義、革命的敗北主義を主張するいわば純粋正統トロツキー派、もう一派は彭述之、劉家良らで、「半ばスターリン主義的、民族愛国主義、保衛ソ連主義、階級合作の一変種・国民会議を主張する」グループ、といわれる（『年譜』五三〇頁）。この性格規定が適当か若干疑問が残るが、後者が多数派を占め、新中央委に彭述之、劉家良、李福仁（グラス）、蔣振東、毛鴻鑑が当選、中央委だった楼国華、陳其昌は排除され、鄭超麟、王文元らと共に少数派になった。

陳独秀は四川でこの上海トロツキー派の批判攻撃を知った。しかしそんなことは陳独秀にとってはもはやどうでもよい、関心の無いことだったようだ。目立った反応はない。悪化する高血圧に悩まされつつ、言語学・文字学の本を書いていた。

一九四二年三月、独秀は『大公報』に「戦後世界大勢の輪郭」を発表し、続いて「再び世界大勢を論ず」を書いた。同時に『古陰陽入互用例表』という古音韻学の著作を謄写版刷で出し、友人に送った。これは北大同学会の生活支援に答えて北大出版会に送ったが、出版できなかったため、自力で作ったのだった。そうした中、五月一二日に人に教えられた高血圧の民間療法の蚕豆花の泡茶を服用して中毒になり、体調を崩した。翌日、論文「被抑圧民族の前途」を書いたが、友人が来たというので、食い過ぎ、体調を更に悪化させ、床に就いた。人事不省になった。医師が駆けつけて、一時意識を回復して、潘蘭珍に、今後はすべて自分でやれ、生活はつとめて自立せよ、と言い遺したが、その後また意識を失い、永眠した。享年六十三歳だった。

北京大学同学会の支援で葬儀が行われ、遺体は江津県康荘に安葬された――墓は後に安慶に改葬された。この最後の始末の一切を面倒見たのが何之瑜（何資深）で、かれは遺品を整理し、遺された論文と原稿を書き写して冊子にまとめた。

一九四三年五月、独ソ戦を遂行している最中、イギリス・アメリカの支援を必要としたスターリンは政策を転換、コミンテルンを解散した。中国共産党と陳独秀を当初から縛りつけていた「軛」が外された。これはスターリンとソ連を信じていた中共の共産主義者たちには大きな衝撃だった。延安のモスクワ派は後ろ盾を失い、次第に発言権を失い始めた。四二年から起こされていた五・四以来の自由主義傾向（張国燾ら）とモスクワ国際派（王明ら）に対する闘争、「延安整風運動」で毛沢東は勝利した。かれは軍権だけでなく、党指導権を確実なものにする。そして共産主義イデオロギーの解釈権も掌握し（以前はモスクワ留学派が掌握していた）、「紅太陽」＝カリスマ指導者として姿を現し始めた。これが毛沢東思想（毛沢東主義）の登場で、それによって染め上げることになるが、では毛沢東思想とは何か、だ。

共産主義イデオロギーの解釈権を王明から取り上げ、自分に移行させるには、コミンテルン流のロシア・マルクス主義の解釈ではなく、新たな共産主義解釈が必要になった。中国の国情に合ったマルクス主義の解釈の必要性である。「マルクス主義は民族形式を通過してこそ実現できる。」「中国の特質を離れたマルクス主義は抽象的空論のマルクス主義だ。」《マルクス主義の中国化》である。そのために毛はその哲学的基礎づけを行う必要を感じた。かれは外国語で西洋、日本、ロシアのマルクス主義理論を学んだ経験が無かったし、革命運動に忙しくその時間も無かったから、かれはそれを極めて中国哲学的に行うしかなかった。その為に必要な書籍を白区から取り寄せ、窰洞で読んで講義をした。これが「実践論」、「矛盾論」講義である。これは孫文の「知難行易」論と同じ論法だが、逆の位相、知識認識よりも実践に重きのある「知易行難」論的な思想である。正当なマルクス主義哲学理論、認識論（例えばレーニンの『唯物論と経験批判論』など）とは土俵が違う「異質」な認識論、実践論である。それは孫文の「知難行易」論と同じく中国哲学の思想系譜を引くと同時に、それから少しずれている。実践哲学だから我国の中哲学者を惑わした。それは毛の成功しつつある農村での革命運動の「実践」「経験」、つまり実際に「用」となった、用いられて役に立つようになった「体」（本質、考え）を中国哲学の思考方法を活用して理論化したものである。だからマルクス主義の三源泉の一つ、近代哲学から接近して行ってもその優れているという理由が良く分からない。中国哲学、思想史の専門家も理解に困窮することになる。

アイザックスは、毛沢東の「理論的分析なるものは、権力自身の中心問題に従属している全くのお荷物に過ぎないことがすぐわかる。彼においては権力の問題さえ解決すれば他のすべては、指導者がどうにでもできるような問題なのだ」という（邦訳三八〇頁）。宇野重昭『中国共産党史序説』（二一一頁）は、毛沢東思想とは決して実体的な理論体系ではなく、一つの思考様式であり、「立場、観点、方法」の問題である。『共産主義中国におけるイデオロギーと組織』の著者フランツ・シャーマンの言葉を借りるならば、それは「純粋イデオロギー」ではなく、「実践イデオロギー」である、中国の伝統的な「体用論」に従えば、実践的な「用」においてのみ、「体」の真理は確認できる、とする。中国での実践の「用」においてのみ、マルクス・レーニン主義の「体」、真理性は確認できるとする、と述べて解説している。わたしが読んだ毛沢東思想の規定でも優れた指摘の一つだ。つまり「マルクス主義の中国化」のことだが、これは正統マルクス主義の逆転だ。フランス革命からロシア革命まで、社会主義思想の発展、理論の深化などどうでもよい、ロシア革命の思想も、コミンテルンの思想も、中国での実践、「用」、「国情」に合った「用」に役に立たない「考え（思想）」などに縛られる必要はない、「実践」的に有「用」であるか否かが肝心だ、やってみて、「用」になればいいし、効果が出なければ、やり直せばいいだけの話だ、と言うことになる。

つまり、「理論」（知）から「実践」（行）を引き出すのではなく、「実践」した「用」（経験・結果、「体」の現れ）から「理論」（認識、真理、「体」）を正当化する——実践の中で絶えず真理を認識する道を切り開いていくのがマルクス・レーニン主義だ——のである。これが「実践イデオロギー」たる所以で、「方法論」としての毛沢東思想の特色だが、これはコミンテルンの理論に理論的には対抗できなかった毛沢東の新たな「方法論」だった。搦め手の方法といって良い。「発生史的」にはそうである。延安でモスクワ派との党内闘争を通して、分析、理論の正しさをめぐる論争を示したのではなく、毛自身の「実践」（いままでの農村革命、軍事行動路線）の正しさを基礎づけ弁証、正当化する目的から行ったのが「矛盾論」「実践論」講義で、これは「立場、観点、方法」的にはプラグマチズムに近いものである。非原則的なものである。それが公刊された際には党の哲学理論家の手が入ったはずである。他の毛沢東名の著作もそうだが、どれだけ毛本人の著作なのかは不明な点があり、これが「毛沢東思想」の不明瞭さの源泉だとわたしは思う。蛇足的に付け加えると、この「毛沢東思想」の「観点」からすると、思想の正しさ・真理性は、権力問題をめぐる「実践」、その実践の目的は軍事的勝利と勢力を拡大し権力を獲得することだが、それへの「有効性」にあるということになる。とすれば、その実践、人民共和国成立後から続けられた「階級闘争」の連続と「文化大革命」に到ったかれの「実践」から結論されるのは、その「思想」の本質性、「無法無天」性で、その欠陥ではないのだろうか。

一九五〇、六〇年代にマルクス・レーニンに続いて世界の大変革を導く「世界の大思想」として大いに喧伝され、「毛沢東思想」の要として「岩波文庫」にも入れられた「矛盾論」「実践論」を学生時代に読んで、西洋マルクス主義の眼鏡をかけたわたしには「そんなに優れた画期的な思想なのか？」と疑問に思われたことが、こう捉えてみると、何となく氷解するような気がするのである。すべては権力闘争、「政治路線」をめぐる思惟から来ていたのだ。

葬儀と整理を済ませた何之瑜は、戦後、上海に出て、トロツキー派の友人の所にあった独秀の手紙（書信）を発見して、論文・原稿の冊子に付け加え、鄭超麟らの資金援助で、それを『陳独秀最後論文和書信』として印刷、小冊子にしたのだった。これが一九四九年に北平を逃れて上海にいた胡適の手に渡ったのである。

この後は、その「最後の論文と書信」の翻訳と解説である。

第七章

陳独秀遺著『陳独秀の最後の見解（論文と書信）』——その翻訳と注・解説

第一節　書信と論文（1～10）

【注】以下の陳独秀の書信と論文の中の（　）は原文、［　］、〈　〉は訳者注、――傍線部分は胡適が「序言」の中で引用した部分、……点線部分は訳者が重要だと思った箇所、論点である（【解説】、【注】と地の文はこの例に含めない）。

1、「陳其昌らへの手紙（給陳其昌等的信）」（一九三七年十一月二十一日）

璠［羅世璠］昌［陳其昌］霽［趙済］兄　鑑

璠［羅世璠］兄の十月十四、十七日の二通の手紙はすでに受け取りました。十六日の手紙と猴子《ホウツ》［孫煦煦［雪廬］のニックネーム・猴《サル》］の手紙と本を出す計画もまた受け取りました（二十日の手紙も受領）。かれが作ろうとしている本は容易なことではありません。かれがこのように忍耐強く本を作っているのは、真にわたしをして一詞を賛させずにはおかないものです。というのはわたしは一介の素人だからです。わたしはかれにこのような回答をしましたが、未だかれをがっかりさせるのを免れ得ないようです。然し実は回答すべきものも無いのです。［羅世］璠兄の婚事は、わたしは聞いて喜びもし、心配もしました。喜んだというのは意外な良縁を得たということです。心配したというのはかれの将来の生活のことです。圃兄［暁圃＝濮徳志］がここ［武漢］に来られてすでに一週間たちますが、数日のうちに湖南に行って教師をすることになるでしょう。わたし自身はここ［武漢］に久しく居るつもりはありませんし、また出来ないでしょう。が、行く所はまだ定まっていません。というのは天下は老鴉と同じように真っ黒だからです。わたしはどんな理論も分かりませんが、わたしは決して左に偏したり右に偏したりすることを憚りません。絶対に務めて偏頗たるを求め、絶対に中庸の道を厭い棄てます。絶対に人が云うから自分も云う、豆腐や白菜のような［軟弱で］痛くも痒くもない話は云いません。わたしは極めて正確な話をしたいと思っています。極めて間違った話をしたいと思っています。が、絶対に、かなり良いとか誤りがあるというような［中途半端な］話はしたくないのです。あなたたちはみなスターリン主義者です。みな老彭［彭述之］の友人です。わたしとは永久の伴侶ではありません。羅漢の人となりは固より少し愚かなところがありますが、君らはそのかれを大いにほしいままに攻撃しています。これはかれよりも更に万倍も愚かなことです。あなた方はスターリン主義者［中共］と国民党をやたら罵り、もっともスターリン主義者（中共）を罵っています。これは原則的には間違いではないとはいえ、政策的には非常な間違いです。このような間違いを続けると、将来何処へ向かったらいいのか分からなくなるでしょう！［羅世］璠兄は他の人は宗教徒だと言っていますが、いまおそらく自分が宗教の伝染を受けているのを自覚していないようだね！霽［趙済］兄の十一月二日の手紙も受け取りました。璠［羅世璠］・霽［趙済］と俊［韓俊、寒君］・昌［陳其昌］との意見には或いは微かに違いがあるようですが、根本は同じです。即ち、今次の戦争の意義が分かっていないということです。超林（鄭超麟）はもっと遠くまで行っていますが、根本はみんなと依然として同じものです。即ち、前回の帝国主義間の大戦の理論を完全に今日に応用しているのは、真にそぐわないトンチンカンなものです。わたしは昌［陳其昌］・俊［寒君］に対しては少し幻想を持っていますが、かれら二人の局勢についての見解がわたしに接近しているからというのではなく、かれら二人の工作精神がやや積極的だからでしょう。もし能く大衆の中で積極的に工作できる人なら、遂には現実を抓めるはずです。わたしはスターリン主義者［中共中央］との合作については、原則的にはいいと思いますが、しかし現在は話にならないでしょう。合作は、双方が共に少しのものを持っていて、なおかつ同じ工作の対象で互いに接触せざるを得ない時であることが必須です。今はこのような条件はありません。［中共との］「合作」の話はもちろんでたらめな話です。羅兄［羅漢］はわたしに向かって未だそれについて言及したことはありません。君らはまたどうしてそんなに神経過敏にならなければならないのですか。互いにデマを飛ばし、痛罵するに至っては、勿論みな馬鹿野郎です。みな教派［セクト主義］

が制限し阻むところとなって、共同の敵を見ていなかったからです。老彭〔述之〕と長子《ノッポ》〔尹寛〕については、たとえ意見が同じであろうとも、わたしも誓って之と事を同じくすることはしません。いわんや根本の意見に差が大変大きいからにおいては、言わずもがなです。香兄〔?〕からの来信もまた受け取りました。昌兄〔陳其昌〕の十月二十九日、十一月二日の手紙と英文の手紙も等しく受け取りました。この事は計画しようもありませんし、わたしも何とか方法を講じたいとも思いません。おそらく頑張ってみても良い結果は得られないでしょう。前回の羅君〔羅漢〕が一つの失敗例です。新聞社の書くことは自ずと多く真実を失っていますが、『申報』の訪問記事はわたしは見ていませんが、送ってわたしに見せてもらえますか？　この種のことは多すぎて、予防のしようもありませんし、また更正《ていせい》することもできず、その自然に任すことが出来るのみです。将来、わたし自身が書いた文章や書物があって証拠とするのが良いでしょう。わたしはただわたし自身の独立した思想を重視するだけです。いかなる人の意見にも引きずられることはありません。わたしがここで発言したことはすでに人々に向かって広く声明したものですが、ただわたし一個人の意見にすぎません。いかなる人も代表していません。わたしはすでにいかなる党派にも隷属せず、いかなる人の命令や指図も受けません。自ら主張し自ら責任を負います。将来誰が友であるか、いまは全く分かりません。わたしは絶対に孤立を怕れません。お元気で。

弟　仲　手啓　一九三七・十一・二十一

【解説】

一九三七年八月に南京の監獄を出た陳独秀は、獄中で彭述之と対立したこともあって、彭はトロツキー派の活動拠点の上海に行って活動を再開したが、独秀は上海には行かず、暫らく南京に止まり、その後、武漢に行った。この武漢にいたときに、上海のトロツキー派の人たちに書いた手紙である。そのいきさつは前章でも述べておいたので、前章を参照されたい。かれは日本軍の漢口作戦に伴い一九三八年七月に武漢から船に乗って長江を遡り「大後方」の重慶に移った。当初重慶市内に居住し、羅漢が北京大学同学会の委託を受けて世話をしたが、八月に日本留学時に知り合った医者鄭初（鄭仲純）の世話で、四十キロほど離れた鄭の故郷がある江津（当初は城内）に移ることになる。この間、武漢で講演をしたり文章を書いて抗日を訴えていた頃の手紙である。

書信の主な内容は、(1)トロツキー派の内の親しい人の近況についての心配りで感想や考えを述べ、(2)君らが中共中央をスターリン主義者として批判するのは原則正しいが、抗日戦争の中では政策的には間違いだ、それは抗日戦争の意義についての考え、かつてレーニンが言った「祖国敗北主義」の考えを適用するのは間違っている、(3)中共中央との「合作」が出来ないかについては、原則「いい」としながらも、現在は条件が無い、羅漢が葉剣英、林伯渠らを通じて模索したことについては、独秀の考えだというのは「でたらめ」で、羅漢はその話を自分にはしていない、と「合作」話を否定した。(4)トロツキーらの陳独秀をアメリカへ行かせる話には乗る気もないし、やってもうまくいかないだろうと断っている。

この(2)の「合作」（あるいは「回党（復党）」）という点については、すこし詳しく前章で述べたが、再び触れておかないと、良く分からないので、簡単に書いておくことにする。

陳独秀「復党」問題と「漢奸」キャンペーン——独秀は中国共産党に復党する考えがあったか

独秀は党を除名され、一九三二年に捕えられて徒刑八年の有罪判決を受け収監されていたが、抗日戦勃発で胡適らの請願を受けて三年に減刑された。それで「国民党の監獄から出てきた後、もともと中国共産党に戻りたいと示していたが、毛沢東が招降三条件を出して、かれに過ちを悔いることを表明するよう要求したので、かれはせず、それでかれは党に戻らなかったのだ」といわれている「通説」の問題である。濮徳志も「復党（回党）工作」を独秀の「所願」だったと書いているから、ほとんどの研究者が、出獄後に「抗日」を呼びかけていた陳独秀は、（抗日民族統一戦線を言う中国共産）「党に戻る」考えを持って、人に工作させた……としていて、この伝説が「通説」になっている問題である。

陳独秀が一九三八年三月一九日に『武漢日報』に載せた公開書簡「『新華日報』に致す」（『年譜』四八九頁参照）の中で、かれは出獄後、葉剣英、博古と一度話をし、また別に葉剣英と話し、武漢では董必武も会いにやって来たが、「わたしが漢奸であるか否かの問題にはまだ議論が及ばなかった、そのうえ羅漢が言うことによると、かれら［葉剣英ら］はなおわたしに復党してもらいたいという意見があったとのことである」と書いた。これに対し、葉剣英、博古、董必武の三人が三月一九日に「『新華日報』への書簡」（『新華日報』三月二十日、『後期的陳独秀及其文章選編』四川人民、二三五頁所収）を書いてこれを説明する形で、「陳独秀が昨日の書簡で、我らがかれと会見したことについて言及しているので」真相を明らかにすると言って、「九月初めに陳独秀は出獄後、羅漢に托して来て話させ、『陳願回党的領導下工作（陳は党の領導下に戻って工作をしたい）』というので、陳はトロツキー派の領袖で、事は重大だから、中共中央と相談して決定しなければならず、それで羅漢を陝西に行かせた」と、復党は陳の側からの話だったと述べた。これが唯一、陳独秀が復党したいと考えていたとする根拠である。しかし独秀本人は、「復党」を言ったことは無く、これは中共側の受け取り方で、羅漢の「合作」接触を、中共側が「復党」と言ってその意志があったかのように暗示したものだ。その理由については前述した。

しかし中共側は当初、羅漢*の関係改善・合作話を「復党」のために独秀が派遣して寄越した代理人だと考えたらしい。だから、重大だと延安の中央に連絡し、羅漢を陝西に行かせた。延安の党中央（毛沢東・張聞天）は、「復党」の話だとして討議し、たとえ「合作」に過ぎないにしても、陳独秀は「過ちを悔い」、「反トロツキー派の行動をとること」を公開で表明し示すこと、という内容の「招降三条件」を示した。ある人は「全面降伏条件」と表現し、博古も「独秀の反感を引き起こすはず」と言ったものだった。中共中央は、独秀が「復党」し延安に来たいということだ、という話を宣伝した。羅漢は三条件は独秀は受け入れないだろうと思い、動きを止めた。独秀には武漢で十月十六日に羅漢と董必武が独秀に会いに来てこの条件を伝えた。独秀は「過ちがどこから来たのか知らん。どうして悔いがあるか」、「何が過ちかまだ定まってはいない」と言ったと高語罕や包恵増は伝えている。羅漢の勇み足は失敗に終わった。こうした話が流伝して独秀はこの三条件を受け入れなかったから「復党」出来なかったのだ、という伝説になり定着したという。しかしこの手紙で独秀は合作話さえ「でたらめ」だと否定しており、鄭超麟が言うように、独秀は出獄後に「復党工作」を表明したことは無く、その意思も持っていなかった、とするのが正しいようである（「陳独秀出獄後絶無復回中共的願望」、『懐旧集』、東方出版、二〇〇三頁所収）。

＊羅漢——、北京大出（？）、湖南人、勤工倹学でフランスに、国民革命軍第四軍政治部主任、二七年後北京で工作、のちモスクワ東方大学へ。二八年帰国後トロツキー派の「われわれの言葉」派に属す。間もなく逮捕入獄、出獄後トロツキー派統一大会に参加。独秀逮捕後、かれは派を離脱した。しかし貧苦の仲間、獄中の仲間を助け、抗戦勃発後に南京に行き、獄中のトロツキー派政治犯と独秀の救出や中共との合作抗日のために奔走、その後、重慶に。北京大学同学会の委託を受け、独秀の生活を世話した。三九年五月の重慶爆撃で死去。

陳独秀は武漢で、抗戦についての考えを発表し、世界の労働者農民民衆を連合して日本帝国主義に抵抗し、全国の軍を改組し中央政府直轄にし、国民大会を開き、人民の積極的な武装を認めるべきだ、等を講演で主張し、文章を書いていた。こうした中で独秀は一九三七年十一月二十一日に上海のトロツキー派中委の陳其昌らに宛てて、この「手紙」を書いたのである。出獄した独秀はそれ以前に一九三七年の十月から十一月までの間に七通の手紙を上海のかれらから受け取っていたので、これはそれへの回答の手紙で、当時のかれの考えが出ている。

この独秀の手紙を受けて一九三七年十一月に上海臨時委の劉家有はグラスに手紙を送って、出獄後の陳独秀たちは、蔣介石国民政府の反帝戦争にプロレタリア階級も政府を支持して参戦すべきだ、と言っている、陳独秀らはブルジョワ階級に幻想を持っている、この機会主義者に希望は無い、かれとの決裂は時間の問題だ、と述べた。グラスはこの内容をメキシコのトロツキーに送ったが、その際、「陳独秀が出獄したのは政治的な何らかの投降と交換で出た」という考え＝推測を述べた。しかしトロツキーは十二月一日のグラス宛の手紙で、それは確定できない

「仮説」にすぎない、と言い、しかしグラスが出獄した陳独秀をスターリン派が殺害するかもしれないということには同意する、アメリカかメキシコに来れば、翌年の結成大会に向けて準備が進んでいる第四インターに大きな政治的意義がある、と伝えてきた。翌一九三八年二月の手紙では、独秀をアメリカに出国させれば、……〔片山潜のような〕役目を、それ以上の役目を第四インターで果たすだろう、日中戦争にソ連が参戦する可能性もある、そうしたら中国のトロツキー派は全滅する、その前に陳独秀を出国させ、外国で中日戦争を訴えさせれば効果があると言えば政府も出国させるのではないか、と述べていた。

こういう中で、一九三八年三月になって中共は、陳独秀は日本から金を受け取っている間諜、「漢奸」だというキャンペーンを始めたのだった。これは悪辣な中傷で陳独秀の武漢での活動を阻止しようという動きだった。一九三八年三月一九日の「『新華日報』に致す」書簡で独秀はこの漢奸キャンペーンを、「陳独秀が漢奸であるかどうかの問題ではなく、陳独秀が反トロツキスト運動に参加できるかどうかなのだ」と踏み絵を踏ませようという目論見だと解釈した。著名な陳独秀は出獄後にどう動くのかと注目が集まっている中、モスクワ派中共は「漢奸」キャンペーンで「打倒」しようという「政治策」を発動したのである。

陳其昌*（上海トロツキー派臨時委）は一九三八年の「秋」（九月半ば頃）に上海から香港に入り、湖南省南部を経由して一九三八年十一月初めに遠路はるばる、独秀がいた四川省の江津にやって来た。陳其昌は、トロツキーが昨一九三七年六月二五日付けで上海のグラス（李福仁）あてに書いた手紙と第四インターのために陳独秀をアメリカに呼ぼうというこの提案とを携えていた。だから、トロツキーの手紙を読んだ陳独秀は返信を書かざるを得なくなった。アメリカ行については、健康がすでに良くないこと（心臓病、高血圧等に悩まされていた）、国民党がかれのアメリカへの出国を正式に認めるか、成功のチャンスは絶対ないというべきだろうとして、断った。

＊陳其昌——、河南洛陽人、一九二二年北京大学予科、二四年本科哲学入学、二五年に共産党に入党。二六年の三・一八運動から実践活動に、二八年上海に入り、左派反対派に入り、出党。一九三三－三七年臨時委書記。「モスクワ裁判の

真相」などを翻訳。貧困の中、子供を抱えて売文で収入を得ながら秘密活動を続けた。一九四二年、日本官憲に捕えられて処刑。息子の陳道同「陳其昌の死」（長堀祐造解題訳、『中国研究月報』二〇〇二年四月号）に詳しい。

陳其昌は更に、一九三八年十一月に上海のトロツキー派臨委が通過させることになる彼らの「独秀同志に対する意見」についての情報を持って来ていた。かれらの意見は、陳独秀の重慶での言論は「超党（派）」、「超階級」の立場で、論文「八・一三」――政府の不抵抗政策を批判し、死中に活を求める一拚撃をと言った――以来の言論活動は、「機会主義の精神」が充満し、多年来の自分の革命の旗幟を放棄し、組織に背反し、自分に反変している。そうなったのは、出獄後、無条件に自分の「公開的地位」（世間での名声地位）を保全しようとしたからに由る、改めて革命の隊列に戻るよう、自分の幻想と思想の根源を考えるべきだ、そうでないと、時間とともにますます収拾が不可能な地点に至るだろう、革命の上に立って、共同の一致へ行くべきだ、というものだった。

それで陳其昌と意見を交換して、返信をトロツキー宛てに書いてかれに渡したのが次の手紙である。陳其昌がこれを上海に持ち帰り、トロツキーとその派の人々に見せることになった。このかれら上海派との分岐については、独秀は譲らず、かれはトロツキーへの手紙でかれらへの批判を込めて書いた（それを陳其昌が持って上海に帰り、英訳してグラスがトロツキーに送った）。だから、手紙は上海派に対する激しい批判――極左傾向批判――を内容とする手紙になったのである。

その手紙に入ろう。

2、「トロツキーへの手紙」（一九三八年十一月三日）

農業国の中国でもって工業国の日本に抵抗する戦争において、開戦前に国民党政府は戦う意志は無く、慌てて応戦し、最も欠かせない準備でさえ大変不十分で、甚だしくは幾つかの部分ではまるで準備がありませんでした。開戦後は、また反革命的な方法で民族革命の任務をやりました。ですから、軍事的敗北はけっして意外なことではないのです。

最近、広州と漢口があいついで陥落〔三八年十月二十一、二十五日〕した後、全国の工商業の大都市は完全に日本軍の手中に落ちました。国民党政府の軍事防御線はすでに平漢〔北平－漢口〕線、粤漢〔広州－漢口〕線より西側だと広く一般に告げられています。長沙と西安もおそらく守りきれないでしょう。日本軍が長沙を得たら、粤漢鉄道は完全に占領されてしまいます。日本が西安を得たら、中国とソヴェト・ロシアとの交通は断絶します。ですから、この二か所は日本が必ず争う場所です。中国の軍事力量は、漢口失陥によっても完全に崩壊してしまってはいないとはいえ、せいぜいただ四川、貴州、雲南、広西の数省に退き守っているだけです。この数省の経済と文化はいずれも長江流域と比べると遅れています。この数省を開発して反攻することは容易に迅速にできることではありません。もし蔣介石政府が雲南から〔援蔣ルートを通じて〕イギリス・フランスの物資援助を獲得できなくなると、四川、雲南、貴州すらも持ちこたえられません。

中国の目前の局面には三つの前途が有ります。（一）は、イギリス・フランス等の国の調停を経て、蔣介石が日本の要求を承認して屈服すること、（二）は、蔣介石政府が四川、貴州、雲南に退いて守り、事実上戦争を停止すること、（三）は、日本が雲南に攻め入って、蔣介石が外国に逃げること、です。もし最初の前途であるならば、屈服の程度と国民政府の対内政策を見て、中国の将来の局勢を決定しなければなりません。もし第二、あるいは第三の前途であれば、日本は中国の厖大な占領地において支配を実行する上で必然的に困難が発生します。しかしまだ困難だけで、日本の経済が窮地に陥り中国を開発する力がないだけで、新しく中国から獲得した大量の現存する資源と物力、広大な新市場は、なんとかその中国に駐留する必要な軍隊を支えることが出来ない訳ではありません。加えて、新式の武器と陣地構築物が中国の何箇所かの重要拠点と交通線を占めるとなると、日本に国内的・国際的にもし劇的な大きな事変が無いとすれば、中国にはそれを追い出す力はありません。

中国でようやく生まれたプロレタリア階級は、先［一九二七年］の革命の敗北と中共の盲動政策が招いたところの屠殺を経て、すでに大々的に弱くなりました。また加えて、今次の戦争中に全国の工場および運輸機関は大部分が壊滅させられました。中国の労働者は数量的にも、物質的にも、精神的にも、三、四十年前の状況に後退してしまいました。

中共は人数的にははるかにわれわれよりも超えています。しかしまた、いささかの知識人と少しの労働者的基礎も持たない武装部隊とに過ぎません。われわれは上海と香港の二か所で組織をもった人数は全部で五〇人に満たず、その余の全国各地に分散している人はおおよそ一〇〇人以上だけです。

われわれは当然、この戦争中に大きな発展があるだろうとは未だかつて幻想したことはありません。しかし、政策が比較的に正確であったならば、現在のこのような衰え弱まった姿にはならなかったでしょう。われわれの集団は始めから極左派の傾向がありました。例えば、ある人たちは、民主革命は中国ではすでに完結したと考え、ある人たちは、次の革命の性質は単純に社会主義的なもので、民主的な成分はないと考え、ある人たちは、中国の次の革命はひとたび開始されるとそれは社会主義的なものになると考えています。ある人たちは、国民会議のスローガンを疑い、それには階級的な意義は無いと考え、ある人たちは、国民会議は反動時代の平和運動のスローガンで、それを用いて政権を奪取するスローガンとすることは出来ない、プロレタリア階級はただソヴェエトのスローガンの下でのみ政権を奪取するのだ、と考えています。ある人たちは、民族民主闘争はブルジョワ階級の任務であり、プロレタリア階級は運動に参加することは出来るが、しかし自分の任務ではないと考えて、同志の中の中国のプロレタリア階級は民族民主の任務を自らの双肩で担わなくてはならないと主張する人を、左派ブルジョワ階級の意識であると攻撃しています。ある人たちは、どんな時期、どんな事件、どんな条件の下においても、他の階級の党派と、外国帝国主義に対して或いは国内の独裁者に対して共同行動することを協議することは、みな機会主義だと考えています。これらの極左派的傾向は、組織内部の宣伝と教育に大きな作用を引き起こして、遂に中日戦争に対する全体的態度を決定し、これを糾正できる人は誰もいなくなってしまい、誰かが出てきて糾正しようすると、その人は機会主義だということにされるのです。戦争中これらの極左派の人たちは、口ではまた抗戦に参加すると言いながらも、同時に、抗日戦争の意義を高く分析理解しすぎていると反対しています。かれらの考え、あるいは理解は、国民党支配に反抗する戦争こそが革命的で、日本帝国主義に反抗する戦争は革命的なものとは言えない、というだけです。またある人は、「愛国」というこの名詞を嘲笑しています。甚だしくは、ある人は、今次の戦争は蒋介石と日本天皇の戦争だとすら考えています。ある人は、労働者が戦争に参加するのは、ブルジョワ階級に替って弾よけになることだ、と考えています。かれらは、誰かが共産党、国民党に対して共同の抗日の工作について交渉しようと企図すると、そいつは堕落投降したやつだ、と見なします。大衆の眼の中で見られている「トロツキー派」は、抗日行動をしないで、毎号の機関誌で紙面一杯に中国共産党と国民党を攻撃痛罵しているというものです。そのため、スターリン派〔中共〕の「トロツキー派は漢奸だ」という宣伝が各階層の中でいずれも反響を得ています。われわれに同情している人も、「トロツキー派」が目の前で反対しているのは主要には一体誰なのか良く分からなくなっているのです。開戦から今まで、このような状況がずっと続いていて、大衆を獲得する手立てがないだけでなく、全く大衆と向き合う方法も無いのです。そのためかれらの意識は、いよいよ狭窄の度を強め、遂にはある人は「革命党員は社会的関係が簡単であればあるほど好い」というような理論を作り出して言うまでに至りました。

このような閉鎖主義的な極左派の小集団には（その中で極左に同意しない人は少ない例外です）、当然発展の希望はありません。たとえ発展できたとしても、反って中国革命運動の障害になります。

スターリン派〔中共〕は革命敗北後の中国の新たな局勢をよく理解しませんでした。そのため多くの誤りを作り出しています。今次の戦争の敗北の後は、中国の局勢の変動はさらに大きく何倍にもなるはずです。さらに楽観できないのは、今日に在って、われわれがもし将来にありうる政治環境を深く理解できず、そして、中国のプロレタリア階級の現実の力量とその政党の状況をはっきりと認識し、それ従って実際に前に進むことが出来る工作方針を決定できないとするなら、そのときは暗く狭い亭子間［上海の屋根裏部屋］の中で寝ながら自ら誇って自ら慰めることになるだけでしょう。

漢口陥落後、大規模な戦争はないようになりました。共産党あるいは国民党が各農村、各小都市で指導する零細な反日闘争は相当の期間なお広く存在し続けることは出来るでしょう。だが近代の戦争の中では、それは一つの余波にすぎず、集中した力量を構成して敵を撃退することは出来ません。もし国民党政府がチェコの道を歩んで、日本に向かって屈服してかなりの土地を割譲して日本に与え、イギリス・アメリカの力に頼って長江下流域あるいは幾つかの省を保持するとしたなら、その支配の下で反共の元の道に戻ることは大いにありうることです。その時は我々だけでなく、共産党も改組か党名変更をしなければ、半公然の存在さえもみな不可能になるはずです。

われわれは、工作を失地回復を待って行おうなどと幻想すべきではなく、ただちに日本が引き続き占領している環境の中で準備し、当地の狭い範囲内ではじめからやり始めるべきです。われわれの発展は一時期を待たねばなりません。戦後に工業が恢復し始めたときこそ（外国支配下か本国の支配下かを論ぜず）、われわれの工作がやや順調になるときです。われわれの工作がやや順調になった時に、マルクス主義を標榜する秘密の、あるいは半公然の小団体が必然的に適当なところで生まれるでしょうが、大運動が無く、中心勢力が無いなら、これらの小団体は統一するのは大変難しい。ただ組織的に相当な数の労働者大衆を獲得し、政治宣伝の行動の上で余力を残さず全力の百分の百でもって、これを民族民主闘争に使用した小集団こそが、改めてプロレタリア階級政党を創造する中心勢力になることが出来るでしょう。組織的に労働者に接近することと、民主民族闘争の宣伝ということの初歩的で基本的な工作は、日本占領地区においても国民党支配地域においても、どちらにおいても同じように採用されねばならない方針です。違うところは日本占領地域ではさらに秘密にしなければならないということだけです。現時点で大衆から遠く離れ、現実の闘争から遠く離れた極左派が、もし過去の民族民主闘争を軽視した誤りを深く自覚して、大きく態度を変えることが出来ないのなら、もし各人がみな謙虚になって上述の工作方針のもとで刻苦して工作するのでないのなら、もし以前と同じように大きな話ばかりして、大指導者風を吹かせ、組織が空洞な指導機関で第四インターの名義に頼ることばかりを妄想して、門を閉じて自ら王様だとしているならば、第四インターの威望を中国において失わせるほかは、別なことは成し遂げることはないでありましょう。

＊一九三九年［×（一）月］
＊＊［一九三八年十一月三日］
（＊最後の日付は正しくない。【注】を参照）

【注】この手紙は「胡適序言本」では省略されているが、独秀の抗日戦下の状況認識がどのようであったか知れる。読んで分かるように、これは痛烈な上海トロツキー派臨委への批判である。このトロツキー派の性格は、中国上海のトロツキー派ばかりでなく、日本の、あるいは世界のトロツキー派にかなり共通した性格のようである。これに対する次のトロツキー派からの返事の手紙を読むと、陳独秀がどのような位置にいたのかが窺われるが、その前にこの手紙の日付問題を解決しておく。

この「トロツキーへの手紙」の日付問題も難問である。何之瑜原書は＊「一九三九年×月」とのみ記しているが、これには疑問が提示されていているのである。

G・ベントン Benton の書（一九九八）は、四九頁注三五で、グラスはこの手紙を英訳して一九三九年一月十九日にトロツキーに送ったのだから、当時の郵便事情からして、一九三九年に四川で書かれたこの手紙はこの日までに入手できないはずだ。*Cahiers Léon Trotsky*（グルノーブル、一九八三、十五号、一〇八頁）の編者が独秀の手紙の翻訳されたもの（英文）をプリンストン大フーバー研究所のアーカイヴで調べたところ、＊＊「一九三八年十一月三日」と書いてあった。だから、この日付が正しい、とした。

また鄭超麟は、一九九三年に任健樹編『陳独秀著作選』三巻出版時に協力して、経緯を考えて手紙の日付を＊「一九三九年一月」にしたが、全三巻を送られた英国にいた王文元がそれを見て、鄭に、「国際（第四インター）研究者」から、トロツキー档案を見たら、原英文の手紙には「一九三八年十一月三日」と註明されている、どちらが正しいのかと訊かれたと告げたので、鄭は『陳独秀研究動態』六期（一九九五）の「陳独秀致致托洛茨基信是哪一日写的？」で「十一月三日」が正しいと直したという（唐宝林）。

英文手紙には「一九三八年十一月三日」とあるのは間違いない。「一九三九年×月」と「一九三八年十一月三日」、この二つの日付はどうして出てきたのか。「一九三九年一月」は次のような事情で鄭超麟によって書き加えられたものだった（鄭超麟の上文、『史事与回億――鄭超麟晩年文選』第三巻、二二〇頁所収、一九九八、天地図書、香港、による）。

鄭超麟らは一九四五年以後、上海でトロツキー派の活動を再開したが、彼は自分が編集人だった雑誌『建立』に文章を書いた。折から、鄭が保管していたトロツキー派の二十年の档案（原資料）を数日かけて整理している中、「内地土産」の「白竹紙」に書かれた小字の手紙を見つけた。受取人、差出人の名も無く、日付も無かった。鄭超麟はかつて一九四〇年四月に療養先の安徽から上海に戻ってきたが、その時、陳其昌が「一九三八年秋」に、トロツキーの手紙を持って、香港経由で四川に行った、そして陳独秀の返信を持って「一九三九年春」に戻ってきた、と聞いていたので、これが、陳独秀のトロツキー宛の返信だと分かった――文字も独秀のものだと分かったのであろう――。彼はこの手紙を最初は「陳独秀致托洛茨基的信」という名称を付けて『建立』に発表したが（一九四六年頃か）、その時、日付を「一九三九年一月」と書き加えた。その後何之瑜が上海に出てきて、手紙などを加えて一九四八年に何之瑜原書を編集して出版するときに、この手紙も入れたが、日付を「一九三九年×月」に変えた。何故、「一九三九年一月」にしたかというと、陳其昌が「一九三九年春」に上海に戻ってきた時に持って来たのだから、中国の慣習で、彼が四川を発つときに独秀が書いて渡したと思ったからだ。「陳其昌が江津に着いて間もなく、一九三八年十一月三日にかれ（独秀）が返信を書いたことに思い至らなかった」からだ、と言う。英文手紙にある「一九三八年十一月三日」の日付は、独秀の漢語の手紙を陳其昌が英訳して、グラスに渡したが、その英文稿に書いた日付だ。陳其昌は筆記本（ノート）を持っていて、それに日付を書いていて、それを写したか、あるいは英文完成時はまだ日数が経ってなかったから日付を覚えていて、その時に注記したのであろう。これが鄭超麟の見解である。陳其昌が英訳したのか、彼とグラスとの共訳なのかは不明だが、最終の英訳原稿はグラスがチェックして、グラスの手紙とともに、グラス名で「一九三九年一月十九日」にトロツキー宛に出されている――これには臨委が一月九日に出した陳独秀の返信への反論が添えられていたはずである（『年譜』五一二頁）。

この「一九三八年十一月三日」執筆説に拠って、整理すると次のようになる。

（一）、陳其昌が四川の独秀宅に着いたのは「十一月一日前後」に固定される。返信を持って上海に戻ったのは「一九三九年春」だが、それは「一月九日」の前である――この日、上海の臨委は「国際（第四インター）への政治工作報告」を出して、陳独秀の返信の彼らへの「極左派」批判に反論しているからである（『年譜』五一二頁）――。

とすると、

（二）、陳其昌が「一月九日」の前に上海に着くには、四川を十一月半ばから月末までの間に発たなければならない。四川－湖南－香港－上海ルートの所要日数は「一か月余」、四十日位とみるのが相応だからだ。逆ルートも同日数が要ったとすると、陳其昌が上海を発ったのは、一九三八年の「秋」「九月半ば」頃で、四十日位後の「十一月一日前後」に独秀家に着き、暫く滞在して諸事情を話し合い、「十一月三日」に書いた返信をもらって、「一一月半ば」に四川を発って、年が変わった「一九三九年」の「春」、「一月一日」頃に上海着いた、ということになるのである。

唐宝林も、陳其昌は「秋」に上海を出て香港経由で重慶（江津）に行き、臨時委の「我々の陳独秀同志に対する意見」（これは一九三八年十一月決定、『年譜』五〇九頁）を見せたのち、独秀がトロツキー宛の返信を書いた、それを陳其昌が上海に持ち帰ったが、ときはすでに「一九三九年一月」になっていた、と書いている（『陳独秀全伝』七三八頁）――ここは『年譜』五一一頁と同見解だが、唐宝林『全伝』（七三二頁）、『中国トロツキスト全伝』（邦訳二二七頁）の説明はこの七三八頁の唐自身の論と整合していない――。だが、これにも一つ難点がある。臨委「十一月決定」の「意見」を持つと、陳其昌は「十一月三日」には四川には着けないのである。この難点を回避するには、陳其昌は持たずに出たとするよりほかない。では、独秀の手紙の上海派に対する厳しい「極左派」批判はどうして書かれたのかだが、これははっきりは解らない。おそらく陳其昌との話で、陳独秀の出獄後の抗日言論活動に対する上海派の批判不満が高まってきている状況を知らされて、それを踏まえて、以前からの上海のトロツキー派との見解の相違をトロツキー自身に明示し、国外には出ないと書いたのだろうと解しておくにとどめる。

メキシコで六月二五日に出されたトロツキーのグラス宛ての手紙は恐らく五十日後位の八月中旬頃に上海に着いていた（一月十九日のグラスの手紙にトロツキーは三月十一日に後掲の返事を書いているからだ。この間七週間余である）。この時陳独秀は、重慶市内から八月三日に江津県城内の郭家公館に移ったばかりだった。上海で住所を知っていたのは汪孟鄒らだけだった。手紙の内容は、自分の手紙を独秀に見せて、独秀をアメリカに出国させるという自分の提案を伝えよ、というのだから、臨委で相談して対応を決め、最終的には手紙を本人に渡して、その出国意思を確認しなければならない、しかし、本人が了承したとしても、アメリカが受け入れるかどうか、この方も手を打たねばならない。それには汪孟鄒–駐米大使・胡適の線で打開の道を開く必要がある。これが臨委の依頼を受けた汪孟鄒の十月二十一日の胡適への手紙（前掲）が書かれた経緯である。本人への確認は、誰かが行って直接確認しなければならない。手紙ひとつで決められるようなことではないからだ。だから、臨委の決定で旅費を工面してもらって、トロツキーの手紙を持って陳其昌がはるばる香港経由で四川にまで足を運ばなければならなかったのだ、とわたしは考えて、前章第十章のように整理して書いたが、なお不鮮明な部分があるということを書き添えておく。

【附】「フランク・グラスへの手紙　レオン・トロツキー」（一九三九年三月一一日）

一九三九年三月一一日

親愛なる友へ

［一九三九年］一月十九日付の上海からのあなたの手紙と、四川からの［陳独秀の］声明［トロツキー宛ての手紙］をわたしは最大の関心を持って読みました。ついにわたしたちはわたしたちに今まで欠けていた情報を手にしました。わたしたちの古い友人［陳］が、わたしにはそれに必要な正確さをもって評価することが出来ない幾つかのありうる分岐にもかかわらず、政治的には友人に留まっているのを大変うれしく思います。

もちろん、わたしには、わたしたちの同志たちの政策やかれらの極左主義の程度について、そしてだから、わたしたちの古い友人の方への鋭い批判の正しさについて明確な意見を述べることは大変困難なことです。しかしながら、かれの声明の本質はわたしにには正しいもののように思われます。そしてわたしは、この基礎にもとづいて永続する協力が可能であろうと望んでいます。

わたしは、かれにとって最善なのはある期間合衆国に滞在することだろうと信じつづけています。あなたは、高位の権力の是認が無くとも、それが実行できるとは思いませんか？

わたしは、いかなる危険も自分を脅かしてはいないというかれの楽観的な見解を共有することは出来ません。ええ、一定の期間はわたしたちの中国の同志たちはかれらの力の弱さのために少しは保護されます。しかしながらわたしたちは国際的には次第に強くなりつつあります。わたしたちの党は合衆国において既にある重大な役割を演じ始めました。それはスターリン主義者にとっては恐ろしい警告であり、かれらは他の国々においても同じような危険を阻もうと試みるでしょう。かれらがそれをわたしたちの運動の最も有名な人物［の殺害］をもって始めるでしょう。

同志的に

最も温かな歓迎と切なる願いを込めて

トロツキー

コヨアカン　D.F.　2-5

【注】メキシコのトロツキーは三月一一日にこの手紙を英文で書き、上海のグラスに送った――傍点部分はイタリック体である。手紙はハーバード大学の『トロツキーの追放期文書《エグザイル・ペーパー》』の中に所蔵されている。ベントンの英文訳書一一四－一一五頁所収の原英文から訳した。日付は英文に拠る。トロツキーの手紙は双山（王凡西＝王文元）によって中文に翻訳され『托洛茨基档案中致中国同志的信』という本の中に収められているという（原書未見）。陳独秀がこの手紙を見たのかどうかは不明だが――グラス宛だから多分四川の陳独秀には内容は示されなかったであろう。何之瑜編原書の中に入っていたのはこの王文元の中文翻訳のようである。この手紙が上海に着くと、臨時委員会は反発し、「臨委のインターナショナルへの報告――D・S（陳独秀）同志の問題について」を発表した。「D・S同志は出獄後は一貫して政治的に機会主義の立場を採り、組織的には取消主義な観点を採ってきた。」かれは資本主義の発展を鼓吹し、「永続革命論」から離れ、「中国のプロレタリアートの力と社会主義に対する信心は根本から揺らいでいる。かれはしばしば『何の保留も無しに百分の百の力を民族民主闘争に使う』といい、かれはけっして永続革命論の立場に立ってこの問題を提出しているのではない。反対に、かれの最近の思想の発展はすでに「段階論」の学説に近くなった。」「われわれの否認出来ない声明――D・S同志とわれわれとの間には、抗戦の過程中に根本的に異なる二つの路線がある。」メンシェヴィキ機会主義路線とボルシェヴィキ・レーニン路線である。「もしかれがなお偏見に固執し、われわれを『極左派』と見て、かれの一貫した機会主義路線を保留し続けるなら、われわれは接近しようも、協力することもできない」と言った。臨委はトロツキーの意向を受けて、陳独秀が第四インターに留まること、アメリカに行くことは認めたが、臨委の中では、陳其昌や王文元などは「道徳的感情でもって」この闘争を回避し、陳独秀を「まだわれわれの立場を離れてはいない」と弁護していた（『年譜』五一四頁）。陳独秀はこの後、上海トロツキー派のなかでも意見は異にするが、話ができるかれらと連絡をとることにしたのだが、それには親しい濮徳志（独秀の親戚で抗日戦で避難していた雲南の学校で教師をしていた。「西流」の名で

表示される）に手紙を送り、そこから写しを上海の「連根（王文元）」、に送る方式が採られることになるのである。

一九三九年五月三日、羅漢が日本軍の重慶爆撃で死亡した。それで北京大学同学会は江津の国立第九中学校の教師をしていた何之瑜に陳独秀の面倒を見ることを依頼した。

一九三九年八月にヒトラーはスターリンとの間で「独ソ不可侵条約」を結んだ。これは西欧の共産党、進歩派に大きな衝撃を与えた。スターリンの裏切りと見えた。これによって独秀のソ連観も大きく変化する。スターリンはその後ヒトラーのナチスと一緒になってポーランドを分割、フィンランド戦争を起こした。こうした世界情勢の激変を背景に、雲南の濮徳志（濮清泉）が独秀に、「ファシズムが勝利したら、人類はまさに浩劫（大災難）に淪《しず》むだろう、だから全力でファシズムの勝利を阻止すべきだ」と言ってきたのに対する返信を書いた。濮徳志が上海のトロツキー派は第三インター（コミンテルン）の考えを全面否定しているといっている点について、陳独秀は反対で、議論が出された。折から、中共は『新華日報』において、トロツキー派は『動向』において、この戦争についての認識を発表していた。これを受けて陳独秀が書いた見解表明が次の手紙3、**「西流らへの手紙（一）」**である。

「西流らへの手紙（一）」は一九四〇年三月という日付を見ると分かるように、先の「トロツキーへの手紙」から一年半後に書かれている。王文元はこの期に陳独秀の認識が転換したという。つまり、一九三九年の一連の世界史的事件を間に挟んでいるからだ。三、四月のドイツによるチェコ保護国化、イタリアによるアルバニア併合、八月二三日の「独ソ不可侵条約」の締結、続いて、独ソによるポーランド分割だが、これを独秀は、コミンテルンは一方でヒトラーを支援したと言った（後出）。独ソ不可侵条約で東方の安心を得たヒトラーは、第一次大戦後から懸案になっていたポーランド回廊・ダンツィヒ問題の武力解決のために、九月一日に「ポーランド侵攻」を開始、ポーランドと同盟を結んでいた英仏はドイツに宣戦した。第二次大戦がヨーロッパで始まった。十一月にはソ連のフィンランド進攻が起き、その評価をめぐって第四インターは分裂した。中国トロツキー派は、ソ連はなお「堕落した労働者国家」だというトロツキーに忠実だったが、陳独秀は懐疑的だった。このヒトラードイツとの戦争に対してプロレタリア政党はどういう立場を採るべきかという問題についての陳独秀の考えが述べられる。「独ソ不可侵条約」締結はヨーロッパの社会主義者にとって大衝撃だった事件で、独秀もソ連への失望を強めたことは先に見た。以後の世界の変動についての彼の観点は後の三論文、「私の根本意見」等で大概理解できる。最大の特徴は、スターリン主義とナチズムの専制的暴力支配——民族排外的、非法的な抑圧、大量殺戮、対外侵略——に対する人道主義的な非難、拒絶の声である。これが根底にある。それと対比して、条約締結・ナチスのポーランド侵攻（大戦勃発）時の毛沢東（中共）の国際情勢認識を見てみると、陳独秀のこの世界情勢への敏感さ直観力が際立ったものであることが良く分かる（一九〇三年の拒露運動以来である）。

延安の毛沢東は、ヒトラーがポーランド侵攻を開始した九月一日に『新華日報』記者と「談話」をおこない、それを六日に公けにし、一四日には「第二次帝国主義戦争についての講演要綱」を発表した（『中国共産党資料集10』所収）。比較のために一瞥し評論しておく必要があるかに思われる。毛沢東の見解の特質は、ナチズム（ファシズム）の特異性、危険性についての認識が全く欠落していること、勿論スターリン主義の問題性は目に入らず、正義のソ連、光明のソ連で、イギリスは帝国主義列強の親玉であるとし、帝国主義国国内では「帝国主義戦争を革命の国内戦争に変える」ようにと主張している。以下、要約である。

【要約】この戦争は世界恐慌から起きた世界再分割、植民地支配争奪戦争で、ドイツと英仏の二大帝国主義の「掠奪」戦争になる。ソ独不可侵条約は、ソ連とドイツとの戦争を挑発した英仏の陰謀を粉砕し、日独伊のソ連包囲網を打破し、日本に打撃を与え中国を支援したものである。英仏とソ連との交渉は英仏に誠意がなかったからで、ドイツは反ソ連の立場を放棄し、ソ連国境の安全を認めた。イギリスは最も反動的で、英仏等の民主主義国政府と統一戦線を作る時期は過ぎた。ソ連中心の統一戦線あるのみである。ソ連は世界の平和、解放運動、抗戦の援助者で、この道が「光明の道」だ。共産党の革命政策は、イギリス・フランス・ポーランドの社会民主党は（反ヒトラードイツの）自国政府を擁護する「裏切り」をしているが、帝国主義国では「帝国主義戦争を革命の国内戦争に変え」るよう戦争反対の人民戦線を宣伝すべきで、アメリカは「大儲け」しようという偽りの「中立」だから、社会民主党に反対し、（ソ連中心の）統一戦線を作る、というものだ。わが国は対日反攻の準備期に入った。戦争は長期化するが、蔣委員長・国民政府を擁護し、投降に反対し団結を堅持する。

毛沢東の発言と文章は政治家・中共領袖としての発言で、「政治効果」を狙ったものだから、世界情勢の「認識」レベルで比較して評論ずるには少し躊躇いがあるが、ステレオタイプの論で、世界情勢分析論としては後掲される陳独秀の方が鋭敏で歴史の評価に耐えられている。現今ではこの歴史過程は概略つぎのように説明されているので、「参考資料」として次に記しておく。毛沢東と陳独秀の世界情勢認識を読み比べていただく参考にしていただきたい。

【参考資料】一九三九年三月のソ連共産党大会でスターリンは、資本主義国は二ブロックに分裂した、ソ連はどちらにも組しない、最大の問題はドイツがウクライナに向かうかどうかだ。向かわないなら妥協は可能だ。それを阻止するためなら英仏と協力する、と言った。それでイギリスはソ連を対独包囲網に入れるために代表を送って交渉を始めた。ソ連はモロトフが外相に就任し、英仏との交渉が四か月にわたって行われた。しかし進まなかった。どちらに非があったかは論議があることだが、ソ連のイギリスへの不信が高まった。一方ドイツは、二正面作戦を避けなければならず、ソ連と結んでポーランドを孤立させれば、ポーランドに侵攻しても英仏は参戦しないだろうと踏んだ。それでヒトラーは五月三〇日、対ソ交渉を決意、武器調達と通商でソ連を優遇し、政治交渉を開始した。ここで二つの交渉が併行した。ソ連は英仏との交渉に望みを失いつつあったところに、三九年五月からイギリスがドイツとの秘密交渉をしていることに気付いた。ソ連にとって英仏とドイツとの戦争は有利だ、東方では五－九月間にノモンハン事件が起きて、東西両方からの危険を感じていたから、ドイツが申し出た独ソ交渉に応じた。ソ連はイギリスは一方でソ連との交渉を引き延ばしつつ、一方でドイツとも交渉する《二重外交》をやっていると考えた。なら、どちらにも「自由な地位」に居ようと考えた。それで英仏に最後通牒を出した。ドイツも日本と軍事同盟を結んで東西からソ連を挟撃する体制を作るのは困難だと判断し、独ソ友好関係を復活させようと提案した。これに対しモロトフが、いや「不可侵条約」がいいと示したのである。九月一日以降のポーランド侵攻の準備を四月に既に命じていたヒトラーは、これに応じ、リッペンドロップ外相がモスクワに飛んだのである。八月二三日の調印で世界に激動が走った。九月一日のポーランド侵攻後、英仏はドイツに宣戦した。しかし西部戦線でのにらみ合いの「奇妙な戦争」が続いた。東部ではドイツの占領に続いて、ソ連がポーランド東半分を占領し、スターリンは九月二八日に「独ソ協定」を結んでヒトラーのナチスドイツとポーランドを「分割」した。そして更に「北方」へ軍を進め、一〇月三〇日、フィンランドに侵攻、戦争を始めた。そして領土を獲得したのである（四〇年三月休戦）。

陳独秀のこの後の多くの手紙は、雲南の濮徳志によって抄写されて上海のトロツキー派臨時委員会のメンバーである王文元などに送られていった——だから上海の鄭超麟らの所に書信が残されていた——。こうして、上海派との間に大戦問題についての論争が発生した（鄭家稼書一一二七頁）。それは私信を雲南を経由して上海に送る（おそらく香港ルート）というイレギュラーな形を取って行われた。なぜなら、重慶から長江を下って武漢、南京、上海へと通じる郵便ルートは日本軍の支配下だから使えなかったからだ。だが、これらの手紙は私的な書信を超えた政治的性格を持ったもので、四川で陳独秀が四論文を公にしたいと語っていたことの背景を為したものだった。この独秀の出版意思を知っていた何之瑜は、論文形成の背景を為すこれらの書信も出版する必要があると考え、同志から資金を募って出版することにしたのである。

この頃のエピソードを一つ。一九四〇年二月十三日、陳独秀は歯の治療のために重慶市に出て来て市内に滞在した。鄭家稼はこの晩に独秀（何之瑜同席）と会談した話を日記に記している。独秀は、「国民党は何で共産党に寛容なのか、まさか日本をやっつけてロシアが自由に中国を侵略できるようにするというのではあるまい？」「毛潤之［毛沢東］はもし立場を改めないと、きっと漢奸になり、かれはオットー・クーシネン［スターリンのフィンランド侵略の時のフィン奸＝手引役、一九一八年の内戦で敗れてソ連に亡命していた共産党員、理論家で二八年コミンテルン東方部長、三九年十二月一日のソ連軍フィンランド進攻の当日、ソ連軍が占領した国境の町テリキヨで傀儡政権フィンランド民主共和国の首班となった」に為るよりほかないだろう。」と言ったという（鄭書一三四九頁）。真偽の程を吟味する必要はあるが、面白い話である。陳独秀はこの時の共産党をスターリンロシアを中国に呼び入れてその侵略の片棒を担ぎかねない「漢奸」的存在、ソ連の代理人と見ていたらしい。後、一九五〇年代に胡適が『スターリン大戦略下の中国』という構図で二十年代以後の歴史と中共を見たのと通ずる認識である。五四時代の啓蒙思想の時代精神からはソ連・コミンテルン指導下の共産党はそのように見えたらしい。毛沢東路線ですら建国後「ソ連一辺倒」だった。スターリンからの独立は困難で、スターリンからの脱却をめぐってフルシチョフのソ連と中ソ論争を起こし、さらには文化大革命へと繫がったとわたしは思うのだが、それは本書の範囲を越える。この話を伝える鄭家稼は、陳独秀が監獄から釈放された後、王明・康生らが始めた「反トロツキー匪漢奸運動」で、独秀は金銭を貰って日本特務機関から金銭をもらっている「漢奸」だ、トロツキー派だけでなく共産党に批判的な言論分子も「日寇」の金銭で上海で文章を発表している「漢奸」だと槍玉に挙げられたうちの一人、薛農山、葉青（任卓宣）、柳寧（朱其華）、鄭家稼らの一人だった。鄭家稼は一九三八年五月に武漢の独秀の居所に知人の薛農山からの支援金を持って訪ねて以来、同じ「漢奸」同士として付き合うようになり、復旦大学が重慶に移り教授のかれも移って来て独秀と往来があった（『伝記文学』三十巻五期、「陳独秀先生晩年的一些事」）。だからこの話はまるっきり嘘と言うのではない。

3、「西流（濮徳志）らへの手紙（二）」（一九四〇年三月二日）

第三インター［コミンテルン］の過去の「反ファシズム」のスローガンに誤りはない。その間違いは、事理に通じない「人民戦線」、「反侵略戦線」などのスローガンで、ブルジョワ政府と連合する夢を何のよりどころもなく作ったことにある。国際的なプロレタリア反ファシズム連合戦線を組織したことではなくてだ。イギリス・フランスのブルジョワ政府とファシズムのヒトラー政権が戦争を始めると、かれら［第三インター］は一面で実際はヒトラーの側に立ち、一面で帝国主義の大戦に反対すると宣布してイギリス・フランスの労働者に戦争に反対するよう促した。フランス共産党の四十余人は反ヒトラーの戦争に賛成したため、除名された。これは実際にはヒトラーを援助し、かれをイギリス・フランスに勝利させるものである。重慶で発行されている『新華日報』〔中共機関紙〕は大々的にレーニンが一九一四年の大戦に反対した論文を訳載し、今次の戦争は前回の大戦の再演である、即ち双方の帝国主義者のどちらも、それが奴隷のように使役している本国人民を確保し、植民地を掠奪するためにやっている戦争だと毎日声高に叫んでいる。『動向月刊』〔トロツキー派〕もかれらの追随者になり、この理論においては、わたしはついに中国トロツキー派とスターリン派との区別が見いだせなかった。レーニンの一九一四年の大戦に対する理論は正確だった。それはかれが、マルクス・エンゲルスの普仏戦争についての既成の理論をそのまま引き写そうとはせず、自分の頭で当時の帝国主義大戦の環境と特質を観察分析したことによるのだ。そのスローガン〔帝国主義国際戦争を国内革命闘争に転化する〕が効果を収めたのは、帝政ロシアが実際は敗戦国だったことによる。そして更に、ロシアは土地が広かったので、ドイツはロシアにブレスト・リトフスク講和条約以上の迫害を加えられなかったから、十月革命はようやく保全されたのである。現在はというと、われわれもレーニンの一九一四年の大戦についての既成の理論をそのまま引き写すべきではなく、自分の脳で戦争の環境と特質を観察分析すべきなのだ。すべての理論やスローガンはみな時間性と空間性を持っているもので、勝手に引き写すことは出来ないものである。欧州大戦のようなこのような大きな事変を、その生きた環境と特質を観察することが出来ずに、歴史の繰り返しだと見て、一篇の過去の大戦経験と理論を暗唱して事は了りとしている。このようなマルクス主義理論家は古い文章を引き写す八股文家である！　歴史は再演しないが、誤りは再演するものだ。ある人は、レーニンの一九一四年の大戦についての理論とスローガンを中日戦争に適応して、被圧迫民族の反帝国主義の特質を忘れてしまっている。かれがいかに左翼的なことを上っ調子で言っても、ただ日本を助けるだけだ。現在また、ある人はレーニンの当時の理論とスローガンを今次の戦争に応用している。しかし、反ファシズムの特質をおろそかにしている。かれが如何に左翼的に上っ調子で主張しようとも、ただヒトラーの助けをすることが出来るだけである。［現在の］イギリス・フランスは［普仏戦争時のような］圧迫されたプロシャではないとはいうものの、ヒトラーこそがヨーロッパを横行するナポレオン三世であって、［普仏戦争時の］ウィルヘルム一世［一世の誤り］ではないのである。だから、ドイツだけでなく、イギリス・フランスのプロレタリア政党も、もとより「祖国を防衛せよ」というスローガンを採用すべきではなく、「共同してファシズムのヒトラーをやっつけよう」というスローガンを採用すべきなのである。今日の武器と交通は以前とは大きく異なっています。イギリス・フランスの国内［革命］戦争はたとえ成功したとしても、もしヒトラーが転覆される前であれば、革命新政権の運命はけっしてブレスト・リトフスク条約の調印のあのように幸い免れることは出来ないであろう。吾兄［あなた］の手紙も言っているように、「もしファシズムが勝利したら、人類はまさに大災禍（浩劫）に淪《しず》むでしょう。そのために、全力でファシズムの勝利を阻止しなければなりません。」これは本当にそうです。ただ、どのようにしてファシズムの勝利を阻止するのでしょう。わたしは、ヒトラーが対英仏戦争で敗れて、以前のナポレオン三世の［普仏戦争での］敗戦と同じように、国内革命［パリコミューン・第三共和政］を引き起こしたら、ファシズムの勝利を阻止できる、と考えます。もしイギリスとフランスで［労働者政党が］祖国敗北主義［自国支配階級の政府に反対し、政府が戦争に敗北し弱体化すれば革命が進展するという主張］を採ったならば、ただ人類の大災禍を促すだけで、勝つのはもちろんヒトラーになり、もとよりイギリス・フランス政府ではなくなります。またイギリス・フランスとドイツのプロレタリア階級でもない。もし、交戦している双方とも帝国主義者だ、だから労働者はともに双方に反対しなければならない、と言うなら、これは以前にヒトラーをブリューニング［内閣、一九三〇－三二］と同じように見なし、国社党［国民社会主義労働者党＝ナチス］を社会民主党と見なしたのと同様の誤りになる。このような軽重も白黒も分けない誤りは、以前はそのためにヒトラーの国内での成功を助けてしまった。現在またこれでヒトラーの国際的な成功を助けることになる。プロレタリアはもとより明日のために準備しなければならないが、しかし今日は何をしなければならないのか？　今日はすでに戦争が始まっているのだ！　ヒトラーを助けるのか、それともヒトラーに反対するのか、事実の上でも、理論の上でも、どちらにおいても曖昧にしておくことは出来ない。ヒトラーに反対するのなら、同時にヒトラーの敵を打倒すべきではない。そうでないなら、謂っているヒトラーに反対し、ファシズムの勝利を阻止する、というのはみな空文句になってしまう。あなたの考えはどうですか？　なお詳しく示されんことを望みます。

【注】雲南の濮徳志にこの手紙を出したのに、濮から返事がないので、陳独秀は一か月余の後、次の手紙を書いた。

4、「西流（濮徳志）らへの手紙（二）」（一九四〇年四月二四日）

……前の手紙ではまだ意を尽くせぬものがありましたので、ここに以下のように再び述べます。弟《わたし》には二つの信念があります。（一）、今次大戦が結末を迎える前には、ひいては戦後の短期間中には、大衆的な民主革命は実現の可能性はない。（二）、現在のドイツ・ロシアの国社［国民社会］主義［ナチズム］、ゲー・ペー・ウー［ソ連の秘密警察］政治、イタリアと日本はこれに追従する地位にあるが、これは現代の宗教法廷である。この時もし人類が前進しようとするなら、必ず先ず、この中世期の宗教法廷よりもなお暗黒な国民社会主義とゲー・ペー・ウー政治を打倒しなければならない。だから、一切の闘争（反帝闘争もその中に含まれる）は、この闘争に比べるとみな二番目、三番目の地位に属する。もしこの闘争に害をもたらす闘争があれば、それは反動的なものである。わたしは以上の見解に基づいて、イギリス・フランス・アメリカの国内での戦争反対は反動的なものであり、たとえインド独立運動であっても、反動的なものだと考える。民族闘争はひとたび世界闘争の利益から離れたら、反動的にならざるを得ないのである。さらには事実においても、インドが一旦イギリスから離れたら、必然的に日本かロシアの支配に入る。これはヒトラーをしてイギリスに対する決定的な勝利を得させることになる。これは反動ではないか、どうだろう？　わたしの意見は、連根兄［王文元＝王凡西］はこれを見て驚くだけでなく、兄らもまた必ず慎重に考慮すべきだと認めるだろう。というのは、これはわれわれの脳の中の以前学習した公式と大きく衝突するからである。この手紙も連根兄に転送して、一閲できるようにしてくださるよう望みます。前函と一緒に併せて抄写して×兄［不明］に送って下さるなら、なお良いでしょう……一九四〇年四月二十四日

［追伸］反国民社会主義［反ナチズム］、反ゲー・ペー・ウー政治の大闘争は、民衆によるのではなく、イギリス・フランスの対独戦争というやや好い形式によってなされています。これは全世界の革命者の恥辱であり、もし再び上っ調子で空談して、国民社会主義者をして勝利を獲得させたならば、それは更に恥辱罪悪なのである！　ではまた。

【注】これに濮徳志から返事が来たので、それに対する返信を書いた。これが次の三通目の「西流らへの手紙（三）」である。これは胡適序言本では省略されている。張永痛・劉学伝編『後期陳独秀及其文章選編』（四川人民出版、一九八〇）一八六－一九一頁に「給西流等的三封信」として収められている。『晩年』所収文と二か所字が異なり、一か所句読が違う（訳文中に補注）。

5、「西流（濮徳志）らへの手紙（三）」（一九四〇年五～六月）

……あなたの欧州戦についての意見に関して、以下のように回答します。あなたの欧州戦について持っている意見は、根本で日頃から持ってきた民主とソ連についての意見をひっくり返したものですが、なお現存の理論と公式の拘束するところを免れていません。即ち、レーニンの前回の大戦についての理論と公式の拘束するところとなって

いて、未だ能く自らの脳を使って問題を思索することが出来ていません。前回兄に書いて送った二点の内の第一点を犯しているのです。レーニン時代の帝国主義はマルクスやエンゲルスもまだ見たことのないものでした。ですから、レーニンはマルクス・エンゲルスが普仏戦争について書いた既成の理論を襲用することが出来ませんでした。われわれの時代のファシズムとゲー・ペー・ウー政治は、レーニンも未だ見たことのないものです。われわれはかれ［レーニン］の前回の大戦についての理論を襲用することは出来ません。前回の大戦の結果は、たとえイギリスが敗けても、ドイツが敗けても、人類の運命に著しい変化はありませんでした。［しかし］今度ドイツ・ロシアが勝利したとすると、人類はさらに暗黒さを加えること少なくとも半世紀になるだろう。もし勝利がイギリス・フランス・アメリカに属することになれば、ブルジョワ階級民主が保持されることになり、然る後、ようやく道路が有って大衆的民主に向かって歩むようになるだろう。われわれはファシズムの勝利は大衆的民主の実現を加速させ得る、と見極められるのだろうか？　もしこのように考えるなら、すなわちそれは、「あん畜生［原文「死狗」＝スターリン］」が、ドイツでヒトラーが舞台に出て来る［政権に就く］前に言った荒唐無稽な見解の重複《くりかえし》である。われわれはこの時いま、イギリス・フランスにおいて国内革命を呼びかけて、ファシズムに返答することが出来る、と仮定できるだろうか？　わたしは、客観的な条件には、われわれをしてこのような軽率な仮定をさせることが出来るものは少しも無いと思う。このような仮定は、ヒトラーと「あん畜生［スターリン］」を助けること以外、他の効用は何もない。以前かなり多くの人が、国民会議は不要だ、ただソヴィエトが要るだけだ、と言ったことがあって、わたしはかつて彼らに問うたことがあった。「ソヴィエトは誠にその通り国民会議よりも好い、しかし、これからどのようにしてソヴィエトに向かって歩むのか？」と。兄はいま、「われわれは［最終目的である］大衆的民主を忘れるべきではない。」と言われるが、わたしもあなたに問おう。「あなたはただ役に立たないこと［最終目的としての大衆的民主］を忘れるべきではないが、しかし、これからどのように大衆的民主に向かって歩むのか？」と。形式的で局限された民主は、大衆的民主の闘争には有利なものです。ファシズムとゲー・ペー・ウー政治は大衆的民主運動に制動《ブレーキ》となるものです。中国問題を以て論じると、イギリス・フランスが敗れたなら、中国は日本とロシア両国の支配になるほかなく、もしイギリス・フランスが勝ったら、全世界のファシズム運動は破産し、当然東西の旧秩序が恢復するはずで、それが中国の国内政治に影響することも、想像すれば知ることが出来るでしょう。われわれはこれ〔英仏の勝利〕よりも更に好く更に美しい夢を見ることが出来るでしょうか？　以前、第三インターは、国内的なスローガンは「人民戦線」で、国際的なスローガンは「平和戦線」でした。〔いま私が言っている〕「民主戦線」というこのスローガンはほんの少ししか使いませんでした。各国の〔共産〕党がかつてそれを使ったことがありますが、わたしはそれが間違ったものだと認めることは出来ません。* なぜなら、根本においてソ連は民主でないのに、** 各民主国がまだヒトラーと決戦する表明をしなかった時に、〔かれらは〕民主戦線というこの礼品を持って英米と懇親を結ぶ政策をおこなって、各民主国国内の民衆闘争にブレーキをかける役目を果たしたのですが、それは、いま各民主国がヒトラーに向かって大砲を撃って戦っている時に、かれら〔第三インター〕が「民主戦線」の政策を採用しようとしないことと同じく、前の時も後も、*** ともに間違っているからです。今次の民主擁護に至っては、前回の大戦中の民主擁護と比べることはできません。なぜなら前回の大戦ではファシズムの問題はなかったからですが、このことは上の文で既に詳しく説明しました。その余の詳しいことは前回この問題のために書いた手紙で、参考にすることができるでしょう。この手紙と前に老×に書いた手紙は、ともに××に送って一閲してもらえれば、弟《わたし》は重複《にどでま》が避けられます。兄とわたしは数年前にすでに「あん畜生〔スターリン〕」は全世界罪悪の魁首であると認め（このたびは○×兄が謂うところの感情的になってではありません）、誰がやって来てこいつ〔スターリン〕をひっくり返したとしても、われわれはみな賛成する、と言いましたが、兄はもう忘れましたか？　わたしはいま言います。真面目に言います。誰があん畜生〔死狗・スターリン〕とヒトラーを打倒しようと、わたしは彼に向かって叩頭します。わたしはその人の奴隷になりたいと思います……

＊原文は「我不能承認那是不対的」、『晩年』は「我不能承認、那是不対的」と切る。長堀祐造訳は後者に拠ったが、前者に従う。
＊＊原文「因為根本蘇聯（便）不民主」、『晩年』は「便」字を入れる。
＊＊＊『晩年』は「前後」、『後期的陳独秀及其文章選編』は「最後」。『晩年』に従う。

【注】　これらの手紙にあるブルジョワ民主から「大衆的民主」へという語句が、トロツキー派の友人たちの「一致」した懐疑と抗議を呼び起こした、というのが胡適の解釈だが、六月に上海のトロツキー派中央（臨時委）は、雲南の西流（濮徳志）から転じられてきた手紙に激怒して、次のような決議をした。「D・S同志（陳独秀）が三通の手紙の中で表現した根本思想は、今度の戦争は帝国主義による世界再分割の戦争ではないというものである。だから、かれははっきりと民主的なイギリス・フランス帝国主義の側に立ち、革命的「敗北主義」に反対し、「国内戦争を以て帝国主義の戦争を変える（帝国主義戦争を国内階級戦争に転化する）」ことに反対するものである。」（『保衛馬克思主義』油印小冊子、唐宝林『陳独秀全伝』七七八頁所引）、と。

七月下旬に鄧燮康が人に託して連根（王元文・王凡西）の手紙を独秀に届けてきた。その手紙で、上海の臨時委員会がこの決議をして、独秀はトロツキー派を「極左派」と見て依然として「機会主義路線」を採っている（独秀「トロツキーへの手紙」参照）から、合作できないと言っている、ということを知った（朱洪『陳独秀的最後歳月』二〇七頁）。これに対する独秀の連根への返信が次の手紙である。

6、「連根（王文元＝王凡西）への手紙」（一九四〇年七月三一日）

……君たち［上海の中央臨委］の意見が一致したのは、わたしはみな見ました。病気を押して無理をしてでも簡単に君に数語返事を書かない訳にはいきません。君たちの誤りの原因は、第一は、ブルジョワ階級民主主義政治の真実の価値を理解していないことである（レーニン、トロツキー以下均しくみなこのようである）。民主政治をただブルジョワ階級の支配方式にすぎない、偽善であり、欺瞞であると見なすのは、民主政治の真実の内容が次のようなものであることを理解できていないことだ。裁判所以外の機関は人を捕える権限を持たない、参政権が無ければ税を納めない、議会を通さなければ、政府は税を徴する権限を持たない、政府の反対党は組織、言論、出版の自由を有する、労働者はストライキ権を持つ、農民は土地を耕す権利を持つ、思想、宗教の自由、等々であるが、これはみな大衆が必要とするもので、また十三世紀以来、大衆が鮮血を以って闘争すること七百余年にして、やっと今日のいわゆる「ブルジョワ階級の民主」に到ったのだ。これがまさにいまロシア、イタリア、ドイツがひっくり返そうとしているものなのだ。謂うところの「プロレタリア階級の民主政治」とブルジョワ階級の民主とはただ実施する範囲が広いか狭いかの違いがあるだけで、けっして内容的にそれとは別のワンセットの無級〔無産階級〕の民主がある訳ではない。十月〔革命〕以後、「プロレタリア階級の民主」というこの中身の空っぽな抽象名詞を武器にして、ブルジョワ階級の実際の民主を破壊して来て、そして今日のスターリン支配のソ連があるに至ったのである。イタリア、ドイツはまたそれにくっ付いて口真似を話しているのである。今、君らはまた、この中身が空っぽな名詞を持って武器にして、ヒトラーのためにブルジョワ階級の民主のイギリス、アメリカを攻撃しているのだ。第二は、ファシズムと、イギリス、フランス、アメリカ帝国主義者の階級的な働きが違うことが分かってないことだ（帝国主義は金融寡頭が中産階級と結んだもので、プロレタリア階級の組織と宣伝をある限度までは容認する、ファシズムは金融寡頭がルンペンプロレタリアート〔原文は流氓無産階級〕、および右派急進小ブルジョワ階級と結んで、プロレタリア階級の組織と宣伝を根本から根こそぎにするのである）。ファシズムの経済制度は、イギリス、アメリカの帝国主義と比べてみると、日々次第に国際化する局面から転回して、国家化、自給自足的封建化へ到りつつある、このことが理解できておらず、ただ簡単に政治制度が違っているとだけしか認識していないことだ。政治制度というのはその階級的な経済の力によって動かされるもの［推動］であって、空中に浮かんで生まれるのではない。即ち、政治制度の表面を以て論じてみたとしても、ドイツ、イタリア、ロシアのゲー・ペー・ウー政治制度とイギリス、フランス、アメリカの議会政治制度とは些細な違いなのだろうか？　第三は、「中間闘争」の重要性が分かっていないことだ。われわれがもしひたすら最後の闘争だけを望んで、ただ最後の闘争さえありさえすれば、ファシズムとその復活とを消滅させることが出来る、問題を解決することが出来る、と考えるなら、その時は、中間闘争の反ファシズム運動、ストライキ運動、国民会議運動などなどはみんなやっても益の無い挙で、ただじっと静かに最後の闘争が天から降りて来るのを待てばいいということになる。また加えるに、第四だ。イギリス、フランスが敗れた後に、革命が起きてブルジョワ階級の支配全部をひっくり返すという仮定、これは完全に奇蹟を幻想することだ（××［西流］に与えた手紙（二二）を参照すること）。以上四つの原因の総ての由来はなお、「実際の歴史の重大な変化発展に目を閉ざして、ひたすら抽象的公式を弄んでいる」ことにある。自然科学の公式も時にまた砕かれ覆されることがある。社会科学の公式はさらにもっと脆弱で、歴史は繰り返さないはずなのだ。旧式の公式をもって万能薬とし、永久にそれから導き出［演繹］して、日々変動し複雑になっている事件の上に使用している。これは牛の轡を馬の口に当てるようなもので、当然、そぐわないものである。

大戦がはじまってから、重慶の『新華日報』［中共］はレーニンの前回の大戦での理論にもとづいて、イギリス、フランスなどのブルジョワ階級の民主国家の虚偽を非難し、帝国主義間の戦争に反対して、両方とも侵略的強盗だと言って、大声疾呼している。実際は言葉と言葉の合間で却って秘かにヒトラーに左袒しているのである。わたしは君らの手紙を仔細に読んだが、思想的には死狗《あんちくしょう》［スターリン］と違いが無いだけでなく、詞句《ことば》もまた多く似たものである。最近小冊子の『破暁』（『破暁』は当然トロツキーの意見にもとづいたものである）読んだが、なんとファシズムを放って置いて、もっぱらイギリス、アメリカを攻撃をしていて、さらにはソ連のフィンランド征伐を弁護している。このようにヒトラー、スターリンのために義勇でもって宣伝しているのは、態度がまだはっきりしていないのではないか？　また、どうして双方のどちらにも左袒《かたん》しないと言うのだろうか？　「民主国のイギリス、アメリカに反対する」、「ファシズムを攻撃しない」、「ソ連を擁護する」、この三つの政治綱領を結び付けてみると、第三インターと第四インターは理屈の上では合併すべきだということになる。このように君らが今後、再びスターリンに反対するのなら、それは政治原則の無い私人の権力と地位のための争いになってしまうだろう。スターリンが手中に掌握している軍隊、警察、法廷などの機関を除いたほかに、誰が能く空中に漂っている「ソ連」を探し出して擁護することができるというのか？　君らの意見が改変される望みがないなら、死狗《あんちくしょう》［スターリン］と妥協することになるのは、時間の問題に過ぎない。さらに君らの希望通りに（少なくとも『破暁』の作者はそうらしいが）、各民主国が、そしてアメリカさえも負けたなら、トロツキーはメキシコに住んでいられなくなる。その時、死狗［スターリン］と妥協しなかったとしたら、またどこに活路があるだろうか！

……　　　　　　　　　　　　　　　　　　　　一九四〇年七月三十一日

わたしが二つの問題を出しますので、兄が返答してくださるよう。

（一）、ナチスの脅しの下にあるイギリス、フランスの革命党は、反ナチスのスローガンを用いて力量を集めることが出来るのだろうか？　それとも、反本国政府のスローガンを用いて力量を集めることが出来るのだろうか？

（二）、仮にいま、ドイツの国内にある民主勢力があり、ナチスに対して国内戦争を起こしたとする、君たちは時を同じくしてかれらと一緒にナチスを打倒しようと主張するのか、それとも、ナチスと連合して民主派を打倒するのかね？　あるいは、意因［鄭超麟］のように同時に双方に冷淡であることを主張するのかね？

【注】陳独秀がこの手紙を書き上げて間もなく、トロツキーはメキシコでスターリンの放った暗殺者によって、その頭脳をピッケルで砕かれ、死亡した（一九四〇年八月二〇日）。

この頃、この手紙と行き違いのように濮徳志と王文元からの手紙が独秀の所に来て、それが問題を提出していたので、それに答えて書いたのが、次の手紙である。第一の問題（国際情勢）については、その後のかれの論文で詳しく論じられるので、簡単にすませているが、王文元の提出した民主の問題について詳細に論じている。この手紙はかれの今までの考えを完成させた形の「名論文」である（とわたしは評価する）。「胡適序言」は「中国現代政治思想上、稀有の重要文献である」と言っている。しかし、この論は「六、七年沈思熟考した」結果だと言っているように、以前からのかれの考えが成熟したものなのだ。一九三四年の「トロツキー派国際書記局への書簡」（第六章参照）から数えると、「六年」になるから、ほぼ正しい。その思考の成熟過程は、先ずはこの文を読んでいただいてから、【注・解説】で述べることにしよう。

7、「西流（濮清泉）への手紙」（一九四〇年九月）〔訳者注：原文は長いので適宜段落を付けた〕

西流〔濮清泉〕兄　待史

先日手紙〔上記5の五～六月頃の手紙を指すか〕を差し上げました。内に〔鄭〕超麟兄から来た手紙を付けておきましたので、すでにご覧になったことと思います。七月二十一日の貴簡並びに守一〔王文元＝王凡西〕兄の手紙はすでに詳しく読みました。病気で兄の手紙にすぐに返事を書くことが出来ず、今なおそのような状態です（この手紙は続けて二十数日かけて書いて、ようやく書き上げたものです。精神がよくないのがお分かりになるでしょう）。お疑い無きよう望みます。

あなたからの来函に、『かれ〔王文元〕の民主についての理解と、世界の局勢について楽観的に過ぎる見方は、わたし〔濮〕にはなおいささか稚気を免れないように思われます』と謂っています。われわれの論争の中心点はまさにこの二つの問題です。（一）、大戦の敗戦国に革命が起こるか、否か。（二）、民主を保護すべきかどうか、です。

ています。つまり、あなた自身も自己矛盾していると感じているのでしょう。

あなたは、かれ〔王文元〕は稚気（その実は反動ですが）だと言っておきながら、またかれは間違っていないとも言っています。つまり、あなた自身も自己矛盾していると感じているのでしょう。

第一の問題に関して、わたしはただ否の一文字を答えられるだけです。とくにイギリス、フランスにおいてそうだと思います。この点は、〔何〕資深〔何之瑜〕と希之〔呉季巌、陳独秀の外甥、ソ連留学組〕が、わたしよりもはっきりとイギリス、フランスに革命的情勢があることを否定しています。その理由は、（一）、各国の革命力量はすでにスターリン派がすっかり破壊して、除かれてしまっている。（二）、各国のブルジョワ階級は一八七一年〔普仏戦争の敗北とパリコミューン〕と一九一七年〔ロシア革命〕の経験を持っているから、戦いに敗れた後はむしろ〔自らの〕武装を全て国外の敵に与えて、国内の敵が利用するところにならないようにするだろう。（三）、いまのドイツの武器と戦術、征服地の支配方法は、いずれも一八七一年と一九一七年の比ではなく、イギリス、フランス政府軍が敗北したのち、民間では暫くのあいだ決して蒼頭〔奴僕＝大衆〕が特に立ち上がることは出来ない。（四）、ドイツがなおまだ世界制覇を達成しないうちに、一たび敗けると、戦争はただちに終わる。ナチスが敗れた後、それを継ぐのはなおファシズムではありえない（この情勢はイギリス、フランスとまさに反対である）。この時になって、社会民主党やその他の自由派が抬頭するはずであるが、しかしこれはただ革命運動の開始に有利だと言えるだけであって、ヒトラーが敗れたらドイツですぐに革命が起るはずだ、ときわめて言い難いのは、革命政党が存在しないからです。以上の理由にもとづいて、以前われわれが信じていた、「帝国主義大戦後に敗戦国はまさに革命を引き起こすことになろう」という公式は、完全にひっくり返されました。ただ公式を迷信し、歴史の重大な変化発展に目を閉じている人たちだけが、一九一七年の夢を見、今度の大戦は前回の大戦の再演だと言うことが出来るのです。イギリス、フランスの革命が望みが無くなった以上、イギリス、フランスで〔祖国〕敗北主義を採ることは、ヒトラーの勝利を助けること以外に何があるというのでしょう？　歴史は繰り返しませんが、人為的な誤りは繰り返し得るものです。以前、ブリューニング内閣〔一九三〇－三二〕とヒトラーは同じようなものだと考え、そのためナチスが政権を得るのを助けました。現在またナチスのドイツと民主のイギリス、フランスを同じようなものだと考え、またもやヒトラーが民主の伝統のあるフランスを征服するのを助けてしまいました。わたしはさらに一歩進めて推論できます。もし、人々が依然として民主を軽視して独裁を崇拝し、守一〔王文元〕が言うように、「人類は善し悪しに関わらず、つまりはファシズムと社会主義のこの二つの独裁の間で選択を決めるしかない」、言葉を換えて言えば、ドイツとロシアの二種類の政治体制の間で選択することができるだけだと言うなら、そうしたら、たとえイギリス、フランスが敗北して革命を引き起こしたとしても、世界にさらに暗黒と堕落を加えるのは、ヒトラーの勝利と同じで、一つのゲー・ペー・ウーのソヴィエト・ロシアが人々を充分窒息させているのに、それにまた幾つかのソヴィエト・フランス、ソヴィエト・イギリスを加えることになるだけだろう。老兄〔あなた〕は耐えられますか？このようであるなら、第二の問題を詳しく討論することが必須になります。即ち、守一〔王文元〕が謂うところの「われわれの中の主要な異なった意見はなお民主の問題に在る」ということです。

この第二の問題について、わたしはソヴィエト・ロシアの二十年来の経験にもとづいて、六、七年沈思熟考して、そして始めて今日の意見を決定しました。

（一）、わたしは、大衆政権でなければ固より大衆民主はできないと考える。〔だが〕もし大衆民主を実現できなければ、謂うところの大衆政権あるいはプロレタリア階級独裁は必然的に、流れてスターリン式のごく少数人のゲー・ペー・ウー制になる。これは事の勢いの必然とするところで、決してスターリンの個人の心ばえが特別悪いからではない。

（二）、わたしは、大衆民主を以てブルジョワ階級の民主に替えることは進歩的なことだと考える。ドイツ、ロシアの独裁を以てイギリス、フランスの民主に替えること、これは退歩的なことである。直接にあるいは間接に、意識的にあるいは無意識的にこの退歩を助ける人はみな反動的である。その口でいかに左の〔急進的な〕ことを言っているかに関わりない。

(三)、わたしは、民主は一個の抽象名詞に過ぎないのではない、その具体的な内容を持っている、と考える。ブルジョワ階級の民主とプロレタリア階級の民主はその内容は大体同じで、ただ、実施の範囲に広い狭いがあるのみである（前の手紙と後の表を見てください）。

(四)、民主の内容はもとより議会制度を含んでいます。しかし議会制度は民主の全内容とイコールではありません。長年来多くの人が、民主と議会制度を一つのものと見なし、議会制度を排斥してきましたが、同時に、民主も排斥しました。これがまさにソヴィエト・ロシアが堕落した最大の原因です。議会制度は過去の時代遅れのものになるかもしれない、歴史の残影になるかもしれない。しかし民主はそうではない。ソヴィエト制度もし民主の内容が無ければ、依然として一種の形式民主の代議制であって、ひどいのになると、ロシアのソヴィエトのようなものはブルジョワ階級の形式的民主議会にもまだ及ばないものなのです。

(五)、民主は古代ギリシャ、ローマから今日、明日、明後日に至るまで、それぞれの時代の圧迫された大衆が少数の特権階層に反抗した旗幟であって、決してわずかなある特殊な時代の歴史現象に過ぎないのではなく、決してわずかな時代遅れになった特定の時代のブルジョワ階級の支配形式に過ぎないのでもない。もし、民主はすでに時代遅れのものになってしまっており、一たび去って再び回復することはないのだと言うのなら、それは同時に政治も国家もすでに時代遅れのものになって死んでしまったのだ、と言うことが出来るでしょう。もし、民主はただブルジョワ階級の支配の形式にすぎない、プロレタリア階級の政権形式はただ独裁あるだけで、民主であってはならない、と言うのであれば、スターリンの行ったすべての罪悪はみな当然のことになってしまう。レーニンのいうところの「民主とは官僚制に対する抗毒剤である」というのも、みな一句の無用な話になってしまう。L・T［レオン・トロツキー］はソヴィエト・労働組合・党の民主を恢復するために闘えと主張しているが、これは過ぎた昨日を戻って来させようと言うに等しい。庶民に歴史の残影のために血を流せと言うに等しい。もし、プロレタリア階級の民主とブルジョワ階級の民主とは違うと言うなら、それはすなわち、民主の基本内容（裁判所以外は人を捕え人を殺す権限を持たない、政府に反対する党派が公開的に存在する、思想・出版・ストライキ・選挙の自由権利など）は、プロレタリア階級とブルジョワ階級では同じものであることを完全に理解していないということである。もし、スターリンの罪悪はプロレタリア階級の独裁制と無関係だと言うなら、即ち、スターリンの罪悪は十月〔革命〕以来のソ連制度が民主制の基本内容に違反したことに由るのではなくて（これらの民主に違い反した制度はみなスターリンのときから創られたのではない）、スターリンの個人の心ばえが特別悪かったことに由るということになる。これは完全に唯心論の見解である。スターリンのすべての罪悪はプロレタリア階級独裁の論理の発展したものである。試みに問うが、スターリンのすべての罪悪は、あのようにソ連の十月〔革命〕以来の、秘密政治警察の大権、共産党の外に政党は存在させない、党内に分派は存在させない〔一党独裁、分派禁止〕、思想・出版・ストライキ・選挙の自由を許さないという、この一連の反民主的な独裁制を拠りどころとして発生したのではないのか？　もし、これらの民主制を恢復させないでいたら、スターリンを継いだ誰もがまた一人の『専制魔王』になるのを免れないのだ。だからソ連の一切の悪事を、その罪をみなスターリンに帰して、ソ連独裁制の不良に原因を求めないのは、まるで、スターリンを取り除きさえすれば、ソ連のいろいろなことはみな好いのだと言うようなものになる。こうした個人を盲目的に信じ〔迷信し〕、制度を軽視する偏見は公平な政治家が持つべきではないものである。ソ連二十年の経験、とりわけ後半の十年の苦い経験は、われわれをして反省させるはずである。われわれがもし制度的に欠点を探し出して教訓を得るのではなく、ただ眼を閉じてスターリンに反対するだけなら、永遠に自覚し悟ることはないだろう。一人のスターリンが倒れても、無数のスターリンがロシアや別の国に生まれることになる。十月〔革命〕後のソヴィエト・ロシアにあっては、明らかに独裁制がスターリンを生んだのであって、スターリンがいたから独裁制が生まれたのではない。もし、ブルジョワ階級の民主制はすでにその社会を動かす力を消耗し尽くした時に至っており、民主のための闘争は必要ないと考えるなら、それは即ち、プロレタリア階級の政権は民主を必要としないのだ、と言うに等しい。この考えが誤りを天下後世に普めつくしたのである！

(六)、近代民主制の内容は、ギリシャ、ローマと比べてより豊かで、実施の範囲もより広くなっている。なぜなら、近代はブルジョワ階級が権力を握った時代で、われわれはそれでこれをブルジョワ階級の民主制と呼んでいるが、実は、この制度はすべてがブルジョワ階級が歓迎したところのものなのではなく、幾千万の民衆が血を流して五、六百年闘争してやっと実現したものなのである。科学、近代民主制、社会主義、これがすなわち近代人類社会の三つの大きな天才的発明で、極めて貴重なものだ。不幸なことに十月［革命］以来、軽率に民主制をブルジョワ階級支配と一緒にしてひっくり返してしまい、独裁を以て民主に代替してしまい、民主の基本内容はひっくり返されてしまった。謂うところの「プロレタリア階級民主」「大衆民主」は、ただ少しも実際の内容の無い中身が空っぽな抽象名詞になり、ブルジョワ階級民主を制圧するためのうわべだけの語になってしまった。プロレタリア階級が政権を取った後、国有大企業、軍隊、警察、裁判所、ソヴィエト選挙法、これらの利器が手中にあったのだから、ブルジョワ階級の反革命を鎮圧するには十分で、独裁を以て民主に替える必要はなかった。独裁制は鋭い刃のようなもので、今日これで誰か他人を殺せば、明日はすなわちこれで自らを殺すことになる。レーニンは当時でも敏感に気づいて、「民主［デモクラシー］は官僚制に対する抗毒剤である」と言ったが、しかしなおまだ、秘密警察を取消すこと、反対党派の公開の存在を許すこと、思想・出版・ストライキ・選挙の自由などのような民主制を真剣に採用することはなかった。L・T［トロツキー］は独裁のこの鋭い刃がかれ自身を傷つけるに至って、ようやく党、労働組合と各級のソヴィエトに民主が必要だ、選挙の自由が要ることに想い至ったが、しかし遅すぎた。その他の無知なボルシェヴィキ党人は、さらに独裁制を天にまで担ぎ上げ、民主を犬の糞にも及ばぬものだと罵った。こうした荒唐無稽の考えが、十月革命の権威にくっ付いて、全世界を征服した。最初にこの考えを採用したのはムッソリーニで、二番目がヒトラーである。最初に独裁制を唱えた本土――ソ連ではさらに程度がひどくなり、どんな悪い事でもやるようになった。これから、独裁を崇拝する弟子、孫弟子たちが全世界に遍く普まり、特にヨーロッパでは五大強国のうち三国が独裁である（だから、東方では民主が必要だ、西方では民主は要らないというこの言い方は正しくない）。最初はモスクワ、二番目はベルリン、三番目がローマである。この三つの反動の保塁は現代を新たな中世に変えてしまった。かれらは思想を持つ人間を思想なき機械牛馬に変え、独裁者の鞭にしたがって動かしている。人類がもしこの三大保塁を覆す力を持たないとすれば、ただ機械牛馬の運命があるのみだ。だから目前の全世界のすべての闘争は必ず、この三大保塁を覆すことと連繫しなければならず、そうしてこそはじめて意義を持つのである。そうでなければ、どんな耳触りのいい名詞も、例えば、プロレタリア階級革命、民族革命さえもみな無意識的に客観的にはこの三大反動保塁を鞏固にし、勢力を拡大することを助けることになるのである。

もし、われわれが目の前のこの三大保塁を覆すことが主要な闘争であると考えるならば、第一に、イギリス、フランス、アメリカの不徹底な民主制も保護する価値があると認めなければならない。第二に劉仁静の破産した理論――即ち、どんな時でも、どんな事件においても、プロレタリア階級は他の階級と共同行動をとることは出来ないという理論――を取り消さなければならない。この理論は明らかに北伐戦争中でも抗日戦争中でも、いずれにあっても採用することは出来なかった。現在の国際戦争においても同じように採用できない。もしこの理論を採用したら、ただ反動的な役割を果たすだけである。〔陳其〕昌兄は「戦争が進行中の現在、民主とファシズムのはっきりとした境界線はすでに消失したか、あるいはまさに消失しようとしている」と言っているが、この語句はまことにその訳を解しかねる！　(一)、政治制度の本質上、民主とファシズムとの絶対的に異なる境界線は永遠に消失することはない。(二)、もし、その境界線がイギリス、フランス、アメリカ等の民主国がファシズム化していることを指していると言うなら、たとえ本当にそうだとしても、それを根拠にして、われわれが独裁を歓迎し民主に反対すべきだという理由にすることは絶対にできない。(三)、イギリス、フランス、アメリカが将来ファシズム化するには、第三インター・第四インターがヒトラーを助けて完全に勝利させることに依らねばならない。ヒトラーの軍隊がやって来たところでは当然ファシズムがどこにでも広がるが、そうでなかったら、イギリス・フランス・アメリカの民主の伝統は軽々しくひっくり返されるものではない。もし戦時内閣の権力が強化されたのを、ファシズム化と見なすのなら、それはファシズムがつまりはどんなものかが分かっていないということだ。(四)、もし、現在の民主国とファシズムとの明らかな境界線がすでに消失したと考えるならば、どうか眼を開けて左の対照表を見ていただきたい。

(甲) イギリス、アメリカおよび敗戦前のフランスの民主制	(乙) ロシア、ドイツ、イタリアのファシズム制（ソヴィエト・ロシアの政治制度はドイツ、イタリアの先生だから同類にまとめることが出来る）
(一) 議会選挙は各党（政府反対党も内に含まれる）が選挙区で思うがままに活動し、各党は選挙を競う政治綱目を発布し演説を行うことに由って、選挙民の要求を迎えようとしなければならない。選挙民がつまり最後に投票権を有するからだ。会議を開いたときは相当の討論と弁論がある。	(一) ソヴィエトあるいは国会の選挙は均しく政府党が指定する。会議を開いたときはただ挙手があるだけで、弁論はない。
(二) 裁判所の命令が無ければ人を捕え、人を殺すことは出来ない。	(二) 秘密政治警察が任意に人を捕え、人を殺すことが出来る。
(三) 政府の反対党、ひいては共産党さえもが公開に存在する。	(三) 一国一党で、別の政党の存在を許さない。
(四) 思想、言論、出版は相当に自由。	(四) 思想、言論、出版は絶対に不自由。
(五) ストライキそれ自体は犯罪行為ではない。	(五) 絶対にストライキを許さない。ストライキは犯罪である。

この表によると、二者の間の境界線はイギリス、アメリカではいつ消えたのだろうか？　フランスでは何で消えたのだろうか？　それぞれの康民尼斯特［コミュニスト］はこの表を見てもまだ、ブルジョワ階級民主を呪い罵る

面目があるのだろうか？　宗教的な迷信の時代は早く過ぎ去らせなければならない。皆よ、目を醒ませ！　今後の革命が旧態依然として「民主はすでに時代遅れだ。プロレタリア階級の政権にはただ独裁があるのみだ。民主は無い」と考えるならば、それはゲー・ペー・ウーが全人類を蹂躙するのに任せるだけになる。さらにまた、この種の革命（?）がまたイギリス、フランスが敗北した後に発生する可能性は無い。君たちはイギリス、フランスで敗北主義のスローガンを採ると主張しているが、ひっきょう誰のためなのか？　スターリン派は大変巧妙に第一歩で、帝国主義戦争反対というスローガンで以て反ファシズムに替え、つづく第二歩でイギリス、フランス、アメリカに冷たい矢を放って、それでファシズムを掩護したのだ。君らも彼らと同じ歩調を取っていて、君らの第二歩は『破暁』と守一［王文元］がわたしにくれた手紙の中に十分に表れている！　守一らの大戦についての見解は、ソ連の性質と民主の態度を見積もることから出発したもので、私はいずれもそれに反対であるが、彼らもわたしもどちらも一貫している。ただ老兄は、大戦については守一に同意し、ソ連と民主についてはなおわたしに接近しているようです。これはまことに不可解です。この手紙は［あなた西流＝濮徳志が読んだ後］、老趙［趙済］、守一［王文元］等に写しを取って送ってください。そののち、原函および以前の各函はすべてわたしに還してください。といいますのは、将来印刷して出したいからです。［陳其］昌兄の手紙を同封します。健康を祈ります。

弟　仲（甫）白す（一九四〇年九月）

【注・解説】これは画期的な「名論文」と言って良い。わが国では『新編原典中国近代思想史6』に訳出（砂山幸雄訳、三四一頁）されたのが最初で、『陳独秀文集3』に収められている。

「沈思熟考」が始まったのが一九四〇年から「六、七年」前だと言うと、一九三三、三四年頃で、独秀が南京監獄に入った後かららしい——一九三四年の「トロツキー派国際書記局への書簡」の頃だ。隣の房にいた彭述之と論争して仲が悪くなったのもこのプロレタリア独裁と民主の問題で（彭述之『失われた革命』中嶋嶺雄編訳、一八九、二一三頁)、他にソ連が労働者国家か否かについての評価問題(トロツキーは「堕落した労働者国家」だと言ったが、「労働者国家」だとしていた)、大戦と欧州における「祖国敗北主義」採用の問題があった――これらについての陳独秀の見解は以下の各論において再び述べられる――。王文元が言うように、陳独秀の見解がはっきりと姿を見せるのは一九三六年のモスクワ裁判を知ってから、そして独ソ不可侵条約の締結(一九三九年)を経て、一層確固なものになって行ったと考えて良い。その最も完成された思考がこの「西流への手紙」であるが、その最初の発現は、機関紙『火花』(三巻一期、一九三六年三月一〇日)に「孔甲」名で載せた「無産階級与民主主義」である。『文集2』(一八八頁)にも訳されているが、その当該主要部分を訳出してみる。

「人々は民主主義について少なからざる誤解をずっと持ってきた。」「最も浅薄な見解は民主主義をブルジョワ階級の専制品とみなすものだ。」「人類社会が政治組織を持ってからその消滅に至るこの過程において、民主主義は歴史に随って発展し、各段階の内容と形態を完成してきた。」モルガンがいう「氏族社会」にあった「民主主義的」なものは、階級社会になって土地貴族によって壊された。それを市民各階級が諸々の民主的任務を完成した。「民主主義は人類進歩の唯一の指標」、「社会進歩の動力なのである。」「理論的に言って、民主を完成させる任務は、決してある一段階に限定されない。」中国の民主の達成の任務はプロレタリア階級の肩にかけられており、トロツキー派を批判する人が言う、「われわれ[トロツキー派]が現時で採用している国民議会のスローガンを、民主の任務を解決することと政権を奪取することとに分けて」、民主は僅かに[蔣介石のブルジョワ]軍事独裁を覆す手段であるとして、「政権を取得した後はもう使わなくしてしまうのだとする」見解は、断じて「否、否である。」「われわれが民主主義の政治綱領とスローガンを採用しているのは、目的であって手段ではない。」「民主主義は官僚主義に対する抗毒剤であり」「社会主義と対立し相容れないものではない。」「……プロレタリア階級は政権を取得した後、決して民主主義を拋棄せず、民主主義を拡大する。……この意味で、いまの時代に在っては、プロレタリア階級こそが民主主義の真の代表なのであり、われわれ共産主義者は同時にまた本当の民主主義者なのである。」スターリンは「この点が理解できず、民主主義を拋棄してしまった。」モスクワ帰りの青年たちは民主主義をブルジョワ階級と不可分のものとし、ゴミの山の中に捨てろと云うが、間違いだ。そして［わたしは］最後に呼びかける。「われわれはいま矯正しなければならない！」「矯正の要点は、一、ブルジョワ階級の狭い形式的な民主主義を、歴史的に各階級に随って発展してきた民主主義の全内容だとすべきではない。二、民主主義を、社会主義と並存できないものとすべきではない。三、民主主義の要求を、わずかにブルジョワ階級の軍事独裁を覆す手段にすぎないものであってわれわれの目的ではない、とすべきではない！」（一九三六年三月一〇日、『火花』三巻一期、『晩年』四一一－四一五頁所収）

この論には左派反対派（トロツキー派）の誰一人として賛成する者がいなかった。みな「後退」と見なして、反論を載せて論争になったという。王文元は一九三八年に出獄して、武漢の陳独秀を訪ねて話し合った時、この話を再び聞かされたことを想い出してそう述べている。だからか、独秀は同一九三六年九月に「民主主義についての幾つかの根本思想」（『火花』三巻三期、九月二五日、『晩年』四一六頁所収）を書いた。要点を抜き書きしてみよう。

「民主主義の本質」は、「人民公共のことは人民の大多数あるいは人民全体によって管理することであり、多数の人によって少数の人が一手に握ることに反対する、これがすなわち民主闘争である。これ以外の唯心論的な七面倒くさい解釈はいらない。」

主として、社会主義は経済的なもので、民主主義は政治的なものである。民主主義と資本主義はブルジョワ階級の両翼で、民主主義と社会主義はプロレタリア階級の両翼であり、両者には衝突矛盾がない訳ではないが、一つを欠くことは出来ない。さらには後者［社会主義］は前者［民主主義］によってはじめて実現できるのである。

民主主義は超歴史的なもの、超階級的なものではなく、歴史の発展、階級闘争の発展に随って違った形をとる。古代社会の民主主義は原始的民主主義、ブルジョワ階級の民主主義は形式民主主義、プロレタリア階級の民主主義こそが真の民主主義だ。レーニン・トロツキーの民主主義概念は、一般的なものと、ブルジョワ階級のものと二つある。かれらが攻撃したのは後者で、マルクス主義者は民主主義を非難したことは無い。カウツキーのプロレタリア独裁批判にレーニンが答えたのは、プロレタリア独裁がブルジョワ階級民主の統治よりも良いというのではなく、ソヴィエト統治形式の民主的拡大の方がブルジョワ階級民主の狭い民主よりも優っていると云ったのだ。ブルジョワ政治体制はプロレタリア階級・労苦の大衆には専制的、ブルジョワには民主的だが、ソヴィエト政治体制はブルジョワ階級には専制的、プロレタリア階級には民主的なのだ。ソヴィエト体制は民主を専制に変えるのではなく（これがスターリン官僚専政が発生した理由で、一大事件なのだ）、ブルジョワ民主を数量的に拡大する、搾取を保護するのではなく、搾取を倒すのである。

原始的民主主義は原始的共産主義と同時に存在した。後に、土地貴族が破壊したが、ブルジョワ階級が一部を回復した［形式上民主］。プロレタリア階級は民主主義と共産主義を回復する。根本的意義においては古代と違わない。

民主主義の回復は階級と国家の消滅まで全世界のプロレタリア階級の責任である。今中国で民主のスローガンを出すことは政治スローガンを低く下げてブルジョワ左派の位置に立つのではない。トロツキーがソ連党と労働組合の民主化を言ったのも、ソ連に限ってこそ問題がないのであって、この特殊な国情を、もっと広い全人類史の発展と分析で考えることが大事だ。国民会議は形式で民主の任務を解決できないが、プロレタリア階級の力が国民会議を支配出来たら……（以下不明）……

以上の十点が私の根本思想である。彭述之、尹寬、劉仁静とは争論する、王凡西、陳其昌は曖昧な態度だが、根本は同じだ。」

同じ監獄に入っていた濮徳志（濮清泉）は「私が知っている陳独秀」（『陳独秀評論選編』下、河南人民出版、一九八二、三三〇頁、『文史資料選輯』七十一輯）の中で次のように語っている。

陳独秀とトロツキー派の青年たち（濮ら）は民主の問題について獄中で議論をやり合ったらしい——陳独秀や彭述之の房は書籍で一杯で、獄中闘争の結果かなり特殊な待遇になっていた——。陳独秀は次のように言ったという。その部分を「獄中問答」と仮題をつけて訳出する（原文は一続きの文章だが、対話形式に変換した。文言の変更はない）。

「獄中問答」

独秀　五四運動前後に『新青年』で民主と科学を提出したのは、手当たり次第にひねり出したものではない。一般の青年はその上っ面が分かっただけで、実質は分かっておらん。深慮熟慮して、中国の情況に対してはじめて提出したものだ。中国は数千年の封建社会を経て、民主と科学が蕩然として無くなってしまった。おかげで国が国たらず、民が民たり難い地歩にまで至った。帝国主義侵略がこの災難を更に深めた。今日、民主と科学を講じるのは時代遅れではない。反って必要になっている。武断的に言えば、民主が無いし、革命も無い。科学が無ければ生存することが出来ず、国を亡ぼすことになる。民主があってこそ科学がある。科学があってこそ民主が保てる。二者はどちらも他方を欠くことは出来ないのだ。欠けたらだめだ。わしは歴史を研究して発見した。原始社会は生産生活の方面で共産主義を実行し、社会組織で民主主義を実行していた。当時は名も知らなかったがこれが二大支柱だった。階級社会が生まれると、これが埋没して忘れられた。ルソーがそれを発掘して「人は生まれながらにして自由だ」と言った。ルソーがブルジョワ階級の啓蒙の大師だからと言って、この話を駄目だとは言えない。フランス革命の時、百科全書派の著作が大きく貢献した。当時かれらは「自由、平等、博愛」を提出した。これも非議とすることは出来ぬ。のちにヨーロッパ各国の民主革命があいついで完成して、民主制度を建てて科学を発展させ、彼らは資本主義の道路を歩み、富強になったが、民主制度も制限を受けた。自由・平等・博愛もブルジョワ階級の範囲内に限られた。広大な無産者と労働人民はみな民主の外に棄てられた。これは民主の罪ではなく、資本主義制度の罪なのだ。わしは、民主制度は人類の政治の準則だと思っている。ブルジョワ階級の革命であろうと、プロレタリア階級の革命であろうと、それを軽蔑したり、嫌って見捨てて、有っても無くてもいいものだとか、時代遅れのものだとすることは出来ない。東洋の後れた国家は長期に封建制度の束縛を受け、民主の息遣いと習慣が無い。それを目標にすべきだ。

濮　あなたのその考えはブルジョワ革命とプロレタリア革命の戦略目標を混同しているのではないか？　マルクス主義に反しているのではないか？　プロレタリア革命の目的というのは、まさか民主主義のためであって、社会主義・共産主義を実現するために奮闘するのではない、というのではないでしょう？　と訊くと、かれは答えた。

独秀　だから、わしは言うんだ。君らのマルクス主義の理解は相当一面的で、機械的で幼稚だ。マルクスからレーニンまでは民主主義と社会主義を分けなかった。君らのように民主主義はブルジョワ階級の私有財産で、社会主義がプロレタリア階級の唯一の要求だというようには。ブルジョワ階級の形式的民主からプロレタリア階級の実質的民主へが、社会発展の必然的な趨勢だと何度も教えている。レーニンはブルジョワ民主は少数者が多数を圧迫している民主だ、しかしソヴィエトの民主は多数が少数を圧迫する民主だ。後者は前者よりも広汎で拡大している、と言った。ドイツ社会民主党成立の時、エンゲルスはまだ健在だったが、かれは決してこの党の名称はダメだとは言わなかった。レーニンも「ロシア社会民主労働者党」この名称を棄てなかった。ここから、かれらがけっして民主を軽視せず、民主を重視していたことが分かるだろう。

濮　わたしは、マルクスもレーニンもはっきりと、プロレタリア階級の独裁でもってブルジョワ階級の民主に替えると言っているのではないか？　これについて、あなたはどう解釈するのか？　と訊いた。

独秀　そうだ。かれらはそう言った。だが、かれらはまた、プロレタリア階級の独裁はプロレタリア階級と広大な労働人民の最も広汎な民主で、ごく少数の新政権に反抗する人に対して独裁を実行するだけだ、とも言っている。まさかこれでもまだ分からないということは無かろう？　君らはなべて、独裁という名詞を奉って神霊［かみさま］にして、民主を妖魔に見ているが、なんで怪しまないのかね？　現在のソ連のプロレタリア独裁は、独裁が反動派にされるなら、わしはもろ手を挙げて賛成するが、独裁が人民に、ひどくは党内にまでなされるとは、まさかマルクス、レーニンも始めから考え及んでいた訳ではあるまい？　これは他でもない、民主を賤視した過ちである。つまり、わしは民主と科学は人類歴史の長期の要求で決して一時の便宜の計、渇いて井戸を掘るような政策ではないのだ。もし公式化すれば、原始社会では共産主義と民主が二大支柱だった。奴隷社会と封建社会はこの二大支柱を倒して埋葬してしまった。資本主義社会が民主を発掘し、科学を発展させ、人類は大いに前進した。社会主義、共産主義では民主と科学が無限に発展し、人類の大同に向かって歩むのだ。

濮　わたしは終始この「高論」に納得できず、かれが口を酸っぱくしていってもこちらの方は聞き入れなかった。わたしまたは二つの質問を出して、かれに解釈を頼んだ。一つは民主と科学を歴史を貫通するものに高めるのは、階級分析の原則に反するのではないか。もう一つは、もし中国革命が成功したら、あなたはどんな制度を採用するのか？　と。

独秀　かれは云った。第一の問題だが、わしは階級分析の原則に反しておらんよ。わしは、大多数の人民の利益を代表することこそが最も好い階級的立場だと思う。一日中プロレタリア階級万歳を叫んでいる人は、まだ大多数の人民に有利なことが理解できてないし、まだプロレタリア階級に有利なことも理解できていない。民主と科学は中国人民にとって大いに有利なものだから、当然プロレタリア階級にも有利だ。第二の問題は、いまはまだ実現していないもので、予言などし難いが、しかし、もし革命が勝利したら、わたしは民有、民治、民享［人民の、人民による、人民のための］人民政府を作り、名が内実に合った自由、平等、博愛を実行したいものだ。

濮　わたしは驚いて聞いた。ああ、とっつぁんよ、それは何という政府だ、なんという自由、平等、博愛だ、まさかリンカーンの政府が人民政府ではあるまい？　まさかフランス共和国が実行した自由、平等、博愛ではあるまい？

独秀　かれは答えた。まさにかれらが名実相伴うようにそのスローガンを実行してこなかったから、だから真面目に実行しなけりゃならんのだ。上のスローガンは鮮明に響くし、通俗的で分かり易い、人民の心はこれに向かう。もし名詞の偏見に拘泥しなければ、わたしは、プロレタリア独裁は民有、民治、民享と、自由、平等、博愛を行うべきだと考える。わたしは、あれは仮［いつわり］のもので、かれらが言っているのは人を騙すものだと言った。かれは、われらは本当にやろうとするので、人を騙す必要はない、と言った。

濮　わたしが、それじゃ、プロレタリア階級の政権を葬送してしまうことになる、と言うと、かれは、しない、しない、と言った。パリコミューンと十月革命の経験をあなたは忘れたんか？　と言うと、

独秀　彼は、パリコミューンの教訓は民主が過ぎたことに在るのではない、十月革命の経験も独裁を実行したことに在るのではない。ブルジョワ階級の政権は、少数が多数を統治しているが、かれらは集会結社、言論出版の自由を許すことが出来、潰れるのを怕れない。しかしプロレタリア階級政権は多数が少数を統治しているのに、こっちを怕れあっちを怕れて、一党独裁を強調して、言論の自由を許さない。どうして是と理が有るといえるかね？　と言った。

濮　わたしが、あなたのような考えでは、革命はきっと失敗すると言うと、

独秀　かれは、お前のような考えでは革命は成功できないよ、と言った。

濮　わたしは、あなたはマルクス主義者か、それとも百科全書派か？　と訊くと、

独秀　かれは、マルクス主義は前人の精華を吸収して発展してきたものだ、ドイツの哲学、イギリスの政治経

済学、フランスの社会主義が無かったら、かれ〔マルクス〕は空によって一つの学説を創造することは出来なかった、わたしはマルクス主義を信仰している。なぜならそれは無産者と人民、延いては全人類解放の思想武器だからだ。君らのようにマルクスを全能の上帝〔God〕にして、毎日聖書を唱えていては、仏教徒が南無阿弥陀仏を念じて西天〔浄土〕に行こうというのと同じだ。君らの敬虔さは嘉すべきものだが、しかし天国には昇れないし、西天にも達せられないよ。彭述之は「マルクス主義以外に学問は無い」と言ったが、この話は正しいかい？　まるで愚昧で無知だ。現在のソ連は人間を一つの模型に造成しようとして、別の様式を許さない。また自らマルクス・レーニン主義を誇っているが、マルクス・レーニンも地下で知ったら、嗚呼と慨嘆するだろうと想うよ。

面白い話である。わたしはこれを読みながら、陳独秀は「社会民主主義者」ではないかという印象を禁じ得なかった。

マルクスは『ゴータ綱領批判』――一八七五年五月のゴータ合同大会で成立したドイツ社会主義労働者党（ベーベルの社会民主労働者党とラッサール派の合同したもの）の「綱領」を批判したもの――において「プロレタリア独裁」について次のように言う。

ドイツ労働者党は「自由国家」の建設に努力するというが、「自由国家」とは何か？――マルクスはこう言って、「自由な国家」とではなく、「国家を自由にする」と解釈して、ドイツ国家はすでに自由だと批判をはじめる（少し見当違いだとわたしは思うのだが）。そして、かれらは社会を国家の土台として取り扱わないで、国家をそれ自身の「精神的な、道徳的な、自由な土台」を持つ独立の事物として取り扱う「膚浅」な観念である、と言う。これはおなじみの経済土台論、「国家」の独立性を認めず、土台である経済社会の従属物としてしか見ない見方ではないだろうか。「国家」は「社会」の疎外態ではあるが、独立的存在で「従属物」ではない。労働者党の「今日の国家」

として文明諸国の近代国家原理を継承しようという考えに対して、マルクスは「今日の国家」なるものは一つの擬制である。プロイセン・ドイツ帝国とスイス・イギリス、合衆国では違っている。それはブルジョワ社会の地盤の上に立っている共通点があるが、発展度合いの差があるにすぎない、と言う――これも当該社会の歴史や文化を無視した、経済社会への一元的還元論ではなかろうか――。共産主義社会では国家組織はどんな転化をするのか。どんな社会的機能が残るか。これは「科学的にこたえ」られる。ドイツ労働者党のように、「人民」と「国家」を千度結び合わせたところで、少しも問題に近づけない、と言う。そして有名な、「資本主義社会と共産主義社会のあいだには、前者から後者への革命的転化の時期がある。この時期に照応してまた政治上の過渡期がある。この時期の国家はプロレタリアートの革命的独裁以外の何ものでもあり得ない。」という文が書かれたのである。

では、「社会」の「転化」は如何にして起こるのか。「革命的転化」は自然な自動的な「進化」ではない。「政治革命」を介さねば実現されないのであろう。とすれば、「国家」「政治上」の「転化」が社会の転化よりも先行するはずで、「国家」（ネーションあるいは人民の政治的共同体）と「人民」（プロレタリアートは「人民」の一部である）の関係を歴史的にも、現実的にも考えない訳にはいかなくなる。これが綱領問題である。マルクスはこの政治と国家の問題を、必然的な（神が定めた?）「社会の転化」に従属させてしまって、自ら「独立」した課題領域としないのである。

「ゴーダ綱領」は「政治的要求」として「普通選挙権、（人民による）直接立法、人民の司法、民兵制」を言っているが、マルクスはこれを、「言い習わされた民主主義的な冗語」、「ブルジョワ的な人民党や平和自由同盟の単なる受け売り」で、「すでに実現されている要求」である（ドイツ帝国においてではないが）。「それらのすべての美しいガラクタ」は人民主権の承認をもとにしたもので、だから「民主共和制の下においてのみ適切なもの」であると言う――「プロレタリアートの革命的独裁」の下では「適切でない」ということだろうか――。「人民（国民）主権」に替るものは「プロレタリアート主権」の「独裁」だとすれば、「プロレタリアート」とは誰か、「国民（人民）要件」と同じく、法的に規定されねばならないし、その権力行使（独裁）はどういった政治制度、法的関係でおこなわれるのか、不明で全く茫々たるものでしかない。ここには「国家」「主権」という発想は見られず、国家を「支配」と同一視している。この「民主共和制の下ではじめて意味のある事柄を」、ドイツという「軍事的専制主義でしかない国家に要求」したり、「強制」したりできると思ってはならない、と言う——思ってはならないのだろうか？——。そして、ドイツ労働者党は、「民主共和制を千年王国のように考え、ブルジョワ社会のこの最後の国家形態［民主共和制］でこそ、階級闘争が終局的に闘い抜かれなければならないことを夢にも思わない俗流民主主義である」と決めつけたのだった（大月書店、「国民文庫」版、一九六九年、五四－五八頁）。

では、「階級闘争」はいかなる形態をとって「戦い抜かれ」るべきなのか、「普通選挙権」獲得も階級闘争の一形態ではないのだろうか。ストライキ、暴動、武力行使でなければ、「階級闘争」ではないのか、とすぐ疑問を呈したくもなるが、ともかく、「プロレタリア独裁」というのは、その後、レーニンの「労働者と貧農の独裁」論を経ても、いかなる社会的政治的実体も内包していない、それこそ共産主義運動の「千年王国」的な神秘的教義を合理化している極めて神秘主義的な概念、これですべて問題が解決するという「魔法の政治形態概念」なのではなかろうか。これを初めて実体化して見せたのが「スターリン体制」だったといって良い。だから陳独秀は、これを人類社会の政治制度の発展の過程に位置づけ、ブルジョワ社会の「民主共和制」——マルクスは上記のようにこれを否定的に見た——よりもアウフヘーベン（止揚）された上位のものでなければならないのに、むしろ後退したもの、警察独裁国家になっていると批判するのである。かれが世界史的な視野を持った優れた思想家だということを示している。毛沢東の社会主義国家論と比較してみると面白いのではなかろうか。この本質的な問題提起に答えたマルクス主義者をわたしは寡聞にして知らない。答えようとしているトロツキスト王凡西の論については後に触れよう。

傅斯年は一九三二年に陳独秀が逮捕されたときに次のように述べている。かれは陳独秀が北京大文科学長だった時の学生で、雑誌『新潮』を発行するのに文科学長の独秀の許可で、北京大の支援援助を受けて亜東図書館から発行したし、一九三七年に独秀が監獄から釈放されたときに南京の中央大学の教授をしていて自分の家に暫く独秀夫婦を住まわせた(後に中央研究院語言歴史研究所の初代所長、台湾大学学長)。さてその言である。

陳独秀は新青年発刊の詞で、(一)自主的であれ、奴隷的であるな、(二)、進歩的であれ、保守的であるな、(三)、進取的であれ、退隠的であるな、(四)、世界的であれ、鎖国的であるな、(五)、実力的であれ、虚文的であるな、(六)、科学的であれ、想像的であるな、と言ったが、この立点(態度)で物事が始まったから、後の倫理革命論、文学革命論、民治論《デモクラシー》、そして社会主義、これらはみな自然の趨勢、必然の産物であった。陳氏がこの態度を発揮したのには、特にある基本精神、即ち彼の猛烈で徹底した自由主義があったからである。わたしたちはかれの「フランス人と近世文明」(『新青年』一巻一号)の中に、かれの自己形成の来源を見出すことが出来る。かれの精神はつまりはフランス革命の産品で、けっしてプロシャの産品ではなかった。これが或いは、コミンテルンが部分けして配置する[部勤]のを受け入れず[独立を主張して]、かれを異端にした縁故(理由)だったのではなかろうか? と(「陳独秀案」、『独立評論』二四号、一九三二年十月三十日)。

また、陳独秀がこの頃書いた上記論文と時を同じくして、一九三六年初めに上海トロツキー派から分派した「極左派」の「印刷労働者・工軍と絹織物工場労働者・鐘儀」の名で出されたビラ「中国共産主義同盟(ボルシェヴィキ・レーニン派)準備宣言」は次のように言っている。

「一九二七年以前の共産党」、つまり陳独秀が率いた初期中国共産党は「実際上は『社会民主党』だった。」大革命後、武装蜂起して江西ソヴィエト根拠地を作り、西遷していま陝北にいる「朱徳・毛沢東の共産党は『農民党』である。一九二七年以後陳独秀率いる左派共産党――つまり反対派、トロツキー派――は実際上は『立憲党』と『マルクス主義学会』である。」「これらは羊頭を掛けて狗肉を売る」ものだ、本当の共産党が先進的労働者によって創造されるべきだ」、と(『年譜』四六八頁)。

『立憲党』というのが「国民議会」を主張した陳独秀らを、「マルクス主義学会」というのは、モスクワ留学(東方大学、中山大学)で仕込んだ「マルクス主義理論」の知識をひけらかして正統解釈を競って論争している若いトロツキー派（彭述之もこれに属する）の連中を、労働者が揶揄している構造を見せている。

一九三七年九月、監獄から出て間もなく、独秀が南京で胡適、傅斯年と会ったとき、傅斯年は胡適に、「わたしは仲甫先生に本当に敬服します、わたしたちは年齢はかれより若いですが、その精神の旺盛さはありません」と言った。そして話が世界の大勢について話が及び、傅斯年は独秀に、「わたしは人類の前途に悲観的です。十月革命はもともと人類の運命の一大転機でしたが、しかし現在ファシズムの暗黒勢力がまさに全世界に布満しようとし、そしていわゆる紅色［ソ連］も黒色勢力に比べてもなお黒くなってしまい、謡言を造り中傷し、人を落としめ、惨殺し、……専横武断です。われわれ人類は最後の運命に到ったのではないでしょうか？」と元気なく言った。独秀は、「そうではない、歴史的に見れば、人間はつまりは理性を持った高等動物だ。絶望に到った時でも、それぞれ自分で自救の道を探し出す。……この時のいろいろな暗黒の現象は人類進化の大きな流れの中の短時間の逆流だ。光明はわれわれの前にある。毫も悲観する必要はない。」「たとえ世界が全て暗黒に陥ったとしても、われら数人が暗黒に附和、屈服、投降しなければ、雲霧を掃い青天を見る力があるのだと自ら信じることができる」と言ったという（『年譜』四八二頁、陳独秀「我們断然有救」、『著作選』三、四八〇頁）。

これらの言は陳独秀の思想的本質についてかなり当たっているのではなかろうか。それは置くとして、この濮徳志の獄中の話は面白いと思う。モスクワに行かずに中国の近代の歴史の過程で思想を形成してきた陳独秀の世代と、ロシア語ができるモスクワ仕込みのマルクス主義青年世代の微妙なずれがよく出ていることが一つである。また此処には、宗教会派や政治党派によく見られる、神学論争、どちらが教義の真理に近いか、正統か、純粋か、をめぐってなされる論争とは違った思考が働いている。彭述之は、陳独秀は忙しかったから、マルクスをちゃんと読んでなかった、と語っているが（中嶋訳前掲書二一三頁）、陳独秀は、彭述之は「マルクス主義以外に学問はない」と言っている。彭述之はいわゆる「主義者」で、マルクス主義を何でも解決できる万能薬の宇宙方程式みたいに考える思考である。トロツキー派をめぐる論争を読んで不毛だと感じるのは、陳独秀が云うように、中国の現実に足が付いていない流麗な論者ばかりだからだ。後にかれは揶揄して「モスクワのパンを食った」連中と言い、自分は「歴史と現時［在］の事態の変化発展にもとづくのを喜びとし、主義を空談するのを喜びません。前人の言を引用してそれで立論の前提とするのはもっと喜びません。この種の「聖言量」（「聖人の権威ある言葉によって真偽を判断し、それをどれ位引用しているかを競うような」）やり方は宗教の武器であって、科学の武器ではありません。」（「SとHへの手紙」）と書くことになる。

こうして陳独秀は、今までの手紙に書いた内容を整理するかのように――一九三六年九月の「民主主義についての幾つかの根本思想」と同じスタイルで――、一九四〇年十一月二十八日に、「私の根本意見」を書き、江津の中学校の歴史の教師をしていた何資深（何之瑜）に宛てて手紙として出した。そして、これは油印本が作られた。また復旦大学教授をしていた鄭家稼にも十二月一日に送った。この文章は『著作選』にも入れられているので、研究にも使用されたことがあるが、今までの論争プロセスを頭に入れて読むとさらによく読解できるだろう。

8、「私の根本意見」（一九四〇年年十一月二十八日）

「(一)、いつでも、どこにおいても革命的な局勢《じょうせい》があるなどは、あるはずが無い。*最も荒唐無稽なのは、反動的な局勢も、革命的局勢であると言い為すことである。即ち、支配階級が戦勝した後、安定に向かい始めたのに、これを崩壊に向かい始めたと言い、中間階級が革命階級を離れて徘徊動揺し始めているのを、支配階級を離れて徘徊動揺し始めていると言い、革命階級の敗北した後の憤悶した情緒を、革命情緒の高揚だと言い為すことである。われわれは「人民は窮すればするほど革命的になる」というでたらめな説に反駁し斥けなければならない。「圧力が愈々大きくなれば反動力も愈々大きくなる」というこの物理現象は、社会に応用することが出来るとはいうものの、それには必ず被抑圧者が奮起する動力を十分に持っていることを条件にしなければならない。

＊これは国民革命（「大革命」）が、蔣介石の四・一二クーデタ（清党）で打撃を受け、ついで武漢政権が共産党を切り捨て、南京政府に合流して、白色テロが起きているのに、陳独秀の後継者だった瞿秋白・李立三・王明らがコミンテルン（スターリン）の指示で、「革命高揚」だと言って冒険主義的な蜂起路線を取ったことに対する、独秀の批判である。

(二)、プロレタリア階級の大衆はいかなる時でも、いつも革命に傾いている、ということは有る筈がない。とりわけ、大闘争がひどい敗北に到った後や、あるいは社会経済が大恐慌のときはそうである。

(三)、プロレタリア階級は、その社会的条件に合った十分な人数を持たず、経済的政治的な組織を持たないと、他の住民とたいして大きな違いは無い。特に十余年来のソヴィエト・ロシアの官僚支配の経験、中日戦争、および今度の帝国主義大戦の経験は、われわれをして各国のプロレタリア階級の力量を過大評価させなくしているし、われわれをして軽率に「資本主義はすでに末日に到った」などと言わせなくさせている。全世界を震動させる程の力の干渉が無ければ、今度の大戦は資本帝国主義の終焉にはならず、むしろそれが発展して到る第二段階の開始になる。即ち、多数の帝国主義国家が並存する状態から、兼併されて簡単になった二つの対陣する帝国主義的集団になる始まりである。

(四)、プチブルジョワ階級の「集中」「統一」の独断的な性質と、プロレタリア階級の「集中」「統一」の自然的な性質との違いを厳格に区別しなければならない。

(五)、急進的で自惚れが強いプチブルジョワ階級分子と、決然として率直であるプロレタリア階級分子との違いを厳格に区別しなければならない。

(六)、現在はけっして最後の闘争の時代ではない。遅れた国家においてだけでなく、ヨーロッパ、アメリカの先進国家においてもそうである。もし独断的に、ブルジョワ階級・プチブルジョワ階級はすでにほんの少しの進歩的な役割も持たなくなった、すでに完全に反動の陣営に走ったと言う人がいたとしたら、これは将来ブルジョワ階級が進歩的役割を表わしたときに、これに向かって慌てふためいて投降することになる後の悪い結果を、いま植え付けているにすぎないのである。

(七)、少しの先入見も無しに、ソヴィエト・ロシアの二十余年の教訓をよく理解し、科学的、非宗教的に改めてボルシェヴィキの理論とその領袖《リーダー》の価値を測り直して見るべきで、すべてをスターリンの罪に帰すことは出来ない。例えば、プロレタリア政権下の民主制の問題のようなものである。

(八)、民主主義は人類が政治組織を発生させてから、政治が消滅するまでの間、各時代（ギリシャ、ローマ、近代、そして将来に至るまで）の多数階級の人民が、少数者の特権に反抗してきた旗幟だった。「プロレタリア階級民主」は中身が空っぽな名詞ではない。その具体的内容はまた、ブルジョワ階級民主と同じように、すべての公民がみな集会、結社、言論、出版、ストライキの自由を持つことを要求している。特別に重要なのは、反対党派の自由である。これらが無ければ、議会はソヴィエトと同様に一文の値打ちも無い。

(九)、政治上の民主主義と、経済上の社会主義、これは互いに助け合って協力し合い事を成しとげるもので、相反するものではない。民主主義はけっして資本主義およびブルジョワ階級と分離させることが出来ないものではない。プロレタリア政党がもし、ブルジョワ階級と資本主義に反対するからと言って、遂に民主主義もそれと並べて一緒にして、またこれに反対するならば、たとえ各国で謂うところの「プロレタリア革命」が出現したとしても、民主制が官僚制の消毒剤になることが無いなら、また世界上に幾つかのスターリン式の官僚政権を出現させることになるに過ぎない。残虐、汚職、虚偽、詐わり騙し、腐敗、堕落は、どんな社会主義も創造することは出来ない。謂うところの「プロレタリア階級独裁」は、そのようなものは根本から存在せず、党の独裁であり、その結果はまたただ領袖の独裁になるだけである。どんな独裁もみな残虐で、瞞着で、欺き騙し、貪り汚職し、腐敗した官僚政治と分離できないものである。

(十)、今次の国際大戦は、当然二つの帝国主義集団が互いに世界制覇を争っている戦争である。謂うところの「民主と自由のために戦う」というのは、当然上辺だけの衣である。しかしそうだからと言って、イギリス、アメリカの民主国になお若干の民主的自由があるのを否定することは出来ない。そこには野党、労働組合、ストライキの存在がある。これは現生の貨幣であって約束手形［支票］ではない。ナチスのスパイ内応組織の手先でなければ、どんな詭弁をもってしても否定できないことである。われわれはさらに、アメリカがナチスがユダヤ人を取り扱ったやり方を用いて孤立主義派［モンロー主義以来の、米国は欧州の戦争に巻き込まれず、孤立政策を取るべきだとする人々］を取り扱ったということは未だ聞いたことが無い。ヒトラーのナチス党の徒は、そのドイツを支配している野蛮で暗黒なやり方でもって全世界を支配しようと企図している。これは中世の宗教法廷よりも更に野蛮で暗黒なやり方で全世界を支配することで、全世界をしてただ一つの主義、一つの党、一人の領袖を許すだけで、自分たちと異なるどんな存在も許さないし、それに征服された国家の中の土着のナチスや、いろいろな土着ファシズムの存在も許さないのである。ヒトラーの党の徒が勝ったら、全人類を窒息させ、全人類を、思想《かんが》える脳神経を持ち自由意志を持つ人間から変じて、思想《かんが》える脳神経を持たない自由意志のない牛馬機械にしてしまうだろう。だから全世界各国（ドイツも当然その内に含まれる）の良心的な進歩分子はみな、今度の大戦が始まってから現在、将来に及ぶまで、「ヒトラーのナチス党の徒を消滅させる」ことを各民族が共同して進攻する総目標にしなければならないのである。その他の一切の闘争は、この総目標に対して正の作用をするか、負の作用をしないかによって、はじめて進歩の意義を持つだけである。というのは、ヒトラーのナチスがひとたび勝利したら、どんな社会主義も、どんな民主主義も、どんな民族解放もすべて話のしようも無くなるからだ。

(十一)、今度の大戦中、民主国の方に対して［祖国］敗北主義を採り、国際的帝国主義戦争を国内革命戦争に転化するという戦略は、無論口ではいかに左翼のように言っていても、実際はただナチスの勝利を助けるだけである。たとえば、イギリス人自身の帝国主義政府がもし革命によってひっくり返されたとしたら、その時イギリスの海軍陸軍空軍は勢い必ず分裂し弱くなるだろう。革命的な新政権も短期間のうちに成長して強大な力量になって、ナチスの軍隊がイギリス・ロンドンに侵入して来るのに抵抗することは決して出来なくなる（もし自分の帝国主義政府が敗れた方が疑いなく比較的に災禍が少ないなどと言うなら、［自国政府が敗れて］ナチスに今征服されているチェコ、フランスは本当に幸運なことだろう！）。時間の問題をなおざりにしてしまうと、真理は道理に合わない出鱈目に変わってしまうのだ。人々は、理由があって中日戦争はすでに帝国主義大戦に因って変質したと考えた。しかしこれに因って中国において［祖国］敗北主義を採用することは出来ない。重慶政府の壊滅は、今日にあっては、ドイツ、イタリア、日本が勝利を加速させるのを助けること以外に、他の幻想を抱かせることは出来ない。われわれは同じ理由で、ソ連で祖国敗北主義を採ることも主張しない。人類の自由の運命の上でスターリンの党の徒がヒトラーの党の徒よりも好いとわれわれを信じさせる事実は無いけれども。

（十二）、革命の基礎準備、即ち大衆の結合は、民主的要素が若干ある政権下の方が、ナチスの極限支配の下でよりもっと難しい、と言える理由は何もない。また、ナチスの勝利の方が敗北よりも、ドイツ革命運動にとっては有利だ、というかなる理由も無い。ナチスのヨーロッパにおける覇権は長く支えられるものか、誰もその運命を占うことは出来ない。もし、ナチスは勝利した後必ず崩壊するという理由でもって、その勝利を助ける口実とするなら、このような大犠牲、このような滑稽な戦略は、以前にドイツ国内の政変［一九三三年ナチス政権獲得］の時に、スターリンが宣布した「ヒトラーを政権の舞台に上せよ」「かれは政権の舞台に上ったら、すぐに敗れる」などの言い方と何ら変わらないものだ。なおかつ、現在のヨーロッパは中国の戦国時代やヨーロッパの近代初期と同じように、経済の発展の上で統一を要求しているが、革命的な統一が無いがゆえに、ナチス党の反動的な統一でも客観条件を持っていて、統一を実現させ得る可能性がある。しかしこの反動的な統一は、経済の上での資本制度の生産力への束縛（私有財産制）を動揺させることは出来ない。ヨーロッパの王権時期が封建制度の生産力の発展に対する束縛（農奴とギルド）を動揺させたような、そのような進歩的な役割を果たすことは出来ない。政治の上では、民主制を破壊し、中世の暗黒を恢復させる。たとえ長く続かないにしても、人類の恐るべき災難であり、計り知れない損失である。

（十三）、戦争と革命は、ただ進歩に向かっている国家においてのみ、生産力の発達した結果として起こり、転じてまた生産力の発展の原因になるのである。もし、衰退している国家においてであったら、戦争と革命はかえって生産力をさらに弱め、国民の品格をさらに堕落させ――大袈裟ででたらめ、貪り汚職し、贅沢し、一時逃れをする、かくして政治をしてさらに暗黒さを加えさせる――、軍事独裁化するのである。

（十四）、国際戦争は、ただ双方の武器と軍事技術が等しい国家間においてのみ、人数、民の気力、戦闘精神を勝敗の決定的な要因と見なすことが出来る。国内戦争では、十九世紀の新式の武器の発明はエンゲルスをして以前の市街戦の価値を改めて評価し直させた。二十世紀の新式武器、新戦術の発明は民衆暴動と市街戦の可能性を減少させるだろう。もし支配層内部が崩壊しないならば。

（十五）、帝国主義は植民地をもってその存在条件としている。これは資本制が私有財産をその存在条件としているようなものである。われわれは、資本の支配が崩壊しないで私有財産制を消滅することが出来ると幻想することは出来ない。同時にまた、植民地半植民地の民族独立戦争も、帝国主義国家（宗主国および宗主国の敵対国）の中の社会革命と結合せずして、勝利に到れると幻想することは出来ない。今日――イギリス・アメリカとドイツの二大帝国主義が互いに全世界の奴隷支配権を争っている今日、孤立した民族戦争はどの階級の指導によろうとも、完全な敗北になるか、そうでなければ、主人の交替に終わる。あるいはもう一つの更に兇悪な主人に替ることもある。たとえやや開明的な奴隷主になったとしても、自分の政治経済の発展にはやや有利ではあるが、植民地あるいは半植民地の奴役の地位を根本的に変えることは出来ない。

一九四〇年十一月二十八日」

【注】陳独秀はこの「私の根本意見」を鄭学稼（重慶北碚に移っていた復旦大学の教授）に送った。鄭学稼は、「西流、連根への三通の手紙は胡適が発表した後［胡適序言『陳独秀的最後見解』が出版された後］に、筆者は始めて見たのだが、かれの思想は、一九四〇年十二月一日に筆者に送られて来た短い手紙の内に付されていた『油印本』［謄写版刷］の「根本意見」で既に知っていた」と書いて言っている（鄭学稼『陳独秀伝』一一三七、一三五一頁、一九八九年、時報文化出版、台北）。その独秀の「短い手紙」(A)は、

(A)「学稼兄　前の手紙にまだ返事をいただいておりません。存じませんが、お受け取りになったでしょうか。近ごろ幾つかのトロツキー派の文件に接しましたが、見解が頗る荒謬でしたので、それで、一文を書いてこれに反駁し斥けました。特に油印して何人かの相好の友人に送って見ていただくことにしました。兄が見終わりましたら、また李麦麦［（劉治平、劉胤）、モスクワ東方大学、戦闘社の後、復旦大学教授］兄に渡して一閲してもらい、教えを賜りたいと思います！　此祝教安（お仕事が順調であるよう）　弟　独秀手啓」

というものである。ここでいっている「幾つかの文献」というのは、『動向』誌の大戦についての上海トロツキー派の論説や王文元や濮清泉からの手紙を指している。かれらと上海の本部へは、独秀は手紙で自分の考えを表明したが、それだけでなく、それらの考えを「大綱風」にまとめ、派外の友人にも読ませるために作ったのが「私の根本意見」である。だから油印（謄写版刷り）した。この点からも、九月の長い名論文（7「西流への手紙」）から時間がそう遅れない十一月に書き、謄写版刷りにして送ったものだということが分かる。

この独秀の鄭家稼宛の上の手紙(A)の日付を鄭学稼は「一九四〇年十二月一日」とはっきり書いている（一一三七頁等）。しかし次に掲げる陳独秀の手紙(B)――「根本意見」を受け取った後に鄭が「十四日」に出した手紙に対する独秀の返信――を、同書一三五一頁では「十二月二十三日」とだけしか記していない。それをまた『伝記文

学』三〇巻五号（一九七七年）が、「十二月二十三日（一九四二）」と、カッコの中に（一九四一）と年号を入れたから、問題が起きた。まずはその独秀の手紙（B）を読んでもらうことにしよう（傍点は筆者）。

（B）「学稼兄　侍史　十四日のお手紙、謹んで拝承いたしました。恵書［来信］の論ずるところはなお多く鄙見と微《すこ》しちがいがあります。あるいは兄が「私の根本意見」をまだ詳しく閲ておられないからかも知れません。これは大綱風の短文で、トロツキー派の（国内国外の）先生方の荒謬な見解のために発したものですが、弟《わたし》の精神がなお良くなかったため、長文を書く力がなく、未だ詳細に発揮できませんでしたから、あるいは［外の］人の誤解する所となるのを免れないのかも知れません。レーニン、トロツキーの見解は中［本］国では合いません。ロシア及び西欧においても、また何ぞ嘗て正確であったでしょうか？　弟が改めてボルシェヴィキの論理［理論］とその人物（老トロツキーもその内に在ります）の価値を測り直すことを主張したのは、一群の「ロシア狂」、とくにモスクワのパンを食った友人たちのために発したもので、わたし自身にあっては、すでにかれらの価値を測りました。わたしは、ナチスはプロシャとボルシェヴィキの混合物だと考えます。弟がかれらを評論するのにはみな科学的な態度でおこない、いかなる教派的な考えにもよらず、さらにボルシェヴィキの正統だと自居することをいさぎよしとしません。鄙見は人の賛同を得るのは大変難しいですが、来書の「ボルシェヴィキとファシズムは双生児だ」という説を読んで、手をたたいて大悦びするのを禁じることが出来ませんでした。弟は久しく一冊の『ロシア革命の教訓』を書いて、我輩の以前の見解を徹底的にひっくり返そうと思っていますが、残念なのは、精神がよくなく、一時にはなお筆を執ることが出来ないことだけです！［弟は］大作が早く成り、一読して痛快になりたいと希望しています。此の間に、以前に兄がある学校で演説して、「ヒトラーが勝利してこそ、中国民族はようやく希望がある」と謂った、と伝え言うものがありました。いま、来書を読みますと、尊兄はそのようではないようです。たぶん伝言の誤りなのでしょう。

此祝教安　　　　　　　　　　　　弟　独秀　手啓　十二月二十三日

鄙意は、イギリス、アメリカが勝利さえすれば、中国民族は解放とまでは言えないまでも、政治経済には発展の希望があるというにすぎません。」

唐宝林・林茂生著『陳独秀年譜』（一九八八）五三二頁は、この鄭家稼宛の手紙Ⓑの日付を『伝記文学』が（一九四二）年とカッコをつけて付け加えているのが正しいと判断して、その日付の一九四一年にすべきだ、だから、この手紙Ⓑは一九四一年の十二月二十三日に書かれた、とする。すると、手紙の中の「あるいは兄が「私の根本意見」をまだ詳しく閲ておられないからかも知れません」という文言から判断すると、「私の根本意見」はこれより少し前に書かれて鄭に送られたはずで、「胡適序言本」に付いている日付の「一九四〇年十一月二十八日」ではなく、一年遅れの「一九四一年十一月二十八日」に書いたとしなければならないとして、この手紙Ⓑを根拠にして、「根本」執筆の方を一年遅らせたのである（『年譜』五三二頁）。この「私の根本意見」の執筆の「一九四一年説」は最新の『陳独秀著作選編』第五巻（上海人民出版、二〇〇九）、『陳独秀文集』（人民出版、二〇一三）にまで引き継がれている。『陳独秀文集3』三〇二頁はこの手紙Ⓑを訳出して「鄭家稼への書簡」の前半に入れ、同じ日付を採用している。そしておそらく、この考証を根拠に、「私の根本意見」を唐宝林と同じく「一九四一年十一月二十八日」執筆にしたのだと思われる。ところが、当の唐宝林『陳独秀全伝』（二〇一一）が「一九四〇年」説を採っていることは第一章で論じた。これは鄭学稼の書き方がまずく、『伝記文学』の編集が誤っていたのである。鄭学稼は、鄭書の一三五三頁から触れられている独秀からの「独ソ戦」についての手紙の日付も「二十七日にまた私にくれた」としか書かずに、これがⒷ「十二月二十三日」の手紙に続いたかのように書いている。しかし時間が一年ずれている。独ソ戦は一九四一年六月開始であるから、これは一九四一年十二月二十七日の手紙であるはずなのである。また鄭家稼の別文に拠った『陳独秀著作選』（上海人民、一九九三）第三巻五二八頁は、この鄭宛手紙（B）を「一九三八年十二月二十三日」としていて、間違っているうえに、「根本意見」を正しく「一九四〇年十一月二十八日」執筆（五六三頁）にしているという不統一さを示している。

鄭学稼はこの時に貰った油印本の「根本意見」を所蔵していて、それを自分の雑誌『民主与統一』七期に発表し、後に自分の『陳独秀伝』一一三八頁以下に全文引用している。この文章は胡適序言本とは四か所ほど語句句読の違いがあるだけである。だから、やはり「根本意見」は胡適序言本の通り「一九四〇年十一月二十八日」執筆とするのが正しいのである――尤も原書には日付がないらしく、胡適序言本の「十一月二十八日」が何に拠ったのかは尚不明だが――。内容的にこの手紙（B）に続く9「Yへの手紙」、10「SとHへの手紙」の日付も一年前、一九四〇年執筆である。手紙（B）は鄭書のほか、『陳独秀書信集』五二一頁、『陳独秀著作選』第三巻五二八頁、『陳独秀著作選編』第五巻二八七頁に収められている。以上。

わたしは「一九四〇年」説をとるが、誤りがあれば、第一章の考証議論・胡適序言と併せて指正いただきたい。

陳独秀は、五四時期後に、マルクス主義に近づき、共産党結成の中心になり総書記を務めたが、マルクス主義者だったかは、今なお論議されるところで、共産党員の葉剣英などは「マルクス主義者」ではないと言っているが、党組織に忠誠な主義者・スターリン主義者的でないと理解すべきだろう。かれの資質は党組織の規律の息苦しさには似合わない。かれの思想の出立点が中国の富強・未来に置かれていたことを考えると、ロシア革命も第一次大戦後の風潮も、中国のためになるか否かが試金石だったように思われる。マルクス主義も「独立思考の」独秀にとっては役に立つ思想にすぎなかった。「圏子」＝「教派」や「道統」ではなかった。ボルシェヴィズムはどうも、中国には合わない。留学先のモスクワのパンを食って「ロシアマルクス主義」の理論を覚え、マルクス主義こそが学問であり真理だ、と空理論を振り回す「ロシア狂」はダメだ、中国の難問を解決する方法として最初希望を持ったロシア革命のやり方を歴史的に調べてみると、どうも「民主、科学、社会主義」に反している、その教訓から出発すべきだ、と言っている。内容から見ても、これ＝手紙（B）は「私の根本意見」の執筆、送付の直後の書簡と考えて間違いない。

次の書簡を見よう。これは、H（胡秋原）とS（孫幾伊）から何之瑜に手紙が来て、その中で「私の根本意見」などに言及していたらしい――「根本意見」の油印本を送ったのではなく、誰かから見せてもらったらしく、何之瑜に手紙を出したのであろう――、陳独秀は何之瑜の手紙と共に送られてきたS、H二人の手紙を見た、それへの返信である。これも、手紙の内容、「近作根本意見」から見て翌一九四一年の一月十九日とするのが良い。「胡適序言本」の日付が正しい。しかし『年譜』は「根本意見」の日付を一年延ばしたので、これを一九四二年一月としている。誤りである。『陳独秀文集3』もそれに倣ったが、同じく誤りである。一九四二年の作とするなら、一九四一年十二月八日「真珠湾攻撃」、日中戦争の第二次世界大戦化（戦争性質の変化）の持つ意味について触れられているはずであるが、ない。

9、「Y［何之瑜］への手紙」（一九四一年一月十九日）

Y兄　ここにH［胡秋原］とS［孫幾伊］の二君に致した手紙を附して差し上げます。望むらくは、かれらと通信した時に転送していただきたく思います。……H［胡秋原］らは、わたしがマルクス主義の圏子［囲地・教派］から跳び出すことを希望していますが（陶孟和もそのようです）、それはかれらのずっとの偏見ですから、異とするには足りません。我輩《われら》はかれらと（歴史的な及び現状の）実際の問題を討論して、これをして逃げ遁れできなくさせることが最も好いと思います。それは抽象的な理論や主義の圏子［囲地・教派］に引っかかる必要は無く、余計なものを挟み込み複雑になるのを免れることが出来ます。陶孟和は分からない訳ではないようですが、［鄭］仲純＊は間違っ

ています。……即祝

健康　弟　独秀　一月十九日

＊独秀の留日時代の友人で、東京帝大出の医者。武漢から重慶に来て市内にいた独秀を自分が「診療所」を開いていた江津に呼び寄せ、支援した。

10、「S〔孫幾伊〕とH〔胡秋原〕への手紙」（一九四一年一月一九日）

H〔胡秋原〕・S〔孫幾伊〕先生

H〔胡秋原〕さんとは別れて三年になります。S〔孫幾伊〕さんとはさらに二十余年も会っておりません。北京で游んだことを回憶しますと、真に感嘆にたえません。

先頃、H・S〔胡・孫〕お二人がY〔何〕兄に与えた手紙を見て、わたしの近作〔「私の根本意見」と判断する――筆者〕に示教するところ有り、感謝の至りです。弟はもともと立論するときには、歴史と現時の事態の変化発展にもとづくのを喜びとし、主義を空談するのを喜びません。前人の言を引用してそれを立論の前提とするのはさらに喜びません。この種の「聖言量」〔聖人の権威ある言葉によって真偽を判断し、それをどれ程引用しているかを競うような〕やり方は宗教の武器であって、科学の武器ではありません。

近作の「根本意見」もまた未だどんな主義にも関係していません。第七条は改めてボルシェヴィキの理論及びその領袖（レーニン、トロツキーもみなその内に含まれます）の価値を測り直すことを主張していますが、それはソヴィエト・ロシアの二十余年の教訓にもとづいてする「測り直す」というのであって、マルクス主義を尺度にしてする「測り直す」のではありません。もし、ソヴィエト・ロシアの立国の道理が間違っていなかったならば（成功失敗は必ずしも計えずともよい）、たとえそれがマルクス主義に合致しなかったとしても、また誰がそれをとらえて非としましょうか？「圏子」とは即ち「教派」のことです。「正統」は中国の宋儒のいわゆる「道統」に等しいものです。これらはもともと弟《わたし》の口と胃には合わないもので、だから孔教の道理に誤った処があるのを見ると、孔教に反対しました。第三インターの道理に誤った処があると見たので、それに反対しました。第四インターにも、第五インターにも、第……インターに対してもまた同じです。〔胡〕適之兄は、弟は「終身の反対派だ」と言いましたが、実にその通りです。しかし弟は意識的にこうしているのではなく、事実がわたしに迫ってこのようにせざるを得なくしているのです。譬えて言えば、肉を食うのに、味がよければ、それがどこで売っていようが構わないが、もし味が悪くとも、それが陸稿薦〔蘇州の有名肉料理店〕が出したものだからと言ってこれを嗜むのは、迷信というものです。もし味が良いのに、それは陸稿薦が出したものだからと言ってこれを棄てるのは、それは偏見というものです。迷信と偏見はともに事の変化の試験と時間の淘汰に堪えられません。わたしはこの二つともとりません。短い紙面では長い話の万分の一も尽くせませんが、ただ弟の真理を探討する全体的態度は、まさにこの書簡を以て二先生の理解する所となることが出来ましょう。

もし新しい作がありましたら、勿論差し上げて教えを乞います。弟は言いたいことが大変多いのですが、ただ病気の身体で多く書くことが出来ません。書き出したとしても、油印〔謄写版刷〕といえどもまた作るのは容易ではないのです。

御健康を祈ります　　　　　　　　　一月十九日

弟　独秀

このように日付を直して並び替えてみると、一九四〇年十一月の「私の根本意見」の後の反応や事例（『年譜』参照）が整合的に理解できるようになる。

一九四一年一月一〇日、トロツキー派中央委常委（彭述之ら）は、「D・S（陳独秀）の民主と独裁の問題についての意見に関する決定」を通過させ、独秀がプロレタリア階級独裁を攻撃し、ソ連社会主義制度を否定し、ブルジョワ階級民主を誉めそやし、今大戦中に如何なる革命運動が発生する可能性も否定した観点を猛烈に批判して、独秀のこれらの問題についての意見はすでに頂点に達し、「完全に第四インターの立場を離れ、完全にマルクス主義から離れ、プロレタリア階級の機会主義者の立場になった。」現在の問題は独秀が「第四インターを離れ、革命を離れたということで、中間の道はなくなったのだ」と宣言した（『年譜』五二七頁）。これも前年十一月の「私の根本意見」に対する反応だと考えると、整合的だ。

しかし、鄭超麟は「私の根本意見」に賛成した。ただ、革命が干渉戦争を起こすか否かについては見解を異にし、「革命」はなおやって来る、さらに、この戦争中にやって来る、現在わたしたちはロシアの一九一五、一六年のような時代におり、われわれの問題は民主か独裁かという問題ではない、第二次革命は先進国で起きるから、スターリンを生まないことを望みうる、と考えた。これは正しい一面を持っている。ロシアの革命が大戦の産物だったように、中国の革命も大戦中にやって来た戦争が生んだ革命といって良いからだ。毛沢東の革命は、他の有利な諸条件もあったが、日中戦争によって国民政府の政府機能、軍事系統が弱体化された結果として、支配統治能力を破壊された結果起きたのだ。その意味では、毛沢東は祖国敗北主義をやったとも言える。日本軍・国民政府・共産党の三巴の「三国志」で、日中戦争で自国国民政府が弱体化したのに乗じて「漁夫の利」を得たのである。毛沢東が日本社会党訪中団に共産党が権力を取れたのは日本のおかげだと言ったのは本音に近いものだと私は考えている。

二月八日と二三日に常委の彭述之・劉家有は独断で中央常委名で代表大会を開いてトロツキー派の新たな抗戦綱領を確定するという通告を出し、「抗戦性質はすでに変化したのか否か」、今次戦争は「帝国主義戦争か反ファシズム戦争か」、「中国の民族革命と過去三年のブルジョワ階級の軍事抗戦には進歩性があるか」、「中国プロレタリア階級は抗日戦、反帝戦争中に［祖国］敗北主義を採るべきか」、四月末まで討論を終える、とした。この時、鄭超麟は「革命的敗北主義の旗の下で」を発表。今は、共同の民族利益のために暫時その階級的利益を忘れるある人間集団を存在させ得ない時代だ、「国民」とか、「人民」とか、「大衆」とかは、存在しない。存在するのはプロレタリア階級であり、農民であり、都市小ブルジョワ……地主、である、と先鋭な階級論を展開し、抗日戦は進歩性を持たない、植民地非植民地を問わず、「愛国主義」は反動的なものだ。ブルジョワ政府機構、軍隊系統を破壊すべし、即ち〔祖国〕敗北主義を、「帝国主義戦争を国内革命戦争に転化する」のは、中国の需要に合っている。敗北主義を掲げるべきだと主張した。四月に彭述之らは独秀見解やこれらの論争を機関誌に掲載、それを受けて大会が七月十二日に開かれた。

大会では、独秀と通信があった陳其昌、王文元、鄭超麟らは「トロツキー主義的、革命的国際主義路線、敗北主義」を、もう一方の彭述之らは「半スターリン主義的、民族愛国主義的、国家防衛」を唱え、二つの路線が鮮明になったという。そして、彭述之らの「ソ連擁護」「抗日戦を真の民族革命戦争に」「国民会議」を軸に、新中央委に彭述之、劉家有、グラスら「多数派」を選出、陳其昌、鄭超麟、王文元、楼国華ら「少数派」は排除された。

これを知って独秀は、一九四一年十二月七日に「××（不明）」宛に手紙を書き、上海のトロツキー派代表大会が「少数派」と「多数派」に分かれたことを嘲笑し次のように言った。

「かれらは自分では多数派、すなわちボルシェヴィキであると思っているが、その実、ボルシュヴィキはマルクス主義ではない。ロシアの急進的小ブルジョワ階級であり、またフランスのブランキ主義である。ドイツの今のナチズムは、即ち、旧いプロシャと新しいボルシェヴィキの混合物である。」「弟は引き続いて文を為してボルシェヴィキの横暴、欺詐などの罪悪を説明し、機会があれば公開発表したいと思っている。兄は学を好み深く考える方ですので、ボルシェヴィキとマルクス・エンゲルスの違いを分別できることと想います。」（『保衛馬克主義』巻一、『年譜』五三三頁所引）

この文言と、一九四〇年「十二月二十三日」の手紙（B）の中の「ナチスはプロシャとボルシェヴィキの混合物だ」

とは連続した表現である。これは一九八〇年代の「ドイツ歴史家論争」での一つの論争点、つまり、ナチスの来源の一つが東方（アジア的な）独裁＝ロシアのボルシェヴィキ・スターリン主義の野蛮さだという「修正」主義的な論に対して、それはナチスの犯罪を免罪まではしないとしても、修正軽減するものだというドイツ起源（反セム主義）を強調する戦後の自己批判反省派との論争、を先取りするような鋭い論である。鄭家稼は「十年来の欧州」という文で「ボルシェヴィキとファシズムは双生児だ」と「独裁」の共通性から事実的に述べただけだったが（鄭家稼『陳独秀伝』一三五三頁）、陳独秀は西洋史の教養を背景に、旧いプロイセンの精神とボルシェヴィズムの野蛮（横暴・欺詐）とからナチスを説明しようとしている。その当否の判断は筆者の手には負えないのでここまでにしておく。ドイツ史専門家でも決着がつかない問題だろうが、大思想家の優れた嗅覚であると言えよう。

独秀はまとまりつつあったこれらの考えでもって、その後、一九四一年十二月八日の「真珠湾」以後の国際情勢について一連の論文を書いたのである。だから『最後の見解』は本書のように手紙→論文の順に並べないと、独秀の思想は理解しがたいのである。何之瑜の編集は当時としてはやむを得なかったと思うが、胡適序言本の方が正しい編集である。東洋文庫『陳独秀文集3』がそれをひっくり返して元の何之瑜原本に戻したのは大きな誤りであると言わざるを得ない。

第二節　発表論文と書信（11〜14）

次の論文は、真珠湾攻撃によって、日米戦争がはじまり、ドイツは日独伊三国軍事同盟にしたがって、対米戦争を宣言、アメリカもドイツに宣戦、中華民国は今までの宣戦無しの「事変」を戦うのではなしに、正式の宣戦布告を行い、日中戦争は「第二次世界大戦の一部になった」。この段階で、陳独秀が書いたものである。一九四二年三月二十一日に重慶『大公報』に前半部分が掲載された。後半部分は軍事委員会戦時新聞検査局によって内容が「建国策」に反するとして、掲載されなかった。独秀の文章の中で始めて「日米戦争」が出てくる文である（傍線部分は筆者が第一章で指摘、引用した部分）。

11、「戦後世界大勢の輪郭」（一九四二年二月十日）

歴史はけっして繰り返さない。今次の大戦はすでに世界の各方面に巨大な変化を生じさせた。あるいは巨大な変化の萌芽を発生させた。過去の理論公式の表を持ってきて将来の事変の発展を書き込むのではまるで役に立たない。今次の大戦は次の三つの結果以外にない。一は、イギリス・アメリカとドイツ・日本が、勝負が着かずに、講和する。二は、勝利がイギリス・アメリカに帰する。三は、勝利がドイツ・日本に帰する、である。第一の可能性は最も少なく、われわれはこれに推測を加える必要はない。第二と第三の可能性はどちらが大きいだろうか？　現状をもって見れば、当然、ドイツ・日本が優勢を占めている。［一九三九年の］開戦からすでに二年が過ぎ、また［一九四一年六月の独ソ戦開始で］ソ連が出て来て戦争を支えるようになったので、イギリスは半年まったく休息することが出来た。が、この時、全力をもってしてもなおドイツの北アフリカにいる少数の部隊［ロンメル軍団］に敵することは出来なかった。もしイギリスが近い将来にドイツの大軍に勝つことが出来るか、というならば、それはきわめて想像し難いことである。もしイギリスの各戦場での敗北がみな、陸軍空軍が少数で多勢に敵し得なかったことに因るとするならば、一年あるいは一年半過ぎたら、英米の兵器生産の大拡充の後に戦いは変わるだろう。だが、現時点で「全面的に工場を改善せよ」という呼びかけを発したとしても、過去から現在に到る政府官吏の因循して国を誤ったやり方や、工場主がもっぱら私的な利益だけを顧みるだけだったこと、これらに鑑みると、将来の軍備生産の競争においてイギリス、アメリカがドイツ本土およびその利用可能な隣国に勝《まさ》れるかどうかというのは、確かに大きな問題になる。たとえ将来勝れるとしても、また何か神秘的な力があって、ヒトラーとその仲間をして、ここ一年ひいては一年半の間、兵を押さえて動かさないで、英米が兵器を拡充するのを静かに待っているようにさせるだろうか？　ドイツの内部危機はまことにイギリス、アメリカよりも大変大きいが、しかし対外戦での疲弊あるいは潰滅的敗北が起きる前には必ずしも爆発することはない。ドイツの唯一の弱点は石油の欠乏である。これもただドイツがコーカサス、あるいはイランの石油を奪い取る力を始めから終わりまで持たないという条件の下では、ドイツは長期戦は戦えないという要因であるにすぎない。各種の情勢にもとづけば、ドイツには速戦即決が有利で、イギリス・アメリカには持久戦が有利である。双方ともに、時間の争いが第一の重要な策なのである。だから目前に迫ったドイツの春季攻勢は、地中海あるいはヨーロッパ、ロシア大陸、マルタ島、ジブラルタル、スエズ、そしてシンガポールに到る戦線での勝敗であれ、あるいは、モスクワ、コーカサス、イラン、イラク、シリア、そしてシンガポールに到る戦線での勝敗であれ、いずれにしてもこの大戦の全局の勝敗の最大の鍵であると言える。この一つの戦線の勝利がもしドイツ・イタリア・日本に帰すことになれば、イギリス・アメリカは長く持ちこたえられなくなる。昔から今まで、単に土地が広く、人数が多く、物が豊富であることは、決して勝利を決定する重要な条件ではないのである。

もし勝利がイギリス・アメリカに帰することになったら、ドイツ・イタリア・日本はともにおしまいになる。そしてイギリスとアメリカは講和会議か、あるいは国際的な善後会議において互いに対立する局面を形成し始めるだろう。戦後のイギリスがヨーロッパ、北アフリカ、近東、そして中東に至る地域を収拾するのはすでに容易なことではなくなっており、一時的に、極東に及ぼす力を無くし、極東から南洋、濠州に至る地域はおのずとアメリカの勢力圏に属することになるだろう。その時、ソヴィエト・ロシアはこの両者がそれぞれ自陣に引き入れようとする奇貨となるだろう。そしてイギリス・アメリカの運命は次の大戦において決定されることになろう。

勝利がもし、ヒトラーに帰することになったら、イギリスはおしまいになり、アメリカもしばらくは両大洋を壁にして自らを保つことが出来るだけになる。ヒトラーは勝利したとはいえ、彼の銃口は依然として西の方に向けられよう。ウラル、イラン、インド以東は彼の軍事力が直接及ぶところではなく、そのとき、アメリカと日本が講和を成立させているか否かに関わりなく、日本はアメリカ、ドイツの両方が味方に引き入れようとする奇貨になるだろう。アメリカはもとより、対日戦争を必ず継続させなければならないものではなく、ヒトラーはまだアメリカを征服する前には、極東問題のために日本の機嫌を損ねて自分が頼りにしている同盟者をアメリカの側に追いやり、両大洋岸からアメリカを挟撃しようという自分の右翼を自ら断つはずはない。ヒトラーは、イギリスの極東の勢力が消滅した後に、彼がもし日本を脅したら、日本はアメリカの極東からの退出を条件に、アメリカと妥協するかもしれないことを知っている。アメリカとドイツの運命は次の大戦によって決定されることになる。

世界はあと何度の大戦を持つことになるのか、われわれにはまだ分からない。分かっているのは、戦争の原因が除去されるまでは、戦争という結果は免れないということだけである。さらにまた、もし勝利がドイツに帰することになったとしたら、次の戦争は必ずさらに早く来ることになる。アメリカとドイツの間にはもとよりいわゆる和議なるものは無いだろうが、しかし実際の戦闘はまた必ず一段落を告げるはずである。ドイツはもとより一定の停戦時期が必要で、その新秩序を打ち立てて勝利の果実を収め、さらに、渡米しうる戦艦と輸送艦を十分に補充する必要があるからだ。そうして一時期を過ぎた後、ドイツの対アメリカ戦争は、南アメリカから開始されることになろう。もともと各国の国際大戦はいずれも前の大戦の継続延長なのであって、われわれは、「永久平和」「民族自決」「民族平等」「資本制度消滅」など、これらの耳触りのいい宣伝に惑わされて、戦後にこれらがみな実現するなどと夢想することは決してしてはならない。

欧米人が資本制度に改良を加えようとしている企図は今日始まったことではない。そうしたその結果が、株式会社、協同組合の傍らに毅然と聳え立っているトラストである。労働立法が世界の半分に普く広まった後でも、いわゆる「社会主義国家」がまた出来高払い賃金を復活させた。制度を改良することは易しいことではないが、資本制度を消滅させることはさらに、人々が想像しているようにそんなに容易には出来ないのである。今度の大戦の後、英米世界ばかりでなく、ドイツ、イタリア、日本の世界においても、必然的に資本制制度を改良して自らの支配に適応させようと企図するはずである。ヒトラーはずっと資本主義を批判してきたが、それはけっしてどんな人も騙すことは出来ない、ただ彼が彼自身に冗談を言っているだけのものである。彼らの改良の企図は、関税協定ひいては経済同盟を結んで、ブロック経済圏内の関税障壁を軽減すること、バーター貿易でもって各ブロック経済圏内での貨幣の役割を軽減すること、産業国有化でもって幾つかの私的企業に代替させることにほかならない。各ブロック経済圏内の関税障壁が軽減されたなら、別のブロック経済圏に対する関税障壁は勢い必ず強化されることになる。バーター貿易のやり方は、全面的に施行することは出来ないだけでなく、それがうまく交易できるのは貨幣でもって計算するからで、依然として商品交換であって、［社会主義のような］分業による互助ではない。ある種の産業の国有化はすでに前世紀からあったことで、全部の国有化はいわゆる国家資本主義を実行することであり、理論的には筋が通っているようだが、事実的には必ず不可能である。生産手段を占有する大集団が革命による没収を経ることなく、自らすすんで私有財産を国家に献納するということは、想像できないことである。もし超然とした政府が平和的に没収することが出来るのだと幻想する人がいれば、その謂うところの「超然政府」は、午前にある人の企業を没収しようとすると、彼の政府自体が午後には別人に没収されてしまうようなものにすぎない。だから以上の［経済同盟・バーター貿易・産業国有化の］一つの改良の企図はけっして資本制度の基礎を揺るがすことは出来ない。

資本制度というものは、一旦発生すると、利と弊害が勢い必ずそれ自身の発展の論理にしたがって日を追って増長するもので、すべての改良方法はその基礎を揺るがすことは出来ず、これを節制しようとすると、国全体の社会経済を衰落に向かわせることになり、その利だけ得てその弊害を免れようとする身勝手な算盤はうまくいかないものなのである。私有財産制と商品生産制は資本制度の基礎であり、またその弊害の根源なのである。この生産制は、その目的は生産手段を持っている者が商品を売り出し、その私有の財富を増加させるために生産を行うことであって、すべての人民に食用品を直接供給するために生産するのではない。その生産力が発展すればするほど需要供給の法則によってますます生産力と購買力とのバランスを失わせ、生産過剰になり、物価が下落し、そして工場の倒産閉鎖、労働者の失業、そして経済恐慌を作り出す。一時期を経過して、生産力が弱まって元の状態を恢復すると、その後はまた、生産力が以前よりも更に強化されているから、もっと大きな恐慌に向かうことになる。このように循環する恐慌の周期的到来の法則を構成するのである。もともと生産過剰を救済する策には二つあった。一つは、自動的に生産量を減少させるか、甚だしくは生産品を破壊するという愚かで笑うようなやり方である。もう一つは、植民地や国外市場を争奪して戦争に向かうというこの狂った恐るべきやり方である。必ず国内の生産過剰の商品を国外市場に向けて売り捌かなくてはならず、また必ず、国外商品が国内市場に侵入するのを阻止しなければならないから、それで、関税障壁を高くし、軍備を拡張し、戦争を準備し、以て戦争を実行しない訳にはいかなくなる。この一つながりの因果関連の現象はみな現代国家の当局が必ず採用しなければならない歩みなのである。なぜなら、彼らは資本制度を消滅させることが出来ない以上、ただ資本制度に鼻を引っ張られて歩くことが出来るだけだからである。そうでなければ、敗北しかない。これはもともと事実の必然であって、どんな思想、どんな良心でも改変し得るものではない。全世界の幾つかの強大な国家が市場を争奪し合わなければならない、戦争を準備しなくてはならない、戦争を実行しなければならない時代にあって、みなが全力でその勢力範囲を拡大しようと、押し合いへし合いして水も通さぬ程だから、民族自決、民族解放をどのように語ることができるだろうか？　前回の大戦が終わったとき、ウィルソンの十四か条はいまだかつてなかったほど全地球を動かしたが、すぐに声も消え跡形もなくなってしまった。ロイド・ジョージとクレマンソーがウィルソンを騙したからでは決してない。ウィルソンがかれ自身を欺いたのであり、さらにまたこの欺瞞はフランスを亡ぼし、イギリスとアメリカを傷つけて、日本に対して強国の体面を失わせたのである。今度の大戦の後は、誰がまたこの資本制度の世界にあって、平和主義の幻想を標榜するのだろうか、次の大戦のときにはその者は敗北者になるのだ。

今度の大戦の後に、勝利がどちらの側に帰することになろうとも、帝国主義の支配はなお依然として変わらないのだろうか？　資本制度が一日存在するなら、それによって自然に生み出された帝国主義は、当然自動的に根本的に放棄されることは無い。しかし支配の形式は必ず変化する。すなわち、民族化から国際集団化へというその形式の変化である。この変化はけっして帝国主義制度の終結ではなく、それはむしろ拡大と強化へ向かうものである。今後は、十九世紀以来の民族国家運動が帝国主義の発生に随ってすでに没落してしまっただけでなく、二十世紀初めの七、八個の帝国主義列強の対立も終わることになるだろう。ドイツ、イタリア、日本は民族国家から進んで帝国主義国家になった比較的若い国家で、日本が最後のものであるが、全世界の植民地と後れた国の市場はみなすでに他人が足早に先に占めたものになっていた。これが彼らが危険を冒して狂ったように、戦争をもって帝国主義世界の旧秩序を改変せざるを得なかった唯一の原因である。戦争の結果、本当に完全に独立して他人の支配を受けないのは、二つの指導国の対立、すなわち、アメリカとドイツの対立か、イギリスとアメリカの対立かがあり得るだけで、その他の国家・民族は同盟あるいは全面協力などの名の下に、それぞれ二つの指導的国家が指導する集団圏の内に居らざるを得なくなる。日本とソヴィエト・ロシアは当然、それぞれその集団圏を指導しようという野心を持っている。しかし生産力が終には彼らの運命を決定するだろう。その他の植民地と後れた国が、もし民族闘争によって新しい独立国家を生み出そうとするなら、そのような時代はすでに過ぎ去ってしまった。各集団圏内においては、国力の強弱によりその地位は四等に分けられる。第一等はやや面子を持っているいわゆる「同盟国」で、例えば日本のドイツに対する、ソ連のイギリス・アメリカに対するような国である。第二等は半植民地で、例えばイタリアのドイツに対する、オランダ、フランス、ベルギーのイギリス・アメリカに対するような国で、自分の政府は持っているが、政治、とりわけ経済がかなり指導国の支配を受けている国家である。第三等は、保護国である。［占領下の］フランス、ベルギーのドイツに対する、デンマーク、イタリアのイギリスに対する、フィリピンのアメリカに対するようなもので、自分の政府を持っているけれども、独立した外交を持つことが出来ない国である。第四等が植民地である。自治政府さえも無く、統治権は指導国の総督の手で行使されている。植民地よりも更に下の一等は本来は無いものであるが、あるとすれば種族が日に日に消滅しつつあるアメリカとオーストラリアの土人である。このように各集団圏内の国家・民族の地位はその高低は異なるけれども、しかし一つの共通点がある。彼らの政治経済制度はみな多少とも指導国のモデルに倣って改造されなければならないという点である。根本的にそれと相反する制度は存在し得ないからだ。ドイツが指導する集団圏内においては多少ともみなナチスの制度によって改造しなければならない。イギリス・アメリカが指導する集団圏内においては、多少ともみな民主制度によって進めなければならないが、社会主義制度はどうなのだろうか？　これは指導国における革命の成功に依って、はじめて集団圏全体に影響を与えることが出来るようになる。ロシア革命の経験に依れば、帝国主義世界の中の最も弱い環が破れたのだが、終にはその全部を瓦解させることは出来なかった。現在のソヴィエト・ロシアに至っては、その生産力は指導国の任に堪えないだけでなく、それ自身はや既に社会主義から離れてしまっている。

喜んで夢を見る人たちは、今度の戦争が始まったとき、弱小民族の独立の機会が来たと夢想した。だが実際は、アジアの植民地はひとたびイギリス・アメリカを離れると、日本の掌握下に入ってしまった。アフリカの植民地も、ひとたびイギリスを離れると、ドイツ、イタリアの掌握下に入ってしまった。ある人は甚だしいことに、戦争が引き起こすはずの社会主義革命がすぐにもやって来ると夢想したが、不幸なことに事実が彼らの美しい夢を幻滅させてしまった、悲哀に堪えないことだ。もし、今後は民族闘争さえもみな制限を受けるのだ、かつまたナチス党が地球の半分を支配するのだ、ということに気付くならば、彼らはまさに歓びの天国から悲しみの深い淵に墜落するのを覚えることだろう。運命づけられたものが坂道を転げ落ち行くのを感じることだろう。しかし実際は、人類の進化の歴史は始めから終わりまできわめて冷静にその前進の路を歩んでいるのである。今この時も、それは決して天国に向かって歩もうとしているのでもないし、また壊滅に向かって深淵に墜落して行っているのでもない。人間自身の虚幻の希望と歓喜から来た失望と悲哀に対して、進化の歴史はいかなる責任も負わない。今度の大戦争がたとえ不幸にして、ナチスが勝って、それが終に地球の半分を支配したとするなら、これは人類の半数を占める人民が、政治的に全時期にわたって窒息する大災難を受けることになる。しかし経済的には、イギリス・アメリカが勝利した場合と同じように、もとより資本制度の生産力に対する束縛を揺るがすことは出来ないが、資本制度の範疇の内において一大進歩をもたらすことは出来る。例えば、貨幣の統一、関税障壁の軽減、物資の集中、等々によって漸次世界の多くの小経済単位が少なくなる。そして一部の経済的発展の障害を除去し、戦前の社会生産力に比べて突出して増大するようになるだろう。これは客観的に見ると、将来の社会主義世界のために広い道を開き、物質的基礎を強化することである。これは、資本主義は血の罪悪の中で進歩を生み出すといういつもの慣例で、ただ視野の狭い教派的な人たちだけがこの遠景が見えないのだ。人類の歴史も地球と同じように、光明るい白昼でも真っ暗な深夜でも、どちらでも進みを止めないのである。

正統的に言えば、本当の民族解放というのは、ただ帝国主義国家の社会主義革命と同時に実現できるだけである。資本帝国主義世界の中では、後れた国家や弱小民族の「民族自決」「民族解放」はもとより幻想であるが、ましてや両派の帝国主義の主脳が戦争で争っている状況が全世界の後れた国家や弱小民族を脅かしている今日にあっては、民族闘争は制限を受けることになる。この話は、幻想に喜んでいる人が聞いたら驚きを感じるだけだろうが、もし全世界の経済が統一に由って進歩するという観点から見るならば、民族闘争が制限を受けることも完全に悪いことだと言うのでもない。全世界か、あるいは一国かにかかわりなく、革命的な統一が無いとすれば、反革命的な統一でも進歩的な意義を持つのである。例えば、呉佩孚による統一は軍閥割拠に比べれば好いし、劉湘の［四川省］統一は防区［割拠］時代よりもまだましである。また、民族闘争が制限を受けるということの話は、他人に指導される民族は飼い慣らされた羊のように一つも為すところが無いというのではない。ただ、今後の民族闘争は一定の制限を受けるはずだということ、そしてこの警戒心を持ってこそ始めて有効なステップを開始することが出来るということに過ぎない。（一）、自分の政治的民主化と民族工業の進展に努力し、それで集団圏内の地位を高める。現在はすでに李鴻章の時代ではないから、富国強兵をして、一躍にして十八、十九世紀式の民族独立国家や二十世紀式の世界のトップクラスの国になるという好い夢をみるべきではない。(二)、自分の実力を創造し（工業と民族的組織）、それで指導国の国内革命と相呼応する闘争を準備し、そして自分の民族の真の解放と進歩を達成する。門を閉ざして一国内において一民族の力だけで帝国主義の勢力を排除し、それで民族資本主義的国家の独立を実現できる、などと幻想すべきではない。(三)、国外の闘争に対しては、枢軸国の闘争に対してであれ、非枢軸国の闘争に対してであれ、均しく民主主義から出発すべきであって、民族主義から出発すべきではない。というのは、専制のドイツ、イタリア、日本が手を携えて横行して、すでに各民族の最後の金網を突き破ってしまったからだ。すでにある一民族の問題ではなくなって、全人類の民主自由の存亡の問題になったのである。もし以前と同じく民族の立場から出発して闘争したら、インドの眼前の敵はイギリスであり、中国の将来も抗米戦争を再来させねばならなくなるだろう。(四)、われわれは、帝国主義がわれわれの民族の生存を危うくしている侵略に全力で反抗すべきだが、その文化を拒絶してはならない。外来文化を拒絶する保守的傾向は、その度ごとに自己の民族の文化を停滞から衰落へと向かわせてきた。中国文化はまことに優れた点を有しているが、ただもし誇張が度を過ぎて、これを形式的な地位に君臨させて、一切を俯瞰視するような偏奇な発展を形成させたなら、ついには、民生国防がそれに依存し特別に重視しなければならない物質文明を文化の外に排除することになってしまう。またある人たちは、ついに中国の歴史上の民族的栄光である印刷と火薬の発明も文化の外に排除し、文化を文芸の枠内に縮小させてしまっている。このように文化を誤解した結果、ついにこの抗日戦争中にも決して発生させるべきでないない事態が二つ起きている。(一)、口で詩詞をウンウン唸り、手に筆を持って動かす人を「文人」と言うべきものを、訳も無く「文化人」と言い為した。これは日本が中国を「文字の国」と言っているのと同じく、中国文化に対する皮肉な当てこすりである。(二)、もう一つは義和拳の符咒が能く銃砲を防ぐことが出来るという思想を引き継いで、標語、スローガン、歌唱を用いて、飛行機、大砲、戦車を防ぎ止めようと企図したことだ。これはすなわち中国文化の畸形の発展の末路である。張之洞の「中学を体となし西学を用となす」［中体西用］の説がすでにわれわれを害して、半世紀の間長足の進歩をさせないようにしてきたのである。われわれは「本位文化」だ、「東方文化」だと高唱して、再度後代の人たちを害すべきではない。

あるいは、今度の大戦は、枢軸と非枢軸の両派の帝国主義がそれぞれその勢力圏を拡大しようという闘争で、民族解放の闘争ではなく、弱小民族が参加することに少しの意義もないと考える人がいる。この見解は、彼らが、民族解放闘争はもちろん帝国主義の助けに頼って成功することは出来ないものであること、また弱小民族が己の力量で解決できる問題ではないこと、これらがよく解っていないことによる。さらには、「中立」というこの名詞は現在なされている戦争の歴史ではもはや二度と見ることは無くなるだろう。ビルマ人がもし「むしろ知っている魔鬼［日本］と交わりを結ぶほうがいい、知らない天使とは付き合えない」と言うならば、われわれは彼らに、私たちはいまの世界にどんな天使がいるのか知らないが、君らが言っている魔鬼［日本］は、君らが知らない魔鬼よりも十倍も兇悪なのだぞ、と言わねばならない。中国にもし人がいて、アメリカを助けて日本を撃つのは、前門で虎を拒みながら、後門から狼を入れるようなものだと言うなら、われわれは彼に、アメリカが勝利したら、われわれがもし努力して自ら新しくなって、もう物を隠して財産を偸むことを止めるなら、おそらく以前の半植民地の地位を回復できるだろうが、もしドイツ、イタリア、日本が勝ったら、われわれは必然的に植民地に陥るだろう。南京［の汪精衛］の傀儡政権もみな間もなく「出て失せろ」となろう、と言わねばならない。

これらの話はある人は抑えた低調な議論だというかも知れない。そうなら、将来の事実をして彼に教え訓させるしかなかろう。

（一九四二年）三十一年二月十日

【注】第二次大戦後すでに七十数年経って、我々はすでに「後知恵」を持っていて、独秀のこの戦後世界の集団

圏化の「予測」が不十分だったことを知っている。一つは、アメリカ認識の不充分さで、ヒトラーと大日本帝国を敗北させたのは「世界の兵器工場」になったアメリカの工業「生産力」だったこと、つまりソ連への低い評価でアメリカの支援を引出して対独戦を敗北から勝利に転換させ、ソ連圏を作り上げたこと。もう一つは、スターリンがアである。これらが二大陣営（集団圏）の東西冷戦構造を作り出したのだが、独秀の国際関係把握は日米開戦後間もない日本軍優勢の頃の情勢もあって、日独への評価が高く、経済・軍事力とイデオロギーの力についての見積りに不足があった。第三は、弱小民族の独立解放運動の予測で、先進帝国主義の強さへの高い見積りに反して、民族独立運動が制限され、弱い自力では独立解放を得難いことが強調されている点である。戦後のアジア・アフリカ諸国の独立を考えると、またインドの反英独立でさえ、日本軍と提携したチャンドラ・ボーズの「インド国民軍」（自力軍隊）の経験無しに可能だったかを考えると、独秀の論は冷静で率直な思惟判断ではあるが、やや「固定的」で、歴史の「狡智」に裏切られたように思われる。しかし四川省の山の中での限られた情報を基に書かれたこの論文は、人間の世界認識というのはどのようになされ得るかということも良く示している。報道統制下にあったとはいえ、一九四二年の日本の知識人でこれと同等の冷静さで自国認識と世界認識を持った人物がいただろうか。

当時この論文は発表されると、五月八日の延安『解放日報』は李心清という名前の「陳独秀の投降主義理論を斥す」という論文を掲載して、「ソ連社会主義を否定し、三民主義を否認し、世界の民族主義と民主主義を否認し、反ファシズム戦線の存在と力量を否認し、戦後世界のいかなる光明も否認」した「漢奸理論」であり、「陳独秀の漢奸本質」を反映したものだと批判した。中共のいつもながらの罵倒のレッテル張りだが、かれは、民族的立場がしっかりしていない人がファシズムの宣伝で悲観動揺し逆行為が出ている中、かれらは独秀のこの「理論」を求めたと言い、「徹底抗戦の国策に反し」し、さらに「三民主義」にも反したかかる文章が『大公報』に載るのか、と述べた。少し批判しておかないとまずいと判断したのであろう（『年譜』五三八頁）。

濮徳志の「我所知道的陳独秀」は、郭沫若は、二次大戦をファシズム対民主の構造で捉えた陳独秀のこの論文を見て、「わたしは名前を見間違えたのではないかと思った。まるで自分の眼が信じられなかったと言った」と書いて、その反響を紹介している。郭沫若は陳独秀の死後、その追悼式の発起人になるのを拒否し、関わりを持つことを避けた。古代の文字学などについて学問的交流はあったのだが、政治的保身を考えたのであろう。

濮徳志は続けて、郭沫若は陳独秀の人となりを知らない、かれの後半生でもまだ民主の吹鼓手だったことを知らなかったと言い、そして、葉剣英は「陳独秀は非マルクス主義者だった。正確な評論は、建党初期にはマルク主義の観点［考え］を持っていたが、かれは始めから終わりまで正確で優秀なマルクス主義者に変成しなかったと自分は考える、と言った」と書いている（楊揚編前掲書、一三四頁）。そして、独秀はいかなる独裁も仇視した。独ソ不可侵条約、フィンランド戦争の時に「少年に告ぐ」という詩を書いて、スターリンを古代の伝説中の「大疫の鬼」の「伯強」に喩えたこと（前掲の拙訳を参照）、を指摘して、陳独秀からの手紙を引用して、「もしマルクス・レーニンを生き返らせることが出来て、もしかれら二人が今日のソ連が行ったすべてを肯定するなら、それがかれらの主張なのだろう。そんならわたしは一言云おう。あなたたちの学説は、わたしは賛成しない。わたしはむしろ民主が要るので、独裁は要らない。最後のかれの思想を一つの公式に書いた。民主、科学→社会主義。民主、科学→共産主義。」と書いている（楊揚編書、一三五頁）。

これに関して、同書所収の高語罕（トロツキー派「無産者」社成員、安徽寿県人）の弔辞「参与陳独秀先生葬儀感言」（重慶『大公報』一九四二年六月四日）は次のように言う。「その当時、梁啓超、張君勱らがまさに玄学で騒いでいて、北洋軍閥が最後のあがきをやっていた時だった。……陳独秀先生は（自分の眼で）全国の民衆、文化界、思想界に切迫して必要なものは何かを看て、言われた。自分は十分に感じた。われわれの中国がもし軍閥と植民地の二重の重圧から解放され、独立した自由な国家を建造しようとするなら、政治上では民主が必要で、文化上では工業化が必要だ、故に差し迫ったように科学を要求しない訳にはいかない、と。そしてこれ以後今に至るまで、……われらの指導原則だった。」と語っている。若いトロツキー派の弟子筋にとっては、このように見えていたことを頭に入れておこう。

マルクス主義者というのをどう考えるかだが、マルクスが、自分はマルクス主義者ではないと言ったひそみに倣えば、世に謂う「マルクス主義者」、葉剣英のいうマルクス主義を宗教の如く信じ、前衛党・指導者の規律指示に従う共産党員、マルクス学説の用語・パラダイムで思考する主義者としての「マルクス主義者」ではないことは明らかだ。「マルクス主義者」になるには独秀はあまりにも教養があり過ぎた。真面目なモスクワ留学生はロシアで教養を身に付け、それを絶対的真理と信じ、それ以外の知的装置を持たなかった。だから、学んだマルクス主義の枠内で思考すると、真面目であればあるほど、理想的であればあるほど、トロツキー主義者に近くなったが、すでに教養と人格と思想が出来ていた独秀には、回心した宗教ではなく、それはあくまで「思想武器」として使うもので、民主とマルクス主義を天秤に掛けたら、「民主」に重しが行くのだった。モスクワのパンを食ったわけではないから、ソ連に、スターリンに何の負い目も無い。コミンテルンの言いなりになって大革命を無惨にした責任は痛感するが、その原因を作った自分の優柔不断さを悔いるけれども、マルクス主義、ソ連、スターリンに忠誠を尽くす必要は感じていなかった。独立した思考の人だった。そこが並の秀才と違って、魅力なのだ。胡適はアメリカできちんとプラグマティズムの思考訓練を受けていたから、方法的に学問がしっかりしていて、考証ができたが（考証癖ともいう）、陳独秀は「直観」の人だった。独秀は最後までマルクス主義者かトロツキー主義者か、論議の的になることだから、再度後論することにするが、この筋で陳独秀の最後の思想をとらえるのが、最も妥当だとわたしは思う。

12、「再び世界の大勢を論ず」（一九四二年四月十九日）

ある人は、わたしが「戦後世界大勢の輪郭」の中で予測した国際形勢は、将来はただ帝国主義の天下だと言うが、これは悲観的過ぎるのを免れまい、と言った。わたしは、客観的な予測を計るには、ただその現実性如何を問うべきであって、それが悲観的であるか否かを論ずる必要はないと考える。現世界は前世紀末以来、金融資本がすでに民族の枠を突き破り、帝国主義の天下はすでに事実になっている。そうでなかったらそれは帝国主義になっていないということである。これは決して将来の問題ではない。将来は七、八個の帝国主義国家が再び仲間割れをして争って併《あわ》さり、二個の帝国主義集団になるに過ぎないだけである。ある日に、全世界を震動させる大革命の干渉が無かったら。この状況はなお継続するだろう。さらにはわれわれの予測よりも悪く発展することもありうる。すなわち、今次の大戦でもし勝利がヒトラーに帰することになったら、イギリスはもとよりおしまいで、ルーズベルトもあるいは政権の座から下り、アメリカのヒトラーが起ってこれに替るかもしれない。次の大戦もまたドイツとアメリカの戦争になるだろう。それは民主とナチズムの戦争ではない。両方ともファシスト集団が仲間割れして争うものである。もしそうなったら、ルーズベルトが言うように、民主と自由は数百年失われてようやく回復することが出来るだけであろう。もしそうなったら、人類の進化はまさに左の表のようになる。この表に照らすと、将来の「ファシスト」専制はそれ以前の専制と同じように、普遍的に発展し、さらに歴史的に一時期を形成することになる。また、それぞれの時代の民主制が前に向かって発展するに先立って、いずれもみな専制暗黒の一時期を経過するということだ。もし人びとが幻想と楽観の安楽椅子に身を横たえて、

未来世界 プロレタリア階級民主制から全民民主制に至る
ファシスト専制
近代世界 ブルジョワ階級民主制
封建諸侯及びその末期の君主専制
古代世界 （ギリシア・ローマ） 都市市民の民主制
大土地所有者・大祭司・軍事首領の専制
上古世界 氏族社会民主制

ナチスの存在が発展するのに任せているならば、われわれはこの暗黒の一時期が来る可能性を否定する理由を持たないのである。

客観的な予測と主観的な努力とは、互いの違いは大きなものではないとはいえ、必ずしも同じ方向に向かうものでもない。例えば、われわれの予測では今次の戦争はドイツ、日本が勝つ可能性がやや大きい。しかしこれは、われわれが、勝負がまだ決まる前に勉めてイギリス・アメリカを助けて最後の勝利を得ようと主張することを妨げることは出来ない。しかし同時にまた、勉めて民主同盟の方の勝利を何とか争うべきだからといって、盲目的に枢軸国家には敗北があるだけだと見なし予測することもできない。われわれは理想を追求しても好いが、しかし、事実から遠く離れた幻想を追求すべきではないのである。ただ、絶対不可能ではない理想をはっきりと認識して、苦しさを耐え忍んで前進すべきで、やや遼遠であることを怖がって、楽観的な幻想を持ってきて自らを慰めるべきでない。楽観的な予測を持って海市の蜃気楼を作り上げて、自ら事前の警戒と備えを弛めるに至るよりも、むしろありうる悲観的な予測でもって自らを警策し、それで他人を喚起して事前の努力に一段と力を入れるようにした方がよい。もし、眼を閉じて「現実を見ず」、将来はただ帝国主義の天下があるだけだということを否認するのは、眼をしっかり開けて、悲しむべき趨勢をはっきりと見て、将来再びあるかも知れないファシズムの帝国主義的専制が普く発展して歴史的な一全体的時期になる危険を承認することには及ばない。だから、主観的な努力に一段と力を入れて、この大戦中に徹底してヒトラーとその仲間の勢力を撃滅し、厳しい懲戒を加え、民主自由の巨大な潮流をもってファシズムの思想を淹没させ、それが戦後の勝利した国家の内で別の形式で蘇えり蔓延できないようにして、人類の近代の進化の歴史を別のもう一つの路に向かって歩ませ、全体が暗黒のファシズム体制を経ないで、ブルジョワ階級民主制から直接に未来世界のさらに拡大した民主制に至らせることである。よしんばそれが不可能だとしても、「その不可なるを知るも、しかし之を行なう」の精神でもって、次の世代の青年たちに影響を与え、引き続き努力して、将来のファシズムの時期を可能な限り極限まで短くしなければならない。わたしたちが追求できる理想というのはこのようなものだけなのである。もし、この大戦中に帝国主義戦争を転じてすべての帝国主義をひっくり返す戦争にする、と希望するなら、それは全く事実に拠らない幻想である。これが、わたしがかつて路を同じくした人たちからの誹りを顧みず、終始、イギリス・アメリカと連合してナチズムに対して進攻するのに賛成した理由である。最も悪いのは、客観的な楽観的予測でもって、主観的な努力と取り換えてしまい、努力をしないことである。もしこの大戦の前に、チェンバレン［ミュンヘン会談で対独融和政策を採った英首相］、ヴォロシーロフ［ソ連国防相］、ノックス［アメリカ海軍大臣］が軽薄で浮ついた楽観的な態度を取って敵を一撃にも値しないと見ないで、慎重で十分な軍事的な準備をして、その大言壮語に代えていたならば、現在の戦局の形勢はもっと好くなっていたであろう。なぜなら、現在の敵は、清朝の総理衙門が外国人の大言壮語に驚かされるところとなったようではなく、また口で宣伝する軍備拡張案や、あるいは軍備生産増強の数字で騙すことは出来ないからである。恐喝や欺騙によって勝利を得られた時代はもうとうに過ぎ去っているのだ！

［一九四二年］三月一六日にリトヴィノフ［ソ連駐米大使］がニュー・ヨーク経済倶楽部の食事会でおこなった演説の中のいくつかの話はたいへんよい。「わたしは時間の要素を信じます。それは戦争をしている双方が等しく持つところの頼りにすることが出来ない狡猾な盟友です。われらは一方で持久戦に従事しつつ、もう一方で軍需品と後備力を敵人を超える程度にまで準備しています。これはもとより、計を得たものです。しかし、この種の計画は敵の方がこの期間内に何もしないでいることを保証することを必須として、はじめて救い［効用］有りとなるのです。しかし諸君がみな知っておられるように、われらの敵は決してこのようではありません。かれらは必ずその現在の成功を利用して引き続き推し進み、引き続き土地を占領して、原料の新たな生産地を独り占めにし、百千万の人民を奴隷化して、甚だしくは新たな同盟国を獲るに至ります。敵が獲たこうした利益は、その結果を、わが方がこの一方的な停戦状態の下で獲得した軍備上の優勢と比較して見ると、わが方の達成を超過して余り有るものになります。」「われわれがもし、われらには戦いに負ける可能性は無いというような上辺だけの論を以て互いに慰めを言い

合っていたなら、われらは勝利の実際の途を離れることまた必ず愈々遠くなります。これが私が常に引いて憚れとしているところなのです。」これはアメリカ人とそのすべての同盟国人の「最後の勝利は当然必ず我が方にある」「ドイツ、イタリア、日本には敗北があるだけだ」という軽薄で浮ついた楽観に対して、加えるに痛切な石の斧をもってしたものである。すでに終わったことは咎めだてしないけれども、時機はわれわれがもう一度放って置くのを許さないのである。今後、最後の勝利を獲得しようと思うのならば、必ずや、軽薄で浮ついた楽観をきつく戒めなければならない。われわれは試みにファリファックス［イギリス駐米大使］（この人は、ダンケルクの戦いの後にイギリスの輿論が非難したチェンバレン内閣の中の国を誤った罪人の一人［その外相］だった）のニュー・ヨーク経済倶楽部での楽観的な演説を、同じ時のリトヴィノフの話（前を見よ）とちょっと比較してみよう。われわれはさらにこうした楽観的な態度を根絶し、かれ［ファリファックス］を敵と見なし、厳粛に以下に述べる幾つかに注意して、楽観に取り代えなければならない。

（一）、イギリス、アメリカ両国はロシアに対して疑いの心を懐かず、大きな力を以てロシアの軍隊と協同してモスクワを保つことが必須である。リトヴィノフが誤りを指摘した、「装備の良い軍隊を戦争の無いところに放って置く」ようなことを繰り返してはならない。またある人たちの、ロシアは戦争中にその実力はイギリス、アメリカを超えた、ロシアはヒトラーを撃滅することが出来る、と言うようなでたらめな話を信じてはならない。さらにモスクワを保つことは、ただロシアにとって有利なだけだと考えるべきではない。兵器生産の増加、これは同盟国最後の勝利の保障である。そして兵器生産には時間が必要である。ファリファックスはたいへん楽観的に、「アメリカはまだ軍事的工業的な潜在力を持っている」と言っているが、彼は、われわれは魔術でもってそれらの潜在力を素早く兵器にすることは出来ないのだということを忘れている。ヒトラーは春季攻勢を夏まで延期したが、おおよそ彼の進攻目標はなおモスクワである。ただモスクワを一年、あるいは一年半保つだけで、ヒトラーをして大軍をそこから引き抜いて南下させる術を無くさせられる。アメリカとイギリスはそこで、使える時間を十分持つことができ、兵器生産を増加させて敵を超える程度にまで至らせられる。そうではなく、モスクワが一旦陥落し、ロシアの軍隊の精鋭が潰滅したら、それはまさにヒトラーの各個撃破の計画にはまったことになり、ヒトラーは戦勝の勢いに乗って、軍をコーカサス、イラン、イラクに南下させて、日本と軍をスエズで会して、それで地中海を封鎖する。この時、イギリス、アメリカの兵器の生産はまだ達成されていないから、大勢すでに去る！　ということになる。

（二）、兵器生産を増加させることは、空論を吐くだけで効果を収めることが出来るものではない。敵の兵器と相等しいだけでなく、さらにそれを超過しようと求めるならば、現有の兵器製造工場では当然不十分である。新しい工場を建設するには時間が足りない。唯一の方法は「無理矢理工場を改造する」ことである。つまり可能な限り、別種の工場を兵器工場に改造するのである。敵を超える兵器が無ければ、最後の勝利は無い。ここまで言うと、恐らくまだある人は反対して、これは「唯武器論」だと言うだろう。実際、人類が石矢を発明して以来、戦争の勝利は次第しだいに武器に依存するようになり、現代に至ってほとんど戦争は武器の競演であるとさえ言えるようになった。フランス軍がセダンで、イギリス軍がダンケルクで、そしてマレー、シンガポールでの英雄的な惨敗はみなこの真理を証明している。唯武器論に反対する者はというと、かれら自身のアメリカに向かって戦車と飛行機を要求する叫び声も、けっして他人のものより弱くないことは、それ自身またこの真理を証明しているのである。

（三）、過去の国際連盟の経験をもって、戦争の勝利を手に入れ、戦後の集団安全［保障］を得ようとするならば、そのどちらのためにも、指導力と相当な強制力を持った経済的軍事的な国際集団を組織し、民族化から国際集団化へ向かわなければならない。これは今後の勢いの免れざるところであるだけでなく、さらには人類進歩の要求でもある。すなわち、——われわれは全力で闘って民主集団をもってファシストに代え——そして世界連邦への過渡に向かわなければならないという要求である。ネルーが主張する、イギリス、アメリカを除いたアジア集団をというのは、言えばたいへん綺麗なものだが、実際にそのようなら、ただアジアの立ち遅れを延長させるだけで、さらにこれとビルマ人の「知っている魔鬼［日本］と交わりを結んだ方がいい」という見解は同じように人種的偏見であり、同じように日本人の謂うところの「大東亜共栄圏」のお先棒を担ぐことになるものである。われわれは必ずこの有害な幻想を排斥しなければならない！　力だけが問題の現世界にあって、イギリス・アメリカとドイツ・イタリア・日本のこの二大帝国主義集団を離れて、蒼い布で頭を巻きこれらの軍と区別して崛起する（「蒼頭して特起する」）というのは、これは幻想ではなく人を騙すものである。ネルーのアジア独立の主張とスバス・チャンドラ・ボースのインド民族独立の呼びかけは、動機は異なるが、結果はみなドイツと日本をたすけるだけである。

（四）、われわれはすでに民主国家の兵器工場であるアメリカが指導する反ナチス戦争に参加した。われわれは世界の民主自由を保護するために戦っている同盟国集団に参加したのだから、当然、民主自由をもって国人の中心思想とし、全国人をしてその視線を同じくし、その目標を同じくさせて、もって戦闘意志を集中させなければならない。たとえ中国の経済発展が立ち遅れていて、また加えて歴史的な伝統があり、さらに戦争中だから、民主自由制はここしばらくは理想の程度に達するのは容易ではないと考えたとしても、これはむろん事実であるが、しかし始めに、民主自由のこの道路に向かうという決心を必ず示しておかなければならない。ある人たちのように、民主自由に根本から反対して、民主自由は陳腐なことばであると痛罵し、民主自由を主張する人々は時代錯誤だと非難すべきではない。あるいはもう少し遠慮深く、中国的特殊の所謂「民主自由」を持ち出して来て、世界の各民主国で共通に行われている民主制の基本原則を排斥させてはならない。彼らの共通の意見は、民主自由はすでに現代国家には不適応なものになっている、というものである。彼らの言う現代国家とは、言い争う必要も無くドイツ、イタリア、日本である。あるいはまたロシアを含んでいるかも知れないが、しかし当然、イギリス、アメリカではない。そのように言ってしまったならば、全国の進歩分子が、われわれの抗日戦争が拡大して、反ドイツ・イタリア・日本の戦争にまでなったのは、つまりはどうしてなのかが分からなくなってしまうのではなかろうか？　全国の戦闘意志を分散させてしまわないだろうか？　敵が誇り笑って、アメリカは「民主の物資を持って非民主国〔ソ連〕を援助しているではないか」というこの悪辣な宣伝を助けることになりはしないだろうか？　またあるいは、友好国をして、われわれが民主同盟に参加した忠実性を疑わせることになりはしないか？　これらはみなわれわれが考慮するに値する問題である。あるいは、今後は永遠にファシストの天下になるだけで、それもけっして一時期だけではない、民主自由は永遠に死んで蘇ることはできぬ、と考える人がいるかも知れない。こうした少しも事実や歴史的な根拠の無い予測は、ただ一種の思想と言えるだけであって、これには悲観とか楽観とかいうものも無いのである。

一九四二年四月十九日

【注】この論文は先の「戦後世界大勢の輪郭」の続編であるが、「輪郭」論文が中共をはじめ各方面から非難を受けたため、国民党宣伝部が「対ソ外交を顧慮」して、この論文の掲載を禁止した（『年譜』五三七頁）。

一九四二年五月十三日、包恵僧が重慶から独秀が住んでいる江津の家にやって来て、訪問した。それで、独秀は書きかけていた「被圧迫民族之前途」を急いでまとめ上げて、包恵僧とともに昼食を取って、帰るかれに託して、江津県城内を通った時に、これを何之瑜（Y兄、江津中学教員）に渡してくれるようにと手紙とともに託した（朱洪『陳独秀的最後歳月』三七六頁）。それが次の論文と手紙である。かれの考えによる論文の位置づけについては、この「Y兄への手紙」（後掲）に書いてあるので、先に読まれると良い。編集上は、手紙が先で、論文を後に配するのが良いのだが、原書、胡適序言本ともこの配列なので、踏襲する。

13、「被圧迫民族の前途」（一九四二年五月十三日）

被圧迫民族は資本帝国主義の産物である。圧迫された労働者はそれのために商品を生産し、圧迫された後れた民族はそれのために商品を消費し原料を生産する。これが資本帝国主義の二つの柱である。

被圧迫民族が資本帝国主義の圧迫に抵抗して、戦争に向かうようになるのは、当然の道理（天経地義）で、何ら非難すべきものではない。このような民族の自由のために戦う大闘争は、なにびとが指導するものであろうとも、民族の中のすべての進歩的分子はみなこれを擁護しなければならない。なぜなら、ブルジョワ階級が指導するだけでなく、たとえ封建王公が指導する民族解放闘争であっても、資本帝国主義に打撃を与えるという進歩的な意義を持っているからである。

しかしこの闘争がもし、民族闘争の範囲内に局限されるとしたら、その前途はどのようなものになるだろうか？第一。国内的に言えば、生きた実際の経験はわれわれに次のように教えている。戦争は民族の後進性（落後性）を減少させることが無かっただけでなく、増大させさえした。政治思想・学術思想が戦争のために後ろ回りに転じたことはしばらく論じないが、経済について言えば、持久戦の中において、避けられない封鎖と通貨膨張になった。なぜなら、社会的な制裁が無く、また政治組織も薄弱だったから、大変容易《たやす》く、地位を利用した腐敗官僚、悪徳商人、地主が買いだめ売り惜しみをして、大いにその困難を利用して金儲けをする千載一遇のチャンスを作り出したからである。そのために前線で血を浴びて抗戦している兵士、後方で刻苦して懸命に働いている平民が、衣食にもこと欠くような困苦に陥った。君がもし、このような現象はあまり平和的でないやり方で無くすしかないだろうと主張したとするなら、すぐに人は、それは民族闘争の枠を飛び出すことであり、一致して外に対抗している民族戦線を破壊することになる、と大声で叫ぶ。そのうち実際にも、本当に民族闘争の範囲を飛び出したのだが、しかしこの現象は除けなかったのである。まさにこれが民族解放闘争の致命傷なのである。しかしまた、これは宣伝勧告や政府の一片の禁止令で無くせないものでもある。これをどう処置したらいいのだろうか？

第二。国際から言うと、各派の帝国主義が互いに植民地と後れた国の市場を争奪し合っているのが極端に先鋭化している今日、ガンジーは一民族は強国の助けに頼って自由を得ることは出来ないと考えた。これは百分の百の真理である。しかし別の強国の助けが無ければ、目前の強国の圧迫から脱離は出来ないのである。さらにまた、いくつかの強国はこちらが依頼するかしないかに関わりなく、無理矢理助けに来ることもできる。これも百分の百の真理である。ここにおいてネルーは活路を失ってしまった。かれとガンジーは少し違いがあり、アメリカの助けを拒絶するとは主張しないのである。アメリカ勢力がインドに進んだら、われわれはアメリカの植民地に対する態度から見て、ドイツ・イタリア・日本よりも好いだけでなく、イギリスよりも好い、フィリピンが好い例だ、と知っている。しかしフィリピンは決して独立した民族国家とはかぞえられない。もしインド人が民族独立の理由を以て（この理由は十分正当である）、イギリス勢力を排除し、別の新しい主人である日本に換えるのなら、それはさらに悪くなる。ガンジーとネルーがいかに、インド人が外国人の圧迫を受ける時代はすでに過ぎ去ったのだと強調し宣言したとしても、しかしかれらの内心では、かれら自身の力で本当にイギリスを追い出し、同時にまた日本とドイツを追い出すことが出来るとは必ずしも考えていないのである。その結果は、旧来通り、新しい主人の統治の下に屈服して、非協力運動を継続するだけになる。これまた、どうしたらいいのだろうか？

だからわたしは、資本帝国主義の今の世界においては、弱小民族でも、もし門を閉めて自分一個の民族の力だけに依って、すべての帝国主義の侵入を排除して、この孤立した民族政策を実現しようとしたなら、これは前途の無いものである、その唯一の前途は、全世界の圧迫された労働者、圧迫された後進民族と一つに結合してすべての帝国主義をひっくり返して、分業による互助の国際社会主義の新世界でもって商品売買の国際資本主義の旧世界に取って換えれば、民族問題は自然に解決すると考えるものである。

このわたしの見解に対して、あるいは人々は二種類の反駁論を出すかもしれない。一つは、後れた民族が如何にして社会主義を語り得るのか、また、如何にして別の国の労働者や別の弱小民族と一つに結合できるのか、というもの。もう一つは、社会主義は民族解放問題を包含できるのかどうか、というものである。

第一類の反駁を出した人は、旧い民族観念で目が曇らされていて、将来の国際化の新趨勢が見えていないのである。後れた民族自身の経済条件では、当然、社会主義は語れない。資本主義がいかに発展するかについても語れない。今日にあっては、後れた民族は資本主義を発展させるか、あるいは社会主義を発展させるかにかかわりなく、ともに先進国家に依頼しなければだめなのである。民族誇大狂の人間でなければ、この運命は認識できるはずだ。近一百年来、資本帝国主義の植民政策はすでにそれぞれの後れた民族の万里の長城を打破した。今次の大戦の後、各派の帝国主義の支配形式は、植民政策から、さらに集中したさらに有機的な国際集団に転化するだろう。いわゆる大西洋憲章、いわゆる太平洋憲章、このようなものになる。即ち、［大戦は］この集団運動の開始なのである。もし、ある国際集団を率いる社会主義国家がナチス敗戦後のドイツに出現したとしたら、先進国と後れた国はほどなく融合して一つの社会主義連邦を成すことになるだろう。即ち、資本帝国主義が指導する国際集団の内では、後れた国は吸引せられ、強迫せられて、指導国と全面的に協力するのだが、これは不平等な協力である。だがまた、集団圏内のそれぞれの後れた民族と指導国の労働人民を互いに結合させる機会を与えるのである。これがすなわち、帝国主義強盗は自らをひっくり返す被圧迫者の大結集を自ら作り出すということである。どのような民族主義の英雄もこの国際集団化の新趨勢を阻止することは出来ない。さらに、被圧迫民族もただこの国際新趨勢にうまく適応してこそ、将来にようやく前途があるのである。

第二類の反駁を出した人々は、第二インターの議論に惑わされているのである。第二インターは、資本の支配の下で改良に従事することだけを企図した。だから、圧迫された民族の解放の問題に考えが及ばなかった。なぜなら、第二インターは、資本帝国主義の支柱の一つだったからだ。本当の社会主義運動は根本から国際資本帝国主義の支配をひっくり返そうとするもので、だから第一インター以来、「圧迫された労働人民を解放する」と「圧迫された民族を解放する」というこの二つがこの運動の両面の大旗だったのである。社会主義革命が一たび成功して、途中で変質しなければ、それ［社会主義］は長期にわたって商品貨幣制度や国家制度と並立することはできない。その時期になってもなお、圧迫された民族が存在しているのだろうか？　これは理論にとどまらず、さらにはロシア十月革命の実際の経験でもあった。十月革命は、全ロシアの絶対大多数の人民が共産党の「労働者解放」「農民解放」

「小民族解放」の三大旗幟の下に集合して成功したものである。革命が勝利した後、三つはみな一つ一つ実現した。けっしてロシア共産党の空手形ではなかった。さらに国外に対して、帝政ロシア時代の被圧迫国に対する不平等条約を廃棄することを自発的に宣告した。帝政ロシアが被圧迫国に持っていた特殊な権利、租界や領事裁判権などのようなものを一つ一つ放棄を宣告した。だから当時、全世界の労働人民、全世界の被圧迫民族はみな、モスクワを全世界の被圧迫者の燈台、全世界革命運動の総参謀本部と見たのである。もしある人が、近年のソ連の中日戦争に対する政策、および今次大戦の初期のポーランドやヒトラーに対する政策を根拠にして、社会主義国家の被圧迫民族の解放闘争に対する態度に疑いを抱いたとしたら、それはかれ自身が良く分かっていないからである！　一群の人々が貶《けな》すところのわれらが擁護する前期ソ連と、一群の人々が大袈裟に誉めそやすところのわれらが痛惜する後期ソ連とは、大いに異なったものなのだ。前期ソ連は世界革命の立場に立っていた。後期ソ連はロシア民族の利益の立場に立っている。ソヴィエト・ロシアの指導者は西欧革命が頓挫したため、途中で変節し、世界革命を中心とする政策を放棄し、それに代えてロシア民族の利益を中心とする政策にした。各国の頭脳がはっきりした人々は次第に懐疑から失望するようになって、現在に至っている。人々はソ連に対して内心ではまだ若干の希望を抱いているが、しかし、実際は是非も無く、それが世界の列強の一つだと認めているに過ぎない。無理矢理それを社会主義国家だと言うなら、それは社会主義を侮辱することになるだろう！　もし、ロシアがなお苦しさに耐えて当時の国際社会主義の立場を守っていたならば、中日戦争がひとたび始まったときに、ロシアは全力でもって中国を援助すべきであった。つまり、イギリスやアメリカと同じように、事態の外に立って中国を援助するというのであってはならず、中国の対日抗戦を指導することをロシア自身の責任と為すべきであったし、さらには、出兵して戦争に参加してソ連と中華民族を繋ぎ合わせて存亡を共にすべきであった。こうしてこそ、国際社会主義者の態度だったのだ。こうしてこそ指導国の態度だったのである！　もしこのようであったのなら、日本があんなにも容易に上海と南京を占領することは無かった。遅くとも、張鼓峰事変が発生したときに、ソ連が再び日本と妥協しなかったならば、武漢も決して陥落することはなく、中国とロシアはずっと共同して抗戦して今日に至り、日本は南洋を横行し、フィリピン、マレー、ジャワ、ビルマ、この一大群の弱小民族を蹂躙する力はなかったろう！　ナチスの軍隊がポーランドに進攻したとき、ソ連がもし以前のように国際社会主義の立場に立っていたら、ヒトラーと妥協したはずはなく、民主主義を代表して圧迫され侵略された民族を指導してファシストに向かって進攻するというこの偉大な事業を、他人のために家中の栗を拾うことだというように言いくるめることはあるはずがなかった。さらにはファシストとぐるになってポーランドを分割することなどなおさら無かったはずだ！　この時、イギリス、フランス、ベルギー連合軍はまだ崩壊しておらず、ヒトラーは東西二つの戦場で同時に勝利を得ることが出来るとはまだ考えていなかった。孤立したポーランドが敗北した後、東部戦線は問題がなくなった。ヒトラーは始めて力をもってイギリス、フランス、ベルギー連合軍を潰滅させ、そしてノルウー、オランダ、デンマーク、南スラブ［旧ユーゴスラビア］、ギリシャ、この一大群小国を征服する力を持ったのだ！

ロシアは前後で立場が違い、そのもたらした結果も違った、というこの一連の歴史的物語に就いて見ただけでも、国際社会主義と被圧迫民族との関係を十分説明するに足りる。

ロシアはヨーロッパにあっては畢竟、やや遅れた民族である。その全民族政策の後の結果はどうだったろうか。それはロシアの安全のために計り、ファシストに向かって妥協することをもって、それに進攻するのに代えてしまった。その結果、ロシア・ドイツ戦争はヒトラーがヨーロッパで孤立していた時には開始されず、ヒトラーがヨーロッパ各国を撃破した後に開始されたのである。ロシアはファシストに向かって妥協した代価として得た半分のポーランドとバルト海三小国をなおヒトラーの所有とさせているだけでなく、ヨーロッパロシアの大部分の土地と人民さえも、みなファシスト軍隊の手中に落としたのである。もし、イギリス、アメリカの援助が無かったなら、モスクワも未だ必ずしも今日まで守れていなかったであろう。［ソ連は］ロシアの安全のために終始日本と開戦することを避け、中国共産党さえもみなそのために、人々から［遊撃戦を皮肉られて］「うろうろ遊んでいて撃たない」

という罪名を加えられるようになった。その結果、明日でも日本はなおヒトラーと協同してロシアを挟撃し、ロシア民族をきわめて安全でない地位に陥らせることが出来る。その時には、［ソ連は］中国の有力な声援を受け得ることは出来ないだろう。なぜなら、ソ連はすでに中国が日本に弱められたのを座視していたのだから。だから、どのような後れた民族でも、もし民族政策を自ら限定するならば、必ず孤立に陥り（民族政策は実際孤立政策にほかならない）、前途は無くなる。それはソヴィエト・ロシアも例外ではありえないのである。

［民国］三十一［一九四二］年五月十三日

14、「Y［何之瑜］への手紙」（一九四二年五月十三日）

「Y（瑜）兄

学校に戻られて後の来信、謹んで拝承しました。××（鄭仲純）があなたに持って行った江津日報は我《わたし》に送ってください。弟《わたし》は文章を送って該報に載せようとは思いませんが、×××（［県長の］羅宗文）がさっと動いてしまいました。××［不明］がすでにインドに行ったことは、前信で既に兄にお知らせしましたので、すでにお受け取りになっておられることと思います。ここに一文（編者［何之瑜］按、すなわち「被圧迫民族の前途」）をお送りしますが、これは前三文（編者［何之瑜］按、すなわち「私の根本意見」、「戦後世界大勢の輪郭」、「再論世界大勢」）の結論で、さらにこれで画龍点睛になりました。二人の老寡婦［渾名らしいが不明］に与えて見させた後、×××［鄭、卜、許の三（学）生］に一見させてもいいです。書き写したいかどうかは彼女たちの好きにさせてください。一部を書き写して×××［光、李、方、鄭］の諸君に見させる必要があるかどうかは、兄が決めてください。もし一部を書き写してかれらに見せる必要があるのなら、かれらが見た後、×××［桂基鴻］に送ってもいいです。他の人に書き写して送るのは必ずしもしなくていいでしょう。というのは、人に書き写してもらうのは容易ではないですし、かれらに送ったとしても理解と同意をするはずがありません。第三文（「再論世界大勢」）は、弟のところには既に書き写した稿がありません。原《もと》の稿をお寄せくださるよう望みます。

お元気にお過ごしください［此祝健康］

弟独秀　手啓

五月十三日（一九四二年）

編者［何之瑜］按、

陳独秀は一九四二年五月二十七日に死んだ。これらの論文と手紙の上の意見は、誠にかれ自身が云うように、「ただ我一人の意見にすぎず、いかなる人も代表しない」*（一の「陳其昌等への手紙」）し、「いかなる人も理解と同意をするはずがない」*（十の「Y兄への手紙」）ものである。

一九四八年十一月二十八日**

＊「十」は原書『陳独秀最後的論文和書信』の書信の順番の番号らしい。長堀氏から見せていただいた原本四十三頁のコピーにも番号はない、おそらく何之瑜が配列した順を意識して付けたものであろう。

＊＊「胡適序言本」の日付は「一九四八年一月二十八日」になっているが、何之瑜編原本四十三頁ははっきりと「十一月二十八日」と書いており、「胡適序言本」は「十」を「一」と「誤植」している。原本に従って修正しておいた。これは何之瑜が『最後的論文和書信』を編集した最後の時に書いた日付、つまり十通の書信を付け加え終った日付と考えるのが妥当だろう。だから、この書信の数字は論文と通算している本書では「1」「14」になる。）

【注】　独秀は先の論文「被圧迫者之前途」を完成した同じ五月十三日に何之瑜に手紙を書いて、論文にその手紙を付けて包恵増に託して郵送した。その手紙がこれで、「　」のあるここまでが「胡適序言本」所収書信のそのままの訳である（最後の日付は原本に従って直した）。これが陳独秀の絶筆になった。

第三節　15、「瑜兄（何之瑜）への手紙」（最後の手紙・絶筆）について——『後記』と独秀の書信」全訳

この論文と14の手紙を理解するのに不可欠なのが、任建樹主編『陳独秀著作選編』第五巻のなかの末尾に入れられた「『後記』与信」という一頁（四〇〇頁）である。ここの部分の編者は、「信（独秀の手紙）」が何之瑜が書いた「後記」の中に入っていて、人名その他の事情も判明するから、何之瑜の「後記」は全文が陳独秀の文章ではないけれども、「例を破って」「正文」として収録する、として『選編』に入れた。だが編者の説明も、『文集3』の説明もあまり良くないので、少し書誌的になるが、書いておく。表題は「『後記』と手紙」であるが、これは、原資料にあった表題ではなく、『選編』編者が付けたもので、もともとは「後記」のみだった。

まず、『選編』（四〇〇頁）の「『後記』与信」全文を訳す。

編者按：読者は本編［この頁の「『後記』与信」］の文字を全部読みおえた後に、この題目［「『後記』と手紙」］の由来を知ることができる。ここで謂うところの「後記」とは、何之瑜が陳独秀の四編の文章「我的根本意見」、「戦後世界大勢之輪郭」、「再論世界大勢」、「被圧迫民族之前途」を編纂して冊に成した後に書いたものである。［冊子の］封面［表表紙］には『陳独秀遺著　我的根本意見　三十二年［一九四三年］四月十九日抄』と書いてある。「後記」と「手紙」は関係が密接なので、［全文が陳独秀の文章ではないが、著作集の］「例を破って」「正文」に収入する。本編は沈淑［安徽大学教授、著名な独秀研究者］の提供した原稿に由る。

以下が冊子の「後記」で、その中に陳独秀の手紙［信］が入っている。その手紙を**15、「瑜兄（何之瑜）への手紙」**とする（14と同文だが、一部省略があるので）。

15、「瑜兄（何之瑜）への手紙」

「去年の『五四』〔民国三十一年〔一九四二年〕五月四日〕に、何人かの学生がわたし〔何之瑜〕に彼女たちを連れて行って陳先生に会わせてくれと求めた。その〔会見の〕時、わたしたち〔独秀と何之瑜〕は何も話さなかったが、わたしは〔勤務先の江津〕九中に戻った後、すぐにかれに一通の手紙を書いて出した。惜しい事にわたしが彼に出した手紙もみな存稿〔保管〕されていなかった（かれの遺した箱の中には、音韻文字学に答える何通かの手紙があっただけで、その他のやり取りした書信は何も残されていなかった）。わたしがその手紙で書いたおおよその内容は、人々のかれの前の三篇の文章に対する批判と、幾つかの根本問題についての議論だったが、かれはほどなくして私に一通の短い手紙をくれ、それと共にわたしに一篇の文章（「被圧迫民族之前途」、上に見える）を寄せてくれた。かれの手紙には次のようにあった。

瑜兄　学校に戻られて後の来信、謹んで拝承しました。〔鄭〕仲純があなたに持って行った江津日報は我に送って下さい。弟は文章を送って該新聞に登載したいとは思いませんが、〔県長の〕羅宗文がさっと動いてしまいました。ここに上の一文〔按：「被圧迫民族之前途」〕をお送りしますが、これは前三文（按：「私の根本意見」、「戦後世界大勢の輪郭」、「再論世界大勢」）の結論で、これで画龍点睛になりました。二人の老寡婦に与えて見させた後、鄭、卜、許の三学生に一見させてもいいです。書き写したいかどうかは彼女たちの好きにさせてください。一部を書き写して光、李、方、鄭の諸君に見させる必要があるかどうかは、兄が決めてください。もし一部を書き写してかれらに見せる必要があるのなら、かれらが見た後、桂基鴻に送ってもいいです。他の人に書き写して送るのは必ずしもしなくていいでしょう。というのは、人に書き写してもらうのは容易ではないですし、かれらに送っても了解と同意されるはずがありません。第三文（「再論世界大勢」）は、弟のところには既に書き写しの原稿がありません。原の稿《もと》をお返し［擲］ください。お元気におすごしください。

弟独秀　手啓

五月十三日

この手紙と「被圧迫民族之前途」は五月十三日午後二時過ぎに［わたしの所に］着いたのだから、手紙は当然十三日の午前十時頃に書かれたもので、文章［「被圧迫民族之前途」］もこの時完成したものである。先生はこの日の夕刻に病を得られ、二十七日にこの世を去られたのである。

三十二年［一九四三年］四月十九日夜　九中にて［何之瑜］記す」

【解釈】これが全頁である。話は次のようである。五月十三日の発病の前の「五月四日」に、何人かの女子学生——何之瑜が歴史の教師をしていて大革命や五四の話をしていた江津九中の学生たち（×××［鄭、卜、許三生］）ではないかと思われる——が何之瑜に「先生、陳先生に会いたい」とでも言ったのだろう。かれを通じて陳独秀に会いに行った。その時は何之瑜と独秀はこれと言って何も話さなかったが、学校（九中）に戻った後で、何は独秀に手紙を書いて出した［五月四日］。独秀の死後、何之瑜が遺品を整理してみてもその手紙は出て来なかったが、何之瑜がこのとき書いた手紙は、人々の独秀の前三篇の論文に対する批判、やや根本的な問題についての議論を書いたものだった。それから間もなくして、五月十三日に独秀は何之瑜に上記の手紙と文章［被圧迫民族之前途］を送ってきた。この独秀の手紙は、何之瑜が［『陳独秀的最後論文和書信』を］編集（鄭超麟が協力した）して活字化するときに実名を避けて×××をいれて該書の最後に収録された（本書では実名に直しておいた）。

第一は日付の問題である。まず、（一）、「（民国）三十二年［一九四三年］四月十九日」だが、これは何之瑜が独秀の四論文だけを集めて冊子にし（成冊）、その表表紙（封面）に『陳独秀遺著　我的根本意見』と書名を書いた、そこに、「三十二年四月十九日夜記于九中」と書いていてあり――「抄」は「書き写した」――、「後記」にも「三十二年四月十九日」と書いていて、同じ日付である。つまり、何之瑜は前年五月二十七日の独秀の死の葬儀やその後の始末をした後、遺された論文四編を整理書き写しして、四論文だけの冊子にしたのだが、その冊子の書名を、『陳独秀遺著　我的根本意見』とし、その編者の「後記」として独秀の「信」＝絶筆になった「五月十三日の手紙」（一部省略有り）を間に挟んだ文章、つまり上記の「後記」を書いて最後に付けたということである。その後、何之瑜はこの冊子を含む独秀の遺作遺品を木箱一つに入れて一九四六年に上海に出て来て、独秀がかつて雲南の濮清泉（濮徳志）を介して手紙を上海に送ったそのトロツキストの友人宅などから独秀の手紙（書信）を集めて、それを編んで一冊の本にする作業を始めた。一九四八年一月七日の胡適宛手紙で独秀の遺著遺稿出版について相談しつつ、友人のところで手紙を見つけた、これは独秀晩年の思想に重要だと書いている（「何之瑜致胡適」『胡適来往書信選』下、三〇一頁、）。だから、先の冊子にこれらの書信が増補されて、刊行されたときに書名が『陳独秀的最後論文和書信』（論文と書信）となったのだが、だから本の構成も、先の「四論文」冊子部分の後半に「書信」十通を付け加える構造になったのである。それ故、論文は論文の発表順に、手紙は手紙の日付順に並ぶのである。当時の困難な諸事情の中で良くぞ努力されたものだと驚嘆するが、それ故、編集は十分良くなしえなかったのである。だから胡適らは、論文と書信を一緒に合わせて、それぞれに日付を付けて順番に並べた。「胡適序言本」の方が理解の仕方としては「学術的」なのである――トロツキー派との関係を示す四編は除いたが――。

（二）、その「胡適序言本」はこの「後記」中の陳独秀の書簡（少し省略有り）の原信全部を「給Y的信」として載せているのだが（『最後論文和書信』、『晩年』も同じ）、その「給Y兄的信」の最後に「編者［何之瑜］按：……一九四八年一月二十八日」という文を付けている（『晩年』には無い）。何之瑜編原本に拠ってここを「十一月二十八日」と直しておいた（これは長堀祐造氏の教示による、感謝申し上げたい）。この「一九四八年十一月二十八日」という日付であるが、これは、独秀の手紙十通を加えて、本『陳独秀的最後論文和書信』の姿が出来た完稿のときと考えて良い。その編集の際、鄭超麟等は手紙の中の人名をペンネームや×××などと匿名にした――上海解放を前に、中共政権下で、反中共中央のトロツキー派の「陳独秀」との関係を知られて累が及ばないように配慮したからであろう。そして鄭超麟らの資金援助でそれから出版にこぎつけた。北平を脱出して南京に着いた胡適が、その後上海に移ったのが一九四九年一月末で、上海で該書を入手したのだから、この一月末時点から逆算することになるのだが、原稿完成から、出版資金問題の解決、印刷出版の必要時間を考えてみると、「十一月二十八日」に「完稿」し、出版はそれから一か月ほどした頃だったのではないかと考えられる。一九四八年の年末頃に二、三百部が私家版として出され、その後関係者に渡されたと考えるのが最も無難で問題がないであろう。何之瑜は陳独秀の論文や研究文を集めた「全集」のようなものを出版したいと胡適に手紙を書いているから、恐らくこの本も胡適に送ったのであろうと思われる。

ここまでが、胡適序言・陳独秀遺著『陳独秀的最後見解（論文和書信）』の全訳・注釈である。

第四節　陳独秀遺著の提出した問題点とは

では何が問題か。大きく二つに分けて考えることができる

（A）民主の問題――これは、陳独秀はかなり前から考えていた問題だった。『新青年』の頃からだ。しかし、マルクス主義やトロツキーの見解を受け入れたあとはどうだったのか。逮捕・裁判後の南京獄中で再び民主の問題を考えるようになり、モスクワ裁判・独ソ不可侵条約で決定的に考え直すことになったが、民主の問題は、その間は放置されていたらしい。党と反対派の活動に忙しく、正面から考える余裕がなかったと解して良いようである。

（B）陳独秀はトロツキー主義者だったか。そうとは言えないだろう。「反対派」ではあっても、トロツキストではなかった。スターリン・コミンテルンに反対するトロツキー・第四インターにとっては、「中国革命」の指導者としての陳独秀の名とそれとの連携は、かれらの運動のためにも有効だと考えたが、独秀は第四インターには入らなかった。

彼はスターリン・コミンテルンの方針には反対で、国民党との合作の変更、国民党からの退出を求めたのに、大革命失敗の責任をとらせられたのだから、反対意見を言うのは当然と考えた。その意味でも「反対派」だった。トロツキーの同じ見解を知るに及んで、反スターリン・コミンテルンで協調できると考え、モスクワのパンを食った若者たち＝モスクワでの反対派の運動に共感を持った若者たちとともに、国外追放になったトロツキーと連絡を取って「中国トロツキー派」（四派連合）を形成したが、分派対立が多く、統一した組織運動としてはあまり成功しなかった。また、「都市」労働者中心の考えが強かったが、白色テロの下で、中共下の労働者運動はほとんど壊滅させられていて、極めて困難だったからである。第四インター中国支部の上海臨時委とは見解を異にし、対立したから、彼らトロツキー主義者からも、トロツキストとは認められなかったのである。

では、マルクス主義者だったか。そうだとは言える。だがどんなマルクス主義者か。葉剣英が云う意味での「マルクス主義者」――鞏固なボルシェヴィキ的革命党組織の一員として組織と指令、主義に忠実な「党員」――ではない。しかし「思想」はマルクス主義の概念、方法を緩用し、被抑圧者の解放を常に志向したという広い意味で、「マルクス主義者」である。第三インター・コミンテルンというよりも、西欧マルクス主義者に近いとわたしは思う。カウツキー主義者かどうかは、筆者の知識を超えるが、そう考えるのが一番近いと思う。その最大のメルクマールはやはり、（A）の民主の問題についての考えである。民主は陳独秀の思想にとってアルファでありオメガだったのだ。

第八章

プロレタリア独裁論と民主の問題

陳独秀が提起した根本的な問題は、社会主義（革命）と民主、プロレタリア独裁と民主の問題である。この問題は世界史的な課題で、未だ解答を得られていない難問である。突き詰めると、革命後の社会主義はどうして「プロレタリアートの独裁」でなければならないのか、「プロレタリアート独裁」はどうして「憲法」、「議会（立法権）」、「法の支配（司法の独立）」という分立の形をとらないのか。「独裁」だから、そもそも権力の分立、チェック&バランスとは両立しない、必要ないとでもいうのだろうか。しかしプロレタリアートの独裁は、パリ・コミューンやソヴィエトのような「大衆的民主」であるはずであるならば、多党派による選挙と議会（＝立法と執行）は存在するはずだし、司法機関も無ければならない。それらがどうして政治警察（ＧＰＵ）・公安警察（国家安全部）による「専制」でしかあり得ないのか、あるいは、仮に「独裁」が一時的に承認されるとしても、一党独裁はその逸脱型であるとしても、「専制」は社会主義の理念によって正当化できるのか、という問題に行きつく。

第一節　プロレタリア独裁論

プロレタリアート（プロレタリア階級）の階級独裁をはじめに言ったのは一八四八年革命のブランキだった。その背後には、フランス革命以来の市民革命の経験、固有の市民文化が存在していたからである。フランス革命は啓蒙思想の広がりを受けた普遍的理念（民主主義、共和政）を謳い上げた。しかし後進資本主義国フランスの現実は理念に相応しい共和政、ブルジョワ民主をなかなか現実化し得なかった。そのブルジョワ民主の発展は何度ものパリなどのバリケードの市街戦に示されたような市民戦争が決定的な役割を果たすことによって進展させられた。大革命以来のこの民主主義、共和主義の理念は将来に向かって擁護されるべき人類史的な遺産なのではあるが、ところが、いま、一八四八年のフランスではその実質は「ブルジョワ独裁」であり、プロレタリアートの埋葬地だった。

だからこそ、産業革命に後れたフランスでは、イギリスの労働者人民が果たす任務は誰もやれなかった。それで、その任務――階級廃絶、民主化へ向けた梃子としての革命的独裁――を、ブランキが「人民独裁」として提出したのだといって良い。一八四八年革命の無政府党はいろいろな利害の連合であったが、かれらは「共産主義（コミュニズム）の周りに結集しつつある、この革命的社会主義（コミュニズム）の主張するところは革命の永続宣言であり」、革命の階級的独裁である――すなわち、階級廃絶、階級の基礎となっている生産関係の廃絶、それに対応する社会関係の廃止、及びそれから発する全ての観念の変革、それに達するための「必然的な過渡期」としての「プロレタリアートの階級的独裁である」（マルクス『フランスにおける階級闘争』一八五〇、国民文庫版、一四二頁）。これがマルクスが初めてプロレタリア独裁に言及した部分である。一八四八年のフランスにおける階級闘争はブルジョワ諸分派、農民小ブルジョワ、空想的社会主義諸派などの入り乱れた闘争だった。産業革命の後れた「フランスでは」、正常なら（イギリスのように）工業ブルジョワジーが為すべきことも小ブルジョワジーが、小ブルジョワジーがやることを労働者がやっているが、労働者のやるべきことをやるのは誰もいない。だれも解決しない。それはフランスでは解決されない。ただ「声明」されるだけだ（一二八頁）と言った。「人民独裁」「革命的独裁」（ブランキ）は、その「声明」の内容なのである。

だが、その後ろに次のような文章が載っている。

それはどこでも国家の壁の内では解決されない。フランス社会内部の階級戦は諸国民の相対峙する世界戦争に転化する。その解決は世界戦争によってプロレタリアートが世界市場を支配している国民の先頭に、イギリス国民の先頭に駆り立てられる瞬間にはじめてはじまる。（解決のための）革命はイギリスで終結するどころか、……。けっして息の短い革命ではない。今日の世代はモーセが砂漠をこえて導いて行ったユダヤ人に似ている。それは一つの新しい世界を征服しなければならないだけでなく、新しい世界を処理する人に席を譲るために自

らは滅びなければならない。（一二八頁）

これは、フランスのプロレタリアートの任務課題は一国内では解決されず、先進国イギリスのプロレタリア革命と結びついて始めて、世界戦争（世界革命）を通じて、世界を征服し世界市場における資本主義生産関係の廃止、階級の廃絶へと至る「息の短い革命ではない」革命の中で解決されるのだ、という見通しである。これは「革命の永続宣言」であり、後年の「永続革命論」を髣髴させる世界革命論である（同年の「共産主義者同盟中央委員会の同盟員への呼びかけ」も同じ）。レーニンがロシアの革命はロシア一国では解決されず、先進国（ドイツ）の革命と結びついて始めて社会主義への道を進み得るのだと考えたのと同じである。だが、イギリスのプロレタリアートの革命はフランスのそれと同じように、市民のバリケード戦、軍事的形態を取らなければならないのか、階級独裁の形をとらねばならないのだろうか？　これは政治的に解決し得ないのだろうか。これらについてはマルクスは言及していない。その後二十余年間、マルクスはプロレタリア独裁を語らない。かれは一八七五年になってプロレタリアートの階級独裁の政治形態を一八七一年のパリ・コミューンに見出した。常備軍の撤廃、警察・官吏の政治的機能の剝奪、立法と執行を同時に果たす公的機関、公務員の選挙とリコール・労働者並賃金、等々の旧国家機構を毀したコミューン型国家である。一八九一年にエンゲルスが、これがプロレタリアートの独裁だと明言した。平田清明は、この「収奪者が収奪される」国家は、資本家的私的所有の廃止だけでなく、国家所有へ昇天させることでもなく、「個体的所有」を実践すること＝労働者の自己解放の過程そのものだと言うのであるが（『市民社会と社会主義』）、しかし、それが国家、社会の疎外態の「国家」である限りは、*他の周辺諸国家との敵対関係、ブルジョワ国家との軍事的対立に備えなくてはならない。国内にまだ旧階級の反革命の可能性が存在し、この対外関係が存在する限り、常備軍の廃止などは不可能になる。コミューン型国家、過渡期的なプロレタリア階級独裁の政治的形態は、世界革命、先進国におけるプロレタリア階級独裁の国家の成立という条件の下でのみ、はじめて現実化しうるのだと考えなければならない。マルクスは『ゴータ綱領批判』（一八七五年）の中で「資本主義社会とコミュニズム社会との間には、前者の後者への革命的転化の時期が横たわっている。それに照応するものはまた政治上の過渡期であって、その国家はプロレタリアートの革命的独裁以外の何ものでもあり得ない」（岩波文庫版、五三頁）と書いているが、その具体的な姿をパリコミューンに見出しただけで、それ以上、こうしたことを論じてはいない。

＊階級的観点から言えば、国家とは「市民社会」の共通利害をブルジョワジーが自らの特殊利害の中に取り込み、その多分に私的な利害を政治的共同体の共通利害としてその構成員に幻視させる機能を持っている。その意味で「国家」は「社会」の疎外態なのである。社会の疎外態である国家が逆に、社会を支配する事態が「市民社会と国家」の問題だが、これを国家は階級支配の暴力装置であると局限したのはレーニンの『国家と革命』だった。

この問いに答えようとしたのがレーニンであるが、『国家と革命』を含めて、なお回答しきれていない。かれの創意は、国家は死滅するというものだが、仮に社会経済的に共産主義義社会に到達できたとして、では階級が消滅したというそこでは「国家」は死滅するのだろうか。なぜ人間は国家を作ったのかを考えてみると、私有財産の発生と階級支配だけでは国家は説明できない。階級国家論は国家論としては最早不十分だと言うことは論を俟たない。国家の死滅は世界の大半でプロレタリア独裁の政権が成立した世界革命か「世界連邦」の中で始めて具体的課題になるのであって――そのプロレタリアートの独裁下でも民族の問題、エスニシティの問題、宗教の問題、領土の問題などなどは、なお解決するとは限らない――、それも永遠の彼方のことだ。その間、国家（政治的共同体）は有り続け、それらの相互の対立抗争も存在し続ける。だからプロレタリア独裁は過渡期のみのものとは簡単に言えなくなる。半永久的なものになる。つまり、ある社会における階級消滅は階級抑圧装置としての国家を不要にするというのは、国家を階級対立の相として見ているだけであって、政治的共同体、王権、帝国、民族・ネーションとしての国家の相、吉本隆明風に言えば「共同幻想」としての国家の相を見ていないのである。ネーションとしての

「国家」の生命力は、連邦制などの智慧によって軽減されるとはいえ、「民族」や「宗教」のエスニシティ差異が残る限り持続すると考えねばならない。だから、国家について考える時に、マルクスには、世界史の文明史的視座が方法的視角として欠如していたと言わねばならない。レーニンは、プロレタリア独裁のマルクスの階級論的テーゼをロシアに適用することによって、旧支配層の一掃を理論的に保障し得たのかも知れないが、そのプロレタリアートの独裁の原則からの逸脱が実は大きな問題を生む。

レーニンは革命政権樹立後、人民委員制と言いつつも、帝国官僚制をもとに政府機構を作り始めねばならず、反革命干渉戦争に対処して「赤軍」を建設しなければならなかった。これらは後進国のプロレタリアートが革命に成功して獲得した政権として採られねばならなかった特殊な必然性だった。官僚制・常備軍・警察（政治警察）によって装備された共産主義国家は、ソヴィエト、労働組合、協同組合その他の社会構成体を圧して窒息させ、息を止めさせた。そして「個人独裁」という言葉さえ使用されるようになった。その背景にある、ロシア社会の後進性、文化水準の低さが社会的協同を生むことができなかった必然性を生んだ面があったが、その急速な国家集権化はいかにも無理があった。革命によって歴史の進歩を一気に飛び越えることは出来ない。その結果が、プロレタリアートの独裁ではなく、代行する党の独裁になった。ソヴィエトは労働人民の代表機関（議会）で、立法と執行の機関であったはずだが、労働人民の直接的権力行使機関としての権能を持たされず、それもプロレタリア階級の代理人、「プロレタリアートの党だけが、共産主義者の党だけが」プロレタリアートの独裁の指導者の役割を果たすことが出来る（スターリン）と、エリートや党によって代行されるかたちに形骸化され、そして党の意思の公認機関、儀礼組織に成り果てた。党・政府機関の「官僚主義」の国家になった。

党独裁の完成へ――。党とソヴィエト、そして労働組合、協同組合、青年婦人団体等との関係は「指導」と下請け実行の関係になった。これらの団体の勤労者大衆の下からの自発的な創意や自治は官僚主義には合わないものとして斥けられた。そして指令と下請けの関係になった。といっても、「党」はなぜ一つだけなのか、プロレタリアートの党はなぜ一つでなければならないのか。もし、「プロレタリアートの独裁」が正しいものだとしても、全体としてのプロレタリア階級の独裁であることが重要で、何も一つの党派に限る必然性は無いのではなかろうか。ブルジョワ階級の政治党派が諸派あるように、パリ・コミューンの下でも諸政治派があったように、複数の政治党派があってはならないのか、というような疑問が湧いてくるが、追々考えてみることにしよう。

国家と（市民）社会との区別が有るところでは、政党は政治的な誓約者団体として社会団体の一つである。それは宗教共同体としての教会・教派（ゼクテ）、あるいはギルドのような経済的団体と同じである。政党はその思想と理論、政策によって社会の諸要求諸利害を政治過程を通じて国家意思の形成・決定へと媒介する。社会大衆を指導する指導集団としての党の機能と、ソヴィエトのような国家機関の機能は区別されねばならない。党はソヴィエト機関に替ることは出来ない。しかし党機能と国家機能が混同され、複合化した。これがスターリン－コミンテルンを通じて、ロシアから中国にやって来たスタイルだった。まず、「国民党は孫文の党だ」と言われていたその中国国民党に持ち込まれ、一九二八年以後の国民党の「党国体制」に、そして一九四九年以後の中共の「一党支配」に伝えられたのである。

国民党の党国体制は、党組織（「党部」）を各地域・各界・各団体に浸透させ、中央・地方政府を国民党各級党部が指導下に置く、そうした一党支配の党国体制の構築に向かった。この硬い体制の下でも、その無能力さで反対党は実態的には否定されなかったが、訓政（総理遺教）による教化に反する思想・政治活動は、訓育（統制）の対象にされる。党が国家と社会の媒介になるのではなく、党が国家機関をその指導下に置くのだから、党と国家の混同、一体化を目指したものと言わねばならない。これは「孫文の党」＝国民党がコミンテルン（ボロジン）の指導の下に、レーニン党組織論をモデルに改組を行った方向性であり、スターリン体制的な党独裁の中国への適用と考えて良いのである。党員が領袖孫文に誓約して服従した非デモクラチックな中国国民党は抵抗なくこれを受け入れた。毛沢東中共の一党独裁もこのスターリンの党体制を引き継いでいるのはいうまでもない。だから国共両党はヤヌスの双頭なのである。両党とも革命政党を自称し互いに争った。国民党の場合は、そのイデオロギーにおいて、共和政、憲法、議会というブルジョワ民主政を掲げる以上、理念上は国家（憲法）が上で、党は理念的な国家「民国」を作り上げる手段で、現実的に訓政支配で人民大衆を訓育（統制）しても、それは「憲政」までの期限付きで、永久的正しさを持ったものではないことを自覚しているから、徹底したものにはなり得ない。

中共は「共産党の指導（独裁）」の歴史的正統性を主張し、プロレタリア独裁の代行としての「党独裁（共産党の指導）」であるから、共産主義実現の暁の日まで独裁は専制として永久に続くことになる。そこには「国家」と「社会」の区分はない。社会の自立的ありようは認められず、大衆組織、自治組織等の自律性は邪魔な存在で、それらは「指令」の下請け遂行機関、監視対象でしか無くなる。

国家と党の混同の最たるものが中国の「人民解放軍」という人民の「税」で維持されている「共産党の軍隊」（私軍）の存在である。何の不思議も無く存在していることは、中国の党員も人民も、党と国家・政府を一つのものとみていることの証である。その結果どうなるか。国家は社会に生きる人々を法・警察・裁判所・監獄等で外面的行為を処罰することが出来、規制する存在である。党は社会の内にあって、その思想と行動によってヘゲモニーを発揮し、社会生活を国家政治に媒介する一組織であるのだから、党が持つ力は人民に対する「指導的権威」よりほかはない。それは思想と行動の権威による「内面的権威性」で、党員・国民に対する宗教的真理性に近い「道徳的」権力を持っていた。従って、党と党の無謬性は神格化される。国家の外的規制力は党の内面的権威性を媒介として諸個人の脳細胞そのものを侵蝕する。モスクワ裁判や劉賓雁の「第二の忠誠」を見るとよく判る。国家は反革命の名で予防検束することも、国家反逆罪・転覆罪や外国のスパイに仕立て上げることもできる。諸個人は、国家の内に国家の一員として存在する限り、自分とかかわりのないところで形成された国家意思に自分の意思を一体化させることによってのみ、「自由」な市民たりうるだけだ（「党に従え」）。これは自由な存在としての人間の「自己破壊」でしかない。ジノヴィエフやブハーリンのモスクワ裁判での態度のように、反革命罪と告発されても、無罪だ、党・国家の方が間違っていると否認し、反論することをせず、逆に自らを傷つけ自己批判をしてしまう「自己破壊」を曝け出し、劉賓雁のように、中共党支配の社会の罪悪を告発して弾圧され追放されても、最後の党の道徳的権威は否定できずに「忠誠」を口走り、自己分裂するのである。これらと劉暁波の法廷での「わたしには敵はいない」とを比較すると、劉暁波は、党の「道徳的」権威から自由で、なお自らの道徳的な権威、良心（神）を守ったと言える。相手が間違っていると否定はしないが、自分の神（良心）に「忠誠」たり得た。しかし党は「党の権威」に「服従しない」ことを許さないということを示さない限り、「党の権威」を失うことになるから、それさえも許さないのである。陳独秀の「辯訴状」と比較してみると、民国と人民共和国の差がよくわかるだろう。

最近の中国の思想言論弾圧でも、ある日公安・国家保安局が突然来襲して摑まえられた人権派弁護士たちが、「国家転覆罪」の罪名を被せられ、苛酷な取調べ、拷問を受けて、肉体的精神的に痛めつけられた上に、当局の下書きを許されるまで何度も書き直させられた自己批判と謝罪の供述書にサインして、それをテレビカメラの前で読み上げ、「党」と「人民」に向かって「懺悔」する（させられる）姿を見せられると、スターリン体制や、日本の「転向」問題を想い出させられる。戦前の天皇制下の特高の拷問の下で共産主義者が「転向」声明を出して、「天皇教」、天皇制下の「日本イデオロギー」へ、家族・郷土・国家＝「天皇の日本」を忘れていたと自己批判し「同調」した姿を思い出させるのである。つまり、これらの体制は良心的個人に「自己破壊」を強制するのだ――その自己破壊から何とか立ち直ろうとした心の軌跡を描いたのが中野重治の初期の作品だろう――。しかし、これらは中共党の道徳的権威の喪失と共に顕在化してきた現象なのだとわたしは思う。

国民党の党国体制は、混同があるとはいえ、国家を党よりも上に置いている点で、スターリン体制に近いのではないか。中共の支配は党国体制と言うよりも、「党が国家を乗っ取った」体制と言った方が良い。党が憲法よりも、法・裁判所よりも、政府よりも上の存在で、党の意思が国家の意思なのである。党の神格化だが、中国史的には、党が国家（土地、人民、主権の総和）を自分の「産」にしたと言った方が適切である。「家産化」である（中国はわれら「中国共産党一家」のものだ）。揶揄的に言えば、法は党に下らず、である。

国家は国家として、社会からの疎外態としてあればいいので、個人の私的領域にどこまで立ち入るべきか、その区別の問題である。「政治は自由人の公共行為である。自由とは公共行為から離れた人間のプライバシー（私事の内密性）である。」つまり、人間は全体としての共同社会の生活と密接につながって生きている（『社会』とは人間の集団のこと）から、それ故に、集団＝共同社会を運営する政治権力の地位にいる者の権限・命令には従わねばならないという「公共的関心」を持つが、その関心の内において、何が正当とされるのか（その命令の正当性）、と同時にもう一方の、何がプライベートなものとして個人の判断と個人の良心の命令の領域に残されるのか（例えば「良心的兵役拒否」）、という二つの関心を確定する問題である。モスクワ裁判で、ソ連共産党の功臣、ジノヴィエフ、ブハーリンさえ党の道徳的権威の前に屈して自分の方が誤っていたと自己批判した。スターリンの権威確立のための「ショー」的要素を割り引いたとしても、余りにも悲劇である。党員と社会の個人とは分けて考えるべきであろうが、党員は全的に自己を政治活動＝公共行為に投企しているから、党の権威に従うが、しかし残された個人の良心、思想をどう保持するかはなお問題として残る。この点からも、党内民主、反対派の存在は許容されるべきなのである。そうでないと、「全体主義」にほかならなくなる。わたしたちはコミュニズムは全体主義か、この重大問題に直面することになる。陳独秀はここに衝撃を受けたのだ。

中国の伝統的文化の中では、個人の内面（修身）は独立しておらず、政治（治国平天下）へと連続するのである（修身斉家治国平天下）。だから逆に、上位の政治権力が個人の内面にまでストレートに入り込むのだ。伝統的王朝帝国時代は、この中間に「斉家」（家族・宗族の氏族制・ジッペ）、あるいは「治国」（国は侯国・地域社会等）が介在したから、ストレートに入らなかったが（私忠と公忠の矛盾）、中華民国は何とかこれを切り崩そう、国家への公忠へ回収しようと、上から懸命に努力の手を入れた。が、出来なかったことは、P・ドアラの研究 *Culture, Power, And The State —— Rural North China 1900 - 1942*, Stanford U.P. 1988 が、「インボルーション（内巻化）」概念を使って明らかにしたことである。だがしかし、共産党の中国は一九五〇年代に、地主打倒の土地改革、反革命鎮圧粛清（粛反）、三反五反、社会主義改造、人民公社化、大躍進、反右派闘争、農村社会主義運動、そして文化大革命、これらの連続した政治「運動」（「大衆路線」と言われる大衆の政治運動化の強制）を通じて、この中間項、社会の自立性をすべて破壊し、全国民を無産者（文字通り産無き者＝生業財産無き者、プロレタリア）化した。その結果、全ての者が政治権力に依存しなければ生きていけないようにしたのである。だから、プライバシー、個人の良心と内面は、その社会的基礎を失って、国家が介入してはならない独立領域を形成し得なくなった。最後の砦である宗教さえも国家が許容する範囲でのみ存在が許されるのだ――「政教問題」である。党員の人格は党（つまり党指導者＝毛沢東の意思）に解消させられ（延安整風以来）、Ｅ・スノーが『中国の赤い星』で言ったように、共産党員の個人的な履歴・個性は失われ、党に合体している無名性が著しくなったのである。更には人民も精神的強制を受けさせられた。それも大衆運動の圧力、大衆の目前で加えられる強制――「工作された大衆動員」で、それへ大衆自身が同調を強いられ、その群れた大衆の圧力で強制する――によってである。「大衆路線」の一面である。吊し上げられ、自己批判させられる、これが繰り返された「運動（ユンドン）」であった。「全体主義」で、個人はこの大波の中で内面を破壊され、「自己」を保つことが出来なくなる。到底耐えられなくなる。文化大革命中の多くの自殺はこうして生まれた。精神的破滅である。その「恐怖」を通じて共産党権力は人民（ピープル）に支配の命令を受け入れさせる。党に従え、と。これは「不識不知、順帝之則（識らず知らず帝の則に順う）」のではない。恐怖から順うのである。「恐怖」は専制政治の原理である（モンテスキュー）。だからわたしは、人民大衆に「恐怖」を植え付けた「文革は成功した」と言うのだ（共産党支配にとっては、だが）。

魯迅の韜晦な屈折した国民党支配への抵抗よりも、個人の自尊と内面を守り抜いたという点では、わたしは胡適の国民党への抵抗のほうがはっきりした言論による抵抗だった、と考える。胡適は文化大革命を見ずに一九六二年に台湾で死んだ。その分、嘆きは少なくて済んだのだが、「五四」の精神は遠ざかり、共産党の下では「自己」を保っては生きられない、という予感はあったのである。

　陳独秀が死んだ一九四二年、延安では人々を「毛沢東思想」に染め上げる「整風運動」が発動された。コミンテルン国際派の王明らの打倒・排除が狙いの一つだったが、もう一つは五・四以来の自由・民主思想の清算だった。もし、南京監獄から出た陳独秀が延安に入っていたとしたら、さて、かれはどう考えただろうか。それは何之瑜らと五四期の北京大学で知り合いだった王実味（『野の百合の花』作者）の運命が如実に示し、張国燾の選択（延安脱出）が示したところと変わらなかったであろう。「整風」「運動《ユンドン》」を見て、大きく頭を振って「否」と言ったのに違いない。陳独秀の考えた共産主義と、スターリン・毛沢東が考えた共産主義の間には大きな落差が出来ていたのだ。

　マルクスがプロレタリア独裁を言ったのは、ヨーロッパ中世以来の歴史を通じて形成されてきた自然法的権利と、ブルジョワ社会の「市民的権利」が存在し継続することを前提としている「社会」における革命を言ったのである。社会主義は資本主義経済が発展して大量のプロレタリア階級を生んだ先進国において起きるとしたのは、そのプロレタリア階級の存在が、「国民《ネーション》」のレベルで「市民的権利」をその共通前提に保持しているところの社会と国家においての革命になるから、社会主義革命においても市民的権利の共通承認を前提に置くことになり、一時的な「恐怖政治」、「独裁」もその権利の共通承認の地平に引き戻され、それを前提に弁証法的に歴史が進むと言えたのだ。単に経済発展と二大階級への分化の経済決定論ではない。このことを前提にしているのである。「市民的権利」の無い社会や、市民社会（これは、家族と国家との間の自立性をもつ広い社会的空間としておく）の独立性のないアジア社会、「封建制」の無かった、つまり法・政治的に分権的でなかったアジア社会では、革命によって成立した政権は「社会主義」を言っても、伝統的な「アジア的専制」政体に近づき、国家が社会よりも強く、社会を規制する「国家社会主義」になる。個人は全体に包まれ自立させられない。西欧社会主義は、これをブルジョワ秩序ではなく、勤労大衆の協働連合体（ゲノッセンシャフト）的に組み替えることに由って「社会」が所有権・支配権を持つように――そこから個体的所有 eigentum の回復を考えた。〈「社会」の復権〉主義である。「国家」社会主義では、「社会的所有」が「国家所有（国有）化」と考えられるから、労働者にとっては使用者が私的資本（企業）から国家（企業）に替るだけである。前者は賃金奴隷と言われるが、ブルジョワ社会の労働立法によって雇用等の諸権利、組合の団結権、交渉権、ストライキ権も承認されているのに対し、「国家」社会主義ではその労働者の権利も保障されない国家（企業）の賃金奴隷になるだけではないか。ソ連や中国の社会主義のように労働者は組合を組織して使用者としての国家（企業）と向き合うことを禁じられる（反社会主義だと）。労働者個人は全一的に国家、つまり「共同体」の公共行為に回収されてしまい、個体的権利を喪失するのである。労働者と国家との間は切れている。これは果たして「労働者国家」の姿だろうか。全体（公共利益？）の為に個人的利益（基本的な市民的権利）は抑圧されてもいいと言うのは、程度の問題はあろうが、全体主義である。

　バクーニンの「社会民主同盟」の内部組織・「国際兄弟同盟」の綱領は「中央集権化された専制的な革命的国家の建設は不可避的に新たな支配者による軍事的独裁を生み出す」、それ故、われらの同盟は「革命的独裁」を含む一切の権威的政治制度を排斥する、と書いていて、バクーニン自身は一八七三年に『国家制度と無政府』を出版して、革命的独裁と国家制度とは結局同じものであり、マルクスを、少数の学者貴族が君臨する政治的独裁を夢見る国家共産主義者、空論的革命家とこき下ろしたという（岩波文庫『ゴータ綱領批判』の望月清司解説）。それへ反論する意図もあって、マルクスは、プロレタリア独裁の過渡性を共産主義の第一段階との関連で明らかにし、革命期独裁の永遠化を非難するこの声に答えたのだ、と望月はマルクス寄りとも思える筆を混ぜて解説している。しかしどうだろう。共産主義の第一段階が十九世紀以降の国際的な諸国家間対立の世界史状況の中で実現しうるかどうか、それはさて置くとしても、革命的独裁が過渡的なものにとどまるかどうか、マルクスはあまりに楽観的に過ぎるのではなかろうか。政治は経済の従属函数ではない。マルクスは資本主義経済の分析には優れていたが――その研究は世界貿易、国際経済については残念ながら未着手に終わった――、国際経済と国際政治のリアルさの持つ意味についてはあまり注意を払っていない。国際的な国家間対立は、この革命的独裁をより強固に（国内的にはより抑圧的に）、より永続化する方向に作用する。共産主義に向けた経済発展が階級発生の経済的基盤を喪失させるとともに自動的に「独裁」が緩和されるという、経済一元論的な発想が強すぎるであろう。なるほど、イギリス、フランスの革命の革命的独裁（クロムウェル、ジャコバン）は「過渡性」を示した。だがそれは旧体制を破壊するために必要だった過激さで、また革命成果を守るために必要な、非常時の緊急性が生んだ独裁権力で、この「過火」（やりすぎ）の「劇薬」（遅塚忠躬）の形態は何らかの形で常態的なものに修正される必要がある。社会の「平衡《バランス》」回復機能（平衡感覚）が政治的揺れ戻し（反動）を呼び起こすのである。名誉革命、テルミドールによって軌道修正されたのはその例である。つまり、社会的矛盾の爆発としての革命の過激化とその結果としての過渡的な革命的独裁が生じるけれども、その揺れ戻しのベクトルを合成して革命の当初目的へと完全ではないが徐々に近づいていく、こうした革命のプロセスを経て「名誉革命体制」なり、「第三共和政」に至ったのだが、こういう曲折したプロセスを辿る。しかしこのような政治的プロセスはプロレタリア階級の革命的独裁には当てはまらない。プロレタリア独裁にはこの軌道修正の「契機」が見当たらないからである。党内民主、反対党の存在、市民的権利の共有に基づく言論機関や議会の存在などの「独裁」の修正契機は全て「反革命」として弾圧の対象にされ、それらへの弾圧はむしろ独裁、全体主義の強化につながるからである。「独裁」が変化する契機（矛盾）は保障されていない。不存在である。一元的な独裁だから、矛盾対立の弁証法的な発展・展開ではなく、静態化し、発展は止まる。変化の契機として考え得るのは内的な経済発展が自動的に独裁を変化解消するというものか（その保障はどこにもない）、「外部からの衝撃」だけである——歴史的にはソ連・東欧の解体に見られるようなものであろう——。

マルクスの説はどうも、経済発展の進化とともに「自動的」に独裁が解消し、国家は社会的機能のみになり、やがて死滅することになる、ということのようで、弁証法的発展はここで終止する。そして「千年王国」が実現する、ということだろうか。果たしてそのように幻想し得るだろうか？

だが、人間の「本性」において、他者に対し独裁的な支配権力を持った存在が（階級か、政党か、個人か、を問わず)、経済が進化したからといって、「善意」から人間集団を支配するその「権力」を放棄し支配者の座を降りることなど、無い。ロシア革命以後の社会主義はこの権力承継システムで挫折を繰り返している。世襲・指名は一つの伝統主義的な解決策で、非理性的で、合理的な社会主義には合わないようだが、もっとも異存の少ない合意の取り付けシステムの一つだとは言い得る。

だから、マルクスのバクーニンへの答は、言として記録するには値するものの、人間的現実のリアリティは持たない。バクーニンの方がリアルな認識だと言わねばならない。パリ・コミューンの姿を「国家」形態にあてはめることがどれ程可能なのか、その後マルクスは検討することはなかった。

これらの問題群を陳独秀の『最後の見解』で突き付けられた王文元(王凡西)は、「トロツキー主義者」として応答しようと真剣に取り組んだ。わたしは大して勉強している身ではないが、このプロレタリアートの独裁と民主の問題について、「まともに」「正面から」考察した論文を寡聞にして知らない。その意味で、陳独秀の「同志」だった王文元が二〇〇〇年にこの問題にどのように応答しているのか、その論文は検討に値する。

第二節　老トロツキスト・王凡西(王文元)の論文「陳独秀の『最後の意見』から語り始める」の検討

王文元は以前から頻出してきた人物だから、特段の解説は要らないだろう。かれはこの論文(『陳独秀研究文集』香港・新苗出版社、一九九九年八月所収)の中で、自分の思想遍歴の中につねに陳独秀の影があったが、かれの「最後の意見」には到底同意できなかった。トロツキー派の誰一人同意しなかったと述べている。にもかかわらず、かれらが陳独秀への親近感を失わなかったのは、陳独秀が持っていたある種の人間的魅力の為であったろう。が、「最後の意見」は現代思想が抱え込んだ中心的な問題を提起しており、無視することは出来ず、正面から考察してみることを求めている、として王は以下のような議論を展開する。要約しながらフォローしていくことにしたい。

王文元の問題提起

〈独裁〉 先ず「独裁」だが、一階級あるいはその政党を通して「独裁」を行うのは理論的にも、事実においてもあることで、反動か革命かを問わず、政治的変革の勝利と成果を確保するためには「独裁」が要った。陳独秀が「根本意見」でプロレタリア独裁など、そんなものはない、と言ったのは革命史を知らず、革命を否定することである。革命専制が不可避なのは、(一) 階級交替時の「暴力性」によって、(二) 階級闘争 (階級布置) の「長期性」によって、(三) 外国政府の反対の状況によって、決定されるからである。つまり、政治・社会革命は「暴力」によって為されるから、反対「暴力」も「暴力」で押さえ込まなければならない。階級 (数世代に亘って続く「階層」社会集団) は政治革命によってすぐに無くなるものではないから、階級消滅まで (?)、ブルジョワ、旧支配階級への階級抑圧を続けなければならない、さらに国内 (?) が整理されたとしても、外国政府が反対して干渉するのを防がねばならないから、「暴力」で防衛するために独裁を緩めるわけにはいかない (政治的共同体間の対立が無くなるまで)、ということになる、と言うのである。これはほぼ正しい指摘で、後にもう少し詳しく検討してみよう。

そして、プロレタリア革命の必要性を認めるとなると、それが革命的独裁という手段を経過しなければならないことは多分承認されるであろう。だが、独裁の不可避性を認めると、陳独秀が列挙した副作用を軽視したり、認めてしまうことになる。スターリン以後に、それが不可避の必要悪だなどと言ったなら、それはマルクス主義ではない。スターリン官僚だ。革命専政 (独裁) の民主化の重要さを指摘しなければならない、と言う。では、如何にしたら革命専政が本当のプロレタリア独裁になり、一党独裁でなく、個人独裁にならなくなることが出来るのか、これは人類の運命の中心問題の一つである。トロツキーはスターリン主義の根源はロシア経済の遅れ、ロシア革命の孤立性に求めたが、つまりは、ボルシェヴィキーレーニン主義の革命政党、政権についての組織思想の評価如何にある。（A）トロツキーは、スターリン主義をボルシェヴィズム（レーニン主義）の反対物と見た、王もこれに賛成する。しかし、（B）陳独秀はレーニンがブルジョワ民主を一筆抹消してしまったことがスターリンに民主に反対する口実を与えた、と言うが、王はこれは抽象的、超歴史的な見方であるとして賛成しない。

そうすると、焦点は、レーニン（ボルシェヴィキ）が革命蜂起後に選挙で選ばれてきた全露ソヴィエト大会を力で解散し、メンシェヴィキ、社会革命党を追放（やがて禁止）したことをどう見るかになるだろう。非常時だったというのは理由にならない。ジャコバン独裁下でも他党派は存在した。つまりプロレタリア独裁は、ブルジョワ独裁と同じく、一党独裁とは限らないと言うことではないか。ブルジョワ独裁は反対党の存在、議会や司法を加えた形で存在している。それと同じで、プロレタリアートの独裁は必ず反対党を認めぬ一党独裁でなければならない理由はない。プロレタリア階級は一つの社会集団だが、完全に一様な一元的な社会集団ではなく、内部に差異と区別がある多様的な存在だ。産業、地方、階層、民族言語、宗教別の濃淡の違いがあるプロレタリアートが存在し、各プロレタリア集団の「利害」は一つではなく、複数存在する。だから、利害を異にし、思想を異にする複数の政治的代表＝政治党派・集団（政党）が存在することが当然なので、社会の現実に合っているのである。ましてや、農民階級＝貧農の存在が消えないかぎり、農民政党は存在し続ける――これを農業「労働者」にして抹殺しようとしたのがスターリンの集団化であり、人民公社化だった――。「社会」が多元的であり、プロレタリア階級そのものも「一元的」社会集団でない以上、プロレタリアートの独裁あるいは労農独裁は、「いくつかの」利害代表や政治党派の存在を許さない「一党」のみによる専制をけっして必然的に意味するのではない。一党支配は他政治党派を抹殺するか、無力化するか、存在そのものを認めないことに由って可能で、それは一党「専制」にほかならない。宗教団体であれ、政党であれ、人間の自発的意思に基づく団体・集団は必ずその思想・利害の違いによって分れるのであり、分派、派閥、反対党、反対団体が出来るのが自然なのである。問題はそれを前提にその違いをどのように和解できる一致（コンセンサス、共通の利害）の地点を探して個別利害と意思を収斂させていくかというプロセス（政治過程）にある。寛容の問題でもあるが、議会もソヴィエトもこの機能を担う物として人類が発明した装置なのである。

中国の場合、九千万人党員の「中国共産党」は、人民（公民・国民）、諸民族諸階層の利害を代表し得ている、と言うのであれば、それは「党」が存在すればいいので、「国家」は必要ない、という言明にほかならない。党と国家の密通、「国家」の非自立性を言っているに過ぎない。

工場、地域、職能代表からなるソヴィエトを通じてプロレタリアート（兵士・農民）は自らの統一的な階級意思を決定し（立法）、それを自ら執行する立法・行政権を持つとされた。ブルジョワジーの三権分立に反対するのだが、ではソヴィエトの立法と執行に反対し服さない、あるいは違反したメンバー、あるいは社会の成員に対して執行する法・司法はどうなるのか。人民裁判、移ろい易い感情的な判断に左右される大衆の意見による裁判で良いのか。プロレタリアート独裁論はこれに答えを出し得ていないと思う。マルクス主義「法学」の普遍性が困難なのは、社会を階級対立でしか捉えないからである。社会は階級によって分断され対立（コンフリクト）するものとして捉えられ――「すべての歴史は階級闘争の歴史である」――、社会が全体として存在する限り、「すべての利益が一致する何らかの点が存在する」（ルソー）とは見ず、その一致コンセンサスの相は無視されるから、「収奪者が収奪される」逆の階級支配の社会を作り上げるのがプロレタリアートの独裁の時期だということになる。しかしそれでも「社会」は存在する。社会が存在するかぎり何らかの一致（コンセンサス）は存在する。

法は、多様な属性と利害を持つ人間と人間集団（老幼男女、地域、民族、社会階級等々）、社会の全体的存在を前提にして、（神の与えた）自然権を持つ諸個人が作るその社会の全体を存在させる共通性を維持することに「法源」を置くが、この社会の全体性、一致性を見出す努力を支えているのが人間の「理性」と言葉、「法」である。理性と言葉を以って諸個別利害者集団がネゴシエーションする際、法は和解の過程を組立てるときにもっとも人を満足させる手段を提供する。その法や装置の限界を見限って、正しいものは正しいのだ（レーニン）、と「力」で「正義」を実現しようとするのが「革命」暴力であり、暴力を行使して権力を得たがゆえに、暴力権力を放棄（分権化・民主化を含む）し得ず、「専制」への道を歩む。一つの「正義」の鋳型にはめ込むのは反自然的な強制である。強制が正当化されるのは、伝統とかカリスマとかの超自然的なものや「一般意思」のような権威と名に拠るほかはない。つまり一党がプロレタリア階級全体の利害を代表し、その「使命」を代行し得るものであること、そしてその実行行為が将来の共産主義社会――大多数の人民が、搾取も階級も無い自由で平等で、「能力に応じて働き、必要に応じて取る」社会（「千年王国」）の実現――、すなわち人類にとっての究極的目標・「理想」へ至る唯一の道であることを証明し、説明納得させ得ることが必要になる。この不可能なこと、これを担ったのが「イデオロギー」とカリスマ化（個人崇拝化）である。

　この一致へのプロセスを認めないと、法は自然法的根拠を持たずに、その「法源」を階級意思に持つ実定法止まりになる。これが現在の社会主義国における法の問題である。「法による支配」を謳う習近平時代の中国のその法は、党の意思が法律として実定化されたものに過ぎず、社会にその根源を持つ法の「普遍性」と安定性は無く、次第に個人の意思による「専制」に近づいていくのを防止できない――法は党に下らずだ。

　それはさておき、階級論のマルクス主義では、社会の和解と収斂・一致を目指すのではなく、常に対立と分化の連続になる傾向を免れない。毛沢東思想の決定的欠陥は「二合而一」ではなく「一分而二」を重視する哲学にある――「二」が合して「一」になるのではなく、「一」が分かれて「二」になる、「一」（社会の全体性）が内部の矛盾対立によって「二」に分かれるのが本質だという哲学で、対立する「二」、それを統合（収斂）して「一」にする論理が希薄なのだ。だから分裂・対立する階級闘争の永続、「永久革命」になる。そうした事態を回避するためには、コーポラティズム、社会的分業の諸部門において自発的な協働連合体（ゲノッセンシャフト、アソシアシオン）を組織し、それらの協働によって共通利益を発見し、コンセンサス（一致）に収斂させていく、諸個別利益が和解し収斂していくその地点を発見する方法を見つけることが重要で（ソヴィエトでも、コミューン議会もその一つ）、共通利益が個別利益よりも優位だと見なされるその地点をどうやって探し出すか、そのプロセスがソヴィエトなり、コミューン議会という協議執行体に内在すると考えられた。それらが社会の絶対多数であるプロレタリアート（人民？　被抑圧者？　農民？）の利益を代表しているから、共通利益として、特権的マイノリティ（ブルジョワ階級、知識人、祭祀階級）に優越し得る、とする。そうでなければ、もう一つの、全体を覆う「民族」（中華民族？）の利益という仮構の共通利益で一致性を描き出し、諸利害の屈服と収斂を図るというナショナリズムに活路を見出すしかない。が、これは自家撞着である。万国の労働者、プロレタリアート団結せよ、プロレタリアートに祖国は無い、という原則からの巧妙な逸脱であり、第二インターを否定した第三インターは、祖国主義を否定した。ところがこれを奇妙に混淆させ、状況に応じてうまく使い分けているのが中国共産党である。

しかし「法」はどうするかというと、ブルジョワ市民社会の止揚としての社会主義段階、つまり協働連合体の総体による生産、その所有が社会的所有である媒介的段階、コミュニズム実現の前、においては「市民法」の諸権利が残るらしい（平田清明）。では「市民法」が無い社会では、どうなるのだろうか？　という疑問が出て来るが、それは少し置いて、協働連合体による生産所有の社会においても、その中で個別利害は無くなることはなく、共通利害と衝突する、あるいは他協働体の個別利害との衝突が存在する。これを和解するのが中央政府に残った社会的機能（「法」的機能）で、それは国家機能（階級支配機能）ではないと言うかも知れないが——法は制裁、強制をともなうのだ——、いずれにせよ、共通利益を見出さねばならない。この過程には個人あるいは団体の不服従や違反があるから、それをどう制裁するか、実定法以前の自然法的な「法源」を持つ市民法体系が無ければならないということになる。またそれを執行する諸機関が無ければならない。これを社会全体の共通利益であるとするには、無理と欺瞞がある。ならない。そうでなく、プロレタリア階級の個別利益が即社会全体の共通利益に基づき実行しなければならない。市民法の権利をブルジョワジーの支配の法と道具だとして、人類が相続すべき遺産だと考えないのは、自分が神にでもなった傲慢極まりない、天に唾する、神に背くような認識だとわたしは思う。何度も言うが、プロレタリアートは神ではない。すべての矛盾を解決できるスーパーマンか神のようにして、その名前さえ出せばすべてが許されるのではない。それは神学だ。

昔、友人と話したことがあるが、電車の中で隣席に「プー太郎」（昔、汚い浮浪者的な日雇い労働者をハマ＝横浜ではそう呼んでいた）が座った時、君はどう思うかね、プロレタリアートとして尊敬するかね、それとも酒臭い汚ねえ奴だと嫌悪するかね、と。わたしも学生時代に学費稼ぎのためにハマのドヤ街寿町で「立ちん坊」（朝立ち）の日雇い労働をやったり、港で深夜の荷揚げ作業をやって、仕事明けの夜明けに立ち飲み屋でかれらと一緒に酒を活喰らって下宿に帰る日々を送ったことがあった。その酒臭い息を朝の通勤電車の中で同じように撒き散らしたわけだが、かれらはそれぞれ事情を抱えてそういう仕事をしていたのだが、しかし自分も含めてそんなに尊敬する存在とは思えなかった。その後、造船所の下働をしたり、そこの労働者運動に頭を突っ込んだりしたが、実に色々な人間がいるものだという人間勉強にはなった。しかし社会の底辺の労働者がみな、優れた均質な無産者、プロレタリアート（自覚的労働者）であるわけはない。農村の貧農がそうであるのと同じである。プロレタリア革命が是認されるのは、かれらは資本主義経済の形成と展開の中で、個人の意思によってではなく、その経済的強制力によって、強制的に賃労働の劣位の位置に落とし込められ、資本に隷属し搾取されている人間社会集団で、社会的流動性の低い貧困状態に固定化された社会層（数世代に亘る）、階級だからで、これは神が定めた運命ではなく、自由、平等、正義の道徳的原則に著しく反した社会経済制度の結果であって、自由・平等・正義の回復として「革命」は是認されるべきだ、というところにある。

余計な話だった。さて一党独裁から個人独裁へ進んだスターリン体制の問題だが、王文元の議論に沿って行こう。その歩みは（1）ソヴィエトの代表職権を制限し、ソヴィエトを単なる通過機関にし、そのソヴィエト大会も開かれなくなった（国名にだけは「ソヴィエト社会主義共和国連邦」と残ったが）。そして、（2）一切の権力は「党」によって代行されるようになり、さらに（3）政治局に、そして（4）総書記個人にと縮減されていった（個人独裁へ）。政府機関はその下の事務機関になり、秘密政治警察が支配するようになった。ソヴィエトが国家の大権を持つというレーニンの前提が変質した。「ソヴィエト」は当初は反対党派を含む議会だったから、反対党派が無ければソヴィエトに意味はない。党が代行すればいいことになる。それも「効率」が悪いから、「政治局」に、そして一人にと、縮小されて行き、個人の意思による独裁が実現する。レーニンはソヴィエトを（党・政府の）「官僚制」に対する「解毒剤」と言ったが、それが無くなった（――プロレタリアートという神学化された言葉を離れて現実的に見れば、プロレタリアートも共産党員も不完全な人間だから悪事もするし、腐敗もし、権力の濫用もする。だから「労働者国家」でも、チェック・アンド・バランスが必要なのである）。分権化と下からの民主が「解毒剤」になるが、レーニンはそれに気づいて幾つかの提案をし、労働者農民の監察委員会を設置しその権力を強化することを提案した。だが、この監察委を武器にしてスターリンは権力を集中させたのである、と。

蛇足だが、習近平が反腐敗で政敵を倒し、集団指導体制を無力化するのに使った党規律委員会に加えて、国家監察委を全国各省に設置して政府機関に対する監視摘発を制度化したのは、その権力の集中と強化に大きな役目を果たしている。公安と武装警察、国家安全部、つまり政治警察と国家監察委員会、どこかスターリン体制と似てはいないだろうか。だから、権力の相互監督の必要性はどこであろうと否定できないのだ。プロレタリア独裁は「独裁」なのだから、分権化、民主化などは有り得ないのだと言うのならば、では、その独裁は何時まで続くのか、という問いに答えねば、意味はない。答えられなければ、ファシズム独裁や軍事独裁とどこが違う「独裁」なのか。ヒトラーの「独裁」は否定するが、プロレタリアートの「独裁」（共産党独裁）は否定しない理由は無くなる。ドイツ歴史家論争の中でしばしば言及された、ヒトラーの手本はスターリン体制だという論が現実味を帯びるのはその故である。

プロレタリア階級とその党は完全ではない。人間は誤りを犯すから、人類の智慧として権力の分散とチェック&バランス、これが社会の安定と永続の秘訣なのだということは、世界史におけるローマやヴェネチェアの例を引きまでも無く、ほとんど自明である。

王文元は、（一）三権分立を導入することが労働者国家が堕落しない保証の一つだと主張する（しかし、プロレタリア独裁の下で、裁判官の独立性を中核とする司法の独立はいかにして保証されるのかというような「法」の問題には答えていない）。（二）反対党を認めること。一九二一年にソ連共産党十回大会で反対派を禁止し、「党内無派、党外無党（党の内部には分派を認めず、党の外では共産党以外の反対政党を認めない）」にした。これを実現するために「清党」（スターリンの党内粛清）、暴力的な恐怖手段を用いた（――中国では一九五〇年代の反革命粛清から、反右派闘争、文化大革命を通して人民に「恐怖」を与えることによって実質的に実現させた――筆者注）が、それにはプロレタリア政党の「党内民主」、派別としてその行動を認めることが必要だ、少なくとも思想的、法理的に認めねばならない、とかれは言う。

だが、わたしはその力学は働き難いように思う。三権分立や反対党は「独裁」の足元を掘り崩すからだ。暴力によって旧政権を倒してその座に着いた政権（政党）は、自ら政権を手放すことはないし、暴力で自分の政権を奪われ復讐される可能性を否定できないから、その勢力を押さえつけることを余儀なくされる。支配の正統性が薄弱だから、議会や法による権力制限を嫌い、自陣営内に「敵」（階級敵）が侵入するのを極度に警戒する。旧階級はすぐには消滅しないし、他国政府が干渉介入しない保障はないから、外国スパイ工作が入り込むことを極度に警戒し防止する。従って「清党」、外敵に通じる奸人摘発・内部の異端狩りは不可避になり、党内分派を認めて論争を是認することは自らの死への途を開く行為だと考えるから、そのような選択はしない。ましてや反対党の存在（政権交代の可能性）の承認はあり得ないことになる――その前提になる思想・言論・表現・出版の自由、集会・結社の自由は制限される。陳独秀の７「西流への手紙」の表を参照すると良い。

王文元は、これで陳独秀のプロレタリア独裁の否定の根本的間違いが確認できたと言い――わたしは出来てないと思うが――、陳独秀の言うように、プロレタリア政権下で人民がブルジョワ社会で既に持っていた民主的権利（市民的権利）をどのように保障するかは大事だ、ソ連が踏みにじったのはスターリン主義になってからで、陳独秀が言うようにレーニンに遡るというのは歴史に合わない、と言う（だが、十回大会はレーニン時代である）。

しかし、ブルジョワ国家（ネーション・ステイト「国民国家」）では、ネーションに属する「全ての者」、「国民」に市民的権利（ブルジョワ的な民主的諸権利）が与えられている。形式的平等である。国民でない存在も、制限はあるが、人間としての自然権的な基本的権利の大部分は法的に保障されている。では、プロレタリア独裁の労働者国家では、労働者（や農民）以外の階級に属する者の権利はどうなるのか――スターリン憲法や人民共和国憲法に名ばかりの条文があることは承知の上で――。与えなくてよいということになるのか。二級、三級国民にするのか。これは万民が自然法的に平等であるという理念に反するのではないか。労働者（プロレタリアート）のみが救われ、他は救われない。労働者（プロレタリアート）こそが権利を持つ権利を有し、他階級は権利を持つ権利を持たないというのは、古代中世の「良賤制」と同じ身分制社会ではないか。そもそも、誰がプロレタリアートなのか、誰が資格認定するのだろうか。人民共和国は中華民国の「国民」概念は使わず、「公民」を使用する。民国「国民」は国家の主権者としての全ての成員を含んだのに対して、成立した「人民共和国」の「公民」の中には階級敵を成員に含まないことが含意されていた。これの極端な表われが文化大革命中に出現した「血統論」である。革命家庭の子女は革命的で高貴な種、黒五類（反革命）の子女は何時までも臭い存在という身分論だ。わたしは、これは「プロレタリア」文化大革命と言いながら、身分制への逆行ではないかと思った。また、土地革命から人民公社化へ至る農業改革の過程を眺めながら、農村から都市への移住を禁じた戸籍制度（「人身の自由」の制限）と合わせて、「社会主義」的であろうがなかろうが、「原始的蓄積」（本源的蓄積）の源泉として収奪された農村と農民の姿は、均田制化、「均田農民」化ではないかと思った。それらは「歴史の逆行」ではなかろうかとも思われた。わが国の文化大革命支持の学者は、文化大革命をコミューン国家化と見て、こうした諸要素を麗しき共同体（共産主義的同胞倫理）、共産主義社会へ進み行くときの「進歩」の基盤のように評価したが、これは差別の「身分制」を認める思想ではなかろうか。独裁のこれらの副作用は、いつの日にか実現するであろう共産主義社会まで（「救済」の「その日」まで）の「過渡期」の現象なのだと言われても、七、八十年しか生きられぬホモ・サピエンスには永遠の彼方の「救済の約束」のようなものだと言うよりほかない。プロレタリ独裁下での社会主義建設の歴史的な経験はすでにそれ位の判断をする程度には存在しているのではなかろうか。

王文元は、民主的な権利を重視すべきだと認め、プロレタリア独裁と民主は相補承継的で、排斥し合うものではないと主張する。かれはスターリン主義批判には賛成するが、陳独秀のように「カウツキー主義」（議会を通して社会主義へ、市民的権利の保証）に戻ることはできないと言う。プロレタリア階級は議会によっては「収奪者が収奪する」革命に達することが出来ない、つまり多少の「暴力」を使う以外出来ないからだ。議会を打倒するのは、それが民主政だからではなく、反革命だから、実権がブルジョワジーの手中にあり、革命を妨礙しているからだ、と言う。

このように、議会破壊を正当化する。どのような選挙制度の下での議会であるか、議会の必要性や正統性は問われず、議会イコール反革命という断罪である。「反革命」というのは、革命運動、革命権力掌握者に反対する、あるいは異議申し立てする者に対して貼られるレッテルであって、何が革命で、何が反革命か、誰がブルジョワであり、だれが反革命なのかは誰が決めるのか、政治裁判以外に無いだろう。反革命という「レッテル」が貼られればその存在を破壊してもいいというこの論理ではスターリン粛清も中国の国家転覆罪による粛清も否定できない。不十分な考えである。

王文元は、プロレタリア革命は議会といつも衝突するのではない。革命前は利用できるし、革命後も採用できないのではない、と言う。なるほど、全国人民代表大会も通過機関、儀礼機関ではあるが、議会だ。かれは、労農ソヴィエトが議会だと言う。それは「全民」（全国民）という仮象、偽りの言葉を放棄した「階級差別の民主制」である。ソ連や中国の議会は陳独秀の言う通り拍手喝采のものだが、プロレタリア独裁下の議会はどう民主化し、どう拡大するか、それが社会主義者の任務である。民主は要らない、専政（独裁）だけだという点は、陳独秀と同じく反対する、と言う。

では、十分に民主化したプロレタリア独裁はありうるのか、という根本的問題になる。そもそも独裁を民主化したら、独裁ではなくなるのではないか、「民主化した」と「独裁」は相反する概念になるだろう。それとも独裁枠内の民主化なのか。王文元は、トロツキーは民主化を重視し、ソヴィエトを強化し民主化すること、党内反対派を認めることを主張したが、これは人類史的な問題で、専政が無ければ資本主義を覆すことは出来ず、民主が無ければ革命を前進させ社会主義に到ることが出来ない、この矛盾を解決することにほかならない、と言う。これはディレンマだ。

王文元の考えは、ブルジョワ階級の支配を覆すには武力を使わなくてはならない。だから既成の議会は破壊される。議会を使えば覆せない。収奪者を収奪する革命は出来ない、強制力でないと駄目だ、というものである。では、これは虐げられたものが行う「復讐」とどう違うのか。ブルジョワジー以上の品性、ウェーバーが問題視した「品性」が問われるのではないか。(一)、こうして樹立されたプロレタリアート独裁は、人身保護法、思想・表現・言論・出版の自由、集会・結社の自由、ストライキ権を認める、と言う——だが、「階級差別の民主制」なのだから、こうした権利は「全国民」に「平等」に与えられるのではなく、「一部」に認められるだけになるのではないか。どこで階級差別の線引きをするのだろうか。(二)、全体の労働人民によって選挙された専政機構は選挙人の監視を受ける(どのように?)、随時交替し、権力を集中させない、と言う——これはパリ・コミューンの形式らしいが、官僚制無しに国家形成と運営は出来ないのだから、この近代国家(あるいは党)の官僚制化という難しい問題にどう対処するかという問題が考慮されなければならない——。さらに、(三)、反対党の存在を認めるが、どの政党がそれに適合するかは労働者農民の自由投票による。(四)、プロレタリア政党内に反対派の存在を認める。組織的制裁、特務手段、刑事的迫害、つまり思想を裁き罪にするのは止めなければならない。(五)、プロレタリア独裁は一党独裁になってはならない。全労働者が民主的に選挙して生まれる政権・執政党の政策は反対派を含む議会(ソヴィエト)を通過し、その監督を受ける。政治的民主は経済的民主の反映だから、分権化、自治制を導入する、と言う。これらは真面目な反省に基づく見解であるといって良い。しかし、それが原則の字面だけでなく、どのように具体化し得、可能なのか深く思索して見たなら、言易行難、そう簡単でないことがわかるだろう。

王文元は、陳独秀の「最後の見解」の立場はカウツキーになると言う。カウツキーは、人口の少数の労働者が政党を作り革命を指導すること、ブルジョワ出身の知識人が労働者階級の利益を代表する政党を組織すること、軍事闘争で革命をやることに反対する、そのカウツキーの立場に近い、と。しかし、陳独秀はロシア革命を否認しなかったし、軍事闘争を否認しなかった、だが、陳独秀は論理をつ突き詰めていない、「根本意見」の中で、事実がなぜこうなって、なぜかくならなかったのかを突き詰めて考えず、感情的（直観的——筆者）に提出している、レーニンの民主についての問題にまで遡らせているが、これは「唯心的」で表面的な論である。ロシア国家の経済的、文化的水準、政権を防衛する必要性から採った手段であること、革命と反革命の国際関係から解されなければならない、と言う——これはすぐにまた新たな問題を提示することになるが、後述する——。

マルクス主義正統派は、後進国の「弱い環」での革命は堕落するし変質する、資本主義先進国において革命が起き、労働者が民主的手段を用いて自分を解放するのではなく、少数の革命家が代行するのは真の解放にならない、暴力と陰謀手段で転覆すると、新政権は民主的になり得ない、暴力の連鎖、最後は暴力によって崩壊する以外にない、とする。王文元は、これらの正統派の主張は陳独秀の考えよりも一貫している、こちらの考えの方が歴史的根拠がそれなりに在るが、陳独秀は唯心的（直観的）に過ぎ願望的だ、と言う。王は、スターリン国家、中共国家を見ると、これらの批判は当たっているように思われるが、しかし真理はレーニンの側にある。レーニン主義は、（一）、後進国でも社会主義者は権力を取れるし、取るべきである。（二）、取るために労働者階級は政党の指導を受け入れるべきだ。（三）、民主的伝統の無い国では普通選挙では（権力奪取は）無理で、武力革命の他に方法はない、とする。王文元は、この立場を主張し、このレーニン主義による後進国革命は先進国の社会主義革命を推進し、それと協働すべきで、それと補い合って社会主義革命に至るのだとし、しかし、ドイツ革命の挫折によって岐路に立たされた。選択肢は二つあった、あくまで世界革命への動態的展開の中に社会主義への道を見出そうとするか（トロツキー主義)、それとも一国社会主義建設に後退し、国内生産力増強のために本国の生産大衆から収奪する「野蛮主義」の原始蓄積を進め、自力で強国化を図るか(一国社会主義)であったが、後者の道は堕落し野蛮になり、官僚制化した。政権奪取後の政権は、世界革命の一部になるべきで(永続革命論)、国際的な階級闘争の展開の中で民主と独裁の問題を考えるべきであって、陳独秀は唯心論、衒学の誤りに陥った。この永続的な革命の発展の中でこそ保証が得られるのだ、と言う。これはトロツキー主義者としての原則的な思想表明だが、前にも述べたけれども、世界革命への展開の中でなら、どうして民主が保障されるのかは説得的に説明が出来ていないように思われる。民主的伝統の無い後進国でも社会主義者は権力を取れるし取るべきだ、として、さて、武力で取った権力は当然にも「非民主的」な独裁になるが、民主的伝統が無い「国情」なのだから、内部から「民主化」することは、ない。先進国の社会主義革命とつながること(世界革命)ではじめて「民主化」できるというのであろうか。だが、「世界革命」を念仏のように唱えれば、いいのではない。こうした思考のあり方を独秀は批判したのだ。だからトロツキー主義もこの問題で十分な答案を書けていないということであろう。

結語――「プロレタリア独裁」は歴史的に正当だと証明できるだろうか

陳独秀は一九四二年にこの未解決の難問の前までやって来て、根本的に問い、自分なりの答案を書いた。勿論、それは十分な答えではなかったが、今日にまで続く難問との格闘の証であり、先駆的な思想的営為だった。その真価は、「一窮二白(一に貧窮、二に空白＝文化技術の遅れ)」の農民の革命暴力で「社会主義革命」を遂行し、「新中国」を建設したという毛沢東中国共産党には評価し得ない性質の問いである。西洋型民主制は中国の「国情」に合わないと拒否する中共は、陳独秀の思想に向かい合おうとすることとすらしないであろう。「中国的特色のある社会主義」は「中国的特色のある社会」主義だから、「中国」という「国情」を被せれば平等の社会主義の理念も人権の普遍性も民族の平等と自由も捻じ曲げ無視しても意に介さないご都合主義であるだからだ。もし考えたとしても、せいぜい陳独秀の思想はブルジョワ民主への「後退」だとしか評価しないであろう。これは共産主義運動に付き物のレッテル貼りというものだが、同時にまた、「ブルジョワ民主」という名詞を持ち出しさえすれば、何か解決したかのように思う、中国人の習癖である名詞に対する宗教＝「名教」（胡適）のやり方なのである。中国における民主政、すなわち反対党の承認や議会制、法の問題は趙紫陽や中共改革派、社会主義者も今なお問い続けねばならない問題でありつづけている。幽閉された張紫陽は「変法」の犠牲になった「光緒帝」の位置にいる。王安石以来、「変法」は中国史上成功したことはいまだないのである。

二十一世紀の現実はもはや「プロレタリアート」、「労働者階級」と言われた「社会集団」の姿を失わせてしまっていて、こうした議論もリアリティを欠き、重要な意味があるものとは思われないが、歴史研究――一時トロツキー派だった陳独秀の思想を理解し光を当てるための研究のためには俎上に載せて論じなければならない面を持っているから、縷縷《るる》愚考を重ねることとなった。諒とされたい。

陳独秀の思想の履歴を大まかに辿れば、清末の伝統的科挙知識人から変法思想の康有為・梁啓超派の「改良主義者」へ、その後の分割亡国危機への愛国心情を発条にした「啓蒙・革命家」へ（啓蒙雑誌の発行と共和革命への投企）、その挫折の「生機」なき苦悩の中から『新青年』を中心にした新文化運動の「主将」＝近代ブルジョワ民主思想家として再生し時代を築いた。だがその屈折から、ロシア革命に共感して共産主義を受容し、共産党を設立する「マルクス主義者」になった。そして共産党指導者としてコミンテルン指導下の「民族革命」を指導したが、その敗北の屈辱の中からトロツキー主義左派反対派に転じた。しかしスターリン主義への批判から、最後にはマルクス主義「民主思想」家へ至った、と言ってよい。この軌跡、履歴は中国近現代史の思想史のほぼ全過程・領域を一人で辿ったと言っても良いものである。王文元は、ロシア史で言えば、ベリンスキー、チェルヌイシェフスキー、プレハーノフ、レーニンまでの思想を一人で駆け抜けた人だという（Wang Fanxi, "Chen Duxin, Founder of Chinese Communism", Benton 前掲書、一四一頁）。わたしは更にトロツキーを加えるべきだと思うが、陳独秀の思想と活動を研究することは、歴史的にこういう位置を占めているのである。だから、陳独秀はここでほぼその思想的営為の頂点に達している。その後ろにはいまだ正しい答えの出ない問題が残された。かれの思想的生涯はこれでほぼ閉じているると言ってよい。陳独秀は持病の悪化で生命への自信を失いかけてはいたが、かの頑強な理性・合理主義者が最後に民間療法の服薬で体調を崩し、自らの生命を閉じたのは、恐らく、自分の歴史的使命が終わりに近づいていたことをうっすらと自覚していたからではないだろうか、とわたしには思えてならない。こうして、旧い悪しき「中国」と戦い、コミンテルンと格闘した「終身反対派」の知の巨人は世を逝った。このことを胡適は良く知っていた。その最後のオマージュとして、かれと『自由中国』は、中共政権が成立する直前に、陳独秀遺著『陳独秀的最後見解（論文和書信）』を出版したのである。わたしは、そのことの、そして「最後見解」の意味を改めて反思してみることが必要であろうと思った。これは、そうしたわたしのささやかな読み解きである。仲甫先生、如何。

付録

付録一　陳独秀「ケッテラー（克林徳）碑」——翻訳と解説

以下に訳出するのは陳独秀の義和団論である。これは一九一八年、北京大学文科学長として『新青年』を編集発行していた時代の、啓蒙大師としての陳独秀の見解である。これに対し、マルクス主義を受容してからの義和団論は一九二四年九月の『嚮導』八十一期の辛丑条約（北京議定書）紀念日「九・七特集号」に掲載された「義和団に関するわれわれの二つの誤った観念」である。後の文は、義和団は頑迷、迷信、野蛮だったが、悪いのは帝国主義侵略で、誰が義和団を責められるか、と弁護したものである（訳文は『陳独秀文集2』一七一頁に収められている）。しかし、これは公式主義的で政治論的な「義和団論」で面白くない。同期号は彭述之の「帝国主義と義和団運動」（翻訳は『失われた中国革命』一一四頁所収）を含んでおり、ナショナリズムに強く影響された国民革命期の初期マルクス主義者たちによる義和団再評価と同じ流れで書いたものである。わたしは後年の文よりも、前の方のこの文章のほうが面白く、義和団論、あるいは中国文化論、中国ナショナリズムの文化的背景を考える論考としては大変優れた役立つものだと考える。義和団史料からの陳独秀の抜き書きは中国古典の教養を持つ科挙合格者であったこの大知識人——古典小説・戯曲の知識が相当なものだということは本書を読まれた方は了解されただろう——が、自分が満洲・東三省で生きて経験した清末一九〇〇年の義和団事変、その義和団の運動や事件の性質を理解する上で重要だと思った諸点を抜書きし綴り合わせたもので、かれが義和団の問題のどこに焦点を合わせていたか、その着眼点が良く見えている。マルクス主義的だから真理で研究も優れているというのは神話に過ぎない。その観点はわたしが義和団研究を始めたときの民衆世界の呪術や芝居の問題化と似ていて、直観が大変良く、正しく優れたアプローチだと思う。また義和団発生の文化的背景、その再出現予測の論などは極めて秀逸な論で、かれの優れた歴史感覚を良く示している。

国民革命期の一九二七年の南京事件などを中国の欧米系新聞は「新拳匪New Boxers」と呼び、藤原鎌兄の『北京週報』一九二七年三月二七日号も事件を「第二の義和団」と言い（『革命揺籃期の北京』二二三頁）、矢野仁一も帝大史学会で「義和団事件の真相について」を講演し、国民革命の反外国運動〔反帝国主義〕を義和団復活のように捉えて論じたのだった（『清朝末期史研究』所収）が、この国民革命期の反外国企業・外国キリスト教教会への攻撃運動や、文化大革命中の造反派や紅衛兵の姿を思い浮かべてみると、陳独秀の義和団再出現論が「預言」的であったことにすら驚くだろう。* 勿論、文化大革命は伝統思想ではなく「毛沢東思想」を振りかざしての正当化だったが、排外（英大使館・キリスト教会）攻撃、階級敵への殺人・蛮行、「正義」や「真理」をかざしたナショナリズム大衆運動としての文化的落後性を示す諸性格は「類似」しているのである。陳独秀のこの義和団再出現論の観点は一九四二年の抗日戦争期の大衆意識、「義和団的」意識への懸念（「最後の論文」の一つ「戦後世界大勢の輪郭」を見よ）まで続くのであって、独秀のマルクス主義的な公式的把握はこの時点では消えている。われわれが義和団や中国の民族主義《ナショナリズム》運動のイメージを得るにも有用であるし、胡適の批判（序章参照）を知るうえでも必要であるから、翻訳して付録として添付した。（「凡例」とは違い、（　）カッコの内は訳者の補填、〔　〕カッコ内は原文である）。

＊義和団期の朝廷政治と文革期の中共中央政治の展開の様が酷似しているのは明らかである。シモン・レイは、「毛（沢東）が紅衛兵を動員し利用した手口は、慈禧太后（西太后）が義和団を操った手口とよく似ている」と書いている（『毛沢東の新しい制服』現代思潮社、一九七三年、七〇頁）が、これはほぼ正しい。毛沢東と西太后の差は、一方は紅衛兵大衆運動を自ら作って放ち、それを操縦して政敵（実権派・劉少奇）を打倒し、権力回復を目論んだのに対して、清末の西太后の方は、自然発生的に発生した義和団を政治的に利用して朝廷で実権を持っていた政敵（光緒帝、李鴻章、奕劻ら）に打撃を与え息子（大阿哥）を皇位に着け権力を得ようとした載漪とその取り巻きの満人貴族たち（文革期の林彪・四人組に相当する）の圧力に動かされて、彼女は大衆運動義和団を利用操縦して、自己権力体制の保持を謀ったのである。その差はあるが、大衆運動の操縦、政敵を倒すための政治的利用の相は相似なのである。林彪の権力簒奪計画、四人組の実権者周恩来の打倒を目指した批林批孔運動も義和団時のこのような朝廷内権力闘争と非常によく似た相を示

していう。訳文を参照されたい。宋永毅の広西文革の研究――「広西文革における大虐殺と性暴力」（『文化大革命―〈造反有理〉の現代的地平』白水社、二〇一七所収）、「文革期の広西チワン族自治区における組織的性暴力」（二〇一六年一一月六日、国際シンポ「中国文化大革命の新資料、新方法、新知見」、於学習院女子大）での発表で良く知られるようになった文化大革命中の広西省での虐殺、人肉食い、性暴力、女性売買などの「野蛮」さは、少なくとも「義和団」の大衆運動の暴力の頃からすでに散見されることは拙著『義和団の起源とその運動』（研文出版、一九九九年）の五五五、六三九、七二四頁等で触れて置いた。また『中国の反外国主義とナショナリズム』（集広舎、二〇一五）でも近現代の反キリスト教事件に関連して言及しておいた。宋永毅は文革の残虐さは建国当初の土地革命と反革命粛清から続いた政治運動の延長であると言うが、正しい。湖南農民運動以来の毛沢東の共産党はこうした下層社会の流氓無産階級《ルンペンプロレタリアート》の怨恨憎悪感情の捌け口を階級論で正当化し、革命精神だと評価し大衆運動として組織化してきたから、暴力の横溢を許容しそれを「革命的」だとした。わたしの世代は、土地革命をウィリアム・ヒントン『翻身』（邦訳、平凡社刊）で学び、かなり理想化されたイメージで捉えていたが、宋永毅の指摘を周鯨文『風暴十年』（時事通信社、一九五九）と合わせてみると、後者の方が真実に近かったことが良く分かる。

ケッテラー（克林徳）碑

陳独秀（『新青年』第五巻五号、一九一八年一一月一五日、
実際の出版日は一九一九年一月）

北京中の各学校は十一月十四、十五、十六日の三日間を休校にし、協商国の戦勝を祝賀した。色とりどりの旗が街に溢れ、色つきのネオンが輝き、太鼓と音楽が喧しく、非常な賑わいだった。東交民巷や天安門付近は街ゆく人々でぎっしりとあふれていた。あらゆる歓びの声の中でも第一の喜びの声は、「好了《ハオラ》、好了《ハオラ》（良かった、良かった）、

庚子の年（一九〇〇年）以来、国を挙げて恥辱を受けてきたあの『石牌坊《シパイファン》』——即ち、ケッテラー碑のこと、北京人は石頭牌坊《シトウパイファン》と通称して呼んでいた——が毀されちまったぞ」というものだった。わたしは病気で横になっていて、門を出ようとは思わなかった。一つには、こんど協商国がドイツに勝ったが、わが中国は少しも尽力するところが無かったから、厚かましくこの祝賀の祭典に加わるのは良くなかろうと思ったからだ。二つには、こんどの協商国の勝利は、その功をすべて軍事には帰せないと思ったからである。わたしからすると、協商国の戦勝勝利を祝賀するよりも、むしろドイツの政治的進歩を祝賀するほうが良いだろうと思ったからだが、かのケッテラー碑のことを持ち出したから、わたしにはさらに限りない感慨が、限りない憂愁が生まれたのだ。それ故、門の外がいかに熱く賑やかであろうと、頭を引っ込めて家の中で肩の凝らない読物を読んでいただけだった。

わたしが閑つぶしに読んだのは羅惇融氏の二篇の文章で、一つは「庚子国変記」、もう一つは「拳変餘聞」である。[1]この二篇の文章はそのケッテラー碑と大いに関係がある。ここにその中の興味深い数か所を抜き書きして、皆さんに一読していただくことにする。

> 義和拳は八卦教《はっかきょう》に源を持ち、山東省堂邑県に起きたもので、旧い名を義和会と言った。山東巡撫（袁世凱）がこれを捕えること急であったので、潜かに直隷省河間府の景州、献県に入った。乾《けん》字拳（集団）が先に起こり、坎《かん》字拳（集団）がそれに継いで起こった。坎字拳は滄州と静海県との間に蔓延し、（雄県の）白河溝の張徳成がその魁になった。（神仙を祀った）壇を静海県独流鎮に設けて、天下第一壇と称し、ついに天津の禍を作った。乾字拳は景州よりさらに深州、冀州に蔓延し、そうして涞州に、そして定興、固安県へと広がり、そして京師（北京）に入ってきた。天津、北京の拳匪はもともとこの二系統に分かれていたが、みな義和拳会から出たもので、この後はみな義和団と称した。……京師の（義和拳が）法術を授けるのは、教師がその耳元に口をつけて咒文を唱える。その詞は、

『請志心帰命礼《チンジーシンクイミンリー》、奉請《フォンチン……》龍王三太子、馬朝師、馬継師、天光老師、地光老師、日光老師、月光老師、長棍老師、短棍老師』（われらの決意が神仙の命礼にとどきますよう、龍王三太子、馬朝師、馬継師、天光老師、地光老師、日光老師、月光老師、長棍老師、短棍老師に請い奉る）

と曰う。

神仙の某に請おうとするには、随意にある古人、たとえば孫悟空、猪八戒、楊戩《ようせん》、武松、黄天覇などの名を呼ぶのである。またある咒文は、

『快馬一鞭《クワイマーイービエン》、西山老君《シーサンラオチュン》、一指天門開《イージーティエンメンカイ》、一指地門開、要学武芸、請神仙来』（快馬に一鞭くれ　西山の老君、一指さすと天門が開き、また一指さすと地門が開く、武芸を学ばんとして、神仙の来たらんことを請う）

と言い、ある咒文は、

『天霊霊《ティエンリンリン》、地霊霊《ディリンリン》、奉請祖師来顕霊《フォンチンズーシーライシエンリン》。一請《イーチン……》唐僧・猪八戒、二請沙僧・孫悟空、三請二郎神来顕聖、四請馬超・黄漢升、五請済顛我佛祖、六請江湖柳精、七請飛標黄三太、八請前朝冷于水、九請華陀来治病、十請托塔李天王・金吒、木吒、哪吒三太子、率領天上十万神兵』（天霊霊《あらたか》なり、地霊霊《あらたか》なり、祖師が来りて霊を顕わされんことを奉請す。一に唐僧・猪八戒を請う、二に沙僧（沙悟浄）・孫悟空を請う、三に二郎神の来りて聖を顕わさんことを、四に馬超・黄漢升を請う、五に済顛、わが佛祖を請う、六に江湖柳精を請う、七に飛標の黄三太を請う、八に前朝の冷于水を請う、九に華陀が来りて病を治すを請う、十に托塔李天王・金吒、木吒、哪吒《なた》三太子が天上の十万の神兵を率領されんことを請う）

と云う。諸壇に供えるところの神は一様ではなく、例えば姜《きょう》太公、諸葛武侯（諸葛孔明）、趙子龍、梨山老母、西楚覇王、梅山七兄弟、九天玄女などもある。

慈禧《じき》太后（西太后）は、（一八九八年秋の）戊戌《ぼじゅつ》政変で康有為、梁啓超が遁げたのをイギリス人が庇護したのをひどく恨んだ。己亥《しがい》の年（一八九九年）の冬に端王の載漪《さいい》が光緒帝の廃位を謀り、先ず載漪の子の溥儁《ふしゅん》を大《だい》

阿哥《あか》（皇太子予定者）とした。……載漪は人を遣わして各国公使に入賀するように遠まわしに言ったが、各公使は聞かず、それに違う言を云ったので、載漪は憤り甚だしく、日夜報復を謀るようになった。義和団が起きて、「滅洋」を旗印にするのに会うと、載漪は大いに喜び、これを太后に言い、義民が起ちましたことは国家の福です、と力言した。それで（朝廷は）遂に刑部尚書の趙舒翹《ちょうじょぎょう》と、大学士の剛毅に前後して視察に行くことを命じ、これに京師（北京）に入ることを道（言）ったので、至る者数万人になった。義和拳は鉄道電線はみな洋人がそれに藉りて中国に禍《わざわい》するところのものであると謂い、遂に鉄道を焚き、電線を毀し、およそ家に洋画洋図を蔵する者はみな「二毛子《アルマオツ》（外国とつるんだ奴）」だと号して、捕え得たなら必ずこれを殺した。

義和団は祝《いの》って鉄砲を発しないようにすることが出来、また空中に指で画くと則ち火を起こすことが出来る、刀・長矛も傷つけることが出来ない、と自ら謂った。（拠点の壇から）出れば則ち市場の人々に命じて東南に向かって（跪いて）拝せしめた。都の人はこれを崇拝して極めて敬虔で、嘲笑する者があるときは、これを辱めた。下層民の奴濮・馬飼いなどはみな義和団に入った。かれらの主人は敢えて疎かに扱わず、あるものは更にそれに藉りて自らを保ち護ろうとした。いささか有識の者はみな舌を結んで語らず、自分を保全し、敢えて其の謬《あやま》りを公言する者はいなかった。義和団が京師に遍くひろがり、朝廷の貴い者でそれを崇拝する者が七、八割にも上った。大学士の徐桐、尚書の崇綺らは信仰が最も篤かった。義和団は仇教（キリスト教を仇む）に藉りてそれを名目にして、光緒帝は（キリスト教の）教主だと指弾した。思うに戊戌変法は法（政治）を外洋（西洋）に倣うことだと指弾して、皇帝の大罪であるというのだった。啓秀、溥興《ふこう》、那桐《なとう》が（大臣として外交担当の）総理衙門に入り、載漪《さいい》が総理衙門大臣の総理（首席）になった。日本（公使館）の書記の杉山彬が永定門のところに出て行ったとき、董福祥《とうふくしょう》（甘粛軍提督）が兵を遣わしてこれを殺し、その屍を道の中で裂いた。拳匪は右安門で（キリスト教）教民の居宅を焚き、老幼男女の区別なく、みな殺した。ついで、順治門の教会を焼き、城内は昼も閉ざされ、京師は大きく乱れた。……正陽門外の商場（繁華街大柵欄《だいさくらん》）は京師の最も繁盛した処であったが、拳匪が火を放って四千余家を焼いた。……火は宮城の望楼にまで延び、三日経っても消えなかった。載漪らは兵を以って公使館を囲攻し、尽くこれを殲滅せよ、と昂言した。

御前会議が開かれると、載漪らは公使館を包囲攻撃し、公使らを殺そうと請うた。太后はこれを許した。詔を下して拳匪を褒めて義民であるとし、内帑金十万両を給した。載漪は自分の邸内に（義和団の）壇を設けて、朝夕虔しく拝していた。太后もまたこれを禁裏の中に祠った。北京城内は焼き打ち劫奪で、その火の光が天を蔽い、昼も夜も息むことはなかった。車夫や下働きの男たちは仕事を棄ててこれに従った。近県の無頼がつぎつぎと都下にやって来て、数十万人になり、都の市場を横行した。夙に心よく思わないところがあると、指さして教民だとして、一家全員を皆殺しにし、死者は十数万人にのぼった。人を殺すのに刀と矛ともに使い、肢体は分け裂かれた。被害の家の嬰児の未だ満一歳にもならない者も、またこれを殺したのである。

西太后は義和団の大師兄（頭目）を召見して、それに更に慰労を与えた。士大夫の諂《へつら》って私心を求める者は争って拳匪は奇貨であります、と言った。知府の曾廉《そうれん》と（翰林院）編修の王龍文が三策を献じ、載漪に（自分たちに）代って朝廷に上奏していただきたいと乞うた。それは「東交民巷《とうこうみんこう》（公使館区域）を攻め、尽く公使らを殺すのが上策であります。旧い条約を廃棄し、夷人をしてわれらの範囲に就かしめる、これが中策です。もし戦いを始めて和睦で終わるならば、「銜壁輿櫬《がんぺきよしん》」（手を後ろに縛り壁を口に含んで進物にし、死罪も覚悟した棺を担って行く降伏の礼、〔『左伝』、僖公六年〕）とどうして異なることがありましょう」と書いた。載漪は書を読んで大いに喜んで、「これが公論である」と言った。御史の徐同焜《じょどうこん》が上奏して来て、「洪鈞老祖（造物者、天神）はすでに五龍に命じて大沽（天津外港）を守らせました。（大沽に集結している）夷船は尽く没むはずです」と云った。御史の陳嘉言は自ら、「関荘繆《せきそうぼく》（関羽の号）の帛書《はくしょ》」を得ました。夷はまさに自ら滅ぶべし、と言っております」と云った。（翰林院）編修の蕭栄爵は、「夷狄は君父を無《なみ》すること二千余年、天はまさに手を義民に仮りて、尽くこれを滅せんとしておるのです」と言った。……時に当たりて上書し神怪を言う者は百を以って数えるほどであった。

太后は各国公使に総理衙門に行って協議するように諭《めい》じた。ドイツ公使克林徳（Freiherr von Klemens Ketteler, ケッテラー）が先に行ったが、載漪は部する所の虎神営（部隊）に命じて遂に動きを伺わしめ、これを殺したのである。後に至れる（公使）はみな途中から引き返した。徐桐、崇綺はこれを聞き、大いに喜んだ。「夷酋（外国人の頭目）が誅された。中国は強くなる」と謂った。太后は（旋いて）董福祥（甘粛軍）と武衛中軍に命じて東交民巷（公使館区域）を攻めさせた。砲声は昼夜絶えず、拳匪がこれを助け、髪を振り乱してぴょこたん歩きして、屋根に昇って叫ぶ者、数万人、声は天を驚かした。洋兵はわずかに四百人、董福祥の部する所の兵は万人、攻めること一か月余、下すこと能わず。武衛軍の死者は千人に上った。……尚書の啓秀が上奏して言った。「公使たちを除かなければ、必ず後患となりましょう。（山西省）五台山の僧・普済は神兵十万を持っております。請うてこれを召せば逆夷（反抗する洋人）を殲すことが出来ます」と。……御史の彭述が謂うには、「義和拳が砲に呪をかければ、燃え（て爆発し）ません。その術はきわめて神妙で、夷兵を畏れないのです。」太后はまた山東の僧・普法、余蛮子《よばんし》（余棟臣、四川の仇教運動の指導者、哥老会首）、周漢（元湘軍軍人の湖南省の郷紳、仇教宣伝活動の中心人物、共に在監中）を用いんとした。この三人は王龍文の上書が謂ったところの三賢である。

天津が陥落し、……京師は大震動した。彭述は「此れは漢奸が夷の勢いに慌てて、以って相い恫喝したからであります。姜桂題《きょうけいだい》（清軍将軍）が夷兵万余を殺しましたから、夷の方は縮こまり、行きて和を乞いました」と謂った。時に（姜）桂題はまさに山東に居って、未だ天津に来てはいなかったのである。

李秉衡《りへいこう》（ドイツ膠州湾占領時の山東巡撫、ドイツの圧力で革職、当時長江水師大臣）が江南から至ると、太后は大いに喜んだ。……太后は天津が敗れたと聞くと、まさに迷っておられたが、李秉衡の言を得て、戦に決した。……洋兵がまさに京師に迫りつつあったので、計略を変えて、（講）和を議せんと欲して、……桂春、陳夔龍《ちんきりゅう》を以って公使たちを天津に送り届けさせると言ったが、公使たちは行くのを受け入れようとせず、返事の書面は大変遅れて延びた。彭述は、「かれらが（公使館区域の東交民巷から）出るのを俟って、旗を張って兵があるように擬装して、数百里を旗で満たすのです。さすれば洋兵をびくびくさせることが出来ましょう」と請うた。聞く者はこれを笑った。この日、李秉衡は出て軍を執ったが、義和拳三千人を従わせるよう請うた。秉衡は新たにその大師兄（頭目）を拝し、各人が引魂旛《いんこんはん》（出棺の時に先頭で喪主が持つ死者の霊を引き迎える旗）、混天大旗、雷火煽、陰陽瓶、九蓮環、如意鈎、火牌、飛剣を持ち、（李）秉衡を擁して行進していった。北方の人の思想は多く戯劇（芝居）に源がある。北方の劇は最も神権を重んずる。毎日必ず一つの神劇を演じるが、『封神伝（封神演義）』、『西遊記』がその最も有力なものである。

間もなく通州が陥ち、李秉衡はそこで死んだ。……敵兵は通州より（北京）に至り、董福祥が広渠門で戦ったが、大敗した。……（旧暦）七月二十日（陽暦八月一五日）の黎明、北京城は破られた。

五月中に、黄蓮聖母なる者あり。船に乗りて（天津の）北門外に泊まれおれり。船の周囲はみな紅色の絹布で囲まれていた。三仙姑《せんこ》、九仙姑《せんこ》という者（女性）が船の中に同居していた。――直隷総督の裕禄《ゆうろく》が総督衙門に彼女を迎え入れ、朝廷礼服で聖母に九拝の礼をおこない、身じろぎもしなかった。……聖母は神橱《しんちゅう》（神棚）の中に坐し、黄色のカーテンを垂らし、香と燭が恭しく供えられ、衆くの人が礼拝していたが、城が陥落すると、逃げた。拳匪はバラバラに散って盗人になり、聖母が居た舟の中を劫略した。審べてみると聖母だというので、縛ってこれを（八ヶ国連合軍が占領後に作った天津）都統衙門に献じ、多額の褒賞を得た。一人の仙姑は川に身を投げて死に、もう一人の仙姑は聖母とともに捕らわれ、ともに死罪に処せられた。

義和拳は神拳と称し、神降ろしでもって大衆を召《あつ》め、その号令はみな神の語（神のお告げの言葉）でやった。……庚子の年（一九〇〇年）の四、五月の間、天津の民が伝え習う風習はほとんど遍くになった。関帝が降壇して語った文、観音が夢に托して語った詞、済顛が酔っぱらって啓示したことばなどがあり、それらはみな洋人を滅ぼせと言っていた。たちまち玉皇の勅（令）があり、関帝を先鋒にして、灌口二郎神は後尻になれ、増財神が糧秣を監督せよ、趙子龍、馬孟起、黄漢升、尉遅敬徳《いちけいとく》、秦叔宝、楊継業、李存孝、常遇春、胡大海はみな来りて軍を会せよ、と言った。その依拠する所は『西遊記』、『封神伝』、『三国演義』、『緑牡丹』、『七侠五義』の諸小説でその中の常に演じるところの劇であった。

匪は、海口に沙嵐が起き百里の外に互いに横たわりて、夷船（の侵入）を阻んだ。それは義和団の中の海乾《かいかん》神爺《しんや》がこれを行ったのである、と揚言した。久からずして一人の僧がやって来て、自ら「海乾」と称した。大衆は虔しくこれを奉った。彼は黄色の緞子の服を着て、手に念珠を持ち、禅杖をついていて、大衆の供養を受けた。天津城が落ちた後の、彼の最後は分からない。

拳匪の禍は匪首の張徳成・曹福田から成ったものである。……徳成はその衆に語って、「ちょっと眠っていたときに、（わしの）元神（人身の精神）が天津の紫竹林《しちくりん》租界に行って、洋人が正に婦人を剖いているのを見たので、穢物を楼の上から塗ってやった、（かれらが義和）神団の法術を圧していたからだった」、と言った。他日また、「元神（人身の精神）が敵のところに赴き、洋砲の機管を盗んできた、だから砲は火を吹かない」、と言った。更には、衆を率いて（独流鎮の）外をぐるりと周って、三回りした。そのとき杖でもって地に線を引き、「この一周は土の城、次の一周は鉄の城、もう一周は銅の城である。洋人がたとえ来たとしても、越えることはできぬ」と言った。……いくばくもせず、天津城が陥落し、張匪（徳成）は巨額の貲《たから》を挟んで出て行った。（静海県）王家口に至りて塩商人の王姓に迎えを用意して自分に供するように求めたので、王は二人輿《こし》を準備して張のところに行った。……（徳成は小輿だと怒り……）王姓は耐えきれず、村びとの憤りも甚だしく、それで共謀してこれを刺さんとした。……一緒に徳成を捕えると、余の匪はことごとく逃げた。徳成は叩頭して許しを乞うた。衆は「能く刀剣を避けることが出来るというから、試してみよう」と言い、一緒になってこれを切った。……曹福田は敢えて洋人と戦わず、毎日隊を列ねて街を周り歩き、武衛軍に遭遇すると、これを縛って辱めた。（清軍統領）聶士成《じょうしせい》が（北京天津間の）落垡《ルオファ》で（義和団を鎮圧した）一戦の仇の報復をしたのである。……紳商たちは開戦すれば全城が酷い被害を受けることを慮って、（直隷総督の）裕禄に、議和をしてくれるように懸命に請うた。裕禄は命を曹福田に請うように命じたが、福田は不可として、「吾は玉皇の勅令の、天兵天将を率いて尽く洋人を滅ぼせとの命を奉じておる、吾はどうして勅命に悖《そむ》けよう」と言った。……大衆も商民の生命を以って請願をなした。福田は、「死ぬ者はみな運命に中《あた》った人である。吾は洋人を掃蕩した後、なお不忠、不孝、不仁、不義の者を手ひどく戮して、この劫数（大災難の運命）を完了させねばならない」と言った。（清軍統領）馬玉崑《ばぎょくこん》の軍が敗れて天津城が陥落すると、福田は服装を易えて遁げた。……潜かに郷里に帰ったところ、故里の人がこれを縛って官に送り、これを静海県において磔にした。

徐桐は漢軍（正藍旗出身で）翰林院を以って昇任し、大学士に至り、理学（朱子学）を以って自ら任じ、毎日『太上感応篇』（民間道教の経典）を誦み、新学を悪むこと仇の如くであった。門人の李家駒は（戊戌変法で作られた京師）大学堂の提調（校長役）に充り、厳修は（科挙試験に）経済特科を開くように請うたので、徐桐は二人の名を門に掛けて、その進見を拒絶した。その邸宅は東交民巷にあり、洋楼（外国公使館の西洋式建物）を見るのを悪み、城を出て客（を迎えて）拝するたびに洋楼の前を通るのをきらったので、正陽門を出ずに、地安門をめぐって西に出た。……拳匪が京師で起こると、徐桐は大いに喜び、中国はこれから強くなると謂った。かれが（義和団の）大師兄に贈った対聯は云う、

千古未だ有らざる奇聞を創る、左（道）に非ず邪に非ず、異端を攻めて人心を正す、
　忠孝節廉、ただこの精神いまだほろびず。
この世の為に少しく佳話を留む、一驚一喜し、神威に仗りて以って夷の胆を寒からしめ、
　農工商賈、今において怨憤能く消せり。

この過去の歴史はもとより大して述べるに足るものではないが、しかし今日、かのケッテラー碑を持ち出すとな

ると、思わず人はこの一段の笑うべき、驚くべき、悩むべき、悲しむべき往事を回顧しなくてはならなくなる。古人は云っている、「往事忘れざれば、後事の師なり」と。だから、始めに書き抜きして、忘れやすい国民に一読してもらい、その後にわたしの意見を発表することにしたのである。

もともとこのケッテラー碑は庚子の年の講和の時（一九〇一年）に設立され、ドイツに対して罪を償ったものである。何のためにこの碑を建ててドイツに罪を償ったのだろうか？　義和団が故なくドイツ公使ケッテラー氏を殺したからで、各国の聯合軍が北京城を打ち破ったから、何としても中国にケッテラーが殺された所（北京の東四、トンスー）に一つの石碑を建てさせてこそ、やっと終わらせることが出来る、と承諾したからである。中国はなんとまあ恥ずべき国ではないか、そうだろう。義和団は何と悪むべきものではないか、そうだろう。

いま、ドイツの民党は、皇帝と軍国主義の命を革め（革命）ようとしており、協商国は勢いに乗じてドイツを打ち負《やぶ》った。われわれ中国人も勢いに乗じてこのケッテラー碑を打ち毀した。人々はみな喜びにたえない有様で、みなこの国恥の記念碑が打ち毀されたのは大変痛快だ、と思った。しかしわたしから見ると、この碑を毀したのは実は余計な事をしたのである。というのは、この碑は義和拳の騒動が作ったもので、間もなく義和拳がまた騒動を起こして騒ぎ始めたら、また各国の聯軍にわれわれ中華大国にもう一度朝賀にやって来てもらわねばならなくなるからだ。その時建てられる石碑は恐らく一か所だけではなかろうから、いまこの時に急ぎ慌ててこのケッテラー碑を毀すのは、どうして余計な事でないことがあろうか。

何を以て義和拳がまた騒動を起こすとわかるのだろうか？　これは諸君が必ずわたしに質問しようとする問いであろう。諸君、諸君よ、わたしがわざと人を惊かす話を作っているのだなどと言ってはならない。諸君がもし信じないのなら、わたしが義和拳が過去と現在に発生し、将来に発生するであろう原因と結果をば、ちょっと一くさり話をするので、聞きたまえ。

過去に義和拳を造った原因は、第一は道教である。義和拳の本当の匪魁は他でもない、張道陵以来ずっと続いて現在に至っている天師である。道教は方士（方術士）より出たもので、方士は陰陽家から出たのである――（中国思想の）九流の道家とは関係のないものなのだが、この説は専門の篇でもって論じなければならないものだ――。これがわが中華国民の原始思想であり、わが中華の古より今に至るまでの普遍的な国民思想にほかならないのであって、これを後に起こった儒家孔子の「忠孝節義」の思想が人の心の中に入った程度と較べると、それよりもなお深いのである。すべての陰陽、五行、災祥、生剋（五行の相生相剋説）、画符（咒語の如き文字で画かれた護符）、奇問、遁甲（共に占術）、呑刀、吐火、飛沙、走石（ともに奇術）、算命（運命占い）、煉丹、出神（道教の呼吸内丹修錬術）、採陰、補氣（食餌・房中法）、圓光（精神の光化）、呼風、喚雨、求晴、求雨、招魂（死者の霊を招く術）、捉鬼、拿妖、降神（シャーマンの神降ろし）、扶乩（啓示のシャーマンによる砂盤上での自動筆記）、静坐、設壇、授法（法術を授ける）、風水、籤語（籤の予言言葉）、いろいろな迷信邪説が社会に普く行き渡っているが、これはみな歴代の陰陽家、方士、道士が造って来たもので、義和拳はこの全社会の種々の迷信、種々の邪説の結晶なのである。だから、かれらは口を開けると玉皇大帝の勅命を奉じて来たりて洋人を滅ぼすのだ、と謂ったのである。

第二の原因は仏教である。仏教が義和拳を造ったのは二つの方面からである。一方面は、仏教の哲理である。これは物質を超えた霊魂の世界（の存在）を承認し、かつその超物質的な世界が絶大な権威を持ち、この虚幻の物質世界（現世）を左右することが出来るのだということを承認したからである。超物質的な世界が果たしてこのような権威を持ったからこそ、義和拳は存在する余地をもったのである。もう一つの方面は、大日如来教［すなわち秘密教（密教）］で、色々な神道（神の宗教）の迷信も義和拳を造り上げた重要な要素である。だから義和拳の請うところの神に、また達磨、済顛、『西遊記』の唐僧（玄奘）など一群の人がみな引き入れられているのである。

第三の原因は、孔教である。孔子は神怪を語らずと言ったけれども、しかしまた、鬼神を絶対には否認しなかった。さらに、『春秋』の大義は「尊王攘夷」の四つの大文字にほかならない。義和拳が標榜した「扶清滅洋」はどうして「尊王攘夷」と同じ意味でないことがあろう?

儒・仏・道三教合一の中国の芝居、これが義和拳を造った第四の原因である。この「臉譜（顔の隈取）」「打把子（劇で兵杖・武器を持っての立ち回り）」の中国芝居は、かの孔教の忠孝節義を演じたものではなく、仏教道教の神仙鬼怪を装ったものである。時には観音様、土地神、天兵天将が出てきて忠孝節義の人に加勢して助ける。さらに儒仏道三教が同じものに帰するのだとする。義和拳が請うところの神はその多半は芝居の中の「立ち回り」である。天津、北京、奉天は芝居がとくに盛んで、だから、義和拳は格別に流伝しやすかったのだ。義和拳の神が天からやって来たとき、その言葉つきは芝居での台詞回しの真似をし、挙動も芝居の舞台上での歩き方を真似したのだった。北京、天津、奉天の人が直《じか》に見たことで、愚生《わたし》が口から出まかせを言っているのではない！

最も近い第五の原因は、すなわち、新学を仇視したむやみに尊大ぶった守旧党である。庚子事変（義和団事変）は、西太后と載漪が廃立（光緒帝を廃位して載漪の息子を皇太子に立てようとしたが、外国の反対で大阿哥にとどまったこと）のために各国公使に仇と恨みを持ったからだが、しかしながらかれらは少数であった、これに当たった政府の中の者は、新党旧党の争いの為に、匪（義和拳）を縦ちて憎き洋人に仇することを主張する者が実に十の八、九にのぼった。徐桐、剛毅、啓秀らがその代表である。これらの一群の人は西洋文明が何者であるかを知らず、歴代相伝えて保存してきた国粋の、むやみに尊大ぶる旧思想を守って、われら中華大国の先聖先賢の綱常礼教は燦然と大いに備わっており、かの外洋各国の夷人など物の数に入らぬと考えた。戊戌の年（一八九八年）に康有為、梁啓超が法（政治）を西洋に倣い、旧法を改変するようにと主張し、旧党によってひっくり倒されてしまったのも、またこの原因からであった。だから戊戌の年に譚嗣同、林旭ら六人（戊戌六君子）が逮捕されたとき、西太后は刑部尚書の趙舒翹を台見して、かれらを厳しく追及するように命じたのだが、趙はこれに答えて、「これら父を無《な》みし君主を無《な》みする禽獣［康有為よ聞け！］は、殺して赦さず、問いて供述させる必要はありますまい。」と言ったのである。かれらの眼の中では、各国の夷人は中国の聖賢の綱常礼教を理解し得ないのだから、みな禽獣であった。その連中に附和して、なおかつその法（政治）に効えと土張している連中は、なお殺すべきではないのか？　だから、かれらは戊戌の年に一群の禽獣に附和した新党をば殺し尽くし追い払っても、なお痛快だとはしなかった。庚子の年（一九〇〇年）になって、国粋の三教合一を保存している義和拳が出てきて、禽獣を殺し尽くそうとする有様になって、かれらこの理学（朱子学）の名臣たちは当然大いに痛快に思い、これで根本的に解決する、と考えた。徐桐が義和団の大師兄に贈った（先の）対聯はまさにこの連中の思想の代表なのである。

この過去の五つの原因でもって義和団の大乱を造り出したのであり、義和拳の大乱でもって国恥のケッテラー碑を造ったのである。この因果がはっきりした事実は、愚生が勝手に書いたものではない。過去の因果を以って将来を推測すれば、義和拳を製造した五つの原因はみな現在もなお依然として旧のままである。義和拳の名目は今はなおまだ発生してしていないけれども、義和拳の思想、義和拳の事実は国中にあまねく満ちていて、まさに興らんとし始めたところで、まだ十分ではない状態だ。将来義和拳が再び発生しないと保証できるだろうか？　将来義和拳が再び発生した時には、また国恥の紀念碑を竪てなくともよいと保証できるだろうか？　諸君、もしわたしの言を信じないならば、以下に挙げる事実を見られたい。

扶乩《ふけい》（フージー。憑霊したシャーマンが砂盤上に啓示文字を自動筆記する占い）の風気は南北ともに遍く見られる。上海の盛徳壇は最も有名なものだと思われる。あらゆる古代の有名な鬼《グイ》（亡霊、悪さをする霊魂）が一斉に出現している。鬼の字、鬼の面、鬼の文章、鬼の写真、あらゆる奇妙なものがある。実は義和拳に比べてももっと荒唐である。

長江一帯の（儒仏道）三教合一の泰州教、北京・北京の静坐して授法する先天教（八卦教の一派）、これらはみなその地区で陰でこそこそ活動しているが、その振る舞いは白蓮教、義和拳と同じ穴のムジナではないだろうか？

北京城内の新華街で一本の街路を造ったが、もともとは真っ直ぐに城外に出すつもりだった。ただ北京の官界と商業者たちがみな城壁を毀して風水を破壊するのを怖がって、この街路は城壁の根元の所までで止まってしまった。笑うべきか、笑わざるべきか、どっちだろうね。

安慶で宝塔を修理した。工事を始める日は省長の八字（生誕日時を示す八文字）とぶつからないかどうかを計算しなければならなかった。北京で総統選挙をする日にちも、聞くところでは、有名な算命先生（運命占師）に頼んで、総統候補人の八字と合わないことを推算してもらったということだ。

済南鎮守使の馬良が提唱する中華新武術が、今あろうことか、全国で流行している。わたしが見たかれが印刷した教科書［かつて教育部が検定したもの］の中の図像はまったくのところ、義和拳と瓜二つだった。更にかれが書いた始めの総説の中で、「世界各国を考えてみるに、武術体育の運用でわが中華の武術に優るものはない。前の庚子の変の時、民気は激烈で、なお人の奴隷たるを受けずとの主動力があった。惜しむらくは、自らを衛り人を制する術がなく、反って自ら互いに残害し合い、次いで以って自身を殺す禍を醸成してしまったことだ。良民は国の多難を見て憂え、胸をたたいて嘆息した。……」と言っている。どうしてこれが義和拳に対して大いに同情を示したものでないことがあろうか？

湖南督軍の張敬堯が軍を率いて四川、湖南に行って戦闘をしたが、至るところで九天玄女廟を建てた。戦闘に出る時、兵を呼び集めて手の掌に「得」という字を書かせ、右手の掌に「勝」という字を書かせ、西に向かって九天玄女に何度か叩頭させて、得勝[2]（勝利）を請け合ってもらった。諸君、見よ、これは何という見世物だろうか？

皖南（安徽省南部）鎮守使の馬聯甲の姪女が瘋病（精神病）になり、五千元で張天師に来て直してもらったが、その天師は一群の法術官を率いていて、天兵天将に手の内の雷将を使って（精神病、瘋を起こしている）妖を捉えてもらいたい、と請うたのだ。張天師が通り過ぎた蕪湖、安慶、九江などでは、衆くの人がかれを取り囲み、符咒（独特の書体で書いた咒文のお札）を求め、数えられない程になった。

山東省の東阿、平陰、茌平、肥城県などで三陽教匪が現れて［教首は王会臣、李同升など］、各郷の鎮や集で伝教して、入教の人は刀や銃を避けることが出来ると説いている。[3]無知の愚民が入会して学習する者が日に日に多くなるのを見せている。

天津の南開学校で教職員の遊芸会を開いた時、国文主任の某君がある歴史の話を講じたが、そのとき、曾国藩は大蛇《おろち》の精が胎内に入って生まれたのだ、かれの身体の上の癬は蛇皮の証拠なのだ。ある日、曾は出かけて行って張天師に会おうとしたが、張天師は彼に会おうとしなかった。かれは再三会ってくれるように頼んだが、顔を合わせた後、かれの蛇の魂は張天師によって吸い収められてしまい、すぐに病気でもないのに死んでしまった、と言ったのだ。ハッ、ハッ！　これが北方のある有名な学校の教育なのだ！

天津で協商国の戦勝を祝って各界が街中を練り歩いた。その中で最も奇怪だったのは、南開学校が造った「国魂舟」という名の船だった。学生二人が関羽と岳飛に扮して船の中に坐っていた。学校ではまた、「国魂舟感言」という題目で学生の国文の試験を行った。一般学生の文章は、関羽・岳飛の二人の武聖は中国の国魂であると称賛しないものはなかった。これはまだ奇怪とも言えないが、最も良い二人の学生の文章の中に、「あ、、その中でまた、吾が国魂の舟の中にかつて関羽、岳飛その人有りしことを思わないのか？　洋人、洋人よ、吾をのろまな弱者と笑うなかれ。」「関羽、岳飛の如き者が舟中に昂然と座して、黄毛碧眼の輩をして膝下に伏跪せしめ、大いに人心を快とさせる者をどのようにしたら得られるだろうか」と言っている。アイ、ヤー！　曹・張［これは義和拳の二人の大師兄（曹福田・張徳成）のことで、今の二人の大督軍（曹錕、張作霖）のことではない］を生んだ地の青年の思想がなお旧のままで現在の社会に存在し、国粋の医、卜、星、相の各種の迷信（妖魔憑き等の医学知識、各種占術）が同じように至る所で流行しているのだ。全国の国民の脳味噌の中には少しでも科学思想の影はあるのだろうか？　老いて腐った者は言うに及ばないが、日本や西洋で学んだことのある新人物も依然として国粋の医、卜、星、相を信じる人間なのである。わたしはなお少なくなく知っておる！

（北京）政府当局の人は、目下のところ時勢の迫るところの為に、新学を提唱しようと言ったり、西洋文化を輸入しようと言ったりしているが、これは表向きに洋人を体よくあしらっているだけであって、（北京）外交団が自分の地位を承認しないのを怕れているだけなのだ。実際は、かれらの脳内には新学と西洋文化とは絶対に相反する綱常名教がいっぱい詰まっていて、徐桐、剛毅らと同流の人物なのだが、まだ徐桐、剛毅の誠実さに及ばない。だから口を開ければ礼教と言い始め、口を閉じるに綱紀をもってするのである。綱紀礼教ではなく、君臣上下ではない西洋文化はどうしてかれらの眼中の釘でないことがあろうか？

現在の新派の人物はどんな思想学問も持たないと言うが、しかし何とか共和と科学の方面に傾いているようだ。専制と迷信を代表する旧人物から見ると、これらの新人物は叛逆に外ならず、異端の邪教でしかない。だから時々刻々いつもこれらの叛逆、異端の邪教を討伐消滅してこそ、まさに綱紀を粛正し人心を正すことが出来るに足る、と想っているのである。これが中国が戊戌以来の政変の根本原因なのである。

上に挙げた事実に照らして見るとき、現在の中国が義和拳を製造する原因は庚子（一九〇〇年）以前に較べても決して少しも減少しておらず、将来の結果は想い知る可きである。わが国民が現在および将来の国恥の記念碑を除去しようと考えるならば、義和拳を再び発生させないようにすることが必須である。義和拳が再び発生しないようにするには、是非とも義和拳を製造した種々の原因を完全に消滅させなければならないのである。

現在、世界には二条の道がある。一本は、共和的、科学的、無神的な光明の道である。もう一本は、専制的、迷信的、神権的な暗黒の道である。わが国民がもし義和拳が二度と発生しないこと、ケッテラー碑のように鬱陶しい、こんな恥ずべき記念物が二度と立たないことを希望するなら、つまり、どの道に向かって行ったらいいのだろうか？（了）

［1］この二文は一九一二年に作者羅惇融が書いて、初めは北京の新聞に掲載したが、一九一三年に梁啓超の推薦で更に補って天津発行の『庸言』第一巻一号と三、四号に載せられたものであった。それが一九一三年に上海で出版された胡寄塵編『清季野史』の二七～四四、四四～八一頁に連続して収められた。陳独秀が読んだのはこの本のようである。

［2］嘉慶十八年の天理教（八卦教）反乱の時の仲間同士の暗号も「得《ダ》」、「勝《ション》」で、戦いを前にした呪いの習俗だった。

［3］白蓮教の三期末劫の「青陽、紅陽、白陽」の三陽と刀槍不入を説いているから、これが義和拳の後裔で「紅槍会」に繋がるものだということがわかる。

【評注】この議論は秀逸である。邦訳の『陳独秀文集』に収められていないのは理解しがたい。長文だからだろうが、これを入れないと、あの「ケッテラー碑」を書いた陳独秀が……、という胡適の批判（第一章二節）ではないが、陳独秀の思想の展開の軌跡が理解し難くなるのである。

義和団の大衆運動（とか中国の民族主義運動）というのは陳独秀の言うこうした観点を総合しながらでないと理解できない少し厄介なものなのだが、今までの義和団やナショナリズム（民族主義）運動の歴史研究はどうもこうした陳独秀の先駆的な議論を無視して来たようだ。勿論、これは専門的な歴史学研究ではないから、国際関係や外交などについて論及がないなどと言うことも出来ようが、しかし、優れた文化論的論究である、無視されたのも共産党政治の影響だったのである。わたしは、こうした独秀の最初のプリミティブな大衆思想の理解を通じて義和団の騒動と事件を考えようとした姿勢と同じように、その必要があると考えて義和団研究をして、『義和団の起源とその運動——中国民衆ナショナリズムの誕生』を書き、結果的に、陳独秀の再来論と見解を共有することになって、中国はその後、第二、第三の義和団（文化大革命）を経験したのだと主張し、その後『中国の反外国主義とナショナリズム』（集広舎、二〇一五）を書いた。そして、アヘン戦争時にすでにこうした義和拳の出現を予示する文化現象が起きていることをウェイクマン・Jrの書物（*Strangers at the Gate*）を引いて述べ（同書十一頁）、第二、第三の義和団現象を、国民革命の反外国ナショナリズム運動、建国当初の朝鮮戦争期のキリスト教会弾圧・反革命粛清（粛反）運動として描き論じた——文化大革命の排外は第四になった——。しかし、このわたしの本に対する古谷創（東京大学大学院博士生）の書評「『性急さ』という躓きの石——佐藤公彦著『中国の反外国主義とナショナリズム』を読む」（『中国研究月報』二〇一六年一月号）は、東大院生らしい「上から目線」で、拙著を反中国的な「一般向け」の「通史」だとして、本は「『性急さ』という躓きの石」だ、という表題の侮蔑的な言辞を投げつけ、清末の華北の義和団の事例がどれほど近現代史の他事例に適用できるか疑問だ、適用の仕方には混同があると論難した。陳独秀のこの論を味読することを再度お薦めする。古谷は、義和団は突然変異の一回限りものではないこと、その政治文化と大衆暴力がこのようなもので、その後の民族主義運動の性質はそれとよく似た相を示していること、文化大革命時の紅衛兵の暴力とその反外国騒擾現象も大変似たものだったこと、これらをほとんど知らない無知を自ら曝け出したのだ。わたしはそれに反論と再反論を二篇書いたが、発行元の中国研究所の杉山文彦（理事長）と川上哲正（編集長）は、その反論の中の、評者（古谷）の書評は「ほとんど全篇が読み間違い。誤読に近い内容である。」表題に見られるような、「こういう侮蔑的（名誉棄損的）な書評である」と書いた部分さえも、削除せよ、と言って掲載を拒否し、東大院生を庇護した。この表現が「人格攻撃」だというのである。しかしこの表現が「人格攻撃」なのか。そうだと見なして反論文を「検閲」し、掲載を許さないのであれば、侮蔑された著者は反論の場を失う。やむを得ず、『親中国・東大派のイデオロギー的な「逆襲」』（青娥書房、二〇一六）を書いて、評者の君の論評は、本を正しく読解せずにした批判で、当たらない、方法論、学問論的にも不良な文章と議論だと指摘して、陳独秀のこの文も読めと書いた。批判は結構だが、批判をするなら、文章を誤読せず、きちんと読んでから為すべきである。彼は藤谷浩悦氏の労大作『湖南省近代政治史研究』（汲古書院、二〇一四年九月、二〇一三）に対しても、同じように著者を小馬鹿に嘲笑したような非礼な書評を書いている（『東方』四〇三号）。東大大学院の指導教授も書評の書き方をきちんと指導すべきだろうが、編集長川上の態度は、自分勝手に名誉棄損的な侮蔑書評を書かせて掲載公表しておきながら、異議には、書評は批判的に取扱うこともありますと強弁し、侮蔑された著者の反論には「検閲」を加え、「人格攻撃」の文字の無い再反論文は掲載義務があるだろうというわたしの主張には、「求める学術水準でない」との別の理由を付けて再度拒否し、三度目の要求には、では反論文の「検閲」部分を「修正」（＝削除）したものを掲載する、と理由をころころと反転させた。この不可解で不誠実な態度は彼らのいい加減な思想をよく示している。民主的知識人気取りで戦前の言論弾圧への批判や現憲法下の思想言論・学問の自由を言う資格はない。かつて文化大革命を支持した中国研究所の体質は現今の中国共産党の言論抑圧の体質と大変良く似ている。

何故これを書いたかというと、陳独秀の義和団再現論が言うように、因果関係において、原因が無くならないうちは同じような結果を生じさせるのだということ、人間が限界のある愚かな存在である限り、同じ誤りと行動を何度も繰り返すのだ、ということもまた真実だからである。中国は「解放」後二十数年経った一九七〇年代になってもまだ旧社会の古い体質を本当には克服できていなかったことを文革は示していたのである。それを「アジア的専制」の遺産と呼んでも良いが、それを支える上層文化、それと対になった民衆文化――専制を下から支える「呪術の園」の文化――が啓蒙・「合理化」を経験して無くなっていないのだということを言いたいが為である。

二〇一八年十二月に起きた『華為』副会長のカナダでの逮捕拘束に対して、中国政府はカナダ人外交官ら二人を拘束し「人質」にした。二〇一〇年の尖閣沖で海保船に体当たりした中国漁船船長を逮捕した時には、準ゼネコン社員ら日本人四人が拘束され「人質」にされ、レアメタルの輸出を止めた。これは報復でもあるが、それだけでなく、圧力をかける交渉「人質」として確保したのである。この行動は、一八六〇年のアロー戦争時の通州談判時にパークスらを人質化した事件、義和団事件で東交民巷の公使館地区を包囲し彼ら外国人外交官を「人質」にして列国とやり合おうとした「行動様式」と同じなのである。列国は二度とも人質救出のために北京に出兵進撃することになったのだった。蔣廷黻が言うように「中国外交史を研究するなら義和団とそれが代表す心理を研究しなければならない。さらに進んでまた中国の民族性を研究せねばならない。この問題は大変大きく、また近代に限るわけにはいかない」（拙訳『中国近代史』解説二四一頁）のである。胡適の言う文明の再造・「ルネサンス」の問題と通じる課題をまだ中国は持っている、ということでもある――この問題についてはJ・グリーダー『胡適 1891 - 1962』（拙訳）を参照されたい――。しかし、この国と国人とて、最近の言論の姿やこの中国研究所の言論への姿勢を見ると、そう褒められたものではない。たやすく戦前回帰しかねない。われわれも、歴史と文化の呪縛力の強さを再認識すべきだということである。

付録二　陳独秀関連の人物および中国トロツキー派の主要人物（五十音順）

あ行

アイザックス・ハロルド（一九一〇-八六）、アメリカのジャーナリスト。一九三〇年来華、中国小説の翻訳が目的だと言ったが、上海で左翼政治に加わるようになり、宋慶齢、魯迅、蔡元培、スメドレーなどと交際し活動。中共の『チャイナ・フォーラム（中国論壇）』の主編を務めたが、編集方針で対立、トロツキー派に転向した。大革命敗北後、北京に行き劉仁静を雇って、革命についての資料を集め、一九三五年に帰国、三八年に『中国革命の悲劇』を出版（邦訳あり）、この本は今まで九十数版を重ねているが、初版にはトロツキーが序文を書いた。一九五三年にマサチューセッツ工科大学教授。

尹寛《いんかん》（一八九七-一九六七）安徽人、一九二〇年勤工倹学でフランスへ。二一年周恩来、陳延年らと少年共産党結成（一九二九年中共フランス支部に）。二三年モスクワ留学、二四年帰国、中共山東省委書記、二六年上海区委（宣伝担当）、二七年四・一二クーデタ後、武漢で宣伝工作に従事。七月武漢政府決裂後、安徽省委書記に。のち上海へ。二九年十二月、モスクワ帰りの学生王平一を彭述之に会わせ、トロツキーの主張論文を見せた。三一年左派反対派（トロツキー派）結成後、委員に。同年に逮捕され、七年半の間入獄。三七年釈放され、上海に。「中国革命共産党」を結成、政治局委員に。一九四九年大陸に残る。五二年トロツキー派弾圧で鄭超麟と一緒に捕われる。六五年病気で釈放、六七年死去。

王若飛（一八九六-一九四九）辛亥革命参加後、一九一八年日本留学、帰国後、一九年五・四運動に参加、

同年勤工倹学で留仏、二二年周恩来、尹寛らと少年共産党を結成、同年入党。二三年ソ連へ、東方大学で学ぶ。二五年帰国後、中共書記陳独秀の中央秘書長。二七年上海の蜂起に参加、江蘇省委書記になる。配下に労働運動家の何孟雄らがいて陳独秀の影響があった。二八年モスクワでの六全大会で陳独秀を擁護し、トロツキーの見解に理解を示した。そのため張国燾、瞿秋白と共にモスクワに留め置かれた。三一年帰国後、捕えられ獄囚に。三七年出獄。のち中共幹部として活動（中央委員）。四六年重慶から延安への飛行機の事故で死去。

王平一（-?）山東人、一九二五-二七年に尹寛が山東省委書記を務めていたとき、知り合った。後にモスクワの東方大学に留学、トロツキー派になった。帰国時にトロツキーの論文を持ち帰り、彭述之、陳独秀らに見せ、トロツキー派結成にきっかけを与えた。のち上海共青団で労働者工作に従事。一九三二年十月、陳独秀らとともに捕われる。判決は無罪。間もなく国民党に入り、国民党山東省社会庁に勤務、四九年後は台湾に、国大代表。

王文元（連根、王凡西）（一九〇七-二〇〇二）浙江人、一九二五年五・三〇運動に杭州で参加、同年北京大学入学、中共入党、二七年ソ連留学、二八年モスクワ東方大学で中国人留学生のトロツキー派を組織、二九年帰国、中共中央組織部で周恩来の下で仕事をした。間もなく陳独秀らと共に除名される。「われわれの言葉」派から「十月社」へ、陳独秀と共にトロツキー派の統一に務め、統一後に中央執行委員に。三一年に捕らわれ、入獄。三四年釈放。三六年秋再逮捕され、入獄、三七年陳独秀らに後れて釈放、武漢で独秀と再会し上海へ。この間、トロツキー派の指導者として活動、四九年鄭超麟らと「国際主義労働者党」を結成（書記）、中共政権成立後、香港へ出る。七五年以来イギリス在住。六十年代に来日した。

か行

何之瑜《かしゆ》（何資深、一八九六-一九六〇）湖南省安郷人、陳独秀が北京大学文科学長時代の学生、学生時代に入党、何葆貞（何宝珍）（劉少奇の最初の妻）の兄、国民革命期に湖南で工作、湘譚県書記、二七年五全大会代表、中共組織部幹部、馬日事変後に湖南省委組織部長、毛沢東が暴動参加で離れた後、継いで省委書記。秋収蜂起の時に湖北特派員、のちモスクワでの六全大会に参加、帰国、湖南省委組織部長、山東省委秘書長、上海総工会秘書長などを歴任。三一年五月トロツキー派統一大会を準備、すぐに王文元、鄭超麟等と共に逮捕され、入獄。三七年釈放後、何之瑜と改名。四川江津県の国立九中で教員、羅漢が死亡した後、北京大学同学会の委託を受け、陳独秀の世話をした。死後の遺嘱執行人として整理し、四六年に上海に出、四八年遺著を出版した。四九年王文元、鄭超麟と「国際主義労働者党」に参加、中央委、五二年中共のトロツキー派弾圧で逮捕され、六〇年上海の獄中で死去。

何孟雄（一八九八－一九三一）　五・四運動に参加した後、一九二一年に中共入党。国民革命期に北方の労働運動を指導。二七年革命敗北後に上海で江蘇省委（鄧仲夏、王若飛）の下で困難な労働運動の活動家として工作。二九年の「江蘇省委独立」事件に参加、中共から排除される。三一年コミンテルン・王明路線に反対したが、国民党に捕えられ、銃殺された。

寒君（韓俊　?－一九四五）　中共党員、何孟雄、羅章龍と共に労働者運動を進めた活動家。中共江蘇省委の幹部。三一年中共を除名され、トロツキー派に。三二年滬東区委書記に、その後逮捕され、三六年出獄。臨時委指導部に入り、華南委書記。劉家良ら「少壮派」と共に陳独秀・陳其昌ら老トロツキー派に対立した。四二年の分裂後は彭述之、劉家良ら「多数派」に加わる。その後香港で地下活動に。四五年肺結核で香港で死去した。

グラス・フランク（一九〇一－一九八八、中国名・李福仁）　イギリス人、南アフリカへ行き労働運動で活動、のちアメリカに渡り、アメリカトロツキー派「社会主義労働者党」のメンバー、責任者の一人になる。一九三三年に上海に来てミラードの *China Weekly Review* の編集に。劉仁静を通じて中国トロツキー派に接近。海外のトロツキー、第四インターの指示を中国トロツキー派に伝え、中国トロツキー派の状況を海外に伝える連絡役を務めた。三五年から中国トロツキー派（第四インター中国支部）臨時委委員になる。三七年メキシコのトロツキーと会見。四二年分裂の後は彭述之らの多数派に参加。帰国後は第四インター国際局で活動した。

厳霊峰（一九〇四－一九九九）福建連江人、一九二四年福建大学入学、のちモスクワ東方大学に留学、トロツキー派に参加。二九年帰国、上海芸術大学文学院教授に。トロツキー派刊行物『動力』の主編、『読書雑誌』に文章を発表、中国社会史論戦にトロツキー派の理論で加わる。三一年のトロツキー派統一後、宣伝部幹事。三二年陳独秀逮捕後、一時臨時委に参加した。三三年福建人民政府に参加したが、敗北後逮捕され、投降。国民党特務に協力し、トロツキー派逮捕潰滅計画を立てる。抗戦時は重慶で経済検察処長などに。抗戦後、モスクワで知り合っていた蒋経国（蒋介石の子）を頼り、福州市長に。のち上海で金融の仕事に従事、四九年台湾へ。台湾大学教授。

高恒（高衡、高素明、高理文、－？・）湖北人、一九二五年モスクワ中山大学留学、卒業後、東方大学で通訳を務める。二九年帰国し、三一年トロツキー派に参加。三二年陳独秀逮捕時に臨時委委員になる。のち活動を離れ、三五年広西の桂系軍で、三八年には国民党航空委で通訳に就く。三九年江西省南部で蒋経国（モスクワ時代の知己）と一緒になり、秘書を務める。四三年江西の文化機関で仕事。蒋経国のブレーンとして活動、四八年上海で金融部門の仕事に就き、台湾へ。

高語罕《こうごかん》（一八八八－一九四八）安徽省人、陳独秀と同郷、辛亥革命の時に孫毓筠、柏文蔚都督のもとで活動、「五・四」時期には安徽で白話を書く新文化運動を進める。亜東図書館から「白話」についての書籍を刊行している。一九二一年中共入党。二五－二七年国民革命に参加、黄埔軍官学校で教官を務めるが、蒋介石を批判し、学校を追われる。八・一南昌蜂起に参加、その後、独秀と共に反対派に。三二年陳独秀逮捕後、組織を離れ、三七年抗日戦時に国民政府国防参議員。四二年独秀死去時に葬儀に参列。

胡秋原（H）（一九一〇―二〇〇四）　湖北人、早稲田大卒、文芸批評家。陳独秀が一九三七年に釈放された後、武漢に来て活動していた時に知り合った。左翼作家連盟と対立し、「文芸自由」を主張した。

胡適（一八九一―一九六二）　安徽省徽州府績渓県人、字は適之、一九〇四年上海で勉学、教師の後、一九一〇年義和団賠償金留学生としてアメリカ留学。デューイの下でプラグマチズムを学ぶ。ここで留学生仲間と白話問題で討論、陳独秀の依頼でこれを『新青年』に「中国文革改良芻議」として投稿、論文は白話運動の魁となる。北京大学文科学長に就任した陳独秀の推薦で北京大教授に就職、独秀と共に白話運動、文学革命、新文化運動を推進した。後、北京大学文学院長、駐米大使、北京大学校長、四九年アメリカへ、その後、台湾に戻り、中央研究院院長。詳しくは本文およびJ・グリーダー『胡適 *1891 - 1962*』（藤原書店、二〇一八）を参照のこと。

呉季厳（一八九八―一九五二）　陳独秀の甥。一九二六年ソ連留学、モスクワ東方大学でトロツキー派に参加。二九年帰国時に、陳独秀にレーニン遺言やトロツキーの主張等のソ連事情を伝える役目をした。帰国後には中共中央宣伝部の秘書。のちトロツキー派として中共を除名され、陳独秀らの「無産者」社の秘書長を務める。三二年逮捕され、三七年出獄。トロツキー派を離れ、のちソ連留学時代の知合いの蒋経国（かれもソ連でトロツキー派の影響を受けて、暫らくの間、帰国できずに留め置かれた）の下で、活動した。四九年以後は大陸で翻訳に従事した。

さ行

蔡元培（一八六八―一九四〇）　浙江省紹興の人、号は孑民《げつみん》、光緒の進士、翰林院庶吉士、維新派に同情、一九〇一年上海で愛国女校校長、〇二年愛国学社設立、〇三年冬『俄事警聞』創刊、ロシアの満洲占領を報道、警鐘を鳴らした。〇四年陶成章と光復会を組織、会長に。一九〇五年中国同盟会加入、〇七年ドイツ留学、辛亥革命後に帰国、一九一二年南京臨時政府の教育総長。一三年に孫文が大総統職を袁世凱に譲ると辞職、一三年反袁運動に参加後、フランス留学、一六年袁世凱死去に伴い帰国し、北京大学校長に。陳独秀を文科学長に招聘、胡適を教授に採用、新文化運動を進めた。二三年校長辞職、二四年国民党一全大会で中央監察委、二七年国民政府に参加、大学院（のちの中央研究院）院長、監察院院長等を歴任、三一年後、抗日を主張、三二年宋慶齢らと中国民権保障同盟を作り副主席、三七年上海陥落後、香港に移住。四〇年香港で病死、陳独秀は四川で追悼文を書いた。

蔡徳振（－一九三〇？） 陝西省楡林人、北京大学出身、モスクワ東方大学留学、中共モスクワ支部リーダーの一人。二七年帰国、劉伯堅（一八九五－一九三五、勤工倹学、少年共産党、東方大学でモスクワ支部書記）について国民革命西北軍で政治工作、武漢で湖北委に。二七年上海へ、二九年江蘇省委秘書長として独立事件に参与、後、中共退出、つづいて陳独秀と共にトロツキー派に加わる。三〇年末、トロツキー派に見切りをつけ退出。陝西省長だった楊虎城のところに行き、『西京日報』社長に。のち楊虎城の代表として新疆へ行き、盛世才に殺害される。

謝少珊（謝徳磐、－？） 黄埔軍官学校出身、のち日本へ。帰国後にモスクワ中山大学に留学。ここで呉季厳（陳独秀の甥）と知り合い、接近。帰国後にトロツキー派（無産者派）に参加。陳独秀の秘書になる。一九三二年十月、国民党に捕らわれて後、陳独秀の住所を白状して、独秀の逮捕に至った。その後、国民党中統に入り、謝力公と改名して、唐紹儀を殺害した。四五年広州大新公司総経理、その後逃亡した。

蒋振東（一九〇六－一九八二） 浙江人、機械工出身、一九二五年中共党員、杭州地区委書記、一九二七年二月の杭州労働者武装蜂起を指揮、のち上海へ行く。一九三〇年トロツキー派の馬玉夫とともに、「無産者社」に参加、上海の労働者運動を組織した。抗戦中の四二年の分裂の時には、彭述之とともに多数派に加わった。四九年以後も活動をつづけ、五二年の中共のトロツキー派への弾圧で逮捕される。一九七九年に釈放され、上海市政協文史館の成員に。

薛農山《せつのうざん》（－？・）　江蘇人、中共党員、一九二九年時事新報社の編集だったが、馬玉夫の影響で、トロツキー派に加わった。無産者社の上海南部法南委で工作活動。三〇年神州国光社で編集を務め、三二年陳独秀が捕らわれた後、活路を探し、孔祥熙に投じた。三三年時事新報社勤務。抗戦時期は新聞社にいて、重慶へ。重慶で新聞の主筆をしていて、陳独秀にいろいろと世話をした。のち政学系の張群に投じて海外部長になった。抗戦勝利後は上海で対外貿易に従事した。社会史論戦の『中国農民戦争之史的研究』（神州国光社、一九三三）がある。

曾孟（一九〇四－一九六〇）　浙江省温州人、一九二五年入党、中共の中央秘書処などの枢要な主任を務める。一九二七年、大革命敗北後、モスクワへ。留学中にトロツキー派に参加、二九年帰国、「われわれの話（言葉）」派を作る。三二年十月に陳独秀とともに捕えられ、過ちを悔いる書を書いて、温州へ戻ったが、そこでトロツキー派の活動を進め、トロツキー派の組織を後まで遺した。これは稀有な例であった。三七年に武漢で国民党軍官学校の教員、五〇年にトロツキー派として逮捕され、六〇年獄死した。

孫幾伊（S）（－？）　民国時代のジャーナリスト。一九一九年北京『国民公報』主席として、胡適の北京政府（軍閥政府）を批判した詩を掲載したことで逮捕された経歴を持つという。手紙によると、五・四時代に北京で陳独秀とも知り合いだったようである。一九四二年には、重慶で国防最高委員会にいた。

た行

張以森（一九〇九－一九八〇）　湖南省長沙人、大革命前に母と二人で地下工作中の毛沢東を庇う。革命時期に、毛沢東の「湖南農民運動視察報告」を抄写した。中共五全大会では秘書として仕事をし、革命敗北後に湖南省委書記だった何資深（何之瑜）を匿う。その後、何資深と結婚、ともにトロツキー派に加わる。三一年五月何資深とともに捕えられる。四二年分裂の時は、王文元、鄭超麟と共に少数派に属した。五二年中共のトロツキー派弾圧で逮捕され迫害を受け、精神病を病んで死去した。

張国燾《ちょうこくとう》（一八九七–一九七九）江西人、一九一六年北京大学入学、在学中、五・四運動の指導者として活躍。二〇年上海の陳独秀家に寄留、ヴォイチンスキーが訪れ中共設立を相談したのを見て知り、李大釗の北京小組に加わり、中共設立者の一人になった。一全大会後、上海、北京、漢口の労働者運動を指導。二二年極東諸民族大会に中共代表で出席。三全大会でマーリンの国共合作方式に反対し、一時中央を離れるが、二七年革命敗北期の陳独秀辞任後、瞿秋白と共に臨時中央に入る。南昌暴動を阻止するために派遣されたが、失敗、蜂起も敗れ、地下に入った。翌年のモスクワでの六全大会に出席、反コミンテルンと批判されて、抑留、三一年帰国。中共中央分局書記兼軍委主席として鄂豫皖ソヴィエトへ。政府軍の圧迫を受け、第四方面軍を率いて四川に。そこで江西ソヴィエトから西遷してきた毛沢東らの第一方面軍と合流、確執の末、西路軍を率いて新疆を目指すも失敗、陝西北部の根拠地に入る。三七年陝甘寧辺区政府主席代理、毛沢東らから批判運動の対象にされ、三八年延安脱出、西安に。のち武漢で陳独秀と会見、抗戦中は重慶で国民参政会委員、四九年香港に移り、のちカナダ、トロントに移住、病死した。

趙済（一九〇二–一九九四）雲南省大理人、上海で大学生、中共党員に。広州で工作活動をし、広東省委と党中央との連絡役を務めた。国民革命・北伐の時は唐生智三十六軍の政治部秘書を務めた。革命敗北後、ソ連へ、モスクワ東方大学で学び、在学中にトロツキー派に。二九年帰国、党内で工作をし、「戦闘社」書記になる。三一年トロツキー四派統一後は中央幹部。三三年に臨時委委員、抗戦時は雲南で活動。四二年のトロツキー派分裂の時は少数派に属した。四九年雲南の組織として鄭超麟らの「国際主義労働者党」に参加、五二年中共のトロツキー派弾圧で捕えられ、七九年に釈放された。

張太雷《ちょうたいらい》（一八九八–一九二七）江蘇人、天津の北洋大学で五・四運動に参加、のちロシア共産党員のポレヴォイらと関係を持ち、彼が教えていた北京大学の李大釗らと知り合い、北京共産主義小組と関係を持った。二一年二度モスクワへ、コミンテルン東方局で工作、三回大会に出席、帰国後、上海の社会主義青年団に加わり、マーリン、ボロジン（二五～二七年）などコミンテルンから派遣されてきた代表たちの通訳をして活動。語学が良くできたコミンテルン派で中共両広区常委、二七年中共中央委員、八・七会議で政治局候補、同二七年の広州暴動（広東コミューン）を指揮していて死亡した。

陳其昌《ちんきしょう》（一九〇〇－一九四九）　河南省洛陽人、北京大学の学生だった一九二五年に中共に入党、中上級幹部として工作に従事した。二九年に陳独秀らの「無産者」社に参加、トロツキー派として党から出される。三二年の陳独秀逮捕の後、三三－三七年のあいだ臨時委書記を務め、貧苦の生活に耐えつつ残った上海トロツキー派を維持した功績者だった。ブハーリン、トロツキーについての『モスクワ裁判の真相』、『デューイ委員会判決書』などを訳し、「中国民族大遷移問題」や中国の経済問題の文章がある。四二年陳独秀の死後まもなく、上海で兄の仕事を手伝っていて日本官憲に捕えられて処刑された。長堀祐造氏が生涯について詳しく書いておられる。

陳岱青（　－？）　福建省福州人、一九二六年モスクワ東方大学に留学、トロツキー派に。二九年帰国、「戦闘社」に加入。四派統一の後は上海の法南地区書記を務める。三二年陳独秀ら逮捕の後、臨時委に加わる。三三年北京の中国大学で教えるが、十一月に逮捕される。国民党に投降し、林一心と改名、陶希聖、鄭家稼らについて復旦大学で教鞭をとる。四九年以後、台湾へ。

陳碧蘭（一九〇二－一九八七）　湖北省黄坡人、彭述之の妻。一九二二年社会主義青年団、二三年中共加入、二四年にモスクワ東方大学留学、二五年帰国、河南省で中共党員として活動。のち上海の中央婦女部、上海市委で工作に従事した。その後、二五年彭述之と結婚、武漢で共に工作活動に従事し、三七年彭述之釈放後も上海で活動、四二年の分裂後も彭と一緒に多数派に属した。四五年抗戦勝利後、

『青年与婦女』雑誌を発行。四八年彭述之と「中国革命共産党」を結成、のち香港に出、ベトナム、フランスを経て、アメリカに居住した。

鄭超麟（一九〇一―一九九八）福建人、若くして『新青年』に投稿した。一九年に勤工倹学でフランスへ、二二年少年共産党結成に参加、二三年モスクワで勉学、語学の天才で、帰国後に党中央宣伝部で秘書。湖北省委宣伝部長、二七年革命敗北後、八・七会議に出席、のち上海で雑誌『ボルシェヴィキ』の編集に任じ、党内路線対立で二九年に江蘇省委宣伝部長、江蘇省委独立事件で省委を支持、同年モスクワ帰りの王平一が持ち帰ったトロツキーの論文を読み、トロツキー派に。同年中共除名。三一年に逮捕され、三七年に陳独秀と同時期に釈放された。独秀の按排で安徽省績渓県（汪孟鄒と胡適の故郷）に行き、療養した。四〇年上海に戻り、王文元、陳其昌らと活動を共にし、抗日、翻訳活動をつづけた。四二年分裂後、第四インター中国支部の「中国革命共産党」（彭述之、グラス）と別れ、「中国国際主義労働者党」を作る。四九年大陸に残り、五二年中共のトロツキー派弾圧で捕らわれ、獄中二十七年、一九七九年にようやく釈放された。『鄭超麟回憶録』一九八六（邦訳『初期中国共産党群像1、2』平凡社東洋文庫）がある。

屠仰之（―?）浙江省海寧人、中共党員、一九二五年杭州で地下活動に従事、二七年革命敗北後に上海に出て、時事新報社の植字工として働き活動。馬玉夫、彭述之、鄭超麟の影響でトロツキー派に入った。陳独秀らが捕われた後、三三年にトロツキー派を離脱、国民党に身を投じた。

な行

任曙（任旭）（―?）四川人、中共党員、大革命時に広州で活動。敗北後、長江局に。一九二七年陳独秀と共に上海に出る。二八年湖北代表としてモスクワの六大大会に出席、その後陳独秀派として中共指導部を批判、処分を受け、二九年トロツキー派に、「無産者」社に参加した。トロツキー派の観点から中国の経済問題を論じ、三〇年代の中国社会性質、社会史論戦に参加した。トロツキー派臨時委書記に一度なるが、その後、離脱、国民党に。抗戦中は四川の県長に任じた。

任卓宣（筆名「葉青」）（一八九六—一九九〇）、四川人、一九二〇年勤工倹学でフランスに渡り、二二年少年共産党を結成、のち中共旅欧支部書記に。一九二五年五・三〇事件に呼応した運動でフランスで逮捕入獄、強制追放処分を受け、ソ連に留学。二六年帰国、中共湖南省委書記に、二七年国民党に逮捕された後、投降。三七年以後、三民主義に転向するも、マルクス主義者として言論活動を行う。三九年国民党入党、四二年陳独秀が重慶にいたときに金銭支援を行った。五〇年台湾へ。

は行

馬玉夫——本文第三章第一節を見よ。

潘蘭珍（一九〇八—一九四九）江蘇省南通人、飢饉を逃れて上海へ。英米タバコ会社で童工（児童労働者）に。独居していた彼女の幢房の前房に陳独秀が住んでいて、二人は朝夕建物を隔てて窓越しに挨拶するようになり、同居。陳独秀は南京人とのみ告げていた。一九三二年、潘蘭珍がこの辺りに共産党がいるというのを聞いてきたので、二人は鄭超麟の手配で転居。三二年十月に陳独秀が捕えられた時、独秀と喧嘩中で実家に帰っていて、独秀逮捕の新聞でその写真を見てはじめて、陳独秀と知った。南京獄まで行って独秀の世話をし、その後、四川で独秀の最期をみとった。陳独秀は最期に潘に、自分で生きて行けと言って息を引き取った。その後、四川で働いていたが、上海に出、四九年に病死した。

彭述之《ほうじゅつし》（一八九六—一九八三）湖南人、北京大学在学中に五・四運動に参加、一九二一年中共加入、同年、楊明斎主催の外国語学校から劉少奇らとともに第一期東方大学留学生としてロシアに派遣され、中共モスクワ支部の中心に。二四年帰国後、中共中央中執、中央宣伝部長を務める。二七年中央を離れ、二九年にトロツキー派として陳独秀と共に除名される。以後、「無産者」派、左派反対派＝トロツキー派として活動、三二年陳独秀と共に逮捕され、入獄。獄中で陳独秀と論争し、三七年釈放後、分かれる。四二年分裂時に多数派をつくり、四八年に「中国革命共産党」を組織。同年に香港に逃れ、やがてアメリカに居住した。

彭桂秋（彭仲文、 -?） 河北省保定人、モスクワ中山大学留学時期に呉季厳に接近、一九二九年帰国後、トロツキー派、「無産者」派に加入。三三年桂林師範専門学校で教員。三八年重慶の国民党軍事委員会で通訳、中央設計局で専門員を務め、抗戦勝利後は南京で新聞局に勤務した。四九年以後、大陸で通訳業務に従事。

濮徳志《ぼくとくし》（濮清泉、西流、圃、濮得之、濮一凡、一九〇五－一九七七） 安徽省懐寧人、陳独秀のまたいとこ。日本留学後、一九二六年中共入党、その後モスクワ留学、二八年ソ連でトロツキー派に。帰国後、中共を除名され、十月社に加入。三一年五月統一トロツキー派の中央委に当選、逮捕される。三二年出獄後、陳独秀に誘われてトロツキー派中央に参画、招商局の月刊編集をつとめる。三二年十月陳独秀と共に逮捕され、南京獄に。獄中で独秀の世話をする。三七年釈放。安徽で静養した後、三八年雲南へ行き、教員。西流として重慶の独秀と書信の往来をし、上海の王文元らとの仲介役を果たした。五二年中共のトロツキー派弾圧で捕えられ、のち釈放、七九年に「私の知るところの陳独秀」（『文史資料選輯』七十一輯）を書いた。

や行

葉英（女性、 -?） 湖北人、武漢の国民党軍官学校女性隊で軍事を学ぶ。革命敗北の後、一九二七年にモスクワ東方大学に留学、モスクワでトロツキー派に加入。王文元と結婚。二九年王文元とともに帰国。三二年王文元が入獄した後、薛農山と同居。抗戦時はまた別人に嫁ぎ、重慶の国民党機関で仕事をした。

楊朋升（一九〇〇－一九六八） 四川省渠県人、名は泰堃、国民党の高級軍人。かつて武漢警備司令部の少将参議、弁公庁主任、川康綏靖公署少将高級参謀、重慶衛戍総司令部中将顧問などを歴任。一九三七年陳独秀が武漢にいた時に知り合う。四川に移ってから独秀を経済的に支援した。

ら行

羅漢（一八九八―一九三九）　湖南人、五・四運動参加後に、勤工倹学でフランスに。一九二一年リヨンでの活動で帰国処分になり、帰国、二二年中共加入、国共合作下の北伐で、二七年に国民革命軍第四軍政治部主任（参謀長だった葉剣英と同軍）、のちに北京で工作活動、その後、モスクワ東方大学に留学、王文元らとともにトロツキー派になる。二八年帰国、トロツキー派として華北で工作、除名され、「われわれの言葉」派（十月社とも）に所属、逮捕入獄を経験。出獄後、三一年の四派統一大会に参加、中央委に。三二年陳独秀ら指導部が逮捕された後、トロツキー派から離れたが、貧困に苦しむ獄中のトロツキー派の人々の為に救済活動をしていた。三七年抗日戦が始まると、南京に出てきて独秀やトロツキー派の人の為に奔走、救出努力をした。この時、陳独秀の釈放を機に、中共との「合作」（陳独秀の中共への「復党」）工作をした（本文参照）。のちに陳独秀と共に重慶に移って、北京大学同学会の要請で陳独秀の世話をしていたが、日本軍の重慶爆撃で死亡した。

羅世璠（凡）（　―一九三九？）　湖南省宝慶人、中共党員、江蘇省委で活動。一九二九年馬玉夫の影響でトロツキー派「無産者」社に加入。三二年組織部長として陳独秀とともに逮捕される。三七年に釈放され、上海の臨時指導部に入ったが、その後、湖南に戻った。のち、病死。

李季（一八九二―一九六七）　湖南省平江県人、北京大学生、一九二一年陳独秀とともに広州で教育活動に従事。その後、ドイツとモスクワ東方大学に留学、帰国後に上海大学の経済学の教員に。湖南・湖北の農民運動に携わり、故郷で『マルクス伝』を書く。二七年大革命後敗北の後、「われわれの政治的意見」の中に陳独秀とともに彼の名を出されたのを危惧した。社会史論戦にトロツキー派の観点で参加した。四九年大陸に残り、五〇年にかつてトロツキー派だった過ちを悔いる書面を発表掲載した。

劉胤（李建華、李麦麦は筆名）（　―一九三四）　湖北省武漢人、一九二五―二七年大革命時に武漢共産主義

青年団で活動、一九二七年敗北後、モスクワ東方大学に留学、帰国後にトロツキーの本を翻訳、趙済らと「戦闘社」を結成。原稿を陶希聖らの新生命書店に売って生活していた。三一年統一後のトロツキー派中央の逮捕ののち、国民党側へ（「戦闘社」の王平一、徐乃達、解叔達、閔萌昌はモスクワ留学組、来燕堂のみ非留学、この五人がのちに国民党中統に行き、共産党狩りを手伝った。三二年の陳独秀らの逮捕は彼らの所為だという）。復旦大学で教鞭をとる。

劉仁静（一九〇二―一九八七） 湖北省応城人、五四時期に北京大学哲学系の学生。当時陳独秀を大変尊敬し、一九二〇年北京共産主義小組に参加、二一年の中共一全大会の北京代表の一人。二三年共青団委員長、二六年モスクワ留学、折からソ連共産党内で論争が起き、トロツキー支持派に加わる。帰国途中、一九二九年にトルコにいたトロツキーと会見、中国の左翼反対派との連絡役になる。帰国後、王文元らと「十月社」を結成。一九三四年にアイザックスが北京に移り、かれを雇って大革命に関する資料を収集した（『中国革命の悲劇』でいう友人T.C.Lは劉仁静のこと）。三五年グラスと一緒に新指導部を作るが、同年に逮捕される。獄中で反省し、国民党を支持、トロツキー派を除名される。その後国民党特務になる。四九年以後、大陸に残り、五〇年中共支持を表明。人民共和国で国務院参事などをつとめる。

劉静貞（一九〇二―一九七九） 雲南人、鄭超麟の妻、一九二五年北京女子師範大学在学中に中共入党、国共合作中に国民党中央婦女部にいた後、革命敗北後、江蘇省委の幹部として上海総工会で活動。鄭と結婚後、トロツキー派に。三二年の陳独秀逮捕の後は、南京獄に「呉静如」という名で訪ね、獄中の独秀と上海のトロツキー派臨時委との間の文書連絡役を務めた。五二年中共のトロツキー派弾圧で逮捕され、五七年病気で釈放。五九年以後獄中の夫を支えたが、文化大革命で迫害を受け、七二年夫鄭超麟と共に労働改造所で同居。七九年に鄭とともに釈放された後、死去。

劉伯庄（　―一九四七）四川人、勤工倹学でフランスに渡り、一九二二年少年共産党を結成、二三年帰国、中共北京地区委書記、共青団書記、団中央委員を務める。大革命後は、中共北方局委員、湖北省委書記、順直省委書記をつとめる。二八年のモスクワでの六全大会に出席、二九年の江蘇省委独立事件後に陳独秀らとトロツキー派に。三〇年「無産者社」の上海東部地区委、仮名「劉剣南」。北京民国大学で教鞭を取った。同郷の任卓宣（「葉青」）と『抗戦嚮導』を出した。のち、四川で病死した。

黎白曼（黎彩蓮、女性、－一九三六）、湖北省武漢人、一九二七年大革命後、モスクワの中山大学に留学、間もなくトロツキー派に。二九年帰国、短い間中共の党内で仕事をしたのち、党内トロツキー派排除の時に党を出された。三六年病死。中国トロツキー派の中で最も傑出した女性革命家と言われる。

楼国華（一九〇五－一九九五）浙江省余桃人、一九二五年入党、二七年大革命敗北後、モスクワ帰りの留学生（トロツキー派）の影響でトロツキー派に。「われわれの言葉」派に参加。三一年五月に逮捕され、徒刑五年。三六年満期出所、名を「楼子春」と改め、陳独秀らが居なかったトロツキー派で指導的な仕事をした。四二年の分裂時には王文元、鄭超麟らと少数派に。抗戦勝利後、四五年上海文華影片公司の高級職員。少数派の活動を続ける。四九年「国際主義労働者党」を王文元、鄭超麟らと作る。その後、王文元と共に香港に出、そこで「一丁」の筆名で執筆活動を続けた。

付録三　陳独秀関連年譜・中国革命と世界情勢年表

西暦	歳	陳独秀関連年譜（年齢は数え年）	中国革命と世界情勢年表
一八七九（光緒五年）	0	10月、安徽省安慶府懐寧県（省城）の読書人の家庭の二男として生まれる。	
一八九四			7月、日清戦争始まる（翌九五年4月迄）
一八九六		科挙の院試に合格（秀才）、この年、父の弟の陳昔凡の継子になる。	
一八九七	19	8月、南京で江南郷試を受験、不合格。安徽省績渓県人の汪希顔と知り合う。弟の汪孟鄒と交際。最初の妻高大衆と結婚。	11月、ドイツ膠州湾を占領
一八九八		養父陳昔凡と共に奉天に。	6月、戊戌変法開始（～9月）、政変で失敗。
一九〇〇	22	義和団事変に遭遇。ロシア軍十五万が満洲に入り占領するのを実見。	6月、義和団事変。 8月、八ヶ国連合軍、北京占領、露軍満洲占領
一九〇一		初めての留日、東京で留学生の「励志会」に参加、以後、一時帰国も含め、五度日本に。	9月、辛丑条約（北京議定書）締結
一九〇二		一時帰国、南京陸師学堂で汪希顔の紹介で章士釗、趙声と知り合う。	

一九〇三	25	春、辮髪事件で帰国させられ、拒露運動上海張園集会に参加。 5月、安慶で拒露大会、愛国演説をする。 8月、上海で章士釗の『国民日報』を手伝う。 12月、『レ・ミゼラブル』（蘇曼殊原訳）を刊行。	4月、ロシア軍、満洲からの第二期撤兵せず。 5月、章士釗、『蘇報』主筆に。 7月、『蘇報』事件、章炳麟、鄒容入獄。
一九〇四		3月、汪孟鄒が蕪湖で開いた科学図書社から『安徽俗話報』を発行、「亡国論」掲載。 秋、黄興らの華興会の革命運動に参与。	日露戦争（2月～5年9月）。 10月、華興会、長沙暴動未遂事件。 11月、万福華の王之春殺害失敗事件で章士釗、黄興ら逮捕。
一九〇五	27	夏、安徽で岳王会の活動を広げ、柏文蔚、孫毓筠と知り合う。 9月、『俗話報』22期で停刊。呉樾、楊篤生の五大臣暗殺事件に関わる。	8月、章士釗、孫文と黄興を引き合わせ。「中国同盟会」を東京で成立させる。
一九〇六		3月、徽州公学で監学・教員。夏、蘇曼殊と一時日本へ。	
一九〇七	29	春、渡日、正則学校で英語、アテネフランセでフランス語を学ぶ。	
一九〇八			章士釗、イギリス留学へ（楊篤生同行）
一九〇九		兄死去、帰国して埋葬。妻の妹の高君曼と恋愛問題を起こし駆け落ち、杭州へ。文字学研究を進める。	
一九一一		10月、杭州で革命運動に参加。	10月、武昌で新軍が蜂起、辛亥革命、拡大へ。
一九一二	34	1月、安徽都督孫毓筠の招きで都督府顧問に。 5月、秘書長に。のち安徽高等学堂教務長。 6月、柏文蔚都督に、独秀は秘書長に。	1月、孫文、南京で中華民国臨時大総統に就任。 2月、宣統帝退位。孫文、臨時大総統を辞任、職を袁世凱に譲る。

一九一三	35	8月、反袁世凱の第二革命。上海に逃れる。『字義類例』を執筆、CC生『新体英文教科書』を出版。	3月、袁世凱、宋教仁を暗殺させる。 6月〜、袁世凱、柏文蔚ら三都督を罷免、反袁の第二革命勃発（7〜8月）。
一九一四		6月、CC生「生機」を東京の章士釗の『甲寅』に送り、掲載。 7月、東京で『甲寅』雑誌編集に参加。 11月、陳独秀名で「愛国心と自覚心」を『甲寅』に発表。	7月、欧州で第一次世界大戦勃発。 10月、袁世凱、正式の大総統に就任。秋、胡適、「非留学篇」を『甲寅』に送る。 11月、袁世凱、国民党を解散。
一九一五	37	6月、帰国。 9月、汪孟鄒の亜東図書館・群益書社から『青年雑誌』（のち『新青年』に）を創刊、「敬告青年」を発表。	5月、袁世凱、日本の二十一か条要求を受諾。 8月、章士釗「国家与私」、李大釗「厭世心与自覚心」、『甲寅』に発表。 12月、袁世凱、帝政復活（翌年3月に撤回）
一九一六	38	2月、「われわれの最後の覚醒」。 8月、胡適「文学革命についての書簡」を独秀に送る（10月『新青年』掲載）。 10月、独秀、胡適に文学改良文を『新青年』に載せて欲しいと要望。 12月、胡適「文学改良芻議」を送る。 12月、蔡元培、北京に来ていた陳独秀の宿に日参、北京大学文科学長への就任を要請。	6月、袁世凱、糖尿病で急死。 9月、教育部、留仏中の蔡元培を北京大学校長に任命。 冬、蔡元培帰国。
一九一七	39	1月、「文学改良芻議」『新青年』に発表。北京大学文科学長に就任。 2月、「文学革命論」発表。	2月、ロシア二月革命起こる。 7月、安徽派段祺瑞政権。孫文、護法運動を開始。 7月、胡適帰国、 8月、北京大学教授に就任。 11月、ロシア革命、ボルシェヴィキ政権樹立。

一九一八		11月、「ケッテラー碑」発表。 12月、李大釗らと『毎週評論』発行。	11月、第一次大戦終結、ドイツ敗北。
一九一九	41	1月、『新青年』、北京大に対する風当たり強まる。「本誌罪悪の答弁書」を発表。 3月、蔡元培「林琴南に答える書」発表。「北京大三月事件」で陳独秀撤任が決まる。 6月、ビラ「北京市民宣言」散布で逮捕される。 9月、出獄。前後に文科学長職を正式撤免職。 12月、上海へ、陳炯明の西南大学設立に協力。	3月、第三インター（コミンテルン）第一回大会。 5月、五・四事件、五四運動に拡大。 6月、6・3ストに発展。 7月、「カラハン宣言」発表（ソヴィエト・ロシア政府外交人民委員代理カラハン、帝政ロシア時代の在華特権の放棄を宣言）。 10月、孫文、党を改組、上海で中国国民党を結成。
一九二〇	42	1月、武漢へ、講演会。 2月、帰京後、警察の釈放違反の追及を逃れて上海へ。旧柏文蔚宅で『新青年』発行。 4月末～5月初　ヴォイチンスキーと接触。 5月、「メーデー特集」。共産主義小組結成へ。 8月末～9月　中国共産党（臨時中央）結成、書記となる。 11月、雑誌『共産党』発行、「短言」を書く。	3月、ウラジオストックからヴォイチンスキー来華、北京で李大釗と接触、4月に上海へ、陳独秀らと接触、社会主義者の連合戦線工作を進める。 7月、安直戦争勃発。 7－8月　コミンテルン第二回大会、レーニン「民族・植民地問題についてのテーゼ」とインド代表ロイの「民族・植民地問題についての補足テーゼ」を採択。
一九二一	43	1月、陳炯明の求めで広州へ（12月上海出発）、広東省教育委員会委員長に就任（～9月）。 7月、スネーフリート（馬林《マーリン》）主導の中共第一回全国代表大会（上海）。欠席のまま書記に選出される。 9月、広州から上海に戻り、書記の活動に従事。 10月、上海の住宅、租界警察の手入れを受け、逮捕、罰金刑。	5月、広州に孫文らの護法政府成立。 11月、ワシントン会議開催（～22・2・6）

一九二二	44	6月、「時局についての決議（第一次）」発表。 7月、中共第二回全国代表大会（上海）を開く。国民党との連合、党外合作方針を決定。 8月、フランス租界で逮捕される。 8月、マーリン、西湖会議を召集、コミンテルン党内合作方針で一部党員の国民党加入を決める。 10月、コミンテルン第四回大会（モスクワ）出席。	2月、極東諸民族大会（モスクワ）。ワシントン会議、諸条約に調印。 3月、反キリスト教運動勃発。 4月、第一次奉直戦争勃発。 6月、陳炯明の反乱、孫文を広州から上海に追放。 8月、マーリンとヨッフェ、モスクワから北京着。 8月、マーリン・孫文会談。
一九二三	45	2月、京漢鉄道で「二・七惨案」おきる。 6月、中共第三回大会（広州）、マーリン主導で全党員の国民党加入（党内合作）を決定。	1月、「孫文・ヨッフェ共同声明」発表。 9月、ボロジン、広州に赴任。国民党改組。
一九二四	46	9月、『嚮導』「九・七特集」に「義和団についての二つの誤った考え」を発表。 10月、「国民党の根本問題」「辛亥革命と国民党」を発表。	1月、国民党第一回全国大会（広州）。国共合作を決定。期間中、レーニン死去。 9月、第二次奉直戦争（～10月、呉佩孚敗北）、馮玉祥の北京政変、溥儀を紫禁城から追放、国民軍を名乗る。孫文、北上を決意。
一九二五	47	1月、中共第四回大会（上海）、国民党・国民運動での活動を報告、ヴォイチンスキー提案のトロツキー譴責の決議を採択。王若飛秘書長に。 3月、『字義類例』を出版。 6月、5・30事件のストライキ運動（～9月）を指導、五・三〇運動に発展。 10月、中央拡大会議で国民党からの退出を主張。	1月、トロツキー、軍事人民委員を解任される。 3月、孫文、北京で死去。 5月、上海で5・30事件発生。反帝国主義の波起こる。
一九二六	48	3月、中山艦事件で、国民党から退出、蔣介石に対抗を主張。	3・20、蔣介石、中山艦事件を起こし、軍権・党権を掌握、党務整理案を出す（5月）。

一九二六	48	7月、「国民党の北伐について」、北伐に反対。 11月、上海第二次暴動。	7月、蒋介石、国民革命軍の北伐を開始。ソ連共産党、トロツキーの政治局員を解職。 12月、国民政府、広州から武漢に移転。
一九二七	49	3月、上海第三次暴動を指導、市臨時政府を樹立。 4・4、「汪精衛・陳独秀宣言」で連合維持を発表。 4・12クーデタ時、陳独秀は武漢。 4〜5月　中共第五回大会（武漢）、土地革命・武装化に反対するコミンテルンの方針に従う。 6月、コミンテルンの六月指示（土地革命の実行、五万の工農革命軍を指示）に抵抗。辞職願。 8月、中共緊急会議（八・七会議）、革命敗北の責任を負わせられ、総書記職務停止、事実上の解任。 9月、上海に蟄居。 10月〜、中共機関紙に「寸鉄」を執筆（〜28・3、一五一篇）。 11月、瞿秋白指導下の中共の武装暴動・政権奪取の左傾妄動主義批判の書簡を三通送る（〜12月）。	3月、南京事件。 4・12クーデタ　蒋介石、上海労働者を弾圧、臨時市政府を打倒。南京に国民政府を樹立。 5月、コミンテルン執行委第八全会、中国問題でトロツキーがスターリンを批判。トロツキーのコミンテルン執行委員を取消。 5・21、馬日事変おきる（湖南）。 7・15、武漢政権、共産党を追放（国共合作の終焉）。南京政府との合流を決める。 8・1、中共の国民党旗を掲げた南昌暴動、失敗。 9月、中共の秋収蜂起、失敗。 11月、トロツキー、ソ連邦共産党から除名。 12月、中共の広州蜂起（広州コミューン）、失敗。
一九二八	50	1月、ソ連から戻された梁幹喬ら上海で反対派（トロツキー派）を結成。 2月、陳延年（江蘇省委書記）捕われ、殺害される。 5月、コミンテルン、中共六回大会を6月にモスクワで開催すると決定、多数の代表モスクワ入り。陳独秀は拒絶。春夏間、『中国拼音文字草案』完成。	1月、トロツキー、アルマ・アタに追放。 6月、中共第六回大会（〜7月、モスクワ）、宣伝部長・蔡和森を中心。 8月、コミンテルン第六回大会、社会ファシズム論を提起。 10月、トロツキー「コミンテルン第六回大会後の中国問題」を発表。 10月、ソ連、第一次五カ年計画を開始。

一九二九	51	5~8月、トロツキーの中国問題についての論文を読む。 7月、中共の中東鉄道政策（ソ連擁護）を批判し、国民党の「誤国政策」に反対すべきだとする三通の書簡を出す（~8月）。 11月、中共、陳独秀、彭述辞之らを除名。 12月、「全党の同志に告げる書」、「われわれの政治的意見書」を発表。	2月、トロツキー、ソ連政府から国外追放処分を受く。以後、トルコ、フランス、ノルウェーを経てメキシコに居住。 4月、ブハーリン批判（10月政治局員解任）。 7月、中東鉄道事件で中ソは国交断絶。 8月、王文元、呉季厳ら、ソ連より帰国。劉仁静、トルコでトロツキーに会って帰国。以後、トロツキーとの仲介役になる。
一九三〇	52	3月、陳独秀派機関紙『無産者』を創刊。以後、中共とコミンテルンを批判しながら、他の反対派諸派（中国トロツキー派）と論争し、また統一へ向けての交渉・説得を行う。	5月、中原大戦起こる（~10月）。 6月、中共、ブハーリン右派批判を機に蔡和森を追放した李立三の下で大都市奪取計画開始。江西などに十五のソヴィエト根拠地を作る。 11月、国民党軍、江西の中央ソヴィエト区への包囲攻撃を開始（三四年まで五次）。
一九三一	53	5月、中国トロツキー四派を統一した「中国共産党左派反対派」を成立させる。書記処書記に陳独秀選出。 5月、馬玉夫の密告でトロツキー派中央の十三人逮捕される。この年、夫人の高君曼が南京で死去。	1月、中共六期四中全会、モスクワからミフが秘密裏に上海へ、議長として李立三路線を批判、王明・ミフの左傾国際路線を取る。 9月、満洲事変勃発。 11月、中華ソヴィエト共和国臨時政府、瑞金で成立。政府主席毛沢東。
一九三二	54	1月、彭述之、羅漢ら、中共中央に合作抗日を提案。 6月、トロツキーに手紙を書く（再組織状況等について）。 10月、上海で仏租界警察に逮捕され、身柄を国民党、南京に護送される。	1月、第一次上海事変。中共、「一省または数省で先ず勝利する」路線を取る。 3月、「満洲国」成立。 10月、傅斯年「陳独秀案」『独立評論』に発表。蔡元培、胡適ら陳独秀救援に動く。

一九三三	55	4月、江寧法院で裁判始まる。弁護人は章士釗。「辯訴状」を読みあげる。一審判決は徒刑十三年、上訴状を書く。 6月、徒刑八年の刑が確定、南京の江蘇第一監獄に収監、獄中ストライキで待遇改善、書物が読め、上海のトロツキー派との連絡を確保、獄中から指示を出す。	1月、ヒトラーのナチス、政権に就く。 1月、中共中央、上海から江西ソヴィエトに移転。 5月、塘沽停戦協定成立。 11月、十九路軍の蔡廷楷ら、反蔣介石・反日を掲げて福建人民政府を樹立、のち蔣介石軍に倒される。
一九三四	56	5月、陳其昌を中心とするトロツキー派臨時委に史朝生ら批判、攻勢をかける。 5月、「トロツキー派国際事務局への手紙」を書く。	10月、中共軍、第五次包囲戦で中央ソヴィエト区を放棄、西遷を開始する（～36年10月）。
一九三五	57	1月、史朝生らのトロツキー派中央の権力掌握に反対。そのトロツキー派中央から除名される。その中央が3月に摘発されて消滅。グラス、陳其昌、尹寛らによって復活される。 12月、上海トロツキー派代表大会、陳其昌、王文元、グラスら中心になる。	1月、遵義会議、西遷中の第一方面軍、毛沢東の軍事主導権が確立する。 8月、コミンテルン第七回大会、ディミトロフの反ファシズム人民戦線論を決定。 8月、モスクワにいた王明ら中共代表団、抗日の「八・一」宣言を出す。 10月、中共、「八・一」宣言を公表。
一九三六	58	1月、「無産階級与民主主義」を『火花』に発表。 5月、「中国の一日」を書く。 9月、「われわれの時局における任務」発表。	8月、第一次モスクワ裁判、ジノヴィエフ、カーメネフら十六名を粛清。 12月、西安事変起こる。
一九三七	59	7月、「実庵自伝」執筆。 8月中旬、日本軍機、南京爆撃、監獄被弾、減刑措置で釈放。8月下旬、羅漢、南京でトロツキー派の救出活動を行う。「復党」問題出る。 9月、南京から武漢に。以後、抗日言論活動、民主派人士との連携、軍人との連携を模索。	1月、第二次モスクワ裁判（ピャタコフ、ラデックらを粛清）。 7月7日、蘆溝橋事件、日中戦争が本格化。 8月、第二次上海事変。 9月、第二次国共合作（抗日民族統一戦線）成立。 11月、日独伊防共協定成立。

一九三七	59	12月、王明ら中共、陳独秀は日本の間諜、漢奸だと言い始める。翌年に本格化する。	12月、南京陥落。「南京虐殺」発生。
一九三九	61	3月、公開書簡「『新華日報』に致す」で中共の漢奸キャンペーンに反論。 6月、　武漢から重慶に移動。 8月、四川省江津に移転（城内郭家公館に滞在）。 11月、陳其昌、訪江津。トロツキー宛て書簡を書き、上海トロツキー派中央の方針を「極左」と批判。	8月、独ソ不可侵条約締結。 9月、独、ポーランド侵攻、第二次大戦始まる。 11月、ソ連、フィンランドに侵攻。
一九四〇	62	3月、世界大戦・抗日戦争での祖国敗北主義を批判、民主主義擁護、独裁国家非難の書信を西流（濮徳志）らに送る（～9月）。 11月、「私の根本意見」執筆。 12月、鄭学稼宛書信で、「ナチスはプロシャとボルシェヴィズムの混合物」だと主張。	3月、南京に汪精衛の国民政府成立。 6月、ドイツ、パリ占領。 8月、トロツキー、メキシコで暗殺される。 8月、ソ連、バルト三国併合。 9月、日独伊三国軍事同盟締結。
一九四一	63	1月、「Yへの手紙」「HとSへの手紙」を書く。 1月、上海トロツキー派中央、民主と独裁をめぐって陳独秀を批判。 7月、上海トロツキー派、多数派と少数派に分裂する。	4月、日ソ中立条約締結。 6月、独ソ戦始まる。 8月、米国、対ソ援助協定締結、 11月、武器貸与法のソ連適用を宣言。 12月、日本軍真珠湾攻撃、日米開戦、独伊対米宣戦、日中戦争は第二次世界大戦の一部に。
一九四二	64	2月、「戦後世界大勢の輪郭」、 4月、「世界大勢再論」、 5月13日、「被抑圧民族の前途」を脱稿、「Yへの手紙」を書く。持病悪化への服薬で体調を壊す。 5月27日、死去。	2月、毛沢東、延安で王明ら国際派（ソ連派）を打倒し、毛沢東思想で党内の思想統制を図る整風運動を開始。

【引用文献一覧】（五十音順）

あ

❖麻田雅文『中東鉄道経営史――ロシアと「満州」一八九六～一九三五』名古屋大学出版会、二〇一二。

❖鐙屋一『章士釗と近代中国政治史研究』芙蓉書房出版、二〇〇二。

❖『安徽俗話報』人民出版社、一九八三、影印。

❖『「一大」前後――中国共産党第一次代表大会前後資料選編』（一）、（二）、中国社会科学院現代史研究室等編、人民出版社、一九八〇。

❖石川忠雄『中国共産党史研究』慶應通信、一九七一。

❖石川禎浩『中国共産党成立史』岩波書店、二〇〇一。

❖宇野重昭『中国共産党史序説』上、日本放送出版協会、ＮＨＫブックス、一九七三。

❖*Wakeman, Jr., Strangers at the Gate: Social Disorder in South China 1839 - 1861*, California U.P. 1966.

❖王光遠編『陳独秀年譜』重慶出版社、一九八七。

❖汪原放『亜東図書館与陳独秀』学林出版社、二〇〇六。

❖オットー・ブラウン『大長征の内幕』瀬戸鞏吉訳、恒文社、一九七七。

❖王凡西（王文元）「従陳独秀的『最後意見』説起」『陳独秀研究文集』新苗出版社、一九九九年、香港。

❖王凡西（王文元）『中国トロツキスト回想録――中国革命の再発掘』矢吹晋訳、柘植書房、一九七九。

❖緒形康『危機のディスクール――中国革命一九二六～一九二九』新評論、一九九五。

❖王明『王明回想録――中国共産党と毛沢東』高田爾郎・浅野雄三訳、経済往来社、一九七六。

か

❖カー、E・H『ロシア革命――レーニンからスターリンへ、一九一七－一九二九』塩沢伸明訳、岩波現代文庫、岩波書店、二〇〇八。

❖北村稔『第一次国共合作の研究』岩波書店、一九九八。

❖『共産国際、聯共（布）与中国革命文献資料選輯（一九一七－一九二五）』（中共中央党史研究室第一研究室訳、北京図書館出版社。一九九七。共産国際、聯共（布）与中国革命档案資料叢書の二。）→〈略号〉『共産国際』二。

❖『共産国際』一→『聯共（布）……』を見よ。

❖魏知信『陳独秀思想研究』南京大学出版社、一九八七。

❖饒懐民「前言」『楊毓麟集』岳麓書社、二〇〇一、所収。

❖グルーニン、ヴェ・イ「コミンテルンと中国における共産主義の生成（一九二〇－一九二七年）」（『コミンテルンと東方』国際問題研究所訳、協同産業KK出版部、一九七一、所収）。

❖耿雲志『胡適年譜』四川人民出版社、一九八九。

❖『甲寅』（復刻）、東方文化書局、一九七五。

❖高華『紅太陽是怎様升起的――延安整風運動的来龍去脈――』香港中文大学出版社、二〇〇〇。

❖呉暁『陳独秀一家人』中央編訳出版社、一九九四。

❖胡国枢『蔡元培評伝』河南教育出版社、一九九〇。

❖胡頌平『胡適之先生年譜長編初稿（一）』聯経出版、一九八四、台北。

❖胡適「非留学篇」、『胡適全集』（安徽教育出版、二〇〇三）第二〇巻所収。

❖胡適訳「柏林之囲」「決闘」、『胡適全集』第四二巻所収。

❖胡適「致《甲寅》編者：《甲寅》編者付記」、『胡適書信集』上、北京大学出版社、一九九六。

❖胡適「文学改良芻議」、増田渉・服部昌之訳、『中国現代文学選集』第五巻、平凡社、一九六三。

❖『胡適来往書信選』上中下、中華書局、一九七九、中華書局香港分局、一九八三。

❖『胡適遺稿及秘蔵書信』第二一冊、耿雲志編、黄山書社、一九九四。

❖『胡適秘蔵書信選』上下、風雲時代出版公司、一九九〇、台北。

❖『胡適留学日記』海南出版社、一九九四。

❖『胡適口述自伝』唐徳剛訳注、伝記文学出版社、民国七二年、台北。

❖小林一美『中共革命根拠地ドキュメント』御茶の水書房、二〇一三。

さ

❖蔡元培・陳独秀『蔡元培自述・実庵自伝』中国社会科学院近代史研究所民国文献叢刊、中華書局、二〇一五。

❖崔萍「陳独秀与中東鉄道事件各方動態分析」『陳独秀与共産国際』新苗出版社、二〇〇〇、香港。

❖佐藤公彦『義和団の運動とその起源――中国民衆ナショナリズムの誕生』研文出版、一九九九。

❖佐藤公彦『中国の反外国主義とナショナリズム――アヘン戦争から朝鮮戦争まで』集広舎、二〇一五。

❖佐藤公彦『親中国・東大派のイデオロギー的な「逆襲」――拙著『中国の反外国主義とナショナリズム』への『中国研究月報』の書評、それへの反論文の扼殺の顛末』青娥書房、二〇一六。

❖師哲『毛沢東側近回想録』新潮社、一九九一。

❖シュウォルツ、I・B『中国共産党史――中国共産主義と毛沢東の抬頭』石川忠雄・小田英郎訳、慶應通信、一九六四。

❖周鯨文『風暴十年』時事通信社、一九五九。

❖朱洪『陳独秀的最後歳月』東方出版中心、二〇一一。

❖秋桐（章士釗）「国家与我」『甲寅』一巻八号（民国四年八月）。

❖蕭勁光『蕭勁光回憶録』解放出版社、一九八七。

❖蔣延黻『中国近代史』佐藤公彦訳、東京外国語大学出版会、二〇一二。

❖『新青年総目録――解題・総目次・著者別索引』、大安、一九六四年。

❖沈尹黙「我和北大」『文史資料選編』六十一輯（五四・六十周年紀念）、一九七九年。

❖『新青年』（重印）上海・亜東図書館・求益書社、一九三五。

❖『新編原典中国近代思想史4　世界大戦と国民形成』坂元ひろ子責任編集、岩波書店、二〇一一。

❖『新編原典中国近代思想史1　開国と社会変容』並木頼壽責任編集、岩波書店、二〇一〇。

❖『新編原典中国近代思想史6　救国と民主』野村・近藤・砂山責任編集、岩波書店、二〇一〇。

❖鈴江言一『中国解放闘争史』石崎書店、一九五三。

❖宋永毅「広西文革における大虐殺と性暴力」『文化大革命――〈造反有理〉の現代的地平』明治大学現代中国研究所編、白水社、二〇一七、所収。

❖『孫文革命文集』深町英夫編訳、岩波文庫、岩波書店、二〇一一。

た

❖遅塚忠躬『フランス革命』岩波ジュニア新書二九五、岩波書店、二〇一一。

❖『中華民国人物伝』第三、八巻、中国社会科学院近代史研究所中華民国史研究室篇、中華書局、二〇一一。

❖『中国革命とソ連の顧問たち』ソ連科学アカデミー極東研究所編著、毛里和子・本庄比佐子訳、日本国際問題研究所、一九七七。

❖『中国近現代出版史料　甲編』、張静廬輯注、上海人民出版、二〇〇三年。

❖『中国共産党史資料集』一、三、一〇　日本国際問題研究所中国部会編、勁草書房、一九七四、一九七五。

❖張永通・劉学伝編『後期陳独秀及其文章選編』四川人民出版、一九八〇。

❖張君勱・胡適・梁啓超・陳独秀等『科学与人生観』中国致公出版社、二〇〇九、北京。

❖張国燾『我的回憶』一－三、東方出版社、一九九八、北京。（原書は香港で発行、一－三巻、明報月刊出版、一九七一－七四。）

❖「張太雷年譜」、『張太雷文集』人民出版、一九八一、所収。

❖陳東暁編『陳独秀評論』一九三三、『民国叢書』一編所収。

❖『陳独秀書信集』水如編、新華出版社、一九八七。

❖「陳独秀先生座談会」主講人任卓宣、『伝記文学』三十巻五期、民国六六年。

❖『陳独秀著作選編』、任建樹主編、全六巻、上海人民出版、二〇〇九年。

❖『陳独秀著作選』、任建樹等編、全三冊、上海人民出版社、一九九三。

❖『陳独秀晩年著作選』林致良・呉孟明・周履鏘編、天地図書、二〇一二、香港。

❖『陳独秀文集』1、2、3、長堀祐造他訳、平凡社東洋文庫、平凡社、二〇一七。

❖『陳独秀評論選編』河南人民出版社、一九八二。

❖CC生（陳独秀）「生機（致甲寅雑誌記者）」『甲寅』一巻二号（民国三年六月）東京麻布富士見町三一　甲寅雑誌社発行（台北リプリント版）。

❖陳独秀「自覚心与愛国心」『甲寅』一巻四号（民国四年四月）

❖陳独秀「文学革命論」、増田渉・服部昌之訳、『中国現代文学選集』第五巻、平凡社、一九六三。

❖陳独秀「給托派国際書記局的信」（一九三四年五月一五日）『陳独秀著作選』（三）所収。

❖陳独秀遺著『陳独秀最後的見解（論文和書信）』、自由中国社、一九四九年。

❖陳同道「何之瑜晩年の二つのこと」長堀祐造訳、『慶應義塾大学日吉紀要　中国研究』第九号（平成二八年）。

❖陳同道「陳其昌の死」長堀祐造訳、『中国研究月報』二〇〇二年四月。

❖鄭学稼「陳独秀先生晩年一些事」『伝記文学』三十巻五期、民国六六年。

❖鄭学稼『陳独秀伝』上・下　時報文化出版、台北、民国七八年。

❖鄭超麟「陳独秀致托洛茨基信是哪一日写的？」、『史事与回億——鄭超麟晩年文選』第三巻、天地図書、一九九八、香港。

❖鄭超麟「記何資深」、『懐旧集』東方出版社、一九九五年所収。

❖鄭超麟『初期中国共産党群像』一，二、長堀祐造・三好伸清、緒形康訳、平凡社東洋文庫、平凡社、二〇〇三。

❖*Duara. P., Culture, Power, and the State : Rural North China 1900 - 1942*, Stanford U. P. 1988.

❖ドイッチャー、アイザック『武力なき予言者トロツキー』（山西英一他訳）新潮社、一九七三。

❖唐宝林・林茂生編著『陳独秀年譜』上海人民出版社、一九八八。

❖唐宝林『中国トロツキスト全史』鈴木博訳、論創社、二〇一二。

❖唐宝林『陳独秀全伝』香港中文大学出版社、二〇一一。

❖ドヴ・ビン（Dov, Bing, 道夫・賓）「斯内夫利特和初期的中国共産党」『馬林在中国的有関資料』人民出版社、一九八〇、所収。原文は *The Chinese Quarterly*, vol. 45, London, 1971 所収。

❖栃木利夫・坂野良吉『中国国民革命』法政大学出版局、一九八七。

❖Tony Saich, *The Origins of The First United Front in China - The Role of Sneebliet (Akias Maring)*, E. J. Brill, 1991, Leidenn, Holland.

❖『トロツキー研究』三九号、特集「中国革命と陳独秀」（トロツキー研究所編）柘植書房新社、二〇〇二。

❖トロツキー、レオン「序言――アイザックス『中国革命の悲劇』へ」鹿島宗二郎訳『中国革命の悲劇』至誠堂、一九六六年版。

❖トロツキー、レオン「中国革命における階級関係」、「コミンテルン第六回大会以後における中国問題」『トロツキー選集六』現代思潮社、一九六一。

な

❖長堀祐造『陳独秀』山川出版社、世界史リブレット人、二〇一五。

❖『「二大」和「三大」――中国共産党第二、三次代表大会資料選編』、中国社会科学出版社、一九八五。

は

❖狭間直樹「孫文思想における民主と独裁――中華革命党創立時における孫文と黄興の対立を中心に」『東方学報』（京都）五八、一九八六。

❖波多野乾一『中国の国民党と共産党』弘文堂アテネ文庫、一九五五。

❖波多野善大『国共合作』中公新書、中央公論社、一九七三。

❖ハロルド、アイザックス「与斯内夫利特談話記録」（『馬林在中国的有関資料』人民出版社、一九八〇、所収。原文は Harold R.Issacs, Documents on the Comintern and the Chinese Revolution, *The China Quarterly*, No. 45, 1971 所収の 1, Notes on Conversation with H. Sneevliet, the Chinese Question, 1920 - 23 である。

❖ハロルド、アイザックス『中国革命の悲劇』鹿島宗二郎訳、至誠堂、一九七一。

❖平田清明「市民社会と階級独裁」『市民社会と社会主義』岩波書店、一九六九、所収。
❖藤原鎌兄『革命揺籃時の北京――辛亥革命から山東出兵まで』、小島麗逸編、社会思想社、一九七四年
❖Hu Shih（胡適）, "Introductory note", *The Story of the Chinese Eastern Railway*, by George. E. Sokolsky, North-China Daily News & Herald Ltd. 1929.
❖彭述之『失われた中国革命』中嶋嶺雄編訳、新評論、一九八〇。
❖Benton, Gredor ed, *Chen-Duxiu's Last Articles and Letters, 1937 - 1942*, University of Hai'i Press Honolulu, 1998.
❖傅斯年「陳独秀案」『独立評論』第二四号、『傅斯年全集』聯経出版、第五冊所収。
❖濮清泉（濮徳志）「我所知道的陳独秀」『文史資料選輯』七一輯、中華虚局、一九八〇。
❖濮清泉（濮徳志）「中国托派的産生和滅亡」『文史資料選輯』七一輯、中華虚局、一九八〇。

ま

❖マルクス、カール『フランスにおける階級闘争』中原稔生訳、国民文庫、大月書店、一九七〇。

❖マルクス、カール『ゴータ綱領批判』望月清司訳、岩波文庫、岩波書店、一九七八。

❖「馬林在共産国際第二次代表大会上的発言」『馬林在中国的有関資料』人民出版社、一九八〇、所収。

❖「馬林給共産国際執委的報告」『馬林在中国的有関資料』人民出版社、一九八〇、所収。

❖村田雄二郎「陳独秀在広州（一九二〇－二一年）」『中国研究月報』一九八九年六月。

❖メイスナー、M・『中国マルクス主義の源流――李大釗の思想と生涯』丸山松幸・上野恵司訳、平凡社、一九七一。

や

❖楊奎松『中共与莫斯科的関係』東大図書公司、台北、民国八六年。

❖楊天石「中山艦之謎」、同『蔣氏秘档与蔣介石真相』社会科学文献出版社、二〇〇二、所収。

❖楊揚編『陳独秀――自述与印象』上海三聯書店、一九九七。

❖横山宏章『陳独秀の時代――「個性の解放」をめざして』慶應義塾大学出版会、二〇〇九。

❖横山宏章『孫文と陳独秀』平凡社新書、平凡社、二〇一七。

ら

◆羅惇曧「庚子国変記」、「拳変餘聞」、『中国歴史研究叢書（旧中国内乱外禍歴史叢書）・庚子国変記』上海書店印行、一九八二所収。

◆李大釗「厭世心与自覚心（致甲寅雑誌記者）」『甲寅』一巻八号（民国四年八月）。

◆『聯共、共産国際与中国（一九二〇－一九二五）』第一巻、李玉貞訳、東大図書公司、一九九七、台北（原著は一九九四年モスクワ発行のロシア語版）。

◆『聯共（布）、共産国際与中国国民革命運動（一九二〇－一九二五）』（中共中央党史研究室第一研究室訳、北京図書館出版社。一九九七。共産国際、聯共（布）与中国革命档案資料叢書の一）――〈略号〉『共産国際』一。

◆Lensen, George Alexander, *The Damned Inheritance, the Soviet Union and the Manchurian Crisis 1924 - 1935*, The Diplomatic Press, 1974, Florida.

あとがき

本書は二〇一八年初めに出版した訳書『胡適 *1891-1962*――中国革命の中のリベラリズム』（J・グリーダー著、藤原書店刊）の姉妹本である。より正確に言えば、『胡適』翻訳の思いがけない「副産物」である。だから、本書は副題にあるように一つの視角が胡適で、該書と内容的にも重なる部分がある。より良い理解のために、是非、『胡適』を開いて覗いていただきたいと希望する。

わたしはもともと中国現代史のイデオロギッシュな「政治」の影がわが身に及んでくるのを嫌って、既に「歴史」に成った（と思われた）清末の研究から出発したものだから、長い研究生活を過ごして来ても、自分が「胡適」や「陳独秀」の研究に手を染めるなどとは予想だにしなかった。出来ればそっとやり過ごしたかった。「胡適」は優れた史学者であるし、「自由主義者」だから、自分もそれなりに齢を重ね、少し冷静にものを見ることができるようになって、改めて、食わず嫌いではなく、勉強して見なくてなるまい、と思わされた。それで、『胡適』の「あとがき」に書いたような次第で、大学院生と一緒にグリーダーの『胡適』を読んで、大いに啓発されたのである。その読書の成果が人々の助けを借りて立派な本になったのは有難いことであった。その過程で、「第一章」に書いたように、訳書の中にひょこっと「陳独秀遺著」の話が出てきて、興味をそそられて『陳独秀的最後見解』を読んだのが、本書を書くことになった切っ掛けである。

わたしが中国研究を始めた一九七〇年代は毛沢東礼讃の時代だったから、陳独秀については中国共産党の公式の評価が有って、共産党「政治」絡みのかれを研究するのは避けたかったし、してもさして意味も無いだろうとしか考えなかった。先輩筋の横山宏章氏が陳独秀研究に取り組み、七十年代に研究者として上海に留学し、史料収集と調査を行って、成果を『陳独秀』（朝日選書）として上梓されたから、なおのことわたしのような門外漢が手を出す領域ではないと思ってきた。しかしその後、近代史の研究を進めてくると、どうも胡適や陳独秀を避けては通れないようだと思わされてきた。共に清末の生まれで、伝統文化を一身に浴びて思想形成した人間なのだった。梁啓超は優れた知識人だが、政治的、思想的に転変を重ね、思想の筋がどうにも捉え難い。著作も厖大だ。京都の先生方が研究してもいるから、とやめた。それで先ずは、理解しやすい胡適から読んでみようと考えた。陳独秀をやると、どうしても共産主義の問題――コミンテルン、スターリン、トロツキー、毛沢東……――を避けるわけにはいかないから、かつての「左翼病」の古傷に触るようで、腰が引けたのだ。この「陳独秀遺著」についても、胡適序言本を翻訳して紹介するだけでも学問的に意義のあることだろうと思い、グリーダー書の翻訳と併行して翻訳してみた。当初は、その小冊子の翻訳と紹介だけのコンパクトな本で十分だろうと思っていたが、帰国して、平凡社東洋文庫から『陳独秀文集』全三巻が出版される予告が出ていて、陳独秀遺著も訳されるようだよと教えてくれる友人がいて、それで、翻訳原稿はお蔵入りになった。

しかし、二〇一七年に出版された『陳独秀文集』三冊を手にして読んでみると、丹念な仕事ではあるが、訳文はともかく、その他の多くの点でも納得できかねるものだった。また同じ出版社から横山宏章氏の『孫文と陳独秀』が出て、拝読したが、これもどうも納得できかねた。長堀氏と横山氏はわが国の陳独秀研究の双璧であるが、近代史研究や胡適の角度を通して陳独秀を読んだ眼には、どうも少し違うのではないかと、違和感が多々残ったのである。その諸論点は第一章に挙げて置いたし、本論の中で詳しく論じてある。

長堀氏の研究は、トロツキー主義者としての陳独秀に重心をかけたもので、陳独秀の清末・辛亥革命期の活動、『新青年』・新文化運動、中国共産党結成へという思想形成の時期の研究が手薄の感が否めない。だから、全体像が中々浮かび上がってこない。陳独秀は、苦汁を味わされたコミンテルン・スターリンの軛からの脱却をトロツキーの論に見出したに過ぎない。トロツキーには啓発されるところが多々あったが、トロツキー「主義者」ではない、とわたしは思う。横山氏の研究は、政治思想研究で、それも西洋近代の啓蒙と個人主義のチャンピオンの陳独秀という既視感のある視角が強く、反対派への転換と活動、晩年の思想についての考察が欠け、独秀の古典教養や愛国心（ナショナリストとしての側面）についても重視していない。これも全体像が見えない。グリーダーの『胡適』のように、歴史の中にその人を置いて、その活動、著述をどう理解するかという「歴史」と「思想」に内在しつつ研究するバランスが取れていないように思われる。歴史の中における思想の位置について研究をする際の鋭敏さ、統合性、節度、という点ではわが国の中国近代思想史研究は総じてあまり自覚的ではないようである。勿論、本書がその欠点を免れ、『胡適』に比肩するような作品であるなどとは言わないが、既成の研究に一石を投じるものにはなっている筈である。

わたしは本書を書いていて初めて、五十年前にトロツキーのなんたるかも知らずに無党派の全共闘学生運動をやっていたわたしたちが、「トロツキスト！」と共産党系学生から罵声を浴びせられたのか何故だったのか、解ったような気がした。戦前の日本の共産主義運動は「モスクワのパンを食った」留学生や陳独秀らと違って、一九二〇、三〇年代のソ連におけるスターリン派とトロツキーらの反対派、ブハーリンとの闘争や、スターリン粛清の影響を受けず、それを真剣に受け止める経験を持たなかった。欧米や中国のマルクス主義者のように、スターリン批判のトロツキズムに罹患せず、免疫がなかったからではないか、と。日本人には本書が見た中国人留学生たちのようなトロツキー派の影響を受けた人物がいたとも、また、モスクワ裁判の衝撃が大きかったこともあまり聞いたことがない。「中国革命」はコミンテルン・ロシア共産党にとってソ連国家の「国防」、「一国社会主義」とともに、「社会主義」の将来と存亡に関わる重大問題だったから、トロツキーとの対立の一大テーマになったが、「日本人」は蚊帳の外にいた。だから中国では、一九二七年以後、コミンテルンの革命指導の是非をめぐって党内の紛糾対立が起きた。陳独秀らの反対派だけではなく、江蘇省委独立問題、譚平山の第三党、中共内での瞿秋白、蔡和森、李立三、王明などの抗争がロシア共産党党内闘争の反映として発現し、混迷を生んだ。コミンテルン二七、三二テーゼの何たるかもわたしは知らないが、日本にはトロツキー反対派の問題を受け止める基盤そのものがなかったようだ。スターリン粛清や独ソ不可侵条約すら本書の陳独秀のように深刻に受け止めた気配はない（尤も共産主義者は多く獄中だったが）。その意味で、戦前からの日本の共産主義運動は無垢のスターリン派だった。だから、政治的な反対派は出ず、学問的にはロシアマルクス主義下の「講座派」が主流を占めたのだが、それに対し「労農派」が批判的な論争を起こした。これは中国の「中国社会性質論戦」と似ているようである。一方は、中共の中国は「半封建」社会だという論、トロツキー派は中国は既に「資本主義社会」だ、という論戦である。だから革命は「（新）民主主義革命」になるか、「社会主義革命」になるか、という二段階か一段階かの論争になる。だから「アジア的生産様式」論争もその一環である。だから「講座派・労農派」論争と同じ位相のように見える。講座派が中共の「半封建論」に、労農派がトロツキー反対派の主張に近く、労農派が非共産党的な政治路線を代理したような形になっていたようだ。しかし講座派優勢のまま戦争と敗戦を迎え、戦後の日本共産党復活とともに、学問的には講座派が圧倒的に優勢になり、戦後歴史学もその影響を強く受けた。一九五六年の「スターリン批判」後にようやくスターリニズムへの批判意識が生まれ、その後の六〇年安保前後からスターリン主義批判をいう政治的反対派、新左翼の運動が出てくると、正統派は初めて気付いたかのように、これをトロツキー反対派と同じような「トロツキズム」だと規定して排斥するようになった。

当時日本共産党は二段階革命論をとっていて、自然発生的な大衆運動の展開にいつもブレーキをかけ、自党の統制下の民主的運動の枠内への囲い込み、そこに止めようという「固定化」方針を示し（本書が見たボロジンと同じである）、一方は、自然発生的な大衆運動（反戦反基地、反公害、労働争議、市民運動、労働者の権利闘争などなど）を推し進め、その運動の拡大深化の彼方に、階級の形成や新しい政治や社会の在り方を模索しようという「動態化」傾向を示していたから、それとの対立であったようにわたしの経験では思われた。その根底には、自然発生的な大衆運動をどのように見、それにどのように関わるのかという根本的な問題があり、「党」は大衆運動に不信感を持った（レーニン）のだろうが、激化した大衆運動からすると、「パルタイ」はわれわれ大衆の切実な要求を理解しそれに応答するのではなしに、「パルタイ」に身を預け、その下で運動（工作・学問研究）をすれば、やがて「約束の時」が来る、と信じさせようとしていると受け取った。「パルタイ」不信である。わたし自身は、勿論後者の位置にいたわけだから、こういう「パルタイ」への不信をあからさまに示す学生運動家や労働運動家、反戦運動家は、共産党政治的には「反対派」だから、「トロツキスト」と呼ばれることになったのだった。それは裏を返せば、自分たちは正統な共産主義者＝スターリン主義者であることを表明しているに等しかったのだと思うが。毛沢東主義者は、これまた中ソ対立、日共・中共対立の間での中国派だったと考えて良い訳だから、思想的に問題化するに及ばない。「世界」の重心を一身に集めたような位置に居る人間というものがいる。ここでいう「世界」とは激変する伝統中国と「世界史」と言い換えた方が良いかも知れない。その激動を身動きせずに凝視しているそうした姿を、わたしは抗日戦・第二次大戦のさ中に山深い四川で、世界史の行方と中国の運命を注視し、思考して文章を書き、手紙を上海に送る陳独秀の姿に見る。陳独秀は政治家というよりも知識人だった。同時代の中国人は「書生」だったと言う。しかしそれが陳独秀がわたしたちを魅きつけてやまないかれの本質性なのだと思う。トロツキーが今なお生き続けるのは、人間の「理想の光」の中においてであるのと同じように、陳独秀は、中国人が理想と理性を信じたその時代を象徴するのだ。精神の輝き、その爆発と行動力という点では、孫文も毛沢東も及ばない。時代を切り開き照らしたその「光源」は、胡適がまばゆく思った「光」だった。その「光」は遠くを照らしている。光は普遍だ。それは「理性」を信じ、それを生き抜いた人にこそある。だが、理性は「進歩がめったに到達することができない頂上である。だから力強いのだが、拳には耐えられないものなのだ」（ゲルツェン）――「告少年」を見よ。そうした人間の精神、理性が未来と希望を照した人の生きた姿を、今とその後を生きるわれわれに語ることも、歴史家の一つの仕事なのではないか、そんな思いを抱えながらこの本を書いた。

そのため、陳独秀が直面した「壁」を筆者なりに理解するために、専門領域外の「永続革命論」や「プロレタリア独裁論」にまで首を突っ込んで文章を書く羽目に陥ったが、その論理を展開する語彙・用語・概念、使用方法もすでに忘却し、私の記憶の彼方にあった。苦労の割には誤っていたり中味が無かったりであろう。

本書は、陳独秀・章士釗・汪孟鄒・胡適・蔡元培の人間的な関係が、『安徽俗話報』、『新青年』、北京大学文科学長への就職、胡適の北京大教授就職、その免職と中国共産党結成への動きの理解に極めて重要だったということを、恐らくはじめて明らかにしている。また中国共産党の結党と第一次国共合作は、ロシア共産党とコミンテルンの主導で行われたこと、ヴォイチンスキー（ＲＣＰ）と陳独秀が一九二〇年八月に上海で中国共産党結成までこぎつけていたが、中途半端になっていたのを、コミンテルン執行委員会から直接派遣されてきたＨ・スネーフリート（馬林《マーリン》）がかなり強引に中共一全大会を開かせて、全国政党に「仕上げた」こと、国共合作はスネーフリートとヨッフェの合作だったことを、書簡やコミンテルン文書で明らかにした。また、スネーフリート（マーリン）に替ったボロジンは、孫文の「民族解放運動（ブルジョワ民族民主運動）」の利益に従がい、その枠を出るなとスターリンに命じられて赴任してきたから、国民党右派（蔣介石）にも妥協し続けたのだということ、そして、武漢政府の反革命化の後、トロツキーとの党内闘争に勝利したスターリンは、かれら反対派の以前からの判断と批判に反駁するために「左翼的」暴動路線に転換したのだということを明らかにしている。これらの連関が明らかになって、学生時代から疑問に思っていたことがようやく氷解したように思っている。

二〇一九年は五・四運動百周年だが、習近平の中共はこれをどのように記念するのだろうか。二〇二一年七月には「中国共産党一〇〇周年」を大々的に祝賀するのであろうが、果たしてその日付でいいのか、党創設者陳独秀はどのように評価されるのか、毛沢東評価は？　興味は尽きないが、真実を覆った公定「党史」が言明されるのではなかろうか。

また、本書は「孫文・ヨッフェ共同宣言」の裏面の「秘密協定」の存在の暴露と最後の孫文の政治姿勢についてなどでも先行の孫文研究と違った新しい見解を出している。ご批判をいただければ幸いである。もっとも、前著『中国の反外国主義とナショナリズム――アヘン戦争から朝鮮戦争まで』（集広舎、二〇一五）においても、諸学兄の学問的批判をお願いしたが、学術的な反応は、付録一で言及した東大院生の悪意の書評のみだったから、この国の学界や編集者の眼は恐らくわたしの研究などは無視するだけであろうけれども。

だが、話のついでに、最近の「編集者」の眼力についての感想を一つ述べておく。近年、わたしの専門領域に近い本として、小野寺史郎『中国ナショナリズム――民族と愛国の近現代史』（中央公論社新書、二〇一七）、丸山哲史『中国ナショナリズム――もう一つの近代を読む』（法律文化社、二〇一五）などが出ているので、少し読んでみた。しかし、読後感はよろしくない。まず、歴史をきちんと理解していないのではないか。表層的で、ナショナリズム意識の内側（エスニックな心情・感情や愛着心、その根源の宗教性）へ肉薄しているようには思われなかった。義和団についてだけ言うと、これは陳独秀が言うように、中国近現代史上の大事件で、「尊王攘夷」の旧文化の大衆「ナショナリズム」運動です。ゲルナー風に言えば満開の「小伝統（つまり民間信仰）」、わたし的に言えば「漢族民衆文化の博物館」です。義和団大衆が掲げたスローガン「扶清滅洋」は、「清」を「扶け」て「洋鬼を滅ぼせ」の意味で、「清」は「大清」、大清帝国「国家」のことです。現に存在する「中国」「国家」＝大清を「扶」け、「洋鬼（「番鬼ファンクイ＝西洋人」）を滅ぼせ」、「洋鬼子を滅し大清を保」とう、「一概鬼子都殺尽（鬼子をすべて殺し尽せば）」「大清一統靖江山（大清統一して江山〔天下〕を靖んずる）」というスローガンです。「文化共同体（精神的共同体）」としての「中国」と現存「国家」としての「大清」はここでは一致しているのです。辛亥革命では大衆「ナショナリズム」は「大清」を「満清」として種族主義的に見限るのですが、では何故でしょう。文化大革命期の湖南で「惨尽殺絶黒四類、永保江山万代紅」（黒四類《はんかくめい》を惨殺し尽せば、永く江山《てんか》を保ち万代《えいえん》に紅くなる）という「口号《スローガン》」が叫ばれました。大衆の民族主義・革命精神はどこか通底しているようです。お考えいただきたいものです。わたしの義和団研究などは若い人は読まないのだろうけれども、若い世代の研究者の「ナショナリズム」感覚は、どうもわたしたち、日本ナショナリズムと軍国主義による戦争の後遺症を眼にし味わった世代のそれとは大きく違うのかも知れない。どういう「場」でそれを問題視するかも違うようだ。「ナショナリズム」は集団的アイデンティティとして必要とされるものですが、感情的、非理性的で危険なものでもあるのです。

もし若い編集者たちの眼も二書のようなナショナリズム論で良いとしているのだとするなら、それでは昨今白昼世に出て闊歩して悪さを振り撒いている「日本ナショナリズム」も批判できなくなるのではないでしょうか。「日本を取り戻す」、「まっとうな日本人」にする道徳（教科化）と教育（歴史教育）を、という危うい喚きに抗して、どのように歴史を研究し、語り、共有するのか、大切な転換点に来ているように思います。わたしは彼らが言うほど「日本」は自慢できる優秀な民族、国家だとも思わないし、客観的に見ても世界史的には上の下くらいであろう。世界にも稀な優秀な文明文化を持った選民なのか。そうではなかろう。「まっとうな日本人」になる前に、「まっとうな人間」になることを教えるのが教育本来の目的である。普遍性の問題です。民族倫理、「公徳私徳、忠孝礼知」が中国固有の伝統文化（ナショナリティ）だと強調する蔣介石に対して、ナショナリズムに批判的だった胡適はそれは中国「独有」のものではない、他国家他民族にもあると公言しましたが、何が日本固有の価値なのか、辣韮《らっきょう》の皮剝きと同じようにいくら追究しても芯が見えず、誰も言語化し得ないこの国の貧弱な知的な姿を前にして、胡適のように言う勇気が要るでしょう。

一線から退いた老研究者にはもはや精魂込めて檔案史料を読み、著作を構想する気力体力は失われつつあります。「革命史観の克服」をしつつあると公言する若い中国近現代史、中国共産党史の研究者に是非とも細かい研究でなく、本書を超える広い視野の核心的な研究をしていただきたいと微かに希望します。

集広舎の川端幸夫社長には、学術書の出版が難しい中、前著に続いて本書の出版をお引き受けいただいた。ありがたく思います。編集担当の玉川祐治氏には大変お世話になった。両氏に心から感謝申し上げたい。

二〇一八年十月十五日　比企山中にて

佐藤公彦　識

事項索引（五十音順）

あ行

か行

さ行

た行

な行

は行

ま行

や行

ら行

わ行

人名索引（五十音順）

あ行

か行

さ行

た行

な行

は行

ま行

や行

ら行

著者略歴

佐藤公彦（さとう・きみひこ）。1949年福島県生まれ。一橋大学大学院社会学研究科博士課程修了、社会学博士（一橋大）。東京外国語大学大学院総合国際学研究院教授を経て、現在、東京外国語大学名誉教授、東京外国語大学アジア・アフリカ言語文化研究所フェロー。

著書に『義和団の起源とその運動――中国民衆ナショナリズムの誕生』（研文出版、1999）、『清末のキリスト教と国際関係――太平天国から義和団·露清戦争·国民革命へ』（汲古書院、2010）、『中国の反外国主義とナショナリズム――アヘン戦争から朝鮮戦争まで』（集広舎、2015）、『中国近現代史はどう書かれるべきか』（汲古書院、2016）など。

訳書に、ピーター・バーク『歴史学と社会理論』第1版、第2版（慶應義塾大学出版会、2006、2009）、ジョナサン・スペンス『神の子 洪秀全――その太平天国の建設と滅亡』（慶應義塾大学出版会、2011）、蔣廷黻『中国近代史』（東京外国語大学出版会、2012）、ジェローム·グリーダー『胡適 *1891-1962*――中国革命の中のリベラリズム』（藤原書店、2018）など、がある。

陳独秀《ちんどくしゅう》 その思想《しそう》と生涯《しょうがい》 *1879-1942*

胡適序言・陳独秀遺著『陳独秀の最後の見解（論文と書信）』を読む

2019年（令和元年）8月25日　第1刷発行

著者……………………佐藤公彦

発行者…………………川端幸夫

発行……………………集広舎

〒812-0035 福岡市博多区中呉服町5番23号
電話 092-271-3767　FAX 092-272-2946
https://shukousha.com/

装幀・造本……………studio katati

印刷・製本……………モリモト印刷株式会社

ISBN 978-4-904213-77-3 C0010

中国の反外国主義とナショナリズム
アヘン戦争から朝鮮戦争まで
●佐藤公彦著
現代日本の最大の躓きの石は「中国」であった——。アヘン戦争後の反キリスト教運動、義和団事変、二〇世紀の排外運動、そして現代の「反日デモ」に通底する「中華民族」のナショナリズムの構造を解明。新たな中国近代史像を描く。▽定価（本体3600円＋税）

牡丹社事件 マブイの行方 日本と台湾、それぞれの和解
●平野久美子著
異郷で命を落とした犠牲者のマブイ（霊魂・琉球語）と向き合った遺族たち——。罪と罰、和解と葛藤、加害と被害の末裔が日台で繰り広げたドラマ。▽定価（本体1852円＋税）

中国文化大革命「受難者伝」と「文革大年表」
崇高なる政治スローガンと残酷非道な実態
●王友琴・小林一美・安藤正士・安藤久美子 編著
個々人の悲劇的運命から文革全体の真実を明らかになる。「中国現代史年表」作成に全生涯をかけた安藤正士、久美子夫妻の記念碑的業績《文革大年表》を今、世に問う。▽定価（本体4950円＋税）

文革受難死者850人の記録 【負の世界記憶遺産】
●王友琴・小林一美・佐々木惠子・劉燕子・麻生晴一郎 編著／土屋紀義・谷川雄一郎 翻訳協力
かつて紅衛兵として恩師に暴力を振るった人々は、罪を認めず、固く口を閉じる。文革の恐怖の毒素は、今もなお現代の空気の中に漂っている。知識人から市井の名もなき庶民まで、丹念な聞き書きによる文革受難者の貴重な記録。▽定価（本体5950円＋税）

モンゴル人の民族自決と「対日協力」
いまなお続く中国文化大革命
●楊海英著
モンゴル人と中国人の対立は現在も続く闘争である。かれらにとって文化大革命は、民族そのものを抹消するジェノサイドだった。モンゴル研究の第一人者が豊富な資料をもとに書き起こした内（みなみ）モンゴルの暗黒の記録。▽定価（本体2980円＋税）

儒教と革命の間
東アジアにおける徐復観／東亞儒學視域中的徐復觀及其思想
●黄俊傑著／緒形康訳
アヘン戦争以後、普遍的価値を導入したのは「西儒」と呼ばれる儒者知識人だった。全体主義に抵抗する武器として儒教を再解釈した現代新儒家たちの苦闘を描く。▽定価（本体2750円＋税）

中国国民性の歴史的変遷 専制主義と名誉意識
●張宏傑著／小林一美・多田狷介・土屋紀義・藤谷浩悦訳
中国の非人間的な負のシステム・歴史遺産を剔抉し、それらと悪戦苦闘した梁啓超・魯迅・胡適から孫文・蒋介石・毛沢東までの政治思想を再検討する。▽定価（本体3400円＋税）

北京と内モンゴル、そして日本
文化大革命を生き抜いた回族少女の青春記
●金佩華著
文革に関する書物は多いが、この書は幹部や知識人ではない市井の貧しい一家庭に育った少女の記録である点において異彩を放つ。著者自身による、生活者の目線からつづられた苛烈な闘いのドキュメンタリー。▽定価（本体2600円＋税）